COMPREENDENDO O DESENVOLVIMENTO MOTOR

G162c   Gallahue, David L.
           Compreendendo o desenvolvimento motor : bebês, crianças, adolescentes e adultos / David L. Gallahue, John C. Ozmun, Jackie D. Goodway ; tradução: Denise Regina de Sales ; revisão técnica: Ricardo D. S. Petersen. – 7. ed. – Porto Alegre : AMGH, 2013.
           487 p. : il. ; 25 cm.

          ISBN 978-85-8055-180-8

          1. Desenvolvimento motor. 2. Capacidade motora. I. Ozmun, John C. II. Goodway, Jackie D. III. Título.

                                                          CDU 796.012.1

Catalogação na publicação: Ana Paula M. Magnus – CRB 10/2052

David L. Gallahue
Professor and Dean Emeritus Indiana University

John C. Ozmun
Indiana Wesleyan University

Jackie D. Goodway
The Ohio State University

COMPREENDENDO O DESENVOLVIMENTO MOTOR

bebês, crianças, adolescentes e adultos

7ª
EDIÇÃO

Tradução:
Denise Regina de Sales

Consultoria, supervisão e revisão técnica desta edição:
Ricardo D. S. Petersen
Professor da Escola de Educação Física da Universidade Federal do Rio Grande do Sul.
PhD pela University of Maryland, Estados Unidos.

Reimpressão 2017

AMGH Editora Ltda.
2013

Obra originalmente publicada sob o título
Understanding Motor Development: Infants, Children, Adolescents, Adults, 7th Edition
ISBN 0073376507 / 9780073376509

Original edition copyright © 2012, The McGraw-Hill Companies, Inc., New York, New York 10020.
All rights reserved.

Portuguese language translation copyright © 2013, AMGH Editora Ltda., a division of GRUPO A EDUCAÇÃO S.A.
All rights reserved.

Gerente Editorial: *Letícia Bispo de Lima*

Colaboraram nesta edição:

Coordenadora editorial: *Cláudia Bittencourt*

Capa: *Márcio Monticelli*

Imagem da capa: ©*iStockphoto.com/YanLev, 2010: Friends on bicycles*

Preparação de original: *Ivaniza O. de Souza*

Leitura final: *Grasielly Hanke Angeli*

Editoração eletrônica: *Techbooks*

Reservados todos os direitos de publicação, em língua portuguesa, à
AMGH EDITORA LTDA., uma parceria entre GRUPO A EDUCAÇÃO S.A. e McGRAW-HILL EDUCATION
Av. Jerônimo de Ornelas, 670 – Santana
90040-340 – Porto Alegre – RS
Fone: (51) 3027-7000   Fax: (51) 3027-7070

É proibida a duplicação ou reprodução deste volume, no todo ou em parte, sob quaisquer
formas ou por quaisquer meios (eletrônico, mecânico, gravação, fotocópia, distribuição na Web
e outros), sem permissão expressa da Editora.

Unidade São Paulo
Av. Embaixador Macedo Soares, 10.735 – Pavilhão 5 – Cond. Espace Center
Vila Anastácio – 05095-035 – São Paulo – SP
Fone: (11) 3665-1100   Fax: (11) 3667-1333

SAC 0800 703-3444 – www.grupoa.com.br

IMPRESSO NO BRASIL
PRINTED IN BRAZIL

Ao *Sol da Minha Vida*:
Ellie, David Lee e Julie (Adam, Alec e Ian),
Jennifer e Dan (Paul, Anna e Bethany); e para Ruy Jordana Krebs, PhD, meu
estimado colega brasileiro, que dedicou a vida à busca da verdade no campo do
desenvolvimento motor e da educação motora de crianças e jovens
David L. Gallahue

Aos *Tesouros do Meu Coração:*
Ruth, Chet, Gus, Johnny e Ray
John C. Ozmun

À minha filha Blaize, que mantém a minha criança interior viva,
e aos meus pais, que me deram asas para voar
Jackie D. Goodway

Prefácio

PÚBLICO

Compreendendo o desenvolvimento motor destina-se a estudantes em sua introdução ao estudo do desenvolvimento motor. As informações são apresentadas em uma forma fácil de entender, o livro é simples de manusear e pode ser útil a professores de uma série de disciplinas, incluindo cinesiologia, fisioterapia e terapia ocupacional, educação especial, educação para bebês e educação fundamental e secundária. Este livro fornece perfis descritivos e explicativos do indivíduo desde a concepção até a idade adulta.

ABORDAGEM

O desenvolvimento é um processo que inicia na concepção e continua por toda a vida. Este livro discute o desenvolvimento motor desde a concepção até a idade adulta. Incorporando a Teoria dos Sistemas Dinâmicos e a Teoria de Estágios e Fases, o Modelo da Ampulheta Triangulada fornece ao leitor uma metáfora para conceituar os aspectos explicativos e descritivos dos processos, bem como dos produtos do desenvolvimento motor.

CONTEÚDO

Organização

A **Unidade I: Noções básicas** apresenta ao leitor informações introdutórias essenciais sobre o estudo do desenvolvimento motor. O Capítulo 1, "Compreendendo o desenvolvimento motor: visão geral", examina a história, os métodos de estudo, os problemas de pesquisa e a terminologia usada no estudo do desenvolvimento motor. O Capítulo 2, "Modelos do desenvolvimento humano", desenvolve uma discussão sobre os modelos do desenvolvimento infantil. É dada atenção especial à Teoria dos Sistemas Dinâmicos, assim como aos trabalhos de Jean Piaget, Erik Erikson e Urie Bronfenbrenner, e às implicações de cada um deles para o desenvolvimento motor. No Capítulo 3, "Desenvolvimento motor: um modelo teórico", é apresentado um arcabouço teórico para o estudo do processo do desenvolvimento motor. As fases e os estágios desse modelo, que abrangem toda a vida, e também os subsistemas da tarefa, do indivíduo e do ambiente são apresentados na forma da metáfora, ou instrumento heurístico, de uma ampulheta triangulada e servem de estrutura organizacional para o restante do livro. No Capítulo 4, "Fatores que afetam o desenvolvimento motor", há uma importante discussão sobre os fatores críticos, relativos ao indivíduo, ao ambiente e às tarefas motoras, que afetam o processo do desenvolvimento ao longo da vida.

A **Unidade II: O bebê** aborda uma série de tópicos do desenvolvimento do bebê. O Capítulo 5, "Fatores pré-natais que afetam o desenvolvimento", é dedicado à discussão de fatores anteriores ao nascimento que podem afetar o desenvolvimento motor posterior. "Crescimento pré-natal e infantil" é o tópico do Capítulo 6. Esse capítulo fornece ao leitor um perfil descritivo dos primeiros processos do crescimento. O Capítulo 7 examina os "Reflexos e estereótipos rítmicos do bebê" no neonato e no bebê. Particular atenção é dada à integração de ambos no crescente repertório motor do bebê. O Capítulo 8, "Capacidades de movimento rudimentar", discute o repertório motor do bebê, que é caracterizado por rápida expansão. São apresentados um esboço e um resumo das principais tarefas de estabilidade, locomoção e manipulação desse período. Uma extensiva discussão sobre "A percepção do bebê", no Capítulo 9, conclui a seção. Esse capítulo relaciona o desenvolvimento perceptivo com o comportamento motor do bebê.

A **Unidade III: Infância** fornece ao leitor informações importantes sobre o desenvolvimento motor na infância. O Capítulo 10, "Crescimento e desenvolvimento na infância", traz uma visão geral das características cognitivas, afetivas e motoras nessa etapa. Ele prepara o terreno para os três capítulos seguintes. Os Capítulos 11 e 12, "Desenvolvimento do movimento fundamental: habilidades de manipulação" e "Desenvolvimento do movimento fundamental: habilidades de locomoção", apresentam uma abordagem prática, fácil de usar, dividida em estágios (inicial, emergente, proficiente) para a observação e avaliação dos padrões do movimento fundamental na infância. Desenhos das linhas mecanicamente corretas fornecem uma descrição visual compatível com a breve descrição verbal de cada estágio, ao lado das dificuldades de desenvolvimento encontradas com frequência. O "Desenvolvimento físico da criança" é o tópico do Capítulo 13. Esse capítulo inclui uma revisão das informações mais recentes sobre a aptidão física infantil motora e relacionada à saúde, juntamente com informações sobre o treinamento da aptidão física para crianças. "Desenvolvimento perceptivo-motor e intervenção nas habilidades motoras" é o título do Capítulo 14. Nele são revisadas e sintetizadas informações importantes sobre esses dois tópicos, com uma visão voltada a sua complexa interação com o comportamento motor do indivíduo.

A **Unidade IV: Adolescência** examina uma série de tópicos relevantes. O Capítulo 15, "Crescimento na adolescência, puberdade e maturidade reprodutiva", abre essa seção com grande riqueza de informações importantes e úteis sobre a mudança física durante esse período crítico do desenvolvimento. O Capítulo 16, "Habilidades do movimento especializado", concentra-se nos tópicos do desenvolvimento dessas habilidades, no modo de promover melhorias e em sua sequência de desenvolvimento. Em seguida, é apresentada uma discussão sobre as "Mudanças na aptidão física durante a adolescência", no Capítulo 17, enfocando a rápida mudança na aptidão física relacionada à saúde e ao desempenho.

A **Unidade V: Idade adulta** traz as informações mais atualizadas sobre a área do desenvolvimento motor adulto, com sua rápida progressão. O Capítulo 18, "Desenvolvimento fisiológico e psicossocial em adultos", tenta responder à pergunta: Por que envelhecemos? É apresentada uma intensa discussão sobre as mudanças no sistema musculoesquelético humano, no sistema nervoso central, nos sistemas circulatório e respiratório e nos sistemas sensoriais. O Capítulo 19, "*Performance* motora em adultos", examina o tempo de reação, quedas, marcha, atividades da vida diária e o desempenho de elite.

DESTAQUES DESTA EDIÇÃO

Palavras-chave e competências adquiridas nos capítulos

No início de cada capítulo, são encontrados os termos importantes e as competências que devem ser adquiridas por meio da leitura cuidadosa e refletida do texto. Dedique alguns minutos à observação desses itens como preparação para a leitura do respectivo capítulo.

Conceito-chave e conceitos de cada capítulo

No começo de cada capítulo, há um quadro de texto com conceitos-chave. Esses conceitos são o pensamento global que tentamos passar no capítulo. Outros quadros com conceitos, distribuídos ao longo do texto, destacam tópicos de discussão específicos. Para nós, compreender o desenvolvimento motor não é uma questão de memorizar fatos isolados, é muito mais uma questão de entender conceitos importantes do desenvolvimento e de ser capaz de aplicar esses conceitos nas funções de pai, professor, técnico ou fisioterapeuta, em situações concretas da vida.

Dilema do desenvolvimento

O estudo do desenvolvimento humano é fascinante. Ele não apenas nos ajuda a entender melhor nossa própria jornada pessoal e também a dos outros, como levanta muitas questões interessantes. Nesta edição, exploramos o Dilema do Desenvolvimento em um quadro incluído em cada capítulo.

Perspectivas internacionais

Embora o crescimento e o desenvolvimento humano sejam um processo universal, as perspectivas e variados aspectos mudam de acordo com as normas culturais, a etnia, as condições socioeconômicas e uma série de outros fatores. Nesta edição tentamos trazer à luz algumas dessas perspectivas, incluindo um quadro em cada capítulo sobre as variadas Perspectivas internacionais. Além de bem interessantes para leitura e consideração, devem gerar também frutíferas discussões.

Leitura básica

Na conclusão de cada capítulo, fornecemos uma breve lista de Leitura básica para os interessados em aprender mais sobre os tópicos tratados. Escolhemos cuidadosamente essas referências, com a intenção de fornecer ao leitor informações adicionais de autoridades em campos específicos.

Questões para reflexão

No final de cada capítulo, há uma lista de questões para consideração. Dedique algum tempo a elas e veja se consegue respondê-las. Elas foram elaboradas para orientar a melhor compreensão do desenvolvimento motor.

Figuras e tabelas

Ao longo do texto, incluímos uma ampla variedade de figuras e tabelas. Elas destinam-se a sintetizar informações e fornecer uma referência visual para melhor compreensão do desenvolvimento motor.

Glossário de termos

As palavras têm os seus significados e, no campo do desenvolvimento motor, assim como em qualquer ciência do movimento, é importante ter certeza de estar usando a terminologia que implica o significado desejado. O Glossário traz uma breve definição das palavras destacadas ao longo do texto. Isso é feito para garantir que nós e os nossos leitores, no mundo inteiro, estejamos "sintonizados" ao discutirmos determinado tópico.

Referências

Fornecemos uma lista de referências por capítulo no final do livro. Essas referências foram selecionadas por serem oportunas e por representarem trabalhos seminais nas respectivas áreas do desenvolvimento motor discutidas.

Recursos na *web* comentados

Cada capítulo inclui Recursos na *web* – uma lista de *sites* que podem ser explorados para encontrar, na internet, informações relacionadas ao capítulo. Esse recurso permite que os leitores expandam seu conhecimento de acordo com as próprias capacidades e objetivos e oferece um ponto de partida para o aprendizado independente. Nesta nova edição, eles são comentados, fornecendo ainda mais informações sobre o que o estudante vai poder aproveitar de cada *site*.

Apêndice A: Artigos sobre posições profissionais relacionadas a temas do desenvolvimento motor

Esse apêndice atualizado fornece uma lista abrangente de artigos sobre posições relativas a uma ampla variedade de tópicos do desenvolvimento motor.

Apêndice B: Organizações profissionais relacionadas a temas do desenvolvimento motor

Esse apêndice atualizado fornece uma lista de referência das principais organizações e informações sobre os seus *sites*, consistindo em um guia acessível para quem faz pesquisas ou pretende se associar a alguma dessas entidades.

Tópicos novos ou expandidos

Esta nova edição foi significativamente revisada e atualizada, incluindo as mais recentes pesquisas, informações de referência e sugestões de leitura na área. Ao longo de todo o texto, as tabelas e figuras foram atualizadas, a fim de refletir o que há de novo sobre o assunto. As definições e a terminologia-chave foram incrementadas em todo o livro, para melhorar a clareza. A seguir, apresentamos uma amostra de tópicos que, em cada unidade, ou são novidade desta edição ou foram bastante expandidos em relação à edição anterior.

Unidade I: Noções básicas
- Expansão das explicações e discussões sobre as principais perspectivas teóricas relativas aos processos e produtos do desenvolvimento motor ao longo de toda a vida.
- Apresentação revisada do *Modelo da Ampulheta Triangulada* do desenvolvimento motor e explicação de como ele serve de metáfora para a conceituação de processos e produtos do desenvolvimento motor.
- Expansão da discussão sobre fatores de risco que afetam o desenvolvimento motor.
- Novas Perspectivas internacionais sobre os processos e produtos do desenvolvimento motor.
- Novos Dilemas do desenvolvimento, para estimular o pensamento crítico e a discussão.

Unidade II: O bebê
- Dados atualizados apresentados em estatísticas vitais relativas a bebês.
- Incremento das discussões sobre estratégias de intervenção.
- Incremento das Perspectivas internacionais sobre o desenvolvimento motor do bebê.
- Novos Dilemas do desenvolvimento para estimular o pensamento crítico e a discussão.
- Inclusão de informações atuais relacionadas à obesidade do bebê.
- Incremento das Perspectivas internacionais sobre o bebê.

Unidade III: Infância
- Ajuste das faixas etárias para refletir melhor as estruturas temporais do desenvolvimento e não da idade.
- Incremento da discussão sobre diferenças relacionadas ao sexo no campo das habilidades fundamentais.
- Atualização extensiva dos materiais relativos à aptidão física para refletir os conhecimentos atuais.
- Aumento do foco sobre a obesidade infantil, a partir de uma perspectiva psicomotora e afetiva.
- Incremento das Perspectivas internacionais sobre o desenvolvimento motor na infância.
- Novos Dilemas do desenvolvimento para estimular o pensamento crítico e a discussão.

Unidade IV: Adolescência
- Ajuste das faixas etárias para refletir melhor as estruturas temporais do desenvolvimento e não da idade.
- Discussão extensiva das questões relacionadas ao excesso de peso e à obesidade durante os períodos da pré-adolescência e da adolescência.
- Incremento da discussão relacionada aos fundamentos das habilidades do movimento especializado.
- Incremento da discussão relacionada aos fundamentos da participação esportiva juvenil.
- Atualização extensiva dos materiais relacionados à aptidão física para refletir os conhecimentos atuais.
- Aumento do foco na obesidade na adolescência a partir de uma perspectiva psicomotora e afetiva.
- Incremento das Perspectivas internacionais sobre o desenvolvimento motor durante a adolescência.
- Novos Dilemas do desenvolvimento na adolescência, para estimular o pensamento crítico e a discussão.

Unidade V: Idade adulta
- Expansão e atualização das informações sobre envelhecimento e características da força muscular.
- Inclusão de informações atuais relacionadas ao excesso de peso e à obesidade à medida que a pessoa envelhece.

- Expansão da discussão sobre a influência da atividade física sobre a saúde mental.
- Incremento das Perspectivas internacionais sobre o desenvolvimento motor adulto.
- Novos Dilemas do desenvolvimento na vida adulta, para estimular o pensamento crítico e a discussão.

AGRADECIMENTOS

Temos de agradecer a muitas pessoas por suas contribuições, diretas e indiretas, para esta edição. Gostaríamos de expressar o nosso agradecimento especial a:

Nossos colegas de profissão: pela diligência e persistência na busca e aquisição de conhecimentos. Pela prontidão em compartilhar suas descobertas e imagens, gostaríamos de agradecer à Dra. Crystal Branta e a seus colegas do departamento de Estudos do Desenvolvimento Motor da Michigan State University. Queremos agradecer, também, aos seguintes revisores, que nos deram um *feedback* valioso ao longo da preparação desta edição:

Loren Butler, Northwest Missouri State University
Claire Foret, University of Louisiana, Lafayette
Kristina Lindquist, University of Nevada, Las Vegas
Scott Modell, California State University, Sacramento
Jeffry Walkuski, State University of New York, Cortland.

Nossos alunos: pelo entusiasmo, por suas mentes inquiridoras, pela dedicação em busca da excelência pessoal e também profissional.
Nossa editora e nosso editor: pela confiança em nossas capacidades.
Nossas famílias: pelo apoio, paciência, aceitação, amor e orações.
Nosso Deus: pela presença constante e pela noção de que em Deus e com Deus todas as coisas são possíveis.

David L. Gallahue
Bloomington, IN
John C. Ozmun
Marion, IN
Jackie D. Goodway
Columbus, OH

Sumário Resumido

UNIDADE I
Noções Básicas   **19**

1. Compreendendo o desenvolvimento motor: visão geral   20
2. Modelos do desenvolvimento humano   42
3. Desenvolvimento motor: um modelo teórico   65
4. Fatores que afetam o desenvolvimento motor   83

UNIDADE II
O Bebê   **107**

5. Fatores pré-natais que afetam o desenvolvimento   108
6. Crescimento pré-natal e infantil   128
7. Reflexos e estereótipos rítmicos do bebê   139
8. Capacidades de movimento rudimentar   156
9. A percepção do bebê   173

UNIDADE III
Infância   **187**

10. Crescimento e desenvolvimento na infância   188
11. Desenvolvimento do movimento fundamental: habilidades de manipulação   206
12. Desenvolvimento do movimento fundamental: habilidades de locomoção   245
13. Desenvolvimento físico da criança   273
14. Desenvolvimento perceptivo-motor e intervenção nas habilidades motoras   291

UNIDADE IV
Adolescência   **313**

15. Crescimento na adolescência, puberdade e maturidade reprodutiva   314
16. Habilidades do movimento especializado   331
17. Mudanças na aptidão física durante a adolescência   353

UNIDADE V
Idade Adulta   **377**

18. Desenvolvimento fisiológico e psicossocial em adultos   378
19. *Performance* motora em adultos   409

Referências   427
Apêndices   459
Glossário   467
Índice   481

Sumário

UNIDADE I
Noções básicas   **19**

CAPÍTULO 1
Compreendendo o desenvolvimento motor: visão geral   **20**

- Conceito-chave   21
- Estudo do processo do desenvolvimento ao longo da vida   22
- Classificações etárias do desenvolvimento   28
- Terminologia usada no desenvolvimento motor   29
- Classificação das habilidades de movimentos   34
- Esquemas multidimensionais   39
- Resumo   40
- Questões para reflexão   40
- Leitura básica   40
- Recursos na *web*   41

CAPÍTULO 2
Modelos do desenvolvimento humano   **42**

- Conceito-chave   43
- Modelos teóricos do desenvolvimento humano   43
- Pontos de vista conceituais do desenvolvimento   44
- Processamento de informações   52
- Três destacadas teorias sobre o desenvolvimento humano   53
- Resumo   63
- Questões para reflexão   64
- Leitura básica   64
- Recursos na *web*   64

CAPÍTULO 3
Desenvolvimento motor: um modelo teórico   **65**

- Conceito-chave   66
- Descrição e explicação do desenvolvimento motor   66
- As fases do desenvolvimento motor   67
- A ampulheta triangulada: um modelo para a vida inteira   74
- Resumo   80
- Questões para reflexão   81
- Leitura básica   81
- Recursos na *web*   82

CAPÍTULO 4
Fatores que afetam o desenvolvimento motor   **83**

- Conceito-chave   84
- Fatores do indivíduo   84
- Fatores do ambiente   89
- Fatores das tarefas físicas   91
- Resumo   104
- Questões para reflexão   105
- Leitura básica   105
- Recursos na *web*   105

UNIDADE II
O Bebê 107

CAPÍTULO 5
Fatores pré-natais que afetam o desenvolvimento 108

Conceito-chave 109
Fatores nutricionais e químicos 109
Fatores hereditários 115
Fatores ambientais 118
Problemas médicos 119
Diagnóstico e tratamento pré-natal 122
Atividade vigorosa durante a gravidez 123
Fatores do processo de nascimento 123
Resumo 125
Questões para reflexão 126
Leitura básica 126
Recursos na *web* 126

CAPÍTULO 6
Crescimento pré-natal e infantil 128

Conceito-chave 129
Crescimento pré-natal 129
Crescimento infantil 132
Resumo 137
Questões para reflexão 138
Leitura básica 138
Recursos na *web* 138

CAPÍTULO 7
Reflexos e estereótipos rítmicos do bebê 139

Conceito-chave 140
Comportamento reflexo e movimento voluntário 140
Diagnóstico de distúrbios do sistema nervoso central 141
Reflexos primitivos 143
Reflexos posturais 147
Estereótipos rítmicos 151
Resumo 154
Questões para reflexão 154
Leitura básica 154
Recursos na *web* 154

CAPÍTULO 8
Capacidades de movimento rudimentar 156

Conceito-chave 157
Estudo do desenvolvimento motor 158
Estabilidade 159
Locomoção 162
Manipulação 164
Programas especiais para bebês 167
Resumo 170
Questões para reflexão 171
Leitura básica 171
Recursos na *web* 171

CAPÍTULO 9
A percepção do bebê 173

Conceito-chave 174
Métodos de estudo da percepção do bebê 174
Percepção visual 176
Percepção auditiva, olfativa, gustativa e tátil 183
Resumo 184
Questões para reflexão 185
Leitura básica 185
Recursos na *web* 185

UNIDADE III
Infância 187

CAPÍTULO 10
Crescimento e desenvolvimento na infância 188

Conceito-chave 189
Crescimento no início da infância 189
Desenvolvimento no início da infância 192
Crescimento posterior na infância 197
Desenvolvimento posterior na infância 197
Fatores que afetam o crescimento e o desenvolvimento na infância 200
Resumo 204
Questões para reflexão 204
Leitura básica 204
Recursos na *web* 205

CAPÍTULO 11

Desenvolvimento do Movimento Fundamental: Habilidades de Manipulação — 206

Conceito-chave — 207
Importância das habilidades motoras fundamentais — 208
Entendendo o desenvolvimento das habilidades motoras fundamentais (HMF) — 210
Habilidades de manipulação — 212
Resumo — 243
Questões para reflexão — 243
Leitura básica — 243
Recursos na *web* — 244

CAPÍTULO 12

Desenvolvimento do movimento fundamental: habilidades de locomoção — 245

Conceito-chave — 246
Desenvolvimento das habilidades de locomoção — 246
Corrida — 249
Galope e corrida lateral — 253
Skipping — 254
Saltos horizontal e vertical — 257
Saltitar — 261
Orientações norte-americanas e as habilidades motoras fundamentais — 265
Avaliação das habilidades motoras fundamentais — 266
Resumo — 271
Questões para reflexão — 271
Leitura básica — 271
Recursos na *web* — 272

CAPÍTULO 13

Desenvolvimento físico da criança — 273

Conceito-chave — 274
Aptidão física relacionada à saúde — 274
Treinamento de aptidão física para crianças — 279
Aptidão física relacionada à saúde e à capacidade de movimento — 283

Aptidão física motora — 283
Resumo — 289
Questões para reflexão — 289
Leitura básica — 289
Recursos na *web* — 290

CAPÍTULO 14

Desenvolvimento perceptivo-motor e intervenção nas habilidades motoras — 291

Conceito-chave — 292
Desenvolvimento perceptivo na infância — 292
Treinamento perceptivo — 296
Desenvolvimento perceptivo-motor na criança — 297
Intervenção nas habilidades motoras no início da infância — 302
Resumo — 309
Questões para reflexão — 310
Leitura básica — 310
Recursos na *web* — 311

UNIDADE IV
Adolescência — 313

CAPÍTULO 15

Crescimento na adolescência, puberdade e maturidade reprodutiva — 314

Conceito-chave — 315
Crescimento na adolescência — 315
Puberdade — 322
Maturidade reprodutiva — 326
Resumo — 329
Questões para reflexão — 330
Leitura básica — 330
Recursos na *web* — 330

CAPÍTULO 16

Habilidades do movimento especializado — 331

Conceito-chave — 332
Sequência de desenvolvimento dos movimentos especializados — 332
Esporte juvenil — 335

Promovendo melhorias	337
Níveis e estágios do aprendizado das habilidades de movimento	341
Resumo	350
Questões para reflexão	351
Leitura básica	351
Recursos na *web*	351

CAPÍTULO 17
Mudanças na aptidão física durante a adolescência — **353**

Conceito-chave	354
Aptidão física relacionada à saúde	354
Aptidão física relacionada à *performance*	367
Resumo	373
Questões para reflexão	375
Leitura básica	375
Recursos na *web*	375

UNIDADE V
Idade adulta — **377**

CAPÍTULO 18
Desenvolvimento fisiológico e psicossocial em adultos — **378**

Conceito-chave	379
Por que envelhecemos?	382
Mudanças fisiológicas no sistema musculoesquelético adulto	384
Sistema nervoso central	390
Sistemas circulatório e respiratório	392
Composição corporal	396
Sistemas sensoriais	396
Desenvolvimento psicossocial	400
O envelhecer bem	404
Resumo	407
Questões para reflexão	407
Leitura básica	407
Recursos na *web*	407

CAPÍTULO 19
***Performance* motora em adultos** — **409**

Conceito-chave	410
Tempo de reação	411
Equilíbrio e controle postural	414
Quedas	416
Marcha	418
Atividades da vida diária	420
Condução de automóveis	421
Performance de elite	421
Avaliação	422
Resumo	425
Questões para reflexão	425
Leitura básica	425
Recursos na *web*	425

Referências	**427**
Apêndice A: Artigos sobre posições profissionais relacionadas a temas do desenvolvimento motor	**459**
Apêndice B: Organizações profissionais relacionadas a temas do desenvolvimento motor	**465**
Glossário	**467**
Índice	**481**

UNIDADE I

Noções Básicas

Com um toque cinzelado
A pedra bruta e fria
Torna-se um modelo vivo.
Quanto mais o mármore se desgasta,
Mais a estátua cresce.
  —Michelangelo

Capítulo 1

Compreendendo o Desenvolvimento Motor: Visão Geral

PALAVRAS-CHAVE

Método longitudinal	Motor	Movimento
Método transversal	Aprendizado	Padrão de movimento
Método longitudinal misto	Aprendizado motor	Padrão de movimento fundamental
Idade biológica	Habilidade motora	Habilidade de movimento
Crescimento	Comportamento motor	Habilidade esportiva
Desenvolvimento	Controle motor	Contexto ambiental
Maturação	Desenvolvimento motor	
Experiência	*Performance* motora	

COMPETÊNCIAS ADQUIRIDAS NESTE CAPÍTULO

Ao finalizar este capítulo, você será capaz de:

- Reconhecer a pesquisa de vários acadêmicos do passado e do presente sobre desenvolvimento motor
- Comparar e contrastar o desenvolvimento motor com outros estudos sobre comportamento motor (aprendizado e controle motor)
- Demonstrar conhecimento sobre várias formas de análise usadas no estudo do desenvolvimento motor
- Discutir pontos fortes e fracos das principais metodologias associadas ao estudo da mudança
- Identificar os métodos-chave da avaliação da maturidade biológica
- Listar as classificações etárias cronológicas do desenvolvimento humano ao longo da vida
- Definir e aplicar a terminologia usada no desenvolvimento motor
- Discutir os pontos fortes e fracos dos vários métodos de classificação das habilidades de movimentos

CONCEITO-CHAVE

O *desenvolvimento motor* é a mudança contínua do comportamento motor ao longo do ciclo da vida, provocada pela interação entre as exigências da tarefa motora, a biologia do indivíduo e as condições do ambiente.

Movimento é vida. Tudo o que fazemos no trabalho e no lazer envolve movimento. A nossa própria existência depende das batidas de nosso coração, da inalação e exalação de nossos pulmões e de um conjunto de outros processos de movimentos voluntários, semiautomáticos e automáticos. Compreender como adquirimos o controle motor e a coordenação dos movimentos é fundamental para compreendermos como vivemos. Quando compreendemos o processo de desenvolvimento de um indivíduo típico, assimilamos orientações fundamentais importantes para a eficácia do ensino e da aprendizagem. Para indivíduos com deficiências de desenvolvimento, a compreensão do desenvolvimento motor fornece uma base sólida de intervenção, terapia e medicação. O conhecimento dos processos do desenvolvimento está na essência do ensino, seja ele em sala de aula, no ginásio ou no campo esportivo. Sem noções sólidas sobre os aspectos do desenvolvimento do comportamento humano, podemos apenas intuir técnicas educativas e procedimentos de intervenção apropriados. As instruções com base no desenvolvimento envolvem experiências de aprendizado que são não apenas adequadas à idade, mas também apropriadas e divertidas em termos de desenvolvimento. O fornecimento de instruções é um aspecto importante do processo ensino-aprendizado. As instruções, entretanto, não explicam o aprendizado; o desenvolvimento, sim.

CONCEITO 1.1

As instruções não explicam o aprendizado; o desenvolvimento, sim.

Até uma época relativamente recente, as pesquisas a respeito de aspectos do desenvolvimento do comportamento motor eram muito mais limitadas em abrangência e magnitude do que aquelas sobre o desenvolvimento cognitivo e afetivo. Historicamente, os psicólogos do desenvolvimento tendem a interessar-se apenas de modo superficial pelo desenvolvimento motor e, portanto, em geral o consideram apenas indicador visível do funcionamento cognitivo ou do estado socioemocional.

O primeiro impulso para pesquisas sobre o desenvolvimento motor foi dado por ramos da psicologia; portanto, é natural que esse tema tenha sido observado com frequência do ponto de vista das potenciais influências de outras áreas do comportamento e na qualidade de recursos convenientes e imediatamente observáveis para o estudo do comportamento e não como um fenômeno digno de investigações por si só.

CONCEITO 1.2

No passado, o estudo do desenvolvimento motor foi ofuscado pelo interesse pelo desenvolvimento cognitivo e afetivo.

O estudo do desenvolvimento motor perpassa os campos da fisiologia do exercício, biomecânica, aprendizado e controle motor, assim como os campos da psicologia do desenvolvimento e da psicologia social (Thomas e Thomas, 1989). A busca por conhecimentos progrediu a passos lentos, mas regulares, na década de 1960, e foi aumentando gradativamente, à medida que os cinesiólogos e os psicólogos do desenvolvimento mudavam o seu foco, passando da abordagem normativo-descritiva ao estudo dos processos de desenvolvimento subjacentes.

Durante a década de 1980, o corpo crescente de pesquisas realizadas por uma nova geração de acadêmicos fez aumentar o interesse pelo estudo do desenvolvimento motor. Uma quantidade sem precedentes de pesquisas com base teórica foi conduzida desde os anos de 1980, e pesquisadores do desenvolvimento originários de diversas áreas associaram-se a acadêmicos do desenvolvimento motor. O estudo do desenvolvimento motor assumiu o seu lugar como área de investigação científica dentro dos limites da cinesiologia e da psicologia do desenvolvimento. Agora, no século XXI, os acadêmicos estão estudando os processos de desenvolvimento subjacentes e os seus muitos e variados produtos. Eles estão fazendo isso de modo coordenado para entender melhor o controle e a coordenação do movimento a partir da perspectiva desenvolvimental. Os resultados de suas pesquisas têm sido aplicados em cenários práticos de ensino-aprendizado por dedicados pais, professores, treinadores e fisioterapeutas.

O termo *cinesiólogo do desenvolvimento*, usado inicialmente por Smoll (1982), popularizou-se e é utilizado hoje em dia para descrever aqueles que estudam o desenvolvimento motor. Esses profissionais do desenvolvimento reconhecem que as demandas físicas e mecânicas específicas da tarefa motora transacionam com a biologia do indivíduo e com as condições do ambiente de aprendizado. Nos modelos transacionais, como o descrito na Figura 1.1, está implícito que os fatores (restrições) próprios da tarefa, do indivíduo e do ambiente não apenas influenciam uns aos outros (interação), mas também podem ser modificados (transação) uns pelos outros.

A informação contida aqui não é a última palavra em desenvolvimento motor, mas sim uma tentativa honesta de apresentar o conhecimento mais recente. Uma vez que as pesquisas e os estudos nessa área têm se expandido de forma rápida, é difícil abranger tudo o que está acontecendo nesse campo em evolução. A fim de ter valor prático para pais, professores, técnicos e fisioterapeutas, o estudo do desenvolvimento motor não pode focar apenas o sujeito habilidoso, em ambientes laboratoriais controlados. Ele tem de analisar e documentar também o que indivíduos de todas as idades são capazes de fazer em condições normais e intensificadas. Dedique algum tempo a reflexões sobre os conceitos importantes contidos nos quadros de texto ao longo de cada capítulo. Esses conceitos sintetizam o que sabemos atualmente, a partir de pesquisas sistemáticas e investigações acadêmicas. A melhor definição de pesquisa certamente é "a busca da verdade". As pesquisas servem para entendermos o desenvolvimento motor, como o próprio título deste livro já diz, e expandirmos a nossa base de conhecimentos, levando-nos a compreender no futuro o que ainda não sabemos hoje. Como autores deste livro, o nosso objetivo é ajudá-lo a aplicar na prática as informações aqui contidas, para que você seja mais efetivo como pai, professor, treinador ou fisioterapeuta.

ESTUDO DO PROCESSO DO DESENVOLVIMENTO AO LONGO DA VIDA

O desenvolvimento é um processo contínuo que começa na concepção e cessa com a morte. Ele envolve todos os aspectos do comportamento humano e, em consequência, só pode ser separado em "domínios", "estágios" ou "faixas etárias" de forma artificial. É importante ter em mente a noção do conceito de desenvolvimento "ao longo da vida". Assim como é importante o estudo do atleta talentoso durante a adolescência e a idade adulta, também é importante o estudo do movimento do bebê, da criança e do idoso. Muito podemos ganhar ao estudarmos o desenvolvimento motor em todas as idades, considerando-o como um processo que ocorre ao longo da vida.

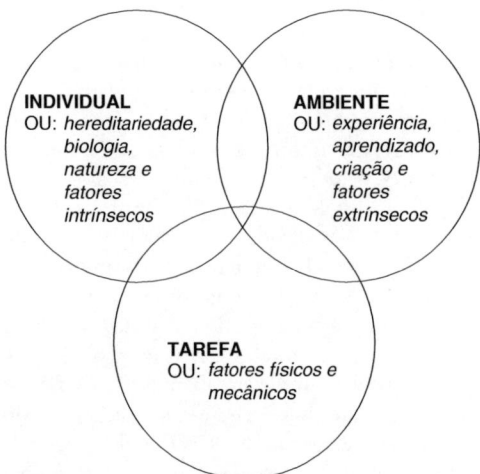

Figura 1.1
Visão transacional da relação causal no desenvolvimento motor.

 Conceito 1.3

O desenvolvimento é um processo que começa na concepção e cessa apenas com a morte.

A perspectiva que vê o desenvolvimento motor como um processo ao longo da vida não o considera dividido em domínios, estágios ou faixas etárias. Ao contrário disso, essa perspectiva sugere que *alguns* aspectos do desenvolvimento de uma pessoa podem ser conceituados de acordo com domínios, estágios ou faixas etárias, enquanto outros não podem. Além disso, o conceito de desenvolvimento ao longo da vida abrange toda a mudança do desenvolvimento – as mudanças positivas geralmente associadas ao bebê, à criança e ao adolescente, assim como as mudanças que acontecem durante o processo regressivo de envelhecimento.

O desenvolvimento motor é altamente específico. A noção antes aceita de uma capacidade motora *geral* foi refutada, para a alegria da maioria dos acadêmicos da área. Ter capacidade superior em uma área não garante capacidade similar em outras. O conceito antiquado de que a pessoa tem ou não tem capacidade em situações de movimento foi substituído pelo conceito de que cada um tem potencialidades específicas dentro de cada uma das muitas áreas do desempenho. Vários fatores que envolvem capacidades de movimento e *performance* física interagem de modo complexo com o desenvolvimento cognitivo e afetivo. Cada um desses fatores, por sua vez, é afetado por uma ampla variedade de demandas relacionadas à biologia, ao ambiente e à tarefa específica.

O processo de desenvolvimento, e, de modo mais específico, o processo de desenvolvimento motor, deve nos fazer lembrar constantemente da individualidade do aprendiz. Cada indivíduo tem um cronograma singular para a aquisição das *capacidades de movimento* (i.e., ações do bebê baseadas na maturação) e das *habilidades de movimento* (i.e., ações da infância em diante baseadas na experiência). Embora o "relógio biológico" do indivíduo seja bem específico, quando se trata da sequência de aquisição das habilidades de movimento (maturação), a taxa e a extensão do desenvolvimento são determinadas individualmente (experiência) e sofrem drástica influência das demandas de *performance* das tarefas. Faixas etárias de desenvolvimento típicas são apenas isso: típicas, e nada mais. As faixas etárias representam apenas períodos de tempo aproximados, durante os quais são observados determinados comportamentos. O excesso de confiança nesses períodos nega os conceitos de continuidade, especificidade e individualidade do processo do desenvolvimento.

Conceito 1.4

O desenvolvimento está relacionado à idade, mas não depende dela.

O estudo do desenvolvimento motor remonta apenas à parte inicial do século XX. As seções a seguir revisam brevemente a história e os métodos de estudo do desenvolvimento motor.

História do desenvolvimento motor

As primeiras tentativas sérias de estudar o desenvolvimento motor, a mais jovem das ciências do movimento, foram feitas a partir da ideia da maturação por Arnold Gesell (1928) e Myrtle McGraw (1935). Os maturacionistas defendiam que o desenvolvimento é função de processos biológicos inatos, que resultam em uma sequência universal de aquisição das habilidades de movimento pelo bebê. Os teóricos também afirmavam que, embora o ambiente pudesse influenciar a taxa de desenvolvimento, os efeitos eram apenas temporários, devido à potente influência da herança genética de cada um. Desde a época desses esforços pioneiros, os nomes de Gesell e McGraw tornaram-se uma lenda na pesquisa do desenvolvimento motor. Muito do que sabemos sobre a sequência da aquisição de habilidades de movimento pelo bebê baseia-se no trabalho descritivo de Gesell e McGraw, assim como também de Mary Shirley (1931) e Nancy Bayley (1935). A onda de pesquisas que esses acadêmicos desencadearam foi motivada, em grande parte, por seu interesse pela relação entre os processos de maturação e aprendizado e o desenvolvimento cognitivo. Em seus estudos independentes, mas notavelmente similares, esses primeiros pesquisadores registraram as conhecidas sequências do desenvolvimento motor do bebê. As observações naturalistas das crianças feitas por eles forneceram grande quantidade de informações sobre a progressão sequencial do desenvolvimento normal, a partir da aquisição de movimentos iniciais rudimentares até os padrões maduros de comportamento.

Os estudos de Gesell e Thompson (1929, 1934) e de McGraw (1935, 1940) são clássicos do método de controle de gêmeos para o estudo do desenvolvimento. As suas hipóteses eram as seguintes: se para dois bebês com conjuntos de genes idênticos fossem dadas experiências diferentes, seria possível demonstrar a influência relativa tanto da hereditariedade como do ambiente sobre o aprendizado de habilidades específicas, incorporadas no *design* do estudo. Os resultados de seus estudos mostraram que, embora a *taxa* de aquisição das habilidades de movimento selecionadas pelo gêmeo treinado tenha sido mais rápida do que a do não treinado, a *sequência* não variou e a vantagem de um sobre o outro durou pouco. Essa pesquisa permitiu uma melhor compreensão das diferenças entre a taxa e a sequência do desenvolvimento. Em essência, a taxa do desenvolvimento motor pode ser influenciada por condições ambientais persistentes, mas a sequência de desenvolvimento em termos de aquisição das capacidades do movimento rudimentar pelo bebê é altamente resistente a mudanças.

O estudo de Monica Wild sobre o comportamento de arremessar (1938) foi a primeira investigação do desenvolvimento dos padrões de movimentos em crianças em idade escolar. Infelizmente, após esse estudo, excelente em sua profundidade e completude, houve pouco interesse na exploração dos vários aspectos do desenvolvimento motor até o final da Segunda Guerra Mundial.

Depois da Segunda Guerra, surgiu uma nova geração de pesquisadores do desenvolvimento motor, liderados por Anna Espenschade, Ruth Glassow e G. Lawrence Rarick (como citado em Rarick, 1981), que focaram a descrição das potencialidades da *performance* motora em crianças. Os três eram formados em educação física e, assim, estavam interessados na compreensão dos resultados do desenvolvimento motor para a sua própria atividade. Além disso, o seu trabalho focava mais a aquisição de habilidades motoras por jovens em idade escolar do que a *performance* motora em bebês. Embora a extensão das pesquisas durante esse período fosse limitada e seguisse a passos lentos, o trabalho desses três pioneiros fez muito para manter o desenvolvimento motor vivo como campo legítimo de investigação acadêmica. Clark e Whitall (1989) atribuíram a Espenschade, Glassow e Rarick o surgimento do desenvolvimento motor como um campo de estudo específico na área da educação física.

A partir de 1960, a base de conhecimentos do estudo do desenvolvimento motor tem crescido com regularidade. O trabalho de Lolas Halverson (1966) e de vários de seus estudantes de graduação na University of Wisconsin (Halverson e Roberton, 1966; Halverson, Roberton e Harper, 1973; Halverson e Williams, 1985) sobre a aquisição de padrões de movimento fundamental maduros fez muito para reavivar o interesse pela investigação de crianças, por causa de sua ênfase mais na identificação dos mecanismos subjacentes à aquisição da habilidade do que na habilidade final. *Os padrões motores fundamentais* (1983), de Ralph Wickstrom, e a pesquisa conduzida por Vern Seefeldt (1972) e seus associados (Branta, Haubenstricker e Seefeldt, 1984; Seefeldt e Haubenstricker, 1982) na Michigan State University, sobre a aquisição de habilidades motoras fundamentais, lançaram as bases para a empolgante pesquisa da década de 1980 em diante.

Durante as décadas de 1980 e 1990, a ênfase do estudo do desenvolvimento motor de novo mudou de forma drástica. Em vez de focar o produto do desenvolvimento, como nas abordagens normativas/descritivas das três décadas precedentes, os pesquisadores passaram a enfatizar outra vez a compreensão dos processos subjacentes envolvidos no desenvolvimento motor. Embora a importância fundamental da hereditariedade tivesse sido reconhecida, agora era dada uma importância complementar às condições do ambiente do aprendizado e às exigências específicas da tarefa ou ação motora.

Os pesquisadores, guiados pelo trabalho seminal de Kugler, Kelso e Turvey (1980), formularam novas estruturas teóricas para controle e desenvolvimento do comportamento motor. A partir daí, os trabalhos de Esther Thelen e colaboradores (1986a, 1986b, 1987a, 1987b, 1991, 1994), Jane Clark e colaboradores (1988, 1989) e outros levaram à formulação da teoria dos sistemas do desenvolvimento motor que orienta a maioria das pesquisas conduzidas atualmente.

Três princípios fundamentais norteiam o que ficou conhecido como teoria dos sistemas dinâmicos. Em primeiro lugar, o corpo é visto como composto de vários sistemas (muscular, esquelético, neural, perceptivo, biomecânico) auto-organizados e capazes de formar padrões de comportamento que surgem da interação entre as partes componentes. Em segundo lugar, esses sistemas e os seus vários subsistemas se auto-organizam de modo complexo e cooperativo, com base nas exigências específicas da tarefa motora e em resposta a várias *affordances* e restrições. E, em terceiro, o desenvolvimento é visto como um processo descontínuo, em que novos padrões de movimento substituem os anteriores (Thelen e Ulrich, 1991).

Conceito 1.5

Historicamente, o estudo do desenvolvimento motor passou por períodos que enfatizaram diferentes explicações para o processo do desenvolvimento.

Em resumo, o período que vai desde a década de 1930 até a Segunda Guerra Mundial pode ser caracterizado como "maturacional", enquanto os anos de 1946 até a década de 1970 seriam o "período normativo/descritivo" no estudo do desenvolvimento motor. A partir da década de 1980 até os dias de hoje, temos o "período orientado para o processo" (Clark e Whitall, 1989). O estudo do desenvolvimento motor começou orientado para os processos (i.e., o estudo dos processos biológicos subjacentes à maturação), depois passou a ser orientado para os produtos (i.e., a descrição dos mecanismos dos vários estágios da aquisição das habilidades de movimento e o desenvolvimento de critérios normativos para uma série de medidas da *performance* motora) e, em seguida, voltou a ser orientado para os processos (i.e., a explicação dos processos que causam mudanças no comportamento motor ao longo do tempo). Pesquisas importantes têm sido realizadas agora em quase todo o mundo sobre o tópico criticamente essencial do desenvolvimento motor desde a fase do bebê até a idade adulta.

Métodos de estudo do desenvolvimento

O desenvolvimento motor é estudado de três formas, pelos métodos longitudinal, transversal e longitudinal misto. Uma vez que a investigação do desenvolvimento motor envolve o estudo das mudanças que ocorrem no comportamento motor ao longo do tempo, o método longitudinal é ideal, consistindo no único verdadeiro meio de estudar o desenvolvimento.

O **método longitudinal** de coleta de dados tenta explicar as mudanças de comportamento ao longo do tempo (i.e., o tempo do desenvolvimento) e envolve a demonstração gráfica dos vários aspectos do comportamento motor de um indivíduo ao longo de vários anos. A abordagem longitudinal permite a observação das mudanças em variáveis específicas ao longo dos anos; embora envolva o gasto de muito tempo, trata o estudo do desenvolvimento motor como uma função mais do tempo de desenvolvimento do que da idade (i.e., do tempo real) do indivíduo. O método longitudinal envolve o estudo de um único grupo de indivíduos, todos da mesma idade, no decorrer de vários anos. O principal propósito desse estudo é medir as *mudanças* de comportamento relacionadas com a idade. Em resumo, o método longitudinal permite o estudo de mudanças em um único indivíduo ao longo do tempo.

O *Medford Boys Growth Study*, conduzido por H. Harrison Clarke (1971) de 1956 a 1968, é um dos mais completos estudos longitudinais do crescimento já realizado. O estudo do desenvolvimento motor, que teve início em 1966, com Vern Seefeldt na Michigan State University, e continuou ao longo de 30 anos, coletou dados antropométricos extensivos, assim como milhares de rolos de filmes, em que crianças executavam habilidades motoras fundamentais selecionadas. A pesquisa de caminhada na esteira de Beverly e Dale Ulrich, na Indiana University (1995), reuniu dados extensivos sobre o início da caminhada de qualidade em bebês com síndrome de Down. Todos são excelentes exemplos de estudos longitudinais sobre o crescimento e o desenvolvimento motor.

O método longitudinal de coleta de dados consome bastante tempo. Além disso, a taxa de desistência em geral é grande, pois os participantes mudam, adoecem ou ficam incapacitados. Portanto, é preciso testar um grande número de participantes para manter uma amostra representativa no final dos estudos com duração de 5 a 10 anos. Além disso, no estudo longitudinal, gradualmente podem surgir problemas na metodologia e no *design*. Variações no nível de confiabilidade e objetividade dos testadores ao longo do período do estudo podem causar problemas de interpretação dos dados. Potenciais efeitos advindos do aprendizado, em função das repetidas *performances* nos itens medidos, também têm se mostrado problemáticos. Essas dificuldades induziram muitos pesquisadores a optar pela abordagem transversal.

O **método transversal** de estudo permite ao pesquisador coletar dados de diferentes grupos de pessoas e faixas etárias, em um mesmo momento no tempo. O principal propósito do estudo transversal é medir diferenças de comportamento relacionadas à idade. Esse método não permite medições de *mudanças* relacionadas à idade, por isso tem gerado controvérsias. O método transversal gera apenas *diferenças* médias em grupos em tempo real e não mudanças individuais ao longo do tempo de desenvolvimento. A hipótese básica subjacente ao estudo transversal consiste em que a seleção aleatória dos participantes da pesquisa fornece uma amostra representativa da população de cada grupo etário testado. No entanto, é questionável se, na maioria dos casos, essa hipótese pode ser confirmada. Na realidade, os estudos transversais, apesar de simples e diretos, são capazes de descrever apenas comportamentos típicos, nas idades específicas estudadas. Consequentemente, eles não são considerados pela maioria das autoridades no assunto como verdadeiros estudos do desenvolvimento. O problema é que, historicamente, a maioria das pesquisas sobre desenvolvimento motor tem usado a abordagem transversal.

Para superar o possível ponto fraco da técnica transversal, os psicólogos do desenvolvimento e os pesquisadores do desenvolvimento motor com frequência combinam os *designs* de pesquisa transversal e longitudinal em suas investigações individuais. Esse método sequencial para estudo do desenvolvimento, ou **método longitudinal misto**, combina os melhores aspectos dos estudos transversal e longitudinal. Ele engloba todos os possíveis pontos de dados necessários à descrição e/ou explicação tanto das diferenças quanto da mudança ao longo do tempo, como as funções do desenvolvimento assim como as da idade. Os participantes da pesquisa são selecionados e estudados por corte transversal, mas também são acompanhados longitudinalmente por vários anos. Isso permite comparar os resultados dos dados transversais com os longitudinais e funciona como meio de validação ou refutação das mudanças relacionadas à idade em relação às verdadeiras mudanças do desenvolvimento. Também proporciona ao pesquisador a oportunidade de analisar e fazer relatos com base em dados preliminares, logo no início da pesquisa, em vez de esperar por cinco anos ou mais.

Conceito 1.6

Enquanto mudanças no comportamento motor relacionadas à idade podem ser estudadas por meio de *designs* de pesquisa transversais, a verdadeira mudança do desenvolvimento só pode ser estudada por meio dos *designs* longitudinal e longitudinal misto.

Os métodos de estudo longitudinal, transversal e longitudinal misto podem ser aplicados a uma variedade de formatos de pesquisa. A investigação pode tomar a forma de um estudo experimental, que é o método mais potente, devido aos rígidos controles necessários, ou ser transversal, envolvendo a observação naturalista, pesquisas, entrevistas, relatos de história de casos ou, ainda, uma combinação dessas técnicas. A Tabela 1.1 fornece uma breve visão geral desses formatos de estudo do desenvolvimento.

Como já observado, houve mudança no rumo do estudo do desenvolvimento motor, cujo foco passou do processo ao produto e agora voltou ao processo. Os primeiros cientistas enfatizaram a importância da *pesquisa orientada para os processos*, ou seja, para a forma e a função. H. M. Halverson (1931, 1937), Shirley (1931) e Wild (1938) focaram a aquisição sequencial dos padrões motores. As suas sugestões para o estudo dos processos do desenvolvimento das habilidades motoras não receberam muita atenção até a década de 1980, quando o interesse por esse

Compreendendo o Desenvolvimento Motor 27

Tabela 1.1 — Principais métodos de estudo do desenvolvimento motor

Estudo longitudinal: os mesmos indivíduos são estudados ao longo de um período de 5 a 10 anos

Estudo transversal: indivíduos diferentes, representando uma série de faixas etárias, são estudados em um mesmo momento temporal

Estudo longitudinal misto: método sequencial de estudo do desenvolvimento que combina os elementos essenciais dos métodos longitudinal e transversal

Método experimental: seleção e/ou atribuição aleatória de participantes a condições de tratamento Controle rígido das variáveis atuantes

Cultural cruzado: pode ou não usar um *design* experimental. Comparação de vários fatores em culturas diferentes

Observação naturalista: observação não intrusiva do comportamento no ambiente natural

Pesquisa por entrevista (survey): entrevistas individuais ou em grupo sobre uma série de tópicos selecionados para revelar atitudes, opiniões

Relato de caso: relato sobre participantes específicos, fornecendo uma série de informações detalhadas sobre a sua história

---

tipo de estudo renasceu; desde então, esse tem sido o foco da pesquisa no campo do desenvolvimento motor. O uso de técnicas da cinematografia, eletrogoniometria e eletromiografia, junto com a análise computadorizada, tem ampliado os nossos conhecimentos a respeito do processo de movimento, seus mecanismos motores subjacentes e a influência resultante sobre o produto do movimento.

A *pesquisa orientada para o produto*, ou sobre as potencialidades de *performance* dos indivíduos, tem sido realizada há vários anos. Esse tipo de pesquisa preocupa-se com o resultado da *performance* do indivíduo. A distância percorrida pela bola, a velocidade possível após o chute ou a extensão de um salto são exemplos de dados da *performance* motora. Força, resistência, potência, equilíbrio e flexibilidade, medidos em baterias de testes específicas, são exemplos de dados da aptidão física.

Conceito 1.7

O desenvolvimento motor pode ser estudado com orientação para o processo ou para o produto.

Dilema do desenvolvimento

Velho frágil: brincadeira!

Em outra edição deste livro, usamos o termo "velho frágil" para pessoas com 80 anos ou mais.

Meu Deus! Que comoção isso causou até no escritório onde o autor-sênior trabalhava. Pois até uma de nossas secretárias, Lucille, uma mulher bem ativa nos seus 82 anos, estava revisando uma cópia do texto que acabara de ser publicado e exclamou, indignada: "Velho frágil com 80 anos ou mais, que história é essa? Só pode ser brincadeira. Não me chame de velha frágil! Eu trabalho oito horas por dia e ainda tenho bastante energia para cuidar das minhas coisas em casa e aproveitar o meu tempo livre. Além disso, a maioria dos meus amigos e conhecidos da mesma idade ou mais velhos é mais ou menos como eu, e com certeza NENHUM deles é um velho frágil!"

Embora outros livros e artigos publicados usassem esse termo com frequência naquela época para descrever pessoas com mais de 80 anos, para minha vergonha, eu não fui capaz de defender o termo "frágil" na conversa com Lucille. Eu tinha violado aquele conceito-chave, segundo o qual o desenvolvimento está relacionado com a idade, mas não depende dela, e acabei por ofender Lucille.

Nós enfrentamos um dilema, pois o uso da idade cronológica é o meio de classificação mais conveniente e universal. Entretanto, é também o menos válido para indicar em que estágio do desenvolvimento a pessoa está. Por causa disso, atualizamos a nossa terminologia referente a esse grupo de pessoas. Agora usamos o termo "velho mais velho" (*oldest old*). Um tanto insípido, talvez, mas certamente não é ofensivo. Obrigado, Lucille.

CLASSIFICAÇÕES ETÁRIAS DO DESENVOLVIMENTO

Os níveis de desenvolvimento podem ser classificados de vários modos. O método mais popular, porém com frequência o menos preciso, é a classificação pela idade cronológica. A *idade cronológica* ou a idade do indivíduo em meses e/ou anos é de uso universal e representa uma constante. Quando sabemos a data de nascimento de alguém, podemos facilmente calcular a sua idade em anos, meses e dias. A Tabela 1.2 fornece uma classificação etária cronológica convencional desde a concepção até a idade adulta avançada. Embora sejam altamente específicas durante os primeiros anos, as idades cronológicas tornam-se cada vez mais gerais no decorrer da vida. Ao revisar essa tabela, tenha em mente que, apesar de relacionado com a idade, o desenvolvimento não depende dela. A idade cronológica é somente uma estimativa bruta do nível de desenvolvimento do indivíduo, que pode ser determinado de modo mais preciso por outros meios.

A **idade biológica** do indivíduo fornece um registro da sua taxa de progressão em direção à maturidade. É uma idade variável, que corres-

Tabela 1.2 Classificações etárias cronológicas convencionais

Período		Faixa etária aproximada
I	Vida pré-natal	(Da concepção ao nascimento)
	A. Período do zigoto	Concepção – 1 semana
	B. Período embrionário	2 semanas – 8 semanas
	C. Período fetal	8 semanas – nascimento
II	O bebê	(Do nascimento aos 24 meses)
	A. Período neonatal	Nascimento – 1 mês
	B. Início do período de bebê	1 – 12 meses
	C. Restante do período de bebê	12 – 24 meses
III	Infância	(Dos 2 aos 10 anos)
	A. Período entre 2 e 3 anos	24 – 36 meses
	B. Início da infância	3 – 5 anos
	C. Meio/final da infância	6 – 10 anos
IV	Adolescência	(Dos 10 aos 20 anos)
	A. Pré-puberdade	10 – 12 anos (F)
		11 – 13 anos (M)
	B. Pós-puberdade	12 – 18 anos (F)
		14 – 20 anos (M)
V	Juventude	(Dos 20 aos 40 anos)
	A. Período inicial	20 – 30 anos
	B. Período de consolidação	30 – 40 anos
VI	Meia-idade	(Dos 40 aos 60 anos)
	A. Transição da meia-idade	40 – 45 anos
	B. Meia-idade	45 – 60 anos
VII	Adulto mais velho	(60 anos +)
	A. Velho jovem	60 – 70 anos
	B. Velho mediano	70 – 80 anos
	C. Velho mais velho	80 anos +

ponde apenas aproximadamente à idade cronológica e pode ser determinada pela medição das idades: (1) morfológica, (2) esquelética, (3) dentária e (4) sexual.

A *idade morfológica* é a comparação do tamanho da pessoa (altura e peso) com padrões normativos. O tamanho normativo foi determinado pela primeira vez por Wetzel (1948) e outros, por meio da elaboração exaustiva de gráficos de alturas e pesos de milhares de indivíduos. A grade de Wetzel foi usada durante muitos anos pela maioria dos pediatras como principal recurso para determinação da idade morfológica de seus pacientes. Embora não seja usada atualmente devido a mudanças seculares (i.e., mudanças entre as gerações) de peso e altura, a grade de Wetzel foi, em determinado momento, o método mais popular para indicar a idade morfológica. Hoje em dia, os pediatras usam gráficos de crescimento físico desenvolvidos pelo National Center for Health Statistics (2000). Cópias desses gráficos são fornecidas no Capítulo 6 (do nascimento aos 24 meses) e no Capítulo 10 (dos 2 aos 20 anos) e podem ser encontradas também *on-line* no *cdc.gov/nchs/*.

A *idade esquelética* fornece um registro da idade biológica de desenvolvimento do esqueleto. Ela pode ser determinada com precisão por um raio X dos ossos carpais das mãos e do punho. A idade esquelética é usada como ferramenta de pesquisa laboratorial e em casos de crescimento extremamente atrasado ou acelerado. Poucas vezes é usada como medida da idade biológica fora dos ambientes laboratorial e clínico, devido a custo, inconveniência e efeitos cumulativos da radiação.

A *idade dentária* é outro meio preciso, porém usado com pouca frequência, de determinação da idade biológica. A sequência do desenvolvimento dos dentes desde o surgimento da primeira cúspide até o fechamento da raiz fornece uma medição da idade de calcificação. A idade de erupção também pode ser determinada pela elaboração de gráficos da progressiva emersão dos dentes.

A *idade sexual* é o quarto método de determinação da idade biológica. A maturação sexual é determinada pela aquisição variável das características sexuais primárias e secundárias. A escala de maturidade de Tanner (Tanner, 1962) é um meio preciso de avaliação da maturidade sexual. Ela está descrita no Capítulo 15. Esse método é usado com pouca frequência, em função de constrangimentos sociais e culturais.

Existem vários outros métodos de classificação da idade de um indivíduo. Eles incluem medições das idades: (1) emocional, (2) mental, (3) autoconceitual e (4) perceptiva. A *idade emocional* é dada pela medição da socialização e da capacidade de funcionamento dentro de determinado ambiente social/cultural. A *idade mental* é dada pela medição complexa do potencial mental do indivíduo em função tanto do aprendizado quanto da autopercepção. Com frequência, ela flutua ao longo da vida da pessoa. A *idade autoconceitual* é dada pela medição da avaliação pessoal que o indivíduo faz do próprio valor ou capacidade. A *idade perceptiva* é uma avaliação da taxa e da extensão do desenvolvimento da percepção pessoal.

Conceito 1.8

Embora a idade cronológica seja o meio de classificação de idade mais utilizado, em geral é o menos válido.

Todas as medições da idade são variáveis. Elas estão relacionadas com a idade cronológica, mas não dependem dela. Portanto, todos os que trabalham com bebês, crianças, adolescentes ou adultos não devem confiar demais na classificação cronológica da idade simplesmente por sua facilidade e conveniência.

TERMINOLOGIA USADA NO DESENVOLVIMENTO MOTOR

É sempre importante adquirir certo conhecimento profissional dos termos usados na área de estudo escolhida. Seja a sua área a medicina ou o direito, a educação especial ou a economia, há um jargão típico de cada campo, e o desenvolvimento motor não é exceção. Uma série de termos que se tornaram usuais é apresentada nesta seção. Assim como acontece com os jargões na maioria das áreas de estudo, o consenso a respeito do significado de cada termo não é universal. Temos de nos esforçar em busca de maior consistência. Com esse conceito em mente, apresentamos as definições a seguir.

Conceito 1.9

Os termos transmitem conceitos críticos essenciais para a compreensão do desenvolvimento motor.

Crescimento e desenvolvimento

Os termos **crescimento** e **desenvolvimento** são usados com frequência como sinônimos, mas há uma diferença de ênfase. No seu sentido mais puro, o *crescimento físico* refere-se ao aumento do tamanho do corpo do indivíduo ou de suas partes durante a maturação. Em outras palavras, crescimento físico é o aumento na estrutura do corpo provocado pela multiplicação ou aumento das células. No entanto, o termo *crescimento* muitas vezes é usado para se referir à totalidade das mudanças físicas, e, assim, torna-se mais inclusivo, assumindo o mesmo sentido de desenvolvimento. Nas referências ao crescimento neste livro, adotaremos aquele primeiro significado.

O *desenvolvimento*, em seu sentido mais puro, refere-se a mudanças no nível de funcionamento do indivíduo ao longo do tempo. Keogh e Sugden (1985) definiram desenvolvimento como "uma mudança adaptativa em busca da competência" (p. 6). Essa definição implica que, ao longo da vida, há necessidade de ajustes, compensações ou mudanças para se adquirir ou manter a competência. Por exemplo, o bebê que está aprendendo a andar precisa compensar as mudanças ocorridas na sua base de apoio e no seu centro de gravidade. Do mesmo modo, o adulto precisa compensar a diminuição e a regressão na competência de andar causadas por artrite e redução da flexibilidade articular. Será adotada a definição de Keogh e Sugden ao longo deste texto, pois afirma, de modo claro e sucinto, que o desenvolvimento é um processo de mudança que dura a vida toda.

Embora o desenvolvimento seja visto mais como o surgimento e a ampliação da capacidade de funcionar em um nível elevado, temos de reconhecer que o conceito de desenvolvimento é muito mais amplo e que ele é um processo cuja duração se estende pela vida inteira. O estudo do desenvolvimento trata do que acontece no organismo humano durante sua jornada, desde a concepção, passando pela maturidade, até a morte, e também o modo como isso acontece. O desenvolvimento é um processo contínuo, que abrange todas as dimensões inter-relacionadas de nossa existência, e é preciso tomar cuidado para não considerarmos essas dimensões como autônomas ou como limitadas aos anos de crescimento da infância. Os adultos estão tão envolvidos no processo de desenvolvimento quanto as criancinhas mais novas.

Os elementos da maturação e da experiência entrelaçados desempenham papéis-chave no processo de desenvolvimento. **Maturação** refere-se a mudanças qualitativas, que permitem a progressão até níveis mais elevados de funcionamento. Quando vista a partir de uma perspectiva biológica, a maturação é primordialmente inata; ou seja, é determinada geneticamente e resistente a influências externas ou ambientais. A maturação é caracterizada por uma ordem de progressão fixa, em que o ritmo pode variar, mas a sequência de surgimento das características, em geral, não varia. Por exemplo, a progressão e a idade aproximada em que um bebê começa a sentar, a ficar de pé e a caminhar são muito influenciadas pela maturação. A sequência de surgimento dessas capacidades de movimento geralmente é fixa e resistente a mudanças, sendo que apenas o ritmo do surgimento se altera em função de influências ambientais, como o aprendizado e a experiência.

Experiência refere-se a fatores no ambiente que podem alterar o aparecimento de várias características do desenvolvimento ao longo do processo de aprendizado. As experiências da criança podem afetar o ritmo de surgimento de determinados padrões de comportamento.

Os aspectos do desenvolvimento, tanto da maturação como da experiência, estão entrelaçados. Determinar a contribuição isolada de cada um desses processos é impossível. Na literatura, um caloroso debate sobre a importância relativa de cada um deles arrastou-se por bem mais de um século. Em resultado disso, o termo *adaptação* entrou na moda e com frequência é usado para se referir à complexa interação entre as forças existentes no indivíduo e no ambiente.

Domínios do comportamento

A classificação das respostas humanas nos *domínios do comportamento* foi popularizada primeiro por Bloom e colaboradores (1956) e Krathwohl, Bloom e Masia (1964) em suas tentativas pioneiras de estabelecer uma taxonomia (i.e., um esquema de classificação) dos objetivos educacionais. Infelizmente, o modo como separaram o comportamento nos domínios psicomotor (comportamento motor), cognitivo (comportamento intelectual) e afetivo (comportamento socioemocional) fez com que muitos tratassem cada domínio como entidades independentes do desenvolvimento humano. Devemos ter sempre em vista a natureza inter-relacionada do desenvolvimento e dos três domínios do comportamento humano, embora tenhamos a tendência de separá-los por conveniência em nossa discussão e estudo do desenvolvimento humano.

O *domínio psicomotor* inclui os processos de mudança, estabilização e regressão na estrutura física e no funcionamento neuromuscular. No domínio psicomotor, o movimento é resultado de processos mediados cognitivamente em centros superiores do cérebro (córtex cerebral), de atividades reflexas nos centros inferiores do cérebro ou de respostas automáticas no sistema nervoso central. O domínio psicomotor envolve todas as mudanças físicas e fisiológicas ocorridas ao longo da vida e é o tópico da próxima seção.

O *domínio cognitivo*, aplicado ao estudo do comportamento motor, envolve a relação funcional entre a mente e o corpo. A interação recíproca entre a mente e o corpo tem sido explorada por observadores desde Sócrates e Platão até os teóricos do desenvolvimento do século XX. Jean Piaget, famoso por sua teoria do desenvolvimento cognitivo, é um exemplo de teórico que reconheceu o importante papel do movimento, em especial durantes os primeiros anos de vida. O trabalho de Piaget fez muito para disseminar as noções de que o desenvolvimento perceptivo-motor e a prontidão conceitual acadêmica podem ser incrementados por meio do movimento.

O *domínio afetivo*, relacionado ao estudo do movimento humano, envolve sentimentos e emoções aplicadas ao próprio indivíduo e aos outros por meio do movimento. A segurança nos movimentos, a competência percebida, o autoconceito e a socialização cultural são áreas de interesse dos estudantes do desenvolvimento motor. A *segurança nos movimentos* é a confiança do indivíduo na própria capacidade de satisfazer as demandas de várias tarefas de movimentos. A *competência percebida* é a percepção do potencial para o sucesso em todas as áreas, incluindo o movimento. O *autoconceito* é a avaliação que a pessoa faz do seu próprio valor. Ele é influenciado por uma série de fatores, sendo o movimento um deles. A *socialização cultural* é o nível de interação social evidenciado pelo indivíduo. O comportamento de jogo tem uma base de desenvolvimento que se manifesta na mudança das relações entre os pares e níveis mais sofisticados de funcionamento. A capacidade de brincar também é vista pelos biólogos como uma atividade vital para o desenvolvimento do cérebro (Fagen, 1992; Bergen e Coscia, 2000; Bergen, 2004).

Conceito 1.10

O comportamento humano pode ser classificado em três domínios: psicomotor, cognitivo e afetivo.

Essas definições dos domínios psicomotor, cognitivo e afetivo, em relação ao modo como eles influenciam os processos do desenvolvimento e são influenciados por eles, permitem-nos esclarecer uma série de termos do domínio psicomotor que contém as palavras *motor* ou *movimento* (ver Tab. 1.3). O que se segue não é apenas um exercício de semântica. As palavras refletem conceitos e transmitem ideias. É importante analisar aquelas que possuem significados similares, pois diferenças, inclusive sutis, nas definições podem gerar confusão e falta de clareza.

O domínio psicomotor

No estudo do movimento humano, o termo **motor**, quando usado sozinho, refere-se a fatores biológicos e mecânicos subjacentes que influenciam o movimento. Entretanto, raramente esse termo é usado de modo isolado, geralmente ele é incluído como sufixo ou prefixo em palavras como *psicomotor, perceptivo-motor, sensório-motor, aprendizado motor, controle motor, desenvolvimento motor,* performance *motora* e *capacidades motoras*.

Tabela 1.3 — A natureza inter-relacionada dos termos mais utilizados no desenvolvimento motor

Comportamento motor: mudança no aprendizado, controle e desenvolvimento motores, causada pela interação entre os processos biológico e de aprendizado

Controle motor: mudanças neurais e físicas subjacentes na *performance* de tarefas isoladas

Aprendizado motor: mudanças subjacentes envolvendo a aquisição e o refinamento de habilidades de movimento

Desenvolvimento motor: mudança progressiva no comportamento motor ao longo do ciclo da vida, causada pela interação entre as exigências da tarefa de movimento, a biologia do indivíduo e as condições do ambiente do aprendizado

Motor: fatores subjacentes que afetam o movimento

Movimento: o ato observável de se movimentar

Padrão motor: processos mecânicos e biológicos subjacentes comuns

Padrão do movimento: séries organizadas de movimentos relacionados (p. ex., padrão do movimento lateral do braço)

Padrão motor fundamental: processo subjacente comum dos movimentos básicos

Padrão de movimento fundamental: séries organizadas de movimentos básicos (p. ex.: o ato de rebater)

Habilidade motora: processo subjacente comum de ganho de controle do movimento voluntário do corpo, dos membros e/ou da cabeça (também chamado de "tarefa" ou "ação")

Habilidade de movimento especializado: forma, precisão e controle na *performance* de um movimento (p. ex., acertar em um objeto no ar ou cortar lenha)

Habilidade esportiva: combinação de um padrão de movimento fundamental com forma, precisão e controle na *performance* de uma atividade relacionada ao esporte (p. ex., o rebater no beisebol ou *softball*)

Os termos *psicomotor*, *perceptivo-motor* e *sensório-motor* ganharam popularidade no jargão de psicólogos e educadores. Os cinesiólogos, por sua vez, tendem a limitar o uso dos prefixos dessas palavras em discussões que focam aspectos específicos do processo motor. Em outras palavras, o termo *motor* é usado como prefixo para descrever áreas de estudo específicas. A seguir, apresentamos uma breve descrição de vários desses termos, uma vez que são comumente usados.

Aprendizado é um processo interno que resulta em mudanças consistentes no comportamento, vistas como uma prova da sua ocorrência. Aprender é resultado de experiência, educação e treinamento, interagindo com os processos biológicos. Delineia-se, em grande parte, pelo estado de desenvolvimento do indivíduo e é uma função da prática.

O aprendizado é um fenômeno em que a experiência é pré-requisito, enquanto o desenvolvimento é um processo que pode ocorrer de modo relativamente independente da experiência. O movimento é considerado essencial ao aprendizado – "o movimento é parte indispensável do aprendizado e do pensamento, assim como parte integrante do processo mental" (Blakemore, 2003, p. 22). **Aprendizado motor**, portanto, é o aspecto do aprendizado em que o movimento desempenha a principal parte. O aprendizado motor é uma mudança relativamente permanente no comportamento motor, resultando da prática ou da experiência passada.

Habilidade motora é uma tarefa ou ação de movimento voluntária, aprendida, orientada para um objetivo, realizada por uma ou mais partes do corpo. É importante observar que a definição de habilidade, como usada aqui, é de uma ação *aprendida*, que tem um objetivo específico e, em resultado disso, é de natureza voluntária e exige a movimentação de alguma parte ou partes da anatomia humana (i.e., corpo, membros e/ou cabeça). Os movimentos reflexos não se enquadram nessa definição e não são considerados habilidades motoras. O mesmo vale para os movimentos de base genética (i.e., de maturação), como rastejar e engatinhar, e aqueles considerados como capacidades do movimento rudimentar do bebê.

Comportamento motor é um termo genérico referente a mudanças no controle do aprendizado e do desenvolvimento motor e que abrange fatores de aprendizado e processos de maturação associados com a *performance* nos movimentos. A pesquisa na área do comportamento motor trata do estudo do aprendizado, controle e desenvolvimento motor.

Controle motor é o aspecto do aprendizado e do desenvolvimento motor que lida com o estudo dos mecanismos neurais e físicos subjacentes ao movimento humano. A pesquisa nessa área observa processos subjacentes, envolvidos na *performance* de um ato de movimento consistente de um teste para outro. A maior parte da pesquisa atual sobre desenvolvimento motor, especialmente aquela realizada a partir da perspectiva dos sistemas dinâmicos, aborda o desenvolvimento a partir do ponto de vista dos mecanismos de controle.

Desenvolvimento motor é a mudança contínua no comportamento motor ao longo do ciclo da vida. Ele é estudado como um "processo" e não como um "produto". Como processo, o desenvolvimento motor envolve o estudo das demandas subjacentes biológicas, ambientais e de tarefa que influenciam mudanças no comportamento motor desde a infância até a velhice. Na qualidade de produto, o desenvolvimento motor pode ser considerado como uma mudança descritiva ou normativa ao longo do tempo sendo visto como mudanças no comportamento e na *performance* motora relacionadas à idade.

***Performance* motora** é o ato de colocar em prática uma habilidade de movimento. Como tal, pode ser observada diretamente, e o seu resultado pode ser avaliado no aspecto quantitativo por meio de alguma forma de medição. Por exemplo, a velocidade com que você percorreu 50 m e a distância percorrida pela bola que você arremessou são medidas da sua *performance* motora na corrida e no arremesso, respectivamente.

Conceito 1.11

Comportamento motor é um termo genérico que abrange áreas de estudo complementares, mas essencialmente diferentes, envolvendo aprendizado, controle e desenvolvimento motor.

Formas de movimento

O termo **movimento** refere-se a mudanças observáveis na posição de qualquer parte do corpo.

O movimento é o ato culminante de processos motores subjacentes. A palavra *movimento* com frequência acompanha outras para ampliar ou esclarecer o significado delas, mas, em geral, refere-se ao ato evidente de movimentar-se. A seguir, apresentamos uma breve descrição de alguns termos do movimento, como são comumente usados.

Padrão de movimento são séries organizadas de movimentos relacionados. De forma mais específica, um padrão de movimento representa a *performance* de um movimento isolado que, em ou de si mesmo, é restrito demais para ser classificado como um padrão de movimento fundamental. Por exemplo, os padrões de mover o braço lateralmente ao corpo, mover o antebraço ou elevar ao máximo o braço, sozinhos, não constituem os movimentos fundamentais da batida ou do arremesso; eles representam somente séries de movimentos organizados.

Padrão de movimento fundamental refere-se à *performance* observável de movimentos básicos de locomoção, de manipulação e de estabilização. Os padrões de movimento fundamentais envolvem a combinação de padrões de movimento de dois ou mais segmentos corporais. Correr e saltar, bater e arremessar, virar e girar são exemplos, respectivamente, de padrões de movimentos fundamentais de locomoção, de manipulação e de estabilidade.

Embora os termos *padrões de movimento* e *habilidade de movimento* com frequência sejam usados como sinônimos e **habilidade de movimento** seja o mesmo que habilidade motora, há uma diferença sutil de ênfase. Enquanto a habilidade "motora" enfatiza as contribuições relativas dos mecanismos subjacentes (neurais, musculares, biomecânicos, perceptivos), a habilidade "de movimento" enfatiza o que pode ser visto na observação a olho nu. Em outras palavras, o cientista que trabalha no laboratório tende a focar os aspectos "motores" da habilidade, enquanto o profissional do campo tende a focar os aspectos observáveis "do movimento" relativo à habilidade. Além disso, na habilidade de movimento, enfatiza-se a precisão e limitam-se os movimentos irrelevantes; em um padrão de movimento fundamental, enfatiza-se o movimento e limita-se a precisão, que não é vista necessariamente como um objetivo.

Habilidade esportiva é o refinamento ou a combinação de padrões de movimentos fundamentais ou de habilidades de movimento na execução de uma atividade relativa ao esporte. Os padrões de movimentos fundamentais de girar o corpo e bater podem ser desenvolvidos até um grau elevado de precisão e aplicados de forma horizontal para fazer a rebatida no beisebol ou de forma vertical, para jogar golfe ou executar o serviço do tênis. A *performance* de uma habilidade esportiva exige a realização de alterações cada vez mais precisas nos padrões básicos de movimento para alcançar níveis de habilidade mais elevados.

CLASSIFICAÇÃO DAS HABILIDADES DE MOVIMENTOS

Há uma série de esquemas para classificar as habilidades de movimentos. Tradicionalmente, a maioria tem sido unidimensional. Ou seja, eles tratam de apenas um aspecto da habilidade de movimento ao longo de um âmbito amplo. As taxonomias bidimensionais são um modo mais abrangente de classificar as habilidades de movimentos. Ambos os tipos são discutidos nas seções seguintes.

Conceito 1.12

Embora haja uma série de esquemas uni e bidimensionais úteis para a classificação dos movimentos, nenhum deles captura completamente a amplitude, a profundidade e o escopo do movimento humano.

Esquemas unidimensionais

Quatro modos de classificação das habilidades de movimento ao longo de uma única dimensão ganharam popularidade ao longo dos anos: (1) muscular, (2) temporal, (3) ambiental e (4) funcional. Cada um deles é explicado brevemente nos parágrafos seguintes e apresentados em forma de esquema na Tabela 1.4.

Aspectos musculares do movimento

Não há fronteiras claras entre os termos amplo e *fino*, mas os movimentos com frequência são classificados com um desses dois adjetivos. O *movimento motor* amplo envolve o movimento de músculos grandes do corpo. A maioria das habilidades esportivas é classificada como movimentos motores amplos, com exceção, talvez, do tiro, da esgrima e de algumas outras. O *movimento motor fino* envolve movimentos limitados das partes do corpo na *performance* de movimentos precisos. Manipulação do bordado, caligrafia e datilografia em geral são considerados movimentos motores finos. Os fisioterapeutas e os professores de educação física preocupam-se, essencialmente, com o aprendizado ou o reaprendizado de habilidades motoras amplas, enquanto o terapeuta ocupacional e os técnicos com frequência ocupam-se dos aspectos motores finos do movimento hábil.

Aspectos temporais do movimento

Com base nos aspectos temporais, o movimento pode ser classificado também como discreto, serial ou contínuo. O *movimento discreto* tem um começo e um fim definidos. Saltar, arremessar, chutar e rebater uma bola são exemplos desse tipo de movimentos. Os movimentos seriais envolvem a *performance* de um único movimento discreto várias vezes em rápida sucessão. Pular corda ritmicamente, fazer dribles no basquetebol, voleios no futebol e rebatidas no voleibol são tarefas seriais típicas. Os *movimentos contínuos* são aqueles repetidos durante um tempo específico. Correr, nadar e pedalar são movimentos contínuos comuns.

Aspectos ambientais do movimento

Os padrões de movimento fundamentais e as habilidades de movimento com frequência são chamados de tarefas motoras abertas ou fechadas. A *tarefa aberta* é aquela realizada em um ambiente onde as condições estão constantemente em mudança. Essas condições mutáveis exigem que o indivíduo faça ajustes ou modificações no padrão do movimento para atender as demandas da situação. É necessária plasticidade ou flexibilidade de movimento para a *performance* de uma habilidade aberta. A maioria das atividades realizadas em dupla ou em grupo envolve habilidades abertas, que dependem do *feedback* externo e interno para uma execução bem-sucedida. Por exemplo, quando está brincando de pique-esconde, em que é preciso correr e esquivar-se em várias direções,

Tabela 1.4	Modelos unidimensionais populares para classificação do movimento		
Aspectos musculares do movimento (tamanho/amplitude do movimento)	**Aspectos temporais do movimento (séries temporais em que o movimento ocorre)**	**Aspectos ambientais do movimento (contexto em que o movimento ocorre)**	**Aspectos funcionais do movimento (propósito do movimento)**
Habilidades motoras amplas: uso de vários músculos grandes para executar a tarefa de movimento (correr, saltar, arremessar, apanhar a bola)	*Habilidades motoras discretas*: com início e fim bem definidos (rebater uma bola arremessada, apertar um interruptor de luz)	*Habilidades motoras abertas*: ocorrem em um ambiente imprevisível e constantemente mutável (participar de uma luta romana, apanhar uma bola em movimento, jogar a maioria dos jogos de computador)	*Tarefas de estabilidade*: enfatiza o ganho ou a manutenção do equilíbrio em situações de movimento estático ou dinâmico (sentar, levantar, equilibra-se em um pé, andar em uma barra estreita)
Habilidades motoras finas: uso de vários músculos pequenos para executar a tarefa de movimento com precisão (escrever, digitar, tricotar, pintar retratos)	*Habilidades motoras seriais*: séries de habilidades distintas, realizadas em rápida sucessão (fazer dribles no basquetebol, abrir uma porta trancada) *Habilidades motoras contínuas*: repetidas continuamente, por um período de tempo arbitrário (pedalar uma bicicleta, nadar, tocar violino)	*Habilidades motoras fechadas*: ocorrem em um ambiente estável e não mutável (fazer uma jogada no golfe, digitar texto no computador)	*Tarefas de locomoção*: transporte do corpo de um ponto a outro do espaço (engatinhar, correr, dar um salto em altura) *Tarefas de manipulação*: transmitir força a um objeto ou receber força dele (bater, volear, escrever, tricotar)

a criança nunca usa um mesmo padrão de movimento o tempo todo. Ela precisa adaptar-se às demandas da atividade por meio de uma série de movimentos similares, porém diferentes. A *performance* de uma tarefa de movimento aberta difere marcadamente da de uma tarefa de movimento fechada.

A *tarefa fechada* é "uma habilidade motora desempenhada em um ambiente estável e previsível, em que o executante determina quando começar a ação" (Magill, 2010, p. 9). A habilidade de movimento ou o padrão de movimento fundamental fechado demanda rigidez na *performance*. Ele depende mais do *feedback* cinestésico do que do visual e auditivo para a realização da tarefa. Ao plantar bananeira, fazer um arremesso ao alvo ou dar um salto vertical, a criança está realizando uma tarefa de movimento fechada.

Função pretendida do movimento

As habilidades de movimento podem ser classificadas com base na intenção. Embora todas as tarefas de movimento envolvam algum elemento de equilíbrio, os movimentos que objetivam alcançar e/ou manter uma orientação corporal estável são chamados de *tarefas de estabilidade*. Sentar e levantar, equilibrar-se sobre uma barra estreita, girar e esquivar-se enquadram-se nessa categoria, assim como movimentos axiais, como inclinar-se ou alongar-se e girar ou fazer uma rotação. Movimentos que se destinam a transportar o corpo de um ponto a outro, como caminhar, correr ou dar um salto em altura ou saltar obstáculos no atletismo, são *tarefas de locomoção*. Aquelas que envolvem transmitir força a um objeto ou receber força dele são *tarefas de manipulação de objetos*. Arremessar, apanhar, chutar uma bola de futebol, rebater no beisebol e driblar no basquetebol são atividades de manipulação comuns.

O leitor deve tomar cuidado para não ser arbitrário na classificação do movimento nos esquemas uni ou bidimensionais. Nem sempre é possível ou desejável separar e classificar distintamente os movimentos. Nós somos seres humanos moventes e dinâmicos e respondemos constantemente a muitos fatores ambientais sutis e a demandas das tarefas de movimento. A classificação arbitrária do movimento deve servir apenas para focar a atenção no aspecto específico do movimento que está sendo considerado.

Modelos bidimensionais

Os modelos bidimensionais de classificação das habilidades de movimento, embora ainda descritivos, são, de certo modo, mais completos para o reconhecimento da complexidade do movimento humano. Eles oferecem recursos mais sofisticados para visualizar o movimento do modo como ele ocorre e ao longo de um *continuum*, do simples ao complexo e do geral ao específico. O modelo bidimensional proposto por Gentile (2000) foca o processo do aprendizado da habilidade motora. O modelo proposto pelo autor-sênior deste livro, em sua primeira versão, em 1972 (Gallahue, Werner e Luedke, 1972), e expandido ao longo de sua carreira profissional foca os produtos do desenvolvimento motor. Ambos são discutidos de forma breve nos parágrafos a seguir e estão esquematizados nas Tabelas 1.5 e 1.6, respectivamente.

O modelo bidimensional de Gentile (2000)

Gentile (2000) foi além das abordagens unidimensionais de classificação das habilidades de movimento. O seu esquema bidimensional leva em conta: (1) o contexto ambiental em que a tarefa de movimento é realizada e (2) a função pretendida. Embora a intenção original dessa taxonomia fosse ajudar os fisioterapeutas em seus esforços de reabilitação, ela também fornece uma estrutura de trabalho para determinação de sessões práticas e rotinas de treinamento para todos os interessados em ensinar habilidades de movimento.

A primeira dimensão lida com o contexto ambiental da tarefa de movimento a ser executada. De acordo com Gentile, o **contexto ambiental** refere-se à existência de *condições reguladoras estacionárias* ou *móveis* e *com* ou *sem variabilidade entre tentativas*. Quando as condições reguladoras durante a *performance* de uma habilidade são estacionárias, o contexto ambiental não muda. Nesse caso, pode não haver variabilidade entre as tentativas, como em uma tarefa completamente fechada, ao sentar-se em uma cadeira ou levantar-se dela; ou, então, pode haver variabilidade entre tentativas, como em uma tarefa de movimento moderadamente fechada, ao sentar-se em locais com alturas variadas ou levantar-se desses locais. Entretanto, quando as condições reguladoras do ambiente são móveis, também pode não haver variabilidade entre tentativas, como em uma habilidade de movimento moderadamente aberta, ao sentar-se em uma bola de exercício grande; ou então haver variabilidade entre as tentativas, como em uma tarefa de movimento completamente aberto, ao sentar-se em uma bola de exercício grande e balançar-se sem apoiar os pés no chão.

A segunda dimensão do esquema bidimensional de Gentile para classificação das habilidades de movimento lida com a função pretendida da tarefa de movimento (ou seja, com a categoria do movimento). A orientação do corpo do indivíduo pode focar a estabilidade ou a locomoção (Gentile usa o termo "transporte do corpo"), que ocorre com ou sem a manipulação de objetos. Dedique alguns minutos ao estudo da Tabela 1.5 e dos exemplos fornecidos nela. Observe que os exemplos de movimento são dados em uma progressão de dificuldade pré-definida, da esquerda para a direita e de cima para baixo. Por exemplo, o quadrante superior esquerdo, o menos complexo, enfatiza a estabilidade corporal sem manipulação de objetos; nele há condições ambientais reguladoras estacionárias, sem variabilidade entre tentativas. Enquadram-se aqui as habilidades de movimento completamente fechado, como sentar-se ou levantar-se. Entretanto, as habilidades de movimento no quadrante inferior direito, as mais complexas, enfatizam o transporte do corpo (locomoção) com manipulação de algum objeto, em condições ambientais reguladoras móveis e com variabilidade entre as tentativas. Habilidades de movimento completamente aberto, como pular para pegar uma bola no beisebol ou no basquetebol ou fazer um

Compreendendo o Desenvolvimento Motor 37

Tabela 1.5 Adaptação do modelo bidimensional de Gentile (2000) de classificação do movimento, com exemplos

Contexto ambiental da tarefa de movimento				Função pretendida da tarefa de movimento			
				Estabilidade sem manipulação	Estabilidade com manipulação	Locomoção sem manipulação	Locomoção com manipulação
Condições reguladoras estacionárias*	Sem variabilidade entre tentativas	=	Tarefa de movimento completamente fechada	• Sentar em uma cadeira • Ficar de pé no lugar	• Bater na bola no *tee* do golfe • Chutar uma bola parada	• Andar sobre uma superfície lisa • Saltar até uma altura fixa	• Andar com uma mala • Pular corda ritmicamente
Condições reguladoras estacionárias*	Variabilidade entre tentativas	=	Tarefa de movimento moderadamente fechada	• Sentar em cadeiras de alturas variáveis • Levantar-se de cadeiras de alturas variáveis	• Bater na bola de golfe colocada em alturas variáveis • Chutar bolas paradas de tipos diferentes	• Andar na esteira • Saltar até alturas variadas	• Andar em uma superfície escorregadia com uma sacola de supermercado cheia • Saltar determinada distância para pegar uma bola arremessada pelo próprio sujeito
Condições reguladoras em movimento**	Sem variabilidade entre testes	=	Tarefa de movimento moderadamente aberta	• Ficar de pé em uma escada rolante • Sentar em uma bola de exercício grande	• Rebater uma bola lançada por um aparelho de arremesso • Chutar uma bola rolada lentamente sobre uma superfície lisa e reta	• Andar na escada rolante • Correr e saltar até uma altura fixa	• Fazer um arremesso de peso • Arremessar o dardo com corrida
Condições reguladoras em movimento**	Variabilidade entre tentativas	=	Tarefa de movimento completamente aberta	• Ficar de pé em uma escada rolante • Sentar em uma bola de exercício grande sem apoiar os pés	• Rebater uma bola arremessada • Chutar uma bola de futebol rolada rapidamente	• Atravessar uma ponte giratória • Correr e saltar até alturas variáveis	• Correr para pegar uma bola em movimento no ar • Saltar para pegar uma bola rebatida

* Os aspectos espaciais do movimento são controlados pelas exigências da tarefa, mas os aspectos temporais da tarefa são controlados pelo executor.
** Tanto os aspectos espaciais do movimento como os temporais são controlados pelas exigências da tarefa.

Tabela 1.6 Modelo bidimensional de Gallahue de classificação do movimento, com exemplos

Fases do desenvolvimento motor	Função pretendida da tarefa de movimento		
	Estabilidade (ênfase no equilíbrio do corpo em situações de movimento estático e dinâmico)	**Locomoção** (ênfase no transporte do corpo de um ponto a outro)	**Manipulação** (ênfase na força transmitida a um objeto ou recebida dele)
Fase de movimento reflexo: capacidades de movimento com controle subcortical involuntário, no útero e no início da vida do bebê	• Reflexo de correção labiríntico • Reflexo de correção do pescoço • Reflexo de correção do corpo	• Reflexo de rastejar • Reflexo primário de andar • Reflexo de nadar	• Reflexo palmar de apreensão • Reflexo plantar de apreensão • Reflexo de flexão dos braços
Fase de movimento rudimentar: capacidades de movimento do bebê influenciadas pela maturação	• Controle da cabeça e do pescoço • Controle do tronco • Posição sentada sem apoio • Posição de pé	• Rastejar • Engatinhar • Marcha ereta	• Alcançar • Pegar • Soltar
Fase de movimento fundamental: habilidades de movimento básicas da infância	• Equilibrar-se apoiado em um pé • Caminhar em uma barra baixa • Movimentos axiais	• Caminhar • Correr • Saltitar • Pular	• Arremessar • Apanhar • Chutar • Rebater
Fase de movimento especializado: habilidades complexas do final da infância e períodos posteriores	• Realizar a rotina da trave de equilíbrio da ginástica • Defender um chute a gol no futebol	• Correr 100 m rasos ou um evento com barreiras do atletismo • Caminhar em uma rua cheia de gente	• Chutar um tiro de meta no futebol ou um chute de campo no futebol americano • Rebater uma bola lançada

passe em movimento no jogo de futebol, são encontradas nessa parte da taxonomia.

O esquema de duas dimensões de Gentile para classificação das habilidades soluciona muitos dos problemas encontrados nos esquemas de uma dimensão. Identificando onde a tarefa de movimento desejada se encontra ao longo da linha de 16 categorias, o fisioterapeuta ou o professor pode determinar o grau de excelência com que o aprendiz executa a tarefa, alterando o contexto ambiental. Assim, é possível escolher a progressão de aprendizado mais apropriada, com base no ponto onde o aprendiz realmente se encontra e não onde deveria se encontrar.

ESQUEMAS MULTIDIMENSIONAIS

Na realidade, quando aplicamos a mudança e o aprendizado desenvolvimentista ao mundo real, não usamos os esquemas unidimensionais nem mesmo os bidimensionais. Instrutores experientes usam, é claro, modos multidimensionais para lidar com o aprendiz. Além de considerar uma ampla variedade de importantes fatores cognitivos e afetivos, o instrutor (pais, professores, técnicos, fisioterapeutas) primeiro determina os principais objetivos do aprendizado das habilidades (o objetivo é ensinar habilidades para as tarefas cotidianas, para participação em atividades de lazer ou para envolvimento em algum esporte?). Para isso, é preciso determinar o seguinte:

1. Em que *fase do desenvolvimento motor* (reflexiva, rudimentar, fundamental ou especializada) está o aprendiz?
2. Qual é o *nível de aprendizado da habilidade de movimento* do aprendiz (inicial, intermediário ou avançado)?
3. Qual é o *tipo da tarefa de movimento* (habilidade ampla/fina, discreta/serial/contínua, de locomoção/manipulação/estabilidade; e em que condições, fechadas ou abertas, deve ser realizada)?
4. Quais são as *exigências da* performance *da tarefa* (o que é necessário em termos de força e resistência muscular, flexibilidade articular, resistência aeróbia, velocidade, agilidade, potência e equilíbrio)?

Tendo informações sobre esses quatro itens, o instrutor pode começar a fazer escolhas conscientes, determinando o que, quando, onde e, mais importante, como ensinar determinada habilidade ou combinação de habilidades de movimento. A Tabela 1.7 fornece um exemplo esquemático de rubrica de instrução de habilidade multidimensional.

Tabela 1.7 Rubrica de instrução de habilidade multidimensional

Qual é o seu papel?	Qual é o nível de desenvolvimento do aprendiz?	Qual é o nível de aprendizado de habilidades do aprendiz?	Qual é o objetivo?	O que a tarefa de movimento deve exigir?	Qual é o potencial que o aprendiz vai colocar em prática?
Pai	Reflexivo	Nível iniciante, "novato"	Habilidades para a vida diária	Aspectos funcionais: locomoção/manipulação/estabilidade	Força e resistência muscular
Professor	Rudimentar	Nível intermediário, "prática"	Habilidades para recreação	Aspectos temporais: discreto/serial/contínuo	Capacidade aeróbia
Técnico	Fundamental	Nível avançado, "sintonia fina"	Habilidades para esporte	Aspectos musculares: amplo/fino	Composição corporal e flexibilidade articular
Fisioterapeuta	Especializado	Nível de "*performance* de elite"	Habilidades para reabilitação	Aspectos ambientais: aberto/fechado	Velocidade, equilíbrio, potência, agilidade

Resumo

Este capítulo tratou de uma série de tópicos para fornecer uma visão geral do campo do desenvolvimento motor. O estudo do desenvolvimento humano pode tomar muitas formas – uma delas é o estudo do desenvolvimento motor. A história desse campo de estudo tem uma trajetória bastante interessante, que teve início com uma abordagem maturacional orientada para o processo, passou pela abordagem descritiva/normativa orientada para o produto e agora voltou a abordagem orientada para o processo, examinando mecanismos subjacentes ao desenvolvimento motor.

Os *designs* e problemas de pesquisa do estudo do desenvolvimento motor foram discutidos na sua relação com as abordagens longitudinal, longitudinal mista e transversal. Discutimos as vantagens e limitações de cada uma delas, advertindo que apenas os *designs* longitudinal e longitudinal misto são verdadeiros estudos do desenvolvimento. Esses dois *designs* de pesquisa examinam mudanças no "tempo de desenvolvimento" e não em "tempo real", como no estudo transversal.

Várias classificações da idade de desenvolvimento foram examinadas com a intenção de transmitir o conceito de que, embora esteja relacionado com a idade, o desenvolvimento não depende dela. A idade cronológica é o indicador de mudança mais conveniente e usado com mais frequência, mas também é o menos preciso. A idade não gera nem causa desenvolvimento; ela é um mero indicador do que aconteceu em função do processo de desenvolvimento.

O capítulo foi concluído com uma discussão sobre a terminologia usada no estudo do desenvolvimento motor e nas técnicas de classificação das habilidades de movimento. A intenção dessa discussão foi ajudar o leitor, e também os autores, a percorrer o texto usando uma linguagem comum, destinada a maximizar a compreensão dos tópicos e dos conceitos importantes que virão a seguir.

QUESTÕES PARA REFLEXÃO

1. O que é o desenvolvimento motor e por que ele é importante para a melhor compreensão de bebês, crianças, adolescentes e adultos?
2. Por que o campo do desenvolvimento motor é tão novo em comparação com outras ciências biológicas?
3. O que é um estudioso do desenvolvimento do movimento e como você deve se ver nessa área?
4. Por que a precisão é importante no uso da terminologia científica?
5. Quais são os termos usados no desenvolvimento motor e como eles podem ser aplicados a situações de ensino-aprendizagem específicas?

Leitura básica

Clark, J. E., e Whitall, J. (1989). What is motor development? The lessons of history. Quest, 41, 183–202.

Magill, R. A. (2010). Motor Learning and Control: Concepts and Applications (Chapters 1 and 2). Boston, MA: McGraw-Hill.

Thomas, J. R., & Thomas, K. T. (1989). What is motor development: Where does it belong? *Quest, 41,* 203–212.

RECURSOS NA *WEB*

www.webster.edu/~woolflm/mcgraw.html
Esse *site* fornece informações básicas sobre Myrtle McGraw e a sua contribuição para a ciência e a pesquisa do desenvolvimento motor.

www.karger.ch/journals/hde/hde_jh.htm
Homepage do periódico *Human Development journal*. Esse *site* contém informações sobre essa revista, incluindo subscrições, guia de temas e outros recursos no campo do desenvolvimento motor. Entre esses recursos estão uma lista complementar de revistas, lista de autores e índice de livros.

CAPÍTULO 2

Modelos do Desenvolvimento Humano

PALAVRAS-CHAVE

Teoria das fases-estágios
Tarefa desenvolvimental
Marco desenvolvimental
Teoria ecológica
Teoria dos sistemas dinâmicos
Affordances
Limitadores da taxa

Restrições
Problema dos graus de liberdade
Teoria do ambiente comportamental
Teoria do processamento de informações

Percepção
Perceptivo-motor
Adaptação
Acomodação
Assimilação
Esquema

COMPETÊNCIAS ADQUIRIDAS NESTE CAPÍTULO

Ao finalizar este capítulo, você será capaz de:

- Comparar e contrastar as visões maturacional, ambiental, interacional e transacional na determinação das causas do desenvolvimento motor
- Demonstrar familiaridade com uma série de modelos teóricos do desenvolvimento humano
- Discutir mudanças na cognição como um processo em desenvolvimento
- Classificar teorias do desenvolvimento de acordo com os vários pontos de vista conceituais
- Analisar mudanças no desenvolvimento psicossocial ao longo da vida
- Identificar as principais tarefas desenvolvimentais ao longo da vida

> **CONCEITO-CHAVE**
>
> O desenvolvimento humano pode ser estudado a partir de uma série de estruturas teóricas, e cada uma delas tem implicações para o desenvolvimento motor e a educação do movimento de bebês, crianças, adolescentes e adultos.

No século passado, vários teóricos do desenvolvimento estudaram de perto o fenômeno do desenvolvimento humano. Sigmund Freud (1856-1939), Erik Erikson (1902-1994), Arnold Gesell (1880-1947), Robert Havighurst (1900-1991) e Jean Piaget (1896-1980), entre outros, deram contribuições valiosas ao conhecimento do desenvolvimento humano. Cada um deles estruturou modelos teóricos que descrevem o processo do desenvolvimento e consistem na base de grande parte do trabalho atual.

Este capítulo examina de forma resumida os modelos de desenvolvimento propostos por esses teóricos. Como base para um estudo mais detalhado do desenvolvimento motor, examinamos também de que modo os teóricos percebem o fenômeno do desenvolvimento humano, com especial atenção às teorias ecológicas. Fechamos o capítulo com o exame de três teorias do desenvolvimento historicamente populares, que sobreviveram ao teste do tempo. Cagen e Getchell (2004) argumentam que "para professores do desenvolvimento motor, o estudo das teorias é fundamental à compreensão da mudança desenvolvimental" (p. 25).

MODELOS TEÓRICOS DO DESENVOLVIMENTO HUMANO

A *teoria psicanalítica* do comportamento humano, elaborada pelo psiquiatra austríaco Sigmund Freud (1927), pode ser vista, em parte, como um dos primeiros modelos do desenvolvimento humano, embora o seu trabalho estivesse centrado na personalidade e no funcionamento anormal. Os famosos estágios psicossexuais do desenvolvimento, determinados por Freud, refletem várias zonas do corpo com as quais o indivíduo busca satisfazer o *id* (fonte inconsciente de motivos, desejos, paixões e busca de prazer) em determinados períodos etários gerais. O *ego* faz a mediação entre o comportamento de busca do prazer do *id* e o *superego* (senso comum, razão e consciência). Os estágios *oral, anal, fálico, latente e genital* do desenvolvimento da personalidade, estabelecidos por Freud, representam os termos aplicados às zonas de busca de prazer do corpo, que atuam em diferentes períodos etários. Cada estágio baseia-se fortemente em sensações físicas e na atividade motora.

A teoria psicanalítica de Freud tem sido criticada pela dificuldade de objetivar, quantificar e validar cientificamente os próprios conceitos. Entretanto, ela estimulou consideráveis pesquisas e estudos e serviu de base para os notáveis trabalhos do seu aluno alemão Erik Erikson (1963).

Erik Erikson (1963, 1980) focou a influência da sociedade, e não do sexo, sobre o desenvolvimento. A sua *teoria psicossocial* descreve oito estágios no ciclo da vida humana e coloca-os em uma linha contínua, enfatizando fatores do ambiente, e não a hereditariedade, como facilitadores da mudança. Na visão de Erikson a respeito do desenvolvimento humano, fatores da formação da experiência do indivíduo têm um papel primário no desenvolvimento. A sua visão sobre a importância do desenvolvimento motor está mais implícita do que explícita, mas ele aponta de forma clara a importância de experiências de movimento orientadas para o sucesso como meio de reconciliar as crises do desenvolvimento enfrentadas pelo indivíduo.

> **CONCEITO 2.1**
>
> Há vários modelos de desenvolvimento humano; cada um deles reflete os conhecimentos, os interesses e as orientações do seu criador.

A *teoria da maturação* do desenvolvimento e do crescimento, elaborada por Arnold Gesell (1928, 1954), enfatiza a maturação do sistema nervoso como principal condutor dos aspectos físicos e motores do comportamento humano. Gesell documentou e descreveu períodos etários gerais para a aquisição de uma ampla variedade de capacidades de movimento rudimentar pelo bebê; ele via essas tarefas baseadas na maturação como indicadores importantes do crescimento social e emocional. O autor também descreveu várias idades em que as crianças se encontram em períodos "nodais" ou então "fora de foco" em relação ao seu ambiente. O estágio nodal é um período de maturação, durante o qual a criança exibe elevado grau de domínio em situações no ambiente imediato, apresenta equilíbrio de comportamento e geralmente é agradável. Estar fora de foco é o contrário: a criança exibe um baixo grau de domínio em situações no ambiente imediato, apresenta desequilíbrio ou problemas de comportamento e geralmente é desagradável. Hoje, a teoria da maturação não é amplamente aceita, mas desempenhou papel importante na evolução do desenvolvimento da criança como área de estudo.

Um quarto modelo, de Robert Havighurst (1972), vê o desenvolvimento como um jogo entre as forças biológicas, sociais e culturais, no qual os indivíduos continuamente incrementam as próprias capacidades de funcionamento efetivo em sociedade. A *teoria do ambiente* de Havighurst vê o desenvolvimento como uma série de tarefas que precisam ser alcançadas em determinado espaço de tempo, a fim de garantir a adequada progressão desenvolvimental do indivíduo. De acordo com o modelo desse autor, há momentos próprios ao ensino, quando o corpo está pronto e a sociedade exige a realização completa da tarefa com êxito. Assim como nos outros modelos discutidos, as tarefas descritas por Havighurst baseiam-se fortemente no movimento, no jogo e na atividade física para se desenvolver, de modo especial em bebês e durante a infância.

Conceito 2.2

Não há teoria completa nem totalmente precisa na descrição e explicação do desenvolvimento humano, e, por isso, a todas falta algum ponto.

A quinta teoria do desenvolvimento, ainda popular entre os educadores, é a do psicólogo suíço Jean Piaget (1969). A *teoria do desenvolvimento cognitivo* de Piaget enfatiza principalmente a aquisição dos processos cognitivos de pensamento. Ele entendeu o desenvolvimento das estruturas cognitivas a partir da observação cuidadosa de bebês e crianças. A genialidade do trabalho de Piaget está na sua singular habilidade de capturar pistas sutis no comportamento infantil, capazes de dar indicações do seu funcionamento cognitivo. O autor via esses indicadores sutis como marcos na hierarquia do desenvolvimento cognitivo. A principal falha do seu trabalho está em que ele subestimou grosseiramente a taxa de aquisição de várias estruturas cognitivas, embora a sequência de sua aquisição seja amplamente aceita como válida pelos pesquisadores do desenvolvimento. O movimento é enfatizado como o agente primário na aquisição de estruturas cognitivas crescentes, em particular em bebês e nos anos pré-escolares. Piaget usou a idade cronológica apenas como um indicador geral do funcionamento cognitivo e baseou-se, em vez disso, em comportamentos observados. Esses comportamentos serviram como indicadores primários da complexidade sempre crescente da criança no desenvolvimento cognitivo. Piaget identificou essas fases como *sensório-motora* (do nascimento aos 2 anos), *pré-operacional* (dos 2 aos 7 anos), *de operações concretas* (dos 7 aos 11 anos) e *de operações formais* (dos 12 anos em diante). Ele não se ocupou diretamente do desenvolvimento além dos 15 anos, pois acreditava que as capacidades intelectuais altamente sofisticadas eram desenvolvidas mais ou menos nessa época.

Todos os teóricos consideram o desenvolvimento humano a partir de pontos de vista um tanto diferentes, mas ao observá-los mais de perto encontramos similaridades notáveis. Cada um deles enfatiza o movimento e o jogo como facilitadores importantes do incremento do funcionamento. Além disso, todos tendem mais à descrição do que à explicação. Em outras palavras, eles nos dizem "o que" acontece no processo típico de desenvolvimento e não "por que" isso acontece.

PONTOS DE VISTA CONCEITUAIS DO DESENVOLVIMENTO

O exame cuidadoso dos cinco modelos de desenvolvimento citados, assim como dos estudos de outros pesquisadores, revela uma distinta tendência de cada modelo de se formar a partir de uma das quatro estruturas conceituais. Essas estruturas são classificadas aqui como as teorias (1) das fases-estágios, (2) das tarefas desenvolvimentais, (3) dos marcos desenvolvimentais, (4) ecológicas e (5) do processamento de informações (Tab. 2.1). Aqui serão examinadas cada uma

Tabela 2.1	Abordagens conceituais do estudo do desenvolvimento humano	
Abordagem conceitual	Teóricos representativos	Foco da pesquisa
Teoria das fases-estágios	Sigmund Freud	Estudo do desenvolvimento psicossexual desde o nascimento até o final da infância
	Erik Erikson	Estudo do desenvolvimento psicossocial ao longo da vida
	Arnold Gesell	Estudos dos processos de maturação no desenvolvimento do sistema nervoso central desde o nascimento até o final da infância ("a ontogenia recapitula a filogenia")
Teoria da tarefa desenvolvimental	Robert Havighurst	Estudo da interação entre biologia e sociedade na maturidade desenvolvimental desde a infância até o fim da vida
Teoria dos marcos desenvolvimentais	Jean Piaget	Estudo do desenvolvimento cognitivo como um processo interativo entre biologia e ambiente desde a época de bebê até o final da infância
Teoria ecológica (ramo dos sistemas dinâmicos)	Nicholas Bernstein; Kugler, Kelso e Turvey	Estudo do desenvolvimento como um processo transacional descontínuo e auto-organizado entre a tarefa, o indivíduo e o ambiente ao longo de toda a vida
Teoria ecológica (ramo do ambiente comportamental)	Roger Barker; Urie Bronfenbrenner	Estudo do desenvolvimento como função da interpretação individual de condições ambientais específicas em transação com o momento sociocultural e histórico
Teoria do processamento de informações	Schmidt e Lee; Kephart	Estudo do desenvolvimento como um processo perceptivo-motor e dos eventos que ocorrem internamente entre o *input* sensorial e o *output* motor

delas brevemente, com especial atenção às teorias ecológicas mais recentes.

Conceito 2.3

As teorias do desenvolvimento podem ser estudadas a partir de diferentes pontos de vista conceituais.

Teoria das fases-estágios

A abordagem das **fases-estágios** do desenvolvimento é o ponto de vista conceitual mais antigo. Todos os teóricos do desenvolvimento clássicos (i.e., os teóricos dos estágios), independentemente de estudarem o desenvolvimento cognitivo, moral, da personalidade ou motor, defendiam a existência de períodos etários universais caracterizados por determinados tipos de comportamento. Esses comportamentos ocorrem em fases ou estágios, estendem-se por períodos de tempo arbitrários e são invariáveis. Em outras palavras, os estágios são sequenciais e não podem ser pulados. Em consequência, a teoria dos estágios foca mudanças amplas e não comportamentos restritos ou isolados.

Cada fase (i.e., o comportamento típico) em geral abrange o período de um ano ou mais e pode ser seguida por um ou mais estágios. Alguns teóricos subdividem fases específicas em estágios menores. Outros preferem examinar uma fase, tipificando determinado período. A maioria dos teóricos que propuseram um esquema de fases-estágios dividiu a infância, ou até o ciclo da vida inteira, em 10 ou menos períodos. O conceito de fases-estágios é provavelmente o mais popular entre os pais e os educadores e, com frequência, reflete-se em nosso pensamento ou fala quando dizemos: "Ela está passando por uma fase" ou "Eu vou ficar feliz quando ele sair dessa fase". Freud, Erikson e Gesell viam o desenvolvimento infantil como um processo relacionado a fases ou estágios.

Têm sido propostos estágios para várias tarefas do movimento fundamental. A viabilidade de uma teoria rígida de estágios do desenvolvimento motor é questionável. Os modelos mais flexíveis, com base mais nos componentes do movimento do que na configuração corporal total, são mais promissores. Qualquer teoria de fases-estágios descreve apenas características desenvolvimentais gerais (i.e., de acordo com grupos ou normas) para um indivíduo genérico (médio), postuladas como comuns a todos os indivíduos. A teoria das fases-estágios fornece uma visão do "quadro geral", mas não acomoda detalhes.

Teoria das tarefas desenvolvimentais

Um segundo ponto de vista conceitual do desenvolvimento é a abordagem das **tarefas desenvolvimentais**. A tarefa desenvolvimental é um feito importante que os indivíduos têm de realizar em determinado momento, para funcionar de modo eficaz e atender às demandas que a sociedade lhes impõe. Os proponentes da teoria das tarefas desenvolvimentais consideram a realização de tarefas específicas, em determinado período de tempo, como pré-requisito para a progressão tranquila por níveis de funcionamento mais elevados. Esse conceito do desenvolvimento difere da visão das fases-estágios, pois prevê o futuro sucesso ou fracasso com base na *performance* individual no estágio anterior e não tenta meramente descrever um comportamento típico de determinada idade. A visão que Havighurst tem do desenvolvimento usa o conceito da tarefa desenvolvimental tanto para descrever como para prever o comportamento desde a infância até o final da adolescência (Havighurst e Levine, 1979). A teoria da dominância hemisférica e das técnicas de tratamento para indivíduos com transtornos de aprendizagem, proposto por Delacato (1966), também segue a abordagem da tarefa desenvolvimental. Embora as teorias das tarefas desenvolvimentais prometam uma capacidade de previsão, pouco tem sido feito para testar as suas afirmações. Por isso, a sua validade é bastante questionável.

Teoria dos marcos desenvolvimentais

A abordagem dos **marcos desenvolvimentais** é uma terceira estrutura conceitual de análise do desenvolvimento. Os marcos são similares às tarefas desenvolvimentais, exceto na ênfase. Em vez de se referir a realizações que acontecem quando o indivíduo está pronto a adaptar-se ao ambiente, essa abordagem faz referência a indicadores estratégicos que mostram até que ponto o desenvolvimento progrediu. Quando o indivíduo atinge um novo marco desenvolvimental, isso, por si só, pode ou não ser essencial para o seu ajuste no mundo, como acontece com a tarefa desenvolvimental. Os marcos são orientações meramente convenientes, por meio das quais é possível medir a taxa e a extensão do desenvolvimento. Assim como acontece com as teorias das fases-estágios, as teorias dos marcos desenvolvimentais são mais descritivas do que premonitórias, mas, diferente das primeiras, elas consideram o desenvolvimento como um desdobramento e entrelaçamento contínuos dos processos do desenvolvimento e não como uma nítida transição de um estágio a outro. A teoria do desenvolvimento cognitivo de Piaget geralmente é colocada no grupo dos marcos desenvolvimentais, assim como a teoria dos sistemas dinâmicos do desenvolvimento motor.

Reconhecer que a maioria dos modelos do desenvolvimento humano tende a encaixar-se em um desses três conceitos permite perceber os fenômenos do crescimento e do desenvolvimento de modo mais objetivo. Cada conceito tem seu mérito e opera até certo grau do processo de desenvolvimento. O período de bebê e o início da infância realmente exigem a realização de determinadas tarefas importantes, como aprender a andar, falar, ingerir alimentos sólidos em determinada idade, para que seja estabelecido o funcionamento normal. Esses anos também abrangem uma série de estágios percorridos pelas crianças mais ou menos na mesma idade, além de uma série de marcos alcançados como indicadores sutis do ponto de progressão do desenvolvimento.

Teoria ecológica

É importante conhecer os produtos do desenvolvimento que caracterizam *o que* são as pessoas em fases e estágios, nos marcos desenvolvimentais e nas tarefas desenvolvimentais específicas (descrição). Entretanto, é igualmente importante saber *por que* essas mudanças ocorrem (explicação). Com esse objetivo, muitos desenvolvimentistas estão buscando modelos explicativos, na tentativa de compreender melhor os processos subjacentes que, de fato, afetam e controlam o desenvolvimento.

A **teoria ecológica** busca trazer um benefício prático, sendo tanto descritiva como explicativa. Também chamada de "teoria contextual", ela vê o desenvolvimento como uma função do "contexto" ambiental e do período temporal histórico em que a pessoa vive. O estudo da ecologia humana a partir de uma perspectiva desenvolvimental consiste em investigar a relação dos indivíduos entre si e com o próprio ambiente. As duas abordagens ecológicas populares entre os estudiosos do desenvolvimento motor são a teoria dos sistemas dinâmicos e a teoria do local do comportamento.

Ramo dos sistemas dinâmicos

A **teoria dos sistemas dinâmicos** é popular entre muitos desenvolvimentistas (Alexander et al., 1993; Caldwell e Clark, 1990; Kamm et al., 1990; Thelen, 1989; Thomas, 2000; Getchell e Whitall, 2004; Haywood e Getchell, 2009). Em grande medida, ela se baseia no trabalho do fisiologista russo Nicholas Bernstein (1967) e foi expandida por Kugler, Kelso e Turvey (1982). A palavra *dinâmico* implica o conceito de que a mudança desenvolvimental é não linear e descontínua. Por ser visto como não linear, o desenvolvimento é considerado um processo descontínuo. Ou seja, a mudança individual ao longo do tempo não é necessariamente tranquila e hierárquica assim como não precisa envolver uma mudança em direção a níveis mais elevados de complexidade e competência no sistema motor. Os indivíduos, em especial aqueles com algum dano incapacitante, podem enfrentar impedimentos ao próprio desenvolvimento motor. Por exemplo, crianças com paralisia cerebral espástica com frequência ficam atrasadas no aprendizado do andar independente. Quando elas começam a andar de modo independente, os padrões da sua marcha seguem um caminho individualizado, alcançado no momento apropriado para cada criança em particular. Embora por definição seja um processo contínuo, o desenvolvimento também é descontínuo quando visto a partir de uma perspectiva dinâmica. Em outras palavras, o desenvolvimento é um processo "contínuo-descontínuo".

A dinâmica da mudança ocorre ao longo do tempo, mas é influenciada, de modo altamente individual, por uma série de fatores críticos dentro do sistema. Esses fatores são as ***affordances*** e os **limitadores da taxa**. As *affordances* tendem a promover ou estimular a mudança desenvolvimental. Os *limitadores da taxa* são condições que se prestam a impedir ou a retardar o desenvolvimento. As *affordances* e os limitadores da taxa são vistos como **restrições**. As restrições estimulam ou desestimulam movimentos (Newell, 1984). Para crianças com paralisia cerebral, por exemplo, essas restrições são neurológicas e biomecânicas. As *affordances* podem incluir suporte assistido, apoio, estímulo e instrução orientada.

A palavra *sistemas* carrega o conceito de que o organismo humano se auto-organiza e é composto de vários subsistemas. Aqui usamos *auto-organizar* no sentido de que os seres humanos, por natureza, tendem a agir a favor do controle motor e da competência nos movimentos. A auto-organização ocorre quando são encontradas condições específicas da biologia individual e do ambiente que permitem o surgimento de um padrão novo e estável de comportamento. Por exemplo, quando aumenta a velocidade da caminhada na esteira, você se auto-organiza em um padrão de movimento de corrida. Porém, quando a esteira é desacelerada, você se auto-organiza de novo, retornando ao padrão de caminhada. Os sistemas derivados das exigências da tarefa de movimento, da biologia individual e do ambiente operam de modo separado e orquestrado para determinar a taxa, a sequência e a extensão do desenvolvimento. A coordenação e o controle do movimento são resultantes do trabalho conjunto e dinâmico de vários sistemas, que atuam de forma cooperativa. Nenhum dos fatores é visto como mais ou menos importante do que os outros. Todos os sistemas interagem de tal modo que o comportamento motor emerge de modo independente de cada um deles em separado (Alexander et al., 1993). As crianças com paralisia cerebral, como sistemas auto-organizados, com frequência desenvolvem padrões de marcha próprios de acordo com as suas potencialidades para atender às demandas da tarefa de caminhar. Padrões preferidos de comportamento de movimento desenvolvem-se em resposta a fatores singulares do indivíduo, da tarefa e do ambiente. Esses padrões de movimento são o resultado da interação mais eficiente entre os sistemas e da menor quantidade de energia necessária. Embora realmente existam, os padrões preferidos de comportamento de movimento são alterados quando as demandas do sistema ditam alguma mudança.

Vistos a partir da perspectiva dos sistemas, numerosos elementos mudam ao longo do tempo, enquanto a pessoa cresce e se desenvolve. A complexidade de determinar como as habilidades de movimento são aprendidas é conhecida como **problema dos graus de liberdade** (Bernstein, 1967). A *performance* de uma tarefa de movimento inclui graus de liberdade neuromotora e também biomecânica. Entretanto, o número de graus de liberdade é limitado pelo ganho individual de controle motor e de coordenação do movimento na tarefa, resultando, portanto, na formação de padrões de movimento. O indivíduo desenvolve padrões de movimento preferidos, que, no entanto, podem ser reorganizados por meio de parâmetros de controle. Os *parâmetros de controle* são "aquelas variáveis que fornecem a condição para a mudança de padrão. Eles não determinam qual será a mudança, mas, quando chegam a um valor crítico, os parâmetros de controle atuam como agente de reorganização do padrão motor" (Alexander et al., 1993, p. 3).

A transição de um padrão de movimento para outro é chamada de *mudança de fase*. Há abundância de mudança de fase entre os bebês, quando eles passam de uma forma de locomoção (de rastejar para engatinhar) para outra (de engatinhar para andar). Durante esse período, o bebê fica em um estado de instabilidade, mudando de um padrão para outro, até que o novo padrão preferido seja firmemente estabelecido.

A teoria dos sistemas dinâmicos tenta responder à pergunta "por que", ou seja, à questão dos processos que resultam no produto observável do desenvolvimento motor. Muito do trabalho feito até hoje se concentra no desenvolvimento motor do bebê, mas uma quantidade crescente de pesquisas tem voltado o foco para as explicações dinâmicas do desenvolvimento motor em crianças, adolescentes e adultos, em populações de indivíduos com desenvolvimento tanto típico quanto atípico.

Há anos os desenvolvimentistas reconhecem o papel interativo de dois sistemas primários no processo do desenvolvimento: a hereditariedade e o ambiente. Atualmente, no entanto, muitos têm levado essa visão um passo adiante, reconhecendo que as demandas específicas da tarefa de movimento transacionam com o indivíduo (i.e., com os fatores hereditários e biológicos) e com o ambiente (i.e., com os fatores da experiência e do aprendizado) no decorrer do desenvolvimento de habilidades de movimento de estabilidade, locomoção e manipulação. Esse modelo transacional sugere que as *restrições* da tarefa, do indivíduo e do ambiente não apenas interajam, mas também tenham potencial para modificarem e serem modificadas umas pelas outras, na proporção que fazem o possível para obter o controle motor e a competência de movimento (Fig. 2.1).

Tanto os processos como os produtos do desenvolvimento motor devem fazer lembrar a individualidade do aprendiz. Cada indivíduo tem um cronograma próprio para o desenvolvimento das capacidades. Embora o nosso "relógio biológico" seja bastante específico em relação à sequência da aquisição das habilidades de movimento, a taxa e a extensão do desenvolvimento são determinadas de forma individual e sofrem expressiva influência das demandas de *performance* específicas da tarefa.

Por exemplo, ao fazer um arremesso livre no basquetebol, considere todas as milhares de possibilidades para cada combinação de ações articulares, respostas neuronais motoras e contrações musculares potencialmente envolvidas na execução dessa tarefa de movimento. Na verdade, a própria complexidade do processo do movimento desperta a admiração. Além disso, esses processos motores combinam-se com os aspectos perceptivos envolvidos na tarefa. Ao tentar fazer o arremesso livre, é preciso colocar em ação não apenas os aspectos motores da tarefa, mas também os aspectos perceptivos do julgamento da distância, profundidade e trajetória, antes de lançar a bola à cesta. Todas essas possibilidades de movimento devem ser acondicionadas em um padrão organizado, que resulta em acerto (solução bem-sucedida do problema dos graus de liberdade) ou erro. O problema dos graus de liberdade, portanto, para o cientista, consiste em tentar compreender e

O desenvolvimento do controle motor e da coordenação do movimento é determinado por RESTRIÇÕES específicas, encontradas nas exigências da tarefa de movimento, na biologia do indivíduo e nas condições do ambiente de aprendizado.

FATORES QUE INTERAGEM → Tarefa ↔ Indivíduo ↔ Ambiente

RESTRIÇÕES ESPECÍFICAS: (elementos do sistema que servem para estimular ou desestimular mudanças positivas no controle motor e na coordenação do movimento)

- Objetivo da tarefa
- Complexidade da tarefa
- Regras e estratégias
- Equipamento e terreno
- Graus de liberdade
- Formação do padrão de movimento

- Fatores da anatomia/crescimento
- Fatores fisiológicos
- Fatores mecânicos
- Fatores perceptivo-motores

- Oportunidade de praticar
- Estímulo/motivação
- Dicas do instrutor
- Contexto do ambiente (i.e., ecologia)

PARÂMETROS DO CONTROLE: (fatores que fornecem as condições para a mudança do padrão de movimento)

CONTROLE MOTOR E COMPETÊNCIA DE MOVIMENTO

MUDANÇA DE FASE: (transição de um padrão de movimento para outro)

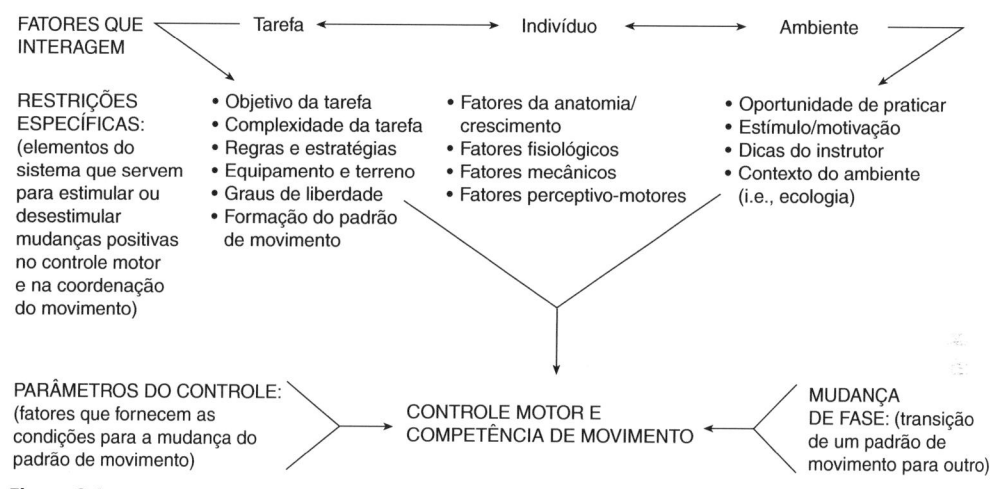

Figura 2.1
Desenvolvimento a partir da perspectiva das restrições.

dar sentido ao modo como nós controlamos todos os graus de liberdade potencialmente envolvidos a fim de produzir o movimento desejado (Coker, 2004).

Os períodos etários típicos do desenvolvimento são apenas isso: típicos e nada mais. Eles representam, simplesmente, faixas de tempo aproximadas, durante as quais certos comportamentos podem ser observados em um indivíduo fictício "médio". Confiar demais nesses períodos de tempo nega os conceitos de continuidade, especificidade e individualidade do processo de desenvolvimento e tem pouco valor prático quando trabalhamos com indivíduos a partir de uma perspectiva desenvolvimental.

Ramo do ambiente comportamental

A **teoria do ambiente comportamental** é um ramo da psicologia ecológica, cujas raízes estão no trabalho de Kurt Lewin, nas décadas de 1930 e 1940, e de seu colega Roger Barker, nas décadas de 1950 a 1970 (Thomas, 2000). A Lewin é creditado o desenvolvimento do ramo da psicologia da *gestalt* denominado *psicologia topológica*, um termo tomado da matemática, em que "topologia" é o estudo das propriedades geométricas que permanecem inalteradas, inclusive quando sob distorção. Lewin usou o termo *espaço da vida* para indicar tudo o que influencia o comportamento da criança em determinado período.

Barker (1978) ampliou a ideia de Lewin, acrescentando a noção de que o ambiente comportamental, ou seja, as condições ambientais específicas do espaço da vida da criança, é responsável por grande parte da variação individual entre crianças. O conceito elaborado por Barker de *padrões fixos de comportamento* (i.e., modos de agir típicos das pessoas) explica por que locais diferentes evocam respostas diferentes. Por exemplo, é possível prever que, no intervalo das aulas, uma aluna do primeiro ano do ensino fundamental terá um comportamento ativo, energético e barulhento. Na sala de aula, no entanto, o padrão fixo previsto do seu comportamento será o oposto. O comportamento previsto para um adolescente que está passeando no *shopping* é consideravelmente diferente daquele esperado quando ele está participando de uma apresentação da banda marcial.

Como consequência, o ambiente social em que esses eventos ocorrem, de acordo com Barker, abrange as ações esperadas das pessoas presentes naquele local. Nesse sentido, o autor percebeu que o "local físico" e os "limites temporais" de determinado local de comportamento são instrumentos importantes para a forma de comportamento esperada. Pensemos, por exemplo, em nossa abrupta mudança de comportamento no teatro, em dois momentos diferentes: sentados, um pouco antes do início do espetáculo e no momento em que as luzes se apagam e a apresentação tem início. O local físico bem iluminado incentiva conversas e movimentação. No entanto, quando as luzes se apagam e os atores entram no palco, as conversas cessam de repente e o público fica quieto no lugar para assistir à peça. Quando a peça é relativamente curta, os limites temporais são aceitáveis para a maioria e todos dispensam toda a atenção aos atores no palco. Entretanto, quando a peça é longa e demora a terminar, os padrões fixos de comportamento começam a mudar em função dos limites temporais da peça. As pessoas começam a ficar inquietas, cochicham e prestam atenção a outras coisas em vez de assistir à peça. Por isso, dramaturgos sagazes dividem as suas obras em dois ou três atos, incluindo um breve intervalo entre eles, o que restabelece o padrão de comportamento esperado do público.

O trabalho de Urie Bronfenbrenner é uma extensão do que fez Barker. Ele enfatiza de modo acentuado fatores do ambiente que são essenciais para o desenvolvimento. Bronfenbrenner (1979) definiu a ecologia do desenvolvimento como:

> O estudo científico da acomodação mútua progressiva entre o ser humano ativo, em crescimento, e as propriedades mutáveis dos locais imediatos em que a pessoa em desenvolvimento vive, uma vez que esse processo é afetado pelas relações entre esses locais e pelos contextos mais amplos em que estes estão inseridos. (p. 21)

A teoria bioecológica de Bronfenbrenner, no entanto, baseia-se na premissa de que não

---

PERSPECTIVAS INTERNACIONAIS

Totalmente teóricos

Ao longo dos anos, tive a honra de receber um grande número de diferentes pesquisadores visitantes, que vinham estudar na Indiana University. Eram pessoas de todos os continentes e traziam consigo formações acadêmicas diversas e profundos interesses pelo desenvolvimento motor, especialmente em crianças e jovens.

Esses estudiosos, tanto os novatos como os experientes, também traziam perspectivas novas e instigantes sobre uma série de tópicos do desenvolvimento centrado na criança. Tudo o que eles faziam passava por sua própria realidade pessoal, social, cultural, econômica e política, uma realidade que, em muitos casos, era muito diferente daquela de um professor já avançado em anos, que morava em uma fazenda de criação de cavalos no Meio-Oeste dos Estados Unidos. Desse modo, não importava se o acadêmico visitante era da Austrália, do Brasil, do Chile, da China, do Egito, do Japão, do México ou da Turquia, nós sempre passávamos horas mergulhados em conversas e debates animados, na sincera tentativa de compreender melhor o contexto em que eles trabalhavam com crianças e adultos, ajudando-os a desenvolver todo o potencial do corpo, da mente e do espírito.

Embora cada um de nós compartilhasse das mesmas paixão e vontade de compreender melhor os produtos e processos do desenvolvimento motor, as nossas visões com frequência eram radicalmente diferentes. Por quê? Apenas por causa das frequentes e amplas diferenças em nossas realidades. Todos apresentavam teóricos respeitados para corroborar as suas visões, e estes, embora às vezes fossem pouco conhecidos em minha realidade, eram bem considerados na deles.

A teoria e a realidade nem sempre colidem, mas deveriam. Elas não colidem porque é muito mais confortável selecionar um ponto de vista (teoria) que corrobora a realidade. Entretanto, ao fazer isso, incorremos no risco real de não reconhecer ou não avaliar bem a realidade dos outros. Embora sejamos muito parecidos em nossa jornada de vida, somos também muito diferentes. A realidade da nossa experiência de vida diária forma o que somos e o que nos tornaremos. Como resultado disso, nenhuma teoria, ou até mesmo grupo delas, descreve e explica de modo adequado quem somos.

Tome conhecimento da realidade do outro e tente compreendê-la. Isso vai dar forma às suas concepções e às escolhas que você faz.

é o local do comportamento que o prediz, mas a interpretação que o indivíduo faz desse local em termos de tempo e de espaço. Ou seja, o *significado* ligado ao ambiente, e não o próprio ambiente, orienta o comportamento. Bronfenbrenner argumenta que não faz sentido tentar entender o comportamento a partir da realidade objetiva do ambiente sem aprender também o que ele significa para o indivíduo. Desse modo, ele dá considerável importância a percepção individual das atividades, papéis e relações interpessoais manifestados no local do comportamento. *Atividades* são o que as pessoas estão fazendo. Os *papéis* são os comportamentos esperados em determinado local para uma dada posição na sociedade: pai, professor, adolescente, técnico, etc. As *relações interpessoais* são o modo como as pessoas tratam umas às outras, por meio do que dizem e do que fazem, em determinado local (Bronfenbrenner, 2005).

O desenvolvimento ocorre em uma grande variedade de contextos ambientais. Bronfenbrenner chama esses locais de *microssistema* (família, escola, bairro, grupo de amigos), *mesossistema* (interação entre vários locais dos microssistemas), *exossistema* (locais sociais em que o indivíduo não desempenha um papel ativo, mas cujas decisões o afetam), *macrossistema* (a cultura em que a pessoa está inserida) e o *cronossistema* (eventos sócio-históricos durante o tempo de vida do indivíduo). A Figura 2.2 ilustra os microssistemas da família, da escola, do bairro e do grupo de amigos e a sua influência sobre o indivíduo, com base no modo como ele percebe

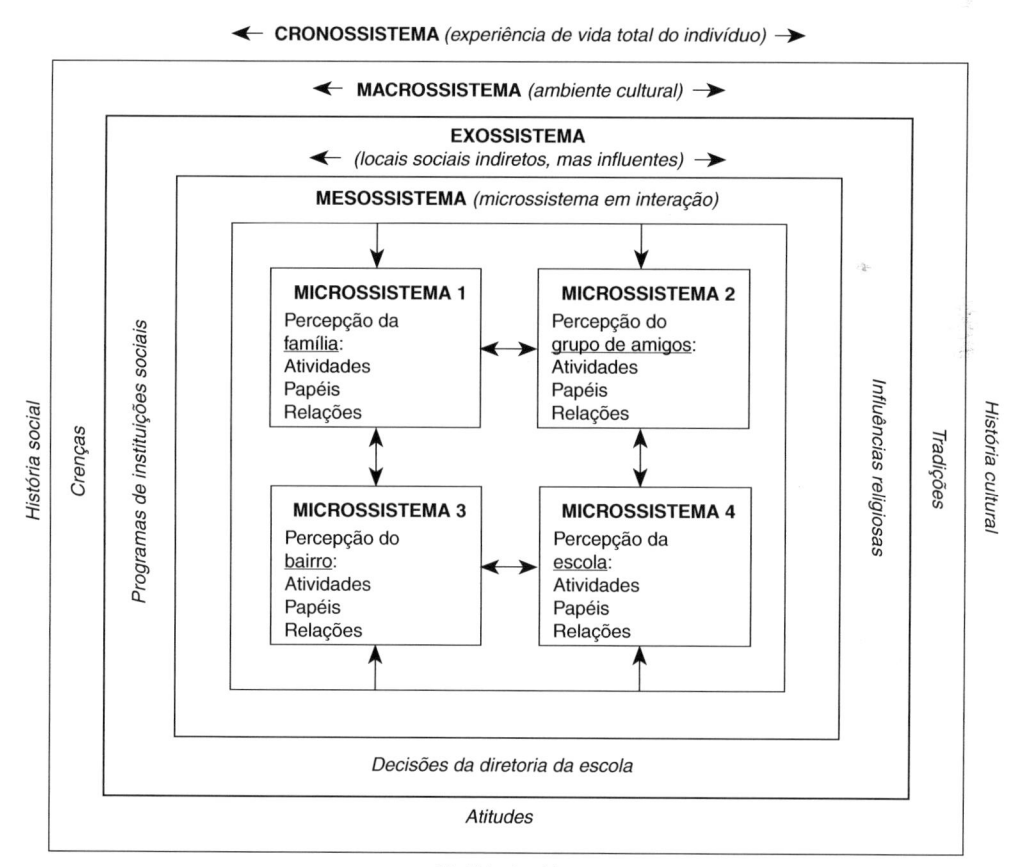

Figura 2.2
Conceituação da teoria ecológica do desenvolvimento, elaborada por Bronfenbrenner, mostrando a influência da percepção individual dos ambientes onde ocorre o comportamento.

as atividades apropriadas, os papéis e as relações interpessoais de cada contexto.

No nosso exemplo, o mesossistema é composto por padrões da interação entre esses quatro microssistemas. No exemplo hipotético, os exossistemas são locais que não envolvem diretamente o indivíduo, mas afetam o que acontece no local do comportamento ou são afetados por ele. O macrossistema, ou ambiente cultural em que o indivíduo existe, é composto de elementos como crenças, tradições, atitudes e práticas compartilhadas por meio da cultura imediata. Por fim, o cronossistema envolve o padrão dos eventos ao longo da vida da pessoa.

PROCESSAMENTO DE INFORMAÇÕES

As perspectivas do **processamento de informações** sobre o aprendizado das habilidades motoras surgiram, inicialmente, na década de 1960 e estão associadas com o processo pelo qual a pessoa dá significado às informações, chamado percepção. As nossas modalidades sensoriais (p. ex., visão, audição, paladar, tato e cinestesia) fornecem *inputs* ao cérebro, que, a partir da perspectiva do processamento de informações, é às vezes chamado de "computador" (Haywood e Getchell, 2009) ou "caixa-preta" (Schmidt e Lee, 2005). Esse computador ou caixa-preta heurística inicia com um *input* recebido e termina com um *output* enviado. O que acontece entre o *input* e o *output* é essencial para a compreensão dessa perspectiva que tem sido tão dominante no estudo do aprendizado motor e do controle do comportamento motor humano.

Kephart (1960, p. 63) afirma que: "O sistema de *input-output* é fechado, e nós não podemos interromper as atividades de uma área enquanto investigamos o efeito das mudanças em outra. Portanto, não podemos falar do *input* e do *output* e nem pensar neles como duas entidades separadas; temos de pensar em um termo unido por hífen – *input-output*. De modo similar, não podemos pensar nas atividades perceptivas e nas atividades motoras como distintas: temos de pensar em um termo unido por hífen – *perceptivo-motor*". Além disso, Kephart prossegue: "O processo perceptivo-motor total deve ser considerado em toda atividade de aprendizado que

preparamos para a criança" (p. 63). E, de acordo com a nossa perspectiva, também para adolescentes e adultos.

A palavra **percepção**, que significa conhecer ou interpretar informações, é o processo de organizar informações que reunimos por meio dos vários órgãos dos sentidos e de combiná-las com informações armazenadas ou dados do passado, o que leva a um padrão de resposta modificado. Portanto, quando consideramos o termo **perceptivo-motor**, sabemos que a primeira parte do termo indica a dependência da atividade de movimento voluntária em relação a alguma forma de informação sensorial. Todos os movimentos voluntários envolvem algum elemento da consciência perceptiva, resultante da estimulação sensorial. A segunda parte do termo *perceptivo-motor* indica que o desenvolvimento das habilidades perceptivas é influenciado, em parte, pelo movimento. As habilidades perceptivas são aprendidas e, assim, usam o movimento como um meio importante para que esse aprendizado ocorra. A relação recíproca entre o *input* sensorial e o *output* motor permite que tanto as habilidades perceptivas como as motoras desenvolvam-se em harmonia.

Há muito se reconheceu que a qualidade da *performance* de movimento depende da precisão da percepção e da capacidade de interpretá-la em uma série de atos de movimento coordenados. Os termos *coordenação olho-mão* e *coordenação olho-pé* têm sido usados há anos para expressar a dependência entre a eficiência do movimento e a precisão das informações sensoriais. No processo do arremesso livre do basquetebol, o indivíduo tem numerosas formas de *input* sensorial; ele tem de organizá-las e expressá-las no ato final de arremessar a bola. Quando as percepções são precisas e expressas em uma sequência coordenada, o indivíduo acerta a cesta. Caso contrário, ele erra. Todos os movimentos voluntários envolvem o uso de uma ou mais modalidades sensoriais em maior ou menor grau, dependendo do ato de movimento a ser realizado.

Como aprendizes multissensoriais, usamos de maneira constante os nossos sentidos para aprender mais sobre aspectos espaciais e temporais do nosso ambiente. Por isso, as teorias do processamento de informações incluem os seguintes passos:

1. Input *sensorial*: recepção de várias formas de estimulação por meio de receptores sensoriais especializados (visuais, auditivos, táteis e cinestésicos) e transmissão dessa estimulação ao cérebro em forma de energia neural.
2. *Integração sensorial*: organização dos estímulos sensoriais recebidos e integração com informações anteriores ou armazenadas (memória).
3. *Interpretação motora*: tomada de decisões motoras internas (recalibragem) com base nas combinações das informações sensoriais (presente) e da memória de longo prazo (passado).
4. *Ativação do movimento*: realização do movimento real (ato observável).
5. Feedback: avaliação do ato de movimento usando várias modalidades sensoriais que dão retorno sobre o aspecto do *input* sensorial do processo, reiniciando, portanto, o ciclo (CR = conhecimento dos resultados e CP = conhecimento da *performance*).

A Figura 2.3 ilustra a perspectiva do processamento de informações do processo perceptivo-motor. Dedique alguns minutos à revisão dessa figura para assimilar plenamente a importância da percepção no processo do movimento.

TRÊS DESTACADAS TEORIAS SOBRE O DESENVOLVIMENTO HUMANO

Nesta seção, apresentamos um resumo de três teorias que representam um ponto de vista conceitual diferente. A teoria das fases-estágios, de Erik Erikson, a dos marcos desenvolvimentais, de Jean Piaget, e a das tarefas desenvolvimentais, de Robert Havighurst, foram selecionadas por sua abrangência e popularidade e pelas importantes implicações no desenvolvimento motor. As teorias ecológicas foram abordadas nos parágrafos precedentes.

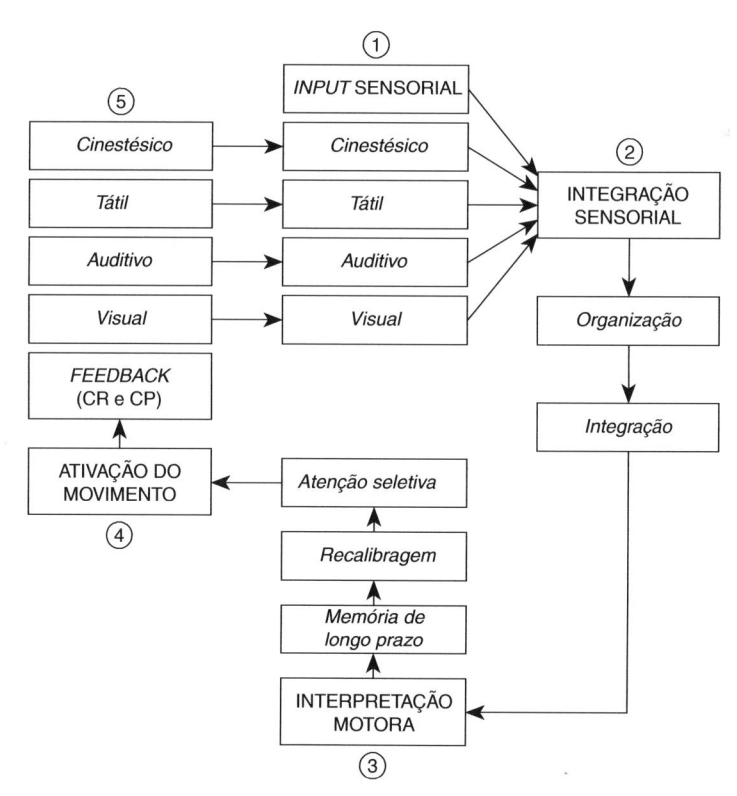

Figura 2.3
Perspectiva do processamento de informações do processo perceptivo-motor.

Erik Erikson

A teoria psicossocial de Erik Erikson (1963, 1980) segue a abordagem de fases-estágios do estudo do desenvolvimento humano. É uma teoria com base na experiência e amplamente reconhecida por educadores e psicólogos. A seguir apresentamos uma visão geral da teoria dos estágios de Erikson para esclarecer e facilitar a compreensão. Ver na Tabela 2.2 um esboço dos estágios de Erikson e os seus correspondentes períodos etários aproximados. Observe as numerosas implicações dessa teoria para o movimento.

CONCEITO 2.4

O desenvolvimento psicossocial individual é influenciado pelo desenvolvimento motor e pela educação do movimento ao longo da vida.

A. Aquisição do senso de confiança básico *versus* desconfiança (bebê)

De acordo com Erikson, as experiências corporais fornecem a base do estado psicológico da *confiança* versus *desconfiança*. O bebê aprende a confiar na "mãe", em si mesmo e no ambiente por meio da percepção que a mãe tem das necessidades e demandas do filho. Entre a mãe e o filho são estabelecidas confiança mútua e prontidão para enfrentar situações juntos. Para o recém-nascido, a confiança exige uma sensação de conforto físico e um mínimo de medo e incerteza. A sensação de confiança básica ajuda o indivíduo a ser receptivo a novas experiências com disposição.

O movimento é um ingrediente essencial da relação recíproca entre pais e filhos. O embalar rítmico, o banho e os comportamentos lúdicos em geral entre pais e filhos fornecem um meio

DILEMA DO DESENVOLVIMENTO

Al: uma história de sucesso

Vários anos atrás, o autor-sênior deste livro e a sua esposa enfrentaram um dilema do desenvolvimento muito pessoal. Alan, nosso sobrinho de 17 anos, estava envolvido em problemas com a justiça. Desde a morte precoce de seu pai, quando Alan tinha apenas 1 ano e 10 meses de idade, a vida de nosso sobrinho vinha rolando ladeira abaixo. Uma mãe constantemente em luto, uma vida doméstica inconsistente e figuras paternas indignas de confiança, combinadas com rejeição, dificuldade em fazer amigos, fracasso na escola, faltas injustificadas às aulas, raiva descontrolada e total desconsideração pela autoridade culminaram em várias idas à polícia e, no final, o juiz estava pronto a condená-lo a ficar encarcerado em uma prisão para menores. Quando soubemos disso, convocamos às pressas uma reunião de família e discutimos a possibilidade de tirar Alan do leste do País e levá-lo para morar conosco em Indiana. O tribunal aceitou que ele ficasse em "liberdade vigiada" e que nós fôssemos os "responsáveis"; caso não se envolvesse em complicações nos três anos seguintes, a sua ficha ficaria limpa.

Teve início, então, um esforço de três anos, com fortes vínculos de amor e com uma estrutura de referência definida: a teoria do desenvolvimento psicossocial de Erik Erikson. Nós focamos os primeiros seis estágios do modelo de Erikson, usando-os como base para a reestruturação da vida de Alan, na tentativa de ajudá-lo a se tornar um membro da sociedade responsável, respeitador da lei e útil.

Por meio de uma série de atividades focadas na família e da vida em uma fazenda de criação de cavalos no sul de Indiana, conseguimos ajudar Al (nunca nos referíamos a ele como Alan, mas o chamávamos de Al, a fim de que ele pudesse adotar uma nova identidade). Ele aprendeu a *confiar*. Desenvolveu o senso de *autonomia*, *iniciativa*, *inventividade* e *identidade* pessoal. Pela primeira vez, ele até experimentou como era a experiência de ter uma namorada e amigos decentes, que contribuíam para o seu emergente senso de *convivência íntima*.

Será que o tempo e o esforço gastos valeram a pena? É claro. Al terminou o ensino médio como o "aluno que mais progrediu", passou um período no Exército e agora trabalha como artista gráfico para uma empresa famosa, de alcance nacional.

Com a ajuda de Erik Erikson, conseguimos fazer da história de Al um exemplo de sucesso e não uma vida que começou mal e nunca mais se recuperou. Valeu, Al!

Tabela 2.2 Estágios do desenvolvimento psicossocial segundo Erik Erikson

Estágio		Características	Período etário aproximado	Evento definidor
I	Confiança vs. desconfiança	O bebê desenvolve confiança quando suas necessidades básicas são satisfeitas por cuidadores atentos e sensíveis. A desconfiança é desenvolvida quando há incerteza a respeito do futuro e atendimento inconsistente das necessidades básicas.	Bebê	Afirmação mútua
II	Autonomia vs. dúvida e vergonha	Nos primeiros anos de vida, a autonomia se desenvolve quando a criança tem a possibilidade de manifestar a própria vontade e de estabelecer um senso rudimentar de independência. A dúvida e a vergonha desenvolvem-se a partir de uma disciplina excessivamente severa e inconsistente e do "sufocamento" dos comportamentos pelos cuidadores.	De 1 a 3 anos	"Os terríveis dois anos"
III	Iniciativa vs. culpa	A iniciativa se estabelece no início da infância, quando a criança é desafiada a envolver-se em comportamentos socializados mais propositados e responsáveis. Os sentimentos de culpa desenvolvem-se em consequência da ansiedade excessiva em relação a comportamentos irresponsáveis.	Pré-escola	Idade lúdica
IV	Inventividade vs. inferioridade	A inventividade é maximizada durante os anos exuberantes da infância, quando a criança direciona as suas energias para o domínio nas novas habilidades cognitivas e físicas, em seu mundo em rápida expansão. A inferioridade desenvolve-se a partir da sensação de incompetência e do fracasso em alcançar o nível das expectativas.	Idade escolar	Aprendizado de novas habilidades
V	Identidade vs. confusão de papéis	A identidade é alcançada pelos adolescentes quando descobrem quem são e em que estão envolvidos e também exploram alternativas de solução dos problemas da vida. A confusão de papéis é provável entre aqueles que ficam sufocados por essa questão.	Início da adolescência	Fidelidade e devoção a amigos e causas
VI	Convivência íntima vs. isolamento	A convivência íntima é alcançada no início da idade adulta, por meio da formação de laços pessoais próximos de longo prazo com pessoas importantes na vida do jovem. O isolamento ocorre entre os incapazes de se revelarem em relacionamentos íntimos.	Final da adolescência	Amor e aproximação mutuamente satisfatórios
VII	Produtividade vs. autoabsorção	O adulto maduro que já alcançou a produtividade é uma pessoa genuinamente interessada em ajudar os outros, em especial a geração mais jovem, a levar uma vida produtiva. Aqueles mais preocupados em satisfazer os próprios desejos e necessidades do que os dos outros são autoabsorvidos.	Idade adulta	Solução da "crise da meia-idade"
VIII	Integridade vs. desespero	Adultos que olham para o próprio passado e avaliam de forma positiva o que fizeram da própria vida são indivíduos com integridade. Aqueles que lamentam o passado e as decisões tomadas ao longo da vida o fazem com desespero.	Velhice	Sabedoria, reflexão e senso de dever cumprido

natural, por meio do movimento, para o estabelecimento do senso de confiança. A desconfiança nasce da incerteza, da insegurança e da falha em responder às necessidades do bebê em termos de conforto, atenção e diálogo lúdico mútuo.

B. Aquisição do senso de autonomia *versus* dúvida e vergonha (de 1 a 3 anos de idade)

Erikson pensava que, durante o estágio em que a criança está estabelecendo um senso de *autonomia* versus *dúvida e vergonha*, a dependência contínua cria um senso de dúvida e vergonha a respeito das próprias capacidades. Portanto, é crítico para a criança mais nova afirmar a própria autonomia como um estágio normal do desenvolvimento psicossocial. As crianças são bombardeadas com impulsos conflitantes de afirmar a própria autonomia e de negar a si mesmas o direito e a capacidade de fazer essa afirmação. Nesse período, elas precisam de orientação e apoio, enquanto lutam pela própria autonomia, para que não fiquem perdidas e não sejam forçadas a virar-se contra si próprias por vergonha e dúvida. Nesse estágio do desenvolvimento, as crianças são, de modo geral, ansiosas para explorar e realizar novas proezas. Durante esse tempo, é essencial que ocorra o desenvolvimento apropriado do ego, permitindo a consciência de si como um todo autônomo.

O jogo ativo é muito importante durante esse estágio, pois ele permite à criança desenvolver a autonomia dentro de seus próprios limites. A autonomia emerge a partir da compreensão de que o ambiente e ela própria podem ser controlados. Durante esse estágio, com frequência, a criança viola a confiança mútua estabelecida com os outros a fim de estabelecer autonomia em áreas distintas.

C. Aquisição do senso de iniciativa *versus* culpa (pré-escola)

Nesse estágio, em que a criança estabelece o senso de *iniciativa* versus *culpa*, desenvolvem-se curiosidade ávida e entusiasmo ou sentimentos de culpa e de ansiedade. De acordo com Erikson, a consciência é estabelecida durante esse estágio. A criança adquire domínio em tarefas específicas e assume responsabilidade por si própria e por seu mundo. Elas compreendem que a vida tem um propósito e descobrem que, com a maior mobilidade, não são diferentes dos adultos em seu ambiente. Elas começam a incorporar na consciência quem são os pais como pessoas e não apenas o que os pais tentam ensinar-lhes. Com o aperfeiçoamento do uso da linguagem, elas podem expandir os próprios campos de atividade e de imaginação. A consciência da diferença de sexo também se desenvolve nesse estágio.

Durante esse período, as crianças acham prazeroso conseguir manipular brinquedos com significado. Elas começam a adquirir domínio nas habilidades de movimento fundamental, o que influencia o êxito da criança em jogos da sua cultura. Experiências de jogo bem-sucedidas contribuem para um senso de iniciativa. Experiências malsucedidas promovem sentimentos de dúvida e de vergonha. No esquema normal das coisas, o senso de êxito em outras áreas compensa com rapidez a maior parte da culpa e da sensação de fracasso. Para a criança, o futuro tende a absolver o passado.

D. Aquisição do senso de inventividade *versus* inferioridade (idade escolar)

A aquisição do senso de *inventividade* versus *inferioridade* é marcada pelo desenvolvimento das habilidades necessárias à vida em geral e à preparação para a fase adulta. Erikson acreditava que, nessa fase, a criança buscaria lugares entre seus pares e não entre adultos. Elas precisam trabalhar para adquirir a domínio nas habilidades sociais e para tornarem-se competentes e autoempenhadas. Para se sair bem, precisam da sensação de dar conta das tarefas. Nesse estágio, é difícil aceitar o fracasso, e a criança tem a tendência evidente de evitar o fracasso a qualquer custo. Durante esse período, começam a reconhecer que, no fim, terão de romper com a vida familiar costumeira. A dependência em relação aos pais começa a transformar-se na confiança em instituições como a escola, o time ou a turma.

Nessa fase, as atividades de jogo tendem a refletir a competição por meio de esportes organizados. Em geral, meninos e meninas jogam em grupos separados. O jogo por si só começa a perder importância no final desse estágio. Em combinação com a puberdade, o envolvimento em jogos funde-se com o envolvimento semilúdico e, no final, realista no trabalho.

E. Aquisição do senso de identidade *versus* confusão de papéis (começo da adolescência)

No período de aquisição do senso de *identidade versus confusão de papéis*, há um rápido crescimento corporal e maturação sexual. Desenvolve-se a identidade masculina ou feminina. Sentimentos de aceitação ou de rejeição pelos pares são importantes. É frequente o surgimento de conflitos quando os pares dizem uma coisa, e a sociedade, outra. A identidade é essencial na tomada de decisões adultas a respeito da profissão e da vida familiar. Os jovens selecionam pessoas que representam mais para eles como adultos significativos. Esses modelos de papéis podem ser membros da família, amigos, heróis do esporte ou outros indivíduos bem-sucedidos em suas vidas. Durante esse estágio do desenvolvimento, o indivíduo começa a participar na sociedade como um membro independente e útil. O senso de identidade garante ao indivíduo um lugar definitivo na sociedade.

Esportes organizados ajudam muitos jovens a adquirir o senso de identidade. A proficiência nas habilidades, o pertencimento a uma equipe e as vitórias em competições contribuem para isso. Entretanto, fracassos e experiências malsucedidas contribuem para o senso de confusão de papéis.

F. Aquisição do senso de convivência íntima *versus* isolamento (final da adolescência)

Erikson acreditava que, ao adquirir o senso de *convivência íntima* versus *isolamento*, o indivíduo aceita a si próprio e caminha na direção da aceitação dos outros, fundindo a sua personalidade com a dos outros. A infância e a juventude chegam ao fim. O indivíduo se estabelece e começa a participar inteiramente da vida em comunidade, desfrutando a vida com responsabilidades de adulto, assim como com liberdades de adulto. Nesse estágio, são demonstradas prontidão e habilidade para compartilhar confiança mútua e para regular os ciclos do trabalho, a procriação e a recreação.

Jogos, esportes e atividades recreativas da vida adulta representam meios importantes para alimentar o senso de convivência íntima com companheiros do mesmo sexo e do sexo oposto. Esforços para pertencer a um grupo, seja no local competitivo ou recreativo, refletem um nível de convivência íntima em função da necessidade de comportamentos de cooperação e de trabalho em equipe. Quando não consegue desenvolver e refinar habilidades lúdicas e esportivas pelo menos no nível recreativo, o indivíduo pode ter a sensação de isolamento e de ausência de equipe ou de grupo social.

G. Aquisição do senso de produtividade *versus* autoabsorção (vida adulta)

A *capacidade de geração* versus *autoabsorção*, de acordo com Erikson, refere-se ao curso que o indivíduo segue na sociedade, fornecendo à geração seguinte a esperança, as virtudes e a sabedoria que acumulou. Isso também inclui a responsabilidade dos pais de preservar os interesses da sociedade na criação dos filhos, na educação, nas artes e ciências e tradições culturais. Esse estágio manifesta-se quando o indivíduo demonstra maior interesse na geração seguinte do que nos seus próprios problemas.

Em termos de movimento, a produtividade pode ser vista como o desejo de passar adiante os prazeres e os valores dos jogos e das atividades esportivas às gerações seguintes, para que elas possam se divertir e se autorrealizar.

Nessa fase, o fracasso envolve o desapontamento autoabsorvente e a incapacidade de aceitar a redução das potencialidades quando se aproxima a meia-idade.

H. Aquisição do senso de integridade *versus* desespero (idade adulta madura e velhice)

Erikson acreditava que, nesse estágio final, em que o adulto maduro adquire o senso de *integridade* versus *desespero*, o indivíduo alcança a mais completa sensação de confiança como certeza da dependência da integridade de outras pessoas importantes para ele. É estabelecido um amor diferente em relação aos pais. Os pais são vistos como indivíduos com pontos fracos e também com pontos fortes, que merecem ser amados por quem são e não pelo que possuem. A integridade fornece uma solução bem-sucedida ao senso oposto de desespero. A realização, nesse estágio, envolve o senso de sabedoria e uma filosofia de vida que, com frequência, estende-se além do ciclo da vida do indivíduo e relaciona-se de forma direta com o futuro dos novos ciclos desenvolvimentais. Quando enfrenta com êxito o desafio desse estágio, a pessoa torna-se capaz de olhar para trás, para o próprio passado, com os seus êxitos e fracassos, bons e maus tempos, e a fazer isso com integridade. Quando não consegue enfrentar os desafios desse estágio, o passado é visto com remorso, e o futuro, com desespero.

O movimento, na forma de jogos, esportes de lazer e mobilidade geral é de real importância durante esse estágio. Nesse período, o movimento bem-sucedido, seja caminhando, dirigindo um carro ou nadando, significa independência. O movimento nesse estágio significa liberdade e vida. Olhar para trás, para os movimentos realizados, e para a frente, para o declínio das capacidades, não causa desespero no indivíduo que enfrenta os desafios desse estágio. Em vez disso, o movimento o ajuda a manter a competência e a aceitar as mudanças físicas.

Jean Piaget

A teoria dos marcos desenvolvimentais de Jean Piaget (1952, 1954, 1969, 1974) está entre as mais populares postuladas por especialistas no campo do desenvolvimento infantil, por sua clareza, bom entendimento e compreensão do desenvolvimento da cognição. A Tabela 2.3 esboça os estágios do desenvolvimento cognitivo estabelecidos por Piaget. O desenvolvimento cognitivo, de acordo com o autor, ocorre por meio do processo de adaptação. A **adaptação** exige ajustes nas condições do ambiente e intelectualiza esses ajustes por meio de processos complementares de acomodação e assimilação (Fig. 2.4).

Acomodação é a adaptação que a criança tem de fazer no ambiente quando informações novas e incongruentes são acrescentadas ao seu repertório de respostas possíveis. O indivíduo ajusta a resposta de modo a atender as demandas do desafio específico. A acomodação é um processo que alcança o exterior em direção à realidade e resulta em uma mudança visível no comportamento. Por exemplo, ao brincar na banheira com pouca água ou na piscina rasa, a criança aprende a levar em conta muitas das propriedades físicas e da realidade da água. No entanto, ao tentar nadar em águas profundas, ela terá de realizar uma série de novas ações (p. ex., não encostar o pé no fundo, se deixar levar, boiar, prender a respiração) para acomodar a nova realidade das águas.

Assimilação, por sua vez, é o termo usado por Piaget para a interpretação de novas infor-

Tabela 2.3 Estágios do desenvolvimento cognitivo estabelecidos por Jean Piaget

Estágio		Características	Faixa etária aproximada	Evento definidor
I	Sensório-motor	O bebê constrói o significado do seu mundo, coordenando as experiências motoras e o movimento.	Do nascimento aos 2 anos	Assimilação básica e formação de esquema por meio do movimento
II	Pensamento pré-operatório	A criança mais nova exibe maior pensamento simbólico, ligando o seu mundo com palavras e imagens.	Dos 2 aos 7 anos	Assimilação avançada pelo uso da atividade física na execução dos processos cognitivos
III	Operações concretas	A criança raciocina logicamente a respeito de eventos concretos e consegue classificar objetos do seu mundo em vários conjuntos.	Dos 7 aos 11 anos	Reversibilidade com experimentação intelectual por meio do jogo ativo
IV	Operatório formal	O adolescente é capaz de raciocinar mais logicamente e de modos abstratos e idealistas.	Dos 11 anos em diante	Raciocínio dedutivo pela da formulação de hipóteses abstratas

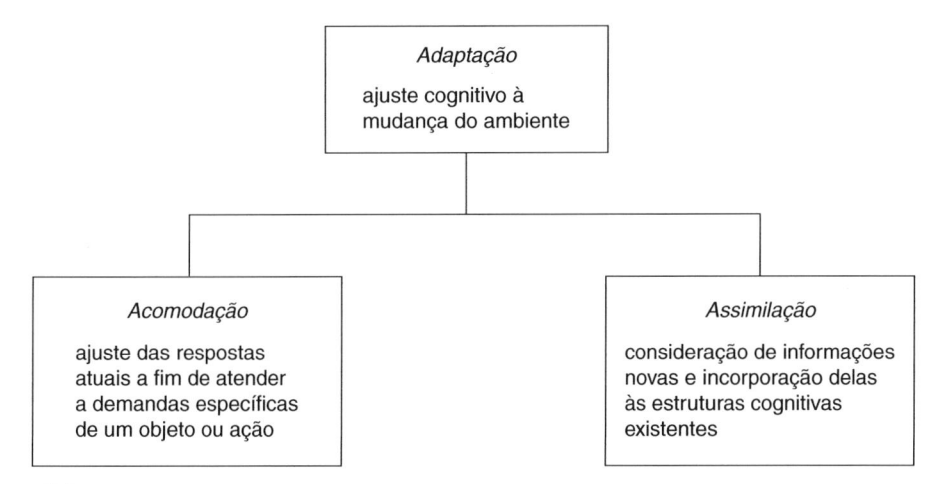

```
                    ┌─────────────────────┐
                    │     Adaptação       │
                    │  ajuste cognitivo à │
                    │ mudança do ambiente │
                    └──────────┬──────────┘
                 ┌─────────────┴─────────────┐
┌────────────────────────────┐    ┌────────────────────────────┐
│        Acomodação          │    │        Assimilação         │
│   ajuste das respostas     │    │ consideração de informações│
│   atuais a fim de atender  │    │ novas e incorporação delas │
│   a demandas específicas   │    │   às estruturas cognitivas │
│   de um objeto ou ação     │    │          existentes        │
└────────────────────────────┘    └────────────────────────────┘
```

Figura 2.4
Segundo a visão de Piaget, a adaptação ocorre por meio dos processos complementares da acomodação e da assimilação.

mações com base em interpretações atuais. A assimilação envolve levar em conta informações do ambiente e incorporá-las às estruturas cognitivas individuais já existentes. Se não for possível incorporar essas informações nas estruturas já existentes em virtude de pequenas variações, ocorrerá a acomodação. Entretanto, se forem muito diferentes das estruturas existentes, as informações não serão nem assimiladas nem acomodadas. Por exemplo, dar à criança uma bola para arremessar pode ser uma nova experiência, mas, após uma série de acomodações (i.e., ajustes), a criança pode brincar de agarrar a bola. No entanto, você não vai querer que ela o desafie para um jogo de basquetebol. Embora envolva várias formas de arremessos da bola, esse jogo é diferente demais da brincadeira de jogar e agarrar para ser assimilado (incorporado) pela criança.

A seguir, apresentamos um resumo da teoria de Piaget. É importante observar as numerosas implicações para o movimento ao longo dos estágios do desenvolvimento cognitivo estabelecidos pelo autor.

Conceito 2.5

As estruturas cognitivas superiores são formuladas por processos de acomodação e assimilação, sendo que ambos se baseiam na autodescoberta por meio do jogo e da atividade de movimento.

A. Estágio sensório-motor (do nascimento aos 2 anos)

O estágio *sensório-motor* é o período em que a criança aprende a distinguir ela mesma, os objetos e as outras pessoas. A atividade motora é fundamental, pois a criança aprende por meio de suas interações físicas com o mundo. Nessa fase do desenvolvimento, as principais tarefas desenvolvimentais da infância são a coordenação das ações ou atividades de movimentos das crianças e das suas percepções em um todo tênue. O estágio sensório-motor é composto de vários estágios sobrepostos:

1. *Uso dos reflexos* (do nascimento a 1 mês): Piaget acreditava que há uma continuação dos reflexos pré-natais com o propósito de capacitar o bebê a adquirir informações adicionais sobre o seu mundo. Os reflexos são repetições espontâneas causadas por estimulação interna e externa. Por meio de reflexos e de comportamentos estereotipados, um ritmo é estabelecido pela prática, e são formados hábitos que emergem mais tarde como movimentos voluntários.
2. *Reações circulares primárias* (de 1 a 3 meses): essas reações referem-se à assimilação da experiência prévia e ao reconhecimento do estímulo que disparou a reação necessária para gerar a

experiência. Nesse ponto do desenvolvimento, experiências novas ou passadas não têm significado, a não ser que se tornem parte do padrão de reação circular primário do bebê. Durante esse período, o movimento reflexivo é aos poucos substituído pelo movimento voluntário, mas a maturidade neurológica tem de ser alcançada para que as sensações possam ser compreendidas. O que antes era um comportamento automático do bebê agora é repetido de forma voluntária, e mais de uma modalidade sensorial pode ser usada ao mesmo tempo. Respostas adquiridas acidentalmente tornam-se novos hábitos sensório-motores.

3. *Reações circulares secundárias* (de 3 a 9 meses): durante esse estágio, o bebê tenta fazer com que os eventos durem e com que eles ocorram. As reações circulares secundárias significam que o foco do bebê está na retenção e não na repetição, como no estágio anterior. O bebê, agora, tenta criar um estado de permanência, repetindo e prolongando reações circulares primárias junto com reações secundárias. Nesse estágio, duas ou mais experiências sensório-motoras são relacionadas a uma sequência ou esquema experiencial. A palavra **esquema**, como usada aqui, é um termo de Piaget para designar um padrão e uma ação física ou motora que ocorre em bebês. Não deve ser confundido com o "esquema" usado por Schmidt e Lee (2005) para referir-se a habilidades motoras posteriores. Para o bebê que está no estágio das reações circulares secundárias, a visão é o principal coordenador do comportamento. As outras modalidades sensoriais são usadas em menor grau. Esse é o estágio, segundo Piaget, em que a imaginação, o jogo e a emoção começam a emergir.

4. *Aplicação dos esquemas secundários a novas situações* (de 8 a 12 meses): Piaget via esse estágio como caracterizado pela capacidade da criança de distinguir meios e fins, ou seja, de ser capaz de produzir o mesmo resultado de mais de um modo. Durante esse período, a criança usa aquisições comportamentais anteriores principalmente como base para acrescentar novas aquisições ao seu repertório em expansão. Em consequência disso, há maior exploração, em que os fins e os meios são diferenciados pela experimentação. Ocorre acomodação como resultado da experimentação, e o bebê agora pode experienciar a ação pela observação.

5. *Reações circulares terciárias* (de 12 a 18 meses): a expressão "reações terciárias" é usada por Piaget para a descoberta, pelo bebê, de novos significados por meio da experimentação ativa. Durante esse período, desenvolvem-se a curiosidade e o comportamento que busca novidades. O raciocínio fundamental entra em jogo e se desenvolve. Como resultado disso, uma falha de lembrança é vista como uma falha de compreensão. O bebê começa a desenvolver relações espaciais ao descobrir objetos como tal. Desenvolve-se a imitação, e o jogo é importante, pois a criança repete a fase de ação, ligando os processos cognitivos aos processos de movimento.

6. *Invenção de novos significados usando combinações mentais* (de 12 a 24 meses): Piaget reconheceu que, durante esse estágio, acontece uma passagem das experiências sensório-motoras a uma maior reflexão sobre elas. Isso representa uma ponte para a próxima fase, para um nível mais avançado de comportamento intelectual. Nesse estágio, as crianças são capazes de distinguir elas próprias como um objeto entre muitos outros. Portanto, elas tendem a perceber e usar objetos por suas qualidades intrínsecas. Além disso, começam a relacionar os objetos a novas ações, sem perceber tudo das ações. Os padrões sensório-motores são lentamente substituídos pelo funcionamento semimental. A imitação copia a ação ou o símbolo da ação. Surge o jogo paralelo, e a identificação, como processo mental, torna-se evidente no final dessa fase, dependendo do nível do desenvolvimento intelectual da criança.

O período é também caracterizado pela criação de significados e não apenas pela sua descoberta. Os rudimentos do *insight* começam a desenvolver-se.

B. Estágio do pensamento pré-operatório (de 2 a 7 anos)

Durante o estágio *do pensamento pré-operatório* ocorre o verdadeiro início da cognição. Essa fase é "pré-operatória" porque a criança ainda não é capaz de manipular mentalmente objetos e depende da atividade física para fazê-lo. Além disso, o estágio do pensamento pré-operatório é um período de transição entre os comportamentos da autossatisfação e da socialização rudimentar em crianças jovens. Em decorrência disso, a criança tenta ajustar as novas experiências aos padrões prévios de pensamento. Desenvolve-se a investigação contínua do próprio mundo, mas a criança conhece o mundo apenas como o vê. A assimilação (i.e., a interpretação de novas informações com base nas interpretações presentes) é a tarefa mais importante. Durante esse estágio, a ênfase está no "porquê", e o "como" torna-se uma ferramenta primária para a ocorrência da adaptação. É preciso ter domínio na conservação da quantidade, envolvendo coisas como a permanência do objeto e a conservação do volume, antes do desenvolvimento do conceito dos números.

A linguagem começa a substituir a atividade sensório-motora como facilitador primário do aprendizado e como o modo preferido de expressar pensamentos. Além disso, os eventos são julgados pela aparência externa independentemente da sua objetividade lógica. A criança responde aos aspectos qualitativos ou quantitativos do evento, mas não de forma simultânea. Por isso, a criança não é capaz de mesclar os conceitos de objetos, espaço e causalidade nas inter-relações com o conceito de tempo. O tempo é um conceito nebuloso, que confunde a criança na fase de desenvolvimento.

A criança, de acordo com Piaget, é egocêntrica (i.e., autocentrada) na sua relação com o mundo e não autista (i.e., sem relação) como no estágio sensório-motor. O jogo é um importante meio de assimilação e ocupa a maior parte do tempo que a criança passa em vigília. Os jogos imaginários e paralelos são ferramentas importantes para o aprendizado. Jogar também ajuda a estabelecer as regras e os valores dos mais velhos. A característica do estágio do pensamento pré-operatório é a ampliação do interesse social da criança no seu mundo. Em resultado disso, há redução da egocentricidade e a participação social aumenta. A criança começa a mostrar interesse em relações entre as pessoas. Compreender os papéis sociais da "mãe", do "pai", da "irmã" e do "irmão" e as suas relações mútuas é importante para a criança nesse estágio.

C. Estágio operatório-concreto (de 7 a 11 anos)

Durante o estágio operatório-concreto do desenvolvimento, a criança torna-se consciente das soluções alternativas, usa regras para pensar e é capaz de distinguir entre aparência e realidade. Essa fase é chamada "concreta", pois as ações mentais da criança (i.e, as "operações") ainda estão ligadas a objetos concretos.

O conceito de reversibilidade torna-se fixo nessa fase. A reversibilidade refere-se à capacidade da criança de entender que qualquer mudança de forma, ordem, posição, número, etc. pode ser mentalmente invertida e recolocada em sua forma, ordem, posição, número original. A reversibilidade permite que a criança relacione um evento ou pensamento a um sistema total de partes inter-relacionadas e considere o evento ou o pensamento do começo até o fim ou do fim até o começo. Essa forma de pensamento operacional incrementa a capacidade mental da criança de ordenar e relacionar experiências em um todo organizado.

O nível do pensamento operatório-concreto pressupõe que a experimentação mental ainda depende da percepção. Nessa fase, as percepções são mais precisas, e a criança aplica a sua interpretação dessas percepções do ambiente de modo consciente. A criança examina as partes para obter conhecimento do todo e estabelece meios de classificação para organizar partes em um sistema hierárquico.

Nessa fase, o jogo é usado para compreender o seu mundo físico e social. Regras e regulamentos interessam à criança quando aplicados ao jogo. Entretanto, o jogo perde as suas características assimilativas e torna-se um processo subordinado equilibrado de pensamento cognitivo. Em resultado disso, a curiosidade encontra expressão na experimentação intelectual e não apenas no jogo ativo.

D. Estágio operatório-formal (a partir dos 11 anos)

Durante esse estágio, a infância termina e inicia a juventude, quando o indivíduo entra no mundo das ideias. Nesse quarto e último estágio do desenvolvimento cognitivo, surge uma abordagem sistemática para solução de problemas. Por implicação, desenvolve-se a dedução lógica, e o indivíduo é capaz de pensar verticalmente, ou seja, além do presente. Nesse nível, o indivíduo pode sonhar e não precisa da realidade concreta. A dedução por hipótese e o consequente julgamento permitem ao indivíduo raciocinar além da causa e do efeito.

Robert Havighurst

A teoria de Robert Havighurst (1953, 1972; Havighurst e Levine, 1979) baseia-se no conceito de que a realização bem-sucedida de uma tarefa desenvolvimental leva à felicidade e ao êxito em tarefas posteriores, enquanto o fracasso leva à infelicidade, à desaprovação social e à dificuldade. Havighurst discordava de qualquer teoria que propunha uma base inata para o crescimento e o desenvolvimento. Ele acreditava que viver e crescer são aprendidos. Portanto, o desenvolvimento, de acordo com o autor, é o processo de aprender o próprio caminho na vida. Ele pensava que o desenvolvimento bem-sucedido exigia domínio de uma série de tarefas. Em cada nível do desenvolvimento, a criança encontra novas demandas sociais. Essas demandas, ou tarefas, surgem a partir de três fontes. Primeiro surgem da maturação física. Tarefas como caminhar, falar e conviver com seus pares são baseadas na maturação. Depois, surgem das pressões culturais da sociedade, como aprender a ler e a ser um cidadão responsável. A terceira fonte de tarefas é o próprio indivíduo. As tarefas surgem da personalidade em maturação e dos valores e das aspirações próprias individuais.

A teoria de Havighurst tem implicações em todas as faixas etárias. Ela é de particular importância para os educadores, pois descreve os momentos em que pode ocorrer o aprendizado, em que o corpo e o eu estão prontos para realizar determinada tarefa. Os educadores podem programar melhor os seus esforços de ensino, identificando as tarefas adequadas a determinado nível do desenvolvimento e tendo plena consciência de que o nível de prontidão da criança é influenciado por fatores biológicos, culturais e pessoais, que interagem entre si.

Havighurst sugeriu seis principais períodos de desenvolvimento: a fase do bebê e a primeira infância (do nascimento até os 5 anos), a segunda infância (de 6 a 12 anos), a adolescência (de 13 a 18 anos), a adultez jovem (de 19 a 29 anos), a meia-idade (de 30 a 60 anos) e a terceira idade (de 60 anos em diante). Segue-se um resumo das tarefas desenvolvimentais de Havighurst de forma esquemática. Alertamos o leitor para que seja flexível na interpretação dessas tarefas em relação à idade. As idades são apenas aproximações convenientes e não devem ser vistas como períodos de tempo rígidos. Entretanto, atrasos significativos em relação aos limites etários podem, de acordo com Havighurst, representar um fracasso na tarefa desenvolvimental, com resultante infelicidade e maior dificuldade em tarefas futuras.

> **Conceito 2.6**
>
> Numerosas tarefas desenvolvimentais têm de ser completadas para que o processo normal de desenvolvimento prossiga sem impedimentos.

A. Fase do bebê e da primeira da infância (do nascimento até os 5 anos)
   1. Aprender a andar.
   2. Aprender a ingerir alimentos sólidos.
   3. Aprender a falar.
   4. Aprender a controlar a eliminação das fezes e da urina.
   5. Aprender as diferenças sexuais e o modo correto de comportar-se sexualmente.
   6. Aquisição de conceitos e de linguagem para descrição da realidade social e física.
   7. Prontidão para ler.
   8. Aprender a distinguir o certo do errado e desenvolver a consciência.

B. Segunda infância e pré-adolescência (de 6 a 12 anos)
   1. Aprender as habilidades físicas necessárias a jogos comuns.
   2. Construir uma atitude benéfica em relação a si mesmo.

3. Aprender a conviver com seus pares.
4. Aprender um papel sexual apropriado.
5. Desenvolver habilidades fundamentais de leitura, escrita e cálculo.
6. Desenvolver conceitos necessários à vida diária.
7. Desenvolver a consciência, a moralidade e uma escala de valores.
8. Alcançar independência pessoal.
9. Desenvolver atitudes aceitáveis em relação à sociedade.

C. Adolescência (de 13 a 18 anos)
1. Manter relações maduras com ambos os sexos.
2. Manter um papel masculino ou feminino
3. Aceitar o próprio físico.
4. Conquistar independência emocional em relação aos adultos.
5. Preparar-se para o casamento e a vida em família.
6. Preparar-se para uma carreira rentável.
7. Adquirir valores e um sistema ético para orientar o próprio comportamento.
8. Desejar e alcançar um comportamento socialmente responsável.

D. Adulto jovem (de 19 a 29 anos)
1. Escolher um companheiro.
2. Aprender a viver com um parceiro.
3. Formar uma família.
4. Criar os filhos.
5. Administrar a casa.
6. Iniciar-se em uma profissão.
7. Assumir a responsabilidade cívica.

E. Adulto médio
1. Ajudar os filhos adolescentes a serem adultos felizes e responsáveis.
2. Ter responsabilidade social e cívica de adulto.
3. Alcançar resultados satisfatórios na carreira.
4. Participar de atividades de lazer adultas
5. Relacionar-se com o cônjuge como pessoa.
6. Aceitar as mudanças fisiológicas da meia-idade.
7. Adaptar-se ao envelhecimento dos pais.

F. Terceira idade (de 60 anos em diante)
1. Adaptar-se à redução da força e da saúde.
2. Adaptar-se à aposentadoria e à redução da renda.
3. Adaptar-se à morte do cônjuge.
4. Estabelecer relações com um grupo de pessoas da mesma idade.
5. Cumprir obrigações sociais e cívicas.
6. Estabelecer um local de moradia satisfatório.

Resumo

O processo de desenvolvimento em geral é visto como hierárquico. Ou seja, o indivíduo passa do geral ao específico e do simples ao complexo enquanto adquire mestria e controle sobre o ambiente. As teorias das fases-estágios, de Erik Erikson, dos marcos desenvolvimentais, de Jean Piaget, e das tarefas desenvolvimentais, de Robert Havighurst, mostram de modo claro que o organismo humano, em todos os aspectos do seu desenvolvimento, parte de formas comparativamente mais simples de existência para níveis mais complexos e sofisticados de desenvolvimento. Até pouco tempo, esses níveis de desenvolvimento eram expressos principalmente em termos dos comportamentos cognitivo e afetivo do indivíduo, e ao desenvolvimento motor dava-se apenas uma atenção indireta. As teorias ecológicas, em particular a dos sistemas dinâmicos e a do local do comportamento, oferecem perspectivas mais novas para o estudo do desenvolvimento e são especialmente relevantes para o comportamento motor.

Embora as formulações teóricas de Erikson, Piaget e Havighurst tenham valor, nenhuma delas trata o desenvolvimento motor de modo adequado. Portanto, é apropriado o emprego de um modelo teórico para o desenvolvimento motor que possa integrar elementos de cada uma dessas teorias, somados às perspectivas dos sistemas dinâmicos e do local do comportamento, a fim de permitir a descrição e explicação desse importante aspecto do desenvolvimento humano. O Capítulo 3, "Desenvolvimento motor: um modelo teórico", é dedicado a esse fim.

QUESTÕES PARA REFLEXÃO

1. Para alguns, infelizmente, os modelos teóricos são vistos como "tediosos" ou como mero exercício de "uma torre de marfim". Dê a sua opinião: por que isso acontece? E por que os modelos teóricos do desenvolvimento humano são importantes?
2. Depois de dar uma olhada nos pontos de vista conceituais do desenvolvimento humano, quais deles lhe parecem atrativos e por quê?
3. Se têm realmente utilidade, como as teorias desenvolvimentais devem ser aplicadas na prática, em situações reais de ensino-aprendizado?
4. O que você pensa, nesse momento, sobre a teoria dos sistemas dinâmicos e a teoria das fases-estágios, que serão aplicadas ao longo deste livro e utilizadas no próximo capítulo na forma do Modelo da Ampulheta Triangulada do desenvolvimento motor?
5. Para você, qual dos modelos teóricos revisados neste capítulo faz mais sentido? Por quê?

LEITURA BÁSICA

Bronfenbrenner, U. (2005). Bioecological theory in human development. In U.

Bronfenbrenner (Ed.), *Making Human Beings Human: Bioecological Perspectives on Human Development* (pp. 3–15). Thousand Oaks, CA: Sage Publications.

Bronfenbrenner, U., Morris, P. (2006). The bioecological model of human development. In R. Lerner and W. Damon (Eds.), *Handbook of child psychology.* Vol. 1: *Theoretical models of human development* (6th ed., pp. 793–829). New York: Wiley.

Cagen, L., Getchell, N. (2004). Combining theory and practice: "Constraints" within an ecological perspective. *JOPERD, 75,* 25–30.

Coker, C. A. (2004). *Motor Learning and Control for Practitioners* (Chapter 3). New York: McGraw-Hill.

Erikson, E. (1980). *Identity and the Life Cycle.* New York: W. W. Norton.

Lerner, R., Ma, L., & Smith, L. (2005). Developmental systems theories. In C. Fisher & R. Lerner (Eds.), *Encyclopedia of applied developmental science,* Vol. 1 (pp. 353–357). Thousand Oaks, CA: Sage Publications.

Lerner, R. (2006). Developmental science, developmental systems, and contemporary theories of human development. In R. Lerner & W. Damon (Eds.), *Handbook of child psychology.* Vol. 1: *Theoretical models of human development* (6th ed., pp. 1–17). New York: Wiley.

Schmidt, R. A., & Lee, T. D. (2005). *Motor Control and Learning: A Behavioral Emphasis* (Chapter 1). Champaign, IL: Human Kinetics.

RECURSOS NA *WEB*

www.people.cornell.edu/pages/ub11/
Esse *site* fornece informações básicas sobre Urie Bronfenbrenner, intitulado Jacob Gould Sherman Professor dos Estudos da Família e do Desenvolvimento Humano e de Psicologia da Cornell University. Inclui os trabalhos do professor Bronfenbrenner, assim como o seu *curriculum vitae*.

www.unige.ch/piaget/
Homepage da Jean Piaget Archives, uma fundação que reúne os trabalhos de Jean Piaget, psicólogo e epistemologista genético. O *site* inclui uma bibliografia de seus trabalhos, monografias, teses, artigos de periódicos, revisões críticas, etc.

www.piaget.org
Homepage da Jean Piaget Society. Informações sobre Jean Piaget, a sociedade e as publicações descritas. Estão incluídos recursos para estudantes, *links* e informações sobre afiliação.

http://facultyweb.cortland.edu/~ANDERSMD/ERIK/welcome.HTML
O *site* fornece informações básicas sobre Erik Erikson e os oito estágios do desenvolvimento psicológico. Inclui índice, biografia, referências, assim como outros *links*.

CAPÍTULO 3

Desenvolvimento Motor: Um Modelo Teórico

PALAVRAS-CHAVE

- Teoria descritiva
- Teoria explicativa
- Fases do desenvolvimento motor
- Método indutivo
- Método dedutivo
- Categoria do movimento
- Reflexos
- Capacidades do movimento rudimentar
- Habilidades do movimento fundamental
- Habilidades do movimento especializado
- Heurística
- Algoritmo
- Modelo da Ampulheta Triangulada do desenvolvimento motor

COMPETÊNCIAS ADQUIRIDAS NESTE CAPÍTULO

Ao finalizar este capítulo, você será capaz de:

- Definir desenvolvimento motor ao longo da vida
- Perceber o comportamento motor do indivíduo como "mais" ou "menos" avançado, em uma linha desenvolvimental contínua, e não como "bom" ou "ruim"
- Demonstrar conhecimentos sobre as mudanças neurais, fisiológicas e cognitivas ao longo da vida
- Distinguir a formulação da teoria dedutiva da indutiva
- Descrever as fases do desenvolvimento motor
- Listar e descrever os estágios de cada fase do desenvolvimento motor
- Explicar como as exigências da tarefa de movimento, da biologia do indivíduo e das condições do ambiente de aprendizado interagem com o Modelo da Ampulheta Triangulada do desenvolvimento motor
- Demonstrar conhecimentos sobre como e por que o uso de um instrumento heurístico como metáfora explicativa é útil na conceituação dos produtos e processos do desenvolvimento motor

> **CONCEITO-CHAVE**
>
> Os processos e produtos do desenvolvimento motor ao longo da vida podem ser conceituados pela heurística da ampulheta triangulada.

A principal função da teoria é integrar os fatos existentes e organizá-los de um modo que lhes confira significado. As teorias do desenvolvimento tomam fatos do organismo humano e fornecem um modelo desenvolvimental congruente com eles. Portanto, a formulação da teoria serve de base para testar os fatos e vice-versa. O desenvolvimento da ciência depende do avanço da teoria, assim como do acúmulo de fatos. No estudo do comportamento humano, especialmente nas áreas do desenvolvimento cognitivo e afetivo, a elaboração de teorias tem ganhado importância crescente ao longo dos anos últimos anos. A teoria vem desempenhando um papel duplamente importante nessas duas áreas, a saber: serviu e continua servindo como integradora dos fatos existentes e como base para derivação de novos fatos (Bigge e Shermis, 2004; Lerner, 2007).

DESCRIÇÃO E EXPLICAÇÃO DO DESENVOLVIMENTO MOTOR

Até a década de 1980, o interesse pelo desenvolvimento motor envolvia, sobretudo, a descrição e a catalogação de dados, com pouca atenção à produção de modelos que levassem a explicações teóricas do comportamento ao longo da vida. A pesquisa desse tipo era necessária e importante para a nossa base de conhecimentos. No entanto, ela fez pouco para nos ajudar a solucionar de modo crítico questões sobre o que está subjacente ao processo do desenvolvimento motor e como esse processo ocorre. Existe apenas um número limitado de modelos abrangentes e ainda são poucas as teorias amplas sobre o tema. Entretanto, agora, os pesquisadores do desenvolvimento motor estão reexaminando seus trabalhos com um olhar mais voltado à pesquisa baseada em estruturas teóricas sólidas. A intenção deste capítulo é apresentar um modelo abrangente para o desenvolvimento motor, com base em dois pontos de vista teóricos específicos: a teoria das fases-estágios *descritiva* e a teoria dos sistemas dinâmicos *explicativa*. Apresentaremos o modelo no formato de uma ampulheta, acompanhada de um triângulo invertido sobreposto. A nossa intenção é usar essa representação visual como forma de conceituar tanto os produtos descritivos (ampulheta) quanto os processos explicativos (triângulo invertido) do desenvolvimento motor do modo como eles se desdobram ao longo da vida. Assim como acontece com todos os modelos teóricos, ao nosso também faltará algo. Mas ele tem servido de base para que muitos possam compreender melhor *o que* ocorre e *por que* isso ocorre nesse surpreende processo que chamamos de desenvolvimento motor.

> **CONCEITO 3.1**
>
> Há poucos modelos teóricos abrangentes para o desenvolvimento motor.

A primeira função de um modelo teórico do desenvolvimento motor deve ser a integração dos fatos existentes na área de estudo correspondente. A segunda função é servir de base para a geração de fatos novos. Alguém pode argumentar que é possível interpretar os fatos de mais de um modo, ou seja, a partir de perspectivas teóricas diferentes. Isso é inteiramente possível e desejável. Pontos de vista diferentes geram argumentos teóricos, debates, a centelha da pesquisa que lança nova luz sobre interpretações teóricas divergentes. Inclusive quando não há diferenças teóricas, a pesquisa pode ser realizada para determinar se as hipóteses derivadas da teoria têm sustentação tanto experimental como ecológica.

A teoria deve servir de pilar de todas as pesquisas e ciências, e o estudo do desenvolvimento motor não é uma exceção. Na nossa visão, a teoria desenvolvimental tem de ser tanto **descritiva** como **explicativa**. Em outras palavras, o pesquisador que estuda o desenvolvimento deve interessar-se por aquilo que as pessoas são em faixas etárias específicas (descrição) e pelo motivo da ocorrência dessas características (explicação). Sem um construto teórico, a pesquisa no campo do desenvolvimento motor, ou em qualquer outra área, tende a revelar pouco mais do que fatos isolados. Entretanto, sem um corpo de conhecimentos já existente (fatos), não podemos formular teorias; mas, sem a formulação e realização constante de testes da teoria, não é possível alcançar um nível mais elevado de compreensão e de consciência do fenômeno que chamamos de desenvolvimento motor.

> **CONCEITO 3.2**
>
> Os modelos teóricos tentam descrever e explicar o comportamento e podem ser indutivos ou dedutivos.

A teoria é um grupo de declarações, conceitos ou princípios, que integram os fatos existentes e levam à geração de fatos novos. As **fases do desenvolvimento motor** apresentadas neste capítulo não se baseiam somente na acumulação de fatos. Modelos desse tipo resultam do uso de um **método indutivo** de formulação de teorias. No método indutivo, o pesquisador começa por um conjunto de fatos e depois tenta encontrar uma estrutura conceitual em torno da qual seja possível organizá-los e explicá-los. O **método dedutivo** de formulação de teorias, como usado aqui, tem como base a inferência e apresenta três características primárias. Em primeiro lugar, a teoria deve integrar os fatos existentes e esclarecer os indícios empíricos que têm ligação com o conteúdo da teoria. Em segundo lugar, ela deve prestar-se à formulação de hipóteses testáveis no seguinte formato declarativo: se..., então... . Em terceiro lugar, deve ainda passar por testes empíricos, ou seja, as hipóteses testadas de modo experimental devem gerar resultados que confirmem ainda mais a teoria.

O uso de um modelo dedutivo, em vez de um indutivo, deixa ver como fatos bem acumulados integram-se em um todo coeso e compreensível. Ele também nos permite identificar as informações necessárias ao preenchimento de lacunas na teoria ou ao seu esclarecimento ou aperfeiçoamento. As fases do desenvolvimento motor esboçadas aqui são de base dedutiva e servem como modelo para a formulação de teorias. Nas seções subsequentes deste livro, cada fase será explorada de forma mais detalhada.

AS FASES DO DESENVOLVIMENTO MOTOR

O processo do desenvolvimento motor revela-se, principalmente, por mudanças no comportamento dos movimentos ao longo do tempo. Todos nós, bebês, crianças, adolescentes e adultos, estamos envolvidos, durante toda a vida, no processo de aprender como devemos nos movimentar com controle e competência em resposta às mudanças que enfrentamos dia a dia em nosso ambiente em constante mutação. Somos capazes de observar diferenças desenvolvimentais no comportamento dos movimentos. Podemos fazer isso por meio da observação de mudanças no processo (forma) e no produto (*performance*). Um dos modos básicos de observação do desenvolvimento motor inclui o estudo das mudanças no comportamento dos movimentos ao longo do ciclo da vida. Em outras palavras, abre-se uma janela que permite ver o processo do desenvolvimento motor por meio do comportamento dos movimentos observáveis do indivíduo, que nos fornece pistas sobre os processos motores subjacentes.

> **CONCEITO 3.3**
>
> O processo do desenvolvimento motor pode ser visto como fase e estágio.

O movimento observável pode ser agrupado em três categorias funcionais de acordo com o seu propósito, ao longo de todas as fases do desenvolvimento motor: tarefas de movimento de estabilidade, de locomoção e de manipulação ou combinações dessas três. No sentido mais amplo, o movimento de estabilidade é aquele que exige certo grau de equilíbrio ou postura (i.e., quase toda a atividade motora ampla). No sentido mais restrito, o movimento de estabilidade é aquele que não é de locomoção nem de manipulação. A categoria abrange movimentos como torcer, virar, puxar, empurrar, que não podem ser classificados como locomotores ou manipulativos. Neste livro, a estabilidade, na qualidade de **categoria do movimento**, é vista como mais do que um simples termo geral conveniente e como menos do que um termo global aplicável a todos os movimentos. A categoria dos *movimentos de* *estabilidade* refere-se a qualquer movimento que aconteça como fator de ganho ou manutenção do equilíbrio da pessoa em relação à força de gravidade. Portanto, os movimentos axiais (outro termo usado às vezes para indicar movimentos que não são de locomoção), assim como as posturas invertidas e de rolamento do corpo, são considerados aqui movimentos de estabilidade. Do mesmo modo, ficar apoiado em um único pé e manter a posição ereta quando sentado em uma cadeira.

A categoria *de locomoção* refere-se a movimentos que envolvem mudança na localização do corpo em relação a um ponto fixo na superfície. Transportar-se do ponto A ao ponto B, caminhando, correndo, pulando, *skipping** ou saltitando é realizar uma tarefa de locomoção. Na maneira como usamos o termo, atividades como rolar para a frente e para trás podem ser consideradas movimento de locomoção e também de estabilidade – de locomoção porque o corpo movimenta-se de um ponto a outro, de estabilidade por causa da ênfase na manutenção do equilíbrio em uma situação de oscilação incomum.

A categoria *de manipulação* refere-se tanto à manipulação motora ampla quanto à fina. A manipulação motora ampla envolve conferir força a, ou receber força de, objetos. As tarefas de lançar, pegar, chutar e rebater um objeto, assim como o drible e o voleio, são movimentos classificados nesse tipo. A manipulação motora fina envolve o uso intricado dos músculos da mão e do punho. Costurar, cortar com tesouras e digitar são movimentos de manipulação motora fina. Um grande número de movimentos envolve a combinação das categorias de estabilidade, locomoção e/ou manipulação. Pular corda, por exemplo, envolve locomoção (pulo), manipulação (rodar a corda) e estabilidade (manter o equilíbrio). De modo semelhante, jogar futebol envolve habilidades de locomoção (correr e pular), de manipulação (driblar, passar, chutar e cabecear) e de estabilidade (esquivar-se, alcançar, virar, girar).

Em resumo, se o movimento é uma janela para o processo do desenvolvimento motor, então um dos modos de estudar esse processo consiste em examinar a progressão sequencial das habilidades de movimento ao longo de toda a vida. As seguintes fases do desenvolvimento motor e os estágios desenvolvimentais dentro de cada fase destinam-se a servir de modelo para esse estudo. (Ver na Fig. 3.1 uma representação das quatro fases e dos estágios correspondentes.)

Fase do movimento reflexo

Os primeiros movimentos que o feto realiza são reflexos. Movimentos **reflexos** são aqueles involuntários, controlados subcorticalmente e que formam a base das fases do desenvolvimento motor. Por meio da atividade reflexa, o bebê consegue informações sobre o ambiente imediato. As reações do bebê a toques, luz, sons e mudanças de pressão disparam a atividade do movimento involuntário. Esses movimentos involuntários, combinados com a crescente sofisticação cortical nos primeiros meses da vida pós-natal, desempenham papel importante na tarefa da criança de aprender mais sobre o próprio corpo e o mundo externo.

Os *reflexos primitivos* são classificados como respostas de coleta de informação, de busca de nutrição e de proteção. Eles coletam informações porque ajudam a estimular a atividade cortical e o desenvolvimento. Buscam nutrição e proteção porque há consideráveis indícios de que são filogenéticos por natureza. Os reflexos primitivos, como aqueles de fixação e sucção, são considerados mecanismos de sobrevivência primitivos. Sem eles, o recém-nascido não conseguiria nutrir-se.

Os *reflexos posturais* são a segunda forma de movimento involuntário. Na aparência, são notavelmente similares aos comportamentos voluntários posteriores, embora sejam de todo involuntários. Parece que esses reflexos são como dispositivos de teste neuromotor dos mecanismos de estabilidade, locomoção e manipulação que serão usados mais tarde com controle consciente. Os reflexos primários de dar passos e engatinhar, por exemplo, lembram muito os posteriores comportamentos voluntários de andar e engatinhar. O reflexo palmar de segurar está bastante relacionado com os posteriores comportamentos voluntários de pegar e largar. A fase reflexa do desenvolvimento motor pode ser dividida em dois estágios sobrepostos.

---

* N. de R.T. Sequência de um passo e um saltito com o mesmo pé, alternando os pés.

Compreendendo o Desenvolvimento Motor 69

```
                    Utilização na      Utilização       Utilização
                    rotina diária ao   recreativa ao    competitiva ao
                    longo da vida      longo da vida    longo da vida
```

FAIXA ETÁRIA APROXIMADA NOS PERÍODOS DO DESENVOLVIMENTO		ESTÁGIOS DO DESENVOLVIMENTO MOTOR
14 anos ou mais 11 a 13 anos 7 a 10 anos	FASE DO MOVIMENTO ESPECIALIZADO	Estágio de utilização ao longo da vida Estágio de aplicação Estágio de transição
5 a 7 anos 3 a 5 anos 2 a 3 anos	FASE DO MOVIMENTO FUNDAMENTAL	Estágio de proficiência Estágios elementares emergentes Estágio inicial
1 a 2 anos Do nascimento a 1 ano	FASE DO MOVIMENTO RUDIMENTAR	Estágio pré-controle Estágio de inibição do reflexo
4 meses a 1 ano Desde o útero até 4 meses	FASE DO MOVIMENTO REFLEXO	Estágio de decodificação de informações Estágio de codificação de informações

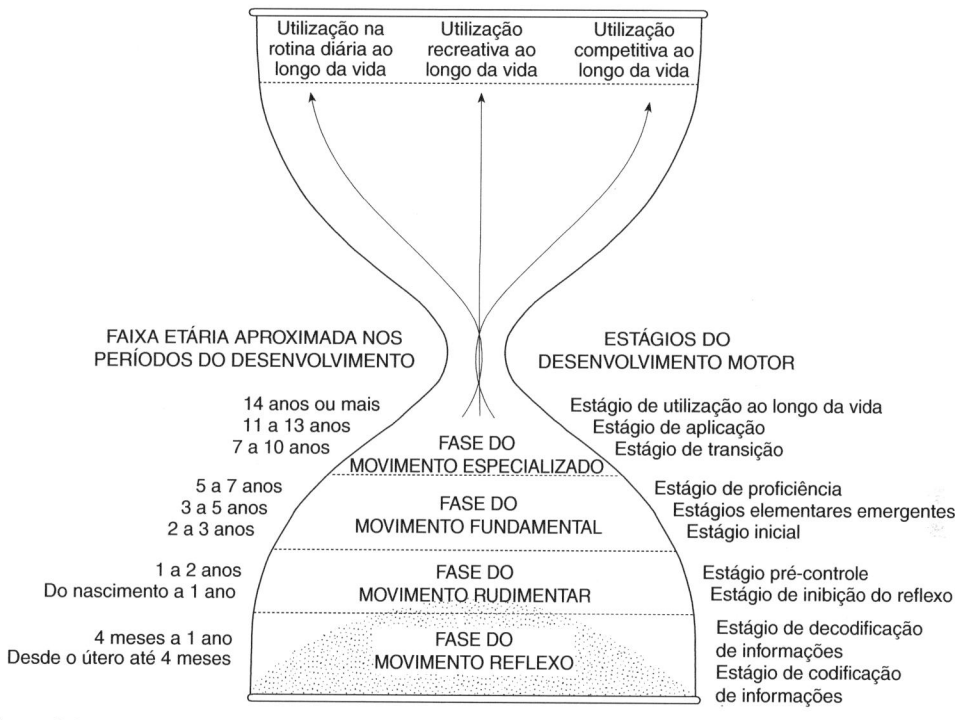

Figura 3.1
Fases e estágios do desenvolvimento motor.

Conceito 3.4

Os reflexos são as primeiras formas do movimento humano e, por não serem aprendidos, são considerados como "capacidades" e não como "habilidades".

Estágio de codificação de informações

O estágio de codificação (coleta) de informações da fase do movimento reflexo caracteriza-se pela atividade de movimento involuntário observável desde o período fetal até o quarto mês do bebê. Durante esse estágio, os centros cerebrais inferiores são mais altamente desenvolvidos do que o córtex motor e, em essência, comandam o movimento fetal e neonatal. Esses centros cerebrais são capazes de provocar reações involuntárias a uma série de estímulos de variadas intensidade e duração. Os reflexos servem, agora, de recurso primário do bebê para coletar informações, buscar nutrição e encontrar proteção por meio do movimento.

Estágio de decodificação de informações

O estágio de decodificação (processamento) de informações da fase reflexa inicia em torno do quarto mês. Durante esse período, há gradual inibição de muitos reflexos, à medida que os centros cerebrais superiores desenvolvem-se. Os centros cerebrais inferiores renunciam gradualmente ao controle dos movimentos esqueléticos e são substituídos pela atividade de movimento voluntário, mediada pela área motora do córtex cerebral. O estágio de decodificação substitui a atividade sensório-motora pela atividade perceptivo-motora. Ou seja, o desenvolvimento do controle voluntário dos movimentos esqueléticos do bebê envolve o processamento dos estímulos sensoriais com as informações armazenadas e não apenas por reação a estímulos.

O Capítulo 7 foca os reflexos primitivos e posturais do bebê na sua relação com os estágios de codificação e decodificação de informações. É dada atenção especial à relação entre a fase reflexa do desenvolvimento e ao movimento voluntário.

Fase do movimento rudimentar

As primeiras formas do movimento voluntário são as rudimentares. Elas são observadas no bebê desde o nascimento até cerca de 2 anos. Os movimentos rudimentares são determinados pela maturação e são caracterizados por uma sequência de surgimento bastante previsível. Sob condições normais, essa sequência é resistente a mudanças. A taxa de surgimento dessas capacidades, entretanto, varia de acordo com a criança e depende de fatores biológicos, ambientais e da tarefa. As **capacidades do movimento rudimentar** do bebê representam as formas básicas de movimento voluntário dependente da maturação e necessários à sobrevivência. Elas envolvem movimentos de estabilidade, como adquirir controle sobre a cabeça, o pescoço e os músculos do tronco; as tarefas de manipulação de alcançar, pegar e soltar; e os movimentos de locomoção de arrastar-se, engatinhar e caminhar. A fase do desenvolvimento do movimento rudimentar pode ser subdividida em dois estágios, que representam ordens progressivamente mais elevadas do controle motor.

> **CONCEITO 3.5**
>
> A sequência de aquisição das habilidades de movimento durante a fase do movimento rudimentar é fixa, mas a sua taxa de progressão varia.

Estágio de inibição do reflexo

Considera-se que o estágio de inibição do reflexo da fase do movimento rudimentar começa ao nascimento, quando os reflexos dominam o repertório dos movimentos do bebê. A partir daí, entretanto, os movimentos começam a ser influenciados cada vez mais pelo córtex em desenvolvimento. O desenvolvimento do córtex e o abrandamento de determinadas restrições ambientais fazem com que vários reflexos sejam inibidos e aos poucos desapareçam. Os reflexos primitivos e posturais são substituídos por comportamentos do movimento voluntário. No nível da inibição do reflexo, o movimento voluntário mal pode ser distinguido e integrado, pois o aparato neuromotor do bebê ainda se encontra em um estágio de desenvolvimento rudimentar. Os movimentos, embora propositados, parecem descontrolados e não refinados. Quando o bebê deseja fazer contato com um objeto, há uma atividade global da mão inteira, do punho, do braço, do ombro e até do tronco. O processo de movimentar a mão para fazer contato com o objeto, embora voluntário, ainda é descontrolado.

Estágio pré-controle

Em torno de 1 ano de idade, o bebê começa a ter maior precisão e controle desses movimentos. Acontece o processo de distinção entre os sistemas sensorial e motor e de integração das informações perceptivas e motoras em um todo significativo e congruente. O rápido desenvolvimento de processos cognitivos e motores mais elevados estimula ganhos rápidos nas capacidades de movimento rudimentar durante esse estágio. No estágio pré-controle, as crianças aprendem a adquirir e a manter o equilíbrio, a manipular objetos e a locomover-se no ambiente com incrível grau de proficiência e controle, considerando-se o curto período de que dispõem para desenvolver essas capacidades. O processo de maturação pode explicar, em parte, a rapidez e a extensão do desenvolvimento do controle motor durante esse estágio, mas o crescimento da proficiência motora não é menos surpreendente.

O Capítulo 8 fornece uma explicação detalhada do desenvolvimento das capacidades de movimento rudimentar. Particular atenção é dada à inter-relação dos estágios dessa e da fase reflexa do desenvolvimento. O foco também recai sobre a função crítica presente na fase de movimento rudimentar, que prepara a criança para o desenvolvimento das habilidades de movimento fundamental.

Fase do movimento fundamental

As **habilidades do movimento fundamental** no início da infância são fruto da fase do movimento rudimentar do bebê. Essa fase do desenvolvimento motor representa um tempo em que as crianças mais novas estão ativamente envolvidas na exploração e experimentação do potencial de movimento de seus corpos. É um tempo de descoberta do modo de executar uma série de movimentos de estabilidade, locomoção e manipulação, primeiramente isolados e depois em combinação com outros.

Perspectivas internacionais

A Royal Academy of Dance

A Royal Academy of Dance, localizada em Londres, tem produzido magníficos planos de ensino e DVDs didáticos *Pre-Primary in Dance* e *Primary in Dance*. Com primor, eles alcançam o objetivo de ajudar crianças mais novas a movimentar-se com habilidade, conhecimento e expressão em um ambiente de ensino e aprendizado apropriado à idade e ao desenvolvimento e, ao mesmo tempo, divertido. Cada uma das lições temáticas tem boa apresentação e fundamentação pedagógica. Um grupo diversificado de crianças descreve o prazer de movimentar-se com habilidade, eficiência e propósito. O foco está em uma série de habilidades fundamentais de locomoção, manipulação e estabilidade do início da infância. Essas habilidades são importantes porque formam a base do movimento mais complexo e organizado das habilidades do esporte e da dança no decorrer da infância e além dela. Em cada uma das muitas lições, as crianças são estimuladas a experimentar uma diversidade interminável de variações de movimentos e a autodescobrir formas de movimento que aumentam o seu vocabulário de movimentos, assim como a sua habilidade. É encantador observar crianças, e a interação com o instrutor durante a filmagem é bem animada. O instrutor é um mestre que, lição após lição, demonstra como tornar o material curricular significativo para cada indivíduo e apropriado ao desenvolvimento de aprendizes jovens.

Em um mundo mais interessado na especialização do desenvolvimento de habilidades de movimento em indivíduos cada vez mais novos, a Royal Academy of Dance deu um passo corajoso em outra direção: decidiu focar as necessidades desenvolvimentais, os interesses e as capacidades singulares das crianças no início da sua tentativa de ser um indivíduo que se move com habilidade, conhecimento e expressividade. Veja outras informações no *site* da Royal Academy of Dance http://www.radenterprises.co.uk.

As crianças que estão desenvolvendo padrões fundamentais de movimento aprendem como responder com controle motor e competência de movimento a uma variedade de estímulos. Elas adquirem cada vez maior controle sobre a *performance* de movimentos distintos, seriais e contínuos, como evidenciado por sua capacidade de acolher mudanças nas exigências das tarefas. Os padrões do movimento fundamental são padrões de comportamento básicos observáveis. As atividades locomotoras, como correr e pular, as manipulativas, como arremessar e pegar, e as estabilizadoras, como caminhar sobre uma barra e equilibrar-se em apenas um pé, são exemplos de movimentos fundamentais que podem ser desenvolvidos durante os primeiros anos da infância.

Uma concepção errônea sobre o conceito do desenvolvimento da fase do movimento fundamental é a noção de que essas habilidades são determinadas pela maturação e pouco influenciadas pelas demandas da tarefa e pelos fatores ambientais. Alguns especialistas em desenvolvimento infantil (não na área do desenvolvimento motor) têm escrito, repetidamente, sobre o desdobramento "natural" do movimento da criança e das habilidades de jogo e a ideia de que as crianças desenvolvem essas capacidades somente pelo fato de envelhecerem (maturação). Embora a maturação realmente desempenhe determinado papel no desenvolvimento de padrões de movimento fundamental, ela não deve ser vista como a única influência. As condições do ambiente, a saber, oportunidades de prática, incentivo, instrução e ecologia (contexto) do ambiente, são importantes no grau de desenvolvimento das habilidades do movimento fundamental.

As habilidades do movimento fundamental têm utilidade durante toda a vida e são componentes importantes da vida diária de adultos e também de crianças. As tarefas diárias de caminhar até o armazém, subir escadas e equilibrar-se em posições dinâmicas e estáticas são habilidades básicas importantes ao longo de toda a vida. Usando a cambalhota como variável independente, Haynes (2009) observou 117 participantes em três coortes de idade (crianças: idade média 9,7; adultos jovens: idade média 18,9; adultos mais velhos: idade média 35,9). Ele descobriu que os componentes observáveis da cambalhota eram essencialmente os mesmos em todos os grupos, descoberta que sustenta a teoria de que sequências similares de habilidades do movimento fundamental independem da idade.

> **CONCEITO 3.6**
>
> As restrições contidas nas exigências da tarefa de movimento, a biologia do indivíduo e as condições do ambiente de aprendizado têm efeitos profundos sobre a aquisição das habilidades de movimento em cada fase do desenvolvimento.

Vários pesquisadores e desenvolvedores de instrumentos de avaliação têm tentado subdividir os movimentos fundamentais em uma série de estágios sequenciais identificáveis. Para os propósitos do nosso modelo, vamos considerar que toda a fase do movimento fundamental tem estágios separados, mas com frequência sobrepostos: o inicial, o elementar emergente e o proficiente. Esses estágios estão descritos de forma breve aqui e, em mais detalhes, nos Capítulos 11 e 12.

Estágio inicial

O estágio inicial da fase do movimento fundamental representa as primeiras tentativas infantis orientadas para o objetivo de executar uma habilidade fundamental. O movimento é caracterizado pela ausência de determinadas partes ou por uma sequência inapropriada, pelo uso acentuadamente restrito ou exagerado do corpo e por uma má coordenação e fluxo rítmico. A integração espacial e temporal do movimento é insatisfatória. Em geral, os movimentos de locomoção, manipulação e estabilidade dos 2 aos 3 anos encontram-se no nível inicial. Algumas crianças podem estar além desse nível na *performance* de alguns padrões de movimento, mas a maioria encontra-se no estágio inicial.

Estágios elementares emergentes

Os estágios elementares emergentes, dos quais pode haver vários, envolvem a aquisição de maior controle motor e coordenação rítmica das habilidades do movimento fundamental. A sincronização dos elementos temporais e espaciais do movimento melhora, mas os padrões do movimento durante esses estágios ainda são em geral restritos ou exagerados, apesar de melhor coordenados. As crianças de inteligência e funcionamento físico normal tendem a avançar pelos estágios elementares principalmente dentro do processo de maturação. A observação de uma criança de 3 a 5 anos com desenvolvimento típico revela uma série de habilidades de movimento fundamental emergentes em vários estágios elementares às vezes distintos, às vezes sobrepostos. Muitos indivíduos, tanto adultos como crianças, não conseguem avançar além desses estágios elementares emergentes em uma ou mais habilidades de movimento fundamental.

Estágio proficiente

O estágio proficiente, na fase do movimento fundamental, caracteriza-se por *performances* mecanicamente eficientes, coordenadas e controladas. As habilidades do movimento fundamental proficiente são maduras nesses três aspectos do processo. No entanto, com oportunidades contínuas de prática, estímulo e instrução, elas melhoram cada vez mais em termos dos componentes do produto – distância, rapidez, quantidade e precisão.

A maioria dos dados disponíveis sobre aquisição das habilidades de movimento fundamental sugere que as crianças podem e devem estar no estágio proficiente em torno dos 5 ou 6 anos na maioria das habilidades fundamentais. As habilidades de manipulação que exigem acompanhamento visual e interceptação de objetos em movimento (pegar, rebater, volear) tendem a desenvolver-se um pouco mais tarde, pois apresentam exigências visuais e motoras sofisticadas. Até um olhar casual para os movimentos de crianças e adultos revela que muitos deles não desenvolveram as habilidades de movimento fundamental até o nível da proficiência. Embora algumas crianças possam alcançar esse estágio sobretudo por maturação e com um mínimo de influência do ambiente, a maioria requer certa combinação entre oportunidades de prática, incentivo e instrução em um ambiente que promova o aprendizado. Quando não são oferecidas essas oportunidades, fica extremamente difícil para o indivíduo alcançar a proficiência nas habilidades de movimento fundamental e inibe-se a aplicação e o desenvolvimento posterior, na fase do movimento especializado (O'Keeffe, 2001; Stodden et al., 2008). Seefeldt (1982) foi o primeiro a referir-se a isso como uma "barreira à proficiência" entre as habilidades de movimento fundamental e as suas correspondentes habilidades esportivas especializadas. Mais recentemente, Clark e Metcalfe (2002) sugeriram que as habilidades motoras fundamentais forneceriam o "campo base" para a montanha do desenvolvimento motor que leva à plenitude das habilidades motoras.

Fase do movimento especializado

As **habilidades do movimento especializado** são um produto da fase do movimento fundamental. Durante a fase especializada, o movimento torna-se uma ferramenta aplicada a uma série de atividades de movimento complexas para a vida diária, recreação e resultados esportivos. Esse é o período em que as habilidades de estabilidade, locomoção e manipulação são progressivamente refinadas, combinadas e reelaboradas para uso em situações de crescente demanda. Os movimentos fundamentais de pular e saltar, por exemplo, agora podem ser aplicados a atividades de pular corda, realizar danças folclóricas e executar saltos triplos (pular-andar-saltar) do atletismo. O'Keeffe estudou a relação entre as habilidades de movimento fundamental e as específicas do esporte em um teste do Modelo da Ampulheta Triangulada do desenvolvimento motor. Os resultados da pesquisa o levaram a concluir que "esse estudo fornece indícios empíricos que sustentam o modelo teórico de Gallahue, em respeito à relação entre as fases da habilidade fundamental e da habilidade específica do esporte, assim como a teoria dos sistemas dinâmicos como explicação do processo de aprendizado" (O'Keeffe, 2001, resumo). Em outras palavras, os padrões de movimento contidos na habilidade de movimento fundamental são os mesmos em que se baseiam as habilidades específicas do esporte. Portanto, é possível concluir que o domínio das habilidades fundamentais leva a um aprendizado facilitado das habilidades específicas.

O surgimento e a extensão do desenvolvimento das habilidades na fase do movimento especializado dependem de uma série de fatores da tarefa, do indivíduo e do ambiente. O tempo de reação e a velocidade do movimento, a coordenação, o tipo de corpo, a altura e o peso, os costumes, a cultura, a pressão dos pares, a constituição emocional são apenas alguns desses fatores condicionantes. A fase dos movimentos especializados tem três estágios.

> **CONCEITO 3.7**
>
> O progresso pela fase das habilidades de movimento especializado depende do desenvolvimento das habilidades de movimento fundamental.

Estágio de transição

Entre 7 e 8 anos, as crianças entram em geral no estágio da habilidade de movimento de transição (Haubenstricker e Seefeldt, 1986). Durante o período de transição, o indivíduo começa a combinar e a aplicar habilidades de movimento fundamental para executar habilidades especiais em ambientes esportivos e recreativos. Andar em pontes de corda, pular corda e jogar *kickball* são exemplos de habilidades de transição comuns. As habilidades de movimento de transição contêm os mesmos elementos dos movimentos fundamentais, com maior forma, precisão e controle. As habilidades de movimento fundamental desenvolvidas e refinadas durante o estágio anterior são aplicadas ao jogo, brincadeiras e situações da vida diária. As habilidades de transição são aplicações dos padrões de movimento fundamental em formas de certo modo mais complexas e específicas.

O estágio de transição é um período excitante para pais e professores, assim como para a criança. As crianças ficam ativamente envolvidas na descoberta e combinação de numerosos padrões de movimento e, com frequência, orgulham-se da rápida expansão das suas habilidades de movimento. Durante esse estágio, o objetivo de pais, professores e técnicos esportivos infanto-juvenis dedicados deve ser ajudar a criança a aumentar o controle motor e a competência nos movimentos em uma série de atividades. Deve-se tomar cuidado para não obrigar a criança a especializar-se ou a restringir o envolvimento nas atividades. Um foco restrito em determinadas habilidades nesse estágio pode ter efeitos indesejáveis nos dois últimos estágios da fase do movimento especializado.

Estágio de aplicação

Aproximadamente dos 11 aos 13 anos, ocorrem mudanças interessantes no desenvolvimento das habilidades do indivíduo. Durante o estágio anterior, as capacidades cognitivas limitadas, as capacidades afetivas e as experiências, combinadas com a ânsia de se manter ativo, fazem com que o foco normal (sem interferência dos adultos) do movimento seja amplo e generalizado a "todas" as atividades. No estágio de aplicação, o aumento da sofisticação cognitiva e da base de experiência capacita o indivíduo a fazer numerosos aprendizados e a tomar decisões de participação com base em uma série de fatores da tarefa, dele próprio e do ambiente. Por exemplo, um garoto de 12 anos e 1,79 m de altura, que gosta de atividades em equipe, aplica estratégias aos jogos, tem coordenação e agilidade razoavelmente boas e mora em Indiana, pode escolher especializar-se no desenvolvimento das suas habilidades de jogar basquetebol. Outra criança com compleição física semelhante, mas que não gosta muito de esforços em equipe, pode escolher especialização em uma série de atividades do atletismo. O indivíduo começa a tomar decisões conscientes a favor de várias atividades ou contra elas. Essas decisões baseiam-se, em grande medida, no modo como ele percebe até que grau os fatores da tarefa dele próprio e do ambiente incrementam ou inibem as chances de diversão e de sucesso. Esse autoexame dos pontos fortes e dos fracos, das oportunidades e das restrições restringe as escolhas.

Durante o estágio de aplicação, os indivíduos começam a buscar ou a evitar a participação em atividades específicas. Maior ênfase é colocada na forma, na habilidade, na precisão e nos aspectos quantitativos da *performance* de movimento. Essa é a época em que habilidades mais complexas devem ser refinadas e usadas em jogos avançados, atividades de direção e esportes selecionados.

Estágio de utilização ao longo da vida

O estágio de utilização ao longo da vida da fase especializada do desenvolvimento motor começa em torno dos 14 anos e continua por toda a vida adulta. Esse estágio representa o ápice do processo do desenvolvimento motor e é caracterizado pelo uso do repertório de movimento adquirido pelo indivíduo ao longo da vida. Os interesses, as competências e as escolhas do estágio anterior são transferidos para esse estágio, são refinados ainda mais e aplicados a atividades cotidianas, à recreação e ao esporte durante toda a vida. Fatores como tempo e dinheiro disponíveis, equipamentos e instalações e limitações físicas e mentais afetam esse estágio. Entre outras coisas, o nível de participação do indivíduo na atividade vai depender do talento, das oportunidades, da condição física e da motivação pessoal. O nível da *performance* do indivíduo ao longo da vida varia, pode ser esportivo profissional e olímpico, interuniversitário e interescolar, organizado ou não organizado, competitivo ou cooperativo, recreativo ou habilidades simples da vida diária.

Em essência, o estágio de utilização ao longo da vida representa a culminação de todas as fases e estágios precedentes. Entretanto, deve ser visto como a continuação de um processo que dura a vida inteira. O desenvolvimento de habilidades especializadas pode e deve desempenhar papel importante em nossas vidas, mas é injusto exigir que as crianças se especializem em uma ou duas áreas de habilidade às custas do desenvolvimento de seu repertório de movimento e da possibilidade de avaliar muitas outras áreas (Landers, Carson e Tjeerdsma-Blankenship, 2010).

Conceito 3.8

O principal objetivo do desenvolvimento motor e da educação do movimento de um indivíduo é aceitar o desafio da mudança no processo contínuo de adquirir e manter o controle motor e a competência de movimento ao longo de toda a vida.

A AMPULHETA TRIANGULADA: UM MODELO PARA A VIDA INTEIRA

Os limites etários de cada fase do desenvolvimento motor devem ser vistos como orientações gerais que ilustram apenas o conceito amplo de adequação da idade. Com frequência, o funcionamento dos indivíduos nas diferentes fases depende da base de experiências e da constituição genética de cada um. Por exemplo, para um menino de 10 anos, é inteiramente possível o funcionamento na fase do movimento especializado, no estágio de utilização ao longo da vida, em atividades de estabilidade que envolvem movimentos de ginástica, mas apenas no estágio elementar da fase de movimento fundamental quando se trata de habilidades de manipulação e de locomoção, como arremessar, pegar ou correr. Embora possamos estimular esse comportamento precoce na ginástica, também devemos ajudar a criança a manter-se pareada com os colegas da mesma idade nas outras áreas e a desenvolver nelas níveis igualmente aceitáveis de proficiência.

É importante reunir fatos sobre o processo de desenvolvimento de habilidades motoras. Ao longo deste livro, abordamos estudo por estudo, mas, se não conseguirmos apresentar aos leitores uma estrutura teórica e uma compreensão conceitual do processo do desenvolvimento motor, então estaremos limitados à apresentação de fatos isolados que dizem pouco sobre as próprias implicações no êxito do ensino, da orientação, da terapia e da educação desenvolvimental. Portanto, queremos propor um modelo teórico para o processo do desenvolvimento motor e pretendemos trabalhar nesse modelo junto com vocês. Esse modelo, na forma como é apresentado, não consiste em uma teoria abrangente do desenvolvimento motor. Ele é um instrumento **heurístico**, ou seja, uma metáfora ou modelo conceitual que fornece orientações gerais de descrição e explicação do comportamento motor. A heurística difere do algoritmo em um ponto fundamental. Enquanto o **algoritmo** é um procedimento ou conjunto de regras que, se seguido, levará seguramente à solução de dado tipo de problema, a heurística são regras práticas que fornecem dicas sobre o modo de buscar respostas para os problemas. No estudo do desenvolvimento, muitas teorias usam instrumentos heurísticos que, segundo esperam os pesquisadores, no final, serão capazes de levar a algoritmos.

O propósito de todos os instrumentos heurísticos (que podem estar ligados a metáforas) é ajudar a caracterizar determinado fenômeno. Como tais, eles apenas podem ser considerados mais ou menos úteis e não certos ou errados. Os instrumentos heurísticos fornecem uma estrutura ampla para melhor compreensão de um dado fenômeno. Portanto, esperamos que a heurística da Ampulheta Triangulada seja realmente útil ao leitor na melhor compreensão dos fenômenos do desenvolvimento motor.

Conceito 3.9

O modelo da ampulheta triangulada é um instrumento heurístico útil à conceituação, descrição e explicação do processo do desenvolvimento motor.

Para compreender esse modelo, imagine uma ampulheta (Fig. 3.2). Nessa ampulheta, precisamos colocar a substância da vida: "a areia". Nesse caso, a areia vem de dois recipientes diferentes. Um é o recipiente hereditário; o outro, o ambiental. O recipiente hereditário tem uma tampa. No momento da concepção, determina-se a nossa constituição genética e fixa-se a quantidade de areia desse recipiente. Entretanto, o recipiente ambiental não tem tampa, portanto mais areia pode ser acrescentada nesse recipiente e em sua ampulheta. É possível ir ao "monte de areia" (i.e., ao ambiente) para pegar mais areia e colocá-la em nossa ampulheta.

Os dois baldes de areia representam o ambiente e a hereditariedade, que influenciam o processo do desenvolvimento. As contribuições relativas de cada um têm sido um tema de debate bastante volátil há anos. Discutir a importância de cada balde é um exercício sem sentido, pois a areia vem de *ambos* os recipientes e converge para a ampulheta. Na análise final, realmente não importa se a ampulheta é preenchida com areia hereditária ou ambiental. O importante é que, de algum modo, a areia vai parar na sua ampulheta e essa substância da vida é o produto *tanto* da hereditariedade *como* do ambiente.

Agora, o que sabemos sobre o desenvolvimento motor durante as primeiras fases da vida? Quando observamos as fases reflexas e rudimentares do desenvolvimento motor, sabemos que a areia que entra na ampulheta vem, principalmente, mas não de forma exclusiva, do recipiente da hereditariedade. A progressão sequencial do desenvolvimento motor durante os primeiros anos de vida é rígida e resistente a mudanças, exceto sob extremos ambientais. Portanto, sabemos que, nas duas primeiras fases do desenvolvimento, a sequência desenvolvimental é altamente previsível.

Por exemplo, no mundo inteiro as crianças aprendem a sentar antes de aprender a ficar de pé; a ficar de pé antes de caminhar; a caminhar antes de correr. No entanto, observamos considerável variabilidade nas taxas de aquisição dessas habilidades de movimento rudimentar. Esse é um aspecto pelo qual pesquisadores e desenvolvedores de programas têm se interessado cada vez mais. Nós temos observado um aumento rápido no número de programas de estimulação de bebês e de programas de movi-

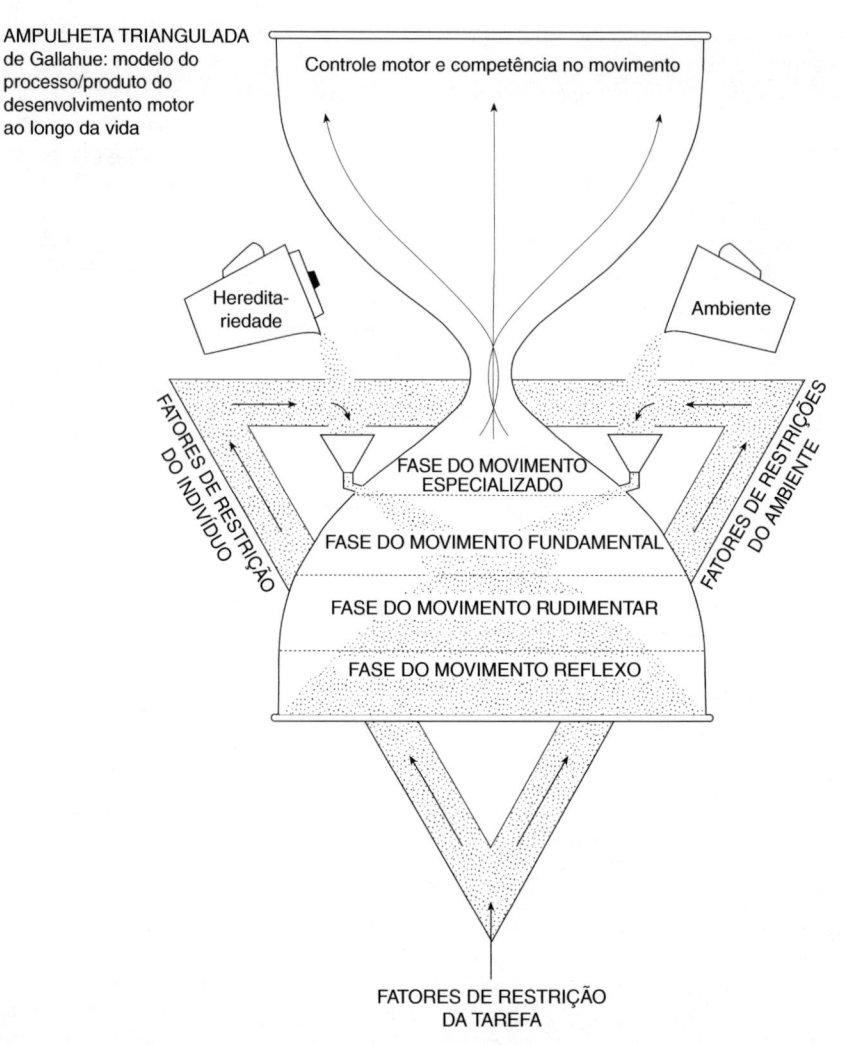

AMPULHETA TRIANGULADA de Gallahue: modelo do processo/produto do desenvolvimento motor ao longo da vida

Controle motor e competência no movimento

Hereditariedade

Ambiente

FATORES DE RESTRIÇÃO DO INDIVÍDUO

FASE DO MOVIMENTO ESPECIALIZADO

FASE DO MOVIMENTO FUNDAMENTAL

FASE DO MOVIMENTO RUDIMENTAR

FASE DO MOVIMENTO REFLEXO

FATORES DE RESTRIÇÕES DO AMBIENTE

FATORES DE RESTRIÇÃO DA TAREFA

Figura 3.2
Preenchimento da ampulheta individual com "areia" (i.e., substância da vida). A ampulheta representa a visão descritiva (produto) do desenvolvimento. O triângulo invertido representa a visão explicativa (processo) do desenvolvimento. Ambas são úteis à compreensão do desenvolvimento motor à medida que o indivíduo se adapta continuamente às mudanças na busca constante pela aquisição e manutenção do controle motor e da competência no movimento.

mentação de crianças de 1 a 3 anos. Alguns dão declarações elaboradas a respeito da validade desses programas e da sua importância fundamental para a criança. Infelizmente, temos poucas provas sólidas neste momento para corroborar ou refutar essas declarações. A taxa de aquisição das habilidades de movimento varia no decorrer da infância e a partir dela. Quando o bebê, a criança, o adolescente ou o adulto têm oportunidades adicionais de prática, estímulo e instrução, em um ambiente que promove o aprendizado, a aquisição da habilidade de movimento é incrementada. A ausência dessas conveniências (*affordances*; ou seja, fatores capacitantes) vai condicionar a aquisição da habilidade de movimento.

Além disso, a taxa de aquisição varia de acordo com as exigências mecânicas e físicas de cada tarefa. Por exemplo, se não tiver apoios suficientes (uma condicionante ambiental) no ambiente, para poder segurar-se e puxar o próprio corpo para cima, até a posição ereta, o bebê vai ter de esperar até dispor de suficiente equilíbrio (uma condicionante biomecânica) e força nas pernas (uma condicionante física) e só então será capaz de ficar na posição ereta sem auxílio. "A teoria contemporânea explica o desenvolvimento motor como um processo dinâmico em que o comportamento motor emerge a partir de muitas condicionantes que o cercam" (Clark, 1994, p. 247).

Na fase do movimento fundamental, meninos e meninas começam a desenvolver todo um conjunto de habilidades de movimento básico – correr, pular, saltar, arremessar, apanhar, chutar e defender. Infelizmente, muitos ainda mantêm a noção de que as crianças, de algum modo, aprendem "automaticamente" o modo de

DILEMA DO DESENVOLVIMENTO

A montanha do desenvolvimento motor

Clark e Metcalfe (2002) publicaram um artigo interessante intitulado "A montanha do desenvolvimento motor: uma metáfora". Nele, os autores discutem com primor a intenção e o propósito dos instrumentos heurísticos, ou metáforas, no estudo do desenvolvimento humano. Os autores promoveram uma discussão interessante sobre como escolher metáforas apropriadas ao desenvolvimento motor, assim como meios de avaliar a sua validade e utilidade. Em seguida, consideraram as metáforas, cuidadosamente, como descritores do comportamento humano, com foco no desenvolvimento motor. E até dedicaram algum tempo à descrição sucinta do modelo da ampulheta triangulada antes de apresentar o próprio modelo (ver Fig. 3.3).

A metáfora da montanha é intrigante porque vê a humanidade como um todo. Clark e Metcalfe defendem, de forma correta, que cada um de nós sobe a sua própria montanha. Entretanto, é interessante que a nossa montanha individual varia. Algumas são altas e escarpadas, outras são baixas e mais arredondadas e outras, ainda, são apenas pequenos contrafortes. Nessa variedade de montanhas, o indivíduo, como um "montanhista", que é visto como um organismo em processo não linear de auto-organização e adaptação, "sobe" o mais alto possível. A altura alcançada (o objetivo da tarefa) depende da interação entre a biologia do indivíduo e as condições do ambiente. Em outras palavras, as condicionantes.

Como estrutura explicativa, o instrumento heurístico da montanha, de modo semelhante à Ampulheta Triangulada, tenta descrever de forma ampla tanto os produtos como os processos do desenvolvimento motor. Entretanto, os dois parecem diferir da estrutura coletiva de cada pessoa que tem de subir a sua própria montanha pessoal (ou de encher a sua própria ampulheta). A montanha pode ser vista

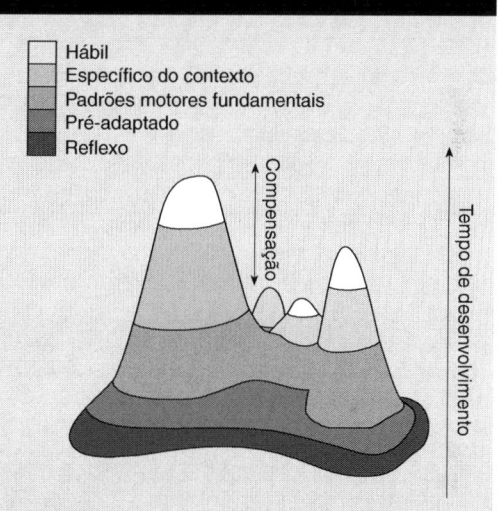

☐ Hábil
☐ Específico do contexto
☐ Padrões motores fundamentais
☐ Pré-adaptado
☐ Reflexo

Figura 3.3
A montanha do desenvolvimento motor.
Clark, J.E., Metcalfe, J.S. (2002). The mountain of motor development: A metaphor. In J.E. Clark e J. Humphrey (Eds.). Motor Development: Research and Reviews (p. 163–190). Reston VA: NASPE Publications.

como um sistema aberto, dinâmico em termos de forma, tamanho, número e complexidade, enquanto a ampulheta pode ser considerada (de modo inapropriado, segundo acreditamos) como um sistema fechado e estático, com uma visão do desenvolvimento do tipo "um único tamanho/forma serve para tudo".

Será que temos aqui um dilema do desenvolvimento? O desenvolvimento motor é uma "montanha" ou uma "ampulheta"? Uma dessas visões está certa e a outra errada? Ou melhor ainda: de sua realidade pessoal (i.e., onde você está e com quem você interage de modo regular), qual é a sua metáfora/heurística para compreender melhor os processos e os produtos do desenvolvimento motor?

realizar esses movimentos fundamentais. Muitos pensam, de maneira ingênua, que as crianças nessa fase do desenvolvimento vão desenvolver a proficiência nas habilidades de movimento fundamental por meio do processo de maturação. Para a ampla maioria das crianças, isso não é verdade. A maioria das crianças precisa ter alguma combinação de oportunidades de prática, estímulo e instrução em um ambiente seguro. Essas condições são essenciais para ajudá-las a vencer cada estágio da fase do movimento fundamental. Além disso, quando mudam as exigências da tarefa do movimento fundamental, o mesmo acontece com o processo e o produto. Por exemplo, as exigências perceptivas da tarefa de rebater uma bola lançada são consideravelmente mais sofisticadas do que as necessárias para uma batida em uma bola estacionária ou à execução de um padrão de rebatida sem contato com outro objeto. Os professores que trabalham com indivíduos na fase do movimento fundamental devem aprender a reconhecer e analisar as exigências da tarefa das habilidades de movimento para maximizar o êxito do aprendiz. Os professores que negligenciam essas obrigações erguem barreiras à proficiência na fase da habilidade do movimento especializado.

Na fase da habilidade de movimento especializado, o êxito na *performance* dos mecanismos depende da maturidade nos movimentos fundamentais. Depois do estágio de transição, progredimos para os estágios finais, em que as habilidades de movimento especializado são aplicadas às experiências da vida diária, da recreação e do esporte.

Em determinado ponto, a ampulheta é virada (Fig. 3.4). O momento dessa ocorrência varia e, com frequência, depende mais de fatores sociais e culturais do que de fatores físicos e mecânicos. Para a maioria dos indivíduos, a ampulheta vira completamente, e a "areia" começa a escoar, no final da adolescência e começo dos 20 anos. Esse é um período em que muitos indivíduos entram no mundo adulto do trabalho, da compra de um carro, da casa própria, das responsabilidades familiares e de uma série de outras tarefas que consomem tempo. As restrições de tempo limitam a aquisição de novas habilidades de movimento e a manutenção das habilidades cujo domínio havia sido alcançado na infância e na adolescência.

Há vários aspectos interessantes na virada da ampulheta que precisamos considerar. A areia escoa por dois filtros diferentes. Um é o *filtro hereditário*, a respeito do qual podemos fazer muito pouco. Por exemplo, o indivíduo pode ter herdado predisposição à longevidade ou a doenças coronárias. O filtro da hereditariedade pode ser denso, fazendo com que a areia passe lentamente, ou fino, permitindo que a areia escoe com mais rapidez. A areia que passa pelo filtro da hereditariedade não pode ser recuperada, mas tem de passar em um segundo ou derradeiro filtro, chamado estilo de vida.

A densidade do filtro *estilo de vida* é determinada por coisas como aptidão física, estado nutricional, dieta, exercício, habilidade de lidar com o estresse e bem-estar social e espiritual. O filtro estilo de vida tem base ambiental, e nós temos um bom nível de controle sobre a taxa de escoamento da areia através dele. Embora não possamos nunca impedir que a areia escoe para o fundo da ampulheta, é possível reduzir a taxa desse escoamento. Um ex-cirurgião geral dos Estados Unidos, Dr. C. Everett Koop, declarou certa vez que, embora não possamos interromper o processo de envelhecimento, podemos controlá-lo em até 40%. É possível influenciar diretamente a velocidade com que a areia escoa por nossa ampulheta. Como professores, técnicos, fisioterapeutas e pais, temos a maravilhosa oportunidade de acrescentar "areia" a muitas "ampulhetas". Também temos o privilégio e a obrigação de ajudar os outros a desenvolverem "filtros estilo de vida" que poderão reduzir as taxas de escoamento da areia nas ampulhetas. Existe a possibilidade de continuar acrescentando areia mesmo quando as nossas ampulhetas já viraram de cabeça para baixo e a areia já começou a escoar. Cada indivíduo tem *oportunidade de aprendizado ao longo da vida*. Aproveitando as numerosas oportunidades de dar continuidade ao desenvolvimento e à atividade física, acrescentamos areia. Não podemos acrescentar mais areia do que escoa, em busca da imortalidade. Entretanto, podemos prolongar e melhorar a nossa qualidade de vida.

O dispositivo heurístico da ampulheta, como descrito até aqui, dá a impressão de que o desenvolvimento é um processo ordenado e contínuo. Observe, no entanto, que a areia no fundo da nossa ampulheta, tanto na Figura 3.2 como

Compreendendo o Desenvolvimento Motor

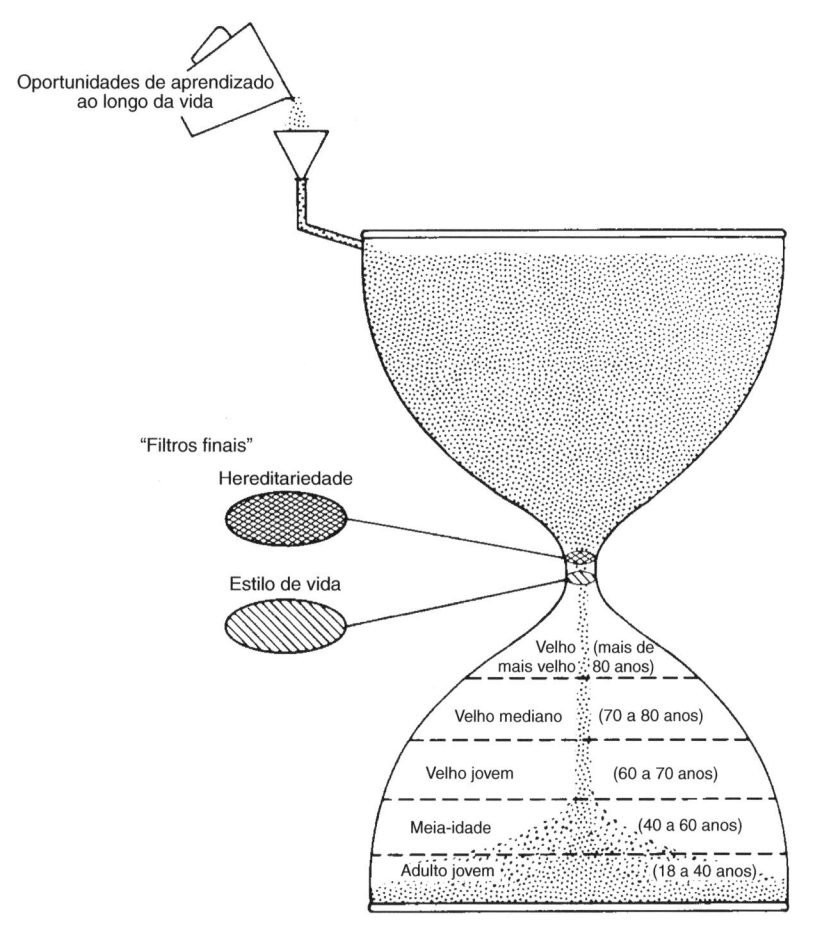

Figura 3.4
Esvaziamento da ampulheta da vida virada para baixo. O desenvolvimento, como visto aqui, é um processo descontínuo ao longo de toda a vida.

na 3.4, está distribuída em uma curva no formato de sino. O formato dessa curva implica que há uma distribuição das habilidades de movimento entre as categorias do movimento (locomoção, manipulação e estabilidade) e nas várias tarefas de movimento. O indivíduo pode estar, por exemplo, nos estágios elementares de algumas habilidades, mas no estágio de proficiência em outras, e no nível esportivo em outras. Além disso, o indivíduo pode estar em diferentes estágios do desenvolvimento de uma mesma habilidade. Por exemplo, quando crianças e adultos realizam um arremesso com os braços estendidos acima da cabeça com frequência se encontram no estágio inicial da ação do tronco, no estágio ele-

mentar emergente na ação do braço e no estágio proficiente na ação da perna. Portanto, o desenvolvimento motor no modelo da ampulheta é um *processo descontínuo*, ou seja, um processo que, embora seja do tipo fases-estágios no sentido geral, é muito variável no sentido específico. O desenvolvimento motor, quando visto como descontínuo, é de fato um processo *dinâmico* (i.e., não linear) que ocorre em um sistema auto-organizado (i.e., a "ampulheta").

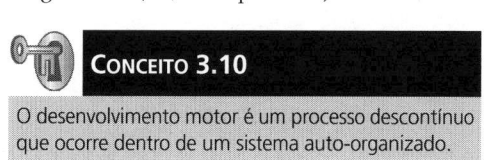

Conceito 3.10

O desenvolvimento motor é um processo descontínuo que ocorre dentro de um sistema auto-organizado.

Embora retratado como unidimensional nas Figuras 3.1, 3.2 e 3.4, o Modelo da Ampulheta Triangulada não deve ser visto como tal. As ampulhetas "reais" ocorrem no tempo e no espaço. Elas são multidimensionais e, assim, contêm, ao longo do domínio motor, domínios cognitivos e também afetivos. Como resultado disso, as ampulhetas reais têm altura, largura e profundidade e precisam de um suporte para permanecer de pé. Quando for visualizar a ampulheta de um indivíduo, imagine um pilar cognitivo, um afetivo e um motor. A ampulheta é multidimensional; por isso há uma tripla interação entre os domínios cognitivo, afetivo e motor. Em outras palavras, o Modelo da Ampulheta Triangulada é mais do que um modelo motor. É um modelo do desenvolvimento motor que afeta, e é afetado por, uma ampla variedade de fatores cognitivos e afetivos que operam no interior do indivíduo e do ambiente.

Talvez seja útil visualizar o instrumento heurístico da ampulheta enquanto você prossegue pelas seções seguintes, que lidam com o desenvolvimento motor no período do bebê, na infância, na adolescência e na vida adulta. Lembre-se, no entanto, que você não precisa aceitar esse modelo como está proposto aqui. Os modelos teóricos são apenas isso – "modelos". Como tais, são incompletos e inexatos e estão sujeitos à verificação e posterior refinamento. O importante é visualizar o modo como ocorre o processo do desenvolvimento motor. Lembre-se de que a compreensão do desenvolvimento motor ajuda a explicar como ocorre o aprendizado. Ambos são fundamentais para a criação de instruções efetivas e apropriadas em termos desenvolvimentais.

> **Conceito 3.11**
>
> Compreender o processo do desenvolvimento motor ajuda a explicar como ocorre o aprendizado da habilidade de movimento, que é fundamental para instrução apropriada em termos desenvolvimentais.

Resumo

A aquisição de competência no movimento é um processo extensivo, que começa com os movimentos reflexos iniciais do recém-nascido e continua por toda a vida. O processo pelo qual o indivíduo passa pelas fases dos movimentos reflexo, rudimentar e fundamental, até chegar, finalmente, à fase das habilidades do movimento especializado é influenciado por fatores da tarefa, do indivíduo e do ambiente.

Os reflexos e as habilidades do movimento rudimentar baseiam-se, de forma ampla, na maturação. Os reflexos aparecem e desaparecem em uma sequência bastante rígida. Os movimentos rudimentares formam uma base importante para o desenvolvimento das habilidades do movimento fundamental.

As habilidades do movimento fundamental são padrões de movimento básico que começam a desenvolver-se por volta da época em que a criança é capaz de caminhar de modo independente e de movimentar-se livremente no seu ambiente. Essas habilidades básicas de locomoção, manipulação e estabilidade passam por um processo observável definido da imaturidade à maturidade. Os estágios dessa fase incluem: o inicial, o elementar emergente e o proficiente. O alcance do estágio da maturidade é bastante influenciado pelas oportunidades de prática, estímulo e instrução, em um ambiente que promove o aprendizado.

Sob circunstâncias adequadas, as crianças são capazes de realizar, no estágio maduro, a grande maioria dos padrões de movimento fundamental em torno dos 6 anos. As habilidades de movimento fundamental da criança que começa a frequentar a escola muitas vezes se encontram incompletas. Portanto, os primeiros anos escolares oferecem uma excelente oportunidade para o desenvolvimento de habilidades do movimento fundamental até os níveis de proficiência. Essas mesmas habilidades fundamentais serão incrementadas e refinadas para formar as habilidades de movimento especializado, tão valiosas para as tarefas de recreação, competição e da vida diária.

A fase das habilidades de movimento especializado do desenvolvimento é, em essência, a elaboração da fase fundamental. As habilidades especializadas são mais precisas do que as fundamentais. Elas envolvem a combinação das habilidades de movimento fundamental e exigem um maior grau de precisão. As habilidades especializadas envolvem três estágios relacionados. O estágio de transição é, de modo geral, o nível da criança do terceiro ao quinto ano escolar. Nesse nível, as crianças envolvem-se em suas primeiras aplicações reais dos movimentos fundamentais no esporte. Se as habilidades fundamentais usadas em determinado esporte não estiverem em um nível maduro, a criança vai recorrer a padrões menos eficientes ou elementares de movimento. É insensato envolver crianças no refinamento das habilidades esportivas antes que elas alcancem níveis proficientes reais da habilidade nos pré-requisitos fundamentais. Quando isso acontece, movimentos menos proficientes encontrados nos padrões básicos são transferidos para as habilidades esportivas relacionadas, e a criança regride para o seu padrão característico. Nesse momento, é importante a incorporação de um ensino e acompanhamento técnico sensível.

Ao observarmos o processo do desenvolvimento motor, deve ser adotada primeiro uma perspectiva teórica. Cada um de nós precisa de uma estrutura teórica como base de ações. Não é importante concordar com a estrutura teórica apresentada aqui. O Modelo da Ampulheta Triangulada é o nosso modo de ver o processo do desenvolvimento motor e as suas implicações para a vida. Qual é a sua estrutura teórica? Como ela afeta o seu trabalho de professor, técnico, fisioterapeuta ou pai e como ela influencia você diretamente?

QUESTÕES PARA REFLEXÃO

1. O Modelo da Ampulheta Triangulada apropria-se de duas visões diferentes, porém complementares do desenvolvimento humano. Quais são elas e de que modo são similares e diferentes? Como podem ser vistas como complementares?
2. Usando uma heurística diferente do Modelo da Ampulheta Triangulada, você pode empregar uma metáfora que ajude você e os outros a visualizar os processos e os produtos do desenvolvimento motor?
3. Se o desenvolvimento motor pode ser visto como a metáfora de uma ampulheta triangulada ou de uma montanha, ele poderia ser visto também, talvez, como uma árvore, um trem ou até um rio ou um oceano? Escolha uma dessas metáforas ou alguma outra e construa o seu próprio modelo teórico.
4. O personagem Forrest Gump, interpretado pelo ator Tom Hanks no filme de mesmo nome, disse: "A vida é como uma caixa de bombons". O que isso significa? Como uma caixa de bombons pode ser usada como metáfora para entender melhor o desenvolvimento humano?
5. Por que a elaboração e a testagem de teorias são importantes?

LEITURA BÁSICA

Bigge, M. L., Shermis, S. S. (2004). *Learning Theories for Teachers*. Needham, MA: Allyn & Bacon.

Brady, F. (2004). Children's organized sports: A developmental perspective. *JOPERD*, 75, 35–41, 53.

Clark, J. E., Metcalfe, J. S. (2002). The mountain of motor development: a metaphor. In J. E. Clark and J. Humphrey (Eds.), *Motor Development: Research and Reviews*, Vol. 2 (p. 163–190). Reston, VA: NASPE.

Garcia, C., Garcia, L. (2006). A motor development and motor learning perspective. *JOPERD* 77, 8, 31–33.

Haynes, J. E. S. (2009). *Qualitative Analyses of a Fundamental Motor Skill Across the Lifespan: Linking Practice and Theory*. Unpublished doctoral thesis. University of New England, NSW, Australia.

Kamm, K., Thelen, E., Jensen, J. (1990). A dynamical systems approach to motor development. *Physical Therapy, 70,* 763–775.

Landers, R. Q., Carson, R. L., Tjeerdsma-Blankenship, B. (Eds.). (2010, October). The promises and pitfalls of sport specialization in youth sport. *JOPERD*.

Lerner, R. M. (2007). Developmental science, developmental systems, and contemporary theories of human development. In W. Damon & R. M. Lerner (Eds.), *Handbook of Child Psychology* (6th ed.). http://onlinelibrary.wiley.com/book/10.1002/9780470147658/homepage/Order.html

O'Keeffe, S. I. (2001). *The Relationship Between Fundamental Motor Skills and Sport-Specific Skills: Testing Gallahue's Theoretical Model of Motor Development*. Unpublished doctoral thesis. University of Limerick, Ireland.

Seefeldt, V., Haubenstricker, J. (1982). Patterns, phases, or stages: An analytic model for the study of developmental movement. In J. A. S. Kelso & J. E. Clark (Eds.), *The Development of Movement Control and Coordination* (p. 309–318). New York: Wiley.

Williams, K. (2004). What's motor development got to do with physical education? *JOPERD, 75,* 35–39.

Recursos na WEB

www.nia.nih.gov
Homepage do National Institute on Aging. O *site* fornece informações sobre saúde e pesquisa, assim como notas de imprensa, calendário de eventos e informações gerais sobre o NIA em relação a missão e programas.

www.journals.elsevier.com/journal-of-adolescence/
Página da *web* do *Journal of Adolescence*. Essa página inclui informações sobre o periódico, com descrição, conselho editorial e guia de autores, submissão de artigos *on-line*, formulário de revisor *on-line* e resumos/índice. O *site* também contém informações sobre assinatura e sobre o próprio periódico.

www.isisweb.org/main.htm
Homepage da International Society on Infant Studies. A ISIS é uma organização "devotada à promoção e disseminação de pesquisas sobre o desenvolvimento de bebês". O *site* contém a descrição da sociedade, notícias recentes e boletins.

www.srcd.org
Homepage da Society for Research in Child Development. A sociedade é uma associação profissional internacional focada no desenvolvimento humano. O *site* inclui informações para membros, oportunidades de trabalho, publicações sugeridas, resumos de artigos de periódicos e orientações para associar-se.

CAPÍTULO 4

Fatores que Afetam o Desenvolvimento Motor

PALAVRAS-CHAVE

Direção do desenvolvimento
Taxa de crescimento
Entrelaçamento recíproco
Prontidão
Períodos sensíveis
Habilidades filogenéticas
Habilidades ontogenéticas
Laços

Prematuro
Peso de nascimento muito baixo (PNMB)
Peso de nascimento baixo (PNB)
Young-for-date
Obesidade
Transtorno da compulsão alimentar

Anorexia nervosa
Bulimia nervosa
Aptidão física
Força
Lei da inércia
Lei da aceleração
Lei da ação e reação

COMPETÊNCIAS ADQUIRIDAS NESTE CAPÍTULO

Ao finalizar este capítulo, você será capaz de:

- Identificar fatores genéticos e ambientais que influenciam o crescimento e a maturação biológica
- Derivar os princípios do desenvolvimento motor e aplicá-los a situações de ensino/aprendizado em vários pontos do curso da vida
- Descrever o crescimento compensatório e os fatores que afetam esse fenômeno
- Analisar as relações entre o crescimento, a maturação biológica e as mudanças fisiológicas no desenvolvimento das habilidades motoras
- Discutir os efeitos da privação ambiental sobre o desenvolvimento motor ao longo da vida
- Abordar os efeitos da riqueza do ambiente, da prática especial e do ensino sobre o desenvolvimento motor ao longo da vida

- Definir e discutir os conceitos dos períodos crítico e sensível, das habilidades filogenéticas e ontogenéticas e do controle de ambos os gêmeos
- Identificar e ordenar, da mais simples a mais complexa, as variáveis ambientais que podem influenciar os níveis desenvolvimentais
- Explicar as similaridades e diferenças entre ligação e *imprinting* (imitação)
- Elaborar hipóteses sobre o impacto do temperamento no processo interativo do desenvolvimento
- Descrever diferenças e similaridades implicadas nos termos "peso de nascimento baixo" e "prematuro"

> **CONCEITO-CHAVE**
>
> Tanto o processo como os produtos do desenvolvimento motor são influenciados por uma ampla variedade de fatores que operam isolada e conjuntamente.

O desenvolvimento e o refinamento dos padrões e das habilidades de movimento são influenciados de modo complexo. Tanto o processo como os produtos do movimento têm suas raízes na singular hereditariedade e na bagagem de experiências de cada um, combinadas com as demandas específicas da tarefa de movimento. Qualquer estudo do desenvolvimento seria incompleto sem a discussão de vários desses fatores atuantes. Este capítulo foca fatores do indivíduo, do ambiente e da tarefa que influenciam o processo do desenvolvimento ao longo de toda a vida.

FATORES DO INDIVÍDUO

A herança genética singular que responde por nossa individualidade também pode ser responsável por nossa similaridade em muitos aspectos. A similaridade é a tendência do desenvolvimento humano de ocorrer de modo ordenado e previsível. Uma série de fatores biológicos que afetam o desenvolvimento motor parece emergir desse padrão previsível.

Direção do desenvolvimento

O conceito de **direção do desenvolvimento**, ou seja, a ideia do seu caráter cumulativo e direcionado, foi formulado pela primeira vez por Gesell (1954) como modo de explicar a crescente coordenação e controle motor em função da maturação do sistema nervoso. Por meio de observações, Gesell notou uma sequência ordenada e previsível do desenvolvimento físico que ia da cabeça aos pés (cefalocaudal) e do centro do corpo às suas periferias (proximodistal). O conceito da direção do desenvolvimento tem encontrado críticas recentes e não deve ser visto como operacional em todos os níveis do desenvolvimento nem em todos os indivíduos. É possível que a observação de tendências a direções desenvolvimentais distintas não seja função exclusivamente da maturação do sistema nervoso, como diz a hipótese original de Gesell, mas que se deva, em parte, a demandas da tarefa específica. Por exemplo, as demandas da tarefa de caminhar de modo independente são consideravelmente maiores do que as de arrastar-se ou engatinhar. Há menor margem de erro no caminhar independente do que no engatinhar, e neste do que no arrastar. Em outras palavras, é mecanicamente mais fácil se arrastar do que engatinhar, e engatinhar do que andar. Portanto, a aparente progressão caudal do desenvolvimento pode ser fruto não apenas da maturação do sistema nervoso, mas também das demandas da *performance* da tarefa. Por isso, devemos tomar cuidado ao interpretar o conceito da direção do desenvolvimento, em especial no caso do bebê.

> **CONCEITO 4.1**
>
> A maturação neuromotora pode ser responsável, em parte, tanto pela sequência como pela taxa do desenvolvimento motor ao longo do ciclo da vida.

O aspecto *cefalocaudal* da direção desenvolvimental refere-se, de forma específica, à progressão gradual do controle sobre a musculatura, partindo da cabeça em direção aos pés. Isso pode ser observado nos estágios pré-natais do desenvolvimento fetal, assim como no desenvolvimento pós-natal posterior. No desenvolvimento do feto, por exemplo, a cabeça forma-se primeiro, e os braços formam-se antes das pernas. De modo similar, os bebês exibem controle sequencial sobre a musculatura da cabeça, do pescoço e do tronco antes de adquirir controle sobre as pernas e os pés. As crianças mais jovens são muito desajeitadas e exibem um controle motor ruim sobre os membros inferiores. Talvez isso se deva ao desenvolvimento cefalocaudal incompleto e à complexidade das demandas da tarefa da caminhada independente.

O segundo aspecto da direção desenvolvimental, conhecido como desenvolvimento *proximodistal*, refere-se, especificamente, à progressão do controle exercido pela criança sobre a musculatura, a partir do centro do corpo em direção às partes mais distantes. Assim como no desenvolvimento cefalocaudal, o conceito proximodistal aplica-se tanto aos processos do crescimento como à aquisição das habilidades de movimento. Por exemplo, em relação ao crescimento, o tronco e a cintura escapular crescem antes dos braços e das pernas, que crescem antes dos dedos das mãos e dos pés. Na aquisição das habilidades, a criança mais nova é capaz de controlar os músculos do tronco e da cintura escapular antes dos punhos, das mãos e dos dedos. Esse princípio do desenvolvimento é usado com frequência nos primeiros anos de escola, quando são ensinados os elementos menos refinados da escrita antes do ensino dos movimentos mais refinados e complexos.

Os processos cefalocaudal e proximodistal permanecem em operação durante toda a vida e têm a tendência de fazer o caminho inverso quando a pessoa envelhece. As ações dos membros inferiores e da parte inferior do corpo são os primeiros a regredir. Entretanto, com certeza, os indivíduos mais velhos podem prevenir e reduzir essa regressão, permanecendo ativos a vida toda.

Taxa de crescimento

A **taxa de crescimento** dos indivíduos segue um padrão característico universal para todos e é resistente à influência externa. A mínima interrupção do ritmo normal de crescimento é compensada por um processo ainda inexplicado de *flutuação autorreguladora* (Gesell, 1954), que permite à criança alcançar os colegas da mesma idade. Essa *plasticidade desenvolvimental* ocorre, por exemplo, quando uma doença grave limita os ganhos normais em termos de altura, peso e capacidade de movimento, mas, depois de recuperada, a criança tende a alcançar os colegas. O mesmo fenômeno é observado em bebês com pouco peso de nascimento. Apesar do baixo peso ao nascer, a maioria deles, em poucos anos, atinge as taxas de crescimento características de outros bebês da mesma idade. Para isso, as condições relativas às causas do baixo peso de nascimento, como nutrição inadequada, devem deixar de existir. Tem de ser feita uma intervenção apropriada logo no início para que o processo da plasticidade desenvolvimental se manifeste inteiramente no bebê em crescimento. Medições de altura, peso e desenvolvimento motor feitas antes dos 2 anos geralmente não servem para predição do crescimento e desenvolvimento posterior.

O processo autorregulado de crescimento compensa desvios relativamente menores no padrão de crescimento, mas, com frequência, não é capaz de ajustar desvios maiores, em especial no bebê e na criança. Por exemplo, bebês com peso de nascimento abaixo de 1,5 kg e crianças que sofrem deficiências nutricionais graves e prolongadas muitas vezes apresentam déficits permanentes no peso e na altura, assim como em seu desenvolvimento cognitivo e motor.

> **CONCEITO 4.2**
> A permanência do atraso no crescimento é particularmente devastadora durante os primeiros dois anos de vida.

Repetidas vezes foi mostrado que a restrição grave e prolongada das oportunidades de movimento e a carência de experiências interferem na capacidade das crianças de executar tarefas de movimento características do seu nível etário. Os efeitos da carência de experiências sensoriais e motoras podem ser superados, às vezes, quando são estabelecidas condições quase ótimas para a criança. Entretanto, o ponto até o qual a criança será capaz de equiparar-se aos colegas depende da duração e da gravidade da carência, da sua idade e do seu potencial de crescimento genético.

Entrelaçamento recíproco

O entrelaçamento coordenado, progressivo e intrincado dos mecanismos neurais dos sistemas musculares opostos em uma relação de maturidade crescente, chamado de **entrelaçamento recíproco** por Gesell (1954), é uma característica do desenvolvimento do comportamento motor da criança. Portanto, a mudança desenvolvimental em geral é vista como qualitativamente diferenciada e sequencial por natureza. Dois processos diferentes, porém relacionados, são associados com esse aumento da complexidade funcional: a diferenciação e a integração.

> **CONCEITO 4.3**
> A maturação neuromotora é evidenciada pela crescente capacidade de distinguir e integrar os mecanismos motores e sensoriais.

A *diferenciação* está associada à progressão gradual, a partir dos padrões de movimento globular amplo (geral) dos bebês até os movimentos mais refinados e funcionais da criança e do adolescente. Por exemplo, os comportamentos de manipulação do recém-nascido para alcançar, pegar e soltar um objeto são ruins; há pouco controle do movimento. Mas, à proporção que a criança se desenvolve, o controle melhora. A criança é capaz de distinguir os vários grupos musculares e começa a estabelecer um controle. O controle continua melhorando com a prática, até surgirem movimentos precisos de montar blocos, cortar com tesoura, escrever com letra cursiva ininterrupta e tocar violino.

A *integração* refere-se a promover a interação coordenada dos vários músculos opostos e dos sistemas sensoriais entre si. Por exemplo, a criança mais nova progride aos poucos, passando de movimentos de apanhar mal definidos ao tentar segurar um objeto a comportamentos de pegar e segurar mais maduros e visualmente orientados. A distinção dos movimentos dos braços, das mãos, dos dedos, seguida da integração do uso dos olhos e dos movimentos das mãos para realizar tarefas com coordenação olho-mão, é essencial para o desenvolvimento normal.

A diferenciação e a integração tendem a reverter-se quando a idade avança. Conforme a pessoa envelhece e as capacidades de movimento começam a regredir, a interação coordenada dos mecanismos sensoriais e motores frequentemente fica inibida. O grau de regressão das capacidades do movimento coordenado não é mera função da idade, mas sofre grande influência dos níveis de atividade e da atitude.

Há pouca dúvida de que os processos de distinção e integração operam de forma simultânea. As capacidades complexas do adulto não podem ser explicadas apenas como um processo de integração de respostas mais simples. Em vez disso, o que ocorre é um constante entrelaçamento dos dois processos.

Prontidão

E. L. Thorndike (1913), "o avô" da teoria do aprendizado, foi o primeiro a propor o conceito de prontidão, principalmente em relação a respostas emocionais a ações ou ações esperadas. De acordo com esse conceito, a prontidão dependia do modelo da maturação biológica, popular na virada do século. O conceito atual de prontidão, entretanto, é muito mais amplo e refere-se à prontidão para o aprendizado. A **prontidão** pode ser definida como a convergência das exigências da tarefa, da biologia do indivíduo e das condições do ambiente, tornando apropriado o domínio de determinada habilidade. O conceito de prontidão, como usado atualmente, vai além da maturação biológica e inclui a consideração de fatores que podem ser modificados ou manipulados para estimular ou promover o aprendizado. Vários fatores relatados combinam-se para promover a prontidão. A maturação física e mental, a interação com motivação, o aprendizado dos pré-requisitos e a riqueza do ambiente influenciam a prontidão. Até o presente momento, não somos capazes de detectar exatamente quando alguém está pronto para aprender uma nova habilidade de movimento. No entanto, pesquisas sugerem que a experiência inicial na atividade de movimento antes que o indivíduo esteja pronto tem benefícios mínimos.

Conceito 4.4

A prontidão para o aprendizado depende da convergência de fatores biológicos, ambientais e físicos.

Em anos recentes, grande atenção foi dedicada ao desenvolvimento da prontidão para a leitura, por meio de tipos apropriados de experiências nos anos da pré-escola e do ensino fundamental. Programas pedagógicos inteiros foram elaborados em torno da noção de que as crianças devem alcançar certo grau de desenvolvimento antes de estarem prontas a executar tarefas intelectuais como ler e escrever (Bergen et al., 2001; Bredenkamp e Rosengrant, 1995) e realizar operações matemáticas (Kamii e Housman, 2000), assim como tarefas de movimento que envolvem locomoção, manipulação e estabilidade (Gallahue e Cleland-Donnelly, 2003; California Department of Education, 2010). O treinamento da prontidão é parte da maioria dos programas pedagógicos das pré-escolas e do ensino fundamental. Uma parte integrante desses programas de prontidão tem sido o uso do movimento como meio de incrementar as qualidades perceptivo-motoras. Embora não tenha sido conclusivamente documentado que as experiências perceptivo-motoras têm efeito direto sobre a aquisição de habilidades de prontidão cognitiva específicas, é seguro afirmar que elas têm, no mínimo, influência indireta, pois estimulam a autoestima da criança e uma abordagem "sim, eu posso" positiva em relação ao aprendizado.

O conceito de prontidão, seja para o aprendizado de habilidades cognitivas ou motoras, provavelmente foi melhor resumido por Bruner (1965), na seguinte afirmação: "o fundamento de qualquer tema pode ser ensinado a qualquer pessoa de qualquer idade em qualquer forma" (p. 12). Em outras palavras, a carga de estar "pronto" é muito mais a responsabilidade do instrutor de reconhecê-la do que do estudante. A prontidão, combinação entre o "estar maduro", a abertura ambiental e a sensibilidade do cuidador, tem numerosas implicações nas oportunidades de aprendizado ao longo da vida.

Períodos de aprendizagem críticos e sensíveis

O conceito dos *períodos de aprendizagem críticos e sensíveis* está estritamente associado com a prontidão e gira em torno da observação de que o indivíduo é mais sensível a certos tipos de estimulação em determinadas épocas. O desenvolvimento normal em períodos posteriores pode ser prejudicado quando a criança não recebe estimulação adequada durante o período crítico. Por exemplo, a nutrição inadequada, o estresse prolongado, a educação inconsistente ou a falta de experiências de aprendizado apropriadas podem ter um impacto mais negativo sobre o desenvolvimento quando ocorrem logo no início da vida do que em uma idade mais avançada. O conceito de períodos críticos também tem um lado positivo. Ele sugere que a intervenção apropriada durante um período específico tende a facilitar formas mais positivas de desenvolvimento em estágios posteriores do que a mesma intervenção em outro momento.

É preciso reconhecer que a tendência da criança de seguir um padrão no período crítico está estritamente relacionada com a teoria das tarefas desenvolvimentais e, em menor grau, com as visões dos marcos desenvolvimentais e das fases-estágios. A estrutura teórica do desenvolvimento elaborada por Robert Havighurst (como revisada no Capítulo 2) é uma hipótese de períodos críticos, aplicada a partir da perspectiva da educação.

A noção dos períodos críticos do desenvolvimento tem penetrado tanto na educação que um programa pedagógico inteiro, financiado pelo governo federal dos Estados Unidos, foi estabelecido com base nessa premissa. O Operation Head Start, iniciado na década de 1960 e vigente até hoje, considera o período etário de 3 a 5 anos de reforço crítico para o desenvolvimento intelectual da criança. Foi levantada a hipótese de que, se fosse dado um programa, em um ambiente cuidadosamente estruturado, destinado a desenvolver habilidades orientadas para a escola, a criança carente teria condições de entrar na escola quase no mesmo nível dos seus pares não carentes. Os resultados desses programas não corroboram inteiramente a hipótese dos períodos críticos. É provável que isso se deva à existência de mais de um período crítico para o desenvolvimento intelectual. Além disso, o período etário dos 3 aos 5 anos talvez não seja tão fundamental quanto se supôs. As visões atuais sobre a hipótese do período crítico rejeitam a noção de que o indivíduo deve desenvolver habilidades de movimento dentro de períodos de tempo tão específicos.

> **CONCEITO 4.5**
>
> Há períodos sensíveis amplamente definidos, durante os quais os indivíduos podem aprender novas tarefas de modo mais eficiente e efetivo.

É seguro pressupor, entretanto, que há **períodos sensíveis**, ou estruturas de tempo amplas, no desenvolvimento. Os períodos críticos ou sensíveis não devem ser definidos de modo muito restrito. A desconsideração das diferenças individuais e das circunstâncias ambientais especiais leva à conclusão de que o período sensível é um ponto universal no tempo. Em vez disso, deve-se adotar a noção dos períodos sensíveis como orientações amplas e gerais, suscetíveis a mudanças. O aprendizado é um fenômeno que continua ao longo da vida. Conforme aprendem mais sobre o envelhecimento do cérebro e do sistema motor, os cientistas têm demonstrado de forma contínua esse importante conceito

(Hinton, 1992; Selkoe, 1992; Ward e Frackowiak, 2003). Aprender é um processo para toda a vida, e os efeitos do envelhecimento podem ser retardados ou reduzidos por meio do uso contínuo do cérebro e do sistema motor.

Diferenças individuais

A mudança varia de acordo com a criança. A tendência de exibir *diferenças individuais* é fundamental. Cada pessoa é singular e possui o seu próprio cronograma de desenvolvimento, que é uma combinação entre a hereditariedade individual e as influências ambientais. Embora a sequência de surgimento das características desenvolvimentais seja previsível, o ritmo de surgimento sofre variações. Portanto, a adesão estrita a uma classificação cronológica não tem sustentação nem justificativa.

> **Conceito 4.6**
>
> As variações interindividual e intraindividual são os conceitos-chave nos quais se baseia a educação desenvolvimental.

As idades "médias" de aquisição de todo tipo de tarefa desenvolvimental, desde aprender a andar (a principal tarefa desenvolvimental da criança) até adquirir controle sobre o intestino e a bexiga (com frequência, as primeiras restrições impostas à criança pela sociedade civilizada), têm sido rebatidas na literatura profissional e na conversa diária de pais e professores há anos. É preciso lembrar que essas idades médias são apenas isso e nada mais – meras aproximações que são indicadores convenientes de comportamentos apropriados em termos desenvolvimentais. É comum observarmos desvios da média de até seis meses a um ano no surgimento das numerosas habilidades de movimento. A tendência de exibir diferenças individuais está estreitamente relacionada com o conceito da prontidão e ajuda a explicar por que alguns indivíduos encontram-se prontos para aprender novas habilidades enquanto outros não.

Filogenia e ontogenia

Muitas das habilidades rudimentares do bebê e das habilidades de movimento fundamental da criança mais nova, quando vistas a partir da perspectiva da maturação, proposta por Gesell (1954), são consideradas filogenéticas, ou seja, elas tendem a surgir automaticamente e em uma sequência previsível na criança em maturação. As **habilidades filogenéticas** são resistentes a influências ambientais externas. Habilidades de movimento, como as tarefas de manipulação rudimentares de alcançar, pegar e soltar objetos; tarefas de estabilidade para adquirir controle sobre a musculatura ampla do corpo; e as capacidades locomotoras fundamentais de caminhar, saltar e correr são exemplos do que é considerado habilidade filogenética. As **habilidades ontogenéticas**, por sua vez, dependem sobretudo do aprendizado e de oportunidades ambientais. Habilidades como nadar, andar de bicicleta e patinar são consideradas ontogenéticas, pois não surgem automaticamente nos indivíduos, mas requerem um período de prática e experiência e são influenciadas pela cultura. Todo o conceito de filogenia e ontogenia precisa ser reavaliado, pois muitas habilidades que até aqui eram consideradas filogenéticas podem ser influenciadas pela interação com o ambiente.

> **Conceito 4.7**
>
> Vários tipos de padrões de movimento podem ter base na filogenia (biologia), mas condições ontogenéticas (ambientais) formam a taxa e a extensão de aquisição dos padrões.

Embora haja uma tendência biológica para o desenvolvimento de determinadas habilidades em função de processos filogenéticos, seria simplista pressupor que, sozinha, a maturação é responsável pelo desenvolvimento motor. A extensão ou o nível de domínio de qualquer habilidade de movimento voluntário depende, em parte, da ontogenia, ou seja, do ambiente. Em outras palavras, oportunidades de prática, estímulo e instrução, a ecologia ou condições do ambiente contribuem significativamente para o desenvolvimento das habilidades de movimento ao longo da vida. Há pouca sustentação sólida para a noção de Gesell de que "a ontogenia recapitula a filogenia", embora alguns comportamentos filogenéticos possam estar presentes na humanidade.

FATORES DO AMBIENTE

Ao longo dos últimos anos, consideráveis especulações e pesquisas têm focado os efeitos dos comportamentos dos pais sobre o bebê e a criança no início da infância, e como isso influencia o funcionamento subsequente da criança. Devido à extrema dependência dos bebês humanos em relação aos seus cuidadores e considerando a duração desse período de dependência, uma série de fatores da criação influencia o desenvolvimento posterior. Entre os mais essenciais estão os efeitos da estimulação e da carência ambiental e os laços surgidos entre os pais e a criança durante os primeiros meses após o nascimento.

Laços

O estudo da ligação, ou *laços*, pais-bebê tem suas raízes nos primeiros estudos sobre *imprinting*, imitação, realizados por Lorenz (1966), Hess (1959) e outros, com base em pássaros, patos e outros animais. Esses experimentos com animas revelaram que o grau em que o recém-nascido copiava da mãe estava diretamente relacionado com o seu tempo de contato. Os bebês humanos não copiam, no sentido estrito da palavra, como os animais, mas é comum a ideia de que há um amplo período "sensível" em que ocorre a ligação pais-bebê, durante os primeiros meses da vida pós-natal. A cultura popular tem especulado que, se esse período sensível for perdido, pode haver ausência de laços entre pais e filho. Indícios impositivos colocam a validade dessa crença em perigo (Eyer, 1994; Lewis, 1998). Experiências como a morte de um parente, divórcio, acidentes e doença grave e prolongada são muito mais importantes no desenvolvimento de longo prazo de crianças e jovens do que os laços maternais iniciais.

> **CONCEITO 4.8**
> A interação recíproca entre os pais e o filho afeta tanto o ritmo como a extensão do desenvolvimento.

Os laços são uma forte ligação emocional que perdura além do tempo, da distância, do sofrimento e da vontade. Esse laço emocional começa a desenvolver-se ao nascimento e pode ser estabelecido de modo incompleto quando há uma separação logo no início. Os principais fatores que contribuem para uma separação precoce são a prematuridade e o baixo peso ao nascimento, que resultam na incubação do recém-nascido e em problemas neonatais leves ou graves.

> **CONCEITO 4.9**
> Os laços desempenham um papel ainda não determinado no processo do desenvolvimento humano.

Estimulação e privação

Grande quantidade de estudos tem sido feita ao longo dos anos para determinar os efeitos relativos da *estimulação* e da *privação* sobre o aprendizado de uma série de habilidades. Houve considerável controvérsia entre os que defendem a hereditariedade e os ambientalistas sobre esse tema nos últimos 100 anos. Numerosos manuais registram debates da natureza *versus* criação, mas pouco tem sido estabelecido na tentativa de classificar os efeitos de cada uma sobre o desenvolvimento. A tendência atual tem sido respeitar a importância singular tanto da natureza como da criação e reconhecer a complexidade do entrelaçamento das influências da maturação e da experiência.

DILEMA DO DESENVOLVIMENTO

Laços com o bebê: a hipótese do período crítico é válida?

A ligação entre pai e filho logo no início pode influenciar muitos aspectos do desenvolvimento, mas é justo questionar se esses laços são essenciais ao bem-estar da criança. Gerações de crianças adotadas podem testemunhar o êxito do próprio desenvolvimento ainda que os laços com a "mãe" tenham chegado com atraso de semanas, meses ou até mesmo anos. A interação recíproca entre pais e filhos cria uma relação mutuamente prazerosa e recompensadora, cuja importância não pode ser minimizada. Entretanto, é preciso tomar cuidado para não definir o conceito de laços de modo muito restrito e para não superestimar a sua importância. Ainda são necessárias mais pesquisas para determinar de forma clara a sua relação com o processo do desenvolvimento e para resolver esse dilema do desenvolvimento.

> **CONCEITO 4.10**
>
> Tanto a estimulação como a privação de experiências têm potencial para influenciar o ritmo do desenvolvimento.

Pesquisadores do desenvolvimento motor têm reconhecido a futilidade do debate dos méritos da maturação e da experiência e, em vez disso, concentram-se na pesquisa de três questões principais. A primeira delas trata das idades aproximadas, em que as várias habilidades podem ser aprendidas do modo mais efetivo. A pesquisa de Bayley (1935), Shirley (1931) e Wellman (1937) representou a primeira tentativa séria de descrever a idade em que muitas das capacidades de movimento rudimentar e fundamental aparecem. Cada um desses pesquisadores registrou um cronograma um tanto diferente da taxa de surgimento das numerosas habilidades de movimento rudimentar no bebê. Entretanto, eles apresentaram notável consistência na ordem sequencial de surgimento dessas capacidades. Esse fator demonstra os efeitos combinados tanto das influências intrínsecas, ou determinadas pela maturação sobre a sequência do desenvolvimento, como dos comportamentos extrínsecos, ou influenciados pelo ambiente, sobre o ritmo do desenvolvimento. Até épocas recentes, pouco havia sido feito para determinar de forma mais clara as idades em que as habilidades de movimento fundamental podem ser aprendidas com maior efetividade. O princípio da prontidão tem sido visto como a pedra angular de nosso sistema educacional, mas pouco mais do que apoio verbal tem sido dado à sua importância, particularmente em relação ao desenvolvimento das habilidades de movimento fundamental. Sabemos agora que as crianças podem aprender muitas habilidades de movimento logo no início da vida e que elas têm potencial desenvolvimental para alcançar o estágio maduro na maioria dos movimentos fundamentais por volta dos 6 ou 7 anos.

A segunda questão trata dos efeitos do treinamento especial sobre o aprendizado das habilidades motoras. Uma série de estudos de controle de gêmeos foi realizada para apurar a influência da prática especial sobre o aprendizado inicial. O uso de gêmeos idênticos permite ao pesquisador garantir uma base hereditária e características idênticas dos participantes da pesquisa. A um gêmeo são dadas oportunidades de antemão para prática, enquanto o outro sofre restrições à prática das mesmas habilidades ao longo de um tempo determinado. Os famosos estudos de Gesell e Thompson (1929), Hilgard (1932) e McGraw (1935, 1939) demonstraram que o treinamento inicial não incrementou o desenvolvimento de modo apreciável. Entretanto, estudos de acompanhamento dos experimentos do controle de gêmeos, tanto de Gesell quanto de McGraw, mostraram que os participantes treinados exibiram maior segurança e confiança nas atividades em que tinham recebido treinamento especial. Em outras palavras, a atenção e o treinamento especial podem não influenciar os aspectos quantitativos das habilidades de movimento aprendidas tanto quanto os seus aspectos qualitativos. Mais uma vez, vemos a complexa inter-relação entre a maturação e a experiência.

Com o advento das unidades de tratamento intensivo de neonatos e bebês na década de 1970, a taxa de sobrevivência de bebês nascidos antes do tempo e com peso de nascimento baixo subiu drasticamente. Pais, médicos e pesquisadores começaram a pensar a respeito dos efeitos dos programas de estimulação de bebês sobre o desenvolvimento subsequente desses bebês de alto risco. Ulrich (1984), em uma abrangente revisão de pesquisas, concluiu: "Apesar das dificuldades de comparar estudos por causa da variabilidade dos sujeitos usados, do tipo, da intensidade e da duração do tratamento, há indícios evidentes de efeitos benéficos" (p. 68). Essa conclusão é estimulante e leva-nos a considerar o momento adequado e a duração do treinamento ou estimulação especial. Há realmente um "período sensível", além do qual os benefícios da estimulação são minimamente benéficos?

Da década de 1980 até agora, houve uma imensa onda de interesse por programas de estimulação de bebês, crianças de 1 a 3 anos e pré-escolares. Programas estruturados de natação e ginástica surgiram em toda a América do Norte e além das suas fronteiras. Houve consideráveis declarações a favor e contra os supostos benefícios desses programas.

A terceira questão está relacionada com o efeito da limitação ou restrição de oportunidades para prática sobre a aquisição de habilidades motoras. Os estudos dessa natureza têm se concentrado, geralmente, na privação ambiental induzida em experiências com animais. Há registro de apenas alguns poucos estudos em que foram observadas crianças em ambientes onde existiam restrições incomuns de movimento ou experiência.

Uma pesquisa conduzida por Dennis (1960) examinou bebês mantidos em três instituições diferentes no Irã. Foi observado que os bebês de duas das instituições tinha atraso grave no desenvolvimento motor. Na terceira, havia pouco atraso motor. A discrepância levou Dennis a investigar o estilo de vida das crianças em cada instituição. Os resultados levaram à conclusão de que a falta de manipulação, a suavidade dos arredores e a ausência geral de oportunidade ou experiência de movimento foram as causas do atraso motor nas duas primeiras instituições. Outras pesquisas, realizadas por Dennis e Najarian (1957), revelaram descobertas similares em um número menor de bebês de creches em Beirute, no Líbano. As duas pesquisas sustentam a hipótese de que o desenvolvimento comportamental não pode ser atribuído inteiramente à hipótese da maturação.

Devido a adicionais culturais, virtudes humanitárias de muitos pesquisadores e preocupação dos pais, há poucos experimentos em que as circunstâncias ambientais dos bebês ou de crianças mais jovens são intencionalmente alteradas para determinar se isso resulta em mau funcionamento grave ou em comportamento atípico. O consenso geral nas pesquisas que foram realizadas é que restrições graves e a falta de experiência atrasam o desenvolvimento normal.

Para compreender a influência da experiência sobre o desenvolvimento, é necessário apenas olhar ao redor, para o pátio das escolas, e observar que muitas meninas pulam corda com excelência e muitos meninos arremessam e pegam bolas com grande habilidade. Entretanto, quando invertemos as atividades, cada um desses dois grupos tende a retroceder para padrões menos maduros de movimento. Infelizmente, fatores da nossa cultura com frequência predeterminam os tipos de experiências de movimento que meninos e meninas devem praticar (Gallahue et al., 1994). Além disso, foi demonstrado repetidas vezes que o desenvolvimento motor amplo de crianças cegas, assim como de crianças confinadas em suas primeiras semanas e meses da vida pós-natal, a unidades de tratamento intensivo neonatais fica aquém do de seus pares nas medições padronizadas do comportamento motor amplo e também no comportamento em sala de aula (Hack et al., 1994). Portanto, foi demonstrado que bebês com peso de nascimento muito baixo (< 1,5 kg), bem como crianças cegas, adquirem habilidades de movimento rudimentar fora da sequência normalmente esperada.

Conceito 4.11

Condições extremas de carência ambiental podem romper tanto a sequência como o ritmo da aquisição das habilidades de movimento.

Em resumo, tanto a maturação como o aprendizado desempenham papéis importantes na aquisição das habilidades de movimento. Embora pareça que a experiência tem pouca influência sobre a sequência da emergência dessas habilidades, ela realmente afeta o momento em que surgem determinados movimentos e a extensão do seu desenvolvimento. Uma das grandes necessidades da criança é a prática das habilidades no momento em que estão prontas, em termos desenvolvimentais, para tirar o maior benefício delas. É duvidoso o benefício da prática especial antes da prontidão maturacional. A chave é ser capaz de avaliar com precisão o momento em que cada indivíduo está "maduro" para aprender e, em seguida, fornecer uma série de experiências de movimento educacionalmente sólidas e efetivas. Entretanto, todas as indicações apontam que as crianças mais jovens costumam ser capazes de mais do que suspeitamos, e muitos dos pontos de referência de prontidão tradicionais que temos usado podem ser incorretos.

Conceito 4.12

Ainda não sabemos até que ponto a estimulação ambiental afeta o desenvolvimento.

FATORES DAS TAREFAS FÍSICAS

Uma série de fatores adicionais afeta o desempenho motor. A influência da etnia e da classe social (Malina, Bouchard e Bar-Or, 2004), do gênero (Branta et al., 1987) e da formação étnica e cultural (Bril, 1985; Gallahue et al., 1996; Malina, Bouchard e Bar-Or, 2004) tem impacto sobre o crescimento e o desenvolvimento motor. O desenvolvimento motor não é um processo estático. É não apenas um produto de fatores biológicos, mas também sofre influências das condições ambientais e das leis físicas. A interação de fatores ambientais e biológicos modifica o curso do desenvolvimento motor em bebês, na infância, adolescência e idade adulta. O nascimento prematuro, transtornos alimentares, níveis de aptidão física e fatores biomecânicos, assim como mudanças fisiológicas, associadas com o envelhecimento e a escolha do estilo de vida, influenciam o processo do desenvolvimento motor ao longo de toda a vida de modo importante.

Prematuridade

O peso médio típico de nascimento de um bebê fica em torno de 3,3 kg. Antes, qualquer bebê com menos de 2,5 kg era considerado **prematuro**. Hoje, entretanto, usa-se como padrão a faixa entre 1,5 e 2,5 kg, a não ser que haja indícios de um período de gestação inferior a 37 semanas. Considera-se que os bebês nascidos com menos de 1,5 kg têm **peso de nascimento muito baixo** (PNMB) (D'Agostino e Clifford, 1998). Os bebês nascidos com mais de 1,5 kg, mas abaixo de 2,5 kg, são considerados com **peso de nascimento baixo** (PNB) (WHO, 2008). A prática de rotular o recém-nascido como prematuro, baseada no período de gestação ou apenas no peso, não se encontra mais em uso por duas razões. Em primeiro lugar, com frequência é difícil determinar com precisão a idade gestacional do bebê e, em segundo lugar, as taxas mais elevadas de mortalidade e morbidade estão entre os bebês de peso de nascimento muito baixo. Portanto, os termos *peso de nascimento baixo* e prematuro surgiram como indicadores mais precisos de prematuridade no verdadeiro sentido da palavra. A prematuridade causa preocupação por estar estreitamente associada com o atraso físico e mental, a hiperatividade e a morte infantil. A prevenção é considerada o fator mais importante para a melhoria da saúde e das chances de sobrevivência do bebê.

> **CONCEITO 4.13**
> A prematuridade coloca o recém-nascido em risco e, com frequência, dificulta o processo de desenvolvimento motor.

Peso de nascimento baixo

Os bebês com *peso de nascimento baixo* (PNB) pesam menos do que o esperado para a sua idade gestacional. Nos Estados Unidos, 8,2% dos nascidos com vida são considerados PNB (Martin el al., 2010). Dois desvios-padrão abaixo da média para uma dada idade gestacional geralmente são aceitos como critério para o peso de nascimento baixo. Portanto, o bebê com PNB pode ser aquele nascido no prazo (40 semanas) ou antes do prazo (37 semanas ou menos). Os bebês de peso de nascimento baixo apresentam "atraso de crescimento intrauterino" e são chamados de "pequenos para a idade". Uma série de fatores maternais pré-natais tem sido implicada, incluindo dieta, medicamentos, tabaco, infecções e doenças (Kopp e Kaler, 1989; Malina, Bouchard e Bar-Or, 2004). Foi demonstrado que outros fatores, como classe social, múltiplos partos e localização geográfica, afetam o peso de nascimento (Mason, 1991). Os efeitos de longo prazo do peso de nascimento baixo estão diretamente relacionados com o grau de atraso de crescimento intrauterino e com a idade gestacional da criança. Uma descoberta estimuladora em estudos com bebês PNB é que a maioria sobrevive com pouca ou nenhuma incapacitação. No entanto, os bebês classificados como de PNMB apresentam uma incidência muito maior de incapacitação grave (D'Agostino e Clifford, 1998; Lemans et al., 2001). Nos Estados Unidos, a incidência de PNMB é de 1,5% dos nascidos vivos (Martin et al., 2010).

Prematuros

As crianças nascidas com peso de nascimento esperado (menos de dois desvios-padrão abaixo da média) para sua idade gestacional, mas antes do final do prazo (37 semanas ou menos) são chamados de **prematuros** ou *bebês pré-termo*. Nos Estados Unidos, 13% dos nascidos vivos são considerados pré-termo (Martin et al., 2010). Há pouco consenso a respeito das causas exatas do nascimento pré-termo, mas tem sido evidenciado que uma série de fatores contribui, incluindo uso de drogas, tabaco, idade da mãe, ganho de peso excessivo e condições sociais e econômicas adversas. Até pouco tempo, o prognóstico para bebês prematuros que eram pequenos ou com peso normal ao nascer era desolador. As suas taxas de morbidade e de mortalidade eram anormalmente elevadas em comparação com os bebês de termo normal. Bennett (1997) relatou que quanto menor o tempo de gestação, maior a incidência de incapacitação grave.

Além disso, o bebê pré-termo está mais propenso a dificuldades de aprendizado, desvantagens na interação linguística e social e problemas de coordenação motora do que o seus pares de prazo completo. Por alguma razão desconhecida, parece que os meninos são mais gravemente afetados do que as meninas. O tratamento de bebês prematuros nascidos no hospital é colocá-los em incubadoras esterilizadas, onde a temperatura, a umidade e o oxigênio sejam precisamente controlados. Foi sugerido que a ausência da estimulação normal da mãe e o ambiente circundante contribuam para esses déficits.

Efeitos de longo prazo da prematuridade

Os dados mostram claramente que, entre os bebês PNMB, a probabilidade de morte poucas semanas após o nascimento é maior do que entre os bebês de peso normal. As classificação de PNB prematuro está em segundo lugar, depois das anomalias congênitas, como principal causa de morte infantil nos Estados Unidos. Nesse país, a mortalidade infantil é de 6,7 por 1.000 nascidos vivos, o que faz dele o 30º colocado em número de mortes de bebês na lista de países desenvolvidos. Com 1,8 mortes por 1.000 nascimentos, Hong Kong tem o índice de mortalidade infantil mais baixo (McDorman e Matthews, 2009). A Figura 4.1 mostra o risco estimado de mortalidade feminina e masculina com base no peso de nascimento e na idade gestacional. Observe que, à proporção que a idade gestacional e o peso aumentam, a mortalidade diminui na medida correspondente.

Os efeitos de longo prazo do nascimento prematuro não são tão claros quanto as consequências de curto prazo. Nos últimos anos, as unidades de tratamento intensivo neonatal fo-

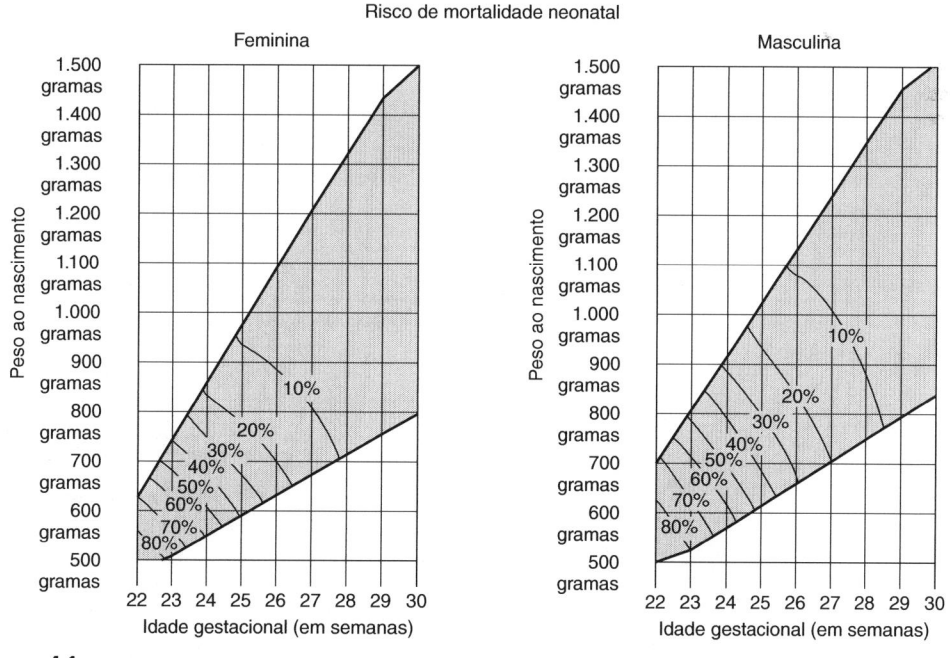

Figura 4.1
Risco estimado de mortalidade feminina e masculina com base no peso de nascimento e na idade gestacional.
Adaptada de: Lemons et al. (2001). Very low birth weight outcomes of the Neonatal Institute of Child Health and Human Development Neonatal Research Network. *Pediatrics, 107(1)*. *On-line:* www.pediatrics.org/cgi/content/full/107/1/e1

ram implicadas nos problemas desenvolvimentais de longo prazo de alguns bebês prematuros. São estudados os efeitos do barulho, da luz e da ausência de toque prazeroso sobre o desenvolvimento do sistema neurológico.

A notícia estimulante é que a maioria sobrevive com pouca ou nenhuma incapacitação. Mas, quando a idade de viabilidade (i.e., a idade gestacional mais baixa passível de sobrevivência) continua a decrescer em função dos avanços médicos, e a taxa de sobrevivência dos bebês PNMB aumenta, há maior incidência de incapacitações desenvolvimentais tanto menores como maiores (Lemans et al., 2001; Tommiska et al., 2001).

Transtornos da alimentação

Os estadunidenses vivem em um mundo muito diferente daquele dos seus ancestrais. O esforço físico vigoroso não é mais parte necessária do padrão de vida diária da maioria das pessoas. Hoje, a maioria dos exercícios, quando são feitos, é planejada e não é parte integrante da existência da pessoa. Além disso, muitos, agora, têm abundância de alimento. O indivíduo pode consumir uma grande quantidade de alimento e usar pouco da energia neles contida. A manutenção do peso do corpo é relativamente simples. Ela requer a manutenção do equilíbrio entre a ingestão e o gasto calórico. Se a pessoa consumir mais calorias do que queimar ao longo do tempo, a obesidade é o resultado final. Entretanto, se ela consumir menos calorias do que gasta, isso resulta em perda de peso ao longo do tempo. A perda de peso causada pela aversão prolongada à comida (anorexia nervosa) ou a repetida compulsão alimentar seguida de purgação (bulimia) é uma preocupação crescente e deve ser considerada em qualquer discussão sobre transtornos da alimentação.

Conceito 4.14

Os transtornos da alimentação entre crianças, adolescentes e adultos afetam acentuadamente o seu crescimento e desenvolvimento motor.

Obesidade

A **obesidade**, ou qualquer aumento excessivo na quantidade de gordura corporal armazenada, é considerada a doença nutricional crônica mais prevalente nos Estados Unidos. A combinação de obesidade (IMC > 30) e excesso de peso (IMC de 25 a 29,9) ocorre em 33% das crianças (NASPE/AHA, 2010) e 68% dos adultos no país (NIDDK, 2010). Hoje, a obesidade é considerada a segunda principal causa de morte evitável (o tabaco é o primeiro, com estimadas 435 mil mortes por ano), com o número de 400 mil estadunidenses por ano (USDHHS, 2004). O aumento acentuado da obesidade é um problema global, que afeta crianças e adultos em muitos países desenvolvidos e em desenvolvimento (Vincent et al., 2003; Stettler, 2004).

A gordura tem uma série de funções construtivas. Ela é uma reserva de energia; é um veículo para vitaminas lipossolúveis; fornece proteção e sustentação para partes do corpo, isolando-as do frio; e, na proporção adequada, melhora a aparência corporal. Entretanto, para que realize essas funções, a proporção de gordura ideal em adultos deve ser de 15 a 18% para homens e de 20 a 25% para mulheres.

O bebê cujo prazo de gestação foi integral tem de 12 a 16% de gordura, sendo que a maior parte se desenvolve durante os últimos dois meses do período de gestação. Em torno do sexto mês após o nascimento, as porcentagens de gordura corporal aumentam cerca de 25%, declinando posteriormente para, ao longo de toda a infância, 15 a 18%. Durante o período da pré-adolescência, os depósitos de gordura aumentam nas meninas, mas não nos meninos. Há uma redução pequena, mas significativa, na porcentagem de gordura corporal entre os homens (Fomon et al., 1982). De maneira ideal, a porcentagem de gordura corporal em relação ao peso corporal total muda pouco do final da adolescência até à idade adulta. Entretanto, a porcentagem de gordura corporal pode variar de baixa, em torno de 8% (típica de corredores ectomórficos de longa distância) a muito elevada, em torno de 50% (característica dos muito obesos).

Milhões de estadunidenses são obesos. Nos Estados Unidos, a prevalência da obesidade em adultos com 20 anos ou mais, em estimativas atuais, varia de um valor baixo, como 18,6% no Colorado, até um valor elevado, como 34,4% no Mississipi. Além disso, em 2009, nove estados registraram uma porcentagem de obesidade adulta acima de 30%, sendo que em 2000 não havia nenhum estado nesse nível. Além disso, nenhum estado alcança o objetivo da Healthy

People 2010 de menos de 15% de obesidade (CDC/MMWR 2010, *on-line* em: http://www.cdc.gov/mmwr/pdf/wk/mm59e0803.pdf). De modo similar, a obesidade infantil na faixa etária dos 2 aos 19 anos tem apresentado aumento constante desde 1971, quando a média era de menos 5%, com estimados 16,9% em 2008 (NCHS, 2009, *on-line* em: www.cdc.gov/nchs/data/hestat/obesity_child_07_08/obesity_child_07_08.htm). Estima-se que as crianças obesas que não emagrecem até os 14 anos correm 70% mais risco de permanecerem obesas na vida adulta (AOA, 2000).

Nos Estados Unidos, a porcentagem de massa corporal magra tende a diminuir com a idade. A porcentagem de gordura corporal é o principal determinante da obesidade. O peso da pessoa é menos importante do que a proporção entre a gordura e o tecido magro. A composição corporal é um critério válido para indicar a obesidade. Ela é determinada pelo cálculo do índice da massa corporal (IMC). Para calcular esse índice, é usada a seguinte fórmula: peso (em kg) ÷ altura^2 (em m) = IMC. No mundo inteiro, um IMC de 30 ou mais é considerado indicação de obesidade. Um IMC de 25,0 a 29,9 é considerado excesso de peso. Veja na Tabela 4.1 uma estimativa do IMC.

Os indícios são claros: há substancial aumento na incidência de obesidade nos Estados Unidos em todos os segmentos da população. Usando técnicas de amostragem randomizada estratificada, é realizada a National Health and Nutrition Examination Survey (NHANES) desde a década de 1970. As Tabelas 4.2 e 4.3 fornecem uma visão reveladora do constante aumento na porcentagem de obesidade nos Estados Unidos entre crianças e adultos, respectivamente, em especial na última década. Um crescente número de indícios tem apontado a obesidade como o principal fator contribuinte em uma ampla série de resultados negativos para a saúde, vários deles mostrados na Tabela 4.4. A obesidade impõe estresse adicional aos sistemas circulatório, respiratório e metabólico e pode causar, ou intensificar, distúrbios nesses sistemas. Os adultos obesos correm maior risco, já bem estabelecido, de morbidade e mortalidade cardiovascular independentemente de idade, nível de colesterol, pressão sanguínea, uso de tabaco e intolerância à glicose. Além disso, crianças e adultos obesos com frequência são ridicularizados por seus pares, apresentam desempenho acadêmico ruim, têm autoimagem negativa e preocupam-se persistentemente com dietas.

As principais causas, baseadas no ambiente, da obesidade de indivíduos com equilíbrios hormonais normais são a ingestão alimentar excessiva e a falta de exercícios ou a combinação de ambas. Maus hábitos de alimentação e exercícios são formados na infância e perpetuados por toda a vida. A criança que é obrigada a comer todo o alimento servido em todas as refeições, mas não é estimulada a praticar exercícios regularmente, tem potencial para desenvolver graves problemas de saúde.

Uma área de interesse para muitos que estudam a obesidade são os níveis de atividade das crianças obesas (Treuth, Butte, Adolph e Puyau, 2004). A inatividade física parece contribuir para obesidade, como indicado por estudos que relacionam o hábito de assistir à televisão à prevalência da obesidade na infância. Bar-Or e Baranowski (1994) observaram, em um artigo de revisão da atividade física e obesidade entre adolescentes, vários estudos que indicam claramente que a intensidade da atividade física é significativamente menor em crianças e adolescentes obesos. Embora níveis crescentes de atividade física, combinados com moderação na ingestão calórica, possam ser o segredo para obter a redução da tendência de aumento da gordura, Bar-Or e Baranowski concluíram que, nos muitos programas de intervenção física estudados, havia apenas uma pequena redução (1 a 3% da gordura corporal) na adiposidade entre adolescentes. A adoção de dietas parece não ser a melhor solução ou a mais completa para a obesidade de base comportamental em crianças. Às vezes a sua ingestão alimentar é normal, e a dieta pode causar graves deficiências de nutrientes necessários a um crescimento e saúde adequados. A principal causa de obesidade entre as crianças é a falta de atividade, portanto, o aumento de longo prazo nessa área pode ser a solução mais saudável e melhor (USDHHS, 2001; Dietz, 2004).

CONCEITO 4.15

Fatores genéticos e ambientais contribuem para o início e grau de obesidade.

Tabela 4.1	Gráfico do índice de massa corporal																
Massa corporal (kg)	Estatura (cm)																
	124	130	135	140	145	150	155	160	165	170	175	180	185	191	196	201	206	211
30,0	19	18	16	15	14	13	12	12	11	10	10	9	9	8	8	8	7	7
31,8	20	19	18	16	15	14	13	13	12	11	10	10	9	9	8	8	8	7
34,1	22	20	19	17	16	15	14	13	12	12	11	10	10	9	9	9	8	8
35,9	23	21	20	18	17	16	15	14	13	12	12	11	11	10	9	9	9	8
38,1	24	22	21	19	18	17	16	15	14	13	12	12	11	11	10	10	9	9
40,0	26	24	22	20	19	18	17	16	15	14	13	12	12	11	11	10	10	9
41,8	27	25	23	21	20	19	17	16	15	15	14	13	12	12	11	11	10	10
44,0	28	26	24	22	21	20	18	17	16	15	14	14	13	12	12	11	10	10
45,9	29	27	25	23	22	20	19	18	17	16	15	14	13	13	12	12	11	10
48,1	31	28	26	24	23	21	20	19	18	17	16	15	14	13	13	12	11	11
49,9	32	30	27	26	24	22	21	20	18	17	16	15	15	14	13	13	11	11
51,8	33	31	29	27	25	23	22	20	19	18	17	16	15	14	14	13	12	12
54,0	35	32	30	28	26	24	22	21	20	19	18	17	16	15	14	14	13	12
55,8	36	33	31	29	27	25	23	22	21	19	18	17	16	16	15	14	13	13
58,1	37	34	32	30	28	26	24	23	21	20	19	18	17	16	15	15	14	13
59,9	38	36	33	31	29	27	25	23	22	21	20	19	18	17	16	15	14	14
61,7	40	37	34	32	29	28	26	24	23	21	20	19	18	17	16	16	15	14
64,0	41	38	35	33	30	28	27	25	24	22	21	20	19	18	17	16	15	15
65,8	42	39	36	34	31	29	27	26	24	23	22	20	19	18	17	17	16	15
68,1	44	40	37	35	32	30	28	27	25	24	22	21	20	19	18	17	16	15
69,9	45	41	38	36	33	31	29	27	26	24	23	22	20	19	18	18	17	16
71,7	46	43	40	37	34	32	30	28	26	25	24	22	21	20	19	18	17	16
74,0	47	44	41	38	35	33	31	29	27	26	24	23	22	20	19	19	18	17
75,8	49	45	42	39	36	34	32	30	28	26	25	23	22	21	20	19	18	17
78,1	50	46	43	40	37	35	32	30	29	27	25	24	23	22	21	20	19	18
79,9	51	47	44	41	38	36	33	31	29	28	26	25	23	22	21	20	19	18
81,7	52	49	45	42	39	36	34	32	30	28	27	25	24	23	22	21	20	19
84,0	54	50	46	43	40	37	35	33	31	29	27	26	25	23	22	21	20	19
85,8	55	51	47	44	41	38	36	34	32	30	28	27	25	24	23	22	20	20
88,1	56	52	48	45	42	39	37	34	32	30	29	27	26	24	23	22	21	20
89,9	58	53	49	46	43	40	37	35	33	31	29	28	26	25	24	23	21	20
91,7	59	54	50	47	44	41	38	36	34	32	30	28	27	25	24	23	22	21
94,0	60	56	52	48	45	42	39	37	35	33	31	29	27	26	25	24	22	21
95,8	61	57	53	49	46	43	40	38	35	33	31	30	28	27	25	24	23	22
98,1	63	58	54	50	47	44	41	38	36	34	32	30	29	27	26	25	23	22
99,9	64	59	55	51	48	44	42	39	37	35	33	31	29	28	26	25	24	23
101,7	65	60	56	52	49	45	42	40	37	35	33	31	30	28	27	26	24	23
104,0	67	62	57	53	49	46	43	41	38	36	34	32	30	29	27	26	25	24
105,8	68	63	58	54	50	47	44	41	39	37	35	33	31	29	28	27	25	24
108,1	69	64	59	55	51	48	45	42	40	37	35	33	32	30	28	27	26	24
109,9	70	65	60	56	52	49	46	43	40	38	36	34	32	30	29	28	26	25
111,7	72	66	61	57	53	50	47	44	41	39	37	35	33	31	29	28	27	25
114,0	73	67	63	58	54	51	47	45	42	39	37	35	33	32	30	29	27	26
115,8	74	69	64	59	55	52	48	45	43	40	38	36	34	32	31	29	28	26
118,0	76	70	65	60	56	52	49	46	43	41	39	36	34	33	31	30	28	27
119,9	77	71	66	61	57	53	50	47	44	42	39	37	35	33	32	30	29	27
121,7	78	72	67	62	58	54	51	48	45	42	40	38	36	34	32	31	29	28
123,9	79	73	68	63	59	55	52	48	46	43	40	38	36	34	33	31	30	28
125,8	81	75	69	64	60	56	52	49	46	44	41	39	37	35	33	32	30	29
128,0	82	76	70	65	61	57	53	50	47	44	42	40	37	35	34	32	30	29
129,8	83	77	71	66	62	58	54	51	48	45	42	40	38	36	34	33	31	29
131,7	84	78	72	67	63	59	55	52	48	46	43	41	39	37	35	33	31	30
133,9	86	79	74	68	64	60	56	52	49	46	44	41	39	37	35	34	32	30
135,8	87	80	75	69	65	60	57	53	50	47	44	42	40	38	36	34	32	31
138,0	88	82	76	70	66	61	57	54	51	48	45	43	40	38	36	35	33	31
139,8	90	83	77	71	67	62	58	55	51	48	46	43	41	39	37	35	33	32
141,7	91	84	78	72	68	63	59	55	52	49	46	44	41	39	37	36	34	32

Fonte: Expert Panel on the Identification, Evaluation, and Treatment of Overweight in Adults, 1998.

Tabela 4.2	Prevalência da obesidade (definida como índice de massa corporal [IMC] igual ou superior ao 95º percentil específico para a idade e o sexo de acordo com os gráficos 2000 CDC Growth Charts) entre crianças e adolescentes dos Estados Unidos na faixa etária de 2 a 19, a partir de 1971-1974 até 2007-2008

Idade (em anos)	NHANES 1971–1974	NHANES 1976–1980	NHANES 1988–1994	NHANES 1999–2000	NHANES 2001–2002	NHANES 2003–2004	NHANES 2005–2006	NHANES 2007–2008
Total	5,0%	5,5%	10,0%	13,9%	15,4%	17,1%	15,5%	16,9%
2–5	5,0%	5,0%	7,2%	10,3%	10,6%	13,9%	11,0%	10,4%
6–11	4,0%	6,5%	11,3%	15,1%	16,3%	18,8%	15,1%	19,6%
12–19	6,1%	5,0%	10,5%	14,8%	16,7%	17,4%	17,8%	18,1%

Fonte: adaptada de Ogden, C. and Carroll, M. (2010). Prevalence of obesity among children and adolescents: United States, trends 1963–1965 through 2007–2008. NCHS Health E-stat. On-line em: www.cdc.gov/nchs/data/hestat/obesity_child_07_08/obesity_child_07_08.htm

Tabela 4.3	Prevalência da obesidade entre grupos etários de adultos dos Estados Unidos com idade de 20 anos ou mais, classificados por sexo e raça/etnia, com base em dados das NHANES (National Health and Nutrition Examination Survey) de anos selecionados, a partir de 1988-1994 até 2007-2008, em relação às estimativas de 2000, feitas pelo U.S. Census Bureau

Característica	NHANES 1988–1994	NHANES 1999–2000	NHANES 2001–2002	NHANES 2003–2004	NHANES 2005–2006	NHANES 2007–2008
Homens, total	**20,2%**	**27,5%**	**27,8%**	**31,1%**	**33,3%**	**32,2%**
Homens, brancos não hispânicos	20,3%	27,3%	29,1%	31,1%	33,1%	31,9%
Homens, negros não hispânicos	21,1%	28,1%	27,9%	34,0%	37,2%	37,3%
Homens, estadunidense-mexicanos	23,9%	28,9%	25,9%	31,6%	27,0%	35,9%
Mulheres[1], total	**25,4%**	**33,4%**	**33,3%**	**33,2%**	**35,3%**	**35,5%**
Mulheres[1], brancas não hispânicas	22,9%	30,1%	31,3%	30,2%	32,9%	33,0%
Mulheres[1], negras não hispânicas	38,2%	49,7%	48,3%	53,9%	52,9%	49,6%
Mulheres[1], estadunidense-mexicanas	35,3%	39,7%	37,0%	42,3%	42,1%	45,1%

1 Exclui mulheres grávidas
Fonte: adaptada de Ogden, C. L. and Carroll, M. D. Prevalence of Overweight, Obesity, and Extreme Obesity among Adults: United States, Trends 1976–1980 through 2007–2008. NCHS Health E-Stat. On-line em: www.cdc.gov/nchs/data/hestat/obesity_adult_07_08/obesity_adult_07_08.htm.

A etiologia da obesidade na maioria das crianças é desconhecida, mas fatores genéticos, bem como ambientais, parecem estar envolvidos. Parece que a obesidade é altamente familial, com uma base hereditária ou ambiental ou a combinação das duas. A obesidade ocorre em taxas mais elevadas entre os afro-americanos e americano-mexicanos do que nos seus pares brancos (veja a Tab. 4.3). Estudos com gêmeos corroboram o conceito de que fatores genéticos desempenham um papel importante na obesidade (Stunkard et al., 1986, 1990). Além disso, a obesidade entre crianças após os 10 anos parece ser fortemente genética, com cerca de dois terços de variabilida-

Tabela 4.4	Sobrepeso e obesidade aumentam o risco de doenças graves e estão associados com numerosas condições de saúde negativas
O sobrepeso e a obesidade são conhecidos fatores de risco de:	**O sobrepeso e a obesidade estão associados a:**
Diabetes tipo 2	Colesterol elevado
Doença cardíaca	Complicações durante a gravidez
AVC	Irregularidades menstruais
Hipertensão	Excesso de pelos no corpo e no rosto
Artrite reumatoide	Defeitos de nascimento (defeitos no tubo neural)
Osteoartrite (especialmente dos joelhos, dos quadris, das costas e das mãos)	Síndrome do túnel do carpo
Apneia do sono	Sonolência diurna
Algumas formas de câncer (de mama, de útero, dos rins, da vesícula biliar, colorretal)	Gota
Doença da vesícula biliar	Resposta imunológica comprometida
Distúrbios do coração	Função respiratória comprometida

Fonte: CDC (2009). The health effects of obesity. *On-line* em: www.cdc.gov/healthyweight/effects/index.html
National Heart Lung and Blood Institute (2009). What are the health risks of overweight and obesity? *On-line* em: www.nhlbi.nih.gov/health/dci/Diseases/obe/obe_risks.html

Perspectivas internacionais

Não estamos sós

Ao longo dos últimos 20 anos, os Estados Unidos testemunham uma tendência secular (mudança entre gerações) na porcentagem de estadunidenses considerados obesos ou acima do peso. Hoje mais de dois terços dos adultos e um terço de todas as crianças são obesos ou estão acima do peso. As estatísticas alarmam por causa das consequências negativas para a saúde associadas com a obesidade. Mas nós não estamos sós. A epidemia de obesidade é, atualmente, um fenômeno mundial. Na verdade, os Estados Unidos ocupam um suspeito primeiro lugar na porcentagem de sobrepeso e obesidade entre os seus cidadãos, mas os nossos vizinhos, México e Canadá, não estão muito atrás. No mesmo caminho estão o Brasil, a Alemanha, a França e o Reino Unido. Além disso, um grande número de países tem registrado aumentos ainda relativamente pequenos, mas, de qualquer modo, inéditos, nas taxas de obesidade nacional, entre eles a Austrália, a China e o Japão (Stettler, 2004).

Parece ter ocorrido uma mudança fundamental no estilo de vida não apenas dos que vivem nos Estados Unidos, mas também na maior parte do resto do mundo. Bem-vindos à comunidade global.

de no peso corporal atribuíveis a fatores genéticos (Malina, Bouchard e Bar-Or, 2004). Embora tanto fatores hereditários como ambientais desempenhem determinado papel, a atividade física regular e vigorosa pode ser a variável mais importante na prevenção da obesidade.

Transtorno da compulsão alimentar

A compulsão alimentar é, provavelmente, o transtorno alimentar mais comum, ocorrendo em cerca de 3% da população adulta dos Estados Unidos. É mais comum entre mulheres do que homens e em indivíduos obesos do que naqueles não obesos (NIDDK, 2008). Embora as causas ainda não sejam conhecidas, o transtorno da compulsão alimentar inclui até 50% de história de depressão. Emoções negativas como raiva, ansiedade, tristeza e tédio podem desencadear episódios de compulsão alimentar. Os indivíduos com esse transtorno consomem grandes quantidades de comida em surtos de compulsão, mas não se envolvem em purgação nem em jejuns típicos de indivíduos com bulimia ou anorexia. O indivíduo com **transtorno**

da compulsão alimentar é caracterizado por episódios recorrentes de compulsão (sem purgação), em qualquer período de duas horas, pelo menos duas vezes por semana, ao longo de, no mínimo, seis meses. Além disso, os comedores compulsivos comem com muito mais rapidez do que o normal; comem até se sentirem inconfortavelmente cheios; comem grandes quantidades de comida quando não estão com fome; comem sozinhos por causa do constrangimento da quantidade que ingerem; e sentem-se culpados, deprimidos ou insatisfeitos consigo após a ingestão excessiva (NIDDK, 2008; Spitzer et al., 1993).

Anorexia nervosa/bulimia nervosa
Um problema tão surpreendente e potencialmente perigoso quanto a obesidade é a **anorexia nervosa**, caracterizada pela aversão ao consumo de comida e pela obsessão em ficar "gordo demais" mesmo quando a pessoa se encontra bastante abaixo do peso normal. Esses indivíduos que passam fome podem perder 25 a 50% do seu peso corporal normal na busca pela magreza. Eles começam a fazer dieta e, apesar de emaciados, continuam a recusar comida, pois se veem como gordos. A **bulimia nervosa**, outro grave transtorno alimentar, é similar à anorexia em termos de resultados. As pessoas com bulimia têm a mesma "necessidade" de magreza, mas usam um processo de compulsão-purgação. Com frequência, os indivíduos com bulimia comem grandes quantidades de alimento e depois forçam o vômito. Estima-se que a anorexia e a bulimia ocorrem em 3 a 4% da população feminina, sendo que 90% de todos os casos são apresentados por mulheres (NIMH, 2000, 2010). Os dois transtornos têm consequências graves a longo prazo sobre a saúde e estão relacionados com amenorreia durante os anos férteis e osteoporose durante os anos pós-menopausa.

Caracteristicamente, tanto na anorexia nervosa quanto na bulimia não há uma perda de apetite real nem a sensação de pontadas de fome correspondentes ao anseio do corpo por comida. Alguns indivíduos incutem em si próprios a crença de que sentir fome é bom. Em cerca de 25% dos casos, a recusa em comer alterna-se com compulsões alimentares seguidas de vômito forçado e/ou uso de laxantes, enemas e diuréticos (bulimia).

> **CONCEITO 4.16**
> Anorexia nervosa e bulimia nervosa são transtornos emocionais que culminam em uma aversão à comida e em autoinanição que resultam em atrasos desenvolvimentais e até morte.

A anorexia e a bulimia são transtornos emocionais que culminam na aversão por comida e na autoinanição, o que, por sua vez, resulta em atrasos desenvolvimentais e até em óbito. Os indivíduos com esses transtornos com frequência buscam o seu objetivo de magreza não apenas por meio da restrição alimentar, mas também do exercício extenuante. O exercício torna-se uma forma de queimar calorias. Apesar da fraqueza em função da perda extrema de peso, muitas pessoas com anorexia demonstram incrível energia. Quanto mais tempo o transtorno permanecer não diagnosticado, mais difícil será tratá-lo. Para ajudar as pessoas com transtornos alimentares e questões emocionais subjacentes, recomenda-se psicoterapia. Com frequência, são receitados medicamentos antidepressivos. Alguns dos primeiros sinais de alerta do transtorno da compulsão alimentar, anorexia nervosa e bulimia nervosa estão listados na Tabela 4.5.

A sociedade é parcialmente responsável pelo aumento dos transtornos da alimentação nos Estados Unidos. A forma esguia e magra é glorificada pela sociedade, que propaga a ideia de que ser magro simboliza a beleza, o ser desejado e o autocontrole, sendo uma chave mágica para uma vida mais feliz. Às vezes, os educadores são os primeiros a notar transtornos alimentares. Eles devem estar aptos a reconhecer os primeiros estágios desses transtornos enquanto eles ainda podem ser revertidos com alguma facilidade.

Níveis de aptidão física
Uma ampla variedade de fatores de todos os três domínios do comportamento humano (cognitivo, afetivo e psicomotor) afeta o desenvolvimento, assim como fatores do indivíduo, do ambiente e da tarefa. Os fatores da tarefa, no domínio psicomotor, são chamados de fatores *físicos* e *mecânicos*. Esses fatores têm impacto profundo sobre a aquisição, manutenção e redução das nossas habilidades de movimento ao longo da vida. O nosso nível de aptidão física, combi-

Tabela 4.5 Primeiros sinais de alerta de transtornos da alimentação		
Transtorno da compulsão alimentar	**Anorexia nervosa**	**Bulimia nervosa**
1. Compulsão alimentar sem purgação 2. Perda de peso irregular 3. Frequentemente obeso 4. Dificuldade em perder peso e depois mantê-lo 5. Obsessão com comida 6. Frequente em pessoas submetidas a um programa de controle de peso supervisionado por médico 7. Insatisfação consigo mesmo após o episódio de compulsão 8. Frequente história de depressão 9. Compulsões alimentares desencadeadas por emoções negativas extremas	1. Identificação excessiva com o programa de controle de peso prescrito pelo médico 2. Obsessão com dietas e conversas sobre comida 3. Isolamento social acompanhado de magreza e debilidade *(slimness)*, vida solitária 4. Não participação no comportamento cortejador dos colegas 5. Súbito aumento do envolvimento em exercícios físicos, em geral de natureza solitária 6. Preocupação excessiva em conquistar notas acadêmicas altas 7. Excesso de preocupação com o peso 8. Não ingestão de comida 9. Negação da fome 10. Obsessão com exercícios	1. Compulsões alimentares seguidas de purgação 2. Perda de peso irregular 3. Longos períodos no banheiro após as refeições 4. *Performance* variável 5. Perda do esmalte dos dentes 6. Medo de ganhar peso 7. Exercício prolongado/extremo 8. Instabilidade e impulsividade emocional 9. Depressão e frequentes oscilações de humor 10. Problemas na garganta, esôfago, estômago ou colo

nado com as exigências mecânicas da tarefa, afetam enormemente a nossa habilidade de movimentação com controle, habilidade e segurança. A Figura 4.2 ilustra esse importante conceito.

A interação entre atividade física, genética e nutrição sugere os limites máximo e mínimo da aptidão física que podem ser esperados de um indivíduo. O estado nutricional pode inibir ou incrementar muito o nível de funcionamento físico (Meredith e Dwyer, 1991; Rickard et al., 1996), e a estrutura genética determina o nível extremo de aptidão física que pode ser obtido (Malina, Bouchard e Bar-Or, 2004). Portanto, para o propósito deste livro, **aptidão física** é definida como a habilidade de realizar atividade física, combinada com a constituição genética do indivíduo e com a manutenção da adequação nutricional. A aptidão física pode ser subdividida em componentes relativos à saúde e relativos à *performance*.

Aptidão física relacionada à saúde

Força muscular, resistência muscular, resistência aeróbia, flexibilidade articular e composição corporal geralmente são considerados os componentes da aptidão física relacionada à saúde. O grau de cada um desses fatores afeta as potencialidades da *performance* do indivíduo em termos de movimento. Por exemplo, a distância que uma pessoa pode correr ou pedalar está relacionada com o seu nível de força muscular, resistência muscular e resistência aeróbia.

Conceito 4.17

O nível pessoal de aptidão física relacionada à saúde e à *performance* afeta o desenvolvimento motor de vários modos.

Aptidão física relacionada à performance

A aptidão física relacionada à *performance*, também amplamente conhecida como aptidão física motora, é o aspecto da *performance* da aptidão física. Em geral, pensamos na *aptidão física* como o nível de *performance* atual, de acordo com a influência de fatores como movimento, velocidade, agilidade, equilíbrio, coordenação e potência. A aptidão física tem um efeito definido sobre a *performance* de qualquer atividade de movimento que exija reações rápidas, velocidade de movi-

Fatores mecânicos

Fatores de estabilidade
- Centro de gravidade
- Linha de gravidade
- Base de apoio

Fatores que dão força
- Inércia
- Aceleração
- Ação/reação

Fatores que recebem força
- Área da superfície
- Distância

Habilidades de movimento

Habilidades de locomoção
- Fase reflexa
- Fase rudimentar
- Fase fundamental
- Fase especializada

Habilidades de manipulação
- Fase reflexa
- Fase rudimentar
- Fase fundamental
- Fase especializada

Habilidades de estabilidade
- Fase reflexa
- Fase rudimentar
- Fase fundamental
- Fase especializada

Fatores físicos

Fatores da aptidão física
- Força
- Resistência
- Resistência aeróbia
- Flexibilidade
- Composição corporal

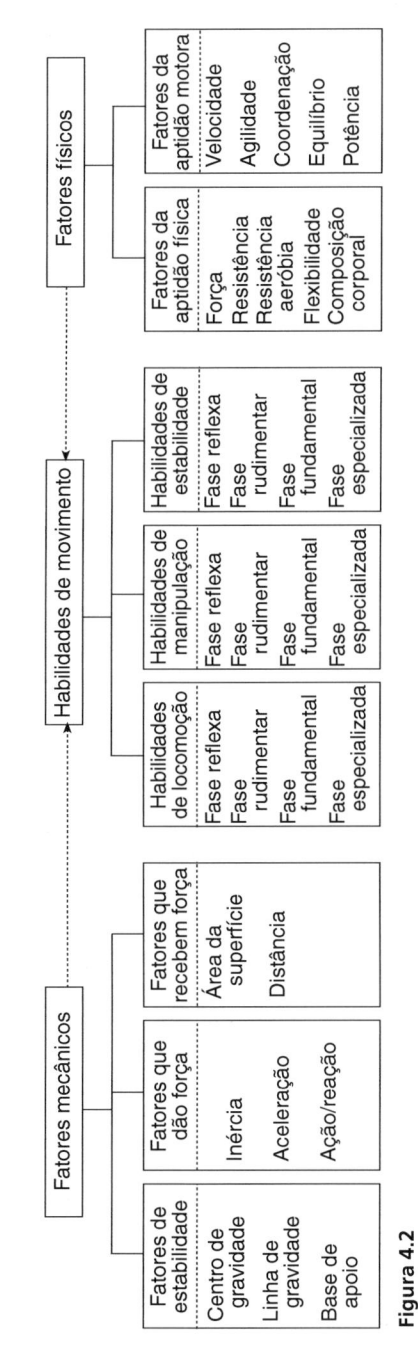

Fatores da aptidão motora
- Velocidade
- Agilidade
- Coordenação
- Equilíbrio
- Potência

Figura 4.2
Fatores físicos e mecânicos afetam o desenvolvimento do potencial de movimento em todas as fases do desenvolvimento motor.

mento, agilidade e coordenação de movimento, potência explosiva e equilíbrio.

Biomecânica

Antes de iniciarmos uma discussão detalhada sobre o desenvolvimento motor, será útil revisar alguns princípios mecânicos do movimento em sua relação com a estabilidade, a locomoção e a manipulação. O corpo humano é capaz de movimentar-se de numerosas formas. Aprender todas as habilidades envolvidas na *performance* das atividades infantis de jogos, esporte e dança pode parecer uma tarefa impossível. Entretanto, um exame mais detalhado do espectro de movimento revela que leis mecânicas fundamentais afetam todo o movimento humano. Princípios mecânicos selecionados são considerados aqui para servirem de preparação básica para os capítulos seguintes.

Conceito 4.18

Todos os movimentos são regidos por leis mecânicas fundamentais.

Equilíbrio

Todas as massas atraídas gravitacionalmente pela terra estão sujeitas à força da gravidade. Os três principais fatores relevantes no estudo dos princípios do equilíbrio são (1) centro de gravidade, (2) linha de gravidade e (3) base de apoio.

Existe um *centro de gravidade* em todos os objetos. Nas formas geométricas, ele se localiza no centro exato do objeto. Em objetos assimétricos (p. ex., no corpo humano), ele muda constantemente durante a movimentação. O centro de gravidade dos nossos corpos sempre muda na direção do movimento ou do peso adicional (Fig. 4.3). O centro de gravidade de uma criança que está na posição ereta encontra-se, na parte superior dos quadris, entre as partes da frente e de trás do tronco. As atividades em que o centro de gravidade permanece na posição estável, por exemplo, quando a pessoa está apoiada em apenas um pé ou na posição invertida, com o corpo apoiado na cabeça, são conhecidas como atividades de equilíbrio estático. Já quando o centro de gravidade muda constantemente, por exemplo, se a pessoa estiver pulando corda, caminhando ou dando uma cambalhota, as atividades são movimentos de equilíbrio dinâmico.

A *linha de gravidade* é uma linha imaginária que se estende verticalmente do centro de gravidade até o centro da Terra. A inter-relação entre o centro de gravidade e a linha da gravidade com a base de apoio determina o grau de estabilidade do corpo (Fig. 4.4).

A *base de apoio* é a parte do corpo que entra em contato com a superfície de sustentação. Se a linha de gravidade coincide com a base de apoio, então o corpo fica em equilíbrio. Quando ela sai da base, há o desequilíbrio. Quanto mais ampla for a base de apoio, maior será a estabili-

Figura 4.3
O centro de gravidade muda quando o corpo muda de posição.

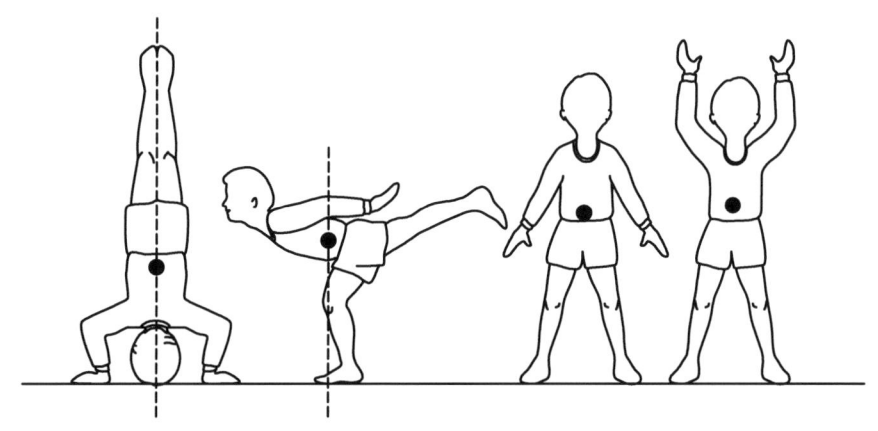

Figura 4.4
O corpo permanece em equilíbrio quando o centro de gravidade e a linha de gravidade coincidem com a base de apoio.

dade, como se pode ver quando estamos apoiados nos dois pés e não em apenas um. Quanto mais perto do centro da gravidade estiver a base de apoio, maior será a estabilidade. Uma pessoa na posição ereta pode ser tirada da posição de equilíbrio mais facilmente do que outra que está na posição do *lineman* do futebol americano, com os pés separados e o corpo um pouco para a frente.

Quanto mais próximo do centro da base de apoio estiver o centro de gravidade, maior será a estabilidade. A posição do pé, que permite uma base de apoio mais larga na direção do movimento, fornece estabilidade adicional. Esse princípio é ilustrado pela posição dos pés de um corredor que está tentando parar ou de alguém que está tentando receber e controlar um objeto pesado.

Aplicação de força

A força é um dos conceitos básicos do movimento e da mecânica corporal. A **força** é o instigador de todo o movimento e definida como o esforço que uma massa exerce sobre outra. O resultado pode ser (1) movimento, (2) cessação de movimento ou (3) resistência de um corpo contra o outro. Pode haver força sem movimento, como observado em atividades isométricas, mas o movimento é impossível sem a aplicação de alguma forma de força. Três forças relativas ao corpo humano nos interessam aqui: (1) a força produzida pelos músculos, (2) a força produzida pela atração gravitacional da Terra e (3) o *momentum*.

Toda a ciência da força baseia-se nas três leis do movimento formuladas por Newton, ou seja, as leis da inércia, da aceleração e da ação e reação.

A **lei da inércia** afirma que um corpo em repouso permanece em repouso e que um corpo em movimento permanecerá em movimento em uma mesma velocidade, em linha reta, a não ser que seja atingido por uma força externa. Para que o movimento ocorra, é preciso a atuação, sobre o corpo, de uma força suficiente para superar a sua inércia. Se a força aplicada for menor do que a resistência oferecida pelo objeto, não ocorre movimento. Os músculos grandes podem produzir mais força do que os pequenos. Assim que um objeto se põe em movimento, ele gasta menos força para manter a velocidade e a direção (ou seja, o *momentum*) do que para parar. Isso pode ser prontamente observado no esqui sobre a neve, no deslizamento na água ou no rolamento de uma bola. Quanto mais pesado for o objeto e mais rápida a sua velocidade, maior força será necessária para superar a inércia do movimento ou absorver o *momentum*. É mais difícil pegar um objeto pesado em movimento do que um objeto leve.

A **lei da aceleração** afirma que a mudança de velocidade de um objeto é diretamente proporcional à força que produz a velocidade e inversamente proporcional à sua massa. Quanto mais pesado o objeto, mais força é necessária para promover a sua aceleração ou desaceleração. Isso pode ser observado quando um objeto pesado (arremesso de peso no atletismo) e um objeto leve (uma bola de *softball*) são lançados a determinada distância. O aumento na velocidade é proporcional à quantidade de força aplicada. Quanto maior a quantidade de força atuante sobre o objeto, maior a velocidade adquirida por ele. Se uma mesma quantidade de força for aplicada sobre dois corpos de massa diferente, terá maior aceleração aquele mais leve ou de menor massa. O objeto mais pesado, entretanto, terá um *momentum* maior após a superação da inércia e exercerá maior força do que o mais leve sobre outro objeto que entre contato com ele.

A **lei da ação e reação** afirma que, para cada ação, há uma reação igual e oposta. Esse princípio da força contrária é a base de toda a locomoção e fica evidente quando deixamos pegadas na areia. Ele se aplica tanto a movimentos lineares como a angulares. A sua aplicação requer a realização de ajustes pelo indivíduo para manter as forças primárias em qualquer movimento. Por exemplo, o uso de obstáculo ao padrão de corrida contrapõe a ação de uma parte do corpo com a ação de outra.

Recepção de força

Quando nós próprios paramos ou quando paramos algum objeto, absorvemos força ao longo da maior distância possível e na maior área de superfície possível. Quanto maior a distância ao longo da qual a força é absorvida, menor o impacto sobre o objeto que recebe a força. Isso pode ser demonstrado quando pegamos uma bola com os braços estendidos à frente do corpo e quando pegamos essa mesma bola de novo com os braços flexionados. O mesmo pode ser observado quando saltamos e caímos com as pernas flexionadas, em comparação com o mesmo movimento com as pernas estendidas. As forças devem ser absorvidas ao longo da maior área de superfície possível. O impacto é reduzido na proporção do tamanho da superfície, e a probabilidade de lesão diminui. Por exemplo, se tentarmos absorver o choque de uma queda com as mãos, mantendo os braços estendidos, isso provavelmente resultará em lesão, porque a pequena superfície da mão terá de receber todo o impacto. O melhor seria deixar a maior parte do corpo possível absorver o impacto.

A direção final de um objeto em movimento depende da magnitude e da direção de todas as forças aplicadas. Portanto, sempre que chutamos ou arremessamos um objeto, ou batemos nele, a precisão e a distância vão depender das forças atuantes. Ao executar um salto vertical, o indivíduo deve trabalhar de modo a somar forças na direção vertical; entretanto, uma boa *performance* no salto a distância requer a soma das forças horizontal e vertical, de modo que a decolagem seja feita no ângulo apropriado.

A explicação de cada um dos princípios do equilíbrio, da força fornecida e das forças recebidas em separado não deve ser tomada como indicação de que eles são usados separadamente. A maioria de nossos movimentos combina os três. O elemento do equilíbrio está envolvido em quase todos os nossos movimentos, e nós fornecemos e recebemos força sempre que realizamos qualquer movimento de locomoção ou manipulação. Uma ginasta, por exemplo, tem de manter o equilíbrio quando realiza uma acrobacia, por exemplo, um *front flip*, e também tem de absorver a força do corpo (ao tocar o solo). O tenista tem de se movimentar prontamente (fornecendo e recebendo força do corpo) e manter o equilíbrio. Embora cada um dos padrões e habilidades de movimento discutidos nos capítulos a seguir envolva uma sequência específica de movimentos, todos incorporam a mecânica básica discutida aqui, pois esses princípios mecânicos são comuns a todas as situações de movimento.

Resumo

O desenvolvimento motor é um aspecto do processo de desenvolvimento total. Ele está estreitamente relacionado com os domínios cognitivo e afetivo do comportamento humano, sendo influenciado por uma série de fatores. A importância do desenvolvimento motor ótimo não pode ser minimizada ou considerada como secundária em relação a outras áreas desenvolvimentais. Emergem fatores comuns, que afetam o desenvolvimento motor. Esses fatores ilustram a progressão gradual de níveis relativamente simples de funcionamento a níveis mais complexos. Fatores biológicos, da experiência e físicos afetam o processo e os produtos do desenvolvimento motor. Cada indivíduo é singular em seu desenvolvimento e progride a um ritmo determinado pelas circunstâncias ambientais e biológicas, combinadas com as exigências específicas da tarefa de movimento.

QUESTÕES PARA REFLEXÃO

1. A maturação neuromotora parece ser responsável pela progressão desenvolvimental em bebês e crianças. O que podemos dizer do seu oposto: da regressão neuromotora, com frequência observada em indivíduos com danos cognitivos causados por doenças ou pelo envelhecimento?
2. O problema da obesidade alcançou proporções "epidêmicas" nos Estados Unidos e em vários outros países. A partir de uma perspectiva ecológica (veja o Capítulo 1), em sua opinião, quais são as causas primárias proximais?
3. Em sua vida, como você administra a questão do excesso de peso e quais são as suas estratégias pessoais de longo prazo para combater o excesso de peso e a obesidade e também outros transtornos alimentares?
4. Quais são as causas e consequências primárias do PNB e do PNMB e quais as melhores práticas para combater esse grave problema de saúde?
5. Por que um conhecimento aplicável de biomecânica é importante para a educação física e os educadores esportivos, assim como para fisioterapeutas e ortopedistas?

LEITURA BÁSICA

CDC. (2010). *U.S. Obesity Trends 1985–2009*. Online at: www.cdc.gov/obesity/data/trends.html

Dietz, W. H. (2004). The effects of physical activity on obesity. *Quest, 56,* 1–12.

Eyer, D. E. (1994). *Infant Bonding: A Scientific Fiction*. New Haven, CT: Yale University Press.

Irwin, C. C., Symons, C. W., & Kerr, D. L. (2003). The dilemmas of obesity: How can physical educators help? *JOPERD, 74,* 33–39.

MacDorman, M. F., & Matthews, M. S. (2009, November). Behind international rankings of infant mortality: How the United States compares with Europe. *NCHS Data Brief,* Nº. 23, 1–8. Electronic text: www.cdc.gov/nchs/ppt/nchs2009/44_MacDorman.pdf

Martin, J. A. et al. (2010, August). Births: Final data for 2007. *National Vital Statistics Reports, 58* (4), 1–125. Electronic text: www.cdc.gov/nchs/data/nvsr/nvsr58/nvsr58_24.pdf

NASPE & AHA. (2010). *Shape of the Nation Report: Status of Physical Education in the USA*. Reston, VA: National Association for Sport and Physical Education.

NIDDK. (2008). *Binge Eating Disorder.* Online at: http://www.win.niddk.nih.gov/publications/binge.htm#howcommon

NIDDK. (2010). *Statistics Related to Overweight and Obesity.* Online at: www.win.niddk.nih.gov/statistics/index.htm#overweight

Stettler, N. (2004). The global epidemic of childhood obesity. *Obesity Reviews, 5,* 91–92.

Strohmeyer, H. S. (2004). Biomechanical concepts for the physical educator. *JOPERD, 75,* 17–21.

Thomas, J. R. (2000). 1999 C. H. McCloy Research Lecture: Children's control, learning and performance of motor skills. *Research Quarterly for Exercise and Sport, 71,* 1–9.

Ward, N. S., & Frackowiak, R. S. J. (2003). Age-related changes in the neural correlates of motor performance. *Brain, 126* (4), 873–888.

RECURSOS NA *WEB*

aappublications.org/
Homepage da American Academy of Pediatrics. As informações fornecidas incluem a política da AAP, relatórios clínicos, relatórios técnicos, orientações clínicas práticas e páginas direcionadas aos pais.

www.nichd.nih.gov/
Homepage oficial do National Institute of Child Health and Human Development. Contém a missão do NICHD, componentes organizacionais, comunicados à imprensa, conferências, novas políticas, oportunidades de financiamento e materiais de pesquisa.

www.anad.org/site/anadweb/
Homepage da National Association of Anorexia Nervosa and Associated Disorders. A página fornece informações sobre transtornos alimentares, recursos, serviços/programas, tratamentos/encaminhamentos e grupos de apoio focados na ajuda a indivíduos que sofrem de anorexia, bulimia e compulsão alimentar.

www.cdc.gov/nccdphp/dnpa/obesity/
Informações do *site* dos Centers for Disease Control and Prevention relativas à obesidade nos Estados Unidos. O *site* define os termos sobrepeso e

obesidade e discute tendências, fatores envolvidos e as consequências das situações de sobrepeso e de obesidade para a saúde e a economia. Inclui recursos, assim como *links* para informações por estado da Federação dos Estados Unidos.

www.letsmove.gov/
Let's move é um programa criado pela primeira-dama Michelle Obama, destinado a crianças e jovens. Levanta fundos para a educação de uma geração de crianças mais saudáveis.

UNIDADE II

O Bebê

*Sim! Pois tu formaste os meus rins,
tu me teceste no seio materno.
Eu te celebro por tanto prodígio,
e me maravilho com as tuas maravilhas!*

—Sl 139,13-14

CAPÍTULO 5

Fatores Pré-natais que Afetam o Desenvolvimento

PALAVRAS-CHAVE

Gravidez de alto risco
Teratógeno
Má alimentação
Drogas ilícitas

Síndrome alcoólica fetal
Síndrome de Down
Defeitos genéticos
Poluentes químicos

Doenças sexualmente transmissíveis
Medicação obstétrica

COMPETÊNCIAS ADQUIRIDAS NESTE CAPÍTULO

Ao finalizar este capítulo, você será capaz de:

- Descrever a influência da nutrição materna sobre o desenvolvimento posterior
- Analisar criticamente o impacto da ingestão química materna sobre o desenvolvimento fetal
- Listar e discutir fatores a serem considerados ao determinar a influência de uma substância sobre uma criança em gestação
- Distinguir entre os distúrbios originados em cromossomos e os originados em genes
- Listar e descrever as causas e os efeitos de vários distúrbios causados por cromossomos e com base em genes
- Descrever os efeitos potenciais da radiação e dos poluentes químicos sobre o desenvolvimento do feto
- Listar e discutir vários problemas médicos maternos e fetais que podem afetar o desenvolvimento posterior
- Descrever a influência do exercício materno durante a gravidez sobre o desenvolvimento fetal
- Demonstrar conhecimento a respeito dos fatores do processo de nascimento que podem afetar o desenvolvimento posterior
- Analisar criticamente o período pré-natal e descrever a natureza inter-relacionada de uma série de fatores que podem influenciar o desenvolvimento futuro

> **CONCEITO-CHAVE**
>
> Uma série de fatores pré-natais, muitos dos quais podem ser controlados, afetam o desenvolvimento motor do bebê e sua vida futura.

Entre as contribuições mais positivas da tecnologia médica estão os avanços alcançados para reduzir a mortalidade infantil. As taxas de mortalidade infantil caíram significativamente em muitas categorias de causas de morte nas duas últimas décadas. Não faz muito tempo, doenças pré-natais e neonatais e morte eram comuns nos Estados Unidos. Entretanto, é só olharmos para as culturas menos avançadas em todo o mundo e para os pobres, carentes e negligenciados de nossa sociedade para vermos que a ameaça de condições gravemente incapacitantes, resultantes de vários fatores pré-natais, ainda existe. Hoje a principal causa de dano grave, entre ricos e pobres, origina-se de fatores pré-natais. Os defeitos congênitos variam de leves a graves e podem resultar em incapacitação física ou mental, doença debilitante ou morte precoce. Os defeitos congênitos são a principal causa de morte infantil, mas uma porcentagem grande das causas (70%) ainda permanece desconhecida (MOD, 2010).

Uma série de defeitos congênitos está associada com a gravidez de alto risco. A **gravidez de alto risco** é a situação em que a mãe gestante teve ou tem alguma condição antes ou durante a gravidez que aumenta os riscos da criança em gestação de passar por problemas pré-natais ou pós-natais. A Tabela 5.1 apresenta uma lista das condições que podem levar a futura mãe a apresentar categoria de alto risco. Algumas delas são descritas de modo mais detalhado ao longo deste capítulo.

FATORES NUTRICIONAIS E QUÍMICOS

Tudo o que a mãe gestante ingere afeta a criança em gestação de alguma forma. Se esses efeitos serão prejudiciais e terão consequências duradouras vai depender de uma série de circunstâncias. A condição do feto, o grau de abuso nutricional ou químico, a quantidade ou dosagem, o período da gravidez e a presença de outros fatores influentes são algumas das circunstâncias que afetam a probabilidade de efeitos teratogênicos. O **teratógeno** é qualquer substância que leva a criança em gestação a se desenvolver de maneira anormal. O feto "corre risco" quando um ou mais dos seguintes fatores nutricionais ou químicos estão presentes.

Má nutrição pré-natal

A má nutrição pré-natal é causa comum de dificuldades futuras no desenvolvimento, em todo o mundo. A *má nutrição pré-natal* pode resultar de um ou mais dos seguintes fatores: (1) fatores placentários, (2) fatores fetais e (3) fatores maternos.

Tabela 5.1 Condições que podem resultar em gravidez de alto risco

Condições médicas	Exposição a	Uso de	História
Asma	Alguns medicamentos	Álcool	Idade (< 16, > 35)
Câncer	Poluentes químicos	Drogas ilícitas	Sangramento
Diabetes	Citomegalovírus	Tabaco	Hereditariedade
Hipertensão	Radiação excessiva		Inadequação nutricional
Doença cardíaca	Rubéola		Aborto espontâneo prévio
Doença renal	Toxoplasmose		Peso muito superior ou muito inferior ao normal
Doença hepática			Indigência
Estresse materno			
Distúrbios na tireoide			
Doenças sexualmente transmissíveis			

A *má nutrição placentária* ocorre devido a problemas associados com o suprimento e o transporte de nutrientes da placenta para o feto. O feto depende do suprimento de sangue da mãe e da ação osmótica da placenta e do cordão umbilical para obter nutrientes.

A *má nutrição fetal* está associada com a incapacidade, da parte do feto em desenvolvimento, de usar os nutrientes à sua disposição. Isso geralmente se deve a complicações no seu metabolismo que interrompem ou impedem o uso normal dos nutrientes disponíveis.

A *má nutrição materna* está associada com inadequações na ingestão nutricional da mãe durante a gestação, assim como com o seu nível geral de nutrição. Por causa disso, as deficiências na dieta da mãe, tanto antes como durante a gravidez, podem ter efeito prejudicial sobre a criança. Uma dieta balanceada e nutritiva é absolutamente essencial para a saúde da mãe e da criança em gestação.

Conceito 5.1

No mundo inteiro, a má nutrição placentária, fetal e materna afeta de forma negativa o desenvolvimento humano.

A **má alimentação** é uma das preocupações de nutricionistas e especialistas em desenvolvimento infantil no Ocidente, onde a maioria das pessoas desfruta de abundância de alimentos. No mundo inteiro, milhões de mulheres em idade fértil alimentam-se mal. Elas não ingerem a quantidade apropriada de nutrientes por meio de sua ingestão de alimento diária normal. As razões disso variam desde maus hábitos alimentares até indigência, baixo nível socioeconômico, ansiedade, estresse e trauma.

A má nutrição materna pode resultar em inadequações de determinados nutrientes, que, além de contribuírem para a saúde geral da mulher e do bebê em gestação, também em alguns casos evitam defeitos de nascimento. Nos últimos anos, foi demonstrado que o ácido fólico da vitamina B ajuda a reduzir defeitos no tubo neural (i.e., espinha bífida) quando ingerido antes e durante a gravidez (Locksmith e Duff, 1998). Em razão do potencial de gravidez não planejada, geralmente é recomendado que todas as mulheres em idade fértil consumam 400 μg de ácido fólico por dia, além de manter uma dieta saudável (American Academy of Pediatrics, 1999; Centers for Disease Control and Prevention, 1999). Os principais resultados da nutrição materna inadequada são bebês com peso de nascimento baixo (PNB) ou peso de nascimento muito baixo (PNMB). A maior parte da porcentagem de morte de bebês está diretamente associada ao PNMB.

A quantidade de peso adquirido pela mãe gestante, na ausência de outras complicações, funciona como indicador geral do estado nutricional do bebê em gestação. Geralmente, recomenda-se um ganho de peso materno de 20 a 28 libras (9,1 a 14,5 kg). A Tabela 5.2 lista as proporções médias de ganho de peso durante a gravidez.

Medicamentos mais usados pela mãe

A parede da placenta é porosa, e as substâncias químicas podem penetrar por ela, provocando trágicos resultados para a criança em gestação. Medicamentos encontrados na nossa farmácia

Tabela 5.2 Distribuição do ganho de peso materno durante a gravidez

	Peso médio (em libras/kg)
Feto	7,5/3,4
Placenta	1/0,45
Fluido amniótico	2/0,91
Aumento no peso do útero	2,5/1,1
Aumento no peso das mamas	3/1,4
Aumento de gordura na mãe	4-8/1,8-3,6
	20-24 libras/9,1-12,7 kg

caseira são potencialmente destrutivos para o feto. Todos, sejam eles prescritos ou não por um médico, geram efeitos colaterais. Até mesmo quando o medicamento foi usado por outra grávida sem efeitos colaterais graves, ele não pode ser considerado seguro para todas as crianças em gestação. Os seguintes fatores precisam ser considerados sempre que é avaliada a influência de uma substância sobre a criança em gestação.

1. O período da gravidez em que o medicamento será tomado
2. A dosagem
3. A duração do uso do medicamento
4. A predisposição genética do feto
5. A interação entre esses quatro fatores

Conceito 5.2

Os medicamentos e as drogas usados pela mãe com frequência prejudicam o feto e o seu desenvolvimento motor futuro.

Os medicamentos podem afetar o bebê em gestação de vários modos. Eles podem interferir no crescimento de órgãos ou na diferenciação celular e resultar em desvios em relação ao desenvolvimento normal. A penetrabilidade da placenta pode ser alterada, reduzindo o fluxo de oxigênio e os nutrientes ou potencializando a concentração que flui para o feto. Podem ainda prejudicar o desenvolvimento e o funcionamento do fígado fetal, que equilibra os produtos descartados pelo sangue, chamados *bilirrubina*. A impossibilidade dos dutos biliares de excretarem bilirrubina de modo eficiente resulta em *icterícia*. A icterícia excessiva resulta em uma condição chamada *kernicterus*, que, por sua vez, pode resultar em danos cerebrais permanentes e devastadores. A Tabela 5.3 fornece alguns exemplos de medicamentos mais comuns tomados durante a gravidez e os fatores de risco associados.

Medicamentos "necessários" à mãe

Durante a gravidez, a gestante às vezes segue algum tratamento médico por causa de doença ou mal-estar. Uma assistência médica boa e consistente é duplamente importante, pois o feto que está se desenvolvendo dentro da mãe com condição médica especial também pode ter necessidades especiais. Às vezes, é preciso modificar os medicamentos prescritos para a mãe para proteger o bebê em gestação. Uma mãe que está sendo tratada por causa de epilepsia, por exemplo, deve evitar o uso de Dilantin e fenobarbital e de outros medicamentos usados para controle de convulsões. Embora, às vezes, ela não possa descontinuar o uso do medicamento completamente, ele não deve ser tomado de forma automática e a dosagem pode ter de ser modificada sob supervisão médica.

A gestante com câncer corre risco quando usa quimioterapia para reduzir a taxa de crescimento celular maligno, em especial durante os primeiros três meses de gravidez. O uso de progesterona para corrigir anormalidades no ciclo menstrual e para evitar aborto espontâneo deve ser evitado em gestantes por causa dos efeitos potencialmente prejudiciais para o bebê.

Tabela 5.3 Possíveis efeitos de medicamentos comuns sobre a criança em gestação

Medicamento	Uso	Possíveis efeitos
Coumadin	Anticoagulante usado para coágulos sanguíneos	Pode causar sangramento antes ou durante o nascimento, resultando em dano cerebral
Diuréticos	Para tratar toxemia, em especial, retenção de água	Desequilíbrio água-sal. O desequilíbrio eletrolítico pode resultar em dano cerebral
Estreptomicina	Para tratar infecção na mãe	Danos a rins, audição e equilíbrio
Aspirina	Para dores e febre. Quase 80% de todos os medicamentos vendidos sem receita médica contêm aspirina	Morte; deformidades congênitas; sangramento sob o crânio, causando dano cerebral; hemorragia durante o nascimento
Tetraciclinas	Para acne	Retarda o crescimento dos ossos e dos dentes

> **CONCEITO 5.3**
>
> Muitos medicamentos vendidos com e sem receita médica têm potencial para prejudicar o desenvolvimento fetal.

Quando a mãe é diabética, a criança em gestação fica particularmente vulnerável. A gravidade da doença e a condição da mãe (dependente ou não de insulina) são importantes na determinação de possíveis problemas. Antes do desenvolvimento da insulina, as diabéticas não tinham filhos. Depois que a insulina se tornou disponível (em torno de 1922), mais mulheres diabéticas tiveram a possibilidade de dar à luz. No entanto, a taxa de mortalidade pré-natal era de mais de 50%, e muitas das crianças que sobreviviam apresentavam graves deformidades congênitas. Hoje, com um cuidadoso controle do diabetes, uso de testes especiais para monitorar o bem-estar do feto e excelentes cuidados médicos, a taxa de mortalidade fetal reduziu-se drasticamente (American Diabetes Association, 2000). Aproximadamente 1 de cada 100 mulheres em idade fértil já sofre de diabetes antes de engravidar; outros 2 a 5% desenvolvem o diabetes durante a gravidez. Nos dois casos, é essencial o monitoramento dos níveis de glicose no sangue. O diabetes mal controlado pode resultar em graves problemas de nascimento, como defeitos cardíacos e no tubo neural (DTN – defeitos de nascimento no cérebro ou na medula espinal). Há também maior risco de aborto espontâneo e natimortalidade.

A Tabela 5.4 resume algumas condições médicas comuns, tratamentos e possíveis efeitos sobre o feto.

> **CONCEITO 5.4**
>
> O uso de drogas ilícitas pela gestante pode causar danos devastadores na criança em gestação.

Apesar de décadas de esforços educativos empreendidos pelo governo e pelas agências de serviço social dos Estados Unidos, o uso de **drogas ilícitas** por mulheres em idade fértil ainda alcança níveis alarmantes. Das mulheres grávidas nos Estados Unidos, 4% usam drogas ilícitas (MOD, 2010). O uso de opiáceos (ópio, heroína), anfetaminas, dietilamida de ácido lisérgico (LSD) e *cannabis* (haxixe, maconha) preocupa bastante as pessoas envolvidas no bem-estar de crianças em gestação. As grávidas usuárias de drogas correm maior risco de aborto espontâneo e natimortalidade, enquanto os seus bebês recém-nascidos apresentam maior incidência de PNB e cabeça menor do que a de bebês nascidos de não usuárias de drogas.

O uso de cocaína por mulheres grávidas tem sido alvo de grande atenção por causa da tripla propriedade dessa droga: viciante, tóxica e teratogênica. Em termos de efeitos teratogênicos, dados de pesquisas, assim como observações clínicas, indicam claramente que os bebês expostos à cocaína correm maior risco de mortalidade, morbidade e problemas de desenvolvimento e comportamento a longo prazo. Esses problemas

Tabela 5.4 Drogas comumente usadas durante a gravidez e seus possíveis efeitos sobre o feto

Condição materna	Droga	Possíveis efeitos
Hipertensão	Resperina	Sufocação, respiração difícil, congestão nasal no nascimento
Distúrbios da tireoide	Iodeto de tiouracil Iodo radioativo	Anormalidades na tireoide da criança: cretinismo (hipotireoidismo)
Diabetes	Insulina	Excesso de peso no nascimento, prematuridade, defeitos no coração, icterícia, baixo nível de glicose no sangue, convulsões, retardo mental e físico, deformidades
Anormalidade menstrual	Progesterona	Deformidades macroscópicas, masculinização dos órgãos femininos
Alergia ou resfriado	Anti-histaminas	Deformidades (em estudos com animais)
Epilepsia	Drogas para controle de convulsão	Fissura labiopalatal e outras malformações

incluem peso de nascimento baixo, sintomas de abstinência, hipertensão, incapacitação mental, paralisia cerebral e malformação do trato urinário (MOD, 2010). Foi demonstrado que, à medida que crescem, as crianças expostas no pré-natal têm déficits tanto no desenvolvimento motor amplo quanto no fino, em particular no equilíbrio e na coordenação olho-mão (Arendt et al., 1999).

A Tabela 5.5 fornece uma visão geral dos possíveis efeitos de algumas substâncias que alteram a mente sobre a criança recém-nascida.

Álcool e tabaco

Embora o álcool e o tabaco sejam considerados por muitos como drogas que alteram a mente ou o humor, nós falaremos delas em separado por causa da frequência de uso e para amplificar os potenciais perigos. Foi relatado variavelmente que há mais de um milhão de mulheres alcoolistas em idade fértil. O feto é afetado duas vezes mais rápido do que a mãe pelo consumo de álcool e com o mesmo nível de concentração. Houve tempo em que a disseminação do mito de que o feto pega da mãe o que precisa e não é

Tabela 5.5 Possíveis efeitos de drogas ilícitas no desenvolvimento de crianças em gestação e recém-nascidas

Droga	Possíveis efeitos

Heroína e morfina	Irritabilidade. Problemas de sono. Choro muito alto
	Vômito e diarreia
	Acentuados sintomas fisiológicos de abstinência
	Redução do oxigênio nos tecidos sanguíneos
	Hepatite causada por agulha contaminada
	Suscetibilidade a infecções
	Complicações:
	  1. Toxemia
	  2. Nascimento pelas nádegas
	  3. Prematuridade
	  4. Pequeno para a data de nascimento
	  5. Separação prematura da placenta
	Complicações quando não tratada:
	  1. Desidratação
	  2. Incômodo respiratório
	  3. Choque
	  4. Coma
	  5. Morte

Anfetaminas e barbituratos	Natimortalidade Defeitos de nascimento
Tranquilizantes	Drogas como Sominex®, Nytol®, Sleep-Eze® e Compoz® contêm duas anti-histaminas que produziram deformidades congênitas em animais
LSD (dietilamida de ácido lisérgico)	Pode causar dano cromossômico Às vezes contaminado por quinina ou outros materiais que podem prejudicar a criança em gestação. Algumas pesquisas mostraram maior incidência de defeitos congênitos em crianças de usuárias de LSD
Cocaína	Abstinência fisiológica Hipertensão Regulação térmica ruim Peso de nascimento baixo Incapacidade de aprendizado Problemas comportamentais Maior mortalidade

influenciado pelo consumo de alimentos e bebidas fez com que gestantes não se preocupassem com o consumo de álcool. Entretanto, sabia-se dos seus perigos potenciais para crianças em gestação ainda na era grega, quando recém-casados eram proibidos de consumir álcool a fim de evitar a concepção enquanto estivessem intoxicados.

Na década de 1890, William Sullivan, médico de uma prisão feminina de Liverpool (Inglaterra), foi o primeiro a documentar cuidadosamente os efeitos do alcoolismo crônico sobre a prole de 120 reclusas alcoolistas. Esse primeiro estudo revelou uma taxa de mortalidade significativamente maior entre os 600 descendentes e um número muito maior de dificuldades de desenvolvimento nesses bebês (Rosett e Sander, 1979). Depois de 1920, em seguida à promulgação da lei de proibição da venda, produção e transporte de bebidas alcoólicas, as pesquisas sobre efeitos do alcoolismo materno retrocederam nos Estados Unidos e Grã-Bretanha, embora algumas ainda continuassem na França e na Alemanha. Só em 1970 houve a "descoberta" e rotulação da **síndrome alcoólica fetal** (SAF) (Witti, 1978).

Conceito 5.5

Embora possa ser completamente prevenido, o uso de álcool é uma das principais causas de defeitos de nascimento nos Estados Unidos.

O consumo de álcool por uma gestante é uma das causas mais comuns de defeitos congênitos. A cada ano, nos Estados Unidos, cerca de 40 mil bebês nascem com algum grau de distúrbio fetal relacionado ao álcool (FASD; MOD, 2010). Os distúrbios fetais relacionados ao álcool podem ser inteiramente prevenidos. No extremo mais grave, as crianças com retardo mental e acentuados defeitos físicos. Enquanto o tempo passa, são observados também déficits em uma série de características psicomotoras (Larroque et al., 1995). Entretanto, as crianças que se encontram no extremo menos grave com frequência correm um risco adicional, pois parecem estar se desenvolvendo normalmente e, muitas vezes, não recebem a atenção necessária durante os primeiros anos, a fim de alcançar todo o seu potencial.

O álcool no sangue da mãe passa diretamente para o feto, através da placenta. O feto não tem nenhuma capacidade de oxidação do etanol ou de desidrogenação do álcool; portanto, a substância entra diretamente no seu sistema. Não há provas claras das quantidades exatas prejudiciais ao feto nem dos períodos críticos, durante os quais ele deve ser evitado. Entretanto, uma revisão de pesquisas sobre síndrome alcoólica fetal revela de forma clara que o consumo de grandes quantidades de álcool provavelmente resulte em dano no sistema nervoso central, retardo mental e de crescimento e anormalidades faciais distintas, enquanto doses moderadas a pequenas de álcool podem ter resultados similares. Esses resultados levaram alguns dos principais grupos de defesa da saúde, como o March of Dimes (2010) e a American Academy of Pediatrics (2011), a recomendarem abstinência do consumo de álcool para mulheres grávidas ou que estão planejando engravidar.

Conceito 5.6

Foi demonstrado que o tabagismo nas mulheres grávidas tem efeitos negativos sobre o desenvolvimento fetal.

Estima-se que 13% das mulheres grávidas fumam durante a gravidez. Estima-se, ainda, que 12% dos bebês nascidos dessas mulheres foram classificados como de peso de nascimento baixo. O tabagismo tem sido apontado, em numerosos estudos, como causa do peso de nascimento baixo em bebês e do aumento do risco de parto prematuro (MOD, 2010). Condições adicionais, como lábio e/ou palato leporino e retardo mental, também têm sido associadas com o tabagismo materno (Drews et al., 1996). A exposição pós-natal à fumaça de tabaco no ambiente tem sido associada com doenças respiratórias inferiores, doenças infecciosas graves, asma e síndrome da morte súbita infantil (American Academy of Pediatrics, 1997). Quando a mulher fumante que está planejando uma gravidez ou está grávida para de fumar, resulta em benefícios significativamente positivos para a saúde tanto do bebê como da mãe.

FATORES HEREDITÁRIOS

Até tempos relativamente recentes, o estudo da hereditariedade por meio da ciência da genética era apenas uma questão de teoria e especulação. Hoje, entretanto, depois do início do Human Genome Project, em 1990, criado pelo U.S. Department of Energy e o National Institutes of Health, o nosso conhecimento sobre genética e hereditariedade aumentou drasticamente. É impossível discuti-lo em detalhes nos limites deste capítulo, de modo que nos preocuparemos com o impacto potencial dos vários fatores hereditários sobre o desenvolvimento posterior.

A união do espermatozoide com o óvulo dá início ao processo de desenvolvimento. O espermatozoide leva 23 cromossomos, que contêm todo material hereditário do pai. O óvulo contém 23 cromossomos, a contribuição da mãe para a hereditariedade da criança. O novo embrião, portanto, contém um total de 46 cromossomos (23 pares). Cada cromossomo, pelo processo da divisão celular (*mitose*), tem uma réplica em cada célula do corpo. Há genes em todos os cromossomos. Foi estimado que cada cromossomo contém até 20 mil genes. Os genes determinam uma grande variedade de características individuais, como sexo, cor do cabelo e dos olhos, tamanho corporal e estrutura física.

CONCEITO 5.7
A herança genética do feto controla os limites mínimo e máximo do seu funcionamento.

Na maioria das vezes, os cromossomos e os genes permanecem inalterados durante todo o período pré-natal. (Há crescente especulação de que certas substâncias químicas contribuam para danos cromossômicos após a concepção.) No entanto, tem sido demonstrado que uma série de fatores genéticos anteriores à concepção alteram o processo do desenvolvimento.

Transtornos com base em cromossomos

Estima-se que 15 a 50% das gestações são interrompidas por aborto espontâneo, geralmente durante o primeiro trimestre. A maioria desses abortos é resultado de anormalidades cromossômicas (Malina, Bouchard e Bar-Or, 2004; Santrock, 2011). A maioria das variações cromossômicas é tão potente que raramente são vistas em recém-nascidos que sobrevivem, mas 1% dos bebês vivos apresentam indício de dano cromossômico.

Provavelmente a alteração cromossômica mais comum é a **síndrome de Down**. O tipo mais comum dessa condição é o resultado de um erro em que gera 47 cromossomos e não os 46 padrão. Essa causa da síndrome de Down é chamada de trissomia 21, por causa da presença de três cromossomos #21. A trissomia do cromossomo 21 é responsável pela maioria dos casos e ocorre em cerca de 1 em cada 800 a 1.000 nascimentos (MOD, 2010). A taxa de incidência parece estar relacionada com a idade e mostra expressivo aumento quando a mulher dá à luz já em idade mais avançada. De acordo com a National Down Syndrome Society (2001), uma mulher grávida de 35 anos tem probabilidade de 1 em 400 de conceber uma criança com síndrome de Down. Essa probabilidade aumenta gradualmente até os 40 anos, quando passa para 1 em 110. Aos 45 anos, a incidência é de 1 em 35.

Crianças com síndrome de Down com frequência nascem prematuras. A sua taxa de crescimento é mais lenta do que o normal, muitas vezes resultando em estatura baixa. O nariz, o queixo e as orelhas tendem a ser pequenos; os dentes desenvolvem-se pouco; a visão é fraca. Equilíbrio ruim, hipotonia, braços e pernas curtos e pele não elástica são outras características da criança com síndrome de Down. Defeitos cardiovasculares resultantes de frequentes males respiratórios são comuns, junto com funcionamento intelectual limitado. As habilidades da linguagem e da conceituação costumam ser ruins. O desenvolvimento motor parece proceder na mesma sequência daquele de um bebê normal, mas em ritmo substancialmente mais lento.

As principais descobertas dos estudos que descrevem o desenvolvimento motor de bebês com síndrome de Down incluem: (1) atrasos no surgimento e inibição dos reflexos primitivos e posturais, (2) hipotonia e hiperflexia e (3) atrasos substanciais no alcance dos marcos motores. Crianças com síndrome de Down em idade escolar apresentam nível de desenvolvimento motor consistentemente atrasado em relação ao de seus pares não deficientes. Além disso, tendem a ficar cada vez mais atrás à medida que o tempo passa (Henderson, 1985; Block, 1991). Isso, entretanto, está mais relacionado com a insuficiência da estimulação ambiental do que com fatores biológicos identificáveis. A pronta identificação e programas de intervenção parecem ser bem-sucedidos na melhoria do funcionamento motor de bebês e crianças mais novas com síndrome de Down (Ulrich, 1997, 1998; Ulrich et al., 2001). Devem ser providenciadas, durante os cruciais primeiros anos, atividades para melhorar o comportamento reflexivo e facilitar a aquisição de habilidades de movimento rudimentar, como sentar-se, ficar de pé e caminhar de modo independente. Quando a criança com essa condição amadurece, oportunidades adicionais e assistência no desenvolvimento das habilidades de movimento fundamental devem ser possibilitadas (Ozmun e Gallahue, 2011). Atividades desenvolvimentais apropriadas devem servir de base para o ensino de habilidades de movimento fundamental. Se e quando apropriado, habilidades esportivas básicas podem ser introduzidas.

> **Conceito 5.8**
>
> Anormalidades baseadas em cromossomos e ligadas a genes geram impacto que varia de leve a grave e catastrófico, sobre o desenvolvimento posterior.

Distúrbios baseados em genes

Os **defeitos genéticos** variam amplamente em termos de consequências. A gravidade do defeito depende de o gene mutante se encontrar em um cromossomo autossômico ou ligado ao sexo, em um único gene ou também no seu correspondente. Atraso e retardo no funcionamento motor e cognitivo em geral não estão presentes em mutações autossômicas dominantes. Entretanto, as mutações autossômicas recessivas muitas vezes estão associadas com o retardo mental e problemas no desenvolvimento motor. Entre as mutações autossômicas mais comuns que afetam o desenvolvimento motor posterior estão os tálipes, doença de célula falciforme, doença de Tay-Sachs, fenilcetonúria (FCU) e a espinha bífida.

Os tálipes, com frequência chamados de pé torto, são os mais comuns de todos os defeitos congênitos e, historicamente, têm sido um dos principais problemas ortopédicos infantis. Cerca de 1 em 700 bebês nascidos nos Estados Unidos a cada ano tem uma forma grave de tálipes, e os meninos são duas vezes mais propensos a essa condição do que as meninas (MOD, 2010). Há três formas principais de tálipes: equinovaro, valgo calcâneo e varo metatarsal (Fig. 5.1). O pé *equinovaro* é aquele virado para dentro e para baixo. O tendão do calcâneo geralmente apresenta-se muito rígido, impossibilitando o movimento do pé até o alinhamento normal. O *valgo calcâneo* é a forma mais comum de tálipe. O pé forma um ângulo agudo com o calcanhar, e o pé aponta para cima e para fora. Essa condição é menos grave do que o equinovaro e mais fácil de ser corrigida. O *varo metatarsal* é a forma mais branda de tálipe. A parte da frente do pé fica virada para dentro e, com frequência, só é diagnosticada quando o bebê tem alguns meses de idade. Em todas as formas de tálipes, o tratamento precoce e persistente maximiza as chances de vida normal. Se ficar sem tratamento até um período muito avançado da infância, serão um fator importante de limitação na locomoção ereta normal.

Doença de célula falciforme é uma doença sanguínea hereditária. É um distúrbio baseado em gene relativamente comum e ocorre em 1 a cada 400 afro-americanos. Também pode ocorrer em pessoas com ascendência hispânica, árabe, grega, italiana e sul-asiática. Um em cada 12 negros carregam o gene da célula falciforme, e há probabilidade de 1 em 4 de que a criança de um pai que tem o gene desenvolva a doença (MOD, 2008). Os efeitos da doença variam de acordo com a pessoa – anemia, dor, dano a órgãos vitais e morte na infância ou no início da vida adulta são possíveis. O crescimento e o desenvolvimento motor dos indivíduos com doença de célula falciforme com frequência ficam prejudicados. Além disso, os pacientes tendem a cansar-se facilmente e costumam ter pouco fôlego. A característica ou doença de célula falciforme pode ser detectada com facilidade por um exame de sangue chamado eletroforese de hemoglobina. Também se encontra disponível um teste pré-natal para determinar a condição do feto: portador do traço, normal ou doente.

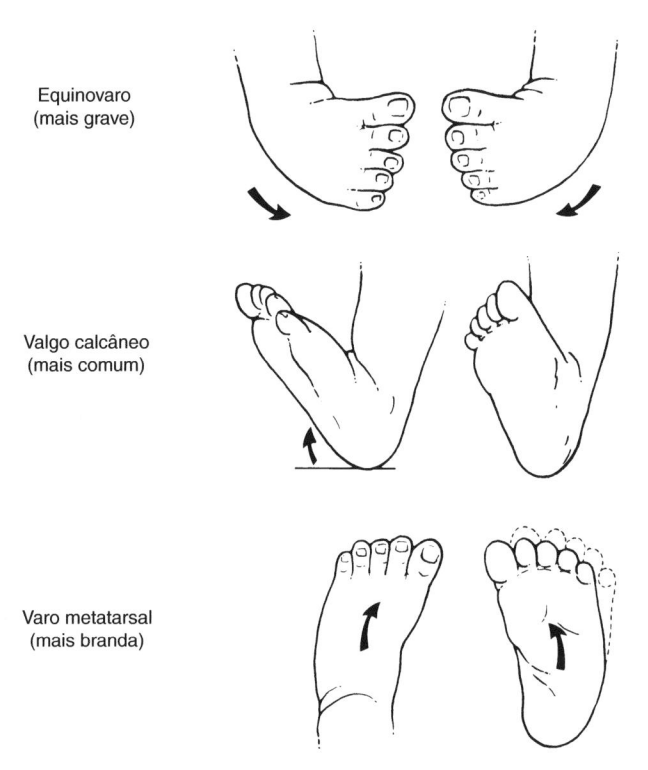

Figura 5.1
Três formas de tálipes.

Doença de Tay-Sachs é um distúrbio baseado em gene típico de descendentes de judeus da Europa Central e Oriental, conhecidos como *ashkenazim*. Quase 1 em cada 30 judeus norte-americanos são portadores do gene de Tay-Sachs. Outro grupo com risco similar são os indivíduos não judeus de origem franco-canadense, incluindo a população *cajun* na Luisiana (MOD, 2009). Quando ambos os pais são portadores do gene de Tay-Sachs, a probabilidade é de 1 em 4 de que qualquer de seus filhos desenvolvam a doença ou sejam portadores. Quando apenas um dos pais é portador do gene, nenhum dos filhos terá a doença, mas a probabilidade de serem portadores é de 1 em 2. Não há cura conhecida para essa doença, e ela é sempre fatal. Ela surge na infância, quando o bebê perde o controle motor. Seguem-se cegueira e paralisia, com morte em torno dos 5 anos. A doença de Tay-Sachs pode ser diagnosticada por meio de amniocentese antes do nascimento. Um exame de sangue simples antes da gravidez determina se os pais são portadores.

Fenilcetonúria (FCU) é o único distúrbio baseado em gene completamente tratável se detectada logo cedo. A FCU, um distúrbio metabólico, é resultado de um gene recessivo que inibe a produção de fenilalanina hidroxilase, necessária à conversão da fenilalanina dos aminoácidos em tirosina. Sem essa enzima, a criança não é capaz de digerir vários alimentos, inclusive derivados do leite. A identificação é feita por meio de um exame de sangue de rotina já no nascimento, exigido em todos os estados dos Estados Unidos. O tratamento consiste em um dieta cientificamente controlada, que exclui alimentos com fenilalanina. A Cola-cola *diet* que você costuma consumir contém fenilalanina, indicada no rótulo. Se não for tratada, a FCU resultará em retardo mental grave. Entretanto, quando detectada (cerca de uma semana após o nascimento), os resultados devastadores podem ser inteiramente evitados com precauções dietéticas apropriadas. Esse controle da dieta deve ser mantido durante toda a vida do indivíduo (American Academy of Pediatrics, 1996; MOD, 2008).

Espinha bífida é um defeito congênito na coluna vertebral, causado pela ausência ou enfraquecimento de uma formação do arco vertebral. Um em cada 2 mil bebês nascidos a cada ano tem espinha bífida ("espinha aberta"). A espinha bífida não segue nenhuma lei específica de hereditariedade, embora pareça ocorrer em certas famílias. Nas famílias que têm um dos filhos afetados, a probabilidade de ter um segundo filho com espinha bífida é de 1 em 40. Nas famílias com dois filhos afetados, a probabilidade de ter um terceiro filho com a condição é de 1 em 20. A espinha bífida pode tomar três formas. A primeira pode ser tão leve que só o raio X da coluna vertebral vai ser capaz de detectar. Essa forma raramente incomoda a criança. Na segunda, forma-se uma protuberância ou cisto que contém as incursões da coluna vertebral através da parte aberta da espinha. É possível remover a protuberância cirurgicamente, permitindo o crescimento normal da criança. Na terceira forma, a mais grave, o cisto enraiza-se mais profundamente na coluna vertebral. Pouca ou nenhuma pele protege a protuberância, e o fluido espinal pode vazar. O local desse cisto em geral fica na parte inferior da coluna, resultando em paralisia e na perda da sensação das pernas, condição permanente. A espinha bífida pode ser detectada durante a gravidez, pela combinação de um exame médico, ultrassom e técnicas de amniocentese. Como já mencionado neste capítulo, descobertas recentes indicam que o consumo de quantidades recomendadas de ácido fólico pelas mulheres em idade fértil pode reduzir muito a incidência da espinha bífida. Estima-se que, pela adição desse suplemento, o risco de ocorrência dessa condição e de outros defeitos no tubo neural podem ser reduzidos em 50% (American Academy of Pediatrics, 1999; MOD, 2009).

A Tabela 5.6 resume uma série de defeitos congênitos baseados em gene.

FATORES AMBIENTAIS

Em determinado momento, os efeitos do ambiente sobre o desenvolvimento pré-natal atraiu atenção. A influência da radiação e de poluentes químicos é uma área especialmente preocupante para pais cujos filhos estão em gestação.

Radiação

A influência do ambiente sobre o desenvolvimento é evidente nos casos dos efeitos de altas doses de radiação. A dosagem de radiação é medida em unidades chamadas *rad*.

A exposição de um feto em desenvolvimento a mais de 25 *rads* é considerada uma dosagem elevada. O feto fica mais vulnerável durante o primeiro trimestre de gravidez. A radiação excessiva implica *microcefalia* (cabeça e cérebro pequenos) e retardo mental. Portanto, a exposição a raios X no início da gravidez, em especial repetidos exames da região pélvica, coloca em risco o feto em desenvolvimento. A radiação antes da gravidez também é uma área preocupante. Alguns estudos sugeriram uma relação entre a radiação sobre o ovário e defeitos cromossômicos e entre o acúmulo de *rads* ao longo dos anos e o dano genético.

CONCEITO 5.9

Foi demonstrado que uma série de fatores ambientais afetam o desenvolvimento posterior do feto.

Tabela 5.6	Defeitos de nascimento comuns baseados em gene
Defeito genético	Condição
Tálipes (pé torto)	Equinovaro Valgo calcâneo Varo metatarsal
Doença de célula falciforme	Anemia, dor, dano a órgãos vitais, crescimento e desenvolvimento motor lentos, morte possível
Doença de Tay-Sachs	Perda do controle motor, cegueira, paralisia, morte inevitável
Fenilcetonúria (FCU)	Retardo mental grave
Espinha bífida	Paralisia nas pernas, problemas no controle da bexiga e do intestino

DILEMA DO DESENVOLVIMENTO

E o papai?

O que dizer sobre o futuro pai? A sua exposição a medicamentos vendidos sem receita médica, a drogas ilícitas, a outros poluentes químicos, incluindo chumbo e mercúrio, e à quimioterapia pode causar defeitos de nascimento antes da concepção ou durante a gravidez da parceira? A resposta rápida é não. Entretanto, há aumento da probabilidade de dano ao espermatozoide, resultando em problemas de fertilidade e abortos espontâneos. Mudanças genéticas no espermatozoide também podem ocorrer como resultado de quimioterapia e, por sua vez, resultam em aumento de algumas formas de câncer em crianças. Alguns homens, inclusive o ciclista heptacampeão do Tour de France, Lance Armstrong, decidem armazenar o próprio esperma em bancos antes de passar por tratamentos com quimioterapia ou radiação, como medida para assegurar a sua integridade (MOD, 2010).

Poluentes químicos

É difícil estabelecer uma ligação causal direta entre **poluentes químicos**, mulher grávida e anormalidades desenvolvimentais posteriores em sua prole. Muitas outras variáveis podem ser as responsáveis ou então interagir com os poluentes químicos, causando defeitos congênitos. O chumbo e o mercúrio, no entanto, têm sido conclusivamente relacionados a esses defeitos congênitos em humanos (March of Dimes, 2004; American Academy of Pediatrics, 1998).

PROBLEMAS MÉDICOS

As causas e os efeitos das dificuldades de desenvolvimento na prole de mulheres com doenças sexualmente transmissíveis diversas, infecções, desequilíbrios hormonais e químicos, incompatibilidade do fator Rh e estresse grave têm sido continuamente investigados. Essas condições são significativas nos riscos apresentados pela criança.

CONCEITO 5.10

Uma série de condições médicas maternas pode contribuir para dificuldades de desenvolvimento da prole.

Doenças sexualmente transmissíveis

Ao longo das últimas duas a três décadas, houve crescente conscientização e preocupação em relação a uma série de **doenças sexualmente transmissíveis (DSTs)**. As epidemias de herpes genital, clamídia, gonorreia, sífilis e HIV/aids (vírus da imunodeficiência humana/síndrome de imunodeficiência adquirida) são uma ameaça direta à criança em gestação. A DST materna pode ser transmitida para a criança antes do nascimento, durante o parto ou pelo leite. DSTs como a sífilis atravessam a placenta e infectam o bebê no útero. Gonorreia, clamídia e herpes genital podem ser transmitidos ao bebê recém-nascido na hora do parto, quando ele passa pelo canal vaginal. A infecção por HIV pode ser transmitida no útero, durante o parto e pela amamentação. As consequências das DSTs podem ser devastadoras tanto para a mãe como para a criança. É imperativo que as mulheres na expectativa de uma gravidez ou que já estão grávidas façam testes de DSTs com um profissional da área de saúde.

Herpes genital tem se tornado um problema grave de saúde, com estimados 45 milhões de infectados nos Estados Unidos (MOD, 2008). A mulher grávida com manifestação ativa de herpes genital pode infectar o bebê, resultando em dano cerebral permanente ou morte. O bebê pode ser protegido quando o parto é feito por cesariana.

Clamídia é uma infecção bacteriana. Ela é uma doença sexualmente transmissível altamente contagiosa e cujos registros são significativamente subestimados. Em 1999, houve só 600 mil casos registrados, mas estima-se que em torno de 3 milhões de cidadãos estadunidenses contraiam a doença a cada ano (CDC, 2011; MOD, 2010). Embora essa doença seja curável com antibióticos, é difícil diagnosticá-la. Se não for tratada, pode resultar em esterilidade ou nascimentos prematuros, natimortalidade e também pneumonia infantil, infecções nos olhos e cegueira.

Gonorreia é uma doença sexualmente transmissível comum; nos Estados Unidos cerca de 700 mil pessoas contraem gonorreia a cada ano (CDC, 2010; MOD, 2010). Embora seja curável com antibióticos, algumas cepas da bactéria têm se tornado resistentes ao tratamento. A gonorreia pode resultar em gravidez ectópica e danos oculares no recém-nascido.

Sífilis materna é facilmente curável com antibióticos se detectada no estágio inicial. O recém-nascido com sífilis congênita tem probabilidade de nascer morto ou de apresentar doenças graves. Os efeitos de longo prazo da sífilis materna ainda não foram esclarecidos, mas dados preliminares indicam maior incidência de prematuridade e incapacitações motora, sensorial e cognitiva posteriores.

HIV/aids é a mais mortal entre as várias doenças sexualmente transmissíveis. A pessoa com aids não consegue combater outras doenças e corre mais risco de infecções, câncer e outros problemas graves que ameaçam a vida ou são fatais. O HIV é transmitido por contato sexual, agulhas contaminadas e transfusões. As mães com HIV/aids correm risco de transmitir o vírus durante a gravidez, o nascimento ou a amamentação. Nos Estados Unidos, a cada ano, cerca de 6 mil mulheres HIV-positivas dão à luz (MOD, 2010). Essa transmissão mãe-filho é chamada de *infecção HIV perinatal*. Essas estatísticas são inexpressivas quando comparadas com as porcentagens de crianças que contraem HIV em alguns países em desenvolvimento.

A Tabela 5.7 resume os possíveis efeitos das doenças sexualmente transmissíveis.

Infecções maternas

Talvez as doenças mais significativas contraídas pela mãe e que afetam adversamente o feto sejam o citomegalovírus (CMV) e a rubéola contraída durante o primeiro trimestre da gravidez. Ambas as doenças passam pela placenta, chegam ao feto e podem ter graves efeitos debilitadores.

CMV é uma causa infecciosa comum de defeitos congênitos, incluindo cegueira, surdez e retardo mental. Pouco se sabe sobre esse vírus e seus efeitos. Ainda não está claro se o vírus passa para o feto por infecção primária da mãe durante a gravidez ou se ele já pode estar presente geneticamente, mas em forma latente. Cerca de 4% das mulheres grávidas secretam o vírus, mas 95% dos bebês infectados são assintomáticos. Os restantes 5% passam por várias dificuldades de desenvolvimento, que variam desde retardo motor leve a grave na forma da fala e problemas na coordenação motora ampla e fina.

Rubéola, às vezes chamada de "sarampo de três dias", é causada por um vírus contagioso brando. A vacinação contra rubéola encontra-se disponível desde 1969 e tem reduzido muito a incidência de defeitos congênitos em razão desse vírus, a ponto de não ter havido qualquer relato de caso em 1994. Entretanto, aqueles que foram vacinados do final da década de 1960 e no começo da década de 1970 precisam fazer o teste de imunidade, pois foi descoberto que nem todas as vacinas eram permanentes. A vacinação deve ocorrer durante a infância e não durante a gravidez. Há um exame de sangue, chamado de "rubella titer", para determinar se a pessoa teve rubéola ou está imune. O bebê de uma mãe que teve essa condição durante o primeiro trimestre de gravidez pode ficar surdo, cego ou apresentar retardo mental devido à interferência no desenvolvimento sensorial e/ou cognitivo durante o período embrionário ou o início do período fetal.

Desequilíbrios hormonais e químicos

Um ambiente hormonal ou químico inadequado na paciente tireoidiana pode resultar em hipotireoidismo e cretinismo congênito no bebê devido à falta de tiroxina no sangue da mãe durante os primeiros meses de gravidez. O diabetes na futura mãe é um desequilíbrio químico crônico que pode afetar adversamente o desenvolvimento futuro do bebê. A produção inadequada

Tabela 5.7 Doenças sexualmente transmissíveis e seus possíveis efeitos

Doença sexualmente transmissível	Possíveis efeitos sobre a criança recém-nascida
Síndrome de imunodeficiência adquirida (aids)	Febre, perda de peso, letargia, diarreia, pneumonia, óbito
Clamídia	Prematuridade, natimortalidade, pneumonia, óbito
Herpes genital	Dano cerebral, óbito
Gonorreia	Gravidez ectópica, dano ocular
Sífilis	Doenças graves, dano ao sistema nervoso, óbito

PERSPECTIVAS INTERNACIONAIS

HIV/aids: uma epidemia mundial

De acordo com novos dados, as infecções novas pelo HIV reduziram-se 17% desde 2001, quando foi assinada a United Nations Declaration of Commitment on HIV/aids. O número de novas infecções na África Subssariana agora é aproximadamente 15% mais baixo, totalizando cerca de 400 mil infecções a menos em 2008. Na Ásia Oriental, a incidência do HIV diminuiu 25%, no Sul e Sudeste da Ásia, 10%, no mesmo período. Na Europa Oriental, após um aumento drástico de novas infecções entre usuários de drogas injetáveis, a epidemia estabilizou-se de modo considerável. Entretanto, em alguns países há sinais de que a incidência do HIV está aumentando outra vez.

O relatório publicado pelo Joint United Nations Programme on HIV/aids (UNAIDS) e a Organização Mundial de Saúde revela que, além do pico e do curso natural da epidemia, os programas de prevenção do HIV estão fazendo a diferença.

Dados sobre a epidemia de aids atualizados em 2009 também mostram 33,4 milhões de pessoas portadoras do HIV, o maior número até agora. As pessoas têm vivido mais por causa dos efeitos benéficos da terapia antirretroviral. O número de mortes relacionadas à aids decresceu mais de 10% ao longo dos últimos cinco anos, à medida que mais pessoas têm acesso aos tratamentos que salvam a vida. A UNAIDS e a Organização Mundial da Saúde estimam que, desde a disponibilização do tratamento efetivo em 1996, 2,9 milhões de vidas foram salvas.

Fonte: WHO. (2010). *HIV/Aids Programme highlights 2008–09*. On-line em: http://whqlibdoc.who.int/publications/2010/9789241599450_eng.pdf

---

de insulina impede a metabolização do açúcar e de outros carboidratos. O diabetes não tratado pode resultar em retardo mental, problemas circulatórios e respiratórios ou até a morte. Muitas mulheres são diabéticas apenas durante a gravidez. Por causa disso, é prudente que todas as gestantes façam exames regularmente.

Incompatibilidade do fator Rh

Incompatibilidade do fator Rh resulta da incompatibilidade dos tipos de sangue da mãe e do filho. Embora a corrente sanguínea do bebê e a da mãe não tenham uma ligação direta, pode ocorrer alguma infiltração de sangue do feto para a mãe durante os estágios finais da gravidez. Se uma gestante de Rh negativo tiver o seu primeiro bebê com Rh positivo, a mãe pode produzir anticorpos no seu sangue. A produção de anticorpos geralmente não tem efeito sobre o primeiro filho. Entretanto, o intervalo de tempo entre esta criança e a subsequente é suficiente para a produção de anticorpos na mãe, que podem ter um efeito devastador sobre gestações futuras, destruindo os corpúsculos vermelhos fetais dos bebês de Rh positivo.

Eritroblastose fetal é o nome dado a uma condição caracterizada por anemia e icterícia. A incompatibilidade do Rh ocorre apenas nos casos em que o pai é Rh positivo e a mãe, Rh negativo. Os exames de sangue de rotina e uma injeção *Rhogam* logo após o nascimento do primeiro filho previnem a formação de anticorpos. *Rhogam* é um componente de gamaglobulina do sangue, obtido a partir de uma pessoa de Rh negativo previamente sensibilizada em relação ao fator Rh. O *Rhogam* neutraliza o fator Rh na mãe e evita a formação de anticorpos. A injeção deve ser administrada a cada gravidez de Rh positivo.

Gravidez na adolescência

Nos Estados Unidos, mais de meio milhão de adolescentes dão à luz a cada ano. Os bebês nascidos dessas mães correm maior risco de problemas graves de saúde do que as crianças de mães inteiramente maduras. As mães adolescentes, como grupo, são mais propensas a ter crianças pequenas ao nascimento ou prematuras. Os bebês de peso de nascimento baixo têm estatisticamente maior propensão a ter uma série de anormalidades desenvolvimentais, inclusive retardo mental, sistemas orgânicos imaturos, dificuldades de termorregulação, problemas respiratórios e morte. Além disso, a taxa de morte materna causada por complicações da gravidez é muito maior entre as meninas com idade inferior a 15 anos do que entre as mães mais velhas.

Os fatores de risco adicionais com frequência encontrados na gravidez de adolescentes incluem estresse psicológico, baixo nível socioeconômico, abuso materno de drogas e álcool e cuidado médico ruim ou inexistente. Os riscos complexos envolvidos na gravidez de adolescentes ainda precisam de melhor investigação para que seja possível a elaboração de estratégias de intervenção apropriadas.

Toxoplasmose

Além das infecções, doenças e condições especiais já abordadas como considerações de alto risco, os futuros pais precisam estar atentos à toxoplasmose, para proteger a criança em gestação contra o protozoário causador. A toxoplasmose tem uma prevalência surpreendente. Foi estimado que 1 em cada mil bebês é infectado (MOD, 2008). As crianças infectadas, embora com frequência sejam pequenas para a idade no momento do nascimento, podem parecer normais até os seus 20 anos. Entretanto, os cistos do toxoplasma podem romper-se a qualquer momento, liberando milhares de parasitas, que atacam os olhos, o coração, outros órgãos internos e o sistema nervoso central.

O reservatório natural do *Toxoplasma gondii sporozoan* é o rato, e a maioria dos gatos entra em contato com eles. Os esporos existentes em fezes de gatos infectados podem ser inalados ou ingeridos. Os sintomas da infecção em humanos são similares aos da gripe, mas, muitas vezes, não há sintomas. As pessoas infectadas carregam anticorpos contra a toxoplasmose. No entanto, o feto não tem a capacidade de produzir esses anticorpos e apresenta os efeitos da infecção. Cerca de 10% dos 3 mil bebês infectados com toxoplasmose a cada ano apresentam danos cerebrais graves e sofrem uma série de incapacitações sensoriais e motoras.

A toxoplasmose é um problema de saúde mais prevalente do que a rubéola ou a FCU, mas a devastação que ela provoca na criança em gestação tem sido pouco divulgada. Apesar disso, os pais podem fazer muitas coisas específicas para proteger o filho dessa infecção. Todas as carnes de boi, porco e carneiro devem ser bem cozidas e bem passadas, pois os cistos do protozoário ficam no músculo. Uma vez que os organismos da toxoplasmose são transmitidos pelas fezes de gatos, é sensato evitar contato durante a gravidez.

DIAGNÓSTICO E TRATAMENTO PRÉ-NATAL

Uma série de procedimentos de diagnóstico pré-natal encontra-se disponível e é usada com frequência para detectar a presença de anormalidades no desenvolvimento fetal. Entre as técnicas diagnósticas reconhecidas estão a amniocentese, a biópsia de vilo coriônico, o ultrassom e a fetoscopia.

> **CONCEITO 5.11**
> Técnicas diagnósticas pré-natais são ferramentas disponíveis para determinar o estado do feto em desenvolvimento.

Amniocentese é uma técnica em que é inserida uma agulha oca no abdome da mulher grávida. É um procedimento quase indolor, que parece muito pior do que realmente é. Com essa agulha, retira-se uma pequena quantidade de líquido amniótico, que é analisado. As células fetais ficam contidas no líquido amniótico e podem ser analisadas para detecção de qualquer forma de anormalidade cromossômica, cerca de 100 distúrbios metabólicos e alguns defeitos estruturais.

A amniocentese geralmente é feita entre a décima sexta e a décima oitava semana de gravidez como forma de determinar a maturidade fetal e a gravidade da doença do Rh. É um procedimento invasivo, que pode causar aborto espontâneo em um número de casos pequeno, mas significativo. Portanto, só deve ser usada com propósitos médicos específicos e não para determinar o sexo do bebê nem como exame de rotina para avaliar o desenvolvimento fetal.

Biópsia de vilo coriônico (BVC) é um procedimento similar à amniocentese, mas, em vez da remoção e análise do fluido amniótico, são extraídos fragmentos do vilo coriônico da placenta em desenvolvimento. A principal vantagem da BVC em relação à amniocentese é que podem ser obtidos resultados laboratoriais em etapas anteriores da gravidez.

Ultrassom, que usa ondas sonoras de alta frequência, é outra técnica diagnóstica pré-natal para determinar o tamanho e a estrutura do feto. Ele também fornece informações visuais sobre a sua posição no ventre. O ultrassom é usado em conjunto com a amniocentese como meio de orientar o médico ao inserir a agulha no abdome e no útero. Ele pode ser feito a qualquer momento, a partir da quinta semana da vida pré--natal até o nascimento.

Métodos adicionais de avaliação das condições da gravidez incluem a *imagem por ressonância magnética* (IRM), *a ecocardiografia fetal* e *o exame do soro materno* (Wittmer e Petersen, 2006).

A cirurgia fetal aberta representa uma forma única e surpreendente de tratar determinados tipos de condições pré-natais. Realizada pela primeira vez em 1981, em um bebê em gestação, para corrigir uma obstrução urinária, é um procedimento repetido numerosas vezes desde então para corrigir defeitos congênitos ainda no útero. Muitas cirurgias fetais abertas são feitas para corrigir espinha bífida. O procedimento envolve extração cirúrgica do útero da mãe, que é aberto para que o bebê em gestação possa ser tratado. Ele pode ser arriscado devido à perda de sangue, potenciais infecções e trabalho de parto e parto prematuros, mas tem imenso potencial no futuro.

ATIVIDADE VIGOROSA DURANTE A GRAVIDEZ

Mudanças sociais fundamentais relativas ao exercício vigoroso e à busca contínua da aptidão física têm levantado questões importantes a respeito da atividade física vigorosa durante a gravidez. Entre elas estão: como o exercício materno pode afetar o desenvolvimento fetal? O exercício materno ajuda ou dificulta o parto? O exercício materno afeta o desenvolvimento do bebê? Ainda não há respostas conclusivas para essas perguntas, mas um volume crescente de pesquisas começou a lançar alguma luz sobre esse tema.

Vários estudos foram realizados na década de 1990 e resumidos em diversas revisões (ACOG, 2010; Bell e O'Neill, 1994; Clapp, 2000; Wolfe et al., 1994). Parece que há forte sustentação para a defesa do exercício durante a gravidez desde que o tipo, a intensidade, a frequência e a duração sejam monitorados. Os benefícios para a mãe incluem a manutenção ou melhoria da aptidão física cardiovascular, a limitação do ganho de peso, a menor retenção de gordura, a facilitação do parto e a melhoria de uma série de fatores psicológicos e emocionais. Os benefícios ao bebê em gestação incluem redução da gordura e melhoria da tolerância ao estresse. Os benefícios de longo prazo para a criança abrangem uma composição corporal mais magra durante os primeiros anos da infância.

Certamente, há fatores preocupantes em relação ao exercício durante a gravidez quando a mãe tem uma ou mais condições que colocam a gestação em alto risco. Algumas dessas condições incluem sangramento vaginal persistente, cérvix incompleta, membranas rompidas e o fato de a mãe ter realizado parto prematuro em uma gravidez anterior.

Para as mulheres grávidas sedentárias, mas sem contraindicação médica, recomenda-se a participação em alguma atividade física diária, como caminhada, trabalho doméstico ou jardinagem por 30 minutos ou várias vezes ao dia durante 10 minutos. As gestantes que se exercitavam regularmente antes da gravidez devem ser estimuladas a manter o nível de atividade pré-gravidez (Clapp, 2000; March of Dimes, 2010).

> **CONCEITO 5.12**
> As futuras mães podem continuar a exercitar-se durante toda a gravidez, sob orientação de seus médicos e com automonitoramento cuidadoso.

FATORES DO PROCESSO DE NASCIMENTO

A duração média da vida intrauterina é de 279 dias a partir da concepção até o dia do nascimento. Dois terços das gestantes dão à luz em 279 dias mais ou menos um período de duas semanas. O início do trabalho de parto é marcado pela passagem de sangue e fluido amniótico da bolsa amniótica rompida pela vagina e pelo surgimento das dores do parto. Há três estágios de trabalho de parto distintos. No primeiro, o diâmetro do canal do útero (a cérvix) dilata-se cerca de 4 cm. A dilatação é responsável pelas dores do parto e pode durar apenas uma ou duas horas ou então até 18 a 20 horas. Em geral, o trabalho de parto é mais longo para o primeiro filho (*primíparas*) do que para os subsequentes (*multíparas*). Quando a cérvix alcança 2 cm, começa o verdadeiro trabalho de parto. É nesse ponto que a bolsa amniótica se rompe e o fluido escorre para fora do corpo da mãe. A dilatação completa, até cerca de 10 cm, marca o surgimento do segundo estágio do trabalho de parto: a fase de expulsão. Durante esse estágio, o bebê, devido ao aumento continuado da pressão uterina, é forçado a descer pelo canal de nascimento. Essa fase leva em torno de 90 minutos para o primeiro filho e cerca de metade disso para os subsequentes. O terceiro estágio começa depois que o bebê emerge e continua até a passagem do cordão umbilical e da placenta (pós-nascimento). Durante qualquer um dos estágios do processo de nascimento, uma série de medicamentos e procedimentos obstétricos podem afetar o desenvolvimento posterior do bebê.

Conceito 5.13

Os medicamentos obstétricos e os procedimentos do nascimento têm impacto sobre o desenvolvimento posterior da criança.

Medicação obstétrica

Um tema controverso entre os obstetras e os cientistas dedicados a pesquisas sobre bebês envolve os efeitos da **medicação obstétrica** usada durante o processo do nascimento. Anos atrás, Brackbill (1979) afirmou que os medicamentos prescritos durante o nascimento prejudicam o recém-nascido e o seu desenvolvimento subsequente por causa da imaturidade estrutural e funcional do sistema nervoso do bebê no momento do nascimento e também por causa da rápida taxa de absorção pela placenta. A Tabela 5.8 lista tipos comuns de anestésicos pré-parto, geral e local, usados durante o parto. Esses medicamentos são prescritos para iniciar ou intensificar o trabalho de parto (*oxitócicos*), aliviar a dor (*analgésicos*) e aliviar a ansiedade (*sedativos*).

Estudos anteriores indicaram uma relação entre o uso de medicamentos durante o trabalho de parto e o desenvolvimento motor e cognitivo (Brackbill, 1970; Conway e Brackbill, 1970; Goldstein et al., 1976; Muller et al., 1971). Atualmente, o maior conhecimento a respeito da dosagem, do desenvolvimento e da administração de novos medicamentos, como as *prostraglandinas*, reduz a possibilidade de problemas durante o parto.

Porta de nascimento

Também tem sido demonstrado que vários fatores relacionados à porta de nascimento colocam a criança em risco. Entre eles estão a má apresentação, o uso de fórceps e a cesariana. Cerca de 4 em cada 100 bebês nascem pelas nádegas ou pelos pés (*nascimento de nádegas*) e 1 em cada 100 fica atravessado (*apresentação transversal*).

As apresentações fetais de nádegas ou transversais são encontradas de um terço à metade dos bebês nascidos com menos 1,5 kg. Essas apresentações, às vezes, podem ser alteradas pelo médico ou parteira responsável. O perigo da má apresentação, como nos casos de trabalho de parto ajudado por medicamento e dificuldades no cordão umbilical, é a anoxia. Geralmente esta é considerada a principal causa de morte perinatal e tem sido implicada na causa de retardo mental, incapacidades de aprendizado e paralisia cerebral.

Ocasionalmente, usa-se um *fórceps* para tirar o bebê do canal de nascimento. Hoje, seu uso é limitado quase que apenas a situações de emer-

Tabela 5.8 Função dos tipos comuns de medicamentos de pré-parto e de parto

Medicamentos de pré-parto	Medicamentos de parto
Oxitócicos (agentes pré-medicação)	*Analgésicos gerais* (inalantes, injeções intravenosas)
Induzem o trabalho de parto	Aliviam o incômodo fetal
Intensificam o trabalho de parto	Aceleram o parto
Aumentam o tônus uterino	Fazem desacordar a mãe emocionalmente despreparada para ficar desperta
Sedativos (demerol, meperidina)	Nascimentos múltiplos
Reduzem a ansiedade	*Analgésicos locais* (caudal, lombar, espinal)
Reduzem a excitação	Aliviam a dor
Desaceleram o trabalho de parto	Relaxam

gência, mas antes, até a década de 1940, fazia-se uso rotineiro desse recurso na obstetrícia. Atualmente, ele é usado para acelerar o nascimento quando as contrações (*pushing*) da mãe não são controláveis, o bebê apresenta batimento cardíaco fraco, o cordão umbilical emerge antes da cabeça e ameaça o fornecimento de oxigênio ao bebê ou quando há separação prematura da placenta. O fórceps desempenha um papel vital na obstetrícia como ferramenta de salvamento, mas o seu uso de modo excessivo ou errado tem efeito debilitador e letal tanto sobre a mãe como sobre o filho.

Nos Estados Unidos, mais de 38% de todos os nascimentos são de operação cesariana (Martin et al., 2010). A cesariana é uma operação importante e, no passado, era considerada apenas em casos de má apresentação, incômodo fetal e inutilidade do fórceps.

Conceito 5.14

Tanto a futura mãe como o futuro pai têm a obrigação de garantir o desenvolvimento ótimo do filho em gestação, monitorando os fatores passíveis de controle.

O processo do nascimento é o importante início de uma ligação tripla, entre a mãe, o bebê e o pai. Por isso, com frequência, os pais escolhem o método pelo qual querem trazer a sua prole ao mundo. Os métodos de nascimento de Lamaze e de Leboyer são dois procedimentos que os futuros pais podem escolher. O Lamaze é centrado na mãe e no pai. Ele usa técnicas de relaxamento consciente, que incorporam a respiração rítmica para bloquear sensações de dor. Baseia-se no total conhecimento da mãe em relação ao que esperar durante o trabalho de parto e o parto (Lamaze, 1976). O método de Leboyer foca quase inteiramente o bebê. O objetivo é simular as condições do ventre da melhor maneira possível. O parto acontece em uma sala com pouca iluminação, sem barulhos altos. O bebê é imerso imediatamente em uma solução fluida morna e, aos poucos, com cuidado, é introduzido ao mundo. Muitos hospitais têm feito mudanças expressivas em seus procedimentos de parto. Salas de nascimento, cadeiras de nascimento e acomodação do bebê junto da mãe (*rooming-in*) são procedimentos amplamente populares que refletem uma maior preocupação com a saúde e o conforto tanto da mãe como do filho.

Resumo

Este capítulo discutiu uma ampla variedade de fatores pré-natais que tem impacto sobre o desenvolvimento posterior em geral e o desenvolvimento motor em particular. Muitos dos futuros pais estão cada vez mais conscientes de que podem fazer alguma coisa para reduzir as condições que colocam a sua prole em risco. Muitos compreendem, agora, que escolhas ruins da gestante em relação à própria ingestão de nutrientes, álcool, tabaco, drogas e medicamentos podem ser devastadoras para a criança em gestação. Muitas já estão familiarizadas com os possíveis efeitos prejudiciais da cafeína, de certos aditivos alimentares, do excesso de exposição à radiação, dos químicos e medicamentos obstétricos nocivos. Em resultado disso, tem havido um ressurgimento do interesse por técnicas de nascimento "naturais", pela acomodação do bebê junto da mãe e por partos em casa; e muitas pessoas têm retomado uma atitude mais responsável em relação ao nascimento dos filhos. Mais mães estão conscientes de seus direitos quanto a uma gravidez sem medicamentos e estão trabalhando de forma consciente, junto com obstetras comprometidos, a fim de produzir uma prole tão saudável quanto possível.

O período pré-natal é muito importante e não deve ser deixado ao acaso. Uma gravidez e um parto "inteligentes" não são uma garantia total, mas podem fazer muito para reduzir o risco de problemas para a mãe e para a criança.

QUESTÕES PARA REFLEXÃO

1. A maioria das gestantes é tranquila e resulta em recém-nascidos saudáveis. O que você e o seu parceiro podem fazer para garantir uma gravidez saudável e um resultado positivo?
2. O uso de álcool e tabaco durante a gravidez pode ter vários efeitos negativos sobre a criança em gestação. Que efeitos são esses e por que, em sua opinião, os pais continuam a fumar e/ou a beber durante a gravidez?
3. Apesar de ter um dos sistemas de saúde mais abrangentes e avançados do mundo, os Estados Unidos ainda estão em nono lugar, entre os países industrializados, em mortalidade infantil. Quais são os principais fatores que contribuem para essa estatística infeliz e como eles podem ser melhorados?
4. A hereditariedade desempenha importante papel em distúrbios baseados tanto em cromossomos como em genes. Que fatores familiares precisam ser considerados antes da gravidez?
5. O que dizer do exercício durante a gravidez? Que atividades são recomendadas e quais devem ser evitadas?

LEITURA BÁSICA

American Academy of Pediatrics. (1999). Folic acid for the prevention of neural tube defects. Policy statement by the Committee on Genetics. *Pediatrics, 104*, 325–327. Online em: http://aappolicy.aappublications.org/cgi/content/full/pediatrics;104/2/325

The American College of Obstetricians and Gynecologists. (2010). *Exercise During Pregnancy*. Online em: www.acog.org/publications/patient_education/bp119.cfm

Arendt, R., Angelopoulos, J., Salvator, A., & Singer, L. (1999). Motor development of cocaine-exposed children at age two years. *Pediatrics, 103*, 86–92.

Clapp, J. F. (2000). Exercise during pregnancy: A clinical update. Clinical Sports Medicine, 19, 273–286.

March of Dimes. (2010). Illicit drug use during pregnancy. Online em: http://www.marchofdimes.com/alcohol_illicitdrug.html

Martin, J. A. (2010). Births: Final data for 2007. National Vital Statistics Report, 58 (4), 1–125. Online em: www.cdc.gov/nchs/data/nvsr/nvsr58/nvsr58_24.pdf

Matthews, M. S., & MacDorman, M. F. (2008). Infant mortality statistics from the 2005 period linked birth/infant death data set. National *Vital Statistics Report, 57* (2), 1–32. Online em: http://www.cdc.gov/nchs/data/nvsr/nvsr57/nvsr57_02.pdf

Santrock, J. W. (2011). *Child Development: An Introduction*, 13th ed. St. Louis: McGraw-Hill.

Wittmer, D. S., & Petersen, S. H. (2006). *Infant and Toddler Development* (Chapter 4). Upper Saddle River, NJ: Pearson Education.

RECURSOS NA *WEB*

www.aap.org
Homepage da American Academy of Pediatrics. A academia está "comprometida com um ótimo bem-estar e saúde, nos aspectos físico, mental e social, de todos os bebês, crianças, adolescentes e adultos jovens". O *site* contém um centro de pais, seção de tópicos de saúde, livraria, recursos para profissionais e publicações.

http://acog.org/
Homepage da American College of Obstetricians and Gynecologists. O ACOG defende com firmeza a qualidade do serviço de saúde para as mulheres, mantendo os padrões elevados da prática clínica e da educação contínua de seus membros. Ele fornece instruções aos pacientes e os estimula a compreender o tratamento médico e a envolver-se com ele, aumentando a consciência entre os seus membros e o público a respeito de temas mutáveis enfrentados pelo atendimento à saúde da mulher. O *site* fornece uma livraria, comunicados à imprensa e informações técnicas e sobre as mulheres.

www.cdc.gov/
Homepage dos Centers for Disease Controle and Prevention. O CDC é o principal órgão federal responsável pela proteção da saúde e da segurança das pessoas. O *site* fornece informações sobre uma série de tópicos da área de saúde e segurança, publicações e produtos, dados e estatísticas.

www.doegenomes.org/
Webpage do U.S. Department of Energy Office of Science, dedicado a programas de genoma. O diretório do *site* inclui os seguintes *links*: Human Genome Project Information; Genomics: GTL; Microbial Genome Program; General Resources; Education; Media; Ethical, Legal, and Social Issues; e Medicine.

www.modimes.org/
Homepage do March of Dimes. "A missão do March of Dimes é melhorar a saúde dos bebês, evitando defeitos congênitos e mortalidade infantil". As informações do *site* incluem a história do March of Dimes, esforços atuais em relação à campanha nacional, saúde global e políticas públicas, assim como notícias atuais e de arquivo.

www.pbs.org/wgbh/nova/miracle/program.html
O maior milagre da vida: assista a esse documentário arrebatador, dividido em oito segmentos, que incluem desde a concepção até o nascimento. Assista cada um de uma vez ou todos em sequência.

www.teratology.org/
Homepage da Teratology Society, estreitamente envolvida na pesquisa de defeitos congênitos. O *site* fornece notícias e indica eventos da sociedade, assim como informações sobre publicações e orientações para se associar. A seção "Just for students" contém bancos de dados abrangentes e *links*.

CAPÍTULO 6

Crescimento Pré-natal e Infantil

PALAVRAS-CHAVE

Zigoto	Ectoderma	Malformação congênita
Mitose	Mesoderma	Fetal
Embrião	Endoderma	

COMPETÊNCIAS ADQUIRIDAS NESTE CAPÍTULO

Ao finalizar este capítulo, você será capaz de:

- Discutir o crescimento e a maturação biológica embrionária e fetal
- Descrever e interpretar os gráficos de deslocamento e velocidade de crescimento do bebê
- Discutir as mudanças proporcionais no comprimento segmental desde o nascimento até o final da infância
- Especular sobre os períodos críticos para o crescimento normal
- Descrever o processo do crescimento pré-natal desde a concepção até o nascimento

> **CONCEITO-CHAVE**
>
> A taxa de crescimento desde a concepção até o final do período de bebê não é ultrapassada em nenhum outro momento da vida.

Este capítulo foca o processo de crescimento típico, desde a concepção até o final do período de bebê. Para quem estuda o desenvolvimento motor é importante ter um ponto de referência, a partir do qual deve ser observado o processo de crescimento normal. A abordagem adotada aqui fornece esse ponto de referência, levando em conta a criança "média". Em outras palavras, alturas, pesos e outras estatísticas do crescimento são apresentados em suas médias. Pode haver considerável variação normal em relação a esses valores como resultado da interação entre os processos biológicos e ambientais.

CRESCIMENTO PRÉ-NATAL

O crescimento tem início no momento da concepção e segue uma sequência ordenada ao longo do período pré-natal. Os estudos de Prechtl (1986) sobre o desenvolvimento motor do feto demonstraram que os padrões do movimento e do crescimento pré-natal são tão previsíveis durante o período fetal como ao longo de todo o período de bebê. A união de um espermatozoide e de um óvulo maduros marca o início desse processo. O óvulo é uma das maiores células do corpo feminino. Ele tem 0,01 mm de diâmetro e é visível a olho nu. O espermatozoide, por sua vez, é microscópico e é uma das menores células do corpo masculino. A fertilização ocorre quando um, de cerca de 20 milhões de espermatozoides liberados pelo homem durante o intercurso sexual, penetra no óvulo, na trompa de Falópio. A fertilização também pode ocorrer por um processo *in vitro*. Assim que a célula do espermatozoide passa pela membrana externa do ovo, ocorre a fertilização. A mãe e o pai contribuem, cada um, como 23 cromossomos (estruturas em forma de barra, existentes nas células, que carregam todas as informações genéticas do indivíduo). Os dois núcleos celulares alinham-se lado a lado, por algumas horas, depois se fundem e formam o **zigoto** (o ovo fertilizado, com 46 cromossomos). É nesse instante que o potencial genético se determina. A concretização desse potencial vai depender de muitos fatores, tanto ambientais como genéticos. As heranças genéticas tanto da mãe como do pai são transferidas para essa única célula. O padrão para uma variedade de traços é estabelecido, incluindo a cor dos olhos e dos cabelos, a forma geral do corpo e a compleição física.

Durante o período germinal, o zigoto divide-se em duas células, por meio de um processo chamado **mitose**. As duas células formam quatro células, e as quatro células formam oito. Três dias após a concepção, o zigoto já se dividiu em 32 células; quatro dias depois, ele consiste em cerca de 90 células. Uma vez que todas as células têm o mesmo arranjo genético, exceto as sexuais, a divisão das células não é simultânea, e têm sido observados estágios do início da vida embrionária em que há número ímpar de células. Após os primeiros três ou quatro dias da divisão celular mitótica, o zigoto navega pela trompa de Falópio até o útero, onde se prende à parede uterina. Esse processo de implantação marca o verdadeiro início da gravidez, embora os dias de gestação sejam contados a partir do primeiro dia do último sangramento menstrual. O óvulo normalmente é fertilizado em um dia de ovulação, em torno do décimo quarto dia do ciclo menstrual. Portanto, nas primeiras duas semanas do que é considerado gravidez, a mulher não está grávida. A implantação ocorre geralmente no final da primeira semana após a fertilização.

> **CONCEITO 6.1**
>
> A união do óvulo e do espermatozoide marca o ponto da concepção e a determinação da herança genética da pessoa.

Período zigótico (da concepção à primeira semana)

Durante a primeira semana (período do zigoto), o ovo fertilizado permanece praticamente inalterado em termos de tamanho. Ele vive à custa do próprio vitelo e recebe alguma nutrição externa. No final da primeira semana, o zigoto é apenas um pequeno disco redondo, de 2,5 mm de largura. Durante esse período, a situação do zigoto é bastante precária. Embora a futura mãe às vezes não saiba que está grávida, o seu sistema automaticamente tenta descartar aquele corpo, como se fosse uma matéria estranha. Às vezes, a futura mãe continua ingerindo uma série de substâncias químicas, drogas, álcool e tabaco que podem se mostrar prejudiciais, se não letais, ao zigoto. Estima-se que, por uma série de razões, cerca de 50% dos ovos fertilizados sofrem aborto espontâneo durante o primeiro trimestre (Malina, Bouchard e Bar-Or, 2004). Embora essa estatística possa parecer alarmantemente alta, o processo de aborto espontâneo ajuda a garantir que apenas o zigoto mais ajustado sobreviva.

Tabela 6.1 Sistemas que se desenvolvem a partir das três camadas de células

Camada	Sistemas
Endoderma (camada interna)	Sistema digestório Sistema respiratório Sistema glandular
Mesoderma (camada média)	Sistema muscular Sistema esquelético Sistema circulatório Sistema reprodutivo
Ectoderma (cobertura externa)	Sistema nervoso central Órgãos sensoriais finais Sistema nervoso periférico Pele, cabelo, unhas

Conceito 6.2
A gravidez não inicia enquanto o zigoto não se implanta na parede uterina.

Período embrionário (da segunda semana ao segundo mês)

A diferenciação das células embrionárias em camadas marca o final do período do zigoto e o início do período do **embrião**. No final do primeiro mês, há uma formação definida de três camadas de células. Tem início a formação do **ectoderma**, a partir do qual os órgãos dos sentidos e o sistema nervoso se desenvolvem. O **mesoderma** é responsável pela formação dos sistemas muscular, esquelético e circulatório. Por fim, o **endoderma** responde pela formação dos sistemas digestório e glandular (Tab. 6.1). Cada parte do corpo desenvolve-se a partir desses três tipos de células e é formada em uma estrutura rudimentar no final do período embrionário. Células especiais formam a *placenta*, através da qual são transportadas substâncias nutritivas e eliminados os resíduos. Outra camada especial de células começa a se formar a partir do *âmnio*, que vai envolver o embrião, exceto no cordão umbilical, durante todo o período pré-natal.

O período embrionário é uma época especialmente importante para a formação de todos os sistemas do corpo e, sendo assim, é um período muito sensível a suscetibilidades para **malformações congênitas**. A malformação congênita refere-se a uma condição com a qual o bebê nasce, mas não se refere a um defeito específico. O risco de malformação congênita é maior durante o período embrionário. Esse período de divisão celular rápida fica vulnerável a mudanças na sequência, no ritmo e no momento dos eventos. Uma ampla variedade de fatores ambientais (ver discussão completa no Cap. 5), assim como a composição genética específica do embrião, determinam a sua suscetibilidade a malformações congênitas.

Conceito 6.3
As camadas celulares que formarão os vários sistemas do corpo são diferenciadas durante o período embrionário.

No final do primeiro mês, o embrião está com cerca de 6 mm de comprimento e pesa em torno de 28 g. Ele tem a forma de uma lua crescente, com pequenos inchaços nas laterais (brotos dos membros); possui uma cauda e arcos minúsculos ao longo do pescoço. Esses arcos semelhantes a guelras marcam o início de uma abertura primitiva para a boca, do coração, da face e da garganta. No final do primeiro mês, o embrião tem um sistema circulatório rudimentar, e o coração começa a bater. O crescimento acelera-se já no final do primeiro mês. O organismo cresce cerca de 6 mm a cada semana. No final do segundo mês, o embrião tem cerca de 4 cm de comprimento. O começo da face, do pescoço, dos dedos das mãos e dos pés desenvolve-se, e o embrião começa a tomar uma aparência mais humana. Os brotos dos membros alongam-se, os músculos crescem e os órgãos sexuais começam a formar-se. O desenvolvimento cerebral é rápido, e a cabeça é grande em comparação com o resto do corpo. Agora o embrião já está firmemente implantado na parede uterina, recebendo nutrição por meio da placenta e do cordão umbilical. Isso marca o final do período embrionário e o começo do período fetal da vida pré-natal (Fig. 6.1).

Início do período fetal (do terceiro ao sexto mês)

O período **fetal** começa em torno do terceiro mês e continua até o parto. Embora nenhum aspecto anatômico novo surja nesse período, essa época crítica para o feto é facilmente influenciada por uma série de fatores sobre os quais não há controle. Durante o terceiro mês, o feto continua a crescer rápido. No final do terceiro mês, ele tem 8 cm. A diferenciação sexual continua, emergem os brotos dos dentes, o estômago e os rins começam a funcionar, e aparecem as cordas vocais. No começo do terceiro mês são sentidas as primeiras ações reflexas. O feto abre e fecha a boca, engole, fecha as mãos e pode até chupar o polegar reflexamente. O ritmo de crescimento durante o quarto mês é o mais rápido para o feto. Ele dobra de comprimento, chegando a 15, 20 cm, e pesa em torno de 171 g. As mãos são completadas, e o esqueleto cartilaginoso transparente começa a transformar-se em tecido ósseo, começando pelo meio de cada osso esquelético e progredindo em direção às extremidades. Os membros inferiores, que tinham ficado para trás em termos de desenvolvimento, agora alcançam o resto do corpo. No início do quinto mês o feto já alcança metade do seu comprimento de nascimento, mas apenas 10% do seu peso de nascimento. Agora o feto muda a pele e as células respiratórias, substituindo-as por novas. As células trocadas permanecem no fluido amniótico, fornecendo uma base para a amniocentese (ver no Cap. 5 uma breve discussão sobre essa técnica).

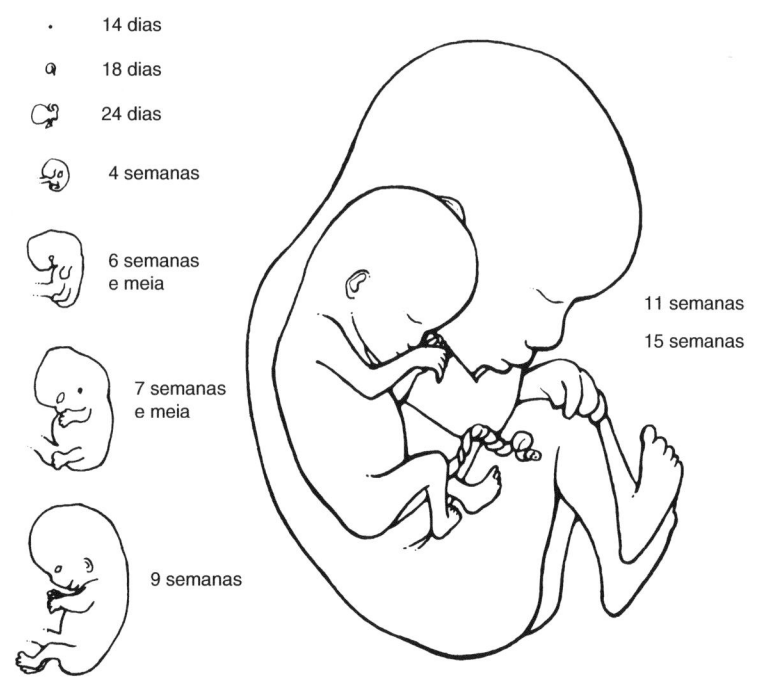

Figura 6.1
Desenhos do embrião em tamanho real.

> **CONCEITO 6.4**
> O movimento torna-se aparente à futura mãe durante o início do período fetal.

No começo do quinto mês, o feto tem de 20 a 26 cm de comprimento e pesa em torno de 227 g. A pele, os cabelos e as unhas aparecem. Os órgãos internos continuam crescendo e assumem as suas posições anatômicas apropriadas. O corpo inteiro do feto fica temporariamente coberto por um pelo fino e macio chamado de *lanugem*. A lanugem da cabeça e das sobrancelhas torna-se mais acentuada no final do quinto mês e é substituída por cabelos pigmentados. Geralmente, a lanugem cai antes do nascimento, mas um pouco pode permanecer. O tamanho maior e o espaço exíguo nos quadris do feto, que agora se desenvolve rapidamente, costumam resultar em consideráveis movimentos reflexos durante o quinto mês.

Em torno do sexto mês, o feto tem 33 cm de comprimento e pesa mais ou menos 0,45 kg. Durante esse mês, as pálpebras, completamente fechadas desde o terceiro mês, se reabrem e se completam. O *vernix caseosa* forma-se a partir das células da pele. Ele é uma secreção adiposa que protege a pele fina e delicada do feto. Há pouca gordura subcutânea nesse momento, e o feto mostra-se vermelho e enrugado, como um indivíduo velho e frágil. O bebê nascido prematuramente no sexto mês tem poucas chances de sobrevivência mesmo com a tecnologia mais sofisticada disponível hoje. Embora possa chorar de modo fraco e se movimentar, ele não é capaz de realizar as funções básicas da respiração espontânea e da regulação da temperatura. No final do sexto mês, o feto pesa em torno de 0,9 kg e tem mais ou menos 36 cm de comprimento. Sua estrutura encontra-se completa, mas precisa de tempo adicional para que os sistemas do corpo tornem-se maduros em termos funcionais.

Final do período fetal (do sétimo ao nono mês)

A partir do sétimo mês até o final da gestação, o feto triplica de peso. Começa a formar-se uma camada de tecido adiposo sob a pele, que serve tanto de isolante como de supridor de alimento. Os pelos da lanugem caem, assim como grande parte do fluido de *vernix*, e as unhas com frequência crescem além das extremidades dos dedos nos pés e nas mãos, de modo que, logo após o nascimento, é preciso cortá-las para que o bebê não se arranhe. Durante o sétimo mês, o feto com frequência fica quieto por longos períodos, como se estivesse descansando para enfrentar o "grande evento". O cérebro fetal começa a ficar mais ativo e assume cada vez mais o controle sobre os sistemas do corpo. A maioria dos fetos nascidos no final do sétimo mês sobrevive, embora muitos precisem de cuidados especiais durante as primeiras semanas após o nascimento.

> **CONCEITO 6.5**
> Os últimos dois meses da vida fetal são uma época de finalização na preparação para o nascimento.

Durante o oitavo e o nono mês, o feto torna-se mais ativo. Os quadrantes com cãibra resultam em frequentes mudanças de posição, chutes e empurrões com pernas e braços. A coloração vermelha da pele desaparece assim que os depósitos adiposos tornam-se mais igualmente distribuídos nesses dois últimos meses. O processo de nascimento é iniciado pela placenta e pela contração da musculatura uterina e não pelo feto. Em geral, o nascimento ocorre após 40 semanas de gestação. A variação normal na idade de gestação abrange 38 a 42 semanas. No nascimento, o bebê que está no prazo normal tem entre 35 a 48 cm de comprimento e pesa em torno de 3 a 4 kg. A Tabela 6.2 inclui um resumo do desenvolvimento durante o período fetal.

CRESCIMENTO INFANTIL

O processo de crescimento durante os primeiros dois anos após o nascimento é realmente impressionante. O bebê passa de uma criatura minúscula, indefesa, horizontal e relativamente sedentária a uma criança consideravelmente maior, autônoma, vertical e ativa. O crescimento físico do bebê tem influência definida sobre o seu desenvolvimento motor. O tamanho da cabeça, por exemplo, afeta o desenvolvimento das capacidades de equilíbrio. O tamanho da mão influencia o modo de contato com objetos

Tabela 6.2 — Destaques do crescimento e desenvolvimento pré-natal

Idade	Comprimento	Peso	Principais eventos
Concepção	1 célula	Menos de 1 g	Herança genética determinada
1 semana	0,25 mm	Menos de 1 g	Período germinal, de rápida diferenciação celular
2 semanas	1,3 mm	1,5 g	Implantação no útero
1 mês	6,4 mm	29 g	Endoderma, mesoderma e ectoderma formados; crescimento organizado e diferenciado
2 meses	4 cm	57 g	Período de crescimento rápido, começa a tomar forma humana; atividade reflexa fraca
3 meses	7,6 cm	86 g	Diferenciação sexual; funcionamento do estômago e dos rins; pálpebras fechadas
4 meses	15 a 20 cm	171 g	Período de crescimento rápido, são sentidos os primeiros movimentos reflexos; começa a formação óssea
5 meses	20 a 25 cm	228 g	Metade da altura de nascimento; finalização dos órgãos internos; pelo em todo o corpo
6 meses	33 a 38 cm	0,45 a 0,9 kg	Reabertura dos olhos; forma-se o *vernix caseosa*; estruturalmente completo, mas funcionalmente imaturo
7 meses	36 a 41 cm	0,9 a 1,8 kg	Ganho de peso rápido, depósitos de tecido adiposo
8 meses	41 a 46 cm	1,8 a 2,7 kg	Período ativo, depósitos de gordura distribuídos
9 meses	48 a 53 cm	2,7 a 3,6 kg	Contrações uterinas, trabalho de parto e parto

DILEMA DO DESENVOLVIMENTO

Peso de nascimento extremamente baixo: decisões aterradoras

Em todo o mundo, nos países industrializados, a taxa de sobrevivência de bebês prematuros vem aumentando de modo regular nos últimos anos. A taxa de sobrevivência de bebês extremamente prematuros (ou seja, com um período de gestação de 23 semanas ou menos) e daqueles com peso de nascimento extremamente baixo (PNEB), de 1 kg ou menos, encontra-se em um nível um pouco superior ao de uma geração atrás. Na verdade, a taxa de sobrevivência de bebês com PNEB de menos de 500 g também tem aumentado de modo significativo.

Esse aumento deve-se principalmente a contínuos avanços na tecnologia das unidades de tratamento intensivo e nas terapias com medicamentos. As meninas tendem a um resultado mais positivo do que os meninos, e bebês de parto simples tendem a melhores resultados do que bebês de parto múltiplo. E, é claro, à medida que aumenta o peso de nascimento, as chances de um resultado favorável também aumentam.

Entretanto, com frequência pais e médicos enfrentam um dilema que envolve graves consequências. Em casos de prematuridade extrema, acompanhada de peso de nascimento muito baixo (PNMB), se não for providenciado todo o atendimento médico possível, o resultado, quase com toda certeza, será a morte. No entanto, se for feito tudo o que é possível no que diz respeito à área médica, ainda assim, o resultado poderá ser a morte ou alguma incapacitação desenvolvimental grave por toda a vida.

Questões morais, éticas, financeiras e legais são imensas, gerando, com frequência, mais perguntas do que respostas. Todos os dias, médicos e pais de recém-nascidos de todas as condições sociais enfrentam uma situação de cortar o coração: precisam tomar decisões que, quando avaliadas pelos muitos e variados prismas, são realmente aterradoras. Qual é a sua posição? Por quê?

de tamanhos diferentes, e o desenvolvimento da força influencia o surgimento da locomoção.

> **Conceito 6.6**
>
> Os aumentos nas proporções corporais são desiguais e sofrem influência dos princípios do desenvolvimento proximodistal e cefalocaudal.

Período neonatal (do nascimento até a quarta semana)

Em geral, considera-se que o período neonatal abrange as primeiras 2 a 4 semanas da vida pós-natal. O bebê típico, nascido no prazo normal, tem 48 a 53 cm de comprimento, e a cabeça responde por um quarto dessa medida. O tamanho proporcionalmente grande da cabeça dificulta a aquisição e manutenção do equilíbrio. O comprimento restante do corpo obedece à proporção de quatro terços do tronco em relação aos membros inferiores. Os olhos correspondem a cerca de metade do tamanho quando adulto, e o corpo, a cerca de um vinte avos da futura dimensão adulta (Fig. 6.2).

Há considerável variação normal no peso de recém-nascidos, o que pode ser atribuído a uma série de fatores ambientais e hereditários. O peso de nascimento está intimamente relacionado com a condição socioeconômica e nutricional da mãe. O peso de nascimento dos meninos é 4% maior do que o das meninas. O crescimento ótimo exige nutrição adequada, estado de saúde positivo e um ambiente educativo. Entretanto, os bebês de peso de nascimento baixo e os bebês prematuros tendem a alcançar os seus pares quando as deficiências não são muito graves e estratégias de intervenção corretivas são implementadas. O médico J. M. Tanner (1978) dedicou bastante tempo ao estudo das características de crescimento do bebê. Ele observou que o derradeiro potencial de crescimento do indivíduo parece ser determinado logo no começo da vida e pode ser retificado sob condições limitadas, caso a prematuridade, doenças ou má nutrição tenham desviado a curva de crescimento normal da criança. Quando o bebê está moderadamente mal nutrido ou doente, a taxa de crescimento desacelera e depois se acelera (ou alcança o nível normal), voltando à trajetória típica por meio de uma dieta adequada ou do fim da doença.

O ritmo então volta ao normal. Sob a maioria das condições, vemos bebês e crianças que se enquadram em faixas de tamanho e peso amplamente determinadas, com poucos extremos tanto de um como do outro lado da linha desenvolvimental. Embora a trajetória se aproxime da curva normal, no caso de crianças de peso de nascimento baixo, é comum que elas permaneçam, de certo modo, por toda a vida menores do que as crianças de prazo normal.

As Figuras 6.3 e 6.4 fornecem representações gráficas de mudanças no comprimento e no peso corporal tanto de meninos como de meninas do nascimento até os 2 anos. *Comprimento corporal* é o termo usado quando medimos a criança na posição deitada, que é o meio mais

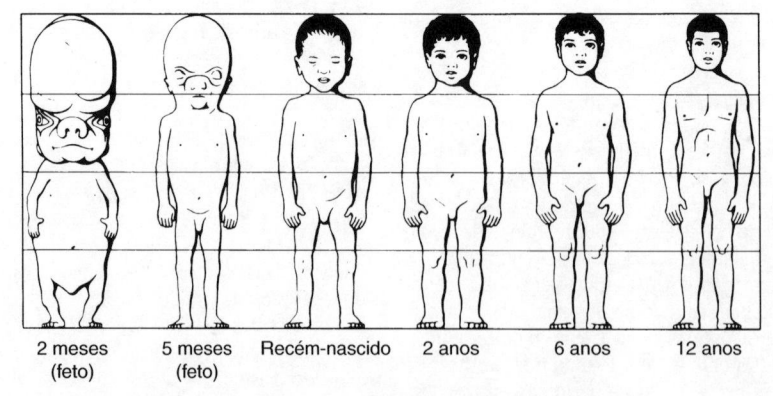

Figura 6.2
Mudanças na forma e na proporção corporal antes e depois do nascimento.

aceito de medição de bebês do nascimento aos 2 ou 3 anos. Depois disso, toma-se a medição de pé, chamada de *altura*. Os dados apresentados são resultado de uma coleta que envolveu bebês e crianças de várias origens étnicas e raciais e reflete uma combinação de sujeitos amamentados no peito e com mamadeira.

As curvas de crescimento iniciais representavam uma amostragem mais restrita da população dos Estados Unidos. Portanto, é possível obter um maior grau de generalização por meio dessas curvas de crescimento mais recentes.

Início do período de bebê (da quarta semana a 1 ano)

Durante o primeiro ano da criança, há ganhos rápidos tanto de peso como de comprimento. Nos primeiros seis meses, o crescimento é basicamente um processo de "finalização", apenas com leves mudanças nas proporções corporais. Na verdade, os recém-nascidos que costumam aparecer em anúncios publicitários têm cerca de 2 ou 3 meses de idade e aparência mais rechonchuda e não o verdadeiro aspecto enrugado do recém-nascido real.

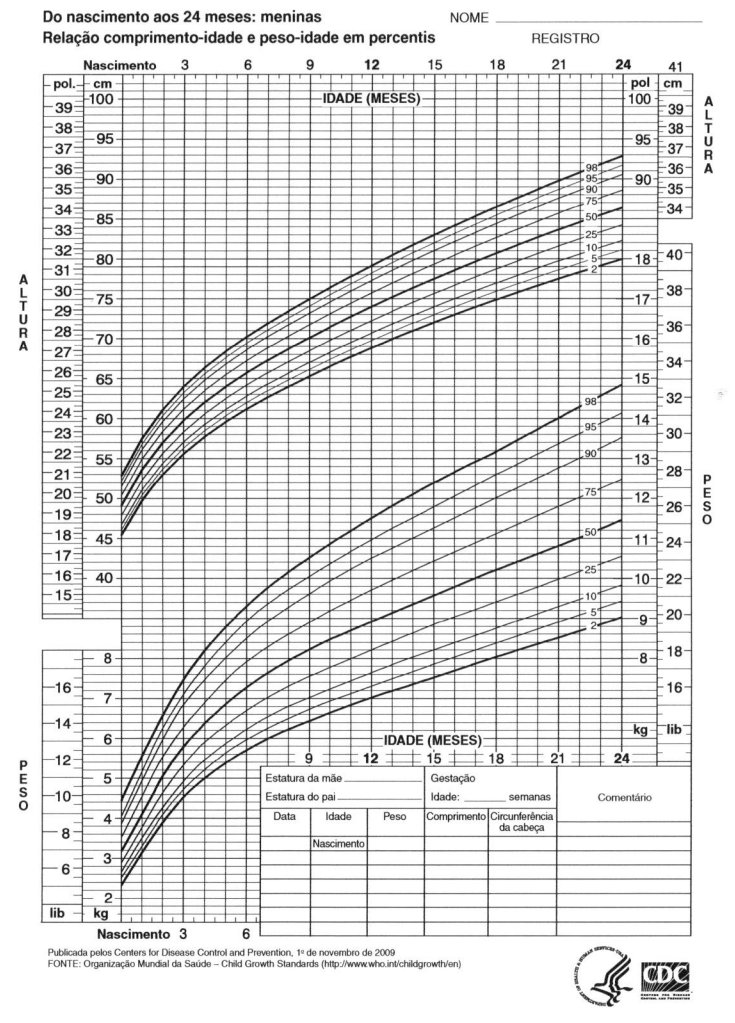

Figura 6.3
Meninas: relação comprimento-idade e peso-idade em percentis, do nascimento aos 24 meses.

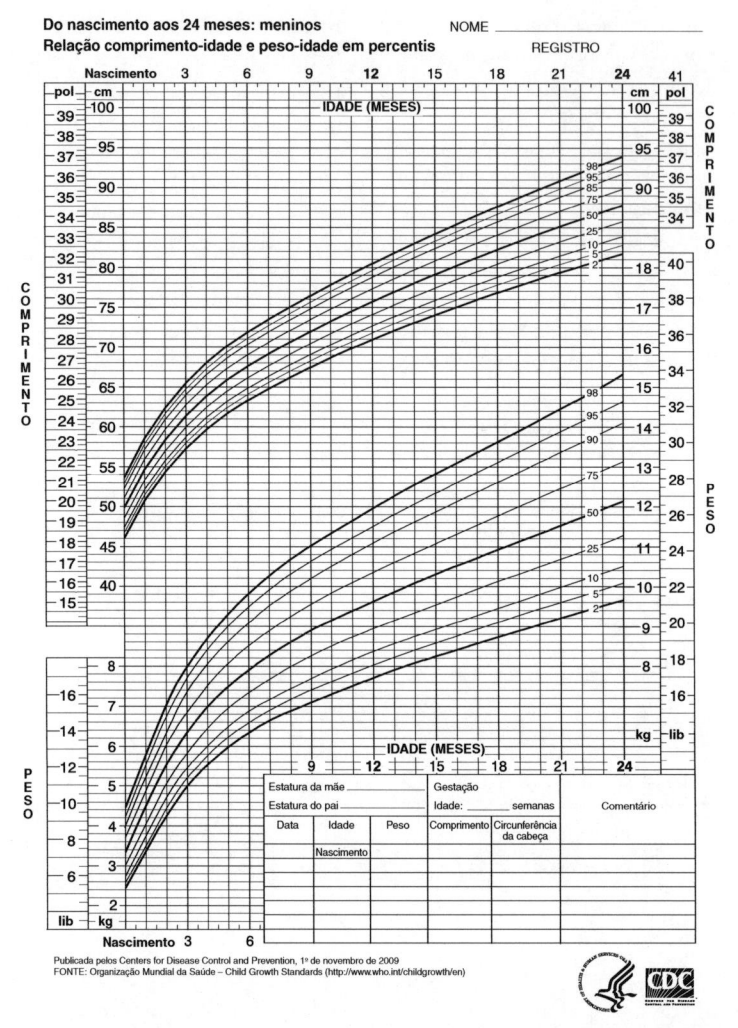

Figura 6.4
Meninos: relação comprimento-idade e peso-idade em percentis, do nascimento aos 24 meses.

O peso de nascimento dobra em torno do quinto mês, quase triplica no final do primeiro ano e quadruplica aos 30 meses de idade. O comprimento aumenta para 76 cm na época do primeiro aniversário. Depois dos 6 meses, a região torácica é mais larga do que a cabeça em crianças típicas e vai aumentando com a idade. Os bebês que sofrem de má nutrição apresentam déficit de peso, mas em geral o tamanho de sua cabeça é maior do que a região torácica.

> **Conceito 6.7**
>
> O início do período de bebê é caracterizado por um rápido aumento de comprimento e substanciais aumentos de tecido subcutâneo.

Final do período de bebê (de 1 a 2 anos)

No segundo ano, o crescimento físico continua em um ritmo rápido, porém mais lento do que

PERSPECTIVAS INTERNACIONAIS

Gráficos de crescimento do bebê da Organização Mundial da Saúde

Em 2000, os Centers for Disease Control and Prevention (CDC) publicaram os seus gráficos de crescimento mais recentes para pessoas de 0 a 19 anos. Os dados desses gráficos foram coletados de forma exaustiva e representam uma ampla seção transversal de bebês, crianças e jovens típicos dos Estados Unidos inteiro. Esses gráficos, semelhantes aos seus antecessores, logo se tornaram a principal referência de médicos, pais e educadores na hora de avaliar o crescimento da criança em termos de altura e peso. Na verdade, as duas edições anteriores deste livro reproduziram fielmente os gráficos dos CDC do ano 2000 para uso de seus leitores.

Em 2006, a Organização Mundial da Saúde publicou os seus próprios gráficos de crescimento para bebês e crianças de 0 a 59 meses de idade. Os pesquisadores da organização coletaram dados de seis países (incluindo os Estados Unidos) cujos ambientes, em geral, foram considerados ótimos para o crescimento. Os gráficos fornecem padrões de como as crianças crescem nessas condições e não de como elas podem crescer em condições que não estimulam o crescimento ótimo.

Depois de cuidadoso estudo, o CDC concluiu que, para bebês de 0 a 24 meses de idade, é preferível usar os gráficos de crescimento da Organização Mundial da Saúde pelas seguintes razões:

1. Os gráficos de crescimento da Organização Mundial da Saúde estabelecem a amamentação dos bebês no peito como a norma para o crescimento, que é o padrão recomendado para a alimentação de bebês.
2. Os gráficos de crescimento da Organização Mundial da Saúde fornecem padrões ótimos de crescimento que são melhores descritores do crescimento fisiológico durante a infância do que os gráficos dos CDCs, que abrangem apenas o crescimento típico.
3. Os padrões da Organização Mundial da Saúde têm como base os dados longitudinais completos de alta qualidade, coletados especificamente para gerar gráficos de crescimento, enquanto os gráficos dos CDCs têm numerosas lacunas em pontos dos primeiros seis meses.

Entretanto, o CDC ainda recomenda que os gráficos de crescimento de 2000 para crianças e adolescentes (ver o Cap. 10) sejam usados, pois incluem as idades de 2 até 19 anos, enquanto os gráficos da Organização Mundial da Saúde só podem ser usados até a idade de 5 anos. Além disso, a comparação nas faixas etárias de 2 a 5 são bastante similares em ambos os gráficos de crescimento, da Organização Mundial da Saúde e do CDC.

Fonte: www.cdc.gov/growthcharts/who_charts.htm

---

no primeiro. Por volta dos 2 anos, a altura média dos meninos é de 89 cm. As meninas medem cerca de 86 cm de altura e pesam em torno de 12 kg, enquanto os meninos pesam 12,7 kg. A altura e o peso mantêm uma correlação aproximada de 0,60; há uma relação de grau moderado entre esses dois índices físicos. Uma vez que o crescimento segue uma tendência diretiva (i.e, proximodistal e cefalocaudal), o aumento no tamanho das partes do corpo é irregular. O crescimento da parte de cima do braço precede o da parte de baixo e o da mão. Portanto, do período de bebê até a puberdade, a maior quantidade de crescimento acontece nas porções distais dos membros. Do período de bebê em diante, o crescimento da cabeça diminui, o crescimento do tronco continua em um ritmo moderado e o crescimento dos membros é mais rápido, sendo que as mãos e os pés são as partes que crescem com mais velocidade.

Resumo

O período pré-natal do desenvolvimento humano começa na concepção e termina ao nascimento. É uma época de expressivas mudanças na estrutura e no funcionamento. Começa no período zigótico, seguido do embrionário e termina no fetal. O período neonatal começa ao nascimento, seguido do de desenvolvimento denominado período de bebê.

O processo normal de crescimento pré-natal e do período de bebê é fundamental para o desenvolvimento motor da criança. O comprimento, o peso, o físico e o nível de maturação da criança desempenham papel importante na aquisição e na *performance* dos padrões de movimento rudimentar. O período pré--natal e o de bebê montam a cena para o que virá no desenvolvimento do repertório de movimento fundamental e de capacidades físicas da criança.

QUESTÕES PARA REFLEXÃO

1. Por que o primeiro trimestre de gravidez é tão crítico para que um recém-nascido seja saudável?
2. Quais são os principais destaques do crescimento nos períodos embrionário, fetal inicial e fetal final?
3. As proporções corporais do recém-nascido são consideravelmente diferentes daquelas do início da infância e dos períodos posteriores. Que implicações isso pode ter nas capacidades iniciais da estabilidade e do movimento locomotor?
4. Há gráficos de crescimento fornecidos pelo CDC e pela Organização Mundial da Saúde. Durante a infância, há diferenças que, recentemente, levaram o CDC a recomendar o uso dos gráficos de crescimento da Organização Mundial da Saúde para a faixa etária de 0 a 24 meses, em vez dos seus próprios. Por que isso aconteceu e com que propósitos?
5. Quais são as diferenças implícitas entre os gráficos de crescimento apoiados nos "padrões" e aqueles com base no desenvolvimento individual "típico"?

LEITURA BÁSICA

American Congress of Obstetricians & Gynecologists. (n.d.). Pregnancy Month by Month. Online at: www.acog.org/bookstorefi les/ypcb-colorPrenatalDev.pdf

Breamner, G., & Wach, T. D. (2010). Infant Development, Volume 2, Applied and Policy Issues. West Sussex, UK: John Wiley.

CDC. (2009). Clinical Growth Charts. Online at: www.cdc.gov/growthcharts/clinical_charts.htm

Field, T. (2007). The Amazing Infant. Malden, MA: Blackwell Publishing.

Williams, J.F. (2011). No safe amount: Contrary to recent reports, drinking alcohol while pregnant is dangerous. AAP (American Academy of Pediatrics) News, March 2011; 32–36.

WHO. (2009). *Child Growth Standards and the Identification of Severe Acute Malnutrition in Infants and Children: A Joint Statement of the World Health Organization and the United Nations Children's Fund.* Onlinem at: www.who.int/nutrition/publications/severemalnutrition/9789241598163_eng.pdf

RECURSOS NA *WEB*

www.aap.org
Homepage da American Academy of Pediatrics. A academia está "comprometida com um ótimo bem--estar e saúde, nos aspectos físico, mental e social, de todos os bebês, crianças, adolescentes e adultos jovens". O *site* contém um centro de pais, seção de tópicos de saúde, livraria, recursos para profissionais e publicações.

www.cdc.gov/
Homepage dos Centers for Disease Controle and Prevention. O CDC é o principal órgão federal responsável pela proteção da saúde e da segurança das pessoas. O *site* fornece informações sobre uma série de tópicos da área de saúde e segurança, publicações e produtos, dados e estatísticas.

www.who.int/nutgrowthdb/
Banco de dados global da Organização Mundial da Saúde sobre crescimento e má nutrição infantil, gerado pelo Departamento de Nutrição para a Saúde e o Desenvolvimento. O *site* inclui resumo de artigos que lidam com tendências globais da má nutrição infantil e também com a obesidade.

Capítulo 7

Reflexos e Estereótipos Rítmicos do Bebê

PALAVRAS-CHAVE

Reflexos de sobrevivência primitivos
Reflexos posturais primitivos
Estágio de codificação
Estágio de decodificação
Teoria neuromaturacional
Teoria dos sistemas dinâmicos
Estereótipos rítmicos

COMPETÊNCIAS ADQUIRIDAS NESTE CAPÍTULO

Ao finalizar este capítulo, você será capaz de:

- Descrever os reflexos primitivos e posturais que aparecem antes do nascimento e durante o primeiro ano da criança e explicar o desenvolvimento neural que ocorre com essas mudanças
- Relacionar a inibição de reflexos específicos e o surgimento de reações específicas do desenvolvimento de determinadas habilidades motoras voluntárias
- Distinguir entre "reflexos primitivos" e "reflexos posturais"
- Entender a relação entre os reflexos e os estereótipos rítmicos para o comportamento de movimento voluntário posterior
- Identificar e discutir vários estereótipos rítmicos presentes no bebê humano
- Teorizar sobre o propósito e o papel dos estereótipos rítmicos
- Delinear um instrumento de avaliação do reflexo/estereótipo do bebê por observação

> **CONCEITO-CHAVE**
>
> O estudo dos reflexos e dos padrões de comportamento estereotipados dos bebês revela informações úteis para a compreensão do processo do desenvolvimento motor.

Os movimentos reflexos são evidentes em todos os fetos, neonatos e bebês em maior ou menor grau, de acordo com a idade e a constituição neurológica. Os movimentos reflexos são reações involuntárias do corpo a várias formas de estimulação externa. A maioria dos reflexos são subcorticais, no sentido de que são controlados por centros cerebrais inferiores, responsáveis também por numerosos processos involuntários de manutenção da vida, como a respiração. Embora não seja um tópico deste capítulo, os reflexos de equilíbrio são mediados pelo córtex cerebral. O controle motor voluntário na criança normal é uma função do córtex cerebral em maturação. Movimentos controlados conscientemente resultam de impulsos nervosos transmitidos do córtex cerebral ao longo dos neurônios motores.

Muitos reflexos iniciais estão relacionados à sobrevivência do bebê (**reflexos de sobrevivência primitivos**), enquanto outros são precursores de movimentos voluntários que aparecem entre o nono e o décimo quinto mês após o nascimento (**reflexos posturais primitivos**). Os movimentos reflexos de caminhar, nadar, engatinhar e subir foram relatados por Shirley (1931), McGraw (1939) e Ames (1937). Esses reflexos são inibidos antes do surgimento das suas contrapartes voluntárias, mas a sua simples presença é uma indicação de quanto as atividades locomotoras estão profundamente enraizadas no sistema nervoso.

> **CONCEITO 7.1**
>
> Os reflexos são a primeira forma de movimento humano e fornecem dicas interessantes sobre o processo do desenvolvimento motor.

Aproximadamente a partir do quarto mês da vida fetal até o quarto mês da vida do bebê, a maioria dos movimentos são reflexos. As reações involuntárias resultam de mudanças na estimulação exercida pela pressão, pela visão, pelo som e pelo tato. Esses estímulos e as respostas formam a base do *estágio de coleta de informações*, ou **estágio de codificação**, da fase de movimento reflexo. Nesse ponto da vida da criança, os reflexos são o instrumento primário de coleta de informações a serem armazenadas no córtex em desenvolvimento.

Quando os centros cerebrais adquirem maior controle sobre o aparato sensório-motor, o bebê torna-se capaz de processar informações com mais eficiência. Esse *estágio de processamento de informações*, ou **estágio de decodificação**, é semelhante aos três primeiros estágios de Piaget, o sensório-motor do desenvolvimento, ou seja, o uso dos reflexos, as reações circulares primárias e as reações circulares secundárias.

> **CONCEITO 7.2**
>
> Os comportamentos reflexos do bebê são a fonte primária de coleta de informações durante o período neonatal.

COMPORTAMENTO REFLEXO E MOVIMENTO VOLUNTÁRIO

Duas funções essenciais dos reflexos de sobrevivência primitivos são buscar nutrição e proteção. Vários reflexos primitivos, no início do período de bebê, lembram movimentos voluntários posteriores. Esses reflexos posturais, como são às vezes chamados, têm sido tema de considerável debate ao longo dos anos. Nas últimas décadas, foi elaborada e demonstrada a hipótese de que esses movimentos reflexos formam a base do movimento voluntário posterior (Bower, 1976; McGraw, 1954; Thelen, 1980; Zelazo, 1976). À medida que o córtex amadurece, ele assume o controle sobre os reflexos posturais de pisar, engatinhar e nadar. Três décadas atrás, Zelazo questionava a posição dualista dos anatomistas em defesa da visão hierárquica; segundo ele:

> Realmente, pesquisas comportamentais e neurológicas atuais com bebês alteram a validade e a generalidade da suposta independência entre o comportamento reflexivo inicial e o comportamento instrumental posterior. Uma hipótese alternativa afirma que os reflexos do bebê não desaparecem, mas retêm

a sua identidade dentro da hierarquia do comportamento controlado. (p. 88)

Anatomistas e neurologistas, em contrapartida, argumentam que há uma lacuna visível, de vários meses, entre a inibição do reflexo postural e o surgimento do movimento voluntário (Kessen et al., 1970; Pontius, 1973; Prechtl e Beintema, 1964; Wyke, 1975). Esse intervalo de tempo, segundo eles, indica de modo claro que não há ligação direta entre os reflexos posturais e o movimento voluntário posterior. Portanto, a visão de Zelazo foi duramente criticada. Além disso, os anatomistas e neurologistas argumentaram que a *performance* dos movimentos reflexos e dos voluntários era controlada por centros cerebrais diferentes. Bower (1976), entretanto, defendia que "esses resultados apontavam para a possibilidade de que a razão do desaparecimento das capacidades era o fato de não serem exercitadas" (p. 40).

Conceito 7.3

Parece haver uma ligação entre o comportamento reflexo inicial e o movimento voluntário posterior.

Do ponto de vista teórico do anatomista, parecia haver pouco fundamento para a suposição de que os primeiros movimentos reflexos do bebê preparavam-no para o movimento voluntário posterior de modo direto. Em meados de 1970, foi proposto que os resultados da atividade reflexa inicial do bebê seriam internalizados e que essas informações ficariam armazenadas para uso futuro (Zelazo, 1976). Thelen (1985) argumentou, ainda, que os estudos demonstram continuidade entre o andar reflexo e o voluntário. Ela afirmou, assim como fizera Bower (1976), que o período de inibição desaparece caso o reflexo seja exercitado. Thelen sustentou que o reflexo desaparece porque a massa da perna aumenta. A preservação do reflexo fortalece a perna e a parte inferior do corpo, permitindo, assim, que o bebê continue a se movimentar com pouca ou nenhuma lacuna entre o reflexo locomotor e a sua contraparte voluntária. Explicações desse tipo respondem por pelo menos uma ligação indireta entre os reflexos posturais do bebê e o movimento voluntário posterior.

Qualquer interessado no estudo do movimento precisa ter uma compreensão mais clara das primeiras formas do comportamento de movimento. Duas teorias que tentam esclarecer essa área são as teorias neuromaturacional e a dos sistemas dinâmicos.

A **teoria neuromaturacional** do desenvolvimento motor (Eckert, 1987) sustenta que, à medida que se desenvolve, o córtex inibe algumas das funções das camadas subcorticais e vai assumindo cada vez mais o controle neuromuscular. O córtex envolve-se na própria capacidade de armazenar informações recebidas por meio dos neurônios sensoriais. Esse fenômeno fica evidente na interrupção dos comportamentos reflexos e na aquisição de movimentos voluntários pelo bebê. A formação concomitante de mielina prepara o corpo para o estado neuromuscular maduro. Os movimentos tornam-se mais localizados, enquanto os trajetos neurais funcionais agem em regiões isoladas do corpo com maior precisão e acurácia.

Mais recentemente, a **teoria dos sistemas dinâmicos** defende que a neuromaturação serve de restrição ao desenvolvimento e é apenas um dos muitos limitadores de taxa que influenciam a emergência do movimento voluntário controlado (Thelen, 1986b; Thelen et al., 1987; Thelen e Ulrich, 1991). A dinâmica do sistema forma o movimento, e o *limitador de taxa* é algo do indivíduo, da tarefa e/ou do ambiente que condiciona ou restringe o movimento coordenado, para que não ocorra com pouco *input* central. Itens como proporções corporais, mielinização insuficiente, peso corporal, força muscular ou uma série de condições ambientais inibem ou promovem a progressão da fase reflexiva para a fase de movimento rudimentar do desenvolvimento.

DIAGNÓSTICO DE DISTÚRBIOS DO SISTEMA NERVOSO CENTRAL

É comum que o pediatra tente trazer à tona reflexos primitivos e posturais no neonato e no bebê. Se algum reflexo estiver ausente, irregular ou desigual em termos de força, suspeita-se de disfunção neurológica. A ausência de movimentos reflexos normais ou da continuação prolongada de vários reflexos além dos seus períodos normais faz o médico suspeitar de dano neurológico.

> **Conceito 7.4**
>
> O comportamento reflexo do bebê pode ser usado como uma ferramenta diagnóstica efetiva para avaliar a integridade do sistema nervoso central.

O uso dos reflexos desenvolvimentais como ferramenta de diagnóstico de distúrbios no sistema nervoso central tem se disseminado. Ao longo dos anos, cientistas compilaram um cronograma aproximado do surgimento e inibição de comportamentos do neonato e do bebê. A posição de descanso do recém-nascido, por exemplo, tende a ser a posição flexionada. Os flexores são dominantes sobre os extensores no início do período de bebê. Entretanto, em resumo, o maior controle cortical permite ao neonato normal levantar a cabeça a partir da posição pronada. A falta dessa resposta de levantar a cabeça na primeira ou segunda semana após o nascimento sugere a possibilidade de anormalidades neurológicas.

Existem vários outros exemplos significativos disso. Os movimentos de *olhos-de-boneca* do neonato permitem que ele mantenha a constância da imagem da retina. Quando a cabeça é inclinada para trás, os olhos miram o queixo, embaixo, e, quando a cabeça é inclinada para a frente, os olhos miram a testa, acima. Essa resposta quase sempre é observada em bebês prematuros e no primeiro dia em seguida ao nascimento de neonatos normais; depois ela é substituída pelos movimentos voluntários dos olhos. A continuidade desse reflexo pode indicar atraso na maturação cortical.

Um meio de diagnosticar possíveis distúrbios no sistema nervoso central, portanto, é a permanência dos reflexos. A ausência completa de um reflexo costuma ser menos significante do que a sua permanência por tempo demais. Outro indício de possível dano fica claro quando um reflexo é forte ou fraco demais. O reflexo que gera uma resposta mais forte em um lado do corpo do que no outro também indica disfunção do sistema nervoso. Um reflexo tônico assimétrico no pescoço, por exemplo, que apresenta extensão completa de um braço e apenas extensão fraca do extensor do outro, quando esse outro lado é estimulado, também fornece indícios de dano.

Somente um examinador treinado deve inspecionar e avaliar os comportamentos reflexos do neonato. Para os médicos, os exames são um recurso primário de diagnóstico da integridade do sistema nervoso central em bebês nascidos no prazo normal, em prematuros e nos que correm riscos.

Além disso, eles servem de base para a intervenção de médicos e terapeutas ocupacionais que trabalham com indivíduos com comporta-

---

Perspectivas internacionais

Reflexos do bebê: um fenômeno mundial com consequências significativas

Os reflexos do bebê são controlados subcorticalmente e fundamentados na maturação. Por isso, são os mesmos no mundo inteiro em neonatos com desenvolvimento típico. Não importa se o bebê nasceu na África, na Ásia, na América do Norte ou na América do Sul, todos os bebês com desenvolvimento típico apresentam os mesmos reflexos primitivos e posturais. Além disso, eles aparecem e "desaparecem" do mesmo modo e no mesmo ritmo.

Apenas em casos de privação extrema, incluindo prematuridade extrema e peso de nascimento extremamente baixo, é que realmente observamos mudanças no ritmo de surgimento dos comportamentos reflexos. Um período de gestação mais curto, menos de 27 semanas, não é suficiente para que o sistema nervoso fique suficientemente maduro no ventre. Em consequência disso, várias reações, inclusive os reflexos de busca e sucção, típicos do neonato, ficam fracos ou até mesmo ausentes. O cuidado especializado, em uma unidade de tratamento intensivo de neonatos, proporciona um tempo precioso para o amadurecimento dessas respostas, enquanto é fornecida nutrição intravenosa. Entretanto, nos países em desenvolvimento, essa tecnologia médica muitas vezes não está disponível, levando a complicações adicionais que ameaçam a própria sobrevivência do neonato, em função da sua incapacidade de buscar e sugar a nutrição do seio da mãe. No contexto internacional, muito precisa ser feito para melhorar o resultado dos bebês nascidos prematuramente.

mentos reflexos patológicos, além dos períodos de inibição esperados. É possível suspeitar de disfunção neurológica quando pelo menos uma dessas condições surge:

1. A permanência de um reflexo além da idade em que ele deveria ser inibido pelo controle cortical
2. Ausência completa de um reflexo
3. Respostas de reflexo bilateral desiguais
4. Respostas fortes ou fracas demais.

> **Conceito 7.5**
>
> Os reflexos do bebê aparecem e são inibidos de acordo com um cronograma de ritmo e sequência previsível.

REFLEXOS PRIMITIVOS

Os reflexos primitivos estão estreitamente associados com a obtenção de nutrição e proteção pelo bebê. Eles surgem durante a vida fetal e persistem até o primeiro ano. A seguir apresentamos uma lista parcial de numerosos reflexos primitivos exibidos pelo feto e pelo recém-nascido. Os seus tempos aproximados de surgimento e inibição são encontrados na Tabela 7.1, que também inclui informações sobre reflexos posturais.

Reflexos de Moro e de alarme

Para despertar os reflexos de Moro e de alarme, coloca-se o bebê na posição supino e dá-se um tapinha em seu abdome ou produz-se alguma sensação de insegurança de apoio (p. ex., deixar

Tabela 7.1 Sequência do desenvolvimento e taxa aproximada de surgimento e inibição de determinados reflexos primitivos e posturais

Reflexos primitivos	0	1	2	3	4	5	6	7	8	9	10	11	12
De Moro	X	X	X	X	X	X	X						
De alarme								X	X	X	X		
De busca	X	X	X	X	X	X	X	X	X	X	X	X	
De sucção	X	X	X	X									
Palmar-mental	X	X	X										
Palmar-mandibular	X	X	X	X									
De preensão palmar	X	X	X	X	X								
De Babinski	X	X	X	X									
De preensão plantar					X	X	X	X	X	X	X	X	X
Tônico do pescoço	X	X	X	X	X	X	X						
Reflexos posturais													
Endireitamento labiríntico			X	X	X	X	X						
Endireitamento óptico							X	X	X	X	X	X	X
Flexão				X	X	X	X	X	X	X	X	X	X
Paraquedas e extensão						X	X	X	X	X	X	X	X
Endireitamento do pescoço	X	X	X	X	X	X							
Endireitamento do corpo							X	X	X	X	X	X	X
De engatinhar	X	X	X	X									
De caminhar	X	X	X	X	X	X							
De nadar	X	X	X	X	X	X							

a cabeça cair um pouco para trás de repente). Ele também pode ser autoinduzido por um som alto ou quando o bebê tosse ou espirra.

No reflexo de Moro, há extensão e abaulamento dos braços e esticamento dos dedos das mãos. As pernas e os dedos do pé executam as mesmas ações, porém com menos vigor. Após, os membros retornam à posição flexionada normal, junto ao corpo (Fig. 7.1). O reflexo de alarme é similar ao de Moro em todos os aspectos, exceto por envolver a flexão dos membros sem extensão prévia.

O reflexo de Moro está presente ao nascimento e durante os primeiros seis meses. Ele tem sido uma das ferramentas mais amplamente usada em exames neurológicos de bebês. A reação é mais acentuada durante as primeiras semanas de vida. A intensidade da resposta diminui de forma gradual até ser caracterizada, finalmente, por um movimento de arranco do corpo em resposta ao estímulo (reflexo de alarme). A persistência do reflexo além do sexto mês pode ser indicativa de disfunção neurológica. A assimetria no reflexo de Moro possivelmente indica paralisia de Erb ou lesão no membro.

Reflexos de busca e sucção

Os reflexos de busca ou descoberta e de sucção permitem ao recém-nascido a obtenção de nutrição da mãe. Em resultado da estimulação da área em torno da boca (reflexo de busca), o bebê vira a cabeça na direção da fonte da estimulação. O reflexo de busca é mais forte nas três primeiras semanas e, gradualmente, cede espaço à resposta de virar a cabeça de modo direcionado, que se torna refinada e parece um comportamento com o propósito de colocar a boca em contato com o estímulo. É mais fácil obter o reflexo de busca quando o bebê está com fome, dormindo ou na posição normal de amamentação. A estimulação dos lábios, gengivas, língua ou palato duro provoca um movimento de sucção (reflexo de sucção) na tentativa de receber nutrição. Geralmente, a ação de sucção é ritmicamente repetitiva. Se isso não acontecer, a movimentação leve do objeto dentro da boca irá produzir a sucção. O reflexo de sucção tem duas fases – expressiva e de sucção.

Durante a *fase expressiva*, o mamilo é apertado entre a língua e o palato. Durante a *fase de*

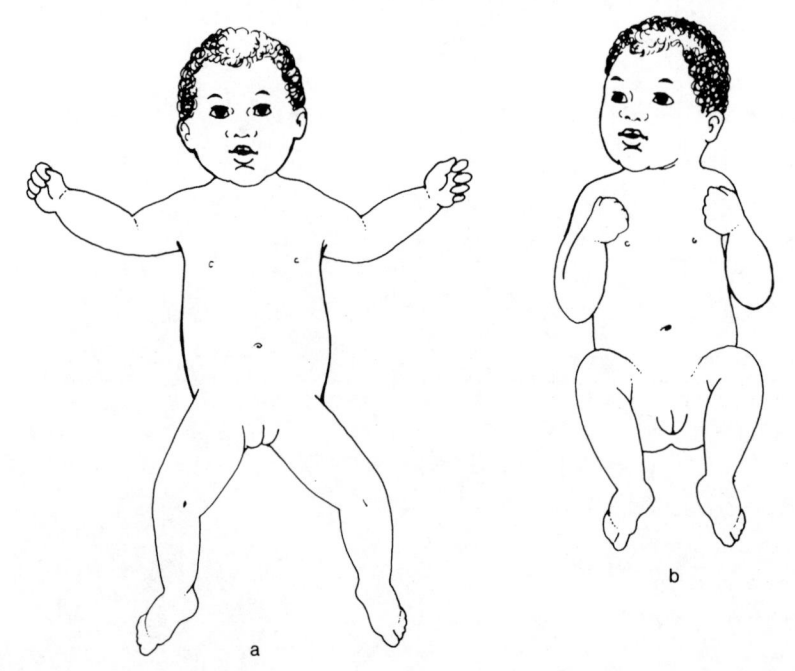

Figura 7.1
Reflexo de Moro: (a) fase de extensão, (b) fase de flexão.

sução, é produzida pressão negativa na cavidade bucal. Esse reflexo é provocado diariamente nos horários da amamentação no caso do neonato saudável. Além disso, a estimulação de recém-nascidos de alto risco para geração de reflexos de sucção e deglutição tem se mostrado benéfica na redução da necessidade de alimentação intravenosa.

Esses dois reflexos estão presentes em todos os recém-nascidos com desenvolvimento típico. O reflexo de busca pode persistir até o final do primeiro ano; o movimento de sucção em geral desaparece como reflexo no final do terceiro mês, mas persiste como resposta voluntária.

Reflexos mãos-boca

Dois reflexos mãos-boca são encontrados em recém-nascidos. O *reflexo palmar-mental*, provocado quando se esfrega levemente a base da palma, causa contração dos músculos do queixo, erguendo-o. Esse reflexo tem sido observado em recém-nascidos, mas desaparece relativamente cedo.

O *reflexo palmar-mandibular* ou *reflexo de Babkin*, como às vezes é chamado, surge quando é aplicada pressão à palma das duas mãos. As respostas incluem abrir a boca, fechar os olhos e flexionar a cabeça para a frente. Esse reflexo começa a diminuir durante o primeiro mês após o nascimento e, geralmente, não é mais observado após o terceiro mês.

Reflexo de preensão palmar

Durante os primeiros dois meses, o bebê comumente mantém as mãos bem fechadas. Quando há estimulação da palma, a mão se fecha com força em torno do objeto, sem o uso do polegar. A pegada fica mais apertada quando é exercida força contra os dedos flexionados. Com frequência, a pegada é tão forte que o bebê consegue sustentar o próprio peso quando suspenso (Fig. 7.2).

O reflexo de preensão normalmente está presente ao nascimento e persiste durante os quatro primeiros meses. A intensidade da resposta tende a aumentar durante o primeiro mês e diminui aos poucos depois disso. Uma preensão fraca ou a persistência do reflexo após o primeiro ano pode ser um sinal de atraso no desenvolvimento motor ou de hemiplegia, quando ocorre em um único lado.

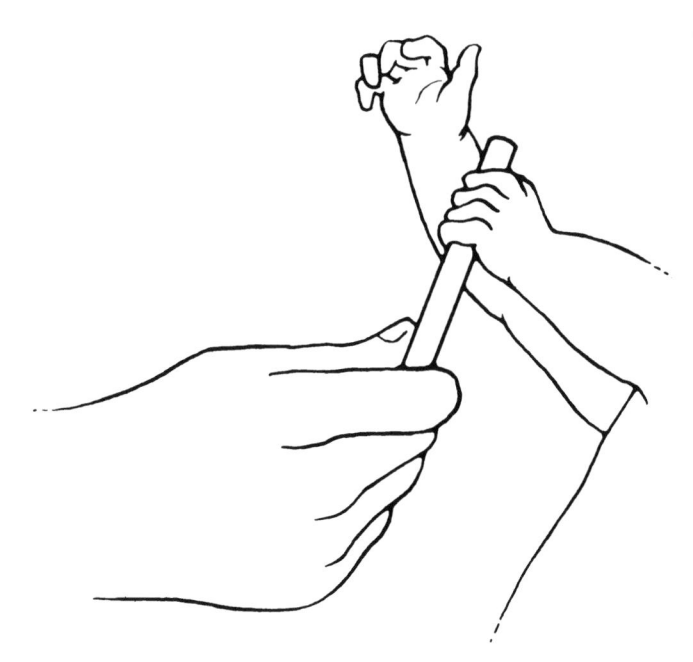

Figura 7.2
Reflexo de preensão palmar.

Reflexos de Babinski e preensão plantar

Em recém-nascidos, o reflexo de Babinski é evocado pelo toque na sola dos pés. A pressão causa a extensão dos dedos do pé. Quando o sistema neuromuscular amadurece, o reflexo de Babinski cede espaço ao reflexo plantar, uma contração dos dedos em resposta à estimulação da sola do pé (Fig. 7.3).

O reflexo de Babinski normalmente está presente ao nascimento, mas cede espaço, em torno do quarto mês, ao reflexo de preensão plantar, que pode persistir até por volta do décimo segundo mês. O reflexo plantar de preensão pode ser facilmente provocado pela pressão dos polegares contra o terço anterior do pé do bebê. A persistência do reflexo de Babinski além do sexto mês é indicativo de uma lacuna desenvolvimental.

Reflexos tônicos assimétrico e simétrico do pescoço

O reflexo tônico assimétrico do pescoço é, provavelmente, o mais pesquisado na literatura terapêutica. Para evocá-lo, um examinador treinado coloca o bebê na posição supina e vira o pescoço dele de modo que a cabeça fique voltada ora para um lado, ora para o outro. Os braços assumem posição similar à do esgrimista "en garde". Ou seja, o braço se estende do lado do corpo para o qual a cabeça está voltada, e o outro braço assume uma posição bem flexionada. Os membros inferiores ficam em posição similar à dos braços. O reflexo tônico simétrico do pescoço pode ser provocado na posição sentada, com apoio. A extensão da cabeça e do pescoço produz a extensão dos braços e a flexão das pernas. Quando a cabeça e o pescoço são flexionados, os braços flexionam-se e as pernas estendem-se (Fig. 7.4).

Os dois reflexos tônicos do pescoço são observados na maioria dos bebês prematuros, mas não são uma resposta obrigatória em recém-nascidos (ou seja, eles não ocorrem sempre que a cabeça do bebê é virada). Entretanto, o bebê de 3 a 4 meses de idade assume a posição assimétrica cerca de 50% do tempo e depois ela vai desaparecendo de forma gradual. A persistência além do sexto mês pode ser indicativa de falta de controle dos centros cerebrais superiores sobre os inferiores. A persistência do reflexo tônico assimétrico do pescoço no começo da infância pode impedir o desenvolvimento de tarefas motoras como rolar o corpo, cruzar a linha média corporal, coordenar os olhos e vários tipos de nado. Crianças e adultos com paralisia cerebral grave com frequência exibem reflexo tônico assimétrico persistente (Sherrill, 2004).

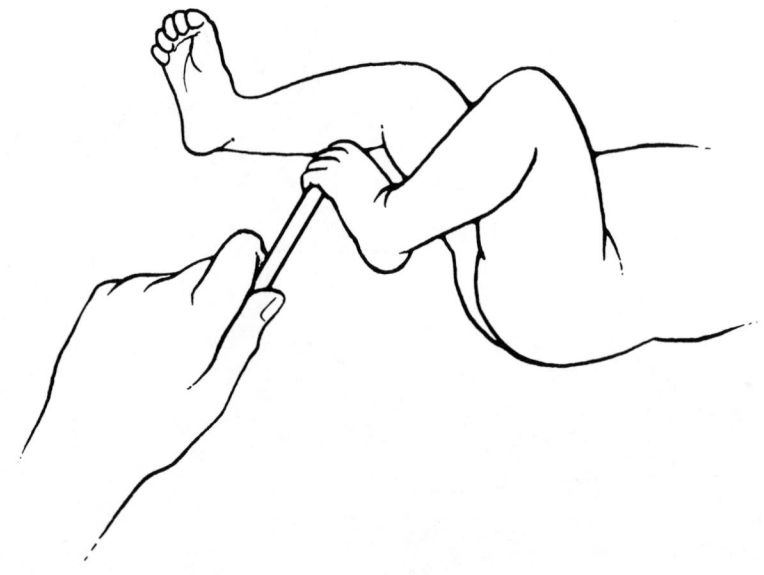

Figura 7.3
Reflexo de preensão plantar.

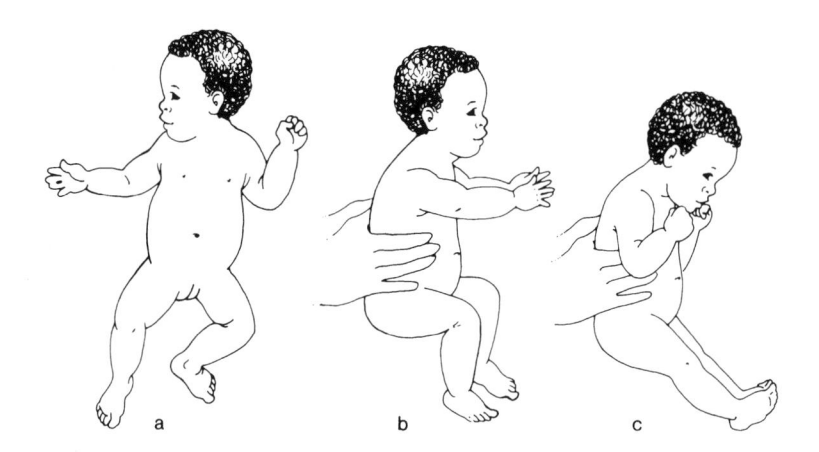

Figura 7.4
(a) Reflexo tônico assimétrico do pescoço e (b e c) reflexo tônico simétrico do pescoço.

REFLEXOS POSTURAIS

Os reflexos posturais lembram os movimentos voluntários posteriores. Eles permitem, de forma automática, que o indivíduo mantenha a posição ereta em relação ao seu ambiente. Os reflexos posturais são encontrados em todos os bebês normais durante os primeiros meses do pós-natal e podem, em alguns poucos casos, persistir durante todo o primeiro ano. As seções a seguir abordam os reflexos posturais que interessam mais ao estudante do desenvolvimento motor. Esses reflexos estão associados com o comportamento do movimento voluntário posterior e devem ser cuidadosamente estudados por todos os interessados no desenvolvimento dos padrões voluntários de movimento. (O período aproximado de surgimento e inibição desses reflexos também é encontrado na Tab. 7.1, na p. 143).

CONCEITO 7.6

Os reflexos posturais lembram os movimentos voluntários posteriores e podem estar ligados a eles.

Reflexos de endireitamento labiríntico e óptico

Os reflexos de endireitamento labiríntico e óptico são provocados quando o bebê é mantido na posição ereta e inclinado para a frente, para trás ou para os lados. A criança responde com a tentativa de manter a posição ereta da cabeça, movimentando-a na direção oposta à do movimento do tronco. Por exemplo, se o bebê for mantido na posição pronada e for inclinado para trás, ele responderá erguendo a cabeça (Fig. 7.5). O reflexo de endireitamento óptico é similar ao de endireitamento labiríntico, exceto pelo fato de que é possível observar que os olhos seguem a condução da cabeça para cima.

No reflexo de endireitamento labiríntico, os impulsos que emergem do otólito do labirinto fazem com que o bebê mantenha o alinhamento apropriado da cabeça em relação ao ambiente, inclusive quando outros canais sensórios (i.e., a visão e o tato) são excluídos. O reflexo de endireitamento labiríntico surge pela primeira vez em torno do segundo mês e persiste até cerca de 6 meses de idade, quando a visão geralmente se torna um fator importante. O reflexo continua ao longo do primeiro ano como reflexo de endireitamento óptico. Esse último, junto com seu similar mais primitivo, ou seja, o reflexo de endireitamento labiríntico, ajuda o bebê a colocar a cabeça e o corpo na posição ereta e a manter essa posição e contribui para o movimento do bebê para a frente, que ocorre em torno do final do primeiro ano.

Reflexo de flexão

O reflexo de flexão dos braços é uma tentativa involuntária, por parte do bebê, de manter a posição ereta. Se o colocarmos sentado, o seguramos assim com uma das mãos ou com as duas e o empurrarmos levemente para trás, ele flexionará os braços, tentando permanecer ereto. E fará a mesma coisa se for empurrado para a frente. A reação de flexão reflexa dos braços costuma aparecer em torno do terceiro ou quarto mês e, com frequência, continua ao longo do primeiro ano (Fig. 7.6).

Reflexos de paraquedas e de extensão

As reações de paraquedas e de extensão são movimentos protetores dos membros na direção da força aplicada. Esses movimentos reflexos ocorrem em resposta a uma força de aplicação súbita ou quando o bebê não consegue mais manter o equilíbrio. Os reflexos de proteção dependem da estimulação visual e, portanto, não ocorrem no escuro. Eles podem ser uma forma de reflexo de susto.

A reação de paraquedas para a frente pode ser observada quando o bebê é mantido verticalmente no ar e, em seguida, inclinado em direção ao solo. Ele estende os braços para baixo, em uma aparente tentativa de amortecer a suposta queda (Fig. 7.7). As reações de paraquedas para trás podem ser observadas quando o bebê é mantido na posição ereta e rapidamente abaixado em direção ao solo. Os membros inferiores ficam em extensão, tensão e abdução. Os reflexos de extensão podem ser provocados quando o bebê é tirado do equilíbrio na posição sentada, empurrando-o para a frente ou para trás. As reações de paraquedas para a frente e para trás começam a acontecer em torno do quarto mês. A reação de extensão para os lados emerge pela primeira vez em torno do sexto mês. A reação para trás é observada pela primeira vez entre o décimo e o décimo segundo mês. Cada uma dessas reações tende a persistir além do primeiro ano e é necessária antes de o bebê aprender a andar.

Reflexos de endireitamento do pescoço e do corpo

O reflexo de endireitamento do pescoço é observado quando o bebê é colocado na posição supi-

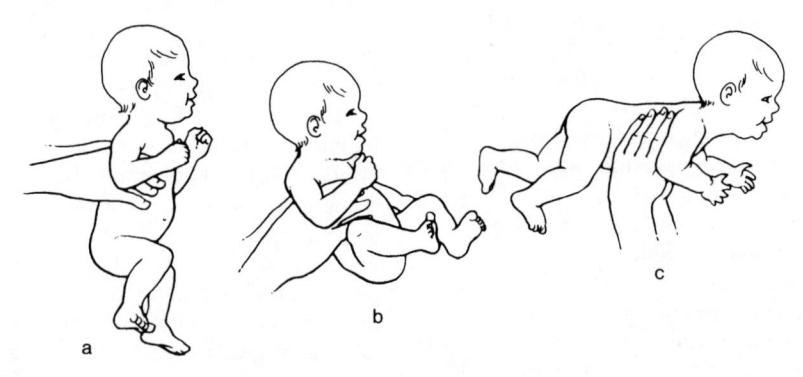

Figura 7.5
Reflexos labirínticos em três posições: (a) ereta, (b) inclinada para trás e (c) pronada.

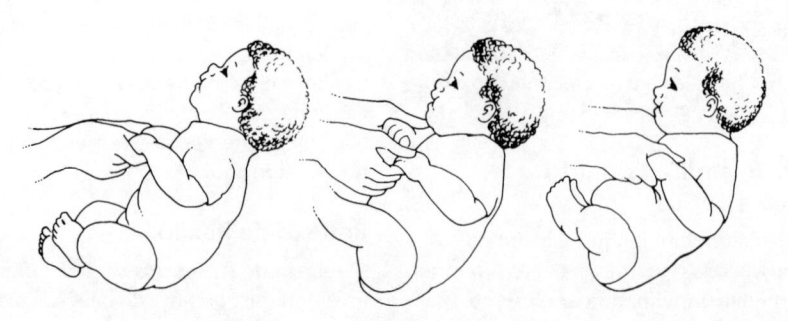

Figura 7.6
Reflexo de flexão.

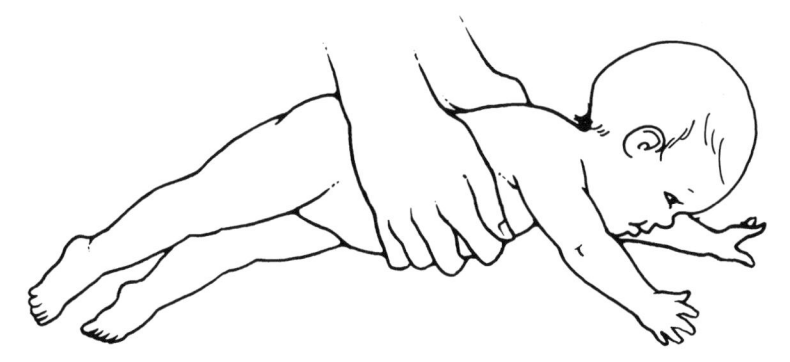

Figura 7.7
Reflexo de paraquedas.

na, com a cabeça voltada para o lado. O restante do corpo movimenta-se de modo reflexo na mesma direção da cabeça. Primeiro os quadris e as pernas viram-se de modo alinhado, seguidos pelo tronco. No reflexo de endireitamento do corpo, acontece o reverso. Quando testado na posição deitado de lado, com as pernas e o tronco voltados para o lado, o bebê vira a cabeça de modo reflexo na mesma direção e corrige a posição do corpo, buscando o alinhamento com a cabeça (Fig. 7.8, p. 150). O reflexo de endireitamento do pescoço desaparece em torno dos 6 meses de idade. O reflexo de endireitamento do corpo emerge em torno do sexto mês e persiste até cerca dos 18 meses. O reflexo de endireitamento do corpo forma a base do movimento voluntário de rolar, que ocorre a partir do final do quinto mês.

Reflexo de engatinhar

O reflexo de engatinhar é observado quando o bebê é colocado na posição pronada e aplica-se pressão à sola do seu pé. De modo reflexo, ele assume uma posição de engatinhar, usando tanto os membros superiores como os inferiores. A pressão na sola de ambos os pés gera o retorno da pressão por parte do bebê. A pressão na sola de um dos pés produz o retorno da pressão e um empurrão extensor da perna oposta (Fig. 7.9, p. 150).

O reflexo de engatinhar geralmente está presente ao nascimento e desaparece por volta do terceiro ou quarto mês. Há uma lacuna entre o engatinhar reflexo e o voluntário, que aparece por volta do sétimo mês.

Reflexo primário de marcha automática

Quando seguramos o bebê na posição ereta, com o peso do corpo sustentado em uma superfície plana, ele responde "andando" para a frente. Esse movimento de andar envolve apenas as pernas (Fig. 7.10, p. 152). O reflexo primário de pisar normalmente está presente nos primeiros seis meses e desaparece em torno do quinto mês. Zelazo (1976) e Bower (1976) estudaram como a prática precoce e persistente do reflexo primário de marcha afeta o surgimento do comportamento voluntário de andar. Os resultados dessas investigações revelaram que a idade do caminhar independente foi acelerada por meio do condicionamento do reflexo de pisar no grupo experimental; o grupo de controle não apresentou aceleração do desenvolvimento. Com base nessas descobertas, Thelen (1986a) foi capaz de provocar um reflexo de pisar em bebês vários meses depois do período em que já deveria ter sido inibido, mas antes do surgimento da marcha voluntária. Ela sugeriu que o condicionamento do reflexo melhora a força nos membros exercitados, tornando-se, portanto, um estímulo do caminhar voluntário precoce. Várias pesquisas têm usado esse trabalho pioneiro para explorar a facilitação da caminhada voluntária em bebês com síndrome de Down (Ulrich e Ulrich, 1995; Ulrich et al., 1995; Ulrich et al., 1997; Ulrich et al., 2001).

Reflexo de nadar

Quando colocado na posição pronada dentro ou sobre a água, o bebê exibe movimentos rítmicos

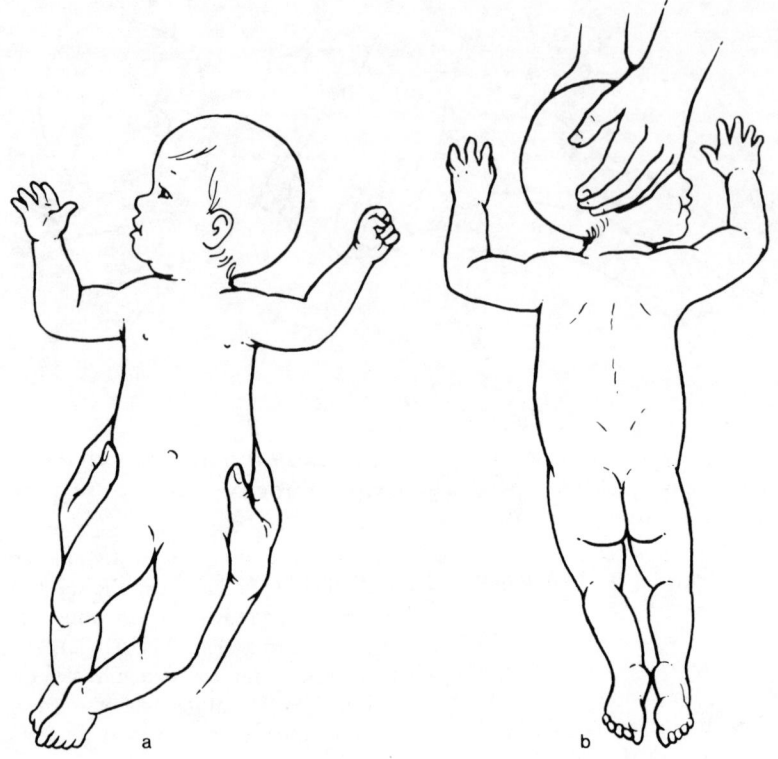

Figura 7.8
(a) Reflexo de endireitamento do pescoço e (b) reflexo de endireitamento do corpo.

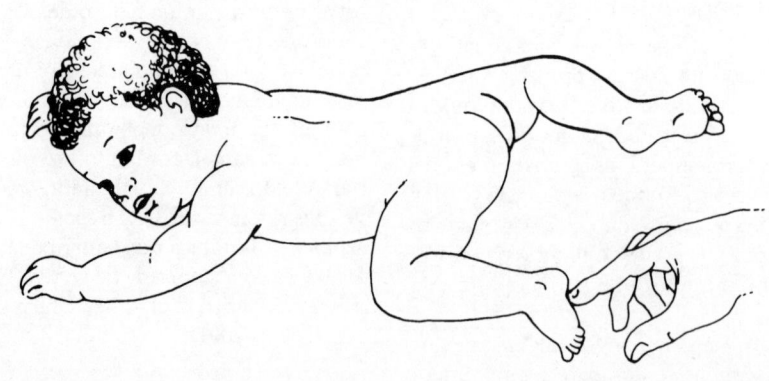

Figura 7.9
Reflexo de engatinhar.

DILEMA DO DESENVOLVIMENTO

Olha! O bebê está começando a andar!

Com frequência, os pais de recém-nascidos ficam atentos a qualquer movimento de seus filhos, especialmente no primeiro ano de vida, tão repleto de eventos. Um dos primeiros e mais reveladores marcos é aprender a ficar de pé e a caminhar com independência. As faixas de variação típicas vão de 9 a 18 meses de idade, com a média em torno dos 12.

Com frequência os pais começam a colocar o bebê na posição ereta com sustentação logo depois do nascimento e ficam surpresos ao ver que ele trava o quadril e as articulações do joelho e parece fazer um verdadeiro esforço para ficar de pé e caminhar. Então eles dizem à família e aos amigos que o filho está "começando a andar" e, uma vez que isso está acontecendo tão cedo, esse seria apenas o primeiro de muitos comportamentos precoces que certamente virão. Ah, como os pais ficam orgulhosos.

Junto com outras pessoas que acompanham o processo de longe, várias semanas depois, mamãe e papai ficam desapontados quando o filho não demonstra mais aquelas habilidades precoces de "caminhar". Na verdade, quando é colocado na posição ereta, com os pés plantados em uma superfície dura, o bebê age mais como um macarrão úmido e escorregadio do que como um superfilho tentando ficar de pé e caminhar.

O primeiro reflexo de marcha aparece logo após o nascimento e persiste ao longo dos primeiros 4 ou 5 meses. Ele não é, de jeito nenhum, uma atividade motora voluntária, pois é controlado de modo subcortical. Entretanto, ele pode fornecer ao bebê informações valiosas, que serão usadas mais tarde, quando os centros cerebrais superiores amadurecem e a musculatura corporal torna-se forte o suficiente para suportar o ato voluntário de ficar de pé e caminhar.

Tem sido demonstrado que o uso do reflexo primário de pisar para a "prática" inicial da caminhada promove a aceleração dos comportamentos voluntários de caminhar em bebês. A prática parece melhorar a força dos membros e a coordenação assimétrica. No entanto, se excessiva, ela pode estressar os ossos e as articulações. Então o dilema: em que condições a prática precoce do comportamento de marcha é aconselhada e em que condições ela é insensata? Por quê?

---

extensores e flexores dos braços e das pernas como se estivesse nadando. Os movimentos são bem organizados e parecem mais avançados do que qualquer dos outros reflexos locomotores. McGraw (1939) filmou movimento reflexos de natação em bebês humanos bem cedo, no décimo primeiro dia após o nascimento. Esses movimentos involuntários geralmente desaparecem em torno do quarto mês.

McGraw descobriu que o reflexo de prender a respiração é evocado quando o rosto do bebê é colocado na água e que os movimentos de natação são mais acentuados nessa posição. Desde então, McGraw (1954) tem especulado a respeito da teoria de que o reflexo de nadar do bebê é um precursor do caminhar. "Basicamente, os mecanismos neuromusculares que mediam os movimentos de nadar reflexos podem ser, em essência, os mesmos ativados no engatinhar reflexo e nos movimentos de pisar do bebê" (p. 360). É interessante refletir sobre a relação entre os reflexos de engatinhar, pisar e nadar.

ESTEREÓTIPOS RÍTMICOS

Há várias décadas os pesquisadores vêm demonstrando interesse por muitas questões intrigantes relativas aos reflexos do bebê. Essas pesquisas têm importante implicações no diagnóstico de distúrbios do sistema nervoso central e no trabalho de fisioterapeutas e terapeutas ocupacionais com indivíduos que apresentam diversas condições patológicas. Além disso, o estudo da origem dos reflexos e da sua relação com os comportamentos voluntários posteriores tem forjado novas incursões na teoria do aprendizado e do modo como o ser humano se organiza para o aprendizado de novas habilidades de movimento.

Conceito 7.7

Os estereótipos rítmicos do bebê fornecem indícios de que o desenvolvimento motor humano é um sistema auto-organizado, empenhado em aumentar o controle motor.

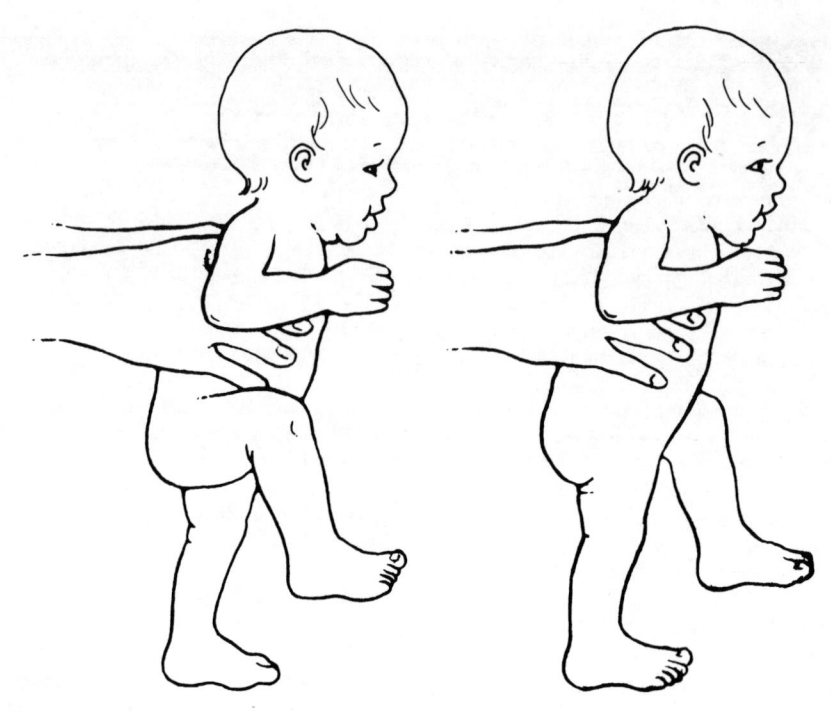

Figura 7.10
Reflexo primário de pisar.

Apenas nas últimas duas décadas os pesquisadores foram além da catalogação e descrição de comportamentos reflexos do bebê e tentaram examinar os mecanismos subjacentes. Esther Thelen está entre os primeiros que tentaram responder às muitas questões levantadas pelos comportamentos estereotipados do bebê. Ela estudou os **estereótipos rítmicos** em bebês humanos normais, a fim de classificar esses movimentos e explicar as suas ocorrências. (Os *estereótipos* são comportamentos rítmicos realizados repetidas vezes de forma espontânea.) Em crianças e adultos, os estereótipos são considerados indício de comportamento anormal, mas em bebês eles são normais.

Thelen (1979, 1981, 1996) observou e catalogou os estereotipados rítmicos de bebês normais de 4 semanas a 1 ano de idade. As suas observações revelaram 47 comportamentos estereotipados, que foram subdivididos em quatro grupos: (1) movimentos das pernas e dos pés; (2) movimentos do torso; (3) movimentos dos braços, das mãos e dos dedos; e (4) movimentos da cabeça e da face. De acordo com Thelen (1979), "esses comportamentos mostraram regularidades desenvolvimentais, assim como constância de forma e distribuição". Os grupos de estereótipos que envolvem partes ou posturas específicas do corpo apresentam idade de surgimento, pico de *performance* e declínio específicos" (p. 699).

Os movimentos rítmicos de dados sistemas corporais tendem a aumentar pouco antes da aquisição do controle voluntário do sistema pelo bebê. Portanto, o nível maturacional do bebê parece controlar os estereótipos rítmicos. Thelen e colaboradores (Thelen et al., 1985; Thelen et al., 1987) defendem que a presença de comportamentos estereotipados em bebês humanos normais é indício de um programa motor central auto-organizado para o controle do desenvolvimento motor do bebê.

Pernas e pés

Thelen (1979, 1985) descobriu que os movimentos rítmicos de chutar das pernas e dos pés eram observados mais cedo. A maioria dos chutes rítmicos acontecia quando os bebês eram colocados nas posições pronada ou supinada. A posição supinada permitia aos bebês o maior grau de liberdade em relação à flexibilidade tanto nas articulações do quadril como do joelho. Quando chutavam nessa posição de costas, as pernas dos bebês ficavam levemente flexionadas nos quadris, joelhos e tornozelos, com moderada rotação externa dos quadris. A partir dessa posição, os bebês conseguiam chutar alternadamente as pernas, em uma ação que lembrava o "pedalar". Na posição pronada, o chute alternado das pernas ficava mais restrito e acontecia apenas a partir da articulação do joelho. Thelen notou que os estereótipos das pernas e dos pés começavam por volta da quarta semana após o nascimento, mais cedo para os braços, e alcançava o pico de ocorrênica entre o vigésimo quarto e o trigésimo segundo mês de idade. Outras formas de chutar observadas foram o esfregar dos pés a partir de uma posição relatada e o chutar com uma única perna a partir das posições pronada e supinada.

Torso

Thelen (1979) também observou vários estereótipos rítmicos do torso. O mais comum acontecia a partir da posição pronada. O bebê arqueava as costas, erguia os braços e as pernas, tirando-os da superfície de apoio e balançavam-nos ritmicamente para trás e para a frente, na posição de um aeroplano. Outro estereótipo do torso observado com frequência ocorreu na posição pronada de engatinhar com as mãos e os joelhos. A partir dessa posição, o bebê movimentava o corpo para a frente, estendendo a perna na posição superior e mantendo estacionária a que está na posição inferior. Os braços permanecem estendidos o tempo todo, mas se movem para a frente na hora do empurrão das pernas para trás.

Outros estereótipos comuns do torso, porém observados com menor frequência, incluem ações rítmicas a partir das posturas sentada, ajoelhada e de pé. Na posição sentada, tanto com suporte como sem, o bebê balança ritmicamente o torso para a frente e para trás. Os estereótipos rítmicos a partir da posição ajoelhada incluem balançar para a frente e para trás, de um lado para o outro e para cima e para baixo. Os estereótipos de pé eram comuns e geralmente ocorriam a partir da posição com apoio. O bebê dobra os joelhos e executa um movimento de balançar rítmico para cima e para baixo. Os bebês também podem balançar de forma rítmica para a frente e para trás e de um lado para o outro.

Braços, mãos e dedos

Estereótipos rítmicos dos braços, das mãos e dos dedos foram observados em todos os bebês da amostra de Thelen. O acenar (ações sem um objeto) e o esmurrar (ações com um objeto ao alcance do bebê) foram observados com mais frequência. Ambos tinham o mesmo padrão motor e envolviam um movimento rítmico em uma ação vertical a partir do ombro. O esmurrar diferia do acenar só pelo fato de que o bebê fazia contato com a superfície na ação descendente. O bater palmas rítmico à frente do corpo foi outro estereótipo comum, como no balanço dos braços. O estereótipo do balanço dos braços é evocado, entretanto, apenas quando o bebê está segurando um objeto e envolve uma ação iniciada no ombro, em direção à frente do corpo.

Cabeça e face

Os estereótipos rítmicos da cabeça e da face, de acordo com Thelen (1979), são muito menos frequentes. Eles envolvem ações como o balançar rítmico da cabeça de um lado a outro ("não") e para cima e para baixo ("sim"). O movimento rítmico de colocar a língua para fora e puxá-la de novo foi observado rotineiramente, junto com comportamentos de sucção sem nutrição.

Dos 47 estereótipos rítmicos observados por Thelen, os movimentos das pernas e dos pés foram os mais comuns, tendo o seu início e pico entre 24 e 32 semanas de idade. Os estereótipos dos braços e das mãos também eram comuns, mas o seu pico acontecia mais tarde, entre 34 e 42 semanas. Os estereótipos do torso, embora comuns, são menos frequentes do que os movimentos das pernas e dos pés e dos braços e das mãos. Além disso, os estereótipos do torso nas posições sentada, ajoelhada ou de pé tendem a apresentar o pico mais tarde do que os outros.

Resumo

Reflexos primitivos, sob o controle das camadas cerebrais subcorticais, são observados no feto a partir, mais ou menos, da décima oitava semana de gestação. Em geral, os reflexos têm a dupla função de ajudar o recém-nascido a garantir nutrição e proteção. Muitos dos movimentos representam métodos iniciais de aquisição de informações sobre o ambiente do bebê.

No feto normal, à medida que o desenvolvimento neurológico progride, e mais tarde no neonato normal, os reflexos aparecem e desaparecem de acordo com um cronograma bastante padronizado, porém informal. A presença de um reflexo primitivo ou postural é indício do controle subcortical sobre algumas funções neuromusculares. Embora o controle cortical logo passe a dominar, a função do subcórtex nunca é completamente inibida. Ao longo de toda a vida, ele mantém o controle sobre atividades como tossir, espirrar e bocejar, assim como sobre os processos de sobrevivência involuntários. O córtex media o comportamento mais intencional, enquanto o comportamento subcortical é limitado e estereotipado.

Embora ainda não seja possível determinar se existe relação direta entre o comportamento reflexo e o movimento voluntário posterior, é seguro afirmar que há, pelo menos, uma ligação indireta. Essa ligação pode estar associada com a capacidade do córtex em desenvolvimento de armazenar informações recebidas dos órgãos sensoriais finais relativas à *performance* do movimento involuntário. Ou então isso pode ocorrer devido ao aumento da força na parte do corpo exercitada de forma involuntária (de modo reflexo).

QUESTÕES PARA REFLEXÃO

1. Quais são os principais reflexos primitivos e posturais do recém-nascido?
2. Qual é o objetivo do médico ao testar as respostas reflexas do recém-nascido?
3. Em que diferem os estágios de codificação e de decodificação de informações da fase reflexa do desenvolvimento motor?
4. O que são os estereótipos rítmicos e por que eles são considerados importantes no desenvolvimento motor dos bebês?
5. Os reflexos do bebê estão relacionados com os comportamentos voluntários posteriores observados na fase de movimento rudimentar do desenvolvimento motor e depois dela?

Leitura Básica

Sherrill, C. (2004). *Adapted Physical Activity, Recreation and Sport: Crossdisciplinary and Lifespan,* 6th ed. (Chapter 10). St. Louis: McGraw-Hill.

Snow, C. W., & McGaha, C. G. (2003). *Infant Development,* 3rd ed. (Chapter 6). Upper Saddle River, NJ: Prentice Hall.

Thelen, E. (1996). Normal infant stereotypies: A dynamic systems approach. In R. L. Sprague & K. M. Newell (Eds.) *Stereotyped Movements: Brain and Behavior Relationships.* (pp. 139–165). Washington DC: American Psychological Association.

Thelen, E. (1986). Treadmill-elicited stepping in seven-month-old infants. *Child Development, 57,* 1498–1506.

Ulrich, B. D., Ulrich, D. A., Angulo-Barroso, R., & Yun, J. K. (2001). Treadmill training in infants with Down syndrome: Evidence-based developmental outcomes. *Pediatrics, 108,* e84.

Recursos na *Web*

www.apta.org
Homepage da American Physical Therapy Association. A APTA é uma organização profissional cujo objetivo consiste em estimular avanços na prática, na pesquisa e no ensino da fisioterapia. O *site* fornece notícias, questões governamentais, publicações de grupos de membros e um centro de emprego/carreira.

www.isisweb.org
Homepage da International Society on Infant Studies. A ISIS é uma organização "devotada à promoção e disseminação de pesquisas sobre o desenvolvimento de bebês". O *site* contém uma descrição da sociedade, notícias recentes e boletins.

www.physicaltherapist.com
Essa página é dedicada aos fisioterapeutas e oferece fóruns de discussão, classificados, listagem de escolas, listagens de clínicas e um recurso de busca de empregos.

http://www.mc.vanderbilt.edu/vumcdiglib/databases.html?diglib=4
Site da livraria digital do Vanderbilt Children's Hospital. Contém numerosos recursos, como bancos de dados, periódicos eletrônicos, livros eletrônicos, recursos EBM (Evidence-Based Medicine), etc.

CAPÍTULO 8

Capacidades de Movimento Rudimentar

PALAVRAS-CHAVE

Estágio de inibição dos reflexos
Estágio de pré-controle
Estabilidade
Locomoção

Manipulação
Rastejar
Padrão contralateral
Engatinhar

Padrão homolateral
Intervenção precoce
Hiponatremia
Giárdia

COMPETÊNCIAS ADQUIRIDAS NESTE CAPÍTULO

Ao finalizar este capítulo, você será capaz de:

- Descrever os "marcos motores" entre tarefas que levam à locomoção em posição ereta e o movimento de preensão orientado visualmente
- Distinguir os estágios de inibição dos reflexos e de pré-controle na fase de movimento rudimentar do desenvolvimento
- Discutir o estudo histórico e contemporâneo do desenvolvimento motor do bebê
- Listar e descrever a sequência desenvolvimental de aquisição das capacidades rudimentares de estabilidade, locomoção e manipulação
- Distinguir entre *rastejar* e *engatinhar* e descrever o processo desenvolvimental de cada um
- Discutir a interação entre maturação e experiência na aquisição das capacidades de movimento rudimentar
- Desenvolver um instrumento de avaliação do movimento rudimentar do bebê por observação

> **CONCEITO-CHAVE**
>
> O domínio das capacidades de movimento rudimentar do bebê é reflexo do aumento do controle motor e da competência de movimento, estimulado por fatores da tarefa e do ambiente, assim como do indivíduo.

Todos nós somos produtos de estruturas genéticas específicas e do total de experiências que acumulamos desde a concepção. Desse modo, a criança não é uma folha em branco, pronta para ser preenchida de acordo com nossos caprichos ou com um padrão predefinido. Pesquisas têm deixado bem claro que os bebês são capazes de processar muito mais informações do que suspeitávamos. Eles pensam e usam o movimento como um modo propositado, embora inicialmente impreciso, de adquirir informações sobre os seus ambientes. Cada criança é um indivíduo, e nenhum indivíduo responde exatamente igual a outro. A base hereditária e a experiência da criança, assim como as demandas específicas das tarefas de movimento, têm um efeito profundo sobre a taxa de aquisição das capacidades de movimento rudimentar do bebê.

No estudo do desenvolvimento motor, é importante começar com as experiências iniciais de movimento do bebê, para então chegar a uma melhor compreensão do desenvolvimento que acontece antes do ingresso da criança na escola e para aprender mais sobre o conceito desenvolvimental de como os humanos aprendem a movimentar-se.

Adquirir controle sobre a musculatura, aprender a lidar com a força da gravidade e movimentar-se de modo controlado no espaço são as principais tarefas desenvolvimentais enfrentadas pelo bebê. No período neonatal, o movimento é mal definido e mal controlado. Aos poucos, os reflexos são inibidos e tem início o **estágio de inibição dos reflexos** (ver Fig. 3.1). Esse período estende-se pela maior parte do primeiro ano de vida do bebê. De modo gradual, ele passa ao movimento rudimentar controlado, que representa uma conquista monumental na direção da supressão dos reflexos e da integração dos sistemas sensório e motor no movimento propositadamente controlado.

Quando os reflexos primitivos e posturais da fase anterior começam a enfraquecer, os centros cerebrais superiores assumem o controle de muitas das funções dos músculos esqueléticos dos centros cerebrais inferiores. O estágio de inibição dos reflexos começa, essencialmente, no nascimento. A partir desse momento, o recém-nascido recebe muitas estimulações visuais, sonoras, olfativas, táteis e cinestésicas. A tarefa consiste em ordenar essa estimulação sensória. As respostas reflexas iniciais são inibidas ao longo do primeiro ano de vida, até por volta do primeiro aniversário, quando o bebê apresenta notável progresso no sentido de mostrar uma aparência de controle do seu movimento.

O período que vai do décimo segundo até o décimo oitavo a vigésimo quarto mês representa um tempo para a prática e o domínio de muitas tarefas rudimentares iniciadas durante o primeiro ano. O bebê começa a exercer controle sobre os movimentos durante esse período pré--controle. O **estágio de pré-controle** estende--se mais ou menos entre o primeiro e o segundo aniversário. Durante esse estágio, o bebê começa a adquirir maior controle e precisão nos movimentos. A diferenciação e a integração dos processos sensório e motor torna-se altamente desenvolvida, e os limitadores de taxa do período inicial do bebê ficam menos acentuados.

Quando faz tentativas grosseiras, mas propositadas, de realização de uma série de tarefas de movimento, o bebê deve ser estimulado. Um ambiente que forneça estimulação suficiente, com abundantes oportunidades de prática e incentivo positivo, pode se mostrar benéfico à aceleração do desenvolvimento das tarefas rudimentares de estabilidade, locomoção e manipulação. Entretanto, devemos perguntar: quais são os benefícios da aquisição precoce de habilidades motoras? A resposta é clara, sendo possível defender com fundamento o estímulo da aquisição precoce de habilidades motoras por parte de bebês de desenvolvimento normal (Nash, 1997), assim como em bebês com deficiências desenvolvimentais (Greenspan, 1997).

ESTUDO DO DESENVOLVIMENTO MOTOR

O estudo das capacidades de movimento rudimentar do bebê foi impulsionado nas décadas de 1930 e 1940, quando foram acumuladas várias informações de observações feitas por psicólogos desenvolvimentais. Muitos desses estudos tornaram-se clássicos e têm sobrevivido aos testes do tempo em razão de seus controles cuidadosos e da sua eficácia. Os trabalhos de H. M. Halverson, Mary Shirley, Nancy Bayley e Arnold Gesell são particularmente dignos de nota.

O trabalho de H. M. Halverson (1937) provavelmente é o mais abrangente na sequência de emergência do comportamento voluntário de pegada do bebê. Com base na análise de filmes de bebês da décima sexta à quinquagésima segunda semana de idade, ele descreveu três estágios distintos de abordagem de um cubo e o desenvolvimento do uso da oposição dedos--polegar no comportamento de pegar.

O estudo pioneiro de Mary Shirley (1931) com 25 bebês, desde o nascimento até os 2 anos, permitiu que ela descrevesse a progressão sequencial do desenvolvimento de atividades que levam à postura ereta e ao andar. Ela observou que "cada estágio separado era um passo fundamental no desenvolvimento e que cada bebê avançava de um estágio a outro na mesma ordem" (p. 98). A pesquisadora notou também que, embora houvesse uma sequência fixa, diferenças individuais eram expressas em variações no ritmo de desenvolvimento entre os bebês.

Nancy Bayley (1935) realizou um estudo extensivo similar ao de Shirley. Em resultado da observação de bebês, ela foi capaz de descrever uma série de capacidades locomotoras emergentes, que progrediam do engatinhar reflexo até o andar descendo um lance de escadas, em um padrão de pé alternado. Com base nessas informações, Bayley desenvolveu uma escala cumulativa de desenvolvimento motor infantil, que tem sido amplamente usada como ferramenta de diagnóstico para determinar o estado desenvolvimental do bebê.

Arnold Gesell (1945) realizou estudos extensivos sobre o desenvolvimento motor infantil. Ele via a postura (i.e., a estabilidade) como a base de todas as formas de movimento. Portanto, de acordo com o autor, qualquer forma de locomoção ou manipulação do bebê é uma série estreitamente relacionada de ajustes posturais sequenciais. A sequência do desenvolvimento motor é predeterminada por fatores biológicos inatos, que cruzam todas as fronteiras sociais, culturais, étnicas e raciais. Essa base comum do desenvolvimento motor durante os primeiros anos de vida tem levado muitos especialistas a sugerir que alguns movimentos voluntários (em especial, os movimentos locomotores) são filogenéticos (Eckert, 1973) e que, por terem base maturacional, não estão sob controle desenvolvimental voluntário (Hellebrandt et al., 1961). Essa visão com frequência tem levado à suposição errônea de que os bebês e, em particular as crianças mais novas, adquirem capacidades de movimento mais ou menos na mesma idade cronológica apenas pela ação da maturação neural e com pouca dependência da experiência.

CONCEITO 8.1

A sequência do desenvolvimento motor infantil é previsível, mas o ritmo varia.

Embora a sequência de aquisição das habilidades geralmente seja invariável no período do bebê e no começo da infância, o ritmo de aquisição difere de acordo com a criança. Isso faz surgir a hipótese de que o desenvolvimento motor inicial não é apenas função da maturação neurológica, mas também de um sistema auto--organizado, que envolve as exigências da tarefa de movimento, as condições do ambiente imediato e a biologia do indivíduo. Assim como na fase reflexiva, a maturação neural é apenas um de uma série de fatores que influenciam o ritmo desenvolvimental das capacidades de movimento rudimentar das crianças. De acordo com o Modelo da Ampulheta Triangulada para o desenvolvimento motor, apresentada no Capítulo 3, é hora de enxergar além da maturação neural e de não considerá-la como o único meio de explicação do desenvolvimento motor do bebê. Agora os pesquisadores estão olhando mais atentamente os processos transacionais corporificados na tarefa, no indivíduo e no ambiente, usando uma perspectiva de restrições (Alexander et al., 1993; Getchell e Gagen, 2006; Newell, 1992; Thelen, 1998; Thelen et al., 1987).

A partir do momento do nascimento, o bebê encontra-se em luta constante para conseguir dominar o ambiente para sobreviver. Nos estágios iniciais do desenvolvimento, a interação primária com o ambiente acontece por meio do movimento. O bebê tem de começar a dominar as três categorias primárias de movimento necessárias à sobrevivência e à interação efetiva e eficiente com o mundo. Em primeiro lugar, o bebê tem de estabelecer e manter a relação entre o corpo e a força da gravidade para alcançar uma postura ereta quando sentado e de pé (**estabilidade**). Em segundo lugar, a criança tem de desenvolver capacidades básicas para se movimentar pelo ambiente (**locomoção**). Em terceiro, o bebê tem de desenvolver capacidades rudimentares de alcançar, pegar e soltar para fazer contato significativo com objetos (**manipulação**).

> **CONCEITO 8.2**
> As variações na taxa do desenvolvimento motor do bebê apoiam a proposição de que o desenvolvimento é um processo dinâmico, dentro de um sistema auto-organizado.

As capacidades de movimento rudimentar do bebê são o alicerce do desenvolvimento mais extensivo das habilidades de movimento fundamental no início da infância e das habilidades de movimento especializado além do final da infância. Essas capacidades chamadas de movimento rudimentar são tarefas altamente envolventes para o bebê. A importância do seu desenvolvimento não pode ser desprezada nem minimizada. Surge a seguinte questão: existem restrições identificáveis que incrementam ou limitam o desenvolvimento das capacidades de movimento rudimentar? A resposta é que tanto as *affordances*, como os limitadores da taxa encontrados na biologia do indivíduo, como as exigências da tarefa de movimento e as condições do ambiente do aprendizado causam impacto no desenvolvimento do bebê. Embora a biologia desempenhe um papel poderoso nessa fase, as capacidades de movimento rudimentar não são geneticamente determinadas a ponto de não serem suscetíveis a modificações. O enriquecimento inicial realmente parece influenciar o desenvolvimento posterior, mas são necessárias mais informações sobre seu tipo, sua época, seu grau e sua duração.

ESTABILIDADE

O bebê está em luta constante contra a força da gravidade para alcançar e manter a postura ereta. Estabelecer controle sobre a musculatura, em oposição à gravidade, é um processo que percorre uma sequência previsível em todos os bebês. Os eventos que levam à postura de pé ereta começam com a aquisição de controle sobre a cabeça e o pescoço e prosseguem em um movimento descendente, na direção do tronco e das pernas. A operação do princípio de desenvolvimento cefalocaudal geralmente fica aparente quando o bebê progride, de modo sequencial, da posição deitado à posição sentado e, finalmente, à posição de pé ereto. A Tabela 8.1 fornece um resumo da sequência de desenvolvimento e da idade aproximada de surgimento de determinadas capacidades de estabilidade rudimentar.

> **CONCEITO 8.3**
> A estabilidade é a mais básica das três categorias de movimento, pois todo movimento voluntário envolve um elemento de estabilidade.

Controle da cabeça e do pescoço

Ao nascer, o bebê tem pouco controle sobre os músculos da cabeça e do pescoço. Se ele for mantido com o tronco ereto, a cabeça cairá para a frente. Em torno do final do primeiro mês, o bebê adquire controle sobre esses músculos e torna-se capaz de manter a cabeça ereta quando sustentado na base do pescoço. No final do primeiro mês, ele já deve ser capaz de elevar o queixo, tirando-o do travesseiro, quando deitado na posição pronada. Em torno do quinto mês, deve ser capaz de levantar a cabeça do travesseiro, no berço, quando deitado na posição supina.

Controle do tronco

Depois que os bebês adquirem domínio dos músculos da cabeça e do pescoço, começam a conquistar o controle dos músculos das regiões torácica e lombar do tronco. O desenvolvimento do controle do tronco começa em torno do segundo mês. Ele pode ser visto quando

Tabela 8.1 Sequência desenvolvimental e idade aproximada de surgimento de capacidades de estabilidade rudimentar

Tarefas de estabilidade	Capacidades específicas	Idade de surgimento aproximada
Controle da cabeça e do pescoço	Vira para um lado	Nascimento
	Vira para ambos os lados	1 semana
	Mantém com apoio	Primeiro mês
	Tira o queixo da superfície de contato	Segundo mês
	Controla bem a posição pronada	Terceiro mês
	Controla bem a posição supinada	Quinto mês
Controle do tronco	Levanta a cabeça e o peito	Segundo mês
	Tenta mudar da posição supinada para a pronada	Terceiro mês
	Consegue rolar da posição supinada para a pronada	Sexto mês
	Rola da posição pronada para a supinada	Oitavo mês
Sentado	Senta com apoio	Terceiro mês
	Senta com autoapoio	Sexto mês
	Senta sozinho	Oitavo mês
	Fica de pé com apoio	Sexto mês
De pé	Sustenta-se com apoio das mãos	Décimo mês
	Empurra na posição de pé com apoio	Décimo primeiro mês
	Fica de pé sozinho	Décimo segundo mês

o bebê é segurado pela cintura e se observa a capacidade de fazer ajustes posturais necessários à manutenção da posição ereta. No final do segundo mês, o bebê deve ser capaz de elevar o peito do chão, quando colocado na posição pronada.

Depois que começa a elevar o peito, o bebê inicia o movimento de levar os joelhos para cima, na direção do peito, e depois de empurrá-los subitamente, como se estivesse nadando. Isso costuma ocorrer em torno do sexto mês. Outra indicação do crescente controle sobre os músculos do tronco é a capacidade de virar da posição supinada para a pronada. Em geral, isso é feito em torno do sexto mês e é alcançado com facilidade pela flexão dos quadris e pelo alongamento das pernas, em um ângulo reto em relação ao tronco. O domínio no rolar da posição pronada para a supinada costuma acontecer um pouco mais tarde.

Sentado

Sentar-se sozinho é uma conquista que exige controle completo sobre todo o tronco. O bebê de 4 meses geralmente é capaz de se sentar com apoio na região lombar. Ele tem controle sobre a parte superior do tronco, mas não sobre a inferior. Um mês ou dois depois, o bebê adquire controle, gradualmente, sobre a parte inferior do tronco. Os primeiros esforços de sentar sozinho são caracterizados por uma inclinação exagerada para a frente, a fim de conseguir maior apoio para a região lombar. De modo gradual, desenvolve-se a capacidade de sentar ereto com quantidade limitada de apoio. Em torno do sétimo mês, o bebê em geral é capaz de sentar sozinho, completamente sem apoio. Nesse momento crítico, ele já possui controle sobre a parte inferior do corpo (Fig. 8.1). Ao mesmo tempo que está aprendendo a sentar sozinho, o bebê já desenvolve o controle dos braços e das mãos – exemplo complementar do funcionamento dos princípios cefalocaudal e proximodistal de desenvolvimento descritos anteriormente, neste capítulo.

De pé

A adoção da posição de pé ereta pelo bebê representa um marco desenvolvimental na busca pela estabilidade. É uma indicação de que foi conquistado o controle muscular a tal ponto que a força da gravidade já não pode mais aplicar aquelas restrições ao movimento. Agora o bebê está prestes a locomover-se de pé (andando),

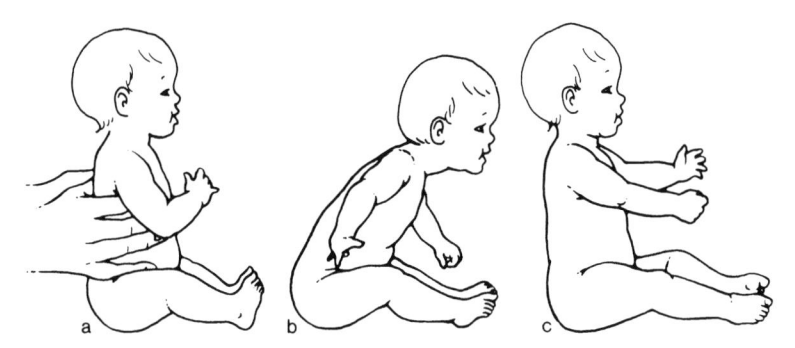

Figura 8.1
Três estágios da conquista do sentar independente: (a) terceiro mês, (b) sexto mês e (c) oitavo mês.

um feito anunciado solenemente por pais e pediatras como a tarefa mais espetacular do desenvolvimento motor.

As primeiras tentativas voluntárias de ficar de pé ocorrem em torno do quinto mês. Quando alguém segura o bebê pelas axilas e coloca os seus pezinhos em uma superfície de apoio, ele estende o quadril voluntariamente, estica e tensiona os músculos das pernas e mantém a posição de pé com considerável apoio externo. Em torno do nono ou décimo mês, os bebês são capazes de ficar de pé ao lado dos móveis e sustentar o próprio peso por um tempo considerável. Aos poucos, o bebê começa a apoiar-se com menos força no objeto de sustentação e, com frequência, pode ser visto testando o equilíbrio, sem nenhum apoio por um breve instante. Entre o décimo primeiro e o décimo segundo mês, aprende a empurrar o próprio corpo para ficar de pé, primeiro se colocando de joelhos, depois empurrando as pernas enquanto os braços estendidos forçam para cima. Ficar de pé sozinho por períodos longos costuma acontecer quando os bebês começam a andar de forma independente e, em muitos deles, não aparece separadamente. O surgimento da postura de pé ereta normalmente ocorre entre o décimo primeiro e o décimo terceiro mês (Fig. 8.2). Nesse ponto, o bebê adquire considerável controle sobre a musculatura e pode realizar a difícil tarefa de levantar-se a partir da posição deitada, ficando de pé completamente sem ajuda.

De uma perspectiva desenvolvimental, é importante perceber que os padrões de movimento demonstrados por bebês e crianças de 1 a 3 anos para sair da posição supinada e ficar em pé mu-

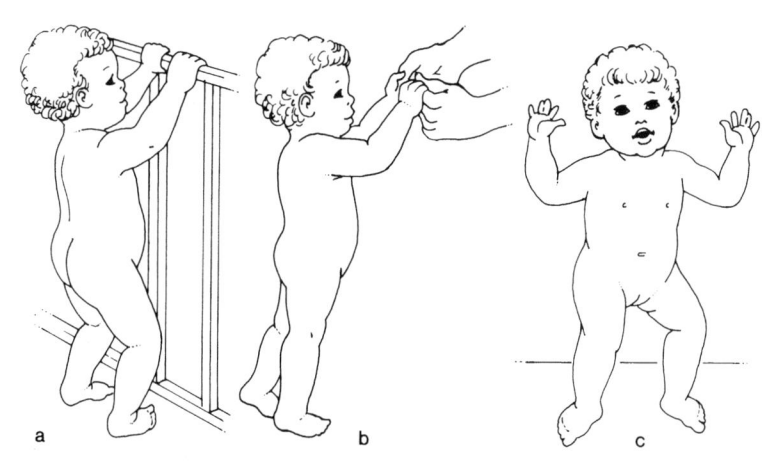

Figura 8.2
Três estágios da conquista da posição de pé: (a) sexto mês, (b) décimo mês e (c) décimo segundo mês.

dam à medida que a criança cresce (Marsala e VanSant, 1998).

LOCOMOÇÃO

O movimento do bebê no espaço depende das capacidades emergentes de lidar com a força da gravidade. A locomoção não se desenvolve independentemente da estabilidade; a primeira baseia-se muito na segunda. O bebê apenas será capaz de movimentar-se livremente quando tiver mestria nas tarefas desenvolvimentais rudimentares da estabilidade. A seguir abordamos as formas mais frequentes de locomoção em que o bebê se envolve enquanto aprende a lidar com a força de gravidade. Essas formas de locomoção também estão resumidas na Tabela 8.2.

> **Conceito 8.4**
>
> O desenvolvimento de capacidades locomotoras rudimentares fornece ao bebê recursos para explorar um mundo em rápida expansão.

Rastejar

Os movimentos de rastejamento do bebê são as primeiras tentativas de locomoção proposta. O **rastejar** evolui à medida que o bebê adquire controle dos músculos da cabeça, do pescoço e do tronco. Na posição pronada e usando um **padrão homolateral**, o bebê pode alcançar um objeto à sua frente, tirando a cabeça e o peito do chão. Ao voltar, os braços estendidos a empurram de volta na direção dos pés. O resultado desse esforço combinado é um leve movimento de deslizamento para a frente (Fig. 8.3). As pernas em geral não são usadas nessas primeiras tentativas de rastejar. O rastejar aparece nos bebês em torno do sexto mês, mas podem surgir bem antes, lá pelo quarto mês.

Engatinhar

O **engatinhar** evolui a partir do rastejar e, muitas vezes, chega a uma forma bastante eficiente de locomoção para o bebê. O engatinhar difere do rastejar pelo fato de que pernas e braços são usados em oposição. As primeiras tentativas do bebê de engatinhar são caracterizadas por movimentos deliberados de um membro de cada vez. Quando a proficiência do bebê aumenta, os movimentos tornam-se sincrônicos e mais rápidos. Os engatinhadores mais eficientes usam um **padrão contralateral** (braço direito e perna esquerda). Certos indícios sugerem que os bebês que pularam o rastejar e passaram diretamente ao engatinhar eram menos eficientes nos movimentos de engatinhar do que aqueles que haviam experimentado primeiro o rastejar (Adolph, Vereijken e Denny, 1998). Ver na Figura 8.4 a representação visual do engatinhar contralateral.

Marcha ereta

A aquisição da marcha ou do andar na posição ereta depende da estabilidade do bebê. Em primeiro lugar, o bebê precisa ser capaz de controlar o corpo na posição de pé, antes de manejar as mudanças posturais dinâmicas necessárias à

Tabela 8.2 Sequência desenvolvimental e idade aproximada do surgimento de capacidades locomotoras rudimentares

Tarefas de locomoção	Capacidades específicas	Idade de surgimento aproximada
Movimentos horizontais	Rastejar sentado	Terceiro mês
	Rastejar	Sexto mês
	Engatinhar	Nono mês
	Andar de quatro	Décimo primeiro mês
Marcha ereta	Andar com apoio	Sexto mês
	Andar com alguém segurando as mãos	Décimo mês
	Andar com a condução de alguém	Décimo primeiro mês
	Andar sozinho (mãos para cima)	Décimo segundo mês
	Andar sozinho (mãos para baixo)	Décimo terceiro mês

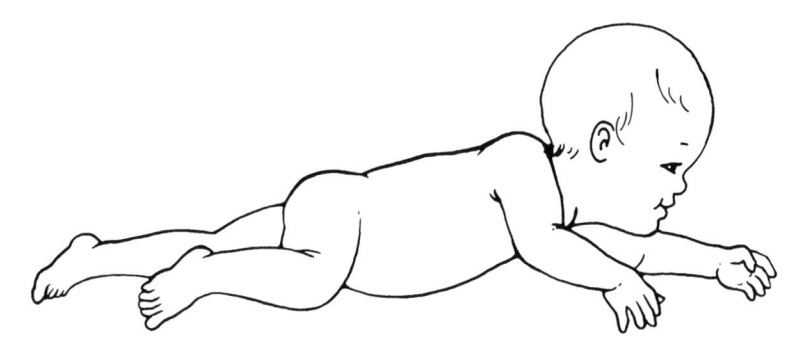

Figura 8.3
Rastejar.

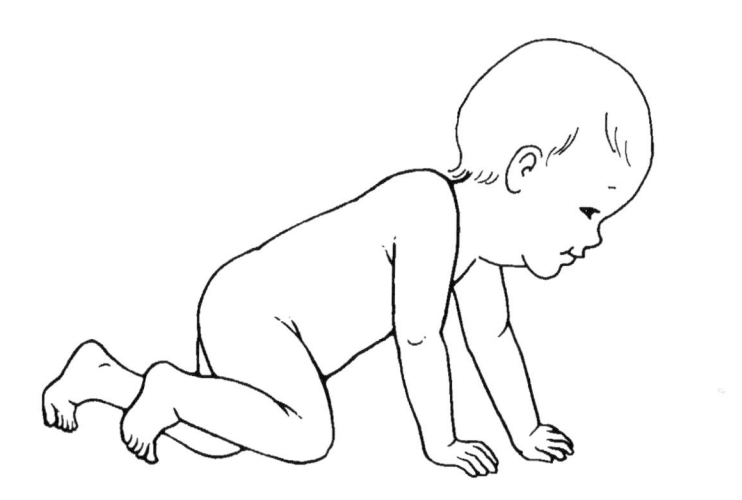

Figura 8.4
Engatinhar.

locomoção na posição ereta. As primeiras tentativas de andar com independência costumam acontecer em algum momento entre o décimo e o décimo quinto mês e são caracterizadas por uma base de apoio, pés virados para fora e joelhos levemente flexionados. Esses primeiros movimentos de andar não são sincrônicos e fluidos. São irregulares, hesitantes e desacompanhados de movimentos recíprocos dos braços. Foi demonstrado que, enquanto aprendem a andar, os bebês exibem padrões de cocontração em vários grupos musculares da parte inferior do corpo. Os grupos musculares agonistas e antagonistas são ativados ao mesmo tempo, na tentativa de manter a estabilidade do corpo (Okamoto e Okamoto, 2001).

Enquanto a maturação do sistema nervoso central é extremamente importante para o advento do andar, outros fatores orientados para o indivíduo, como as qualidades elásticas dos músculos, as propriedades anatômicas de ossos e articulações e a energia transmitida aos membros que se movem, servem de sistemas interativos críticos (Thelen, 1992). Fatores ambientais adicionais, como o estímulo e a assistência dos pais e a disponibilidade de móveis para se apoiar, podem contribuir para o momento de surgimento do andar independente.

Shirley (1931) identificou quatro estágios pelos quais passa o bebê enquanto aprende a andar sem ajuda: "(a) um período inicial de pisar, em que se faz um leve progresso (3 a 6 me-

DILEMA DO DESENVOLVIMENTO

O engatinhar facilita a organização neurológica. Ou a promove?

Tem havido considerável questionamento sobre a importância do engatinhar no desenvolvimento motor da criança e sobre o método "adequado" de engatinhar. O princípio da organização neurológica, com frequência chamado de padrão neurológico, creditou grande importância às técnicas adequadas de engatinhar e rastejar como um estágio necessário à aquisição da dominância hemisférica cortical.

De acordo com o princípio da dominância, é necessário um lado do córtex para a organização neurológica apropriada. Uma organização problemática, supõe-se, causa problemas motores, perceptivos e de linguagem na criança e no adulto.

Durante anos, neurologistas, pediatras e pesquisadores da área do desenvolvimento infantil atacaram vigorosamente essa hipótese. Porém, ela continua a surgir como tópico de discussão em relação aos programas de estimulação do bebê, embora em 1982 e de novo em 1999 a American Academy of Pediatrics tenha declarado que os programas de tratamento de padrão neurológico não têm nenhum mérito especial e que as afirmações de seus proponentes continuam sem provas. Na verdade, a academia é enfática ao condenar os tratamentos de padrão neurológico, dizendo: "Esse tratamento baseia-se em uma teoria de desenvolvimento do cérebro antiquada e extremamente simplificada". Informações atuais não sustentam as afirmações dos proponentes de que esse tratamento é eficaz, e o seu uso continua sem garantias.

O desenvolvimento do cérebro é complexo, e o desenvolvimento motor inicial, durante o período do bebê, desempenha papel importante, mas ainda indeterminado. Os dados atuais, entretanto, não sustentam as afirmações feitas pelos adeptos da teoria da dominância hemisférica e pelos advogados da padronização, que insistem em que o engatinhar "apropriado" é necessário à organização apropriada do cérebro.

---

ses); (b) um período de ficar de pé com ajuda (6 a 10 meses); (c) um período de andar conduzido por alguém (9 a 12 meses); (d) um período de andar sozinho (12 a 15 meses)" (p. 18). À proporção que o bebê passa por cada um desses estágios e progride em direção a um padrão de andar maduro, ocorrem várias mudanças. Em primeiro lugar, a velocidade do andar acelera-se e o tamanho do passo aumenta. Em segundo, a largura do passo aumenta até que se estabeleça o andar independente e depois decresce um pouco. Em terceiro lugar, a eversão do pé diminui de modo gradual, até que os pés fiquem bem apontados para a frente. Em quarto lugar, a marcha com andar ereto aos poucos se suaviza, o comprimento do passo torna-se regular, e os movimentos do corpo, sincrônicos. Logo depois de alcançar o andar independente, a criança de 1 a 3 anos vai experimentar o andar para os lados, para trás (Eckert, 1973) e na ponta dos pés (Bayley, 1935).

MANIPULAÇÃO

Como acontece com a estabilidade e a locomoção, as capacidades manipulativas do bebê evoluem ao longo de uma série de estágios. Nesta seção, apenas os aspectos básicos da manipulação – alcançar, pegar e soltar – serão considerados.

Como nas seções sobre estabilidade e locomoção, aqui as capacidades de manipulação do bebê podem ser suscetíveis a surgimento precoce, embora o processo seja bastante influenciado pela maturação. Quando está pronta em termos de maturação, a criança beneficia-se de oportunidades iniciais para praticar e aperfeiçoar as capacidades de manipulação rudimentar.

A seguir, estão os três passos gerais em que se envolve o bebê durante a aquisição das capacidades de manipulação rudimentar. A Tabela 8.3 fornece um resumo da sequência desenvolvimental e a idade aproximada de surgimento das capacidades de manipulação rudimentar.

CONCEITO 8.5

A emergência das capacidades de manipulação rudimentar possibilita ao bebê em desenvolvimento o primeiro contato com objetos no ambiente imediato.

Alcançar

Durante os quatro primeiros meses, o bebê não faz movimentos de alcançar em relação a ob-

Tabela 8.3	Sequência desenvolvimental e idade aproximada de surgimento de capacidades manipulativas rudimentares	
Tarefas de manipulação	Capacidades específicas	Idade de surgimento aproximada
Alcançar	Alcançar globular não efetivo	Primeiro ao terceiro mês
	Alcançar com captura definida	Quarto mês
	Alcançar controlado	Sexto mês
Preensão	Preensão reflexa	Nascimento
	Preensão voluntária	Terceiro mês
	Preensão palmar com as duas mãos	Terceiro mês
	Preensão palmar com uma das mãos	Quinto mês
	Preensão de pinça	Nono mês
	Preensão controlada	Décimo quarto mês
	Comer sem assistência	Décimo oitavo mês
Soltar	Soltar básico	Décimo segundo ao décimo quarto mês
	Soltar controlado	Décimo oitavo mês

jetos, embora possa fixar neles a sua atenção e fazer movimentos generalizados de abarcamento globular em sua direção. Em torno do quarto mês, ele começa a fazer ajustes finos dos olhos e das mãos, necessários ao contato com o objeto. Com frequência, é possível observar o bebê alternando o olhar entre o objeto e a mão. Os movimentos são lentos e estranhos e envolvem, principalmente, o ombro e o cotovelo. Mais tarde o punho e a mão envolvem-se de forma mais direta. No final do quinto mês, o objetivo da criança é quase perfeito e ela já é capaz de alcançar objetos no ambiente e de fazer contato tátil com eles. Essa conquista é necessária antes que a criança possa, enfim, segurá-lo e prendê-lo na mão. Foi demonstrado que alguns fatores, incluindo a velocidade do movimento (Thelen, Corbetta e Spencer, 1996) e a posição ou postura do corpo da criança no momento do movimento (p. ex., supino, sentado, de pé, andando) (Corbetta e Bojczyk, 2001; Rochat, 1992; Savelsbergh e van der Kamp, 1994), afetam a precisão do bebê em alcançar objetos.

Preensão

O recém-nascido pega objetos que são colocados na palma de sua mão. Essa ação, no entanto, é inteiramente reflexa até mais ou menos o quarto mês. A pegada voluntária terá de esperar até que o mecanismo sensório-motor esteja desenvolvido a ponto de permitir a preensão e o contato significativo. Halverson (1937) identificou vários estágios no desenvolvimento da preensão. No primeiro estágio, o bebê de 4 meses não faz qualquer esforço voluntário real para entrar em contato tátil com o objeto. No segundo estágio, o bebê de 5 meses é capaz de alcançar o objeto e entrar em contato com ele. A criança é capaz de pegar o objeto com a mão inteira, mas sem firmeza. No terceiro estágio, os seus movimentos são gradualmente refinados, de modo que em torno do sétimo mês a palma da mão e os dedos são coordenados. Ainda não há a capacidade de usar de modo efetivo o polegar e os dedos. No quarto estágio, em torno do nono mês, a criança começa a usar o indicador para pegar objetos. Aos 10 meses, alcançar e pegar são coordenados em um único movimento contínuo. No quinto estágio, o uso eficiente do polegar e do indicador acontece por volta do décimo segundo mês. No sexto estágio, quando a criança tem 14 meses, as capacidades de preensão são muito semelhantes às dos adultos. Os fatores ambientais que parecem influenciar a qualidade do movimento de preensão incluem o tamanho, o peso, a textura e a forma do objeto que será segurado (Case-Smith, Bigsby e Clutter, 1998; Siddiqui, 1995).

A progressão desenvolvimental de alcançar e pegar é complexa. Landreth (1958) declarou que as coordenadas de seis componentes parecem estar envolvidas no desenvolvimento da preensão. Eckert (1987) resumiu com clareza esses seis atos desenvolvimentais na seguinte declaração:

Esses atos envolvem transições e incluem passar: (1) da localização visual do objeto à tentativa de alcançá-lo; (2) da coordenação simples olho-mão à independência progressiva do esforço visual, com a expressão final em atividades como tocar piano e digitar; (3) do envolvimento inicial da musculatura do corpo ao envolvimento mínimo e à maior economia do esforço; (4) da atividade proximal dos músculos grandes dos braços e ombros à atividade muscular distal fina dos dedos; (5) dos movimentos de ajuntamento iniciais brutos na manipulação de objetos com as mãos à posterior precisão do tipo pinça no controle com o indicador e o polegar em oposição; (6) do alcançar e manipular bilateral inicial ao uso posterior da mão preferida. (p. 122-123)

Soltar

O frenético balançar do chocalho é um sinal familiar quando se observa um bebê de 6 meses brincando. Essa é uma atividade de aprendizado, normalmente acompanhada de muito riso, murmúrio e evidente satisfação. Entretanto, alguns minutos depois, podemos observar esse mesmo bebê sacudindo o chocalho com óbvia frustração e aparente raiva. A razão dessa mudança abrupta de humor pode ser o fato de que, aos 6 meses de idade, o bebê ainda não domina a arte de soltar o objeto. A criança consegue alcançar o chocalho, segurar na sua alça, mas não tem maturidade para comandar os músculos flexores dos dedos, fazendo com que eles relaxem a pegada no momento desejado. Aprender a encher um pote com pedras, fazer uma torre de tijolinhos, lançar uma bola e virar as páginas de um livro são exemplos aparentemente simples das tentativas de uma criança de aprender a soltar, mas, quando comparadas com as tentativas anteriores de alcançar e pegar, consistem realmente em avanços notáveis. Em torno dos 14 meses, a criança já domina os elementos rudimentares de soltar os objetos depois de tê-los segurado. A criança de 18 meses tem um controle bem coordenado de todos os aspectos do alcançar, pegar e soltar (Halverson, 1937).

À medida que o domínio do bebê nas capacidades rudimentares de manipulação (alcançar, pegar e soltar) se desenvolve, as razões para segurar objetos são revisadas. Em vez de manipular objetos simplesmente para tocar, sentir ou mordê-los, a criança começa a envolver-se no processo da manipulação de objetos para aprender mais a respeito do mundo em que vive. A manipulação de objetos é direcionada por percepções apropriadas para alcançar objetivos significativos (Fig. 8.5).

O desenvolvimento de capacidades de movimento de locomoção, estabilidade e manipulação em bebê é influenciado tanto pela maturação como pelo aprendizado. Essas duas facetas do desenvolvimento estão inter-relacionadas e é por meio dessa interação que o bebê desenvolve e refina as capacidades de movimento rudimentar. Essas capacidades de movimento são as bases necessárias ao desenvolvimento dos padrões de movimento fundamental e das capacidades de movimento especializado.

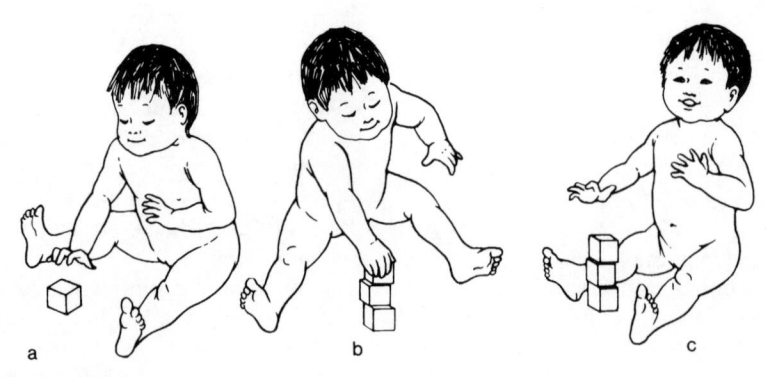

Figura 8.5
Capacidades rudimentares: (a) alcançar, (b) pegar e (c) soltar.

PROGRAMAS ESPECIAIS PARA BEBÊS

Há anos pais, pediatras, terapeutas e educadores reconhecem a importância de fornecer aos bebês um ambiente rico e estimulante, em que ele possa crescer e desenvolver-se. Isso é particularmente evidente quando o bebê apresenta atraso desenvolvimental ou é uma criança de risco. Essa consciência levou, nos Estados Unidos, à aprovação da Lei 99-457, em 1986, da sua reafirmação na Lei 108-446, em 2000, e finalmente, da IDEA, Individuals with Disabilities Education Act of 2004 (Houston-Wilson, 2011), que determina serviços de **intervenção precoce** para bebês e crianças com deficiências. Uma das estipulações desse ato jurídico é a elaboração de um plano de serviço familiar individualizado (IFSP – Individualized Family Service Plan) por uma equipe multidisciplinar, a fim de fornecer a estrutura e avaliação da estratégia para facilitação do desenvolvimento saudável e redução ou eliminação de potenciais atrasos desenvolvimentais. O êxito da implementação desse tipo de plano depende da intensidade e da qualidade do programa de intervenção (Houston-Wilson, 2011). Além disso, deve ser desenvolvido o fundamento teórico em que serão baseadas as atividades de intervenção.

Enriquecer as experiências de movimento é, com frequência, parte importante da IFSP de bebês em risco. Movimentar-se e interagir com o ambiente é um dos principais recursos de desenvolvimento cognitivo do bebê. Uma estratégia de intervenção precoce recente e singular, que surge no horizonte, é a facilitação do andar independente de bebês com atraso desenvolvimental, usando um paradigma de treinamento na esteira. Com base em estudos teóricos de Esther Thelen (1985, 1986a), Beverly e Dale Ulrich têm seguido uma linha de pesquisa cujo resultado é um procedimento que pode facilitar o surgimento do andar independente em bebês com síndrome de Down (Ulrich et al., 2001; Ulrich e Ulrich, 1995; Ulrich, Ulrich e Collier, 1992; Ulrich, Ulrich, Collier e Cole, 1995). A técnica envolve a sustentação do bebê na posição ereta sobre uma pequena esteira motorizada (ver Fig. 8.6). Quando a esteira começa a movimentar-se, os bebês apresentam um padrão de passos alternados bem coordenados, embora não sejam capazes de andar de modo independente. Como resultado das sessões práticas de andar na esteira, os bebês com síndrome de Down caminharam de modo independente meses antes dos seus colegas que não tinham essa prática. Essas descobertas podem ser resultantes de uma

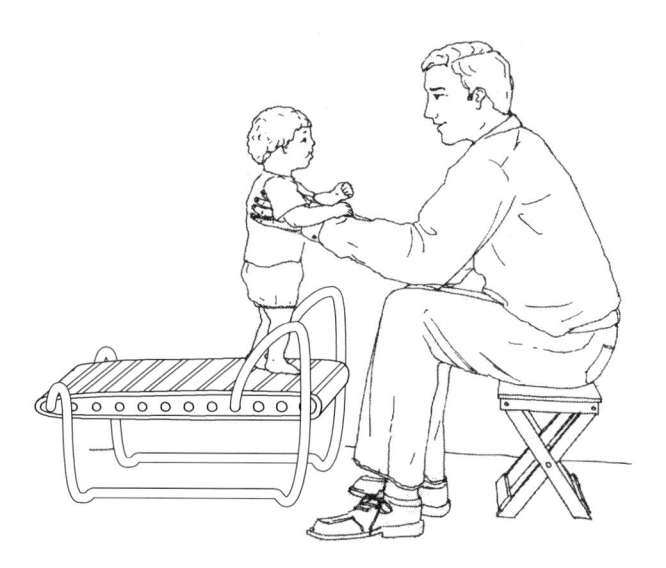

Figura 8.6
Esteira para bebês.

Perspectivas internacionais

Enfaixar bebês: a volta de uma prática centenária

Antes do século XVIII, o enfaixe de bebês, às vezes chamado de embrulho, com ou sem uma tábua de apoio, era uma prática aceita quase universalmente. O enfaixe ainda é uma prática comum em alguns países do Oriente Médio e da América do Sul e tem recuperado a popularidade nos Estados Unidos, Grã-Bretanha e Países Baixos. A duração e o método de enfaixe variam muito de acordo com a cultura, abrangendo desde os primeiros 12 meses até umas poucas 12 semanas. É preciso tomar cuidado em relação ao método de enfaixe, a fim de não fazê-lo de uma maneira que promova a displasia do quadril, que pode ocorrer quando o bebê é colocado diariamente na posição de extensão e adução da perna.

Embora sejam possíveis vários modos de enfaixe, em todos os casos o movimento de certa parte do bebê sofre restrições. Portanto, pode-se especular se o desenvolvimento motor do bebê enfaixado fica atrasado de alguma forma. Uma revisão exaustiva dos estudos sobre enfaixe não apoiaram essa hipótese. Em 2007, vonSlevwen e colaboradores concluíram que o enfaixe de bebês não tem qualquer efeito negativo ou atraso na aquisição dos marcos motores comuns. Na verdade, alguns estudos sugerem que o enfaixe de fato promove o desenvolvimento neuromuscular e a organização motora, especialmente em bebês prematuros. Além disso, um estudo nacional na Nova Zelândia revelou que os bebês enfaixados colocados na posição supino eram significativamente menos propensos à síndrome da morte súbita (SMS) e toleravam melhor o dormir na posição supinada quando enfaixados.

Em muitas culturas do mundo, o ressurgimento do enfaixe é apenas mais um exemplo de práticas comuns na criação de filhos adotadas por gerações passadas e que agora são repensadas e recuperadas. O mesmo tem ocorrido com o ressurgimento dos partos vaginais, amamentação no peito da mãe e programas de estimulação de bebês.

---

série de fatores, incluindo o fortalecimento e a estabilização do padrão do movimento de andar, o aumento da força das pernas e a melhoria dos mecanismos corporais associados com o equilíbrio e a postura (Ulrich e Ulrich, 1999). Se, por enquanto, ainda estão sendo feitos ajustes nos procedimentos e *design* para a esteira, o treinamento com esse recurso representa uma estratégia de intervenção precoce, com grandes promessas para bebês com síndrome de Down ou outras deficiências, como paralisia cerebral e espinha bífida.

Outro corpo de pesquisas que tem surgido ao longo dos últimos 10 anos é o da área de estimulação do desenvolvimento cerebral ou de recuperação do cérebro após lesões, tentando tarefas motoras complexas em locais ambientalmente enriquecidos (Ivanco e Greenough, 2000; Jones e Greenough, 1996; Jones, Klintsova, Kilman, Sirevaag e Greenough, 1997; Kleim, Pipitone, Czerlanis e Greenough, 1998). Embora tenham envolvido o uso de ratos como sujeitos, esses estudos lançaram as bases para a pesquisa teórica e aplicada posteriormente em seres humanos. Isso indica um potencial para resultados encorajadores não apenas com bebês, mas também com pessoas de todas as idades.

Para profissionais que trabalham com bebês em locais de atividade física, pode ser útil o *Active Start: A Statement of Physical Activity Guidelines for Children from Birth to Age 5* (NASPE, 2009). A incorporação das cinco orientações seguintes pode fazer muito na promoção de programas apropriados para bebês, em termos desenvolvimentais, seguros e agradáveis tanto para a criança como para o cuidador.

Orientação 1. Os bebês devem interagir com os cuidadores em atividades físicas diárias dedicadas a explorar o movimento e o ambiente.

Orientação 2. Os cuidadores devem colocar os bebês em locais que possam incentivar e estimular experiências de movimento e o jogo ativo por períodos curtos várias vezes ao dia.

Orientação 3. A atividade física do bebê deve promover o desenvolvimento das habilidades de movimento.

Orientação 4. Os bebês devem ser colocados em um ambiente que atenda ou exceda os padrões de segurança recomendados para realização de atividades que envolvem músculos grandes.

Orientação 5. Os responsáveis pelo bem-estar dos bebês são obrigados a compreender a importância da atividade física e devem promover as habilidades de movimento, fornecendo oportunidades de atividades físicas estruturadas e não estruturadas.

> **Conceito 8.6**
>
> Os programas de estimulação desenvolvimental para bebês em risco têm potencial para incrementar o desenvolvimento posterior.

Programas aquáticos para bebês

Os programas aquáticos para bebês são uma atividade popular nos Estados Unidos. A maioria das comunidades com piscinas oferece alguma forma de atividade aquática para bebês. Os pais matriculam os seus filhos nesses programas por várias razões. Alguns querem colocar os filhos "à prova"; outros querem que os bebês aprendam a nadar por acreditarem que esse é um "período crítico" para o desenvolvimento de habilidades de natação. Há também aqueles que matriculam os seus bebês pelo puro prazer de interagir em um meio diferente e de incrementar o processo dos laços afetivos. Embora cada uma dessas razões possa ter mérito, é preciso tratar os programas aquáticos para bebês com cautela.

> **Conceito 8.7**
>
> Os programas aquáticos para bebês podem ser benéficos por fornecerem estimulação adicional e promover a interação pai-filho, mas envolvem potenciais perigos que precisam ser levados em consideração.

Langendorfer (1987) aponta que "seja qual for a idade ou a habilidade, *ninguém* tem segurança total dentro d'água" (p. 3). Os pais que querem colocar o filho à prova precisam ser alertados, pois isso não é possível, sendo necessária vigilância constante quando as crianças estão perto de água. Langendorfer indica adiante que não há indícios de que a natação possa ajudar no desenvolvimento futuro. A noção de que existe um período crítico curto e bem-definido para aprender a nadar não é apoiada pelas pesquisas disponíveis.

Outros problemas associados com os programas de natação para bebês são a hiponatremia (ou intoxicação do bebê com água) e a giárdia. A **hiponatremia** é uma condição rara, mas grave, ativada quando o bebê engole quantidades excessivas de água, o que reduz o nível sérico de sódio no corpo. Os sintomas incluem letargia, desorientação, fraqueza, náusea, vômito, tontura, coma e morte. A **giárdia**, problema muito mais comum em aulas de natação, é um parasita intestinal que pode ser transmitido entre os bebês. Ela causa diarreia grave e prolongada.

Em resultado de informações errôneas sobre as atividades dos bebês na água e seus potenciais problemas, a American Academy of Pediatrics (2000, reafirmação e revisão de 2010) oferece uma série de recomendações, incluindo:

- Em geral, as crianças só estão prontas, em termos desenvolvimentais, para aulas de natação formais após o quarto aniversário.
- Não devem ser promovidos programas aquáticos para bebês nem para crianças até os 3 anos, a fim de diminuir o risco de afogamento.
- Os pais não devem pressupor que os seus filhos estão seguros dentro d'água ou que não vão afogar só porque participaram desses programas.
- Sempre que houver bebês ou crianças de até 3 anos perto ou dentro d'água, um adulto deve ficar a um braço de distância, fornecendo "supervisão pelo toque".
- Todos os programas aquáticos devem incluir informações sobre limitações cognitivas e motoras de bebês e crianças de até 3 anos, riscos inerentes à água, estratégias de prevenção de afogamento e o papel dos adultos na supervisão e monitoramento da segurança das crianças dentro ou perto da água.
- Hipotermia, intoxicação com água e doenças transmissíveis podem ser prevenidas quando se seguem as devidas orientações médicas, e o bebê ou a criança mais jovem não devem ser proibidos de participar de programas de experiência aquática apropriados.

Avaliação motora do bebê

Os profissionais de saúde e os médicos realizam, rotineiramente, avaliações motoras de bebês e crianças de até 3 anos. Com a aprovação da Lei 99-457 (1986) pelo governo federal dos Estados Unidos, numa emenda à Lei de 1975 "Education of the Handicapped" que expandiu os serviços às crianças com deficiências desenvolvimentais desde o nascimento até os 2 anos, os profissionais da área da educação começaram a desempenhar papel mais importante na avaliação de crianças mais novas. A American Academy of Pediatrics (2001) destaca a importância da avaliação de bebês e crianças mais jovens e comenta a disponibilidade de uma série de instrumentos de avaliação.

Uma das primeiras avaliações feitas com bebês é o teste de Apgar. Virginia Apgar (1953) desenvolveu esse teste como um método rápido e confiável de avaliar o recém-nascido logo após o nascimento. Uma primeira classificação de Apgar é feita um minuto após o nascimento, com classificações subsequentes cinco minutos ou mais após o parto. Aos bebês são atribuídos valores 0, 1 ou 2 para cada um dos seguintes itens: (1) batimento cardíaco; (2) esforço respiratório, (3) irritabilidade reflexa, (4) tônus muscular e (5) cor. A pontuação máxima total é de 10. Os bebês com pontuação baixa geralmente exigem atenção imediata para sobreviver. Os valores de Apgar parecem confiáveis. O teste foi padronizado por Apgar e James (1962) em 27.715 bebês. A padronização mostrou que bebês com pontuação de Apgar baixa apresentavam taxas de mortalidade mais elevadas e que o dispositivo era útil na predição da mortalidade entre eles.

Outros instrumentos de avaliação de bebês e de crianças de 1 a 3 anos incluem o *Denver Developmental Screening Test – Denver II*, o *Bayley Scales of Infant Development – Second Edition* – e o *Peabody Developmental Motor Scales – Second Editon*. Esses instrumentos fornecem uma série de possibilidades de medição do desenvolvimento motor fino e amplo. Descrições desses e de outros instrumentos de avaliação de bebês e de crianças de 1 a 3 anos podem ser encontradas nas revisões de Zittel (1994) e de Burton e Miller (1998).

Resumo

Durante o período de bebê, as principais preocupações da criança referem-se à autogratificação. Os reflexos primitivos servem bem ao bebê para o atendimento de suas necessidades de sobrevivência básicas, mas, à medida que a criança se desenvolve, surgem outras necessidades. Entre elas, a necessidade característica de "conhecer". O desenvolvimento prossegue em uma sequência previsível, mas em ritmos variáveis, pois primeiro se conquista o domínio da cabeça e do tronco e depois dos membros. Quando consegue sentar, o bebê pode usar os braços de modo mais efetivo para exploração. As habilidades de manipulação, incluindo a movimentação dos lábios, permitem o uso dos mecanismos sensório-motores para coletar informações. Os movimentos tornam-se símbolos do processo de pensamento da criança porque a sua linguagem é limitada.

As conquistas motoras do bebê humano normal não são apenas função da maturação neurológica, mas também de um sistema que se auto-organiza. A biologia desempenha papel importante na sequência previsível do desenvolvimento motor. No entanto, há considerável variação normal no ritmo de desenvolvimento. Embora a maturação neuromuscular tenha de ocorrer para que o bebê avance ao nível desenvolvimental seguinte, vários fatores do ambiente e da demanda da tarefa (restrições) determinam essa taxa. Os ambientes que fornecem estimulação e oportunidades de exploração estimulam a aquisição precoce de padrões de movimento rudimentar. O engatinhar, por exemplo, com frequência é fruto do padrão de acompanhamento ocular, enquanto o ficar de pé e a marcha ereta são reforçados pela presença de pontos de apoio no ambiente da criança.

QUESTÕES PARA REFLEXÃO

1. Quais são as diferenças e as similaridades entre a inibição reflexa e os estágios de pré-controle do desenvolvimento motor?
2. Quais são os marcos motores entre tarefas que levam à locomoção na posição ereta e ao alcançar guiado visualmente?
3. Quais são os pontos-chave que diferem no estudo do desenvolvimento motor do bebê hoje e de 30 ou 40 anos atrás?
4. Qual é a controvérsia relativa ao engatinhar e à organização neurológica do bebê?
5. Os programas de estimulação infantil tornaram-se bastante populares tanto para bebês de desenvolvimento típico como para aqueles em risco. Por que é preciso seguir orientações do senso comum e quais são elas?

LEITURA BÁSICA

Getchell, N., & Gagen, L. (2006). Interpreting disabilities from a "constraints" theoretical perspective: Encouraging movement for all children. *Palestra, 22,* 20-53.

Houston-Wilson, C. (2011). Infants and toddlers. In J. P. Winnick (Ed.), *Adapted Physical Education and Sport* (pp. 411-424). Champaign, IL: Human Kinetics.

Piek, J. P. (2006). *Infant Motor Development* (Chapters 1 & 4). Champaign, IL: Human Kinetics.

Ramey, C. T., & Ramey, S. L. (1998). Early intervention and early experiences. *The American Psychologist, 53,* 109-120.

Thelen, E. (1998). Bernstein's legacy for motor development: How infants learn to reach. In M. Latash (Ed.), *Progress in Motor Control* (pp. 267-288). Champaign, IL: Human Kinetics.

Ulrich, D. A., Ulrich, B. D., Angulo-Barroso, R., & Yun, J. K. (2001). Treadmill training of infants with Down syndrome: Evidence-based developmental outcomes. *Pediatrics, 108* (5): e84.

vonSlevwen, B. E., et al. (2007). Swaddling: A systematic review. *Pediatrics, 120* (4). Online at: pediatrics.aappublications.org/cgi/reprint/120/4/e1097

Wilson, C. A., Taylor, B. J., Laing, R. M., Williams, S. M., & Mitchell, E. A. (1994). Clothing and bedding and its relevance to sudden infant death syndrome. *Journal of Pediatric Child Health, 30,* 506-512.

RECURSOS NA *WEB*

www.kines.umich.edu/group/developmentalneuromotor-control-laboratory
Laboratório de Controle Neuromotor Desenvolvimental da University of Michigan. O laboratório é dirigido pelo Dr. Beverly Ulrich. O *site* contém breves esboços de vários projetos de pesquisa em andamento, incluindo estudos sobre o desenvolvimento motor de bebês.

www.growingchild.com/milestones.html
Página do boletim *Growing Child,* que lista os marcos desenvolvimentais desde os 6 meses até os 6 anos. Inclui informações sobre assinatura, fatos do desenvolvimento cerebral e serviços ao cliente.

www.isisweb.org
Homepage da International Society on Infant Studies. A ISIS é uma organização devotada "à promoção e disseminação de pesquisas sobre o desenvolvimento de bebês". O *site* contém uma descrição da sociedade, notícias recentes e boletins.

www.srcd.org
Homepage da Society for Research in Child Development. A sociedade é uma associação profissional focada no desenvolvimento humano. O *site* inclui informações para membros, oportunidades de emprego, publicações sugeridas, resumos de artigos de periódicos e orientações para se associar.

library.med.utah.edu/pedineurologicexam/html/home_exam.html
Site da *web* da University of Utah sobre exame neurológico pediátrico. Contém vídeos breves e muito bem feitos sobre o exame neurológico de bebês desde o nascimento até o vigésimo quarto mês.

www.aahperd.org/naspe/standards/nationalGuidelines/ActiveStart.cfm
Active Start: A Statement of Physical Activity Guidelines from Birth to Age 5 (2nd ed.). Versão integral da declaração de orientação de

atividade física desde o nascimento até os 5 anos, disponível para impressão. A versão *on-line* fornece orientações para bebês, crianças de 1 a 3 anos e pré-escolares. A versão integral, com sugestões práticas para pais e cuidadores, está disponível para impressão.

www.zerotothree.org
Homepage do National Center for Infants, Toddlers and Families. Clique em On the Move: The Power of Movement in Your Child's First Three Years para obter informações atuais e fáceis de usar sobre atividade física e jogos para crianças mais novas.

CAPÍTULO 9

A Percepção do Bebê

PALAVRAS-CHAVE

Percepção	Visão periférica	Percepção de profundidade
Sensações	Visão binocular	Intensidade cromática
Habituação	Perseguição	Percepção de cores
Desabituação	Fixação binocular	Percepção de forma
Potenciais evocados	Fusão	Percepção auditiva
Reflexo pupilar consensual	Estereopsia	Percepção olfativa
Acuidade visual	Movimentos rápidos dos olhos (sacádicos)	Percepção gustativa
Acomodação (visual)		Percepção tátil

COMPETÊNCIAS ADQUIRIDAS NESTE CAPÍTULO

Ao finalizar este capítulo, você será capaz de:

- Discutir mudanças no funcionamento perceptivo do bebê
- Descrever vários métodos de estudo da percepção do bebê
- Discutir os aspectos desenvolvimentais da percepção visual do bebê
- Descrever as mudanças desenvolvimentais na acuidade visual, acomodação e visão periférica
- Distinguir os termos *binocularidade, fixação* e *rastreamento*
- Discutir os experimentos do penhasco visual e tirar conclusões sobre a percepção de profundidade do bebê
- Debater a questão relativa à percepção de cores do bebê
- Delinear os aspectos desenvolvimentais da percepção de formas
- Descrever vários aspectos das percepções auditiva, olfativa e gustativa

> **CONCEITO-CHAVE**
>
> O desenvolvimento perceptivo está estritamente relacionado com o desenvolvimento motor do bebê, resultando em um sistema perceptivo-motor interdependente.

Desde o momento do nascimento, os bebês começam a aprender a interagir com o ambiente. Essa interação é perceptiva, assim como o processo motor. A **percepção** refere-se a qualquer processo em que informações sensórias ou sensações são interpretadas ou recebem significado em relação ao que está ocorrendo com a própria pessoa. O *perceptivo-motor* refere-se ao processo de organização das informações recebidas e das informações armazenadas, que leva a um ato ou a uma *performance* motora evidente. Todo movimento voluntário envolve um elemento de percepção. Os estudiosos do desenvolvimento motor devem preocupar-se com o desenvolvimento perceptivo por sua importante ligação entre os processos perceptivo e motor. Santrock (2009) destaca que, na visão do desenvolvimento pela perspectiva dos sistemas dinâmicos, o desenvolvimento perceptivo e o motor estão combinados e não isolados um em relação ao outro. Portanto, as pessoas percebem a fim de experimentar o movimento e movimentam-se a fim de experimentar a percepção.

Para obter informações imediatas sobre o mundo externo, temos de confiar em nossos vários sentidos. Os recém-nascidos recebem todo tipo de estímulo (visual, auditivo, olfativo, gustativo, tátil e cinestésico) por meio das várias modalidades do sentido. Eles elaboram respostas a esses estímulos, mas que têm utilidade limitada. Apenas quando os estímulos sensoriais podem ser integrados com as informações armazenadas é que essas **sensações** adquirem significado para o bebê e realmente merecem ser chamadas de percepções.

Os recém-nascidos atribuem pouco significado aos estímulos sensoriais. Por exemplo, os raios de luz que atingem os olhos são registrados nas retinas e transmitidos aos centros nervosos apropriados nas áreas sensoriais do córtex. A reação do recém-nascido é simples (sensação): se a luz for fraca, as pupilas dilatarão; se for forte, as pupilas contrairão, e parte do estímulo será obscurecido (*reflexo pupilar consensual*). Assim, o recém-nascido pisca quando o estímulo se aproxima. Essas ações reflexas simples persistem ao longo de toda a vida, mas em pouco tempo o bebê começa a atribuir significado aos estímulos visuais recebidos. Em breve, determinado rosto torna-se "a mãe". Identifica que um objeto tem três ou quatro lados. O bebê observa determinados estímulos e começa a lhes atribuir um significado básico, pelo poder da percepção da visão.

> **CONCEITO 9.1**
>
> No bebê, o desenvolvimento do sistema perceptivo é mais rápido do que o do sistema motor.

Assim como no desenvolvimento das capacidades de movimento no bebê, o desenvolvimento das capacidades perceptivas é uma questão de experiência e maturação. A maturação é importante no desenvolvimento de maior precisão da percepção, mas grande parte do avanço na precisão deve-se à experiência. Oportunidades de aprendizado possibilitam que crianças, adolescentes e adultos aumentem a sofisticação das suas modalidades perceptivas de acordo com o seu potencial genético. De modo similar, somente pela experiência o bebê será capaz de adquirir muitas das potencialidades de percepção. O desenvolvimento perceptivo do bebê é fundamental para o funcionamento posterior e, como veremos, está estreitamente entrelaçado com o sistema motor.

MÉTODOS DE ESTUDO DA PERCEPÇÃO DO BEBÊ

No estudo das capacidades perceptivas do bebê, uma série de técnicas é usada para determinar as respostas dos bebês a vários estímulos. Uma vez que eles não conseguem verbalizar nem preencher questionários, técnicas indiretas de observação naturalista são usadas como principal recurso para determinar o que os bebês podem ver, ouvir, sentir, etc. Cada um desses métodos compara um estado do bebê anterior ao estímulo com o seu estado durante ou imediatamente após o estímulo. A diferença entre as duas me-

DILEMA DO DESENVOLVIMENTO

O estudo da percepção do bebê: um dilema da comunicação

Os bebês não podem fornecer o *feedback* verbal de que necessitamos para saber, de modo conclusivo, qual é a resposta deles a determinado estímulo perceptivo. Sem a fala, por exemplo, não podemos ter certeza do que realmente significa a resposta deles ao rosto da mãe *versus* ao rosto de um estranho. Para tentar descobrir o que eles estão percebendo, os pesquisadores elaboraram algumas técnicas que, "segundo eles", são marcadores precisos da percepção visual, auditiva, gustativa e tátil dos bebês, incluindo os seguintes, que são explicados mais adiante neste capítulo:

- Observação naturalista
- Análise de gravações
- Mudanças na frequência cardíaca e respiratória
- Sucção não nutriente
- Habituação-desabituação
- Potenciais evocados

O dilema está em que, seja qual for a técnica usada, os pesquisadores terão sempre apenas uma medição indireta da resposta do bebê a determinado estímulo. Entretanto, temos o consolo de que a preponderância das pesquisas realizadas ao longo dos últimos 50 anos baseia-se fortemente na ideia de que a percepção, em todas as suas formas, é um fenômeno desenvolvimental, um fenômeno que, em crianças de desenvolvimento típico, passa de capacidades simples e brutas a capacidades mais complexas de discriminação de qualidades perceptivas como cor, forma, sabor, cheiro e toque.

---

dições fornece ao pesquisador uma indicação do nível e da duração da resposta ao estímulo.

Por exemplo, se algum padrão de movimentação uniforme passa pelo campo visual do recém-nascido, ocorrem movimentos repetitivos de acompanhamento pelo olhar. A ocorrência desses movimentos dos olhos fornece indícios de que o padrão de movimentação é percebido em algum nível pelo recém-nascido. Do mesmo modo, mudanças no nível geral da atividade motora do bebê – virar a cabeça, piscar os olhos, chorar, etc. – têm sido usadas pelos pesquisadores como indicadores visuais das capacidades perceptivas do bebê.

Essas técnicas, no entanto, têm limitações. Em primeiro lugar, a observação pode não ser confiável, pois dois ou mais observadores podem discordar a respeito da resposta ocorrida. Em segundo lugar, é difícil quantificar as respostas. Com frequência, movimentos rápidos e difusos do bebê dificultam o registro preciso do número de respostas. A terceira e mais grave limitação consiste em que não é possível ter certeza de que a resposta do bebê deve-se ao estímulo apresentado e não a uma simples mudança da situação de ausência de estímulo para a de presença. O bebê pode estar respondendo a aspectos do estímulo diferentes daqueles identificados pelo pesquisador. Portanto, quando se usa a avaliação por observação como técnica para estudar as capacidades perceptivas do bebê, deve-se tomar cuidado para não generalizar demais os dados e para não confiar em um ou dois estudos como indício conclusivo de determinada qualidade perceptiva.

CONCEITO 9.2

A possibilidade de fazer generalizações a partir das conclusões alcançadas em estudos de observação do desenvolvimento perceptivo do bebê é, no mínimo, limitada, mesmo quando as técnicas do estudo são sofisticadas.

As técnicas de avaliação por observação têm se tornado muito mais sofisticadas, reduzindo as limitações que acabamos de apresentar. A análise de gravações de respostas, os monitores da frequência cardíaca e respiratória e os dispositivos de sucção não nutriente são usados como ferramentas efetivas na compreensão da percepção do bebê. A análise de gravações permite aos pesquisadores estudar com cuidado as respostas do bebê repetidas vezes em câmera lenta. Podem ser feitas medições precisas da duração e frequência da atenção do bebê entre dois estímulos. Os monitores da frequência cardíaca e respiratória fornecem o número de batimentos cardíacos ou de respirações no momento em que um novo estímulo é apresentado. Aumentos numéricos são usados como indicadores quantificáveis do maior interesse pelo novo estímulo. Aumentos na *sucção não nutriente* foram usados pela primeira vez como medida de avaliação por Siqueland e DeLucia (1969). Eles projetaram um aparelho que conectava a chupeta do bebê a um dispositivo medidor. Quando eram apresentados os estímulos, registrava-se as mudanças no comportamento de sucção do bebê. O aumento do número de sucções era usado como indicador da atenção ou da preferência do bebê por determinado estímulo visual.

Duas técnicas adicionais de estudo da percepção infantil entraram em voga: a habituação-desabituação e os potenciais evocados. Na técnica de *habituação-desabituação*, um único estímulo é apresentado repetidas vezes ao bebê até ocorrer um declínio mensurável (**habituação**) no comportamento correspondente observado. Nesse ponto, apresenta-se um novo estímulo, e qualquer recuperação (**desabituação**) da capacidade de resposta é registrada. Quando o bebê não se desabitua e continua a mostrar habituação na presença de um novo estímulo, pressupõe-se que ele não é capaz de perceber que os estímulos são diferentes. O paradigma da habituação-desabituação tem sido usado de forma mais extensiva em estudos das percepções auditiva e olfativa dos bebês. Os **potenciais evocados** são respostas cerebrais elétricas que podem estar relacionadas com determinado estímulo em função do ponto de onde ele se origina. Eletrodos são conectados ao couro cabeludo do bebê. Mudanças no padrão elétrico do cérebro indicam que o estímulo está passando pelo sistema nervoso central e evocando algum tipo de resposta.

Cada uma dessas técnicas fornece ao pesquisador indícios consistentes de que o bebê pode detectar ou discriminar estímulos. Com essas sofisticadas medidas eletrofisiológicas e de avaliação por observação, sabemos que o recém-nascido de apenas alguns dias é muito mais perceptivo do que suspeitávamos. Entretanto, essas medições ainda são apenas indicadores "indiretos" das capacidades perceptivas do bebê. A rígida adoção de uma classificação cronológica por idade dessas capacidades é insensata. Além disso, a percepção dos bebês é vista hoje de modo claro como um fenômeno desenvolvimental. Com base no volume de pesquisas a respeito desse tópico, os bebês humanos agora são vistos como competentes no aspecto perceptivo (Bornstein, 2005).

PERCEPÇÃO VISUAL

Ao nascer, os olhos do bebê têm todas as partes necessárias à visão e encontram-se quase completamente formados. A fóvea não está desenvolvida em sua totalidade, e os músculos oculares são imaturos. Esses dois fatores resultam em má fixação, foco e coordenação dos movimentos oculares. Os aparatos do piscar e do lacrimejar (formação de lágrimas) encontram-se mal desenvolvidos no nascimento, e o recém-nascido é incapaz de verter lágrimas durante 1 a 7 semanas após o nascimento. Além disso, é questionável se o recém-nascido possui visão colorida, por causa da quantidade de rodopsina e iodopsina (púrpura visual) presente nos bastonetes e cones dos olhos. A acuidade visual, a acomodação, a visão periférica, a binocularidade, a fixação, a perseguição, a visão colorida e a percepção de formas desenvolvem-se com rapidez durante as primeiras semanas e meses após o nascimento. A Tabela 9.1 apresenta uma lista dos principais aspectos desenvolvimentais da percepção da visão do bebê, com a idade aproximada em que essas capacidades começam a surgir.

> **Conceito 9.3**
> Ao nascer, o olho se encontra estruturalmente completo, mas funcionalmente imaturo.

Sensibilidade ao contraste

O aparato visual encontra-se anatomicamente completo no nascimento, embora ainda possa estar funcionalmente imaturo. No início, a visão é usada pelo recém-nascido em resposta a várias intensidades de luz. Ao nascer, o bebê exibe um **reflexo pupilar consensual**, em que as pupilas dilatam-se ou comprimem-se em resposta à intensidade da fonte de luz localizada. Hershenson (1964) descobriu que bebês com 2 a 4 dias olhavam para luzes de intensidade média por mais tempo do que para luzes de intensidade elevada ou fraca. Peeples e Teller (1975) descobriram que bebês de 2 meses conseguiam discri-

Tabela 9.1 Aspectos desenvolvimentais de determinadas capacidades perceptivas da visão do bebê

Qualidade da visão	Capacidades específicas	Idade de surgimento aproximada
Sensibilidade à luz O aparato visual encontra-se completo no recém-nascido e, no início, é usado para fazer ajustes de acordo com a intensidade da fonte de luz	Reflexo pupilar consensual (contração e dilatação das pupilas)	Do nascimento até 2 a 3 horas
	Estrabismo	Do nascimento até o décimo quarto dia
	Virar a cabeça na direção da fonte de luz	Nascimento
	Fechar os olhos quando a luz é forte	Nascimento
	Apertar as pálpebras quando dorme	Nascimento
	Mais ativo sob luz fraca do que forte	Do nascimento até 1 ano
Acuidade visual A extensão do foco aumenta diariamente enquanto o olho amadurece	Aparato visual organicamente completo	Nascimento
	Extensão do foco de 10,2 a 25,4 cm	Do nascimento à primeira semana
	Extensão do foco de 91,4 cm	3 meses
	Extensão do foco de 30,5 m	1 ano
Acomodação Depende da maturidade funcional das lentes	Ruim	Do nascimento até o segundo mês
	Quase igual à do adulto	De 2 a 4 meses
Visão periférica Melhora rapidamente na direção horizontal	15 graus a partir do centro	Do nascimento até a segunda semana
	30 graus a partir do centro	De 1 a 2 meses
	40 graus a partir do centro	5 meses
Fixação Monocular e essencialmente reflexa durante as primeiras semanas	Fixa um olho em objetos brilhantes	Nascimento
	Fixa os dois olhos em objetos brilhantes	De 2 a 3 dias
	Vira a cabeça, passando de uma superfície brilhante estacionária a outra	11 dias
	Segue um objeto em movimento, mantendo a cabeça estacionária	23 dias
	Direciona os olhos para um objeto	10 semanas
Perseguição No início é um movimento rápido dos olhos (sacádico), gradualmente se abranda. Desenvolve-se muito antes do componente motor	Horizontal	O acompanhamento com movimento sacádico inicia no nascimento
	Vertical	O acompanhamento brando começa em torno dos 2 meses
	Diagonal Circular	A sequência é fixada do nascimento aos 2 meses
Percepção de profundidade A visão monocular do nascimento logo dá lugar à visão binocular e à percepção de profundidade	Visão monocular	Nascimento
	Visão binocular	2 meses
	Percepção de profundidade	2 a 6 meses

(continua)

Tabela 9.1	Aspectos desenvolvimentais de determinadas capacidades perceptivas da visão do bebê (continuação)	
Qualidade da visão	Capacidades específicas	Idade de surgimento aproximada
Discriminação e preferência de cores Indícios inconsistentes. A visão de cores pode estar presente no nascimento, dependendo da quantidade de rodopsina e de iodopsina	Visão de cores Percepção de cores Prefere forma à cor Discriminação de cores	Nascimento? 10 semanas 15 dias 3 meses
Percepção de forma A discriminação começa logo cedo e desenvolve-se rapidamente em termos de complexidade. A face humana é o objeto preferido	Prefere objetos com desenhos aos lisos Imita gestos faciais Prefere a face humana Constância de tamanho e forma Discrimina figuras bi ou tridimensionais	Recém-nascido Recém-nascido Recém-nascido 2 meses 3 a 6 meses

minar barras de luz contra um fundo preto quase tão bem quanto os adultos. Os bebês eram capazes de detectar diferenças de luminosidade bem pequenas, de 5%, enquanto os adultos eram capazes de discriminar diferenças de 1%. Além disso, tem sido observado com frequência que os recém-nascidos apertam as pálpebras quando dormem em cômodos com muita claridade e tendem a ficar mais ativos sob luz fraca do que forte. Talvez isso ajude a explicar por que os bebês costumam ser mais ativos à noite do que durante as horas do dia.

Conceito 9.4

As capacidades perceptivas visuais desenvolvem-se rapidamente durante os primeiros seis meses após o nascimento.

Acuidade visual, acomodação e visão periférica

O olho cresce e desenvolve-se rapidamente durante os primeiros dois anos da criança. No bebê, a córnea é mais fina e mais esférica do que no adulto. Em resultado disso, a córnea é mais refrativa, e o bebê tende a ser um pouco míope ao nascer. A acuidade visual normal é adquirida de forma gradual, enquanto a córnea se arredonda e as lentes achatam-se. O termo **acuidade visual** refere-se ao grau de detalhe que é possível ver em um objeto. O recém-nascido tem uma distância focal de 10,2 a 25,4 cm. A extensão do foco aumenta quase diariamente e atinge o equivalente à faixa de acuidade do adulto normal por volta do sexto ao décimo segundo mês de vida (Aslin e Dumais, 1980; Cohen et al., 1979).

A **acomodação**, capacidade das lentes de cada olho de variar a própria curvatura para focar a imagem da retina, melhora com o passar do tempo. Um estudo feito por Haynes e colaboradores (1965) demonstrou que a acomodação semelhante à do adulto só ocorre em torno do quarto mês. Banks (1980), em uma replicação do estudo de Haynes, descobriu uma acomodação parcial no primeiro mês de vida e um foco quase idêntico ao de adultos por volta do segundo mês. Esses estudos demonstraram que, até pelo menos o segundo mês de idade, os bebês são incapazes de focar a forma dos objetos.

A **visão periférica** é o campo visual que pode ser visto sem mudança na fixação dos olhos. O trabalho de Tronick (1972) sugere que o campo visual de um bebê de 2 semanas é estreito (cerca de 15 graus a partir do centro), mas se expande até cerca de 40 graus a partir do centro por volta do quinto mês. Assim como Tronick (1972), Aslin e Salapatek (1975) descobriram que bebês de 1 a 2 meses têm um campo visual de cerca de 30 graus a partir do centro. A visão

> **PERSPECTIVAS INTERNACIONAIS**
>
> **A beleza está nos olhos de quem vê. Ou não?**
>
> O famoso ditado "a beleza está nos olhos de quem vê" coloca uma questão interessante a respeito do interesse ou atenção do bebê em relação a rostos considerados atraentes ou não atraentes. Será que eles conseguem discriminar isso? Langolis e colaboradores (1987) realizaram um estudo interessante, com o objetivo de responder a essa questão, mas talvez tenham levantado mais dúvidas do que respostas.
>
> O estudo foi feito com dois grupos de bebês: um mais novo (de 2 a 3 meses) e outro mais velho (de 6 a 8 meses), e usou uma técnica de preferência visual padrão que apresentava aos bebês *slides* de mulheres previamente classificadas por adultos como "atraente" ou "não atraente". Aos dois grupos de estudo foi apresentada uma série de pares de rostos. Os resultados mostraram que tanto o grupo mais novo como o mais velho preferiu (ou seja, olhou por mais tempo) o rosto atraente quando apresentado em pares contrastantes de atratividade (atraente/não atraente). No entanto, quando foram apresentados pares similares em termos de atratividade (atraente/atraente e não atraente/não atraente), apenas o grupo de estudo mais velho olhou por mais tempo para as combinações faciais atraentes.
>
> Esse estudo é instigante, uma vez que os autores afirmam que os resultados contestam a noção tão cristalizada de que os padrões de atratividade são condicionados culturalmente, por meio da exposição gradual a padrões culturais de beleza e que, talvez, a beleza realmente esteja nos olhos de quem vê. Dadas as enormes diferenças culturais em termos do que é considerado atraente, seria interessante contemplar como os bebês podem ou não ser aculturados em relação ao padrão de "beleza" da sua sociedade. Pense sobre isso. Que tipo de estudo você poderia elaborar, envolvendo bebês, crianças, adolescentes e adultos, para compreender melhor a percepção de beleza?

periférica normal em adultos é de cerca de 90° a partir do centro, para qualquer lado.

> **CONCEITO 9.5**
>
> Embora míope no nascimento, com distância focal curta e visão periférica limitada, o neonato responde a várias intensidades de luz.

Cohen e colaboradores (1979) registraram que "em torno dos 6 meses de idade, o sistema nervoso central e o sistema nervoso periférico do bebê são bastante maduros" (p. 404). Parece, portanto, que a acuidade visual, a acomodação e a visão periférica melhoram de forma extraordinária à medida que os olhos maturam, no início da vida do bebê. Por enquanto, não sabemos qual é a interação entre esses três sistemas em desenvolvimento.

Binocularidade, fixação e perseguição

Os tópicos da binocularidade, fixação e perseguição do bebê têm interessado os pesquisadores há muitos anos. O pré-requisito para comportamentos de perseguição e fixação eficientes é a visão binocular. A **visão binocular** exige que os olhos trabalhem juntos para dar atenção visual a um objeto estacionário (*fixação*) ou em movimento (**perseguição**).

A visão binocular, de acordo com a estrutura teórica originalmente apresentada por Worth, em 1915, e discutida por Aslin e Dumais (1980), ocorre em três níveis: fixação binocular, fusão e estereopsia. Para que ocorra a **fixação binocular**, a fóvea de ambos os olhos tem de estar alinhada e dirigida ao mesmo tempo ao objeto considerado visualmente. Se não houver fixação binocular, então a fusão e a estereopsia não serão possíveis.

> **CONCEITO 9.6**
>
> A visão binocular ocorre em três níveis: fixação binocular, fusão e estereopsia.

A **fusão** é o segundo nível da visão binocular. É um processo em que as imagens nas duas retinas são combinadas em um único percepto visual. Quando olhamos um objeto, cada olho envia informações à retina e ao cérebro a partir de uma orientação diferente. Os dois olhos estão distantes entre si cerca de 6 cm, de modo que a linha direta a partir de cada olho até o objeto é diferente. Krieg (1978) observou que a distância interocular aumenta cerca de 50% desde o nascimento até a idade adulta. Dados limitados sugerem que os bebês apresentam fusão em torno do quarto ao sexto mês da vida pós-natal (Aslin, 1977). A fusão é necessária para que ocorra a estereopsia.

A **estereopsia** é o terceiro nível da binocularidade e possibilita a detecção de profundidade. Baseia-se na extensão da disparidade ou divergência retinal entre os dois olhos e tem sido demonstrada em bebês de 3 meses ou mais (Fox et al., 1980). Aslin e Dumais (1980) afirmam que "a presença da fixação binocular em bebês não garante que a fusão e a estereopsia estejam presentes" (p. 60). Portanto, embora seja possível que esses três níveis de binocularidade sejam hierárquicos, também é possível que existam como três funções paralelas interdependentes uma das outras. Os determinantes desenvolvimentais primários da visão binocular, que tornam possível a fixação e a perseguição são a acuidade visual, sensibilidade ao contraste, acomodação e distância entre os olhos (Aslin e Dumais, 1980).

A *fixação visual* é monocular no nascimento, provavelmente por causa da má acuidade visual e da sensibilidade ao contraste apresentadas pelo bebê. Além disso, o controle visual-motor dos olhos é imaturo. Essas condições melhoram rapidamente nos primeiros 6 meses, sugerindo melhoria na capacidade do bebê de fazer a fixação de modo binocular (Atkinson e Braddick, 1982).

> **Conceito 9.7**
> Os movimentos rápidos dos olhos (sacádicos) controlam a perseguição visual no início da vida do bebê.

A *perseguição binocular* é o aspecto mais básico do acompanhamento visual-motor. Ela envolve direcionar os olhos de uma linha de visão a outra. Esses movimentos dos olhos são de alta velocidade (sacádicos) ou de baixa velocidade (acompanhamento brando). Os **movimentos rápidos dos olhos (sacádicos)** envolvem o redirecionamento do foco de um objeto em relação a outro.

Os movimentos sacádicos controlam o acompanhamento do objeto no início da vida do bebê. Uma série desses movimentos é feita quando o bebê persegue um objeto ao longo do campo de visão. Há várias hipóteses a esse respeito, mas o fenômeno permanece inexplicado (Aslin, 1984), porém, no final da segunda semana da vida pós-natal, o neonato é capaz de fazer movimentos oculares rápidos de perseguição confiáveis. Dayton e Jones (1964) foram os primeiros a demonstrar que os movimentos dos olhos do bebê são totalmente rápidos até o final do segundo mês. No entanto, Aslin (1981), usando um alvo que se movimentava muito devagar, descobriu indícios de que o acompanhamento brando começa por volta da sexta semana de vida. Embora o momento exato do surgimento dos acompanhamentos brandos seja discutível, a sequência está clara. Os comportamentos de perseguição com acompanhamento brando ocorrem em princípio na direção horizontal, depois na vertical, seguida da diagonal e finalmente na circular (Field, 1976; Haith, 1966; Pratt, 1954).

Percepção de profundidade

A percepção de profundidade envolve a capacidade de avaliar a distância entre o objeto e a própria pessoa. Williams (1983) classificou a **percepção de profundidade** nos componentes "estático" e "dinâmico". A *percepção de profundidade estática* envolve a avaliação da profundidade ou distância relativa a objetos estacionários. A *percepção de profundidade dinâmica* exige que a pessoa faça avaliações da distância entre objetos que estão em movimento.

> **Conceito 9.8**
> A percepção de profundidade pelo bebê é em função da experiência, assim como da maturação.

A percepção de profundidade estática tem sido extensivamente pesquisada em bebês por meio dos experimentos de *penhasco visual*, agora clássicos, realizados por Gibson e Walk (1960) e Walk (1966). No modelo desses pesquisadores, bebês e animais conseguem fazer uma locomoção autoproduzida quando estimulados a se arrastar sobre uma fibra de vidro fina, que contém uma série de pistas de profundidade (Fig. 9.1). Os experimentos concluíram que os bebês

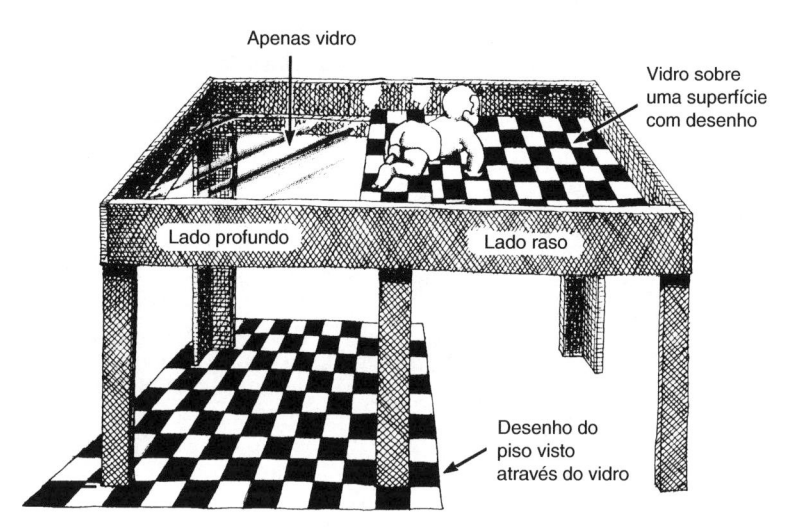

Figura 9.1
Penhasco visual.

em movimento, ainda que estimulados, não se arrastavam sobre o "piso profundo" em direção a suas mães. Svejda e Schmidt (1979) avaliaram as respostas cardíacas de bebês pré-locomotores (idade média de 6,9 meses) e locomotores (idade média de 7,1 meses) enquanto eram abaixados até o lado raso ou profundo do penhasco. Os bebês pré-locomotores exibiam pouca ou nenhuma diferença nos níveis da frequência cardíaca quando abaixados até um lado e outro. No entanto, os bebês locomotores mostraram aumentos significativos nas respostas da frequência cardíaca em um e outro lado, mas uma "aceleração mais acentuada" no lado profundo. Os resultados desse experimento tendem a confirmar as hipóteses de Held e Hein (1963) e de Walk (1978) de que o desenvolvimento da percepção profunda é, em parte, função da experiência. Isso também indica que o *feedback* sensório-motor, gerado pela experiência locomotora inicial, é suficiente para responder por uma mudança desenvolvimental no penhasco visual entre bebês pré-locomotores e locomotores. Ainda não está claro se as experiências sensório-motoras são uma condição necessária.

Uma série de pesquisas sobre a percepção profunda dinâmica foi realizada com bebês recentemente. As respostas de alcançar de bebês mais novos apresentadas em caso de estímulos que se movimentam têm sido cuidadosamente estudadas por von Hofsten (Gredebäck e von Hofsten, 2004; Jonsson e von Hofsten, 2003; Rosander e von Hofsten, 2004; von Hofsten, 1979, 1982). Os resultados dessas pesquisas demonstram claramente que bebês bem jovens, até com 5 dias de idade, fazem o que parecem ser movimentos de alcançar propositados, porém mal controlados, em direção a objetos em movimento. A percepção de profundidade dinâmica parece estar presente de forma bastante sofisticada por volta do quarto mês da vida pós-natal. Von Hofsten (1986) declarou que: "Portanto, parece não haver dúvidas de que, pouco antes dos 4 meses de idade, o bebê começa a ser capaz de usar também o modo puramente visual de controle, em que a posição vista da mão é relacionada com a posição vista do objeto" (p. 174).

Nesse momento, o sistema motor encontra-se atrasado em relação ao sistema perceptual. Os movimentos na direção do objeto, embora propositados, são imaturos, demonstrando má integração entre os sistemas visual e motor. Comportamentos de alcançar semelhantes aos de adultos só aparecem em torno do sexto mês, quando a diferenciação dos grupos musculares e a integração com os sistemas sensoriais começam a se tornar harmônicos.

Percepção de cores

Um grande número de estudos foi realizado ao longo de anos para determinar se os bebês percebem cores e são capazes de distinguir cores diferentes. A maioria dos experimentos anteriores à década de 1960 revelaram resultados confusos e, com frequência, conflitantes. Entretanto, a partir dessas pesquisas, chegou-se à compreensão de que o bebê responde ao brilho (i.e., à **intensidade cromática**) das cores apresentadas antes de responder à coloração. Hershenson (1964) foi o primeiro a demonstrar isso em bebês, gerando uma nova onda de estudos que tentavam controlar o fator do brilho. Kellman e Arterberry (1998) concluíram que por volta do segundo ou terceiro mês de idade, os bebês pareciam ter uma visão de cores similar à dos adultos e a capacidade de discriminar uma série de cores. Nós não sabemos se bebês com menos de 10 semanas percebem cores. A quantidade de *rodopsina* e *iodopsina* presentes nos bastonetes e nos cones pode ser insuficiente para a visão de cores. De modo similar, não sabemos categoricamente se a **percepção de cores** do bebê é idêntica à dos adultos, mas indícios limitados dão provas dessa noção. Em 2003, Cohen e Cashon afirmaram que:

> A partir do ponto de vista do processamento de informações, é interessante que, assim como a percepção de formas, até a percepção de cores do bebê parece passar por um padrão desenvolvimental, em que os bebês começam a processar informações em um nível inferior e, depois, mais tarde, integram essas informações e as processam em um nível superior. (p. 25)

Conceito 9.9

Os bebês tendem a responder mais à intensidade cromática das cores do que à verdadeira coloração.

Percepção de formas

Inúmeros pesquisadores têm examinado a **percepção de formas** em bebês. A percepção de formas é a capacidade de distinguir formas e discriminar uma série de padrões. Haith (1980) descobriu que recém-nascidos colocados em um quarto escuro olhavam na direção de sombras e bordas sutis. Além disso, Kessen e colaboradores (1972), em um experimento similar, registraram que recém-nascidos respondiam apenas a bordas verticais de alto contraste. No entanto, Haith descobriu que eles podiam responder também a linhas horizontais. Fantz e colaboradores (1975) relataram que recém-nascidos eram capazes de perceber formas e preferiam linhas curvas a linhas retas.

Salapatek (1975) registrou que outros pesquisadores, ao examinarem respostas neonatais a quadrados, círculos e triângulos, descobriram que eles tendiam a fixar os olhos em uma única linha ou borda quando tinham 1 mês de idade, mas gastavam muito mais tempo esquadrinhando as figuras aos 2 meses de idade. Salapatek tirou três conclusões importantes a partir da abundância de pesquisas sobre a percepção de formas pelo recém-nascido:

> Primeira, antes do segundo mês de vida, parece que a atenção visual é capturada por um único aspecto da figura ou desenho ou então por um número limitado desses aspectos. Segunda, antes de 1 a 2 meses de idade, há poucos indícios de que a disposição ou o desenho dos elementos da figura desempenhem algum papel na seleção ou na memória visual. E terceira, antes de 1 a 2 meses de idade, há poucos indícios de que a linha da visão seja atraída por algo mais do que o maior número ou tamanho dos elementos de contorno visíveis por unidade de área, independentemente do tipo de arranjo dos elementos. (p. 226)

Conceito 9.10

A complexidade determina os comportamentos da atenção visual do bebê, de modo que ele prefere a forma à cor e formas complexas às formas mais simples.

Os bebês com mais de 3 meses parecem exibir uma série de capacidades sofisticadas em relação à percepção de formas. Cohen e colaboradores (1979) relataram que vários pesquisadores determinaram que os bebês podem discriminar padrões entre si, inclusive quando estes forem dispostos em arranjos diferentes. Além disso, "há indícios razoavelmente convincentes de que, em algum momento dos primeiros seis meses após o nascimento, os bebês são capazes de perceber formas múltiplas, podem responder a mudanças na disposição do desenho e manifestam preferência" (Cohen et al., p. 412). Fantz (1963) descobriu que bebês de 2 meses preferem olhar para a face humana do que para todos os outros estímulos simples. Cohen e colaboradores relataram que, por volta do sexto mês de idade, os bebês são capazes de distinguir fotografias bidimensionais de faces humanas. Está claro que a capacidade do bebê de discriminar formas e padrões desenvolve-se de forma rápida durante esse período e alcança níveis bastante sofisticados aproximadamente no final dos primeiros seis meses de vida pós-natal.

PERCEPÇÃO AUDITIVA, OLFATIVA, GUSTATIVA E TÁTIL

Os dados disponíveis de pesquisas relativas ao desenvolvimento da **percepção auditiva, olfativa, gustativa** e **tátil** em bebês humanos são muito menos completos do que aqueles sobre a modalidade visual. Como acontece com a visão, as capacidades auditivas não se desdobram de modo exclusivo, sem influências do ambiente. As condições ambientais afetam a extensão do desenvolvimento da audição. O ouvido encontra-se estruturalmente completo ao nascimento, e o bebê é capaz de ouvir assim que drena o líquido amniótico (em geral um ou dois dias após o nascimento). O feto responde ao som antes do nascimento. Pela medição de mudanças na frequência cardíaca, tem sido demonstrado que o feto responde à fala da mãe e a notas musicais (DeCasper et al., 1994; Lecanuet et al., 2000).

Conceito 9.11

Apesar de menos amplamente estudadas, as percepções auditivas, olfativas e tátil-cinestésicas do bebê também afetam o processo do desenvolvimento motor.

Pesquisas indicam que o recém-nascido é menos sensível ao som do que os adultos. Aslin e colaboradores (1983) registraram que a diferença é de pelo menos 10 decibéis. A sensibilidade ao som melhora com o passar do tempo, e bebês ainda novos, por volta do sexto mês de vida, são mais sensíveis a sons de alta frequência do que os neonatos (Trehub et al., 1980). A percepção auditiva do bebê pode ser semelhante à do adulto em torno do segundo ano de vida (Schneider et al., 1980). O bebê consegue localizar sons no nascimento e reage principalmente à altura e à duração (Trehub et al., 1991). Discriminações da agudeza do som foram demonstradas por Leventhal e Lipsett (1964) ainda bem no início da vida do bebê, aos quatro dias da vida pós-natal. Respostas definidas a diferenças tonais são vistas em torno do terceiro mês, e o bebê reage com prazer à voz dos pais por volta do quinto mês (Leventhal e Lipsett, 1964).

A pesquisa sobre a percepção olfativa e gustativa mostra-se esparsa. É difícil separar a sequência desenvolvimental do cheiro e do sabor, pois o nariz e a boca estão bastante conectados, e os estímulos aplicados a um provavelmente afetem o outro. Entretanto, o recém-nascido realmente parece reagir a certos odores, embora isso talvez se deva mais à dor causada por odores pungentes do que ao cheiro. Lipsett e colaboradores (1963) foram os primeiros a demonstrar que recém-nascidos com menos de 24 horas de idade davam respostas definidas quando expostos a um odor altamente ofensivo. Engen e Lipsett (1965) mostraram que bebês bem novos, com 32 horas de vida, eram capazes de discriminar dois odores diferentes. McFarlane (1975), ao estudar bebês com menos de uma semana de idade, descobriram que eles conseguem discriminar protetores de seios usados pela mãe e protetores sem uso, com clara preferência por aqueles das mães. Entretanto, nenhum dos bebês foi capaz de distinguir protetores da própria mãe dos protetores de outras mães. O reconhecimento do cheiro da mãe só se desenvolve na segunda semana de nascimento. Os recém-nascidos reagem ao sabor, preferindo sabores doces aos ácidos e os ácidos aos amargos. Mennella e Beauchamp (1996) destacaram que, embora os sistemas sensoriais do cheiro e do sabor estejam em estado funcional no bebê, eles amadurecem depois do nascimento e, portanto, podem ser influenciados por experiências individuais.

As pesquisas sobre o sistema tátil são limitadas, mas certamente há indícios de que os recém-nascidos respondem de modo reflexo ao toque (i.e., reflexo de busca, reflexo de preensão palmar). Além disso, a resposta do recém-nascido à dor tem sido observada pelo monitoramento de várias medições de estresse.

A Tabela 9.2 apresenta um resumo dos principais aspectos desenvolvimentais das percepções auditiva, gustativa, olfativa e tátil dos bebês.

Tabela 9.2	Aspecto desenvolvimental de determinadas capacidades auditivas, olfativas, gustativas e táteis dos bebês	
Qualidade da percepção	Capacidades específicas	Idade de surgimento aproximada
Percepção auditiva O ouvido encontra-se estruturalmente completo no nascimento, e o recém-nascido pode responder a sons	Responde a sons altos e agudos	Neonatal
	É capaz de localizar sons	Nascimento
	Reage principalmente à altura e duração	Nascimento
	Discrimina a agudeza do som	1 a 4 dias
	Responde a diferenças tonais	3 a 6 meses
	Reage com prazer à voz dos pais	5 a 6 meses
	Semelhantes às do adulto	24 meses
Percepção olfativa O mecanismo do olfato encontra-se estruturalmente completo no nascimento, e o recém-nascido responde grosseiramente a vários odores	Responde a odores	Nascimento
	Tem reduzida sensibilidade à aplicação repetida de estímulos (habituação)	Neonato
	Distingue odores agradáveis de desagradáveis	2 a 3 dias
	Mostra preferência pelo odor da mãe	2 semanas
	Melhora as capacidades de discriminação com a prática	Bebê
Percepção gustativa O recém-nascido reage à variação dos sabores doce, ácido e amargo	Mostra preferência de sabores (prefere o doce ao ácido, o ácido ao amargo)	Neonato
Percepção tátil O recém-nascido reage a uma série de sensações táteis, respondendo com movimentos reflexos	Vira a cabeça quando a bochecha é tocada, suga quando os lábios são tocados, dobra os dedos das mãos e dos pés quando é aplicada pressão a essas áreas	Neonato

Resumo

O estudo da percepção do bebê tem intrigado pesquisadores há anos. Sabemos agora que o recém-nascido e o bebê mais novo são muito mais conscientes e capazes em termos de percepção do que se pensava antes. Técnicas mais novas de observação e registro de respostas de bebês a vários estímulos têm sido responsáveis por uma mudança nas suposições relativas às capacidades perceptivas dos bebês muito novos. As técnicas de avaliação por observação que usam análise de filme, monitores do coração e da respiração, dispositivos de sucção não nutriente e registros de impulsos cerebrais elétricos estão abrindo novos caminhos para a compreensão do mundo das percepções do bebê.

O mundo visual do bebê tem sido a modalidade perceptiva mais extensivamente estudada. Os olhos do recém-nascido são estruturalmente completos, mas funcionalmente imaturos. Observa-se um rápido progresso na aquisição de vasto conjunto de capacidades perceptivo-visuais. Embora seja difícil precisar quando essas capacidades emergem, é possível montar um gráfico da sequência de aquisição de muitas habilidades perceptivo-visuais. (Entretanto, deve ser evitada a aplicação generalizada dessas observações a todos os bebês.) O estudioso do desenvolvimento motor interessa-se em especial pela modalidade visual por causa de sua ligação próxima, com frequência essencial, com o movimento voluntário. Grande parte do comportamento de movimento é controlada por nossas percepções. Embora o mundo perceptivo visual do bebê desenvolva-se com rapidez, o sistema motor tende a ficar mais atrás. Apenas no final do período de bebê o sistema motor começa a anular o atraso e ocorre a correspondência entre os dados perceptivos e motores.

As outras modalidades sensoriais (auditiva, gustativa, olfativa e tátil) do bebê, embora importantes, ainda não foram claramente compreendidas. Além disso, a sua ligação com o sistema motor, apesar de significativa, é menos essencial do que a da visão. Portanto, a correspondência entre os dados perceptivos e motores no bebê e na criança mais nova provavelmente continuarão como tópico de particular interesse para pesquisadores e educadores.

QUESTÕES PARA REFLEXÃO

1. Como o desenvolvimento perceptivo e o desenvolvimento motor do bebê estão relacionados?
2. Quais são as vantagens e as desvantagens dos vários métodos científicos de estudo da percepção do bebê?
3. Quais são as principais mudanças desenvolvimentais na acuidade visual, acomodação e visão periférica do bebê?
4. Qual é a sequência de progressão para bebês com desenvolvimento típico na aquisição de capacidades perceptivas visuais, auditivas, olfativas e gustativas mais maduras?
5. O que os experimentos do "penhasco visual" nos dizem a respeito da percepção de profundidade do bebê e como essas informações podem ser usadas para ajudar a garantir sua segurança?

LEITURA BÁSICA

Bornstein, M. H. (2005). Perceptual development. In M. H. Bornstein & M. E. Lamb (Eds.), Developmental Science: An Advanced Textbook. Mahwah, NJ: Lawrence Erlbaum Associates.

Child Development Division: California Department of Education and WestEd. (2009). Infant/Toddler Learning and Development Foundations. Sacramento, CA: California Department of Education.

Cohen, L. B., & Cashon, C. H. (2003). Infant perception and cognition. In J. M. Lerner, M. A. Esterbrooks, & J. Mistry (Eds.), Comprehensive Book of Psychology, Vol. 6: Developmental Psychology (Chapter 4). Hoboken, NJ: Wiley. Available online at: homepage.psy.utexas.edu/homepage/group/cohenlab/pubs/Infant_Perception_Chapter.pdf

Johnson, S. P., & Aslin, R. N. (1996). Perception of object unity in young infants: The roles of motion, depth, and orientation. Cognitive Development, 11, 161–180.

Kellman, P. J., & Arterberry, M. E. (1998). The Cradle of Knowledge: Development of Perception in Infants. Cambridge, MA: MIT Press.

Langolis, J. H. et al. (1987). Infants' perception of an attractive face: Rudiments of a stereotype? *Developmental Psychology, 23*, 363–369.

Lavay, B. W., & Winnick, J. P. (2011). Perceptual motor development. In J. P. Winnick (Ed.), *Adapted Physical Education and Sport* (pp. 395–409). Champaign, IL: Human Kinetics.

Santrock, J. W. (2009). *Child Development,* 11th ed. (Chapter 5). St. Louis: McGraw-Hill.

RECURSOS NA *WEB*

www.ecdgroup.com
Página da *web* do Consultative Group on Early Childhood Care and Development. O grupo está envolvido na programação, na pesquisa, na defesa, no monitoramento e na avaliação de crianças (0 a 8 anos) em risco em países em desenvolvimento. A página contém notícias, eventos, recursos, biblioteca, redes e orientações para se associar.

www.isisweb.org/view/0/index.html
Homepage da International Society on Infant Studies. A ISIS é uma organização "devotada à promoção e disseminação de pesquisas sobre o desenvolvimento de bebês". O *site* contém uma descrição da sociedade, notícias recentes e boletins.

http://kidshealth.org/parent/growth/senses/sensenewborn.html
Com *link* no KidsHealth.org, fornece informações sobre recém-nascidos e os seus sentidos. Os artigos incluem informações sobre visão, audição, paladar, olfato e tato.

cde.ca.gov/sp/cd/re/itf09percmotdev.asp
Homepage da seção Perceptual and Motor Development Domain da **California Infant/Toddler Learning and Development Foundations** (2009).

www.zerotothree.org/child-development/brain-development/
Homepage do National Center for Infants, Toddlers and Families. Contém uma seção sobre o desenvolvimento do cérebro. O *site* fornece um "mapa cerebral do bebê" e dicas para estimular o seu desenvolvimento cerebral.

UNIDADE III

Infância

*A infância apresenta o homem, assim
como a manhã apresenta o dia.*
—John Milton

CAPÍTULO 10

Crescimento e Desenvolvimento na Infância

PALAVRAS-CHAVE

Mielinização
Má nutrição crônica
Atraso no crescimento
Hipertrofia

Atrofia
Endomórfico
Mesomórfico
Ectomórfico

Lesões na placa de crescimento
Mineralização óssea
Tendência secular

COMPETÊNCIAS ADQUIRIDAS NESTE CAPÍTULO

Ao finalizar este capítulo, você será capaz de:

- Descrever e interpretar a curva normal e os gráficos de velocidade e deslocamento da infância
- Discutir tendências seculares de tamanho físico e maturação biológica
- Discutir a influência do estado nutricional sobre os processos de desenvolvimento na infância
- Distinguir a *má nutrição* da *subnutrição* e discutir as causas e implicações de cada uma
- Descrever as influências relativas do exercício e das lesões sobre o processo de crescimento na infância
- Listar e descrever vários fatores associados que influenciam o processo de crescimento na infância
- Listar as características típicas do desenvolvimento cognitivo, afetivo e motor da criança com idade de 2 a 6 anos e discutir as suas implicações no programa de movimento desenvolvimental
- Listar as características típicas do desenvolvimento cognitivo, afetivo e motor da criança com idade de 6 a 10 anos e discutir as suas implicações no programa de movimento desenvolvimental

> **CONCEITO-CHAVE**
>
> O desenvolvimento na infância é marcado por mudanças incrementais regulares nos domínios cognitivo, afetivo e motor.

> **CONCEITO 10.1**
>
> A taxa de crescimento desacelera-se ao longo de todo o início da infância, resultando em ganhos incrementais médios anuais na altura e no peso por volta de 5,1 cm e 2,3 kg.

O período da infância é marcado por aumentos regulares de altura, peso e massa muscular. O crescimento não é tão rápido quanto no período do bebê e vai diminuindo gradualmente até o estirão de crescimento da adolescência. Aqui a infância está dividida em período inicial, dos 2 aos 6 anos, e final, dos 6 aos 10 anos, aproximadamente. As Figuras 10.1 e 10.2 mostram gráficos de aumento da altura (estatura) e do peso para homens e mulheres, dos 2 aos 20 anos. As Figuras 10.3 e 10.4 fornecem percentis de índice de massa corporal por idade para mulheres e para homens dos 2 aos 20 anos (CDC, National Center for Health Statistics, 2011, *on-line* em: http://www.cdc.gov/growthcharts/clinical_charts.htm).

CRESCIMENTO NO INÍCIO DA INFÂNCIA

Nos anos iniciais da infância, o crescimento na altura e no peso não é tão rápido como no período de bebê. A taxa de crescimento desacelera de modo lento. Por volta dos 4 anos, a criança dobra o seu comprimento de nascimento, o que representa apenas metade do ganho durante os dois primeiros anos. A quantidade total de peso adquirida dos 2 aos 5 anos é menor do que aquela adquirida durante o primeiro ano pós-nascimento. O processo de crescimento desacelera após os primeiros dois anos, mas mantém uma taxa constante até a puberdade. O ganho de peso anual, do início da infância até a puberdade, é de uns 5 cm por ano. Os ganhos de peso giram em torno de 2,3 kg por ano. Portanto, o início da infância representa o momento ideal para a criança se desenvolver e refinar uma ampla variedade de tarefas de movimento, que vão desde os movimentos fundamentais do início da infância até as habilidades esportivas ou especializadas nos meados da infância.

Diferenças de gênero são observadas na altura e no peso, mas são mínimas. A compleição física de pré-escolares dos sexos feminino e masculino é notavelmente similar quando eles são observados de costas, sendo que os meninos são um pouco mais altos e mais pesados. Eles têm mais massa muscular e óssea do que elas, e ambos apresentam uma redução gradual no tecido adiposo enquanto progridem pelo período do início da infância. A proporção de tecido muscular permanece bastante constante durante todo o início da infância, em torno de 25% do peso corporal total.

As proporções corporais mudam acentuadamente durante o início da infância devido às várias taxas de crescimento do corpo. De modo gradual, o peito torna-se mais largo do que o abdome, e a protrusão do estômago diminui. Quando os pré-escolares chegam ao primeiro ano da escola, as suas proporções corporais lembram bastante as de crianças mais velhas. No início da infância, o crescimento ósseo é dinâmico, e o sistema esquelético é particularmente vulnerável a má nutrição, fadiga e doenças. Os ossos consolidam-se em um ritmo rápido no início da infância e apresentam um atraso de crescimento de cerca de três anos em crianças que sofrem privações.

Aos 3 anos, o cérebro tem cerca de 75% do peso que terá na idade adulta; aos 6 anos, 90%. No nascimento, o tronco cerebral encontra-se quase inteiramente desenvolvido, mas o córtex cerebral só se desenvolve por completo depois dos 4 anos. O desenvolvimento da mielina em torno dos neurônios (**mielinização**) permite a transmissão de impulsos nervosos e não se apresenta completo no nascimento. No momento do nascimento, muitos nervos estão sem mielina, mas grandes quantidades de mielina são depositadas ao longo das fibras nervosas à proporção que a criança amadurece.

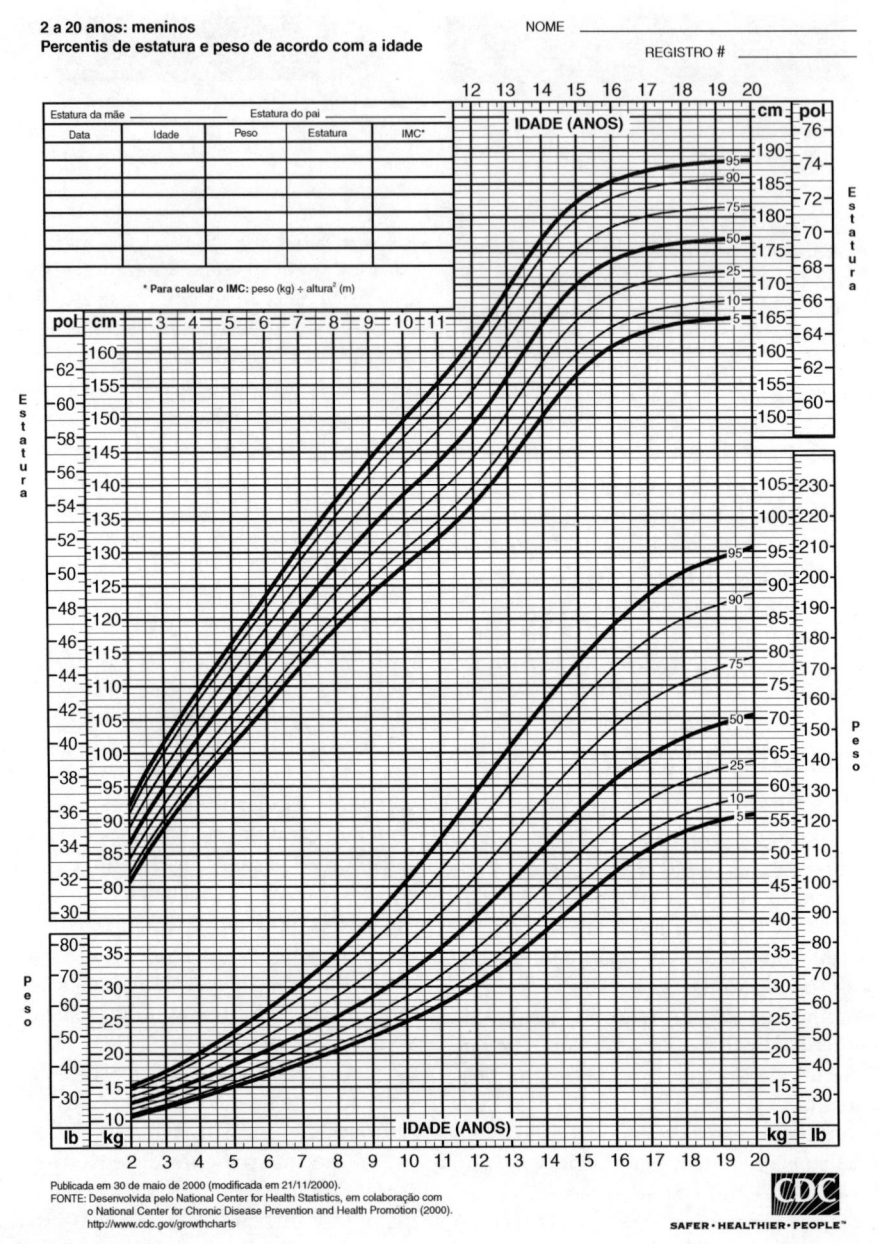

Figura 10.1
Percentis de estatura e peso de acordo com a idade para meninos estadunidenses de 2 a 20 anos.

A mielinização é quase integral no final do período inicial da infância, permitindo a completa transmissão de impulsos nervosos pelo sistema nervoso. Os padrões de movimento da criança ficam cada vez mais complexos, após a mielinização do cerebelo.

Nos anos pré-escolares, o aparato sensorial ainda está se desenvolvendo. O globo ocular só alcança o seu tamanho total por volta de 12 anos. Certas partes da retina só completam o seu desenvolvimento no sexto ano, e a criança mais nova em geral tem hipermetropia.

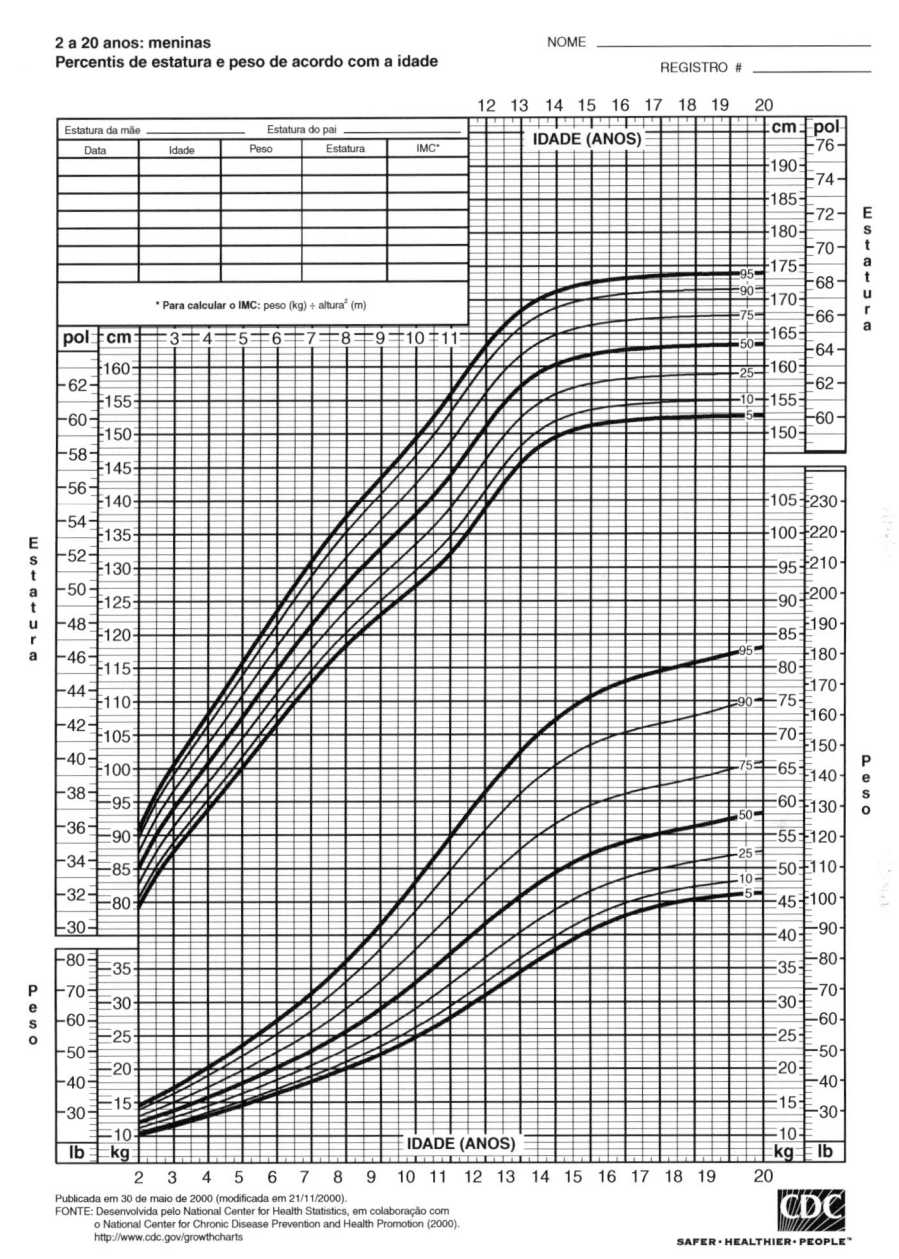

Figura 10.2
Percentis de estatura e peso de acordo com a idade para meninas estadunidenses de 2 a 20 anos.

A criança em idade pré-escolar tem mais papilas gustativas do que os adultos. Elas ficam generosamente distribuídas por todo o interior da garganta e das bochechas, assim como na língua, gerando maior sensibilidade ao sabor. A trompa de Eustáquio, que conecta o ouvido médio à garganta, é mais curta e mais plana na criança, gerando maior sensibilidade a infecções no ouvido e retenção de fluidos.

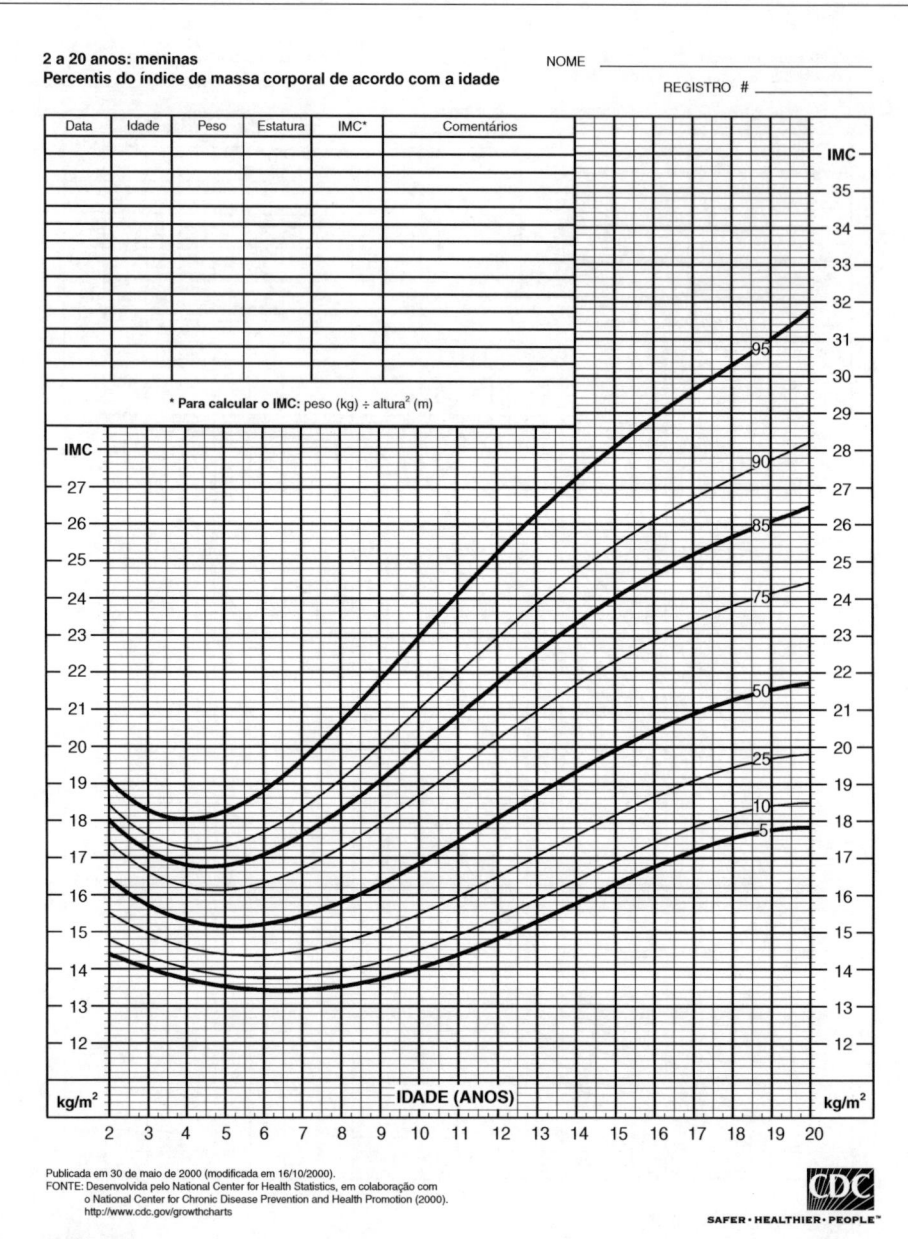

Figura 10.3
Percentis do índice de massa corporal de acordo com a idade para meninas estadunidenses de 2 a 20 anos.

DESENVOLVIMENTO NO INÍCIO DA INFÂNCIA

Brincar é o que fazem as crianças quando não estão comendo, dormindo ou satisfazendo os desejos dos adultos. O brincar ocupa a maior parte das suas horas de vigília e pode ser visto, literalmente, como o equivalente ao trabalho para a criança. O brincar das crianças é o modo primário pelo qual aprendem sobre seus corpos e potencialidades de movimento. Também é um importante facilitador do crescimento

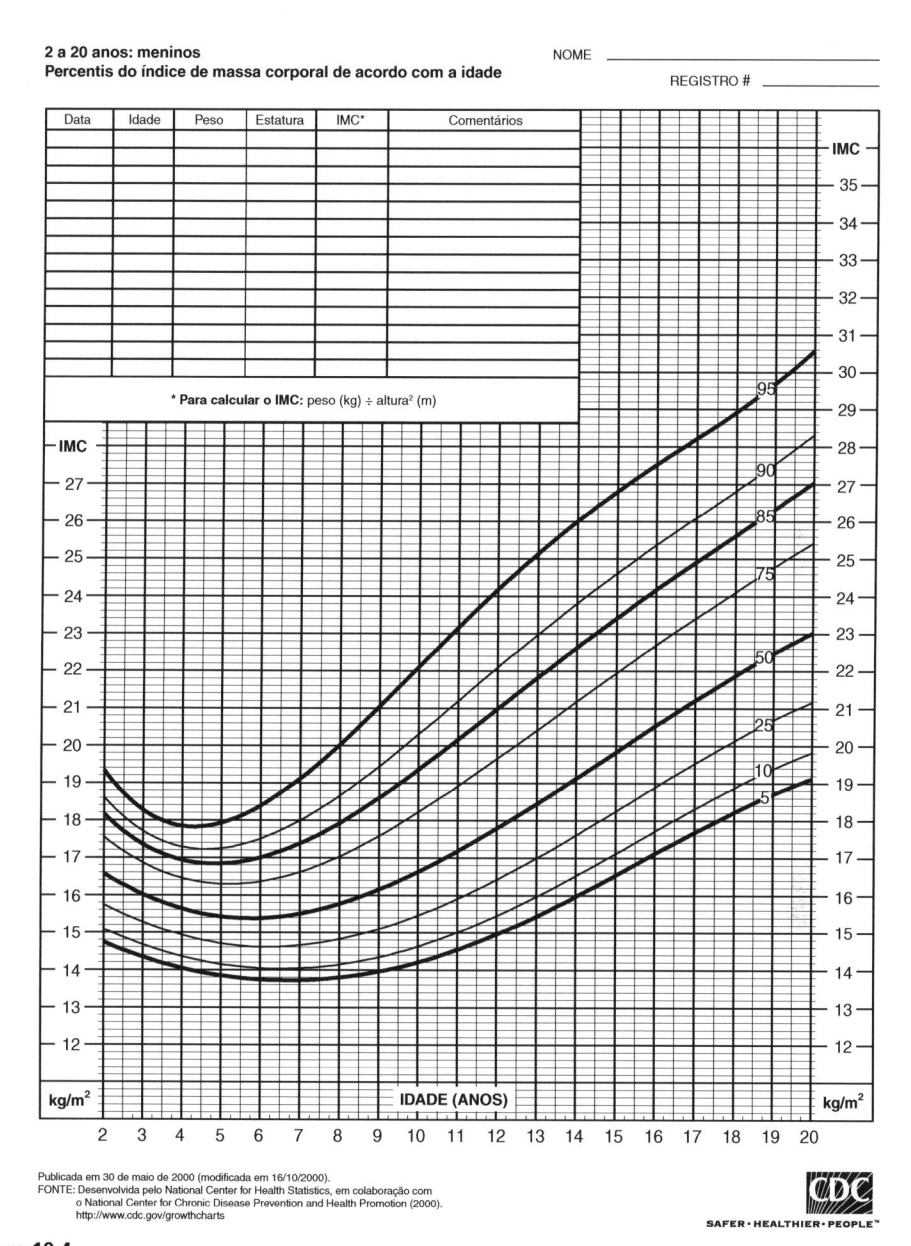

Figura 10.4
Percentis do índice de massa corporal de acordo com a idade para meninos estadunidenses de 2 a 20 anos.

cognitivo e afetivo da criança mais nova, assim como importante recurso para o desenvolvimento tanto das habilidades amplas quanto das finas.

As crianças mais novas ficam ativamente envolvidas no incremento de suas habilidades cognitivas de uma série de modos. Esses primeiros anos são um período de desenvolvimento cognitivo importante e foram chamados por Piaget de "estágio do pensamento pré-operacional". Durante esse tempo, as crianças desenvolvem funções cognitivas que, no final, resultam no pensamento lógico e na formulação de conceitos. As crianças mais novas não são capazes de pensar a partir de um ponto de vista que não seja o seu próprio. Elas são extremamente egocêntricas e veem quase tudo a partir de si próprias. As percepções dos pré-escolares dominam o seu pensamento, e o que é experimentado em determinado momento tem muita influência sobre eles. Durante essa fase pré-conceitual do desenvolvimento cognitivo, ver é, literalmente, acreditar. Na mente e na lógica das crianças em idade pré-escolar, as suas conclusões não precisam de justificativas. Nessa idade, as crianças não são capazes de reconstruir os seus pensamentos e de mostrar aos outros o modo como chegaram às suas conclusões. Isso propicia uma multiplicidade de lugares e variáveis para promoção do crescimento cognitivo.

Conceito 10.2

No início da infância, as diferenças de gênero são mínimas.

O desenvolvimento afetivo também é drástico durante os anos do início da infância. Nesse período, as crianças envolvem-se em duas tarefas socioemocionais fundamentais: desenvolver um senso de autonomia e desenvolver um senso de iniciativa. A autonomia é expressa por um senso crescente de independência, que pode ser observado no prazer com que a criança responde não a quase todas as perguntas diretas. Por exemplo, mesmo que queira brincar fora de casa, a criança com frequência vai dizer não a um convite direto para fazê-lo. Isso pode ser visto como expressão de um novo senso de independência e como uma capacidade de manipular alguns fatores do ambiente e não como expressão de pura desobediência. Um modo de evitar essa reação autônoma natural é reformular a pergunta "Você quer brincar lá fora?", usando uma declaração afirmativa, do tipo "Vamos brincar lá fora". Desse modo, a criança não é confrontada com a escolha direta sim-ou-não. Entretanto, é preciso dar à criança abundância de situações em que expressões de sua autonomia são razoáveis e apropriadas.

Na criança mais jovem, o senso de iniciativa em expansão é observado na curiosidade, exploração e comportamento muito ativo. As crianças engajam-se em novas experiências, como subir, pular, correr e jogar objetos por conta própria e pela pura diversão de sentir e descobrir o que são capazes de fazer. Se não houver desenvolvimento da iniciativa e da autonomia, isso leva a sentimentos de vergonha, impotência e culpa. O estabelecimento de um autoconceito estável é essencial para o desenvolvimento afetivo apropriado na criança, pois ele tem efeito sobre as funções cognitivas e psicomotoras.

Por meio da brincadeira, a criança mais nova desenvolve uma série de capacidades de locomoção, manipulação e estabilidade fundamentais. Com um autoconceito estável e positivo, o ganho de controle sobre a musculatura ocorre sem entraves. Os movimentos tímidos, cautelosos e medidos do segundo ou terceiro ano de idade cedem lugar, aos poucos, ao abandono confiante, impetuoso e, com frequência, descuidado dos 4 e 5 anos. A vívida imaginação das crianças mais novas as torna capazes de pular de "locais altos", escalar "montanhas elevadas", saltar "rios caudalosos" e correr "mais rapidamente" do que uma variada gama de "feras selvagens".

As crianças em idade pré-escolar expandem rapidamente os seus horizontes. Elas estão afirmando a própria personalidade, desenvolvendo suas capacidades e testando os seus limites, assim como os da família e das pessoas ao seu redor. Em resumo, elas se colocando no mundo de modo mais complexo e surpreendente. Os cuidadores têm de compreender as características desenvolvimentais, as limitações e os potenciais dos pré-escolares. Só dessa maneira é possível estruturar de modo efetivo experiências desenvolvimentais que realmente refletem suas necessidades e seus interesses e encontram-se no seu nível de capacidade.

As características desenvolvimentais a seguir representam uma síntese das descobertas de uma série de fontes e são apresentadas aqui a fim de promover uma visão mais completa da criança durante os primeiros anos da infância.

Características físicas e do desenvolvimento motor

1. Meninos e meninas têm altura em torno de 83,8 e 119,4 cm e peso de 11,3 a 24,0 kg.

> **PERSPECTIVAS INTERNACIONAIS**
>
> **Má nutrição crônica e obesidade na infância: um paradoxo internacional**
>
> Nos Estados Unidos e em outros países desenvolvidos, há um paradoxo interessante em comparação com nações emergentes ou arrasadas por guerras, como o Haiti, o Sudão e o Afeganistão. Por um lado, temos uma epidemia de abundância: obesidade e toda a bagagem prejudicial à saúde que a acompanha. Por outro lado, temos os efeitos devastadores da pobreza e da ausência de uma cadeia alimentar confiável, do produtor ao consumidor, resultando em consequências devastadoras de má nutrição crônica.
>
> Vivemos de modo paradoxal, em um mundo de banquetes e inanição. Por isso, os gráficos de altura, peso e massa corporal apresentados neste capítulo, quando aplicados de forma global, vão diferir bastante de acordo com o país e com o nível socioeconômico.
>
> O adesivo com a frase "Pense globalmente: atue localmente" ("*Think globally: Act locally*") nos dá a oportunidade de lembrar que a nossa "realidade" não é, necessariamente, igual à dos outros. No mundo inteiro, pais, professores, técnicos e terapeutas esforçam-se para reconhecer, compreender e modificar a realidade em que vivem, enquanto, ao mesmo tempo, tomam consciência da realidade daqueles que se encontram fora do seu alcance.

2. As capacidades perceptivo-motoras desenvolvem-se rapidamente, mas com frequência há confusão em relação à sensação do corpo, ao senso de direção, de tempo e de espaço.
3. Em geral, no final desse período, é estabelecido um bom controle da eliminação da urina e das fezes, mas ainda acontecem acidentes.
4. Nesse período, as crianças desenvolvem rapidamente as capacidades de movimento fundamental em várias habilidades motoras. Entretanto, movimentos bilaterais, como os de *skipping*, costumam apresentar mais dificuldades do que movimentos unilaterais.
5. As crianças são ativas e enérgicas e, com frequência, mais correm do que andam; entretanto, ainda precisam de constantes períodos curtos de descanso.
6. As capacidades motoras desenvolvem-se até o ponto em que as crianças aprendem a se vestir sozinhas, embora, às vezes, precisem de ajuda para ajustar ou abotoar as roupas.
7. As funções corporais e os processos tornam-se bem regulados. O estado de homeostase fisiológica (estabilidade) torna-se bem-estabelecido.
8. A compleição física de meninos e meninas é notavelmente similar. Sua aparência de costas não aponta diferenças estruturais observáveis.
9. O controle motor fino não se encontra completamente estabelecido, embora o amplo se desenvolva com rapidez.
10. Em geral, por causa da hipermetropia, os olhos não estão prontos para períodos extensivos de trabalho que exija esforço visual de curta distância.

Características do desenvolvimento cognitivo

1. Capacidade constante e crescente de expressar pensamentos e ideias verbalmente.
2. Uma imaginação fantástica, que possibilita a imitação tanto de ações como de símbolos, com pouca preocupação com a precisão ou a sequência apropriada dos eventos.
3. Investigação e descoberta constantes de novos símbolos, que possuem primordial referência pessoal.
4. O "como" e o "porquê" das ações da criança são aprendidos por meio de brincadeiras quase constantes.
5. Essa é uma fase de desenvolvimento do pensamento pré-operacional, resultando em um período de transição do comportamento de autossatisfação para comportamentos socializados fundamentais.

Características do desenvolvimento afetivo

1. Nessa fase, as crianças são egocêntricas e acham que todo mundo pensa do mesmo modo que elas. Por isso, muitas vezes parecem briguentas e relutantes

em compartilhar e conviver com outras pessoas.
2. Com frequência as crianças têm medo de situações novas, são tímidas e autoconscientes e não gostam de sair da segurança do que lhes é familiar.
3. Elas aprendem a distinguir o certo do errado e começam a desenvolver a consciência.
4. Em geral, observa-se que as crianças com idade de 2 e 4 anos têm comportamento incomum e irregular, enquanto aquelas de 3 e 5 costumam ser estáveis e de comportamento dócil.
5. O autoconceito desenvolve-se com rapidez. Uma orientação sensata, experiências orientadas para o sucesso e reforço positivo são especialmente importantes nesses anos.

Implicações no programa de movimento desenvolvimental

1. É preciso oferecer plenitude de oportunidades para o jogo motor amplo tanto em ambientes indiretos como diretos.
2. As experiências de movimento devem esgotar a exploração de movimento e as atividades de solução de problemas para maximizar a criatividade e o desejo de exploração da criança.
3. O programa de educação do movimento deve incluir reforço positivo pleno para estimular a formação de um autoconceito saudável e reduzir o medo do fracasso.
4. Deve-se aplicar estresse no desenvolvimento de uma variedade de habilidades fundamentais de locomoção, manipulação e estabilidade, progredindo das simples às complexas, à medida que a criança fica "pronta".
5. Os interesses e as habilidades de meninos e meninas são similares, e não há necessidade de atividades separadas durante esse período.
6. É necessária a programação de uma plenitude de atividades destinadas especificamente a incrementar o funcionamento perceptivo-motor.
7. Deve-se aproveitar a vasta imaginação da criança, por meio do uso de uma série de atividades, incluindo dramatização e formação de imagens.
8. Por causa dos movimentos frequentemente estranhos e ineficientes da criança, é preciso ficar atento ao direcionamento das experiências de acordo com o nível de maturidade.
9. É preciso fornecer uma ampla variedade de atividades que exijam manipulação de objetos e coordenação olho-mão.
10. Deve-se começar a incorporar atividades bilaterais e cruzadas, como galopar, depois que movimentos unilaterais, como os do saltitar, estiverem bem-estabelecidos.
11. Deve-se incentivar as crianças – para ajudá-las a superar a tendência de ser tímida e autoconsciente – a participar de forma ativa do programa de educação de movimento, "mostrando" e "dizendo" a outros o que elas podem fazer.
12. As atividades devem dar ênfase ao envolvimento dos braços, ombros e da parte superior do corpo.
13. Sem enfatizar a mecânica, a correta execução de uma ampla série de movimentos fundamentais é o objetivo principal, sem ênfase em padrões de *performance*.
14. Não se deve acentuar a coordenação em combinação com a velocidade e a agilidade.
15. Têm início os maus hábitos de postura. É preciso reforçar a boa postura com declarações positivas.
16. É preciso oferecer acesso conveniente a instalações sanitárias e incentivar as crianças a tomar para si essa responsabilidade.
17. Deve-se abrir espaço para diferenças individuais, permitindo que cada criança progrida no seu ritmo próprio.
18. Deve-se estabelecer e reforçar padrões de comportamento aceitáveis. É preciso fornecer orientação sensata para o estabelecimento do senso de fazer o que é certo e adequado em vez de fazer o que é errado e inaceitável.

19. O programa de movimento desenvolvimental deve ser prescritivo e com base no nível desenvolvimental individual.
20. Deve ser usada uma abordagem multissensorial, ou seja, aquela que incorpora uma ampla variedade de experiências, usando várias modalidades sensoriais.

CRESCIMENTO POSTERIOR NA INFÂNCIA

O período do sexto até o décimo ano da infância caracteriza-se por aumentos lentos, mas constantes, de altura e de peso e pelo progresso em direção a uma maior organização dos sistemas sensorial e motor. As mudanças na compleição física são leves durante esses anos. A infância é mais um tempo de alongamento e preenchimento, que antecede o estirão de crescimento da pré-puberdade ocorrido por volta dos 11 anos para meninas e dos 13 para meninos. Embora esses anos sejam caracterizados por um crescimento físico gradual, a criança tem ganhos rápidos de aprendizado e funciona em níveis crescentes de maturidade, na *performance* de jogos e esportes. Esse período de crescimento lento dá tempo à criança para se acostumar com o próprio corpo e é um fator importante no aprimoramento acentuado observado na coordenação e no controle motor durante os anos da infância. A mudança gradual de tamanho e a estreita relação mantida entre o desenvolvimento dos ossos e dos tecidos são fatores importantes no aumento dos níveis de funcionamento.

Diferenças entre os padrões de crescimento de meninos e meninas são mínimas durante os anos de meados da infância. Ambos passam por maior desenvolvimento dos membros do que do tronco, mas os meninos tendem a ter pernas e braços mais longos e maior altura de pé durante a infância. De modo similar, as meninas costumam ter quadris mais largos e coxas maiores durante esse período. Relativamente, há pouca diferença no físico ou no peso exibido antes do início do período da pré-adolescência. Portanto, em muitos casos, as meninas e os meninos devem ser capazes de participar de atividades conjuntas. Durante a infância o crescimento no tamanho do cérebro é mais lento. O tamanho do crânio permanece quase o mesmo, embora haja um alargamento e um alongamento da cabeça no final da infância.

CONCEITO 10.3

O aumento na altura e no peso durante o final da infância é lento e regular, representando um tempo de alongamento e preenchimento pré-puberdade.

Durante a infância, as capacidades perceptivas ficam cada vez mais refinadas. O aparato sensório-motor trabalha em harmonia cada vez maior, de modo que no final desse período a criança pode executar numerosas habilidades sofisticadas. Rebater uma bola lançada, por exemplo, melhora com a idade e a prática devido a incrementos na acuidade visual, nas capacidades de rastreamento, no tempo de movimento e de reação e na integração motora. A chave do desenvolvimento máximo de padrões de crescimento mais maduros na criança é o uso. A prática e a experimentação, com capacidades perceptivas em maturação, incrementam o processo de integração com as estruturas motoras. Quando não há oportunidades de prática, instrução e estímulo durante esse período, muitos indivíduos são privados da aquisição das informações perceptivas e motoras necessárias à execução de atividades de movimento com habilidade.

DESENVOLVIMENTO POSTERIOR NA INFÂNCIA

Nos anos do ensino fundamental, as crianças em geral querem assumir responsabilidades e são capazes de fazê-lo. Elas conseguem lidar com situações novas e ficam ansiosas para aprender mais sobre elas próprias e o seu mundo em expansão. As crianças em idade escolar dão outro grande passo quando entram no jardim de infância e depois no primeiro ano escolar. Embora raras vezes seja a primeira experiência de separação da criança de casa por um período de tempo regularmente programado e extenso, essas posições são o primeiro passo para fora do ambiente de brincadeiras seguro da casa, da enfermaria ou da creche, em direção ao mundo de crianças mais velhas e adultos. Para a criança, entrar na escola significa colocar-se pela primeira vez em situações de grupo, em que ela não é o centro das atenções. Essa é uma época em que se estabelecem o compartilhamento, a preocupação com os outros e o respeito aos direitos e responsabilidades dos outros. A época do jardim de infância é um tempo em que a criança está pronta para fazer a transição gradual de um mundo de brincadeira egocêntrico, centrado na criança, para um mundo com conceitos e lógica adultos, orientado para o grupo. No primeiro ano escolar surgem as primeiras demandas formais de compreensão cognitiva. O principal marco do primeiro e segundo ano é aprender a ler em um nível razoável. A criança de 6 anos em geral está pronta, em termos desenvolvimentais, para a importante tarefa de "decifrar o código" e aprender a ler. Ela também está desenvolvendo a primeira compreensão real de tempo, dinheiro e vários outros conceitos cognitivos. Por volta do segundo ano escolar, as crianças devem ser capazes de enfrentar uma ampla variedade de tarefas cognitivas, afetivas e psicomotoras e de lidar com elas.

A seguir apresentamos uma lista das características desenvolvimentais gerais da criança com 6 até cerca de 10 anos. Ela se destina a fornecer uma visão mais completa da criança como um todo e representa uma síntese das descobertas atuais.

> **CONCEITO 10.4**
>
> Meninos e meninas são similares nos padrões de crescimento, sendo o dos membros superiores maiores do que o do tronco durante toda a infância.

Características do desenvolvimento físico e motor

1. A altura de meninos e meninas varia de 111,8 a 152,4 cm; e o peso, de 20,0 a 40,8 kg.
2. O crescimento é lento, em especial dos 8 anos até o final desse período. O ritmo dos incrementos é lento, mas regular, diferentemente dos ganhos mais rápidos de altura e peso nos anos pré-escolares.
3. O corpo começa a alongar-se, com ganho anual de altura de apenas 5,1 a 7,6 cm e ganho anual de peso de apenas 1,4 a 2,7 kg.
4. Ficam aparentes os princípios de desenvolvimento cefalocaudal (da cabeça ao dedão do pé) e proximodistal (do centro à periferia), em que músculos grandes do corpo são consideravelmente mais desenvolvidos do que os pequenos.
5. As meninas geralmente ficam um ano à frente dos meninos em termos de de-

---

DILEMA DO DESENVOLVIMENTO

Cronologicamente o mesmo, mas desenvolvimentalmente diferente

Muitas vezes, no final da infância, são acentuadas as diferenças de altura, peso e maturidade física geral entre meninos e meninas da mesma idade. Logo cedo, aos 10 ou 11 anos, os meninos em amadurecimento apresentam estirão de crescimento e o desenvolvimento de características sexuais secundárias, despertado pelo drástico aumento nos níveis de testosterona. De modo similar, as meninas que iniciam a maturação apresentam estirão de crescimento e o surgimento das características sexuais secundárias bem cedo, por volta dos 8 ou 9 anos. Na verdade, no terceiro e quarto ano escolar (em geral, com 9 e 10 anos), as meninas costumam ser mais altas, mais pesadas e mais avançadas em uma série de medidores de *performance* motora, inclusive na corrida em velocidade e no salto em distância. Além disso, meninos e meninas no início da maturação com frequência levam evidente vantagem em atividades esportivas que valorizam a velocidade, a potência e a força.

O dilema surge quando agrupamos as crianças por idade cronológica e não por nível desenvolvimental. A idade cronológica é o esquema de classificação usado com maior frequência, mas, durante o período do final da infância, em geral, é o menos válido. O que fazer? Como pais, professores, técnicos ou terapeutas podem agrupar as crianças de modo mais adequado na hora da participação em atividades esportivas e brincadeiras no final da infância? A solução desse dilema é fundamental para a participação significativa e contínua das crianças mais lentas ou até mesmo de desenvolvimento típico em atividades esportivas.

senvolvimento fisiológico, e interesses diferentes começam a emergir já no final desse período.
6. A mão preferencial é definida, sendo que cerca de 85% preferem a direita, e em torno de 15%, a esquerda.
7. No início desse período, o tempo de reação é lento, dificultando a coordenação olho-mão e olho-pé, mas no final geralmente já estão bem-estabelecidos.
8. Tanto meninos como meninas estão cheios de energia, mas com frequência possuem níveis de resistência baixos e cansam-se com facilidade.
9. Os mecanismos perceptivos visuais encontram-se completamente estabelecidos no final desse período.
10. As crianças com frequência têm hipermetropia durante esse período e não estão prontas para períodos extensos de trabalho que exige visão de curta distância.
11. A maioria das capacidades de movimento fundamental tem potencial para estar bem definida no início desse período.
12. As habilidades básicas necessárias ao êxito nas brincadeiras tornam-se bem desenvolvidas.
13. Atividades que envolvem os olhos e os membros se desenvolvem de modo lento. Atividades como o voleio, a rebatida de uma bola lançada e o arremesso exigem considerável prática até alcançar o domínio.
14. Esse período marca a transição do refinamento das capacidades de movimento fundamental para o estabelecimento das habilidades de movimento de transição em habilidades esportivas e de jogos programadas.

Características do desenvolvimento cognitivo

1. Em geral, a extensão da atenção é curta no início desse período, mas aumenta de modo gradual. Entretanto, meninos e meninas dessa idade muitas vezes passam horas em atividades pelas quais se interessam muito.
2. As crianças ficam ansiosas para aprender e para agradar os adultos, mas precisam de assistência e orientação na tomada de decisões.
3. Têm boa imaginação e apresentam mentes muito criativas; entretanto, a autoconsciência parece ser um fator importante no final desse período.
4. Com frequência, elas se interessam por televisão, computador, *video games* e leitura.
5. Elas não são capazes de pensar de modo abstrato e lidam melhor com exemplos e situações concretos no início desse período.
6. As crianças são intelectualmente curiosas e ficam ansiosas para saber o "porquê" de tudo.

Características do desenvolvimento afetivo

1. Os interesses de ambos os gêneros são similares no início desse período, mas logo divergem.
2. A criança é autocentrada e atua mal em grupos grandes por períodos de tempo longos durante os primeiros anos, embora saiba lidar bem com situações de grupos pequenos.
3. Com frequência a criança é agressiva, orgulhosa, autocrítica, exagerada e aceita mal a derrota e a vitória.
4. Há um nível inconsistente de maturidade; em geral são menos maduros em casa do que na escola.
5. A criança responde bem à autoridade, ao castigo "justo", à disciplina e ao reforço.
6. São aventureiras e querem muito se envolver, junto com um amigo ou um grupo de amigos, em atividades "perigosas" ou "secretas".
7. Seu autoconceito torna-se firmemente estabelecido.

Implicações no programa de movimento desenvolvimental

1. Deve haver oportunidades para que refinem as capacidades de movimento fundamental nas áreas de locomoção,

manipulação e estabilidade, até um ponto em que fiquem fluidas e eficientes.
2. Precisam de ajuda para fazer a transição da fase de movimento fundamental para a fase de movimento especializado.
3. Aceitação e afirmação transmitem às crianças a mensagem de que dispõem de locais estáveis e seguros na escola e em casa.
4. Oportunidades abundantes de incentivo e reforço positivo por parte dos adultos são necessárias a fim de promover o desenvolvimento contínuo de autoconceitos positivos.
5. Oportunidades e estímulos para explorar e experimentar por meio do movimento, com os seus corpos e com objetos do ambiente, incrementam a eficiência perceptivo-motora.
6. Deve haver exposição a experiências em que, progressivamente, maiores doses de responsabilidade são introduzidas a fim de promover a autoindependência.
7. Oportunidades para introdução gradual de atividades em grupo e em equipe devem ser oferecidas no momento adequado.
8. Atividades imaginárias e miméticas podem ser incorporadas de modo efetivo no programa, durante os primeiros anos, quando a imaginação das crianças ainda está bastante intensa.
9. Nesse nível, atividades que incorporam o uso de música e ritmos são agradáveis e muito úteis no incremento das capacidades de movimento fundamental, criatividade e compreensão básica dos componentes da música e do ritmo.
10. Nesse nível, as crianças aprendem melhor pela participação ativa. A integração entre conceitos acadêmicos e atividades de movimento fornece um caminho efetivo para reforçar as habilidades do pensamento crítico.
11. As atividades que envolvem subir e pendurar-se são benéficas para desenvolver a parte superior do tronco e devem ser incluídas no programa.
12. Discutir as situações de jogo que envolvem tópicos como alternar a vez, jogar limpo, não trapacear e outros valores universais para estabelecer um senso mais completo da noção de certo ou errado.
13. Começar a enfatizar precisão, forma e habilidade na *performance* das habilidades de movimento.
14. Estimular as crianças a pensar antes de envolver-se em uma atividade. Ajudá-las a reconhecer potenciais perigos como forma de reduzir o seu frequente comportamento descuidado.
15. Estimular atividades em grupos pequenos, seguidas de atividades em grupos maiores e experiências de esportes em equipe.
16. A postura é importante. As atividades precisam acentuar o alinhamento apropriado do corpo.
17. É desejável o uso de atividades rítmicas para aperfeiçoar a coordenação.
18. Quando se aproxima o final desse período, as habilidades de movimento especializado são desenvolvidas e refinadas. A plenitude de oportunidades para prática, estímulo e instrução seletiva é importante.
19. Deve ser incentivada a participação em atividades esportivas da juventude com nível desenvolvimental apropriado e direcionadas para as necessidades e os interesses das crianças.

FATORES QUE AFETAM O CRESCIMENTO E O DESENVOLVIMENTO NA INFÂNCIA

O crescimento não é um processo independente. Embora a hereditariedade determine os seus limites, fatores ambientais também são importantes, determinando se esses limites serão ou não alcançados. Fatores como nutrição, exercício e atividade física são considerações fundamentais que afetam o crescimento.

Nutrição

Os efeitos com potencial danoso da má nutrição no período pré-natal já foram destacados. Entre os fatores que afetam o desenvolvimento físico nesse período, a nutrição é o mais importante. Numerosas pesquisas têm fornecido indícios claros de que as deficiências alimentares têm efeitos prejudiciais sobre o crescimento do bebê e da criança. A extensão do atraso no crescimento depende, obviamente, da gravidade, da duração e do momento em que ocorre a subalimentação. Por exemplo, se ocorrer uma má nutrição crônica grave durante os primeiros quatro anos da criança, haverá pouca esperança de que ela alcance o mesmo desenvolvimento mental de seus pares, pois o período crítico de crescimento do cérebro já terá passado.

CONCEITO 10.5

Deficiências e excessos alimentares prolongados podem ter um impacto grave sobre os padrões de crescimento infantil.

O processo do crescimento físico pode ser interrompido por causa da má nutrição em qualquer ponto do período do bebê até a adolescência. A má nutrição é também condição mediadora para determinadas doenças que afetam o crescimento físico. Por exemplo, a falta de vitamina D na dieta pode resultar em *raquitismo*: enfraquecimento e deformação dos ossos por deficiência de cálcio em ossos recém-formados. As deficiências de vitamina B_{12} podem causar *pelagra*, caracterizada por lesões na pele, problemas gastrintestinais e sintomas neurológicos e mitóticos. A falta crônica de vitamina C causa *escorbuto*, uma doença caracterizada por perda da energia, dores nas articulações, anemia e tendência a fraturas epifisárias. Todas são relativamente raras na maioria dos países modernos desenvolvidos, mas os efeitos da *kwashiorkor*, doença debilitante, são observados em várias partes do mundo onde há falta geral de alimento e de boa nutrição. Na criança com *kwashiorkor*, pode-se esperar atraso no crescimento, assim como ventre grande e estufado, dores no corpo e diarreia.

Estudos indicam que crianças que sofrem de **má nutrição crônica**, em particular no período do bebê e no início da infância, nunca conseguem alcançar completamente os padrões de crescimento da sua faixa etária e apresentam **atraso no crescimento**. Isso fica evidente em nações em desenvolvimento, onde as referências de altura e peso de adultos são consideravelmente mais baixas do que em países industrializados. O estado nutricional está relacionado com o nível de renda. O atraso no crescimento é encontrado em todos os grupos étnicos, mas a sua prevalência varia de acordo com o sexo, a origem étnica e o nível de renda. O crescimento raquítico em crianças por causa de má nutrição é evidente no mundo inteiro. Em alguns países em desenvolvimento, quase 50% das crianças sofrem de atraso no crescimento em função de uma nutrição inadequada (Pařízková, 1996). Inclusive nos países industrializados e desenvolvidos, ocorrem deficiências de crescimento, em muitos casos, provocadas por pobreza e ignorância dos pais em relação a informações nutricionais básicas. Os Centers for Disease Control registraram que a deficiência de ferro que resulta em anemia representa a forma conhecida mais comum de deficiência nutricional nos Estados Unidos (1998). Segundo eles, os bebês anêmicos apresentam atraso significativo na passagem pelos marcos motores típicos de sua faixa etária. Várias organizações de saúde voltadas para crianças, inclusive a American Academy of Pediatrics (Barness, 1993), têm publicado orientações para prevenção dessas questões nutricionais na infância.

Os excessos alimentares também afetam o crescimento infantil. Nos países prósperos, a obesidade é um problema grave. Pesquisas têm proposto uma hipótese interessante, que relaciona a obesidade e a sua intratibilidade aos hábitos alimentares estabelecidos durante o período de bebê e no período da infância. Há considerável preocupação dos profissionais com o alto consumo de amidos e açúcares refinados por crianças. O constante apelo dos comerciais de televisão que promovem *junk food* aos brados, os milhões de viciados em *fast-food* e o uso de comestíveis não nutritivos como reforço positivo do bom comportamento tem efeito sobre o estado nutricional das crianças. A diferença crítica entre a nutrição adequada e a inadequada ainda não foi identificada. A natureza individual da criança, com sua composição bioquímica singular, dificulta a tarefa de descobrir onde termina a nutrição adequada e começa a má nutrição. Entretanto, essa é uma questão grave, que precisa de mais pesquisas. O bem-estar de um amplo número de crianças está em jogo.

Exercício e lesão

Um dos princípios da atividade física é o conceito do uso e desuso. De acordo com esse princípio, músculos que são usados **hipertrofiam** (i.e., aumentam de tamanho), enquanto músculos que não são usados **atrofiam** (i.e., reduzem de tamanho). Quem já engessou algum membro por várias semanas conhece a atrofia. Em crianças, a atividade promove definidamente o desenvolvimento muscular. Embora o número de fibras musculares não aumente, o seu tamanho sim. Os músculos respondem e adaptam-se a maiores quantidades de estresse. A maturação, por si só, não é responsável por aumentos de massa muscular. Um ambiente que promova atividade física vigorosa por parte da criança fará muito pela promoção do desenvolvimento muscular. Crianças ativas têm menos gordura corporal na sua proporção com a massa corporal magra. Elas não possuem mais fibras musculares, têm simplesmente mais massa muscular por fibra e células adiposas menores.

> **Conceito 10.6**
>
> Em geral, a atividade física tem efeito positivo sobre o crescimento, exceto nos casos de níveis excessivos de exercício.

Embora seja questionável se o físico básico do indivíduo pode ou não ser alterado, é certo que podem ser obtidas melhorias dentro dos limites. Um método popular de classificação do físico adulto foi desenvolvido por Sheldon e colaboradores (1940) e mais tarde estendido a crianças por Peterson (1967). Esse sistema muito usado classifica os indivíduos com base em gordura, músculo e comprimento ósseo. O físico **endomórfico** é aquele macio e arredondado na aparência (formato pera). O físico **mesomórfico** é bem musculoso, de ombros largos, cintura fina e peito volumoso (formato V). O físico **ectomórfico** é caracterizado por uma aparência alta, magra e esbelta (formato angular).

Em cada uma dessas três classificações, a pessoa recebe uma pontuação de 1 a 7, sendo 1 o menor grau da respectiva característica e 7, o maior. Portanto, a sequência de pontuação tripla 1-7-1 representa uma pessoa com característica endomórfica muito baixa, mesomórfica muito alta e ectomórfica muito baixa. O 2-3-6 tipifica uma pessoa com característica endomórfica baixa, mesomórfica média e ectomórfica alta (talvez um atleta do salto em altura ou um corredor de média distância). Sheldon e colaboradores (1954) descobriram que os homens podiam ser classificados no meio da escala (i.e., 3-4-4 ou 4-4-3) e as mulheres pontuavam mais na característica endomórfica e menos na mesomórfica (i.e., 5-3-3).

Embora geralmente tenha possíveis efeitos sobre o crescimento das crianças, a atividade física pode exercer efeitos negativos caso seja levada ao extremo. Malina, Bouchard e Bar-Or (2004) indicaram vários estudos com relato de redução das taxas de crescimento de altura e peso de atletas jovens envolvidos em programas de treinamento intensivo, mas que, em muitos casos, as metodologias de pesquisa apresentam limitações. Eles demonstraram preocupação com **lesões na placa de crescimento** e seu efeito sobre o crescimento ósseo. Alguns esportes podem resultar em excesso de uso de articulações específicas do corpo da criança. Esse excesso, por sua vez, resulta em lesões epifisárias e danos à placa de crescimento. Ainda são necessárias mais pesquisas sobre os limites benéficos da atividade física extenuante durante a infância. O ponto crítico que separa a atividade danosa e a benéfica não está claro. O rápido crescimento dos esportes da juventude e a intensidade do treinamento deixam muitas questões sem resposta. Entretanto, podemos pressupor que a atividade extenuante realizada por um período extenso pode resultar em lesão no músculo e no tecido ósseo da criança. O "ombro de nadador", o "cotovelo de tenista", o "joelho de corredor" e as fraturas por estresse são apenas alguns dos males prejudiciais à criança que excede os próprios limites desenvolvimentais. Os programas de exercício e de atividade física para crianças têm de ser supervisionados com cuidado. Os potenciais benefícios ao processo de crescimento são grandes, mas é preciso levar em conta as limitações individuais.

> **CONCEITO 10.7**
>
> O limite crítico entre quantidades benéficas e prejudiciais de esforço físico não está claro.

Em resumo, há poucos dados que fundamentam a noção de que o exercício regular tem efeito direto sobre a extensão do crescimento ósseo (Malina, Bouchard e Bar-Or, 2004). O crescimento ósseo é um processo hormonal que não sofre influência dos níveis de atividade. O exercício, no entanto, aumenta a largura do osso e promove a **mineralização óssea**, que contribui para ossos mais fortes e menos quebradiços. O estresse dentro dos limites de cada indivíduo é benéfico para os ossos. A inatividade crônica, no entanto, tem efeito prejudicial sobre o crescimento ósseo e pode resultar em atraso no crescimento.

A atividade física estimula a mineralização óssea e o desenvolvimento muscular e ajuda a retardar a formação de depósitos de gordura. A maioria dos programas de atividades físicas e esportes para crianças tem efeitos benéficos. As lesões, agudas ou crônicas, podem ter efeitos negativos sobre o crescimento, dependendo da gravidade e da localização. Ver no Capítulo 13, Desenvolvimento físico da criança, a discussão sobre o treinamento de aptidão física relacionada à saúde.

> **CONCEITO 10.8**
>
> A idade de início, a duração e a intensidade determinam como diversas combinações de fatores da atividade e da nutrição afetam o desenvolvimento posterior.

Doença e clima

Uma série de outros fatores influencia o processo de crescimento, incluindo males e doenças, clima, emoções e condições incapacitantes.

Os males típicos da infância (catapora, resfriados, sarampo e caxumba) não têm efeito acentuado sobre o crescimento da criança. O grau de retardo do crescimento resultante de males e doenças depende da duração, da gravidade e do momento de surgimento. Com frequência, a interação entre má nutrição e doença em crianças dificulta a determinação exata da causa específica do atraso no desenvolvimento. Entretanto, uma combinação de condições as coloca em risco e aumenta muito a probabilidade de déficits de crescimento mensuráveis.

Boa parte da literatura tem relatado diferenças de altura, peso e despertar da adolescência entre indivíduos que vivem sob climas diferentes. Os efeitos inter-relacionados da nutrição e da saúde, assim como possíveis diferenças genéticas (p. ex., a comparação de negros africanos e de brancos americanos), tornam impossível a demonstração de uma relação causal direta entre o clima e o crescimento físico. Os dados disponíveis sugerem que crianças norte-americanas que nascem e crescem nos trópicos apresentam físicos mais lineares, mas crescem e maturam em um ritmo mais lento do que as crianças americanas que crescem em climas mais temperados. Entretanto, é difícil relacionar as condições climáticas a fatores específicos de crescimento e maturação. Como observado por Malina, Bouchar e Bar-Or (2004):

> Os efeitos do clima vão além da temperatura e incluem outros componentes, como a umidade relativa, a precipitação e a topografia. Outros fatores também têm de ser considerados, incluindo a qualidade da terra cultivada, os métodos de produção de alimentos e a disponibilidade de condições propícias a vetores de doenças infecciosas e parasitárias. (p. 574)

Tendências seculares

Uma **tendência secular** positiva reflete a propensão das crianças de determinada geração a crescer mais, ser mais pesada e mais madura cronologicamente mais cedo que as de uma ou mais gerações anteriores. A tendência de aumentos seculares não é universal. Aumentos nos níveis de crescimento, maturação e *performance* física têm sido observados em muitos países desenvolvidos. No entanto, em todo o mundo, as nações em desenvolvimento não têm apresentado aumentos seculares e, em alguns casos, revelam, inclusive, reduções de estatura. Pode haver muitas razões para isso, mas em grande parte esse fenômeno reflete limitações na melhoria do estilo de vida e dos hábitos nutricionais de uma geração para outra.

Malina, Bouchard e Bar-Or (2004) relataram que mudanças seculares de altura e comprimento são sutis no nascimento, mas se tornam progressivamente mais evidentes até a puberdade, quando há, outra vez, um abrandamento das diferenças. As maiores diferenças de altura e peso são encontradas entre 11 e 15 anos de idade (os anos da puberdade) e, nos países desenvolvidos, manifestam-se em classes socioeconômicas e raças diferentes.

> **Conceito 10.9**
>
> Embora pareça que, nos Estados Unidos, as tendências seculares cessaram, isso não é um fenômeno universal.

Hoje as crianças passam pela maturação mais rápido do que há 100 anos. A idade da menarca, por exemplo, diminuiu nas populações europeias ao longo do último século, passando da faixa etária estimada dos 15,5 a 17,4 anos para 12,5 e 14 (Eveleth e Tanner, 1976). Embora não haja dúvidas sobre a existência, atualmente, de tendências seculares na maturação dos meninos, faltam dados sobre sua maturidade. Há poucas indicações de tendências seculares na altura, no peso e na maturação nos últimos 20 anos. Isso se deve, em grande parte, provavelmente à eliminação dos fatores de inibição do crescimento e ao pico das melhorias nas condições de nutrição e saúde.

Resumo

Durante a infância, o crescimento sofre uma desaceleração em relação aos primeiros dois anos. Os aumentos lentos, mas constantes, na altura e no peso durante a infância dão à criança uma oportunidade de coordenar informações perceptivas e motoras. Elas têm tempo de crescer, encorpar e adquirir controle sobre o seu mundo. Entretanto, numerosos fatores podem interromper o processo desenvolvimental normal. As deficiências e os excessos nutricionais podem afetar os padrões de crescimento e têm efeitos prolongados sobre a criança, dependendo da gravidade e da duração da má nutrição. Doenças graves e prolongadas também interrompem o processo de crescimento.

Os efeitos do exercício agudo e crônico com nível de intensidade baixo e alto interessam muito a pesquisadores e técnicos de esportes da juventude. O exercício físico tem uma influência positiva sobre o processo de crescimento. Há poucos dados que sustentem a afirmação de que a atividade física pode ser prejudicial para a criança, a não ser em casos de demandas extremas de treinamento. O problema, entretanto, é saber quais são os "extremos" de cada criança. Tem sido demonstrado também que fatores climáticos aceleram ou desaceleram o crescimento infantil. As crianças dos Estados Unidos hoje são mais altas e mais pesadas do que os seus coetâneos de 100 anos atrás. Tendências seculares definidas podem ser observadas em muitas culturas, mas não em todas. Diferenças de estilo de vida e circunstâncias alimentares desempenham papel importante na presença ou ausência de tendências seculares.

QUESTÕES PARA REFLEXÃO

1. O que os gráficos de crescimento podem nos dizer sobre o estado atual da criança em desenvolvimento?
2. De que modo pode divergir a interpretação de gráficos de crescimento de crianças com a mesma idade cronológica, mas com formação social ou cultural diferentes?
3. Qual é a diferença entre os termos *subnutrição* e *má nutrição* e como cada uma se manifesta?
4. Que papel doenças prolongadas ou condições climáticas extremas podem desempenhar no crescimento durante a infância?
5. O que significa o termo *tendência secular* e em que aspectos ela tem sido demonstrada?

Leitura básica

Abernethy, B., Hanrahan, S. J., Kippers, V., Mackinnon, L. T., & Pandy, M. G. (2005). *The Biophysical Foundations of Human Movement*, 2nd ed. (Chapter 4). Champaign, IL: Human Kinetics.

Bar-Or, O., & Rowland, T. W. (2004). *Pediatric Exercise Medicine* (Chapter 9). Champaign, IL: Human Kinetics.

Heikens, G. T. (2005). *Rehabilitation of Sick and Malnourished Children: Evaluation, Requirements, Prognosis and Feasibility* (International Child Health Studies). Amsterdam, The Netherlands: Rozenberg.

Malina, R. M., Bouchard, C., & Bar-Or, O. (2004). *Growth, Maturation, and Physical Activity*, 2nd ed. (Chapters 3, 6, 29). Champaign, IL: Human Kinetics.

Recursos na *WEB*

www.aap.org/visit/cmte25.htm
Página do Comitê para a Nutrição da American Academy of Pediatrics. O *site* fornece informações sobre o comitê, o *Handbook Nutrition Pediatric* (5ª ed.), recursos como manuais e folhetos e *links* para materiais relacionados.

www.cdc.gov/growthcharts
O *site*, com *link* nos Centers for Disease Control and Prevention, contém informações relativas aos gráficos de crescimento do CDC de 2000 nos Estados Unidos.

As informações incluem gráficos de crescimento, tabelas de dados, materiais educativos, programas de computador e relatórios.

www.who.int/nutgrowthdb/
Banco de dados global da Organização Mundial da Saúde sobre Crescimento e Má Nutrição Infantil, gerado pelo Departamento de Nutrição para a Saúde e o Desenvolvimento. O *site* inclui resumo de artigos que lidam com tendências globais da má nutrição infantil e também da obesidade.

CAPÍTULO 11

Desenvolvimento do Movimento Fundamental: Habilidades de Manipulação

PALAVRAS-CHAVE

Habilidades motoras fundamentais
Sequências de desenvolvimento
Sequências do corpo inteiro
Sequências dos componentes
Padrão ipsilateral
Padrão contralateral
Competência motora
Sequências internas das habilidades
Sequências desenvolvimentais
Restrições da tarefa
Restrições do ambiente
Restrições do indivíduo

COMPETÊNCIAS ADQUIRIDAS NESTE CAPÍTULO

Ao finalizar este capítulo, você será capaz de:

- Descrever as sequências de desenvolvimento das cinco habilidades de manipulação
- Observar a *performance* da criança na habilidade de manipulação e identificar o estágio desenvolvimental em que ela se encontra
- Comparar as abordagens do corpo inteiro *versus* dos componentes nas sequências do desenvolvimento
- Identificar as restrições-chave do indivíduo, da tarefa e do ambiente que atuam sobre as habilidades de manipulação
- Identificar as principais diferenças entre meninos e meninas na aquisição das habilidades de manipulação
- Descrever as características da criança que apresenta uma *performance* proficiente das habilidades de manipulação
- Elaborar uma lista de itens para avaliação das habilidades de manipulação por observação em atividades individuais ou em grupo

> **CONCEITO-CHAVE**
>
> O foco dos anos da infância deve ser o desenvolvimento da competência motora básica e de mecanismos corporais eficientes em uma ampla variedade de habilidades e situações de movimento.

O desenvolvimento motor é um processo complexo, que ocorre ao longo da vida. Os reflexos posturais e os movimentos rudimentares de bebês e crianças de 1 a 3 anos possibilitam a prática de padrões de movimento e servem de base para a aquisição de mais habilidades motoras voluntárias durante a infância. Se refletirmos sobre *fases e estágios do modelo de desenvolvimento motor*, apresentados no Capítulo 3, veremos que a etapa subsequente do modelo é a fase do movimento fundamental. Quando começa a jornada da infância, a criança dá início ao desenvolvimento dos *padrões do movimento fundamental* ou **habilidades motoras fundamentais** (HMFs), como são conhecidas. Agora as crianças são capazes de explorar o potencial de seus corpos quando se movimentam no espaço (*locomoção*), têm maior controle sobre a própria musculatura em oposição à gravidade (*estabilidade*) e dispõem de crescente habilidade no estabelecimento de contatos controlados e precisos com os objetos do seu ambiente (*manipulação*).

Embora a infância seja focada na aquisição das HMFs, nessa idade não é importante para a criança a ênfase em graus elevados de habilidade em um número limitado de situações de movimento. Em vez disso, o foco da infância deve ser o desenvolvimento da *competência motora* básica e de uma mecânica corporal eficiente em uma ampla variedade de habilidades e situações de movimento.

A partir da infância e durante toda a idade adulta, os vários padrões de movimento aprendidos, refinados e alterados são influenciados por diferentes fatores, que podem afetar a *performance* da habilidade. Newell (1986) identificou esses fatores como *restrições* e agrupou-os em demandas da tarefa, do ambiente e do indivíduo (tanto funcionais como estruturais) (ver no Cap. 4 mais detalhes sobre as restrições de Newell). Por exemplo, à medida que as crianças crescem em altura e ganham peso, essas restrições estruturais individuais podem afetar mudanças nos seus padrões de movimento. Crianças que estão acima do peso costumam ter dificuldades para saltitar, saltar e correr, pois têm força limitada para deslocar uma maior massa pelo espaço. As restrições ambientais também têm impacto sobre a *performance*. Por exemplo, superfícies como grama ou madeira podem impactar a capacidade de correr com facilidade, e o tamanho da bola pode afetar a capacidade de segurá-la nas mãos. De modo semelhante, as demandas de tarefas como arremessar com força ou com precisão podem exigir um padrão de movimento diferente, para que a tarefa de arremesso seja realizada com êxito. Todas essas restrições interagem e têm impacto sobre a *performance* da habilidade pelos indivíduos e ajudam a explicar tanto as *intravariabilidades* (variabilidade na *performance* de uma habilidade ou de diferentes habilidades de um mesmo indivíduo) como as *intervariabilidades* (variabilidade entre crianças de idade similar) observadas durante a infância e ao longo de toda a vida. A Figura 11.1 esquematiza, no exemplo de pegar uma bola, como os fatores ambientais e o objetivo da tarefa atuam sobre o indivíduo em movimento (de acordo com as suas características pessoais), gerando, no final, o resultado do movimento. Se, por um lado, é importante compreender como as restrições atuam sobre a criança, resultando em um nível específico de *performance*, por outro, o mais importante é considerar que as restrições da tare-

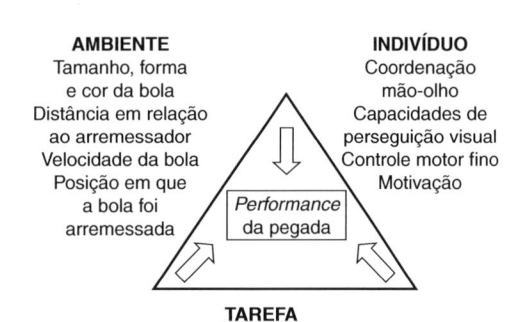

AMBIENTE
Tamanho, forma e cor da bola
Distância em relação ao arremessador
Velocidade da bola
Posição em que a bola foi arremessada

INDIVÍDUO
Coordenação mão-olho
Capacidades de perseguição visual
Controle motor fino
Motivação

Performance da pegada

TAREFA
Natureza da tarefa de pegar, por exemplo, pegar um saquinho de feijão de brinquedo, lançado por si mesmo, ou uma bola em movimento no *softball*

Figura 11.1
Restrições em ação: exemplo de pegar uma bola.

fa e do ambiente podem ser manipuladas por professores, técnicos e médicos para promover o seu desenvolvimento motor.

> **CONCEITO 11.1**
>
> As restrições do indivíduo, do ambiente e da tarefa afetam a *performance* motora da criança, mas também podem ser manipuladas por professores, técnicos e médicos para promover o seu desenvolvimento motor.

Neste capítulo e no seguinte, sobre habilidades motoras, examinaremos o desenvolvimento de HMFs como arremessar, pegar e saltitar. Para cada habilidade, primeiro será feita a pergunta: Como essa habilidade emerge e se desenvolve? Nessa área, será focada a compreensão das sequências de desenvolvimento da habilidade específica. Depois disso, resumiremos como uma pessoa que se movimenta com *proficiência* pode realizar essa habilidade, em comparação com outra *iniciante* ou inexperiente. Em seguida, será examinado o que já sabemos sobre o modo como as restrições do ambiente, do indivíduo e da tarefa afetam a *performance* da habilidade.

IMPORTÂNCIA DAS HABILIDADES MOTORAS FUNDAMENTAIS

O desenvolvimento das HMFs é essencial para o alcance da proficiência em vários esportes, jogos e danças de uma cultura. Elas consistem em blocos básicos para um movimento eficiente e efetivo e oferecem às crianças modos de explorar os seus ambientes, de adquirir conhecimentos sobre o mundo ao seu redor. As HMFs em desenvolvimento podem ser consideradas como letras ou caracteres de um alfabeto em uma cartilha para aprendizes. Esses caracteres fornecem a base para o aprendizado das palavras (habilidades motoras combinadas), que depois permitirão às crianças a produção de sentenças e parágrafos (habilidades esportivas e sequências de dança específicas) por meio da reestruturação das letras em várias combinações. Se os princípios básicos dos caracteres e das letras não forem assimilados, as crianças terão um desenvolvimento linguístico deficiente. De modo similar, no desenvolvimento motor, a capacidade de movimentar-se com facilidade, combinando várias HMFs, fica comprometida quando a criança não adquire a competência motora básica durante os primeiros anos.

No Capítulo 3, a Figura 3.1, Fases e estágios do desenvolvimento motor, ilustra como as crianças devem reunir uma ampla base de HMFs durante o período inicial e médio da infância (aproximadamente dos 3 aos 7 anos). Essa base amplia as possibilidades (graus de liberdade) da criança em seu repertório de movimentos, pois lhe oferece mais opções de respostas. Por exemplo, quem tem numerosas oportunidades de chutar objetos estacionários ou móveis de várias formas, pesos e tamanhos, estando em posição estacionária ou em movimento, desenvolve um repertório de padrões de movimento que poderá ser usado em resposta a uma ampla variedade de demandas de tarefas. Mais tarde, essa criança terá todas essas opções disponíveis quando for participar de jogos como futebol ou futebol americano, que exigem diferentes tipos de chutes e mudanças rápidas de posições e direção em resposta a movimentos dos colegas de time ou dos adversários. As crianças que desenvolvem a competência motora em uma série de habilidades e situações de movimento terão maiores chances de êxito ao testar as próprias habilidades na etapa seguinte do modelo, ou seja, na fase do movimento especializado.

Mais recentemente, um modelo conceitual desenvolvido por Stodden e colaboradores (2008) destacou a importância das HMFs para o engajamento em atividades físicas por toda a vida. No centro desse modelo está a relação recíproca e dinâmica entre a competência motora e a atividade física (ver a Fig. 11.2). A competência motora é definida em termos de HMFs comuns, especificamente de padrões das habilidades de manipulação e locomoção. Nesse modelo, uma premissa subjacente é a falsa concepção de que a criança aprende as habilidades de movimento fundamental "naturalmente". Na realidade, isso não é verdade; muitas crianças não alcançam níveis proficientes nessas habilidades e não apresentam a competência motora necessária à aplicação delas em esportes e jogos ao longo da infância e da adolescência (Goodway e Branta, 2003; Goodway, Crowe e Ward, 2003; Goodway, Robinson e Crowe, 2010). Uma das partes mais interessantes desse modelo é

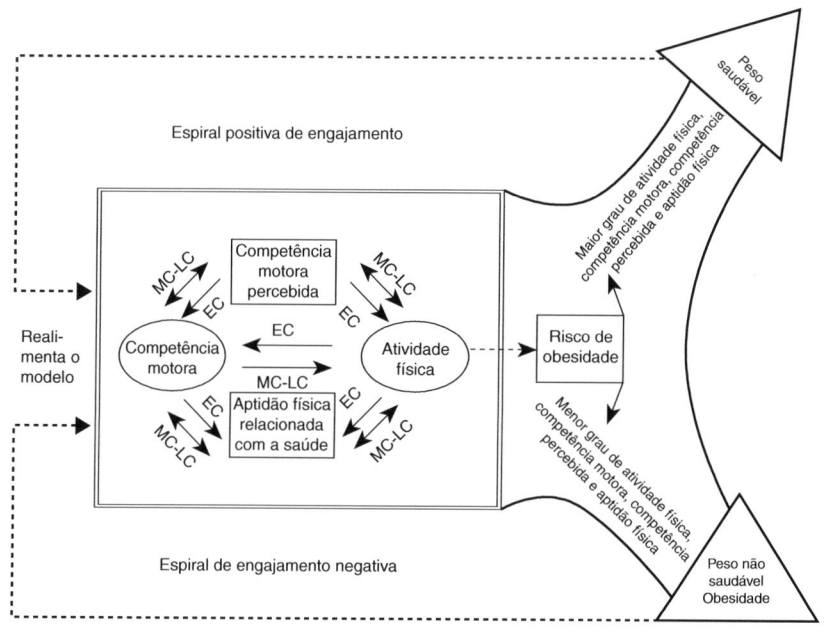

Figura 11.2
Modelo sinergista da competência motora e da atividade física.

que a relação entre a competência motora e a atividade física muda ao longo do tempo desenvolvimental.

Supõe-se que, nos primeiros anos da infância, os padrões de atividade física das crianças podem orientar o desenvolvimento da competência nas habilidades motoras. A criança com mais acesso a atividades físicas terá mais oportunidades de desenvolvimento das HMFs, enquanto outra, com oportunidades limitadas, de modo correspondente, terá uma competência motora mais baixa. É bem provável que essas diferenças estejam ligadas a fatores como o acesso a um ambiente para atividade física, engajamento em atividades/programas motores baseados em instruções, condição socioeconômica, influências dos pais/irmãos e clima, para citar apenas alguns. No entanto, nesse momento do desenvolvimento, a relação entre atividade física e competência motora é fraca e, mais provavelmente, ainda não tem efeitos negativos.

Quando as crianças passam por meados da infância e pela adolescência, a relação entre atividade física e competência nas habilidades motoras torna-se mais significativa e fica fortalecida. Níveis mais elevados de competência nas habilidades motoras oferecem maior repertório de movimentos e mais possibilidades de engajamento em várias atividades físicas, esportes e jogos. As crianças com maior habilidade costumam escolher para si próprias níveis mais elevados de atividade física. As crianças mais hábeis também têm maior probabilidade de considerarem-se competentes e de obter prazer intrínseco na participação em esportes e jogos. Portanto, níveis mais elevados de competência motora percebida e a verdadeira competência motora levarão a níveis mais elevados de atividade física, o que, por sua vez, lhes dará mais oportunidades de se tornarem mais competentes. Essas interações são referidas como *espiral positiva de engajamento*, pois essas crianças se mantêm engajadas em esportes e jogos e vão se tornando cada vez mais competentes. Mas o que acontece com as crianças menos competentes? Por volta de meados da infância, as que são menos competentes em habilidades motoras provavelmente vão preferir ficar fora da atividade física quando há possibilidade de escolher ou então vão se engajar em níveis mais baixos, caso sejam obrigadas a fazê-la, como acontece em uma aula de educação física. Portanto, a competência motora baixa vai levar a baixos níveis de atividade física, o que vai minimizar as oportunidades de aumento da competência motora. Para complicar esse efeito, por volta de meados da infância, as crianças já possuem potencial cognitivo para avaliar com precisão a própria competência motora em comparação com a de seus pares. Elas sabem se são "boas" ou "ruins" em comparação com os seus colegas, e essa compreensão, junto com várias experiências de fracasso em ambientes de atividade física, produzirá percepções baixas da competência motora. Assim, competências motoras reais e percebidas baixas, junto com limitada atividade física, resultam naquilo que os autores chamam de *espiral negativa de desengajamento* de esportes e jogos. Ou seja, a criança que tem uma competência motora limitada acredita que "não é muito boa em esportes" e, portanto, prefere atividades sedentárias em vez de atividade física. À medida que passam de meados da infância à adolescência, cria-se uma divisão cada vez maior entre aquelas ativas e com competência motora, que gostam de atividade física, e aquelas inativas e com menor competência motora, que evitam essa atividade. Como podemos ver a partir desse modelo, o desenvolvimento da competência nas HMFs no início da infância é central para a promoção de um estilo de vida ativo fisicamente ao longo de toda a infância e na adolescência.

Conceito 11.2

O desenvolvimento da competência motora no início da infância é importante para o engajamento na atividade física e para a formação de percepções positivas da competência motora ao longo da infância e da adolescência.

ENTENDENDO O DESENVOLVIMENTO DAS HABILIDADES MOTORAS FUNDAMENTAIS (HMF)

Desse modo, emerge a questão sobre a maneira como os adultos interessados podem compreender o desenvolvimento de padrões de habilidades específicas em crianças mais novas. Historicamente, têm sido aplicados dois modos essenciais para entendimento dessa questão: a identificação de sequências de desenvolvimento e o paradigma dos sistemas dinâmicos. Revisões iniciais desses dois métodos de pesquisa costumam concluir que eles são antagônicos entre si. No entanto, defendemos a ideia de que podemos ganhar muito com a combinação dessas duas abordagens.

Sequências de desenvolvimento das habilidades motoras fundamentais

As **sequências de desenvolvimento** têm sido um modo comum de exame da emergência das HMFs. Pesquisadores do desenvolvimento motor (p. ex., Branta, Halverson, Haubenstricker, Langendorfer, Roberton, Seefeldt, Williams) usaram esse método para descrever padrões típicos de comportamento em habilidades específicas, como arremessar ou chutar. Essa abordagem das habilidades motoras foca o *processo* do movimento ou como o movimento é visto qualitativamente e não o *produto* quantitativo ou resultado em termos de distância, velocidade ou tempo. As sequências de desenvolvimento usam (a) **sequências do corpo inteiro**, em que são descritos movimentos do corpo inteiro, ou (b) **sequências dos componentes**, em que as sequências de desenvolvimento são identificadas por segmento do corpo, como braços, tronco ou pernas. Nessas duas abordagens das sequências de desenvolvimento, as descrições dos padrões de movimento são ordenadas dos padrões mais imperfeitos e ineficientes até formas de movimento mecanicamente mais eficientes e proficientes. Cada passo ou etapa da sequência descreve padrões comuns de movimento executados pelas crianças enquanto aprendem as HMFs. De acordo com essa abordagem, elas avançam progressivamente nas sequências de desenvolvimento, passando de menos eficientes para mais eficientes, sem regredir nem pular estágios.

Na abordagem do corpo inteiro, um estágio representa a *performance* do corpo inteiro, feita pela criança, em determinado ponto temporal. Acredita-se que os segmentos corporais estejam ligados em um todo. No entanto, o método dos componentes descreve como segmentos específicos do corpo mudam ao longo do tempo e como cada segmento pode estar ligado a outro. Essas duas abordagens sequenciais fornecem riqueza de detalhes sobre o modo como as crianças desenvolvem e adquirem esses padrões de habilidades motoras. Embora aparentemente diferentes, elas são mais similares do que diferentes. Por exemplo, os perfis vistos de modo mais comum na abordagem dos componentes para as habilidades motoras fundamentais, com frequência, são os estágios específicos identificados pela abordagem do corpo inteiro. Ou seja, as combinações dos níveis sequenciais de segmentos dos braços, tronco e pernas, que costumam aparecer juntos, relacionam-se aos estágios específicos de configuração do corpo inteiro. As duas abordagens são modos válidos de avaliar mudanças e rastrear o progresso desenvolvimental. Em alguns casos, como na pesquisa e no esporte de elite, a abordagem dos componentes pode ser a melhor forma de examinar todos os perfis exibidos durante o aprendizado de habilidades específicas. No entanto, em situações práticas de ensino e orientação técnica, a abordagem do corpo inteiro pode ser usada mais fácil e prontamente para avaliar o desenvolvimento das habilidades motoras de crianças.

Os estágios do corpo inteiro e dos componentes foram desenvolvidos de acordo com os princípios centrais da teoria dos estágios (Roberton, 1978). Esses princípios incluem:

- Todas as crianças passam pelos mesmos estágios na mesma ordem (*ordem universal*).
- Cada estágio mostra um padrão de movimento qualitativamente diferente do anterior.
- Há uma *ordem intransitiva*, ou seja, não se pode mudar a ordem nem pular estágios.
- Os estágios posteriores originam-se dos iniciais (conhecido como *integração hierárquica*).
- Dentro de um mesmo estágio, comportamentos misturam-se e combinam-se com comportamentos anteriores, portanto, não pode haver regressão de estágios (*processo de consolidação*).
- O desequilíbrio entre a estrutura mental do indivíduo e o ambiente estimula a emergência de um novo estágio (*processo de equilíbrio*).

Embora esses princípios tenham se mostrado válidos para muitas crianças, algumas parecem não se enquadrar.

A partir de pesquisas do desenvolvimento motor (Garcia, 1994; Garcia e Garcia, 2002), ficou claro que as crianças são muito mais variáveis em sua *performance* das HMFs do que sugere a teoria dos estágios. Foram identificados três pontos fracos na teoria dos estágios: (1) a abordagem linear não leva em conta regressões na *performance* que são observadas com frequência quando a tarefa muda, por exemplo, no arremesso visando à distância ou precisão; (2) a teoria dos estágios não considera as crianças que reordenam a sequência em que aprendem as habilidades ou que pulam certos estágios; (3) essa abordagem não explica qual processo se encontra na base da mudança de um padrão de movimento para outro em crianças. Nos últimos anos, temos conseguido compensar esses pontos fracos da teoria dos estágios, renovando a conceituação das sequências desenvolvimentais por meio do paradigma dos sistemas dinâmicos.

Teoria dos sistemas dinâmicos e estágios das HMFs

De acordo com a teoria dos sistemas dinâmicos, os padrões de movimento encontrados nas sequências desenvolvimentais são vistos como opções de movimento possíveis para a criança. Em outras palavras, as crianças escolhem, a partir de uma variedade de padrões de movimento (estágios), aquele que é mais apropriado à realização da tarefa em questão. Os estágios do corpo inteiro e os perfis mais comuns nas sequências dos componentes são, de modo mais provável, atratores comportamentais fortes, que podem ser escolhidos em condições de movimento específicas. Os atratores fortes são aqueles que estão tão arraigados que tornam difícil a pessoa sair daquele estado. Os atratores fracos são padrões de movimento que podemos observar ocasionalmente, mas que não são tão estáveis como os fortes e podem ser prontamente alterados por restrições ambientais e individuais. De acordo com a teoria dos sistemas dinâmicos, não existe padrão de movimento "maduro", pois até o padrão mais eficiente varia de acordo com a tarefa em questão. Por exemplo, se você colocar uma criança a 1,5 m da parede e pedir que ela arremesse uma bola para bater na parede, a criança pode escolher qualquer um dos cinco possíveis estágios do arremesso para realizar a tarefa. É bem provável que ela escolha um arremesso do tipo "cortada" (estágio 1) ou do tipo "ipsilateral" (estágio 3), pois a tarefa não demanda muita força. Entretanto, se a criança estiver a uns 8 m de distância da parede, o mais provável é que ela use o padrão mais eficiente de *performance* entre todos os que ela é capaz de executar (estágio 5).

A alteração do conceito de estágios das sequências de desenvolvimento, introduzindo vários atratores, permite que os especialistas do desenvolvimento motor utilizem a base de conhecimento prévia e desenvolvam as informações de modo útil. Se mudarmos o conceito, afirmando que os estágios de desenvolvimento das HMFs são padrões de movimento comuns e estáveis, mas que podem ser alterados, então podemos manipular as condições do ambiente e da tarefa para ajudar a criança a adquirir novos atratores, mais benéficos às demandas de uma tarefa específica. Portanto, nosso trabalho como professores e técnicos é ajudar a criança a desenvolver uma grande variedade de padrões de movimentos, dentre os quais ela possa escolher em atividades diferentes, específicas do contexto.

Conceito 11.3

Podem ser identificadas sequências de desenvolvimento para muitas HMFs. Esses padrões de movimento comuns são atratores comportamentais que representam opções de movimento que a criança pode escolher em determinado contexto de movimento.

Na próxima seção, examinaremos o *corpo* de literatura sobre as habilidades de manipulação, usando a abordagem dos sistemas dinâmicos. Para cada habilidade, serão identificadas as sequências de desenvolvimento do corpo inteiro e dos componentes (quando houver). Depois, descreveremos aquilo que sabemos sobre a *performance* de um executante proficiente e de outro imaturo. Concluiremos cada habilidade com o exame dos fatores que podem afetar a *performance* da habilidade em termos de restrições do indivíduo, do ambiente e da natureza da tarefa, considerando implicações para os profissionais. Na sexta edição deste livro, foram descritos três estágios das HMFs: *inicial, elementar* e *maduro*. Nesta edição, modificamos um pouco esses

termos. Os moventes *iniciais* são considerados aprendizes iniciantes e representam o primeiro estágio na sequência de desenvolvimento. O estágio seguinte é chamado de *emergente* e, dependendo da sequência de desenvolvimento, pode consistir em 2 a 4 estágios. O último estágio é chamado de *proficiente* e refere-se à criança que tem uma mecânica de movimento eficiente. A Tabela 11.1 identifica as sequências de desenvolvimento do corpo inteiro das cinco habilidades de manipulação. Em cada estágio, as palavras em itálico fornecem referências para memorização do estágio; abaixo delas, há descrição do padrão de movimento.

HABILIDADES DE MANIPULAÇÃO

As **habilidades de manipulação** são um subconjunto de habilidades que envolvem a manipulação ou o controle de objetos, como bastões e bolas. Há muitas habilidades de manipulação, incluindo arremessar, pegar, chutar, volear, rebater, rolar, pular/driblar. Para os propósitos deste capítulo, revisaremos apenas o que sabemos sobre as primeiras cinco habilidades, portanto, não trataremos do rolar nem do quicar.

Arremessar

Arremessar é uma das HMFs mais úteis funcionalmente; é inerente a esportes como o beisebol e o *softball* e está envolvido em esportes como basquetebol, futebol e críquete. O movimento de arremessar também faz parte dos padrões de habilidades esportivas, como o saque no tênis, o *overhead clear* no *badminton* e a cortada no voleibol (Butterfield e Loovis, 1993; East e Hensley, 1985). Nos Estados Unidos, ser capaz de arremessar com proficiência é importante, pois muitas das atividades praticadas em escolas e comunidades envolvem essa habilidade essencial (McKenzie et al., 1998). Há diferentes tipos de arremesso, como o arremesso por baixo com uma das mãos e o arremesso por sobre o ombro. No entanto, este último é que tem recebido mais atenção na literatura sobre desenvolvimento motor e tem sido, de longe, a habilidade motora fundamental mais pesquisada.

Ao longo do tempo, os pesquisadores têm examinado o arremesso pela abordagem do processo e/ou do produto. No arremesso, a abordagem do produto analisa o resultado em itens

Tabela 11.1	Sequências desenvolvimentais das cinco habilidades de manipulação				
Habilidade motora fundamental	Estágio 1	Estágio 2	Estágio 3	Estágio 4	Estágio 5
	Estágio inicial		*Estágios emergentes*		*Estágio proficiente*
Arremessar	Cortada Elevação vertical Lançamento tipo "cortada" Pés estacionários Sem rotação do tronco	Arremesso do tipo gancho Elevação horizontal Lançamento do tipo "gancho" Rotação em bloco Follow-through* do corpo	Passo ipsilateral Elevação bem alta Passo ipsilateral Leve rotação do tronco Follow-through do corpo	Passo contralateral Elevação bem alta Passo contralateral Leve rotação do tronco Follow-through do corpo	Elevação Elevação com arco baixo Passo contralateral Rotação segmentada do corpo Follow-through braço-perna
Pegar	Reação atrasada Ação do braço atrasada Braços retos à frente até o contato com a bola, depois um recuo em forma de concha até o peito Pés estacionários	Abraço Os braços envolvem a bola à medida que ela se aproxima A bola é "abraçada" junto ao peito Pés estacionários ou um passo à frente	Recuo em forma de concha Pegada "junto ao peito" Os braços "formam uma concha" sob a bola para mantê-la junto ao peito Pode ser dado um único passo para se aproximar da bola	Pegada com a mão Pegada só com as mãos Pés estacionários ou limitados a um passo	Movimento em direção à bola Pegada só com as mãos O corpo inteiro move-se no espaço

(continua)

* N. de R.T. *Follow-through* é a desaceleração gradual do movimento. Significa seguir com o movimento do corpo mesmo após a bola sair da mão ("ir atrás da bola com o corpo").

Tabela 11.1 Sequências desenvolvimentais das cinco habilidades de manipulação (continuação)

Habilidade motora fundamental	Estágio 1	Estágio 2	Estágio 3	Estágio 4	Estágio 5
	Estágio inicial	*Estágios emergentes*		*Estágio proficiente*	
Chutar	*Empurrão estacionário* Pouca ou nenhuma elevação da perna Posição estacionária O pé "empurra" a bola Um passo para trás depois de chutar (comum)	*Balanceio da perna estacionária* Elevação da perna para a parte de trás Posição estacionária Oposição de braços e pernas	*Abordagem em movimento* Abordagem em movimento O pé percorre um arco baixo Oposição braço/perna Passo para a frente ou para o lado no follow-through	*Lançar, chutar, saltitar* Abordagem rápida Inclinação do tronco para trás durante a elevação Lançamento antes do chute Saltito depois do chute	
Volear	*Volear, empurrar* Sem elevação da perna Lançamento errático da bola Corpo estacionário Empurrar a bola/dar um passo para trás	*Balanceio da perna estacionária* Elevação da perna para trás Lançamento errático da bola Corpo estacionário Tentativa potente de chutar	*Abordagem em movimento* Passo(s) preparatório(s) Algum domínio do braço/perna Lançar a bola ou deixá-la cair	*Lançar, volear, saltitar* Abordagem rápida Queda controlada Lançar-se antes do contato com a bola Saltito depois do contato com a bola	
Rebater	*Rebater com cortada* Rebatida com bastão tipo "cortada" Pés estacionários	*Empurrar* Balanceio/empurrão horizontal Rotação em bloco Pés estacionários/passo	*Passo ipsilateral* Passo ipsilateral (cruza o pé de trás) Balanceio diagonal para baixo	*Passo contralateral* Passo contralateral Rotação segmentada do corpo Flexão do pulso no follow-through	

como distância ou velocidade. A abordagem do processo tem o objetivo de compreender o padrão do movimento. No entanto, uma crença comum na literatura da área consiste em que o desenvolvimento de padrões de movimento eficientes resulta em produtos melhores, como maior distância ou velocidade (Barrett e Burton, 2002). Quando observamos atletas de grupos de elite, vemos que os arremessadores proficientes não só estão em boa forma, mas também podem arremessar longe com velocidade; além disso, eles são capazes de ajustar os seus padrões de arremesso à dinâmica de mudanças da tarefa e do ambiente (Hamilton e Tate, 2002; Langendorfer e Roberton, 2002a). A Tabela 11.2 esboça as características de um arremessador proficiente.

Desenvolvimento do arremesso por sobre o ombro

O arremesso é uma habilidade motora complexa que envolve a interação de diferentes partes do corpo, coordenadas entre si, para aplicar princípios biomecânicos em uma ação que resulta em transferência de força significativa à bola.

Os arremessadores da Major League Baseball são considerados especialistas, e alguns podem lançar a bola a mais de 160 km/h. Porém, está claro que as crianças mais novas não vão arremessar assim. Como então emergem e se desenvolvem as habilidades de arremesso?

Monica Wild (1938) foi uma das primeiras pesquisadoras do arremesso, analisando os padrões de arremesso de 32 crianças com idade entre 2 e 12 anos. O seu arremessador mais novo (estágio 1) tinha 2 a 3 anos e fazia um arremesso frontal, com os pés estacionários e sem rotação do tronco (Wild, 1938). Por volta dos 6,5 anos, as crianças demonstravam padrões mais proficientes (estágio 4), conseguiam dar o passo no padrão contralateral (braço e pé de lados opostos)

e fazer a rotação do tronco. Desde a época desses estudos, outros pesquisadores já conseguiram aumentar imensamente a nossa compreensão sobre o mundo complexo do arremesso. Pesquisadores da Michigan State University desenvolveram uma abordagem do corpo inteiro para o arremesso (Seefeldt, Reuschlein e Vogel, 1972), diferentemente dos seus colegas de Wisconsin (e depois da Bowling Green State University), que usaram a abordagem dos componentes para as sequências de desenvolvimento (Roberton e Halverson, 1984).

Sequências de desenvolvimento do corpo inteiro para o arremesso por sobre o ombro

A Tabela 11.1 e a Figura 11.3 mostram a sequência de desenvolvimento de cinco estágios para o arremesso (Seefeldt, Reuschlein e Vogel, 1972), similar ao trabalho de Wild. O estágio inicial do arremesso (estágio 1) é ineficiente, com uma base de apoio estacionária, corpo virado para a frente, flexão do quadril e ação de cortada do braço para gerar força. No estágio 3, as crianças dão um passo e arremessam, mas apoiadas no pé ipsilateral (pé e braço do mesmo lado). Só a partir do estágio 4 é que a criança dá o passo contralateral (braço e perna de lados opostos) e começa a jornada em direção a um arremesso mais proficiente. A validade preliminar desses estágios do arremesso foi demonstrada por meio de uma amostra longitudinal mista de crianças (Haubenstricker, Branta e Seefeldt, 1983).

Garcia e Garcia (2002) seguiram longitudinalmente seis crianças com idade de 2 a 5 anos, ao longo de dois anos, e analisaram 3.469 arremessos. As suas descobertas corresponderam à abordagem de sistemas dinâmicos, mostrando que as crianças avançavam e retrocediam por estágios adjacentes e não adjacentes, ao longo do

Tabela 11.2	Características de um arremessador proficiente

Os arremessadores proficientes demonstram:
- Passo contralateral longo
- Rotação segmentar do tronco, em que o quadril gira primeiro, seguido da coluna, ombro, úmero e antebraço
- Atraso do úmero atrás do tronco
- Atraso do antebraço atrás do úmero
- O braço que está arremessando passa ao longo do corpo

Figura 11.3
Sequências de desenvolvimento do arremesso.
Reimpressa, com permissão, de Dr. Crystal Branta e Michigan State University Motor Performance Study.

Tabela 11.3	Sequências de desenvolvimento dos componentes do arremesso por sobre o ombro
Passo	**Balanceio para trás**
P1 *Sem passo* – A criança arremessa na posição estacionária inicial dos pés	B1 *Sem balanceio* – A bola na mão move-se diretamente para a frente, para sair da posição original do braço
P2 *Passo homolateral* – A criança dá um passo com o pé do mesmo lado da mão de arremesso	B2 *Flexão do cotovelo e do úmero* – A bola move-se para fora da linha de voo pretendida, até uma posição atrás ou ao longo da cabeça
P3 *Passo contralateral curto* – A criança dá um passo com o pé do lado oposto da mão de arremesso	B3 *Balanceio circular para cima* – A bola move-se para fora da linha de voo pretendida até uma posição atrás da cabeça, por meio de um movimento circular acima da cabeça
P4 *Passo contralateral longo* – A criança dá um passo com o pé oposto, na distância de metade da sua altura ereta	B4 *Balanceio circular para baixo* – A bola move-se para fora da linha de voo pretendida, até uma posição atrás da cabeça, por meio de um movimento circular para baixo e para trás, com a mão passando abaixo da cintura

Tronco
T1 *Sem ação do tronco ou com movimentos do tronco para a frente e para trás* – Apenas o braço fica ativo para produção de força. Quando ocorre ação do tronco, ela acompanha o impulso do braço para a frente, flexionando o quadril na mesma direção. Às vezes há extensão do tronco antes da flexão do quadril
T2 *Rotação da parte superior do tronco ou rotação total "em bloco"* – A coluna e a pelve fazem a rotação para fora da linha de voo pretendida e, em seguida, simultaneamente, começam a rotação para a frente, agindo com uma unidade ou "bloco"
T3 *Rotação diferenciada* – A pelve precede a parte superior da coluna no início da rotação para a frente. O arremessador gira para fora da linha de voo pretendida para a bola e, em seguida, tem início a rotação da pelve para a frente, enquanto a parte superior da coluna gira para fora

Úmero	**Antebraço**
U1 *Úmero oblíquo* – O úmero move-se para a frente para soltar a bola	A1 *Sem defasagem do antebraço* – O antebraço e a bola movem-se gradualmente para a frente a fim de soltar a bola
U2 *Úmero alinhado, mas independente* – O úmero move-se para a frente para soltar a bola em um plano horizontalmente alinhado com o ombro, formando um ângulo reto entre o úmero e o tronco	A2 *Defasagem do antebraço* – Parece que o antebraço e a bola ficam "defasados", atrás do ombro
U3 *Defasagem do úmero* – O úmero move-se para a frente, para soltar a bola, alinhado horizontalmente, mas nesse momento o ombro (parte superior da coluna) vira para a frente e o úmero permanece fora da linha do corpo (como visto na Fig. 11.3).	A3 *Defasagem do antebraço atrasado* – A antebraço defasado atrasa a chegada ao ponto final da defasagem antes do momento de virar para a frente

tempo, de acordo com as restrições do indivíduo e do ambiente (p. ex., motivação, consciência corporal). O estudo concluiu que o desenvolvimento do arremesso era individual, bastante variável, não linear e sensível ao contexto, em concordância com o desenvolvimento apresentado pela visão dos sistemas dinâmicos. A outra sequência de desenvolvimento do arremesso segue uma abordagem diferente e sugere que existem sequências no nível dos componentes corporais e não do corpo como um todo (Roberton, 1977).

Sequências de desenvolvimento dos componentes para o arremesso por sobre o ombro

A abordagem dos componentes para o arremesso sugere que o desenvolvimento dessa habilidade deve ser examinado no nível dos componentes, a saber: os componentes do passo, do balanceio para trás, do tronco, do úmero e do antebraço (Roberton, 1977). Na Tabela 11.3, há um breve resumo das sequências de desenvolvimento de cada um dos cinco componentes (ver descrições mais detalhadas em Roberton, 1977).

Para cada componente, há 3 a 4 passos. A criança é classificada em cada um desses componentes. Por exemplo, um executante inicial demonstraria o Passo 1, o Balanceio 1, o Tronco 1, o Úmero 1 e o Antebraço 1 (1-1-1-1-1), sem passo, sem balanceio para trás, sem rotação do tronco e com o úmero oblíquo e o antebraço sem defasagem. Essa ação é muito parecida com a "forma de concha" do estágio 1 na abordagem do corpo inteiro, em que quase toda a ação do arremesso origina-se no braço. No entanto, a abordagem do componente fornece uma análise mais sofisticada dos fatores biomecânicos ocorridos em arremessos potentes do que a abordagem do corpo inteiro. Por exemplo, a abordagem do componente distingue o passo contralateral curto (P3) do longo (P4), reconhecendo que arremessadores proficientes dão um passo contralateral longo quando querem arremessar com força (Langendorfer e Roberton, 2002a). Além disso, a abordagem dos componentes examina a mecânica da ação do tronco e estabelece a diferença entre rotação "em bloco" (rotação conjunta do quadril, tronco e ombros) e "diferenciada" (o quadril gira antes do tronco, que gira antes do ombro). O mesmo vale para a ação do úmero (parte superior do braço) e do antebraço, enquanto na abordagem dos componentes é reconhecida a importância da defasagem do úmero (o úmero fica atrás do ombro) e do antebraço (o antebraço fica atrás do úmero) na produção da força (Langendorfer e Roberton 2002a). Portanto, um arremessador eficiente, como um *pitcher* do beisebol, por exemplo, demonstraria P4, B4, T4, U3, A3 (ver Tab. 11.3). Todas essas ações resultam em transmissão significativa de força à bola.

Na abordagem dos componentes, é importante observar que os componentes não estão todos correlacionados de modo perfeito, como sugere a abordagem do corpo inteiro, mas também não são totalmente independentes (Langendorfer e Roberton, 2002a, 2002b). Por exemplo, se a criança avança do P1 ao P2 (sem chegar ao passo ipsilateral), isso não significa que os outros componentes, como o tronco, mudarão do mesmo modo (Langendorfer e Roberton, 2002a). Na abordagem dos componentes, a mudança no nível dos componentes pode ocorrer em ritmos diferentes e em momentos diferentes para cada componente. Embora essa abordagem tenha sido desenvolvida de acordo com a perspectiva da teoria dos estágios, a visão probabilística da teoria dos sistemas dinâmicos funciona bem com ela. As sequências dos componentes esboçam uma ampla variedade de configurações possíveis (atratores comportamentais) da *performance* de arremesso e mostram que as crianças são capazes de demonstrar configurações diferentes dos componentes do corpo com base em restrições do indivíduo, da tarefa e do ambiente (Hamilton e Tate, 2002). Langendorfer e Roberton (2002b) observaram que das 27 configurações possíveis para os níveis dos componentes, apenas 14 tinham sido demonstradas, indicando que há determinados perfis ou atratores comportamentais no arremesso que representam padrões comuns desse movimento.

Tanto a sequência de desenvolvimento do corpo inteiro como a dos componentes fornece informações valiosas para os professores. O uso das sequências de desenvolvimento permite avaliar e rastrear o desenvolvimento do arremesso em crianças. Os professores podem usar um processo de cinco passos para fazer isso:

1. Observar e avaliar o nível desenvolvimental da criança.
2. Identificar a *performance* desejada (atratores desejados) para a criança.
3. Considerar os fatores individuais que podem influenciar a criança.
4. Considerar o modo de manipulação dos aspectos do ambiente para promover a habilidade.
5. Observar como a criança executa a tarefa para poder modificá-la de acordo com o objetivo de torná-la mais difícil ou mais fácil, com base no que foi observado.

Medições do produto do arremesso

A distância e a precisão do arremesso e a velocidade da bola são medições de produto comuns, usadas para avaliar a proficiência no arremesso por sobre o ombro. Dois aspectos principais são conhecidos a respeito dessas medições do produto do arremesso:

1. Há diferenças distintas de gênero nos resultados do arremesso.
2. Há aumentos relacionados com a idade nos resultados do arremesso.

Restrições no arremesso

Newell (1984) sugere que a *performance* motora é produto da interação entre as restrições do indivíduo, da tarefa e do ambiente. A Tabela 11.4 identifica restrições-chave do indivíduo, do ambiente e da tarefa na literatura do arremesso. O desenvolvimento do arremesso não é linear ou prescritivo; em vez disso, ele é dinâmico e variável por natureza. É importante que os professores compreendam esse ponto crítico. Quando selecionam tarefas para os seus alunos, com frequência os professores podem provocar o surgimento de um padrão mais avançado de arremesso, desde que considerem as restrições individuais e modifiquem as restrições da tarefa e do ambiente para gerar essa *performance*. Portanto, a seleção de tarefas apropriadas torna-se fator importante na ação dos professores para promoção do desenvolvimento do arremesso.

Restrições do indivíduo no arremesso

As restrições do indivíduo são fatores pessoais internos. No arremesso, as duas principais áreas das restrições do indivíduo que têm merecido atenção são o sexo e a idade. Entretanto, alguns estudos têm examinado outros fatores biológicos do arremesso. Southard (2002) manipulou a massa dos segmentos do braço (úmero e antebraço) de crianças de 5 a 12 anos em relação à massa do braço de adultos. Os resultados mostraram que a condição de massa do adulto melhorava a *performance* no arremesso de executores mais imaturos. Southard sugeriu que mudanças na massa relativa dos segmentos dos membros superiores, em resultado do crescimento e desenvolvimento normais, podem ser em parte fator importante no desenvolvimento de padrões de arremesso mais avançados ao longo do tempo. Stodden, Langendorfer, Fleisig e Andrews (2006a,b) realizaram uma análise biomecânica do arremesso, classificando participantes de acordo com a proficiência nas sequências dos componentes. Eles observaram que meninos tinham mais probabilidade de apresentar uma mecânica de movimento mais avançada (perfis de atratores mais elevados) do que meninas. É interessante que o comprimento do passo permitia prever de modo significativo a velocidade da bola, demonstrando a ligação entre o processo (padrão de movimento) e o produto (velocidade) no arremesso.

Em relação ao gênero e à idade, os meninos superaram as meninas em *performance* em todas as idades e em todas as categorias de arremesso (Butterfield e Loovis, 1993; Garcia e Garcia, 2002; Halverson e Roberton, 1979; Langendorfer e Roberton, 2002a, 2002b; Roberton e Konczak, 2001; Sakurai e Miyashita, 1983; Thomas e Marzke, 1992). As diferenças de sexo encontradas no arremesso são as maiores em qualquer habilidade motora fundamental (Nelson et al., 1991; Thomas e French, 1985; Williams, 1996). As diferenças de gênero são classificadas como uma restrição do indivíduo por causa dos fatores biológicos associados a elas. A Figura 11.4 mostra essas diferenças relacionadas à idade no arremesso (Seefeldt e Haubenstricker, 1982). Por volta do estágio 5, o menino típico tem em torno

Tabela 11.4	Restrições do indivíduo, da tarefa e do ambiente no arremesso	
Restrições no arremesso		
Do indivíduo	**Da tarefa**	**Do ambiente**
• Sexo • Idade • Biologia	• Precisão • Força	• Tamanho do alvo • Distância do alvo • Instrução

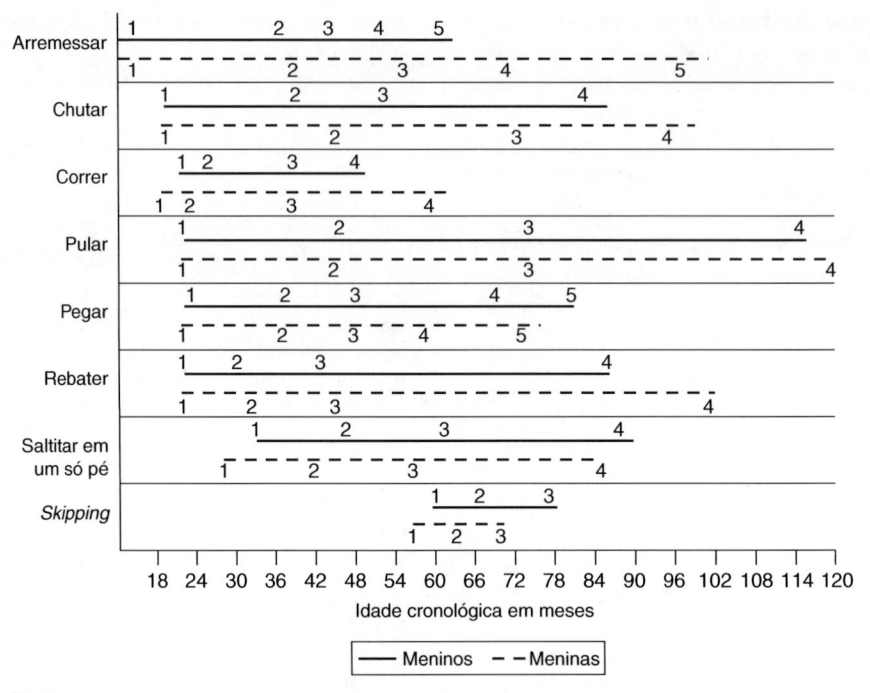

Figura 11.4
Mudanças relacionadas à idade na HMF de crianças.

de 63 meses, enquanto a menina típica, uns 102 meses (uma diferença de mais de 3 anos).

Thomas e colaboradores (1994) descobriram que as diferenças de acordo com o sexo em termos de distância de arremesso eram três vezes maiores do que em outras tarefas. Morris, Williams, Atwater e Wilmore (1982) descobriram que meninas de 5 a 6 anos eram similares a meninos de 3 a 4 anos na distância de arremesso, destacando a grande diferença por sexo. Uma metanálise de 21 estudos sobre arremesso (cinco de precisão, 11 de distância e cinco de velocidade) revelou que a *performance* dos meninos era 1,5 desvio-padrão maior do que a das meninas, dos 4 até os 7 anos, quando consideradas a força e a distância dos arremessos (Thomas e French, 1985). Por volta dos 12 anos, os meninos apresentavam 3,5 desvios-padrão a mais do que as meninas na velocidade do arremesso. Halverson e colaboradores (1982) e Roberton e colaboradores (1979) também relataram diferenças por sexo na velocidade, que continuaram aumentando com a idade. Halverson e colaboradores (1982) calcularam uma taxa anual de mudança da velocidade para meninos e também para meninas. Os meninos aumentaram de 1,52m para 2,44m/segundo/ano, em comparação com as meninas, cuja mudança foi de apenas de 61 cm para 1m/segundo/ano, do jardim de infância ao segundo ano do ensino fundamental e de 61 cm para 1,22 m/segundo/anos do terceiro ano até o sétimo (Halverson et al., 1982; Roberton et al., 1979). Runion, Roberton e Langendorfer (2003) realizaram um estudo interessante. Eles avaliaram as velocidades de arremesso de 50 meninos e meninas de 13 anos e compararam os resultados com uma amostra de 1979 também de sujeitos de 13 anos. Teorizava-se que, com o aumento dos esportes da juventude, em especial para meninas, a *performance* dos participantes mais recentes superaria os dados coletados 30 anos antes. Em geral, descobriram que a velocidade de arremesso de meninos e meninas não havia melhorado de 1979 para 2003 e que as diferenças entre os sexos persistiam a favor dos meninos nas duas coortes.

Também têm sido registradas diferenças entre os gêneros no arremesso em outros países, além dos Estados Unidos. Sakurai e Miyashita (1983) encontraram diferenças significativas por sexo entre crianças com idade de 5 a 9 anos. Pan e Lu (2001) indicaram que a *performance* dos meninos chineses no arremesso sobre o ombro, em termos de precisão e distância, foi melhor do que a de meninas, na faixa de 7 a 12 anos. Um outro trabalho revelou que os homens alemães superaram a *performance* de seus pares do sexo feminino na forma e velocidade do arremesso (Ehl et al., 2005). Um estudo com crianças australianas aborígenes de 6, 8 e 10 anos também demonstrou diferenças por gênero, sendo que os meninos arremessavam mais rapidamente do que as meninas e que os de 10 anos o faziam mais rapidamente do que os de 6 anos (Thomas, Alderson, Thomas, Campbell e Elliot, 2010).

Nelson e colaboradores (1986) descobriram que os fatores biológicos do diâmetro das articulações, proporção ombro/quadril e soma de dobras cutâneas eram responsáveis apenas por uma pequena porcentagem (10%) da variação de diferenças entre os sexos no arremesso. Medições biológicas específicas têm sido correlacionadas com diferenças entre os sexos, incluindo uma correlação moderada entre a circunferência dos músculos do braço dos meninos e a distância do arremesso (Nelson et al., 1991); uma maior proporção entre a rotação externa e a interna nos meninos *versus* meninas, com menor ângulo máximo de torção (Thomas e Marzke, 1992); coordenação neuromuscular (Yan et al., 2000); e consciência corporal (Garcia e Garcia, 2002).

As diferenças de gênero não se limitam aos arremessos potentes, pois os meninos também são mais precisos do que as meninas ao arremessarem em alvos (Moore e Reeve, 1987; Moore, Reeve e Pissanos, 1981; Thomas e French, 1985). Moore e colaboradores (1981) descobriram que meninos no jardim de infância arremessavam mais longe e com mais precisão do que meninas. Langendorfer (1990) sugeriu que as diferenças de gênero encontradas no campo da precisão podem ser atribuídas a fatores ambientais, pois as tarefas de precisão exigem a habilidade de adaptar e mudar padrões de movimento para alcançar o objetivo preciso. Pode ser que os meninos, por possuírem padrões de arremesso mais avançados, tenham um repertório maior de padrões de movimento, entre os quais podem escolher aquele necessário para atender as demandas da tarefa, ou então por terem mais experiência em arremessar podem aplicar essa experiência em uma série de condições (Langendorfer, 1990).

Em geral, as diferenças por sexo nas medidas tanto do produto como do processo do arremesso têm implicações para o educador físico ou técnico. Se as meninas são significativamente piores do que os meninos nos arremessos em qualquer idade, é importante que o educador físico e o técnico cuidem para que esportes e jogos que envolvam arremesso não favoreçam naturalmente os meninos. Talvez seja necessário modificar as regras e os locais de jogo.

Entre os outros fatores individuais de interesse, está a idade. Langendorfer e Roberton (2002a, 2002b) identificaram como a *performance* no arremesso muda com a idade; eles descreveram perfis e trajetos de atratores comuns para o desenvolvimento do arremesso em diferentes idades. Os perfis dos atratores descrevem o padrão de arremesso geral para componentes específicos, e os trajetos dos atratores descrevem os padrões de deslocamento de um padrão de arremesso para outro, ao longo do tempo. Os atratores mais fortes para as crianças para os componentes do tronco, úmero e antebraço eram (consultar a Tab. 11.3):

- 5 a 6 anos: 1-1-1 ou 2-1-1 ou 2-2-1 ou 2-2-2
- 7 anos: 2-3-2 ou 2-1-1 ou 2-2-2.

Foi registrado que os perfis dos atratores estão relacionados. Em outras palavras, quando um componente corporal muda, o mesmo acontece com o outro. Langendorfer e Roberton (2002a) sugeriram que seria necessária uma rotação do tronco (T2 ou T3) a fim de se alcançar uma ação do braço mais avançada (U2 ou U3). O trabalho de Garcia e Garcia (2002) e Oslin e colaboradores (1997) apoia essa visão e, além disso, sugere que é muito útil o uso de uma orientação lateral para definir um passo contralateral, a fim de fazer o tronco girar. Todos os pesquisadores concordaram que, quando a criança não tem rotação do tronco (pelo menos a rotação em bloco), isso atuava como uma restrição, que limitava o desenvolvimento de movimentos mais avançados do úmero e do antebraço. No entanto, a diferenciação do tronco (T3) pode aparecer depois de ser alcançada a defasagem do úmero (Langendorfer e Roberton, 2002a). Outros fatores que, possivelmente, influenciam o desenvolvimento dos níveis avançados dos componentes do tronco e do úmero incluem a relação entre o nível dos componentes do balanceio para trás e do braço (Langendorfer e Roberton, 2002a).

Restrições da tarefa

As restrições da tarefa são fatores relacionados com o objetivo da atividade. No arremesso, as áreas mais pesquisadas envolvem os aspectos da precisão *versus* força. A partir da perspectiva das restrições, a tarefa ou o objetivo da atividade tem forte influência sobre o padrão do arremesso que demonstramos. Por exemplo, se a criança é colocada a 10 m de uma parede e tiver de lançar uma bola, fazendo com que ela bata na parede, o mais provável é que ela escolha um padrão de arremesso com elevação, passo contralateral, rotação do tronco, defasagem do úmero e do antebraço e *follow-through*. Ou seja, ela vai escolher, dentre todos os padrões que consegue executar para a tarefa em questão, aquele que é mais eficiente mecanicamente. No entanto, se essa mesma criança for colocada a 3 m da parede com o mesmo objetivo, o mais provável é que ela faça um movimento de cortada com o braço, sem passo e sem ação do tronco. Ou seja, as demandas da tarefa não exigem força significativa e, por isso, será escolhido outro padrão de arremesso. Desse modo, as crianças podem demonstrar diferentes padrões de arremesso de acordo com as demandas da tarefa. Quando as tarefas variam em termos de objetivo (p. ex., precisão *versus* força), a *performance* de arremesso muda de acordo com o que se pretende atingir.

Manoel e Oliveira (2002) examinaram o arremesso de um grupo de meninos e meninas de 7 anos. Eles relataram que os arremessadores mais avançados lançavam a bola mais longe do que os menos avançados, mas não havia diferença na precisão. Roberton (1987) determinou que as restrições da tarefa em termos de força e precisão influenciam os valores do produto. Ela relatou que a velocidade foi reduzida em um ano desenvolvimental na comparação entre uma condição de "arremesso com toda a força" *versus* uma condição de precisão. No entanto, houve pouca mudança na *performance* de arremesso nos dois casos, força e precisão, entre os arremessadores menos habilidosos. Langendorfer (1990) determinou que os homens melhoravam até o próprio nível desenvolvimental quando mudavam de um objetivo de precisão para um de força. Lorson e Goodway (2007) estabeleceram que a tarefa de "arremessar com toda a força" mudou o componente do passo dos arremessadores em comparação com um grupo que não recebeu o comando desse "arremesso".

É interessante notar que o arremesso em busca de distância/força *versus* precisão parece afetar apenas os padrões de arremesso de executores mais avançados. É possível que esses arremessadores disponham de uma série de padrões de arremesso e sejam capazes de escolher aqueles que melhor se ajustam às demandas da tarefa (Langendorfer, 1990; Roberton, 1987). Os arremessadores mais avançados com frequência parecem escolher padrões menos habilidosos de arremesso quando a tarefa assim o permite (Hamilton e Tate, 2002; Langendorfer, 1990). Entretanto, os arremessadores mais primitivos dispõem de limitadas opções de arremesso e não são capazes de ajustar os seus padrões às demandas da tarefa.

Restrições do ambiente

As restrições ambientais lidam com os fatores externos aos indivíduos. Elas incluem a manipulação do ambiente do arremesso, como a distância a ser coberta e o tamanho do alvo. Também incluem o tamanho da bola e influências socioculturais, como oportunidades de praticar o arremesso e efeitos diferenciados das instruções.

Há poucos dados empíricos a respeito das influências socioculturais sobre o arremesso; entretanto, tem havido alguma discussão a respeito desses fatores na literatura. Para mulheres, fatores como o limitado número de arremessadoras avançadas que podem servir de modelo e o menor apoio dos pais para a prática do arremesso pode ter impacto sobre a *performance*, sendo responsáveis pelas diferenças verificadas entre os sexos (East e Hensley, 1985; Nelson et al., 1986; Thomas e French, 1985). Atividades organizadas, como o esporte da juventude, pode ser outro fator ambiental contribuinte. Pesquisas sugerem que os meninos tendem a participar em experiências de arremesso mais organizadas, como o beisebol (Butterfield e Loovis, 1993; Halverson et al., 1982; Thomas e Marzke, 1992), e que há diferenças na qualidade das oportunidades de arremesso (Butterfield e Loovis, 1993). Garcia e Garcia (2002) sugerem que meninas mais jovens respondem de maneira diferente dos meninos em ambientes de arremesso com instruções. No estudo de pré-escolares conduzido por esses pesquisadores, as meninas eram motivadas a arremessar para agradar ao professor e receber *feedback* positivo, distinções, sorrisos e estímulo. Os meninos, ao contrário, eram motivados de modo mais intrínseco, para melhorar a própria habilidade e competir com outros meninos; isso era particularmente válido para os arremessadores mais hábeis.

O tamanho, a forma e a massa da bola são fatores que influenciam o padrão do arremesso (Southard, 1998). Professores e técnicos podem manipular fatores ambientais para melhorar a *performance* de arremesso. Os técnicos do beisebol, por exemplo, têm aumentado a massa da bola no treinamento como ferramenta para aumentar a velocidade da bola dos arremessadores (DeRenne, Tracy e DunnRankin, 1985). Embora haja poucos dados empíricos na literatura nesse campo, aqueles que com frequência ensinam o arremesso a crianças sabem que o tamanho e a forma da bola afetam o padrão do arremesso. Alguns pesquisadores descobriram que o tamanho da bola influencia a mecânica do arremesso (Burton, Greer e Wiese, 1992; Burton, Greer e Wiese-Bjornstal, 1993). Isso é particularmente válido para crianças menores; nós precisamos ter consciência do tamanho relativamente menor de suas mãos em relação ao tamanho da bola. Por exemplo, arremessar uma bola de *softball* pode parecer uma boa tarefa para um adulto, mas está claro que a mão de uma criança, na fase elementar, é pequena demais para pegar a bola de modo apropriado. Outros fatores, como a distância pretendida ou o tamanho do alvo a ser atingido, podem afetar o padrão do arremesso. Hamilton e Tate (2002) examinaram a influência de três distâncias diferentes (de acordo com a altura: 2, 4 e 6 vezes a altura corporal) e de três alvos de tamanhos diferentes (90, 150 e 210 cm^2) sobre a *performance* de 26 crianças do terceiro ano do ensino fundamental. Eles observaram a presença de componentes corporais do passo, tronco e úmero mais avançados quando a criança tinha de cobrir distâncias maiores no arremesso. Nenhum efeito significativo foi encontrado para o tamanho do alvo, embora os pesquisadores tenham reconhecido que os alvos talvez fossem grandes demais e não exigissem níveis elevados de precisão. A maneira como arremessadores hábeis adaptam os seus padrões de arremesso para a distância pretendida ficou evidente em um estudo com arremessadores do beisebol universitário (Barrett e Burton, 2002) e crianças do ensino fundamental (Lorson e Goodway, 2008). Barret e Burton perceberam que os jogadores alteravam os seus padrões de arremesso de acordo com a distância que pretendiam cobrir. Quando arremessavam da base para a parte central, eles davam um passo ipsilateral; quanto arremessam do campo externo, precisavam de componentes de arremesso mais avançados. Lorson e Goodway (2008) examinaram diferenças por gênero na forma do arremesso de crianças durante jogos, antes e depois de receber instruções. Eles descobriram diferenças entre pré-teste e pós-instruções nos componentes do tronco e do antebraço dos meninos e nos componentes do passo e do tronco nas meninas. A melhora depois da instrução e as diferenças por sexo foram similares àquelas encontradas no contexto da prática controlada.

Uma restrição ambiental significativa é a influência da instrução sobre a *performance* do arremesso. Há um corpo crescente de trabalhos nessa área e alguns métodos inovadores e efetivos de ensino do arremesso a crianças, com implicações significativas para professores e técnicos. Parece muito importante o desenvolvimento de práticas instrucionais efetivas para meninas, pois as pesquisas têm apontado persistentes diferenças por gênero na *performance* do arremesso, e muitos estudos mostram que essas diferenças persistem após a intervenção com instruções (Browning e Schack, 1990; Dusenberry, 1952; Garcia e Garcia, 2002; McKenzie et al., 1998; Thomas et al., 1994).

Um trabalho pioneiro de Dusenberry (1952) revelou que um programa de instruções de três semanas resultou em melhora, nos dois sexos, da distância de arremesso, mas os meninos arremessaram mais longe do que as meninas com a mesma quantidade de treinamento. Porém, Halverson e colaboradores (Halverson e Roberton, 1979; Halverson, Roberton, Safrit e Roberts, 1977, 1979) não descobriram melhorias na velocidade de arremesso entre grupos (instruções de arremesso, programa de movimento sem instrução de arremesso e grupo de comparação), em um programa de arremesso de oito semanas. Entretanto, uma revisão subsequente do nível desenvolvimental nos componentes do arremesso relatou mais padrões avançados de defasagem do antebraço, ação do tronco, ação do passo e rotação da coluna no grupo que recebeu instruções de arremesso (Halverson, Roberton, Safrit e Roberts, 1979). McKenzie e colaboradores (1998) mostraram que, em um programa escolar, os arremessadores selecionados para melhoria da atividade física tiveram *performance* significativamente melhor nas tarefas de distância e precisão no arremesso do que estudantes de um programa regular de educação física. De novo, isso pode estar relacionado com as oportunidades práticas de arremesso *versus* a natureza atual das instruções de arremesso.

Uma série de estudos tem considerado o papel e os conhecimentos dos professores que fornecem instruções de arremesso. Graham e colaboradores (1991) compararam a influência de um professor de educação física especializado e de um professor não especializado sobre os resultados qualitativos e quantitativos na *performance* de arremesso de 60 alunos do primeiro e terceiro anos ao longo de três anos. É interessante observar que, segundo esse estudo, os estudantes que receberam instruções do professor não especializado eram mais hábeis no arremesso do que aqueles orientados pelo professor de educação física especializado. Embora essas descobertas possam ser surpreendentes, talvez o professor não especializado tenha dado aulas de educação física "mais livres", com mais atividades de arremesso em geral, incluindo oportunidades de arremesso mais forçado, como a queimada (*dodgeball*). Entretanto, o especialista em educação física pode ter se concentrado mais no desenvolvimento de todas as habilidades motoras e não apenas no arremesso (Graham et al., 1991). Um estudo de Walkwitz e Lee (1992) observou que o aumento do conteúdo dos conhecimentos a respeito do arremesso, por meio de orientações sobre desenvolvimento motor, melhorou o comportamento dos professores, resultando em impacto significativo sobre os padrões dos passos das crianças. Cohen, Goodway e Lidor (no prelo) perceberam que, quando o professor era treinado para fornecer *feedback* do desenvolvimento alinhado com as sequências dos componentes do arremesso, ocorriam melhorias na velocidade da bola e nos componentes corporais de arremesso em comparação com o procedimento natural do professor.

Outros estudos pesquisaram a natureza de dicas e *feedback* de arremesso dados no ambiente instrucional. Fronske e colaboradores (1997) foram os primeiros a usar as "dicas" críticas para ajudar estudantes de terceiro e quinto graus com padrões de arremesso imaturos a melhorar a distância de arremesso e os componentes do passo e do balanceio para trás. As descobertas revelaram que o uso de "dicas" melhorou a distância e a forma de arremesso (passo e braço) mais do que no grupo que não recebeu instruções específicas. Oslin e colaboradores (1997) usaram uma apresentação chamada instruções específicas do componente para melhorar a *performance* de arremesso em 22 crianças com idade entre 3 e 6 anos. Em geral, a instrução específica do componente aumentou a eficiência do arremesso, mas não houve diferenças entre a sequência de produção de força nem entre a sequência da cadeia para a frente. Lorson e Goodway (2007) usaram informações críticas e restrições da tarefa de um arremesso forçado para provocar mudanças nos níveis de desenvolvimento e na velocidade da bola de estudantes do segundo e terceiro ano do ensino fundamental.

Uma abordagem inovadora mais recente de instruções de arremesso para 34 crianças do jardim de infância comparou uma abordagem biomecânica-desenvolvimental a uma tradicional para ensino do arremesso (Stodden e Rudisill, 2006). A abordagem biomecânica focou a exploração de parâmetros de controle hipotéticos, que promoveriam a transferência ótima de energia por meio de um sistema de ligação cinética (Stodden et al., 2006a,b). De modo específico, as instruções focaram a geração do *momentum* linear e angular do tronco e do centro da massa, além do posicionamento preparatório ótimo do úmero, antebraço e pulso para promover a transferência de energia durante o movimento de arremesso. Os resultados desse estudo mostraram que a estratégia de instrução que integra os conceitos biomecânicos foi mais efetiva na promoção de determinados aspectos da habilidade de arremesso. Esse estudo também foi o primeiro a mostrar redução nas diferenças por gênero nos componentes do braço de arremesso. As diferenças entre os sexos na velocidade da bola não foram reduzidas, o que pode indicar a necessidade de um tempo de intervenção adicional para reorganizar de modo mais eficaz a coordenação e as interações entre os segmentos e então mudar a velocidade da bola.

Lorson (Lorson, 2005; Lorson e Goodway, 2008) seguiram o estudo de Stodden, pesquisando a influência de três estratégias instrucionais sobre *performance* de arremesso ensinadas por professores de educação física a 105 crianças do primeiro e do segundo ano do ensino fundamental. As três abordagens instrucionais eram: (1) a abordagem biomecânica desenvolvida por Stodden mencionada (Stodden e Rudisill, 2006); (2) um grupo de informações críticas que enfatizavam três aspectos ("raios *laser*" para orientação lateral, "passo longo" e "rotação e arremesso com toda a força"); e (3) um grupo tradicional, que utilizou as informações ("lateral ao alvo", "braço para trás" e "arremesso com toda a força") sugeridas em um famoso manual de educação física para o ensino fundamental (Graham, Holt/Hale e Parker, 2007). Segundo os resultados desse estudo, a abordagem biomecânica teve mais êxito do que as outras duas abordagens na promoção de mudanças no úmero e no antebraço. Nenhuma diferença foi registrada entre os grupos dos componentes do passo e do tronco nem na velocidade da bola. As significativas diferenças entre os sexos presentes no pré-teste permaneceram no pós-teste, sendo que a *performance* e a velocidade de arremesso dos meninos foram maiores do que as das meninas. Lorson acrescentou o aspecto singular da observação da aplicação da *performance* de arremesso na situação de jogo (Lorson e Goodway, 2008). Os componentes do passo, do tronco e do antebraço no jogo com arremesso foram correlacionados com os níveis dos componentes corporais durante a prática. Em geral, essas descobertas sugerem que qualquer uma das três estratégias melhorou a *performance* no arremesso, e a abordagem biomecânica foi a ferramenta mais útil para ajudar a desenvolver os componentes do úmero e do antebraço.

Em resumo, a revisão da literatura sobre o arremesso sugere que:

- Há sequências válidas de desenvolvimento do arremesso.
- Estão presentes diferenças entre os sexos no arremesso: os meninos são melhores do que as meninas.
- As crianças exibem emergência variável, não linear e sensível ao contexto de comportamentos de arremesso, em concordância com a abordagem dos sistemas dinâmicos.
- As restrições do indivíduo, da tarefa e do ambiente afetam a *performance* de arremesso.
- Instruções sobre o arremesso podem causar impacto positivo na *performance* do arremesso por sobre o ombro.
- Os valores do processo de arremesso são mais sensíveis à instrução do que os valores do produto, como a velocidade.
- Uma série de abordagens instrucionais, incluindo modelos e informações críticas, e a abordagem biomecânica geram efeitos significativos na *performance* de arremesso.
- Um passo contralateral longo é importante, a fim de iniciar a rotação do tronco em relação às pernas.
- A abordagem biomecânica parece ter os melhores resultados de impacto sobre os componentes do úmero e do antebraço no arremesso.
- As diferenças entre os sexos presentes antes das intervenções persistem depois delas; embora as meninas melhorem em função das instruções, no final elas não alcançam os meninos.
- Na instrução inicial do arremesso por sobre o ombro, o foco deve ser o arremesso com toda a força, para provocar o surgimento do padrão mais maduro.

Pegar

Assim como o arremessar, o pegar também é uma habilidade em geral usada em esportes, jogos e atividades durante toda a vida. Essa é uma habilidade de manipulação cujo objetivo consiste em reter a posse de um objeto. O tipo de pegada (recepção) executada depende das demandas da tarefa e do ambiente, como a posição e a velocidade da bola no ar, a sua forma e tamanho e a sua trajetória. Por isso,

> **PERSPECTIVAS INTERNACIONAIS**
>
> **Habilidades motoras em crianças: somos produto de nossa cultura esportiva?**
>
> Os dados da Figura 11.4 fornecem orientação sobre a idade em que 60% das crianças testadas são capazes de executar determinada habilidade em um nível específico. Esses dados foram coletados de crianças do meio oeste dos Estados Unidos. No entanto, sabemos pela perspectiva das restrições que fatores ambientais afetam a emergência de habilidades motoras em crianças. Ou seja, o tipo de esporte ao qual a criança fica exposta influencia o desenvolvimento das habilidades motoras de determinada cultura esportiva. Forme um grupo e escolha um país que tenha um esporte conhecido (p. ex., Reino Unido, Japão, Austrália). Agora pense nas semelhanças e diferenças da cultura esportiva desse país em comparação com os Estados Unidos. Dê uma olhada no gráfico da Figura 11.4 e discuta como esses dados poderiam ser diferentes para meninos e meninas desses dois países. Você acha que esses dois países apresentam dados diferentes? Em que habilidades? Em que sexo? Em sua opinião, qual o papel da cultura esportiva no desenvolvimento das habilidades motoras das crianças?

o pegar pode ser feito com uma das mãos ou com ambas. Na forma mais simples de pegada, a criança mais jovem aprende a segurar balões, bolas grandes e saquinhos de feijão com os braços e as mãos. Enquanto ela progride pelos anos do ensino fundamental, vai se tornando mais capaz de pegar bolas de diferentes tamanhos, formas e velocidades com uma das mãos ou com as duas. No nível do esporte de elite, observamos feitos impressionantes, de pegadas em que os indivíduos interceptam bolas em situações aparentemente impossíveis. Muitos esportes, como o basquetebol, o beisebol, o *softball*, o rúgbi e o futebol americano, exigem que os jogadores tenham habilidades de pegada proficientes. Há um corpo de literatura bastante extenso sobre a pegada disponível para professores de educação física e técnicos. Para os propósitos deste capítulo, examinaremos apenas a literatura da pegada com as duas mãos.

As crianças precisam de várias habilidades a fim de conseguir pegar uma bola, incluindo a coordenação olho-mão, a habilidade de rastrear o objeto com os olhos, antecipar a sua trajetória de modo consistente e interceptá-lo, a consciência perceptiva e a manipulação fina dos dedos de acordo com a dinâmica de voo do objeto. A lei de desenvolvimento na direção proximodistal é relevante para a emergência dos comportamentos da pegada. Essa lei estabelece que as crianças aprendem a adquirir controle sobre o próprio corpo a partir da linha média do corpo até chegar às mãos. Isso pode ser observado na prática no desenvolvimento dos comportamentos da pegada, pois as crianças primeiro aprendem a pegar, prendendo a bola junto ao peito, depois se tornam capazes de segurar com as mãos uma bola jogada na direção do seu peito e, por fim, conseguem pegar uma bola em movimento no ar. Só depois que conseguem pegar uma bola em movimento com as mãos as crianças estão prontas para aplicar as habilidades da pegada no âmbito do esporte.

Receptores (pegadores) proficientes

Há muitos tipos de recepção, mas as duas que têm recebido mais atenção na literatura sobre o desenvolvimento são as pegadas com as duas mãos e com uma das mãos. Muitos dos principais pesquisadores do desenvolvimento motor concordam sobre as características de um receptor proficiente (Gabbard, 2004; Gallahue e Ozmun, 2006; Haywood e Getchell, 2006; Payne e Isaacs, 2008), e essas características podem ser encontradas na Tabela 11.8. Receptores hábeis são vistos em muitos esportes em todo o mundo; temos desde as reações rápidas do primeiro *baseman* do beisebol e do *wicket keeper* no críquete até a precisão do *wide receiver* do futebol americano em voo no ar. Receptores hábeis são figura central para o êxito em muitos esportes.

Em contraste, todos já vimos alguma receptora iniciante jogar. Com frequência, ela vira a cabeça para o lado, fecha os olhos e inclina-se para o lado contrário ao da linha da bola, com medo de levar uma bolada no rosto. Ela não rastreia o voo da bola, seus braços e suas mãos fazem pouco ou nenhum ajuste às características espaciais da bola, ela apenas responde no último momento, quando a bola já está chegando perto do seu corpo. Os dedos tendem a ficar rígidos e os braços e as mãos não "aceitam" a bola. Quando arremessada com força, frequentemente a bola quica nos braços estendidos e escapa, isso quando ela chega a atingir os braços. O tempo da movimentação da pegada não é sincronizado com o voo da bola, e muitas crianças apresentam dificuldades de equilíbrio quando recebem uma bola arremessada com força. Se a bola for pequena, raras vezes a criança conseguirá segurá-la; e se for grande, como a de parques infantis, provavelmente a prenderá junto ao peito usando os braços. Receptores inexperientes como esses não possuem as habilidades necessárias para conseguir êxito na pegada no âmbito do esporte. Infelizmente, muitos pais e treinadores não levam esses fatores em consideração quando tomam decisões sobre a capacidade da criança de se engajar em esportes organizados. Em muitas ligas esportivas organizadas pela comunidade, as crianças com poucas habilidades de recepção são colocadas em posições específicas, por exemplo, na primeira base, nas quais não serão capazes de atender às demandas da tarefa exigida. A partir de uma perspectiva desenvolvimental, essas crianças estariam bem melhor se praticassem habilidades de recepção com pais, irmãos e colegas da mesma idade, em vez de se envolverem em experiências deploráveis em esportes organizados, cujas tarefas demandam um nível desenvolvimental que elas ainda não possuem.

Desenvolvimento da pegada com duas mãos

Há sequências de desenvolvimento da pegada disponíveis tanto para a abordagem do corpo inteiro (Haubenstricker, Branta e Seefeldt, 1983) como para a abordagem dos componentes (Roberton e Halverson, 1984).

Sequência desenvolvimental do corpo inteiro para a pegada com duas mãos

A Tabela 11.1 e a Figura 11.5 ilustram a sequência de cinco estágios da recepção de uma bola. O primeiro estágio dessa sequência demonstra a descrição do receptor ineficiente recém-mencionado.

A criança progride do abraço (estágio 2) para a pegada em forma de concha (estágio 3) de uma bola maior. Apenas a partir dos 4 anos, consegue pegar com as mãos uma bola arremessada na direção do tronco (ela deixa passar a bola que chega fora dos parâmetros do corpo). Por volta do estágio 5, a criança já pode mover o corpo para pegar a bola. Os estágios da recepção passaram por uma validação preliminar em uma amostra longitudinal mista (Haubenstricker, Branta e Seefeldt, 1983). Dados esses estágios, pais, professores e técnicos precisam reconhecer que, antes de alcançar o estágio 5, a criança não está pronta para se engajar em uma equipe esportiva que envolva recepção.

Os dados sobre recepção da Figura 11.4 revelam que a pegada é uma das poucas habilidades em que as meninas ficam à frente de seus pares do sexo masculinos. Elas apresentam comportamentos do estágio 4 por volta dos 60 meses de idade, enquanto os meninos alcançam esse estágio 12 meses mais tarde, aos 72 meses. O estágio proficiente (5) de recepção é alcançado aos 76 meses pelas meninas e aos 82 pelos meninos.

Tabela 11.5	Características de um receptor proficiente

Os receptores proficientes demonstram:

Preparação para pegar
- Rastreiam a bola com os olhos
- Alinham o corpo de acordo com as características do voo do objeto que se aproxima
- Deixam os pés um pouco separados
- Antes da pegada, relaxam os braços nas laterais ou um pouco à frente

Recepção do objeto
- As mãos se movem para interceptar o objeto – os dedos ajustam-se às características espaciais precisas do objeto (dedos para cima no caso de bola alta, para baixo, com bola baixa)
- Os braços "aceitam" o contato para absorver a força
- Os dedos seguram o objeto em uma ação simultânea de tempo bem calculado
- O peso do corpo é transferido da frente para trás

228 Gallahue, Ozmun & Goodway

Estágio 1

Estágio 2

Estágio 3

Estágio 4

Estágio 5

Figura 11.5
Sequências desenvolvimentais da pegada.
Reimpressa com permissão de Dra. Crystal Branta e da Michigan State University Motor Performance Study.

Sequência desenvolvimental dos componentes da recepção para a pegada com duas mãos

Há uma sequência desenvolvimental dos componentes para a pegada que é produto da integração de várias partes de trabalhos empíricos. Essa sequência consiste em quatro passos do componente do braço, três passos do componente da ação da mão e três passos do componente da ação do corpo (Haywood e Getchell, 2009). A sequência de recepção original foi proposta por Harper (1973) e citada por Roberton e Halverson (1984). Mais tarde, Strohmeyer, Williams e Schaub-George (1991) usaram uma amostra longitudinal mista para tentar validar essas sequências. Os componentes das mãos e do corpo foram validados, mas os dos braços não. Portanto, um componente modificado para o braço foi adaptado de Haubenstricker, Branta e Seefeldt (1983) e acrescentado aos componentes das mãos e do corpo de Strohmeyer e colaboradores (1991), resultando na sequência de três componentes da Tabela 11.6.

Tabela 11.6	Sequências desenvolvimentais dos componentes da pegada

Braço
B1 *Pouca resposta* – braços estendidos à frente, pouca adaptação dos braços ao voo da bola; a bola em geral fica presa junto ao peito.
B2 *Abraço* – braços movimentados nas laterais para envolver (abraçar) a bola; a bola fica presa junto ao peito.
B3 *Concha* – braços estendidos para a frente sob a bola (concha); a bola fica presa junto ao peito.
B4 *Braços "aceitam" a bola* – braços estendidos para alcançar o objeto com as mãos; os braços e o corpo "aceitam" a bola, que fica presa nas mãos.

Mãos
M1 *Palmas para cima* – as palmas das mãos ficam viradas para cima.
M2 *Palmas para dentro* – as palmas das mãos ficam viradas uma para a outra.
M3 *Palmas ajustadas* – as palmas das mãos ajustam-se ao voo e ao tamanho da bola. Os polegares ou os dedos mínimos ficam próximos uns dos outros, dependendo da altura do trajeto de voo.

Corpo
C1 *Sem ajuste* – nenhum ajuste do corpo em resposta ao trajeto de voo da bola.
C2 *Ajuste desajeitado* – os braços e o tronco começam a mover-se em relação ao trajeto de voo da bola, mas a cabeça permanece ereta, gerando um movimento desajeitado em direção à bola.
C3 *Ajuste apropriado* – os pés, o tronco e os braços movem-se para ajustar-se ao trajeto da bola que chega.

Tabela 11.7	Restrições do indivíduo, da tarefa e do ambiente na pegada	
Do indivíduo	Da tarefa	Do ambiente
• Sexo • Idade • Experiência • Parâmetros corporais	• Localização da bola e trajetória do voo • Distância e altura • Velocidade da bola	• Tamanho da bola • Pano de fundo e cor da bola • Tempo de visualização • Instrução

Restrições na pegada

Há muitas restrições do indivíduo, da tarefa e do ambiente que afetam a *performance* da pegada, como mostrado na Tabela 11.7.

Quando examinamos a literatura sobre a pegada encontramos muitas descobertas contraditórias na parte empírica. Temos de ser cautelosos ao tirar conclusões a partir das descobertas sobre a pegada, pois essa é uma tarefa difícil de pesquisar, e também é difícil controlar os muitos fatores que afetam os padrões da recepção. Podemos nos perguntar por que há tanta confusão.

Há pouca padronização do modo como a pegada é avaliada e das condições em que ela é realizada. Alguns pesquisadores usam uma abordagem orientada para o processo para avaliar a recepção, como, por exemplo, identificar os padrões do movimento, enquanto outros optam pela abordagem do produto, com base no êxito (ou fracasso) da recepção. Além disso, em muitos dos estudos mais antigos sobre esse tema, há pouca descrição da natureza das condições da recepção, de modo que a replicação dessas descobertas torna-se impossível. Ainda temos muito a aprender sobre a recepção, mas agora vamos examinar o que já sabemos.

Restrições do indivíduo

As **restrições do indivíduo** são fatores internos ao indivíduo. As principais áreas de restrição do indivíduo examinadas na recepção têm sido o sexo, a idade e a experiência. As descobertas relativas às diferenças entre os sexos são mistas. Alguns estudos sugerem que ao longo dos anos os meninos superam as meninas na *performance* de recepção (Butterfield e Loovis, 1998; DuRandt, 1985; Isaacs, 1980; Loovis e Butterfield, 1993; McKenzie et al., 2002; Thomas e French, 1985), enquanto outros indicam que não há nenhuma diferença por sexo na recepção (Morris et al., 1982; Payne e Koslow, 1981). Embora os resultados por sexo pareçam confusos, a resposta a essas descobertas conflitantes pode ser encontrada na natureza da tarefa de recepção proposta à criança e no modo como os autores identificaram o padrão bem-sucedido ou proficiente. Morris e colaboradores (1982) sugeriram que a idade era um fator mais importante do que o gênero para crianças de 3 a 6 anos. Um outro trabalho confirmou essa descoberta, indicando que, quando a criança fica mais velha (de 4 a 8 anos), a *performance* da pegada melhora (DuRandt, 1985) e que a idade cronológica tem mais influência nos escores do que outros fatores (DuRandt, 1985). Loovis, Butterfield e Bagaka (2008) examinaram os comportamentos de recepção ao longo do tempo, em um *design* longitudinal multicoorte, com crianças nos graus K-8, 2-8 e 4-8. Em comparação com outras literaturas sobre a recepção, nesse estudo, os meninos tiveram *performance* melhor do que as meninas no coorte inicial K-8, embora tenham apresentado trajetórias de crescimento lentas e regulares ao longo dos nove anos do estudo. Além disso, as crianças que participavam de esportes organizados tendiam a demonstrar uma recepção mais proficiente. Loovis e Butterfield (2003) perceberam que a idade, o sexo e o tamanho da mão contribuíam de modo significativo para a precisão e a forma da pegada em crianças mais novas (graus K-2).

É óbvio que podemos esperar que a experiência individual afete o desempenho na recepção. Uma série de estudos (Butterfield e Loovis, 1998; Kourtessis, 1994; Lefebvre, 1996; Starkes, 1986) sustenta essa visão, sugerindo que a experiência prévia de recepção em esportes com bola, como o beisebol, tem impacto positivo sobre o desempenho nessa habilidade. É interessante notar que, defendendo essa visão, Butterfield e Loovis (1998) relataram que o engajamento em atividades esportivas organizadas não estava significativamente relacionado com o desenvolvimento da recepção. Em vez disso, o jogo informal, o estímulo dos pais e as instruções na aula de educação física foram considerados mais influentes. O papel da experiência na pegada está bem-esclarecido, mas é possível pressupor que as crianças precisam de oportunidade para praticar, a fim de melhorar a *performance* na recepção.

Restrições da tarefa

As **restrições da tarefa** são fatores relacionados ao objetivo da atividade. Nesta seção, examinaremos estudos que lidam com fatores da tarefa como a localização da bola, a trajetória de voo, a distância de projeção e os efeitos da altura da interceptação. McConnell e Wade (1990) examinaram a influência de uma bola projetada a partir de locais diferentes sobre as habilidades de recepção de 108 crianças com idade entre 5 e 10 anos. Lançar a bola perto ou longe demais do corpo foi associado com recepções fracassadas. Uma série de estudos examinou a relação entre a trajetória de voo da bola e a *performance* na recepção (Bruce, 1966; DuRandt, 1985). Um trabalho inicial de Bruce (1966) sugeriu que não havia relação entre duas trajetórias da bola e a habilidade de recepção. No entanto, essa descoberta contradiz um outro trabalho. Williams (1968) observou que a *performance* de receptores inábeis era melhor com um ângulo mais agudo de projeção (34°), em comparação com o grupo geral, que se saiu melhor com um ângulo de projeção maior (44°). DuRandt (1985) também sugeriu que crianças menores (4 anos) pareciam pegar melhor bolas em trajetória baixa, enquanto aquelas um pouco mais velhas (6 anos) pegavam melhor bolas em trajetória média. Por volta dos 8 anos, não havia diferenças significativas entre as três trajetórias diferentes usadas no estudo. Isso pode sugerir que, com cerca de 8 anos, os estudantes já são proficientes o bastante para se ajustar às variadas trajetórias de voo apresentadas.

Em um estudo com 36 crianças de 6 a 7 anos, Payne (1982) descobriu que a distância de projeção não estava significativamente relacionada com a *performance* da recepção. Entretanto, outros pesquisadores (Belka, 1985; McConnell e Wade, 1990) descobriram que o êxito na recepção era maior em distâncias curtas, em comparação com distâncias intermediárias e longas. Mais uma vez, as descobertas contraditórias nessa área provavelmente se devem ao modo como foram avaliados os comportamentos de recepção. Belka (1985) sugeriu que, para crianças mais jovens, a recepção na altura do peito resultava em pontuação mais elevada do que na altura da cintura e do joelho. No entanto, por volta dos 10 anos, as crianças eram proficientes em várias alturas de interceptação, como na altura do peito, da cintura e do joelho. A velocidade em que a bola é lançada também afeta a natureza da parte da coincidência-antecipação da tarefa de recepção. Bruce (1966) descobriu que a *performance* de recepção reduzia-se quando a velocidade da bola aumentava de 7,62 m/segundo para 10,06 m/segundo. No entanto, reduzir a velocidade de lançamento da bola parece não ser uma boa resposta, uma vez que as crianças muitas vezes demonstram imprecisão diante dessas velocidades mais baixas. Elas tendem a movimentar-se muito antes, antecipando-se à chegada da bola (Haywood, Greewalh e Lewis, 1981; Isaacs, 1983).

Restrições do ambiente

As **restrições do ambiente** lidam com fatores externos ao indivíduo. Elas incluem o tamanho e a cor da bola, a cor de fundo, o tempo de visualização e a influência das instruções sobre a recepção. Muitos professores costumam escolher uma bola maior para trabalhar com crianças mais novas. Um trabalho inicial de Smith (1970) corroborou essa visão, indicando que bolas maiores eram mais fáceis de pegar. Smith relacionou esse princípio à falta de habilidade da criança menor para rastrear a bola e à sua menor habilidade no aspecto do controle motor fino da tarefa. Outros estudos, que usaram o resultado da recepção como meio de avaliação (p. ex., se as mãos encostavam na bola ou se conseguiam controlá-la), confirmaram essa noção, mostrando que as crianças pegam melhor as bolas maiores do que as menores (Payne, 1985; Payne e Koslow, 1981). No entanto, alguns estudos mostraram que bolas menores resultam em melhor *performance* na recepção (Isaacs, 1980; Wickstrom, 1983). O princípio subjacente a esse trabalho consiste em que as crianças eram forçadas a usar as mãos para pegar a bola menor, mas, com bolas maiores, podiam recorrer ao abraço da bola junto ao peito. De modo claro, quando um professor muda o tamanho da bola a ser recepcionada, ele influencia o padrão usado para pegá-la. Acreditamos que, se a criança não for capaz de pegar uma bola menor, deverá ser usada uma bola maior, a fim de gerar êxito e motivação. Assim que as crianças conseguem pegar determinada bola com as mãos, o professor pode reduzir, de forma sistemática, o tamanho da bola.

Outro fator que afeta a pegada é a cor da bola e do pano de fundo. Morris (1976) observou que bolas azuis e amarelas eram recebidas mais prontamente do que as brancas, e, especificamente, crianças de 7 anos pegavam melhor bolas azuis em um pano de fundo branco. À medida que a criança vai ficando mais velha, o impacto da cor diminui. Isaacs (1980) relatou uma observação interessante em relação à cor da bola: a criança pegava melhor a bola cuja cor era a sua preferida do que bolas de outras cores.

As crianças precisam rastrear visualmente a bola para pegá-la, portanto o tempo disponível para visualização da bola afeta a *performance* de recepção. Pesquisas têm mostrado que, se o tempo de visualização diminui, o mesmo acontece com o êxito na recepção da bola (Whiting, Gill e Stephenson, 1970). Outro trabalho sugeriu que crianças mais velhas predizem melhor a posição da bola no ar para interceptação quando o tempo de visualização é curto (Lefebvre e Reid, 1998).

Uma das principais restrições que afetam a *performance* de recepção são as instruções. Dada a natureza fundamental da recepção em uma ampla variedade de esportes e jogos, nós conhecemos relativamente pouco a respeito do impacto da instrução sobre a *performance* de recepção. No entanto, os estudos que têm sido realizados relatam que a instrução tem impacto positivo sobre os aspectos do produto e do processo da *performance* de recepção (Goodway, Rudisill e Valentini, 2002; Graham, 1991; McKenzie et al., 1998; Toole e Arink, 1982).

Toole e Arink (1982) compararam a influência da educação do movimento em oposição à instrução tradicional a respeito da *performance* da habilidade motora de recepção, arremesso, rebatida e chute no primeiro ano escolar. A habilidade de recepção melhorou mais com a abordagem instrucional tradicional do que com a abordagem da educação do movimento. Os autores sugeriram que o estilo de comando instrucional, com demonstrações e instruções específicas, provavelmente foi responsável pelas melhorias. Alguns estudos compararam a influência de especialistas em educação física e de outros professores treinados em *performance* em HMFs de crianças, incluindo a habilidade de recepção (Graham, 1991; McKenzie et al., 1998). Esses dois estudos revelaram que a instrução melhorou as habilidades de recepção, mas não houve diferença entre os especialistas em educação física e professores de sala de aula treinados. No estudo de McKenzie e colaboradores (1998), a pontuação dos meninos na recepção foi significativamente maior do que a das meninas, embora o efeito do currículo sobre o aumento da habilidade tenha sido entre pequeno e moderado. No estudo de Graham (1991), as crianças melhoraram os aspectos do processo e do produto da recepção ao longo de três anos, como esperado; mais uma vez, não houve diferenças entre os programas.

O estudo de Goodway, Rudisill e Valentini (2002) é um dos poucos que adotaram a abordagem desenvolvimental, usando **sequências desenvolvimentais** para examinar a influência da instrução sobre o desenvolvimento da recepção em pré-escolares e em crianças no jardim de infância. A intervenção 1, com pré-escolares em desvantagem, usou uma abordagem de instrução direta. A intervenção 2, com crianças com atraso desenvolvimental na idade do jardim de infância, usou a abordagem de controle do clima motivacional para ensinar a intervenção. Antes da intervenção, entre os participantes do grupo 1, os comportamentos mais comuns eram o "abraço" e a "pegada em forma de concha". As crianças mais velhas, da intervenção 2, demonstraram maior variabilidade na *performance* da recepção, como era de se esperar em um grupo de idade mais avançada. Tanto a intervenção 1 como a 2 resultaram em mudanças significativas pré e pós-intervenção no componente do braço das crianças nos grupos de intervenção. Na intervenção 1, 75% do grupo melhorou pelo menos um nível; na intervenção 2, 68% do grupo melhorou um nível. Padrões diferentes de mudança foram encontrados entre as intervenções para o corpo e para os componentes das mãos. Foi sugerido que diferentes restrições da tarefa nas duas intervenções, na forma de palavras orientadoras e tarefas instrucionais, moldaram ou restringiram a emergência de comportamentos de recepção. Ou seja, a criança respondeu ao que foi ensinado e enfatizado na intervenção específica. Os autores concluíram que as instruções melhoram a *performance* de recepção de crianças na idade pré-escolar e no jardim de infância. O tempo instrucional dedicado à recepção foi de 120 minutos na intervenção 1 e de 60 minutos na intervenção 2, mostrando que a *performance* de recepção pode ser afetada, em medida relativamente pequena, pela duração da instrução.

Em resumo, uma revisão da literatura de recepção sugere que:

- Há sequências desenvolvimentais válidas para a recepção.
- Diferenças de gênero estão presentes nos estágios da recepção, sendo as meninas melhores do que os meninos.
- As restrições do indivíduo, da tarefa e do ambiente afetam a *performance* de recepção.
- A instrução tem impacto positivo sobre a *performance* de recepção, sendo o surgimento do desenvolvimento dessa habilidade moldada de acordo com natureza da intervenção.

Chutar

Chutar é uma habilidade balística que consiste em uma forma de rebater com o pé. Muitos esportes usam variações de chute, mas o mais popular entre os esportes que dependem das habilidades de chute é o futebol. O futebol tornou-se um esporte mundial, jogado por milhões de pessoas em mais de 204 países. Em todo o mundo, o chute é usado também em outros esportes organizados, como o futebol americano e o rúgbi nos Estados Unidos, e também em atividades culturais como o *sepak tekraw*, *hackey-sack* ou *shuttlecock*.

Para conseguir chutar, as crianças precisam de coordenação olho-pé, equilíbrio e habilidades motoras perceptivas. Overlock (2004) encontrou uma relação significativa entre a habilidade de equilíbrio estático e dinâmico e o chute. Apesar do grande número de pessoas que usam o chute em todas as partes do mundo, há relativamente poucos dados sobre o desenvolvimento dessa habilidade e sobre as restrições do indivíduo, da tarefa e do ambiente associadas a ela. A única habilidade a respeito da qual há certo número de pesquisas é o chute parado, forma de chutar em que a criança chuta a bola parada no chão. Acredita-se que o chute parado é uma habilidade fundamental; ao dominá-la, a criança é capaz de aplicar as habilidades do chute a outras, como o drible e o passe no futebol.

Chutadores proficientes

Assim como em todas as outras habilidades motoras fundamentais, no chute, os executores eficientes aplicam princípios biomecânicos para maximizar a dinâmica da *performance*. Os chutadores proficientes são capazes de ajustar a força, a distância, a trajetória e o tipo de chute a mudanças na dinâmica da tarefa, a fim de chegar ao seu objetivo. Quando assistimos um jogo de futebol profissional, vemos o jogador executar centenas de variações de chutes, desde toques leves, em que a bola é chutada com pouca força, para percorrer uma pequena distância, até chutes com força, em que a bola percorre metade do campo. O tipo de chute dado depende da força e da posição da bola no momento da recepção e também do resultado pretendido. Ao chutar, o executante mantém uma perna de estabilização, que sustenta o peso do corpo, e outra de manipulação, que toca a bola (Gabbard, 2004).

No chute parado proficiente, há três partes: ação preparatória, produção de força e *follow-through*. As características de um chutador proficiente estão na Tabela 11.8.

Ao contrário dos chutadores habilidosos, que têm as ações preparatória, de força e de *follow-through*, os iniciantes tendem a apresentar um único movimento, em que faltam os aspectos da produção de potência do chute proficiente. Chutadores menos habilidosos tendem a ficar atrás da bola, em uma posição estacionária, em seguida empurram a bola para a frente com a perna flexionada e não apresentam nenhum balanceio da perna para trás observável; além disso, demonstra pouco ou nenhum movimento da parte superior do corpo e dos braços. Por certo, com um movimento tão primitivo como esse, a criança não é capaz de adaptar o chute

Tabela 11.8	Características do chutador proficiente

Ação preparatória
- Movimento contínuo em direção à bola
- Último passo longo (ou passo saltado) diante da bola
- Estabilização do pé ao lado ou um pouco atrás da bola
- Tronco ligeiramente inclinado para trás

Produção de força
- Perna de manipulação atrás, com o joelho flexionado
- Balanceio da perna forçado para a frente, com inércia sequencial – a coxa rota primeiro, seguida da porção inferior da perna
- A perna se estende à medida que faz contato com a bola
- Tronco inclinado para trás no momento do toque

Follow-through
- A perna de manipulação se movimenta vigorosamente para a frente e para cima, em geral fazendo com que a perna de estabilização saia do solo e execute um padrão de saltito (isso dissipa a força)
- O tronco inclina-se para trás
- Os braços, em oposição às pernas, compensam as forças rotatórias da perna

aos esportes e jogos ou a outros ambientes mais complexos.

Desenvolvimento do chute

Apenas um grupo de pesquisadores identificou uma sequência desenvolvimental de quatro estágios para a *performance* do chute (Haubenstricker, Seefeldt, Fountain e Sapp, 1981). A Tabela 11.1 e a Figura 11.6 mostram a sequência de desenvolvimento do chute de uma bola.

Nos estágios 1 e 2, a criança fica parada atrás da bola e o chute tem pouca utilidade funcional. Só no estágio 3 é que a criança consegue realizar o movimento contínuo na direção da bola com o padrão do passo para o chute ou uma corrida curta e o chute. Nesse estágio, a criança começa a desenvolver mais força, deixando a perna de manipulação atrás do tronco para a produção de força. No estágio 4, a criança já acrescenta um último passo longo ou um empurrão do corpo em direção à bola, uma potente condução da perna para o toque na bola e ações de *follow-through* para dissipar a força gerada pelo chute potente.

A Figura 11.4 mostra a idade em que 60% das meninas e dos meninos alcançam cada estágio do chute. O comportamento do chute inicial (estágio 1) emerge por volta dos 20 meses para meninos e meninas. Nesse ponto, os meninos começam a passar à frente das meninas, tendência que aumenta com a idade. Nesses estágios iniciais, as crianças costumam alternar o pé de chute, e só mais tarde determinam com qual pé chutam melhor (Gabbard, 2004). Gabbard (2004) sugere que os seres humanos são levados por natureza a estabilizar-se no lado esquerdo, deixando o direito como o lado do membro de manipulação, e que a mudança para a predominância do pé direito no chute ocorre por volta de meados da infância. É interessante notar que a incidência de predominância do pé esquerdo se mantém consistente por toda a vida (Gabbard e Iteya, 1996). No estágio 3, há acentuada diferença entre os meninos, que adquirem esse estágio de chute aos 54 meses, e as meninas, que só vão atingi-lo depois dos 74 meses. O estágio final do chute demora para emergir – aos 87 meses para os meninos e aos 99 meses para as meninas. Diferenças entre os sexos que favorecem os meninos não são encontradas apenas em medições do processo, como nos estágios desenvolvimentais, são encontradas também em medições do produto, como distância do chute, e essas diferenças aumentam com a idade (DeOreo e Keogh, 1980).

Há dados empíricos limitados sobre o chute; e a maioria é de natureza biomecânica, coletada na Europa. Gámez e colaboradores (2004) compararam a cinemática tridimensional do chute de jogadores de futebol americano experientes, de 8 a 10 anos, com dados de adultos encontrados na literatura. Em geral, as crianças

Figura 11.6
Sequências desenvolvimentais do chute.
Reimpressa, com permissão, de Dra. Crystal Branta e de Michigan State University Motor Performance Study.

tinham menor pico da velocidade angular, do quadril e do joelho, do que os adultos (velocidade dos segmentos dos membros). O tempo da velocidade dos segmentos do membro também diferiam entre crianças e adultos. Outro estudo cinemático, realizado por Bransdorfer (1999) examinou a relação entre a cinemática do chute e o nível de habilidade em 20 crianças com idades entre 3 e 8 anos. Os resultados revelaram flexão do joelho no momento do toque para todos os quatro estágios do nível de habilidade dos jogadores. Além disso, houve uma relação segmentar entre a desaceleração da coxa e a aceleração da perna em chutadores habilidosos (estágio 4), conforme previsto. Alguns indícios dessa relação foram encontrados também em chutadores de nível 3.

Alguns trabalhos limitados trataram das restrições do ambiente, como questões instrucionais sobre chute. Sem surpresas, Bargren (2000) observou que crianças em um programa de desenvolvimento motor melhoraram as habilidades de chute como resultado de instruções, em comparação com um grupo de controle sem melhoras. Poole e colaboradores (1996) encontraram uma desconexão entre a habilidade de chute percebida (que foi alta) em alunos do terceiro ano escolar e a *performance* real. Foi sugerido que as crianças não tinham passado tempo suficiente chutando para desenvolver uma representação precisa da própria habilidade.

Uma série de estudos examinou fatores individuais que afetam o chute. Butterfield e Loovis (1994) pesquisaram a influência das restrições do indivíduo como idade, sexo, equilíbrio (estático e dinâmico) e a participação esportiva com chute de 716 crianças com idades entre 5 e 14 anos. O sexo (a *performance* dos meninos do sexto ano escolar superaram a das meninas) e o equilíbrio estático e dinâmico foram fatores significativos na predição dos comportamentos no chute. Há definitiva necessidade de saber mais sobre o chute e os fatores do indivíduo, da tarefa e do ambiente que restringem essa habilidade. Além disso, é preciso fazer um exame sistemático do modo como ensinamos as crianças a chutar, a fim de avaliarmos as abordagens apropriadas para crianças de diferentes idades, níveis de habilidade e sexo.

Campos, Gallagher e Ladewig (1995) pesquisaram os efeitos da idade (8 a 10 e 12 a 14) e do nível de habilidade (habilidoso, não habilidoso) sobre o conhecimento e os componentes de tomada de decisão no futebol. Os resultados mostraram que jogadores habilidosos exibiam *performance* superior em conhecimentos sobre futebol e na tomada de decisões na hora do jogo independentemente da faixa etária. Essa descoberta sugere que crianças habilidosas mais jovens podem ter *performance* similar à de crianças habilidosas mais velhas caso elas tenham quantidade equiparável de habilidade no futebol. Além disso, o nível de habilidade influenciou a habilidade em tomar decisões apropriadas durante o jogo, indicando que a oportunidade de desenvolvê-la no futebol é mais importante do que a idade da criança.

O Voleio

O voleio também é uma habilidade balística, que consiste em uma forma de chute na qual o pé bate em uma bola aérea, em geral lançada pelo chutador. Muitos esportes usam variações do voleio, como o chute a gol no futebol e o voleio do rúgbi e do futebol americano. O voleio é uma habilidade mais complexa do que o chute porque o jogador precisa deixar a bola cair em direção ao próprio pé, para depois fazer o voleio. Ele exige coordenação olho-mão-pé, equilíbrio e habilidades motoras perceptivas. Como acontece no chute, há poucos dados empíricos para orientar professores e técnicos no processo de ensino.

Voleadores proficientes

O voleio segue muitos dos princípios biomecânicos do chute, com o objetivo de maximizar a própria dinâmica de produção de potência. No voleio proficiente, o praticante consegue impelir a bola com precisão até um local específico do campo e também até locais distantes. Há três partes do voleio proficiente que refletem os aspectos do chute: ação preparatória, produção de força e *follow-through*. A Tabela 11.9 identifica as características do voleio proficiente.

A *performance* no voleio de um executor iniciante ou inexperiente é muito similar àquela do inábil. Os voleadores ineficientes (Seefeldt e Haubenstricker, 1978) com frequência partem da posição estacionária e lançam a bola para cima, no ar, em vez de dominá-la no pé, e demonstram um padrão de elevação da perna de manipulação alinhada com os braços (padrão conhecido como voleio). A perna de manipulação não faz o balanceio para trás, e o tronco e os braços têm pouca ação.

Desenvolvimento do voleio

Roberton (1984) elaborou uma possível sequência dos componentes do voleio, que consiste nas seguintes fases: "liberação da bola, componente do braço", de quatro passos; "toque na bola, componente do braço", de três passos; e "toque na bola, componente da perna" de três passos. Essa abordagem não foi validada. O mesmo grupo de pesquisadores que desenvolveu a sequência do chute também desenvolveu uma sequência de quatro estágios do corpo inteiro para o voleio (Seefeldt e Haubenstricker, 1978). A Tabela 11.1 e a Figura 11.7 ilustram os quatro estágios do voleio da bola de acordo com a força. Com exceção da queda da bola, eles espelham os estágios do chute. Os estágios 1 e 2 são estacionários, e só a partir do estágio 3 a criança pode dar um passo e largar a bola. No estágio 4, a criança já acrescenta a dinâmica da potência necessária para produzir um voleio com força, que pode ser usado pro-

Tabela 11.9	Características de um voleador proficiente

Ação de preparação
- Braços estendidos à frente do tronco
- Movimento contínuo em direção à bola
- Último passo longo (ou passo saltado) antes do chute
- Tronco um pouco inclinado para trás

Produção de força
- Perna de manipulação atrás, com joelho flexionado
- Balanceio da perna vigoroso para a frente, com inércia sequencial – a coxa rota primeiro, seguida da porção inferior da perna
- A perna se estende à medida que faz contato com a bola
- Tornozelo estendido no momento do toque na bola
- Tronco inclinado para trás

Follow-through
- Os braços movimentam-se para a lateral, depois em oposição à perna do chute
- A perna de manipulação vai vigorosamente para a frente e para cima, com frequência fazendo com que a perna de estabilização saia do solo e execute um padrão de saltito (isso dissipa a força)

dutivamente em esportes e jogos. Não há dados sobre idade nem estágios disponíveis para o voleio, embora a experiência tenha sugerido que, na fase do jardim da infância, as crianças ainda se encontram nos estágios rudimentares, e só a partir do final do ensino fundamental é possível ver um voleio mais proficiente na maioria delas. Embora não tenhamos conhecimentos empíricos sobre o modo como as diferenças entre os sexos manifestam-se no voleio, podemos suspeitar que elas existam, partindo dos dados do chute.

O único estudo encontrado sobre o voleio examinou a influência de duas abordagens instrucionais (o formato alternado professor *versus* aprendiz) para habilidades de voleio de crianças do quinto ano escolar. As duas abordagens mostraram-se válidas para o ensino do voleio a crianças com pouca capacidade; no entanto, o formato alternado professor foi mais rentável (Goldberger e Gerney, 1990).

Podemos concluir que as sequências de desenvolvimento do chute e do voleio são muito similares, e os professores podem aplicar o conhecimento de uma à outra. É importante ensinar habilidades de chute e de voleio, principalmente garantindo que as meninas tenham plena oportunidade de praticar e desenvolver as suas habilidades, já que são encontradas diferenças no chute que favorecem os meninos. Na literatura, há um forte corpo profissional, principalmente em periódicos sobre treinamento de futebolistas, que tem muito a compartilhar a respeito daquilo que os técnicos "sabem" (a partir da experiência) sobre o ensino do chute. Entretanto, sabemos muito pouco sobre essa habilidade de forma empírica. Assim, a área do chute e do voleio está amplamente aberta a pesquisas empíricas.

Rebater

O rebater é uma habilidade balística de propulsão, que toma formas variadas em diversos esportes ensinados no currículo das aulas de educação física da escola. Há diferentes formas de rebater, como com o braço na lateral, com o braço abaixado e com o braço levantado, com uma das mãos e com ambas as mãos. O tipo de rebatida escolhida é, em parte, afetada pelas demandas da tarefa, como a posição do objeto no ar e outras restrições do ambiente e da tarefa. Na sua forma primária, as crianças mais jovens rebatem balões e bolas com as mãos, partes do corpo e raquetes de cabo curto. Elas podem rebater com uma ou com as duas mãos. À medida que progridem, ao longo do ensino fundamental, aprendem a rebater com uma das mãos no tênis de mesa, com duas mãos usando um bastão (rebatida com o bastão do beisebol) e outras formas de rebatidas esportivas específicas, como a do antebraço no *badminton* (rebatida com o braço na lateral) e o saque do voleibol (rebatida com o braço elevado).

Estágio 1

Estágio 2

Estágio 3

Estágio 4

Figura 11.7
Sequências de desenvolvimento do voleio.
Reimpressa, com permissão, de Dra. Crystal Branta e de Michigan State University Motor Performance Study.

O rebater é uma habilidade essencial em muitas atividades esportivas, como *badminton*, tênis, *squash*, raquetebol, voleibol, beisebol e *softball*. Desse modo, seria de esperar que soubéssemos muito sobre o desenvolvimento dessa importante habilidade, mas, na verdade, sabemos relativamente pouco.

Há vários fatores importantes quando o assunto é a capacidade de rebater um objeto. A coordenação olho-mão é essencial, assim como a habilidade de rastrear o objeto com os olhos e interceptá-lo de modo consistente. Um princípio do desenvolvimento motor pertinente nessa habilidade é a lei da direção desenvolvimental proximodistal (partindo da linha média, em direção à parte mais distante do corpo ou implemento). Ou seja, as crianças aprendem a controlar o próprio corpo a partir da linha média. Na rebatida de um balão com a mão, a mão é a parte mais distal do corpo, por isso é ela que a criança mais jovem tem mais dificuldade de controlar. Entretanto, quando colocamos um bastão na mão da criança, a ponta do bastão é agora a parte mais distal; ela traz uma carga extra significativa para

DILEMA DO DESENVOLVIMENTO

Jogar ou não jogar: eis a questão!

José e Yolanda são gêmeos fraternos de 4 anos, nascidos prematuramente. Os dois são pequenos para a idade, mas adoram praticar suas habilidades motoras e estão implorando à mãe para deixá-los participar da ligal local *T-ball*, em que estão muitos dos seus amigos. José corre no estágio 3 e arremessa, pega e rebate no estágio 2. Yolanda corre no estágio 4, arremessa e pega no estágio 5 e rebate no estágio 4. A mãe está preocupada, pois não tem certeza se o *T-ball* é "bom" (apropriado em termos desenvolvimentais) para os seus dois filhos. Há duas ligas *T-ball* na comunidade onde vivem. Uma é muito competitiva. Os treinadores desses times preparam as crianças muito intensamente, três vezes por semana, com jogos uma vez por semana como preparação para o beisebol/*softball* competitivo de alto nível. A outra liga não objetiva a competição de elite, os próprios pais são técnicos e não possuem conhecimentos sobre esportes ou crianças. Nessa liga, as crianças encontram-se 30 minutos antes do jogo para o aquecimento e a prática de habilidades e jogam uma vez por semana. Você é professor de educação física dos filhos mais velhos da família, e a mãe de José e Yolanda resolve consultá-lo, fazendo as seguintes perguntas:

- As habilidades motoras de José e Yolanda estão no limite esperado?
- Crianças dessa idade devem participar de esportes organizados, como o *T-ball*?
- José e Yolanda têm as habilidades necessárias para o *T-ball*?
- Se decidir inscrevê-los em uma liga, qual devo escolher?
- O que posso fazer em casa para ajudá-los a trabalhar as próprias habilidades?

Como você responderia às perguntas da mãe de José e Yolanda?

---

a criança, que precisa saber onde o bastão deve ser posicionado no espaço tridimensional. Com frequência, observamos crianças na pré-escola ou no jardim de infância que balançam o bastão para atingir uma bola estacionária e não conseguem. Os adultos que estão assistindo costumam ficar surpresos: como ela pode errar uma bola parada? Para a criança, porém, essa é uma tarefa complexa e desafiadora, pois ela tem de tomar consciência da extremidade distal do bastão e depois se esforçar na tarefa precisa de fazer essa ponta tocar a bola. Nessa situação, a criança precisa usar um bastão curto, "reprimir" esse bastão ou usar a mão a fim de reduzir as demandas da tarefa. À medida que o indivíduo progride, tornando-se um rebatedor mais habilidoso, ele pode fazer avaliações muito precisas e executar movimentos com exatidão, em períodos curtos de tempo, como fica claro entre os jogadores da Major League de beisebol.

Rebatedores proficientes

Os rebatedores proficientes são capazes de ajustar a posição do corpo, do braço e do implemento (raquete ou bastão) a fim de tocar o objeto que chega, conectar-se com ele e aplicar uma quantidade específica de força ao objeto para colocá-lo precisamente em determinado ponto do campo ou da quadra. Por exemplo, um jogador de *badminton* habilidoso pode fazer a jogada *birdie* com potência, bem na extremidade da linha do saque, ou completar com um toque suave e "deixar cair" o *birdie* com cuidado, sobre a rede. Do mesmo modo, rebatedores habilidosos podem rebater uma bola lançada em curva, a mais de 160 km/h e colocá-la no campo, a fim de levar o corredor à base seguinte. A rebatida do *badminton* com o braço na lateral e a tacada compartilham muitas características similares, em especial na parte da produção de força para o movimento. Quando há diferenças, elas se encontram nas ações de preparação e *follow-through*. A Tabela 11.10 identifica as características de um rebatedor proficiente. Similar a outras habilidades balísticas, há três partes que integram a rebatida proficiente: a ação preparatória, a ação de produção de força e a ação de *follow-through*.

A *performance* de um rebatedor inábil ou iniciante é muito similar ao movimento da "cortada" do arremessador com pouca habilidade. Com frequência os rebatedores iniciantes ficam de frente para o objeto que vão rebater, apresentam um padrão de braço elevado, como na cortada, e balançam o implemento de cima para baixo, com flexão e extensão do braço e sem dar nenhum passo. Os braços e o punho costumam ficar rígidos, dificultando o ajuste do ângulo do bastão/raquete em relação ao objeto que será rebatido. Às vezes, em rebatedores iniciantes, a duração e o momento do balanceio da criança pode estar fora de sincronia com o voo do objeto.

Desenvolvimento da rebatida com as duas mãos (batting)

Apenas um grupo de pesquisadores identificou as sequências de desenvolvimento da rebatida com o bastão (Seefeldt e Haubenstricker, 1982). A Tabela 11.1 e a Figura 11.8 mostram a sequência de quatro estágios da rebatida com o bastão. A Figura 11.4 mostra a idade em que 60% das meninas e dos meninos conseguem alcançar cada estágio da rebatida. O comportamento da rebatida inicial (estágio 1) emerge por volta dos 20 meses, com poucas diferenças entre os sexos. Em torno do estágio 3 (rebatedores emergentes), os meninos avançam mais (43 meses) do que as meninas (49 meses). Em seguida, há um longo período de tempo antes da emergência dos comportamentos proficientes do estágio 4: 87 meses para meninos e 102 meses para meninas.

Os dados da Figura 11.4 são confirmados por outros dados da literatura sobre a rebatida. Espenschade e Eckert (1980) sugerem que a rebatida lateral torna-se aparente por volta dos 36 meses. Harper e Struna (1973) estudaram as mudanças longitudinais na rebatida com uma das mãos realizada por duas crianças ao longo de um ano. Esse trabalho mostrou que, enquanto aperfeiçoavam as habilidades de rebater, as crianças desenvolveram mais o balanceio lateral, o passo contralateral e a rotação da coluna e da pelve.

O estudo de Wickstrom (1968), com 33 crianças pré-escolares, com idade entre 21 e 60 meses, mostrou que as mais jovem (com menos de 30 meses) usavam o balanceio sobre o ombro para tocar uma bola em suspensão. Com algum *feedback*, elas mudaram o padrão lateral, e aos 4 anos seu padrão lembrava o de um adulto. Loovis e Butterfield (1995) pesquisaram a relação entre idade, sexo, equilíbrio e participação no esporte no desenvolvimento da rebatida lateral de 717 crianças com idade de 4 a 14 anos. O desenvolvimento da rebatida madura estava associado com o sexo; os meninos tiveram *performance* melhor em todos os anos escolares, exceto no quinto, em que a porcentagem de meninas que apresentaram um padrão de rebatida lateral madura aproximou-se da porcentagem de meninos.

Tabela 11.10 — Características de um rebatedor proficiente

Rebatida lateral	Rebater (*batting*)
Ação preparatória • Balanceio do bastão para trás, no plano horizontal • Corpo orientado para a lateral	Ação preparatória • Corpo orientado para a lateral, com peso na perna de trás • Passo e deslocamento do peso para frente à medida que as mãos vão para trás
Ação de produção de força • Passo contralateral longo para bater • Balanceio ao longo de toda a amplitude de movimento • Rotação diferenciada do tronco e do quadril para contribuir com as forças de rotação • Extensão dos braços pouco antes do contato • Combinação do balanceio para trás, passo, rotação pélvica, rotação do tronco, balanceio do braço, toque na bola e *follow-through* para maximizar as forças	Ação de produção de força • Passo contralateral para bater • Balanceio ao longo de toda a amplitude de movimento • Rotação diferenciada para contribuir com as forças de rotação • Combinação do balanceio para trás, passo, rotação pélvica, rotação do tronco, balanceio do braço, toque na bola e *follow-through* para maximizar as forças • Extensão dos braços pouco antes do contato
Ação de *follow-through* • Braço cruza o corpo • Corpo move-se, cruzando a perna de apoio	Ação de *follow-through* • Giro dos pulsos • Balanceio do bastão, cruzando o corpo • Peso deslocado para o pé da frente

Estágio 1

Estágio 2

Estágio 3

Estágio 4

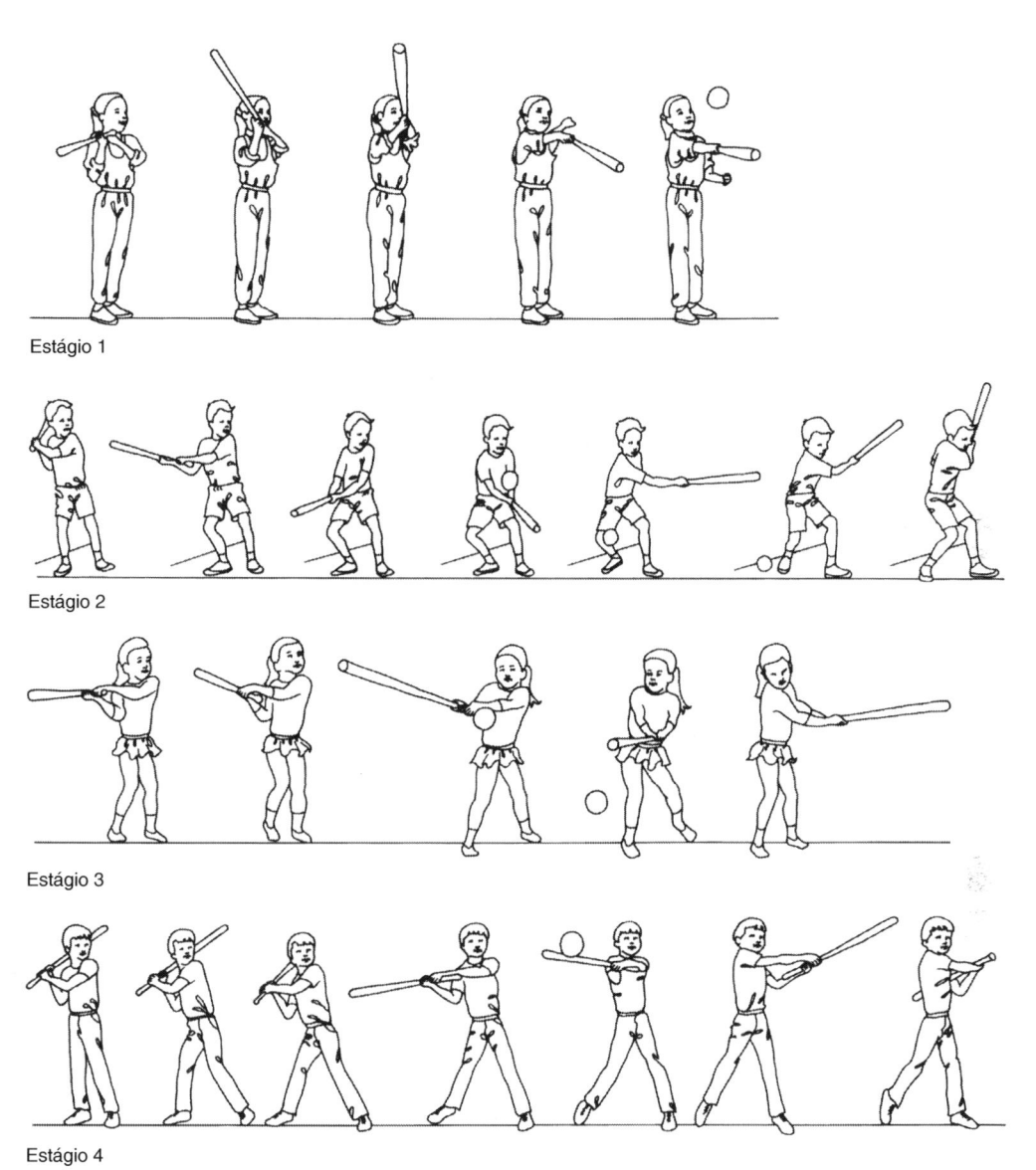

Figura 11.8
Sequências de desenvolvimento da rebatida.

Outro trabalho sobre a rebatida elaborou uma hipótese de abordagem dos componentes para os padrões da rebatida. Langendorfer (1987) e Messick (1991) usaram a análise de seção transversal para propor sequências de desenvolvimento dos componentes da rebatida por sobre o ombro. Langendorfer propôs sequências de oito componentes com base na observação de crianças com idades entre de 1 e 10 anos; elas incluem tronco, úmero, antebraço, perna, amplitude de movimento pélvica e de tronco, ângulo do cotovelo e ação da raquete. Messick, por sua vez, propôs sequências do ângulo do cotovelo, do tronco e da raquete, com base na observação de crianças e adolescentes de 9 a 19 anos, executando saques do tênis por cima do ombro.

Nenhuma dessas sequências foi validada em termos longitudinais.

Mais recentemente, Miller, Vine e Larkin (2007) desenvolveram uma avaliação da rebatida chamada de Miller Amalgamated Striking Instrument (MASI), usando as sequências de corpo inteiro e o princípio subjacente às sequências de desenvolvimento dos componentes. O MASI tem 10 componentes com três níveis de eficiência em cada um. Na avaliação de 161 crianças com idade de 6 a 7 anos e de 9 a 10 anos, em seis testes de rebatida de bola a distância, o MASI registrou correlação significativa entre os valores do processo (MASI) e os valores do produto (distância da bola). Assim como no arremesso, parece que, quando a mecânica do movimento de rebater melhora, o mesmo acontece com a habilidade de traduzir esse movimento em resultados do produto, como a distância que a bola percorre depois de rebatida.

Há poucos trabalhos empíricos sobre o desenvolvimento da rebatida, sendo que a maioria dos estudos que pesquisaram a rebatida, na verdade, tinha como foco algum outro fenômeno. Wegman (1999) observou a influência de três modelos práticos (de repetições, aleatório e combinado) de aquisição da rebatida em 54 meninas do quarto ano escolar. O desempenho melhorou de forma significativa em todos os três grupos, mas o grupo das repetições teve uma *performance* melhor do que a dos outros dois no final da prática. O efeito contextual da interferência em retenção foi demonstrado na rebatida com a raquete, em que o grupo aleatório se saiu significativamente melhor do que o grupo das repetições e o combinado. Essa descoberta foi atribuída à natureza aberta da habilidade da rebatida e à experiência prévia dos participantes. Johnson e Ward (2001) mostraram que o monitoramento feito pelos próprios colegas, agrupados em pares, de acordo com o Programa de Apoio Mútuo em Sala de Aula (Classwide Peer Tutoring), entre as crianças do terceiro ano escolar, em uma prática de rebatida, resultou em um número menor de testes de prática, mais testes corretos e porcentagem mais elevada de testes corretos do que na condição de linha de base. Além disso, a intervenção foi efetiva para meninas com habilidade alta e baixa, e as crianças conseguiram determinar com precisão (90%) a *performance* umas das outras na rebatida. Bram e Feltz (1995) examinaram os efeitos do *feedback* da rebatida do beisebol sobre os fatores motivacionais e sobre beisebol de jogadores jovens. O estudo concluiu que a média do toque pode ser um *feedback* mais apropriado para jogadores jovens (comparada com a média do beisebol), pois é menos ambígua e baseia-se em uma definição mais realista de sucesso. French, Spurgeon e Nevett (1995) propuseram um estudo para examinar diferenças nos componentes de execução da cognição e da habilidade na *performance* em jogo de 159 jovens jogadores de beisebol com variados níveis de perícia. Os resultados indicaram que a execução habilidosa desse esporte durante o jogo discriminaram maximamente os níveis de perícia.

Uma série de estudos foi realizada sobre as *affordances* (facilidades) na rebatida. Davids, Bennett e Beak (2002) observaram a sensibilidade das crianças a informações *hápticas* (uma sensação de toque) na percepção das *affordances* de uma raquete de tênis para rebater a bola. De acordo com as observações, concluiu-se que as crianças eram capazes de demonstrar preferência confiável por determinada raquete de tênis para conseguir rebater de modo ótimo, até uma distância máxima, previamente à *performance* da rebatida. A condição não visual foi a mais confiável, sugerindo que as informações *hápticas* eram mais importantes na ausência da visão. Além disso, à medida que o tempo avançava, o mesmo acontecia com as *affordances* das crianças. Gagen (2002) descobriu que os valores da medição do tamanho da raquete e da força da criança previam significativamente 59% da variação na velocidade e no controle da rebatida da bola de tênis. Ela concluiu que há necessidade de alcançar uma proporção crítica entre o tamanho da raquete e o tamanho do rebatedor para forçá-lo a reorganizar o padrão de movimento.

O mundo da rebatida é variado, e há poucos dados empíricos para orientar o processo de ensino-aprendizado. Os professores precisam considerar o nível de desenvolvimento da criança a fim de determinar tarefas de rebatida apropriadas. Roberton e Halverson (1984) sugerem a necessidade de classificar o tamanho e o peso do implemento para a criança. Grande parte da literatura julga ser preciso uma orientação lateral, um passo contralateral longo em direção ao objeto, transferindo o peso para o pé da frente, boa dinâmica de potência no balanceio e um *follow-through*. A área está aberta a estudos de pesquisadores que se interessam pela habilidade de rebater e pelos fatores do indivíduo, da tarefa e do ambiente que influenciam o padrão da rebatida.

Resumo

As crianças demonstram sequências de desenvolvimento na aquisição de HMFs durante a infância. Originalmente acreditava-se que elas percorriam essas sequências de desenvolvimento começando com uma fase inicial de movimento ineficiente. À medida que elas avançassem nessas sequências, haveria um aumento de proficiência mecânica e melhor aplicação das habilidades em esportes e jogos. Entretanto, mais recentemente, tomamos o conhecimento existente sobre essas sequências de desenvolvimento e renovamos a sua conceituação, usando os sistemas dinâmicos e a perspectiva das restrições. Acredita-se que os padrões de movimento qualitativamente diferentes observados nas sequências de desenvolvimento representam atrativos comportamentais ou modos comuns de adquirir a habilidade, enquanto a criança progride no seu aprendizado. Na situação concreta de movimento, as crianças podem escolher um desses atratores comportamentais, e o movimento escolhido dependerá da interação entre as restrições impostas pelo indivíduo, pelo ambiente e pela tarefa. Foram propostas sequências do corpo inteiro e dos componentes para cinco habilidades de manipulação. Conhecer as sequências de desenvolvimento e as restrições que atuam sobre a habilidade prepara melhor o professor, o técnico ou o médico para a elaboração de experiências de movimento apropriadas, em termos desenvolvimentais, para as crianças.

QUESTÕES PARA REFLEXÃO

1. Que papel as HMFs desempenham na atividade física da criança?
2. Como você romperia a espiral negativa de desengajamento de uma criança com baixo grau de habilidade?
3. Explique como a relação entre a competência motora e a atividade física muda do começo ao final da infância e até a adolescência?
4. Compare as abordagens do corpo inteiro e dos componentes para as sequências de desenvolvimento. Em que são similares, em que são diferentes?
5. Escolha a recepção ou o arremesso e compare as suas sequências para o corpo inteiro e para os componentes. Em que se assemelham, em que diferem? Qual é a melhor?
6. Explique como os estágios das HMFs são vistos pela teoria dos sistemas dinâmicos.
7. Escolha uma das cinco habilidades de manipulação e faça um resumo das restrições do indivíduo, da tarefa e do ambiente que a influenciam.
8. Em relação à habilidade escolhida na Questão 7, identifique como você pode manipular as restrições do ambiente e da tarefa para impor facilidades ou dificuldades à criança.
9. Se você fosse um professor ou pesquisador do arremesso, que avaliação usaria para rastrear o desenvolvimento das habilidades do arremesso? Por quê?

Leitura básica

Branta, C., Haubenstricker, J., & Seefeldt, V. (1984). Age changes in motor skills during childhood and adolescence. *Exercise and Sport Science Review, 12*, 467–520.

Clark, J. E., & Metcalfe, J. S. (2002). The mountain of motor development: A metaphor. In J. E. Clark & J. H. Humphrey (Eds.), *Motor Development: Research and Review*, Vol. 2 (pp. 62–95). Reston, VA: NASPE Publications.

Gallahue, D. L., & Cleland, F. (2003). *Developmental physical education for today's children* (4th ed.). Champaign, IL: Human Kinetics.

Roberton, M. A. (1978). Stages in motor development. In M. V. Ridenour (Ed.), *Motor Development: Issues and Applications*. Princeton, NJ: Princeton Book Company.

Stodden, D. F., & Goodway, J. D. (2007). The dynamic association between motor skill development and physical activity. *Journal of Physical Education, Recreation and Dance, 78*, 33–49.

Thelen, E. (1995). Motor development: A new synthesis. *American Psychologist, 50*, 79–95.

RECURSOS NA *WEB*

National Association of Sport and Physical Education

http://www.aahperd.org/naspe/
Esse *site* fornece *links* para padrões nacionais da educação física e um conjunto de recursos para profissionais de habilidades motoras.
Physical education website – PE Central

http://www.pecentral.org/
Esse *site* fornece planos de aula, avaliação de instrumentos e outros recursos profissionais para professores de educação física e da área de saúde.

Head Start Body Start

http://www.aahperd.org/headstartbodystart/
Esse *site* fornece ideias para promoção de atividades físicas e habilidades motoras para crianças em idade pré-escolar.

University of Michigan Your Child Development and Behavior Resources

http://www.med.umich.edu/yourchild/topics/devmile.htm
Esse *site* fornece recursos sobre marcos desenvolvimentais de bebês e crianças.

CAPÍTULO 12

Desenvolvimento do Movimento Fundamental: Habilidades de Locomoção

PALAVRAS-CHAVE

Habilidades de locomoção
Filogenético
Ontogenético
Guarda alta

Guarda média
Relacionado à idade
Dependente da idade
Normas como referência

Critérios como referência
Fidedignidade
Validade

COMPETÊNCIAS ADQUIRIDAS NESTE CAPÍTULO

Ao finalizar este capítulo, você será capaz de:

- Descrever as sequências de desenvolvimento das cinco habilidades de locomoção
- Observar a *performance* da criança na habilidade de locomoção e identificar o estágio desenvolvimental em que ela se encontra
- Comparar as abordagens do corpo inteiro *versus* dos componentes nas sequências do desenvolvimento
- Identificar as potenciais restrições do indivíduo que atuam sobre as habilidades de locomoção

- Identificar as sequências inter-habilidades nas habilidades de locomoção
- Descrever as características da criança que apresenta uma *performance* proficiente das cinco habilidades de locomoção
- Elaborar uma lista de itens para avaliação das habilidades de locomoção por observação em atividades individuais ou em grupo
- Descrever três instrumentos de avaliação mais usados para medir as HMFs e identificar considerações para a escolha de um deles

> **CONCEITO-CHAVE**
>
> As habilidades de locomoção permitem aos indivíduos deslocar-se no espaço ou movimentar o corpo, indo de um ponto a outro, e constituem habilidades básicas para o engajamento em esportes, jogos e atividades diversas ao longo da vida.

No jardim de infância, em um dia ensolarado, as crianças espalham-se pelo parquinho, correndo e fazendo algazarra, felizes por estarem ao ar livre. Duas meninas começam a saltitar de mãos dadas pelo parque, enquanto alguns meninos disparam na direção do escorregador. Outras duas meninas jogam amarelinha. Parece um típico dia no parque. Quem olha essas crianças brincando pode pensar que elas aprendem as habilidades motoras da infância naturalmente e que todas elas apresentam padrões similares de movimento, mas isso não é verdade. Se observarmos esse quadro com mais atenção, notaremos que uma garotinha pula de modo rítmico e solto, e seus braços balançam em oposição às pernas. A amiga, por sua vez, mantém um padrão de passo-pulo com um lado do corpo, com o joelho direito e o braço direito elevando-se juntos, enquanto o lado esquerdo dá um passo (ela não consegue pular). O menino que chega ao escorregador primeiro corre com rapidez, tocando os calcanhares nas nádegas e erguendo os braços; já o garoto mais pesado corre lentamente, com os braços retos. Ao longo da amarelinha, uma das meninas pula com facilidade, enquanto a outra bate os dois pés no chão. Fica claro, por meio dessa análise mais detalhada, que as crianças têm desenvolvimento motor e competência de movimento bem diferentes. Sendo assim, como, então, elas aprendem essas habilidades de locomoção aparentemente "naturais" da infância? Que fatores afetam o seu desenvolvimento motor?

No capítulo anterior, examinamos o corpo da literatura sobre habilidades de manipulação pela abordagem dos sistemas dinâmicos. Neste capítulo, usaremos uma abordagem similar para as habilidades de locomoção. Para cada habilidade, identificaremos sequências *intra-habilidade* (internas à habilidade), usando as sequências de desenvolvimento do corpo inteiro e dos componentes (quando desenvolvidas). Continuaremos a seguir a ideia de como os executores passam, na *performance*, dos padrões dos *iniciantes* aos *emergentes* e depois aos *proficientes*. Descreveremos o que sabemos a respeito da *performance* ou técnica do executor *proficiente* e *iniciante*. Cada habilidade será concluída com o exame da pesquisa sobre potenciais restrições (do indivíduo, do ambiente e da tarefa) que influenciam a habilidade e sobre as implicações para praticantes e médicos. Consideraremos, também, as sequências *inter-habilidade* (entre as habilidades), ou seja, em que ordem as habilidades locomotoras emergem. Em geral, a pesquisa sobre habilidades motoras é menos prevalente do que a das habilidades de manipulação, e as restrições que têm sido estudadas são de natureza individual.

As **habilidades de locomoção** consistem em um grupo de habilidades motoras fundamentais (HMFs) que permitem aos indivíduos deslocar-se pelo espaço ou movimentar o corpo de um ponto a outro. De modo similar ao que ocorre com as habilidades de manipulação, o desenvolvimento dessa competência básica é essencial para o engajamento em atividades físicas significativas para a saúde e para a movimentação efetiva em vários esportes, jogos e danças. Correr, galopar, saltitar em um só pé, *skipping*, saltar, passo longo saltado e corrida lateral são as formas mais comuns das habilidades de locomoção. Os teóricos do desenvolvimento motor com frequência referem-se às habilidades de locomoção como **filogenéticas**. Ou seja, essas habilidades não são culturalmente determinadas, mas são comuns ao "filo" ou espécie dos seres humanos. Junto com essa perspectiva está a noção de que elas se desenvolvem mais "naturalmente" e com menos necessidade de instrução formal e *feedback*. Entretanto, as habilidades de manipulação discutidas no capítulo anterior são mais **ontogenéticas**, ou seja, são mais determinadas pela cultura, e são necessários prática formal e *feedback* para que a pessoa possa desenvolver a sua competência nessas habilidades.

DESENVOLVIMENTO DAS HABILIDADES DE LOCOMOÇÃO

Nesta seção, descreveremos o desenvolvimento de seis habilidades de locomoção: correr, galopar, correr lateralmente, *skip*, saltar e saltitar. A Tabela 12.1 identifica as sequências de desen-

Tabela 12.1 Sequências de desenvolvimento de cinco habilidades de locomoção

Habilidade motora fundamental	Estágio 1	Estágio 2	Estágio 3	Estágio 4
Gallahue e Ozmun	Estágio inicial	Estágios emergentes		Estágio proficiente
Correr	*Correr em guarda alta* Braços em guarda alta Contato dos pés plantados no chão Passo curto Passo amplo na largura do ombro	*Correr em guarda média* Braços em guarda média Componente vertical ainda grande Pernas quase na extensão total	*Calcanhar-dedos dos pés, braços estendidos* Braços em guarda baixa Oposição dos braços, cotovelos quase estendidos Contato calcanhar-dedos dos pés	*Braços elevados* Contato calcanhar-dedo (dedo-calcanhar na corrida de velocidade) Oposição braço-perna Recuperação do calcanhar alto Flexão do cotovelo
Galopar	*Correr cortado* Lembra uma corrida ritmicamente irregular A perna de arrasto (a de trás) cruza à frente da perna-guia durante a fase aérea, permanece à frente no contato	*Perna de trás rígida* Ritmo lento-moderado, ritmo cortado Perna de arrasto (a de trás) rígida Quadris com frequência orientados para a lateral Componente vertical exagerado	*Rítmico suave* Padrão rítmico, suave, ritmo moderado Pés permanecem perto do solo Quadris orientados para a frente	
Skip	*Skip quebrado* Padrão de skip quebrado ou ritmo irregular Movimento lento, deliberado Ação ineficiente dos braços	*Braços e pernas altos* Padrão de skip rítmico Braços auxiliam na elevação do corpo Componente vertical excessivo	*Skip rítmico* Ação dos braços reduzida/mãos abaixo dos ombros Movimento fácil, rítmico Pé de apoio perto da superfície no saltito	

(continua)

Tabela 12.1 Sequências de desenvolvimento de cinco habilidades de locomoção *(continuação)*

Habilidade motora fundamental	Estágio 1	Estágio 2	Estágio 3	Estágio 4
Gallahue e Ozmun	**Estágio inicial**	**Estágios emergentes**		**Estágio proficiente**
Saltitar em um só pé	*Pé à frente* Pé que não é de apoio à frente, com a coxa paralela ao solo Corpo ereto Mãos na altura do ombro	*Pé ao lado da perna de apoio* Joelho que não é de apoio flexionado e à frente, pé atrás da perna de apoio Leve inclinação do corpo para a frente Ação bilateral dos braços	*Pé atrás da perna de apoio* Coxa que não é de apoio vertical com o pé atrás da perna de suporte, joelho flexionado Maior inclinação do corpo para a frente Ação bilateral dos braços	*Perna livre pendular* Perna que não é de apoio dobrado, joelho projetado para a frente e para trás, em uma ação pendular Inclinação do corpo para a frente Oposição dos braços com balanceio das pernas
Saltar em distância	*Braços de freio* Braços atuam como "freio" Componente vertical grande Pernas não se estendem	*Braços em asa* Os braços agem como "asas" Componente vertical ainda é grande Pernas quase em extensão completa	*Balanceio dos braços na direção da cabeça* Braços movimentam-se para a frente, cotovelos à frente do tronco na decolagem Mãos na altura da cabeça Ângulo de decolagem ainda acima de 45° Pernas com frequência completamente estendidas	*Extensão completa do corpo* Extensão completa dos braços e das pernas na decolagem Decolagem perto de um ângulo de 45° Coxas paralelas à superfície no contato dos pés, na aterrissagem

volvimento para o corpo inteiro de cinco dessas habilidades motoras. Para cada estágio, as palavras em itálico são um termo de referência para facilitar a memorização; seguindo-se a elas, encontra-se a descrição do padrão de movimento.

CORRIDA

A corrida é uma forma de locomoção que envolve projetar o corpo para a frente e alternar os pés como base de suporte. Extensão do caminhar, a corrida incorpora uma fase aérea, durante a qual os dois pés ficam fora do solo, e pode ser visto como um *continuum* da corrida lenta até a corrida rápida. Fatores como o padrão contralateral, a proporção força-peso da criança e o equilíbrio dinâmico são todos importantes no desenvolvimento das habilidades de corrida. Correr é, provavelmente, a HMF mais importante, pois é usada em quase todos os esportes e jogos infantis e em atividades ao longo da vida. É também uma das primeiras habilidades em que a criança desenvolve competência.

Corredores proficientes

O desenvolvimento de um padrão proficiente de corrida exige que a criança tenha força suficiente em ambas as pernas para impulsionar o corpo para cima e para a frente; para a criança mais pesada esse pode ser um fator limitante. O equilíbrio dinâmico também é importante. As crianças têm de ter coordenação múltipla dos membros suficiente para coordenar as duas pernas e manter um passo regular. Quando progridem no desenvolvimento da corrida, as crianças tornam-se mais eficientes na produção de forças na linha da direção do movimento e eliminam movimentos desnecessários que funcionam contra o *momentum* para a frente nos estágios iniciais da habilidade. Por exemplo, os braços projetam-se para a frente e para trás, e as crianças inclinam-se para a frente enquanto correm. Mudanças desenvolvimentais como essas resultam em maior eficiência biomecânica e em melhores resultados do produto, como mais rapidez na corrida. As crianças que são corredoras competentes (velocistas) apresentam proficiência em vários aspectos da corrida, conforme esboçado na Tabela 12.2.

No entanto, muitas crianças mais jovens não demonstram a eficiência biomecânica descrita. Os corredores iniciantes tendem a manter o corpo ereto ou em um plano vertical na corrida. Os braços não contribuem com a dinâmica da potência da habilidade e podem ser usados para o equilíbrio. Os fatores de crescimento físico em crianças mais pequenas, como os pés pequenos e a posição elevada do centro de gravidade, torna a tarefa de correr mais desafiadora para elas do ponto de vista do equilíbrio. Portanto, os corredores iniciantes tendem a manter um ponto de apoio mais amplo e passadas mais curtas, com os pés plantados no chão, como forma de adaptação às deficiências de equilíbrio, de abaixar o centro de gravidade e de ampliar a base de sustentação. Bem no início, os braços do corredor ficam na posição de **guarda alta** (braços elevados até os ombros ou ainda mais) ou **guarda média** (braços erguidos até a cintura). Essas posições dos braços ajudam a estabilizar o

Tabela 12.2	Características de um corredor proficiente

Os corredores proficientes demonstram:

Produção de força
- Corpo inclina-se para a frente
- Perna de apoio estende-se 180° na arrancada
- Perna oposta (ou de balanceio) é levada à frente, com o joelho flexionado
- Braços flexionados (ângulo de 90°) e projetados em oposição às pernas

Fase de balanceio
- Demonstra uma fase de voo quando os dois pés estão fora do solo
- Depois da arrancada, a perna do balanceio flexiona-se, e o calcanhar aproxima-se das nádegas, a fim de encurtar a alavanca da perna e permitir um movimento mais rápido em direção ao novo contato do pé

Fase de apoio
- Do calcanhar ao dedo ou ao terço anterior do pé na aterrissagem

tronco durante a corrida e oferecem algum grau de proteção caso o corredor jovem caia para a frente. As ações tanto da perna como do braço não são eficientes do ponto de vista biomecânico, pois trabalham contra a linha da direção do movimento pretendido. No entanto, essas ações ajudam as crianças a completar a corrida, já que permitem aos corredores experimentar a sensação de movimentar o centro de gravidade para a frente, para fora da base de apoio, ao usar a alternância dessas bases.

Desenvolvimento da corrida

A corrida tem sido examinada a partir da perspectiva do processo e do produto. O *processo* da corrida examina o padrão do movimento de correr; nessa área, foram propostas sequências de desenvolvimento da corrida tanto da perspectiva do corpo inteiro, como da perspectiva dos componentes. As medições *do produto*, por sua vez, examinam o resultado da corrida. Os dados sobre o resultado incluem as distâncias percorridas, como a quilometragem, a cronometragem das largadas para diferentes distâncias e o tempo das corridas de velocidade, em que o corredor avança e recua entre duas linhas. Mais recentemente, uma medida de produto da corrida usada bastante na educação física é o teste de Pacer, parte do Fitnessgram.

Sequência de desenvolvimento da corrida para o corpo inteiro

A Tabela 12.1 e a Figura 12.1 mostram uma sequência de desenvolvimento da corrida com quatro estágios (Fountain, Ulrich, Haubenstricker e Seefeldt, 1981; Seefeldt, Reuschlein e Vogel, 1972). No desenvolvimento dessas sequências, a restrição da tarefa imposta às crianças foi correr o mais rápido possível para provocar uma ação de velocidade, se possível. Os corredores iniciantes demonstram uma passada curta e larga, com o joelho bem erguido (estágio 1). Ao longo do tempo, a largura da passada torna-se mais estreita, até chegar à largura do ombro, nos estágios 3 e 4. As ações iniciais dos braços têm natureza protetora, começando em guarda alta (estágio 1), depois descendo até a guarda média (estágio 2). Ao atingir o estágio 3, a ação dos braços ocorre em oposição à das pernas, mas eles ficam estendidos, e somente no estágio 4 é possível observar a sua eficiência

mecânica, projetando-se em um ângulo de 90°, em oposição às pernas. A posição do tronco em relação a uma linha vertical imaginária também muda ao longo do tempo desenvolvimental. Os corredores iniciantes (estágios 1 e 2) ficam mais eretos. No estágio 4, o tronco começa a inclinar-se para a frente e fica com cerca de 10° de inclinação para a frente, na linha que vai dos quadris até o ombro (Michigan's Exemplary Physical Education Curriculum Project, 2006). Essa inclinação anterior contribui para a dinâmica da potência da velocidade, permitindo que as forças impulsionem o velocista para a frente com mais velocidade.

Correr é uma das HMFs que emergem mais cedo, por volta dos 8 aos 22 meses, sendo que as meninas ficam um pouco à frente dos meninos (ver Figura 11.4 do Cap. 11). Os meninos passam por esses estágios muito rápido e alcançam a *performance* proficiente na corrida por volta dos 4 anos. Para as meninas, só um pouco depois do quinto aniversário é alcançado o estágio 4. É importante lembrar que as datas mostradas na Figura 11.4 representam mudanças nas HMFs **relacionadas à idade** e não **dependentes da idade**. Ou seja, 60% das crianças testadas estavam em determinado estágio em certa idade. Portanto, não podemos dizer que *todos* os meninos de 4 anos estarão no estágio 4 da corrida, mas isso vale para a maioria. Entre as crianças que não seguem esse curso de mudanças relacionadas à idade, algumas terão níveis proficientes na corrida antes das idades apontadas e outras até muito depois. Além das sequências de desenvolvimento para o corpo inteiro, também foram desenvolvidas sequências dos componentes para a corrida.

Sequência de desenvolvimento da corrida para os componentes do corpo

Foi proposta uma sequência de desenvolvimento de dois componentes para a corrida (Roberton, 1983; Roberton e Halverson, 1984). A Tabela 12.3 esboça os três passos do componente da ação das pernas e os quatro passos do componente da ação dos braços. Em geral, as características da abordagem dos componentes para a corrida correspondem àquelas descritas na estrutura do corpo inteiro.

As duas sequências, do corpo inteiro e dos componentes, demonstram como as crianças

Estágio 1

Estágio 2

Estágio 3

Estágio 4

Figura 12.1
Sequências de desenvolvimento da corrida.
Reimpressa com permissão da Dra. Crystal Branta e da Michigan State University Performance Study.

tornam-se mecanicamente mais eficientes enquanto avançam pelos estágios do desenvolvimento. Apesar disso, inclusive os níveis mais elevados dessas sequências retratam a competência básica na corrida. Os velocistas ou os corredores de longa distância de elite pegam essa competência básica na corrida e refinam a sua eficiência mecânica, até atingirem os níveis mais elevados, limitando os graus de liberdade dos membros, de modo que cada ciclo da marcha é o mais eficiente possível. A literatura sobre biomecânica tem excelentes exemplos de dados cinemáticos e cinéticos (que descrevem os movimentos dos corpos e a produção de força) sobre a corrida.

Medidas do produto da corrida

Nas décadas de 1970 e 1980, foi realizada uma quantidade significativa de pesquisas, incluindo alguns dados nacionais coletados pela Ame-

Tabela 12.3 — Sequências de desenvolvimento da corrida para os componentes do corpo

Ação das pernas	Ação dos braços
P1 *Voo mínimo, pés plantados no chão* – Ponta do pé para fora e curvas de balanceio das pernas para fora. Joelho da perna de balanceio flexionado mais de 90°. P2 *Mais tempo de voo, pés às vezes plantados no chão* – Passada mais longa e joelho de recuperação flexionado pelo menos a 90°. A coxa realiza um balanceio lateral, fazendo com que o pé de recuperação cruze a linha média do corpo na parte posterior. P3 *Contato do calcanhar ou terço anterior do pé, extensão da perna na decolagem* – Passada mais longa, com contato do calcanhar-dedo ou terço anterior do pé. Perna de apoio completamente estendida na decolagem. Recuperação com calcanhar mais alto na fase do balanceio e joelho erguido no balanceio à frente.	B1 *Braços de guarda alta a guarda média* – Os braços não contribuem para a ação da corrida. Eles ficam imóveis ou deslocam-se de um lado para o outro em resposta ao movimento da corrida. B2 *Braços balanceiam lateralmente* – Os braços balanceiam em contraposição ao quadril e aos movimentos da perna. Parecem movimentar-se cruzando a linha média. B3 *Braços estendidos e flexionados em oposição* – Os braços projetam-se em oposição às pernas. À medida que se projetam para a frente flexionam-se; à medida que se projetam para trás, estendem-se. Fazem um balanceio, cruzando a linha média do corpo, para longe do tronco. B4 *Braços projetam-se em oposição às pernas, em um ângulo de 90°* – O úmero movimenta-se para a frente e para trás, contra a ação das pernas.

rican Alliance for Health, Physical Education, and Recreation (AAHPERD), sobre medidas do produto da corrida, como velocidade e tempos (AAHPERD, 1976; Branta, Haubenstricker e Seefeldt, 1984; Fountain et al., 1981; Milne, Seefeldt e Reuschlein, 1976). Em termos de restrições, a idade e o sexo foram considerados restrições importantes do indivíduo. Em geral, a velocidade da corrida (velocidades médias) variou muito por idade, sexo e distância percorrida, sendo que tanto meninos como meninas apresentaram progressos em função da idade até os anos da adolescência. Branta, Haubenstricker e Seefeldt (1984) descobriram que a velocidade da corrida aumentava cerca de 30% dos 5 aos 10 anos de idade. Em seu estudo longitudinal sobre a *performance* motora, os tempos médios do tiro de 28 m para meninos e meninas foram, respectivamente, 6,77s e 6,88s aos 5 anos a 4,75s e 4,85s, aos 10 anos, e depois de 4,24s e 4,46s aos 14 anos. De modo similar, as *performances* na corrida de agilidade de 36,5 m e na corrida lançada de 122 m reduziram linearmente dos 5 aos 14 anos. Pesquisas sobre o processo-produto têm mostrado que o estágio de desenvolvimento da corrida (processo) pode ser responsável por até 19% na variação dos tempos da corrida (produto) para meninos e por até 29% para meninas (Fountain, Ulrich, Haubenstricker e Seefeldt, 1981). Avaliando os dados sobre as sequências de desenvolvimento da corrida recém-mencionados, é fácil ver como a maior eficiência biomecânica nos estágios mais proficientes da corrida podem levar a velocidades de corrida mais altas. Entretanto, parece haver um intervalo entre a aquisição de padrões de corrida proficientes e a habilidade de transformá-los em velocidades mais elevadas.

Há implicações práticas desses dados para professores de educação física e técnicos. A corrida emerge em um espaço de tempo relativamente curto, no início dos anos da infância. Desse modo, pais, professores e técnicos precisam fornecer plenitude de oportunidades para que as crianças mais jovens possam praticar a corrida e receber *feedback* sobre a técnica. É importante chamar a atenção da criança para a projeção dos braços e a potência das pernas. Assim que a corrida estiver mais desenvolvida, as crianças menores também precisam ter experiência nas muitas formas de correr, como a corrida de velocidade e a lenta, e na mudança rápida de direção, como exigido em numerosos esportes e jogos. Essas oportunidades lhes darão o "campo base" das habilidades motoras, a partir do qual serão capazes de escalar a montanha do desenvolvimento motor (ver Clark e Metcalfe, 2002) e de aplicar a habilidade da corrida no engajamento em esportes e atividades físicas por toda a vida.

> **CONCEITO 12.1**
>
> As medidas do processo de uma habilidade motora fundamental descrevem o padrão do movimento, enquanto as medidas do produto examinam o resultado do movimento; embora relacionados, cada um diz algo diferente sobre o movimento da criança.

GALOPE E CORRIDA LATERAL

O galopar e o correr lateral são habilidades rítmicas muito similares. Ambos exigem um passo rítmico adiante, junto com um passo de lançamento do outro pé. O padrão da marcha do movimento é assimétrico e irregular. O galope emerge primeiro e é a primeira habilidade de locomoção assimétrica aprendida pela criança. Ele tem orientação para a frente, em contraste com o correr lateral, que tem orientação lateral. Para galopar ou correr lateralmente, a criança precisa de equilíbrio dinâmico e coordenação, e a sua proporção força-peso também pode afetar os aspectos do voo (lançamento) do movimento. Galopar e correr lateralmente não parecem habilidades muito funcionais, mas, se observamos a dança, poderemos vê-los em muitas manifestações folclóricas e culturais no mundo todo. Os professores de educação física do ensino fundamental usam esses movimentos como "atividade imediata", a fim de desenvolver a força das pernas, a coordenação e a resistência cardiovascular quando a criança entra no ginásio esportivo. Além disso, o correr lateral pode ser usado em esportes como o basquetebol, o handebol, no campo de beisebol e *softball* e na preparação para bloquear na rede do voleibol. Praticamente não há pesquisas desenvolvimentais sobre o correr lateral, portanto o foco desta seção será o galopar.

Galopadores proficientes

O galopar é uma habilidade combinada, composta de um passo e de um passo-saltado, com um componente temporal irregular. Ou seja, para galopar, é preciso um padrão irregular, em que o passo leva mais tempo do que o passo-saltado (Clark e Whitall, 1989). Os galopadores proficientes conseguem manter um padrão rítmico e fluido, com os quadris virados para a frente e um ritmo de acordo com uma música ou tempo. Eles também têm força suficiente nas duas pernas para projetar o peso do corpo para a frente e lançar-se com qualquer uma das pernas à frente (ver Tab. 12.4).

Os galopadores iniciantes lutam com muitos aspectos da habilidade e, nos estágios bem iniciais, parece que estão fazendo uma corrida recortada. O ritmo do galopador iniciante é "entrecortado" e, com frequência, a perna de arrasto (de trás) cruza à frente da perna-guia no ar. Os galopadores iniciantes costumam ter uma perna "favorita" e não conseguem galopar com as duas pernas como guia. Em geral, essa é uma experiência muito "cognitiva" para eles, que demonstram enorme concentração na expressão facial enquanto tentam manter o padrão do movimento.

Desenvolvimento do galope

A Tabela 12.1 e a Figura 12.2 ilustram a sequência de desenvolvimento do galopar em três estágios (Sapp, 1980). Os galopadores iniciantes (estágio 1) apresentam uma ação que parece mesclar galope e corrida; eles lutam para manter a perna-guia à frente, e os seus joelhos ficam flexionados. Os galopadores emergentes (estágio 2) demonstram dois tipos de abordagem do galope; em ambos os casos, emergem uma perna-guia e outra arrastada e congelam os seus graus de liberdade na perna de trás, tornando-a rígida. Uma abordagem consiste em trazer a perna de trás, virar o quadril para a lateral e arrastá-lo pelo piso, em um movimento chamado de "soldado ferido". A outra abordagem foi denominada "cavalo de balanço". As crianças batem a

Tabela 12.4 Características de um galopador proficiente

Os galopadores proficientes demonstram:
- Ação rítmica suave e fluida
- Perna-guia à frente
- Quadris voltados para a frente
- Perna arrastada aterrissando ao lado ou um pouco atrás da perna-guia
- Pés próximos da superfície do solo
- Joelhos um pouco flexionados no voo
- Capacidade de guiar o movimento com qualquer uma das pernas à frente, à esquerda ou à direita

Figura 12.2
Sequências de desenvolvimento do galope.
Reimpressa com permissão da Dra. Crystal Branta e da Michigan State University Motor Performance Study.

perna travada atrás antes de transferirem o peso para a perna da frente outra vez. Nos estágios 1 e 2, costuma haver um componente vertical elevado na habilidade. O galopador proficiente (estágio 3) mostra as características identificadas na Tabela 12.4. Nesse estágio, as crianças podem variar a habilidade de galope, mudando direções e usando as mãos e os braços livres para outros movimentos, como na dança. Não há dados com proporção de 60% para o galope, mas a experiência nos mostra que muitas crianças bem pequenas, por volta dos 2 anos, apresentam os estágios inicias do galope. Quando examinamos as sequências das HMFs *inter-habilidades* (entre as habilidades), o estágio inicial ou emergente da corrida parece ser um precursor do estágio inicial do galope.

Conceito 12.2

As sequências intra-habilidades (interior às habilidades) são tão ordenadas quanto as inter-habilidades (entre habilidades). Ambas são fontes valiosas de informação para orientar a instrução de crianças e formar os currículos dos cursos de educação física.

SKIPPING

Assim como o galopar e o correr lateral, o *skipping* é uma habilidade combinada rítmica bipedal. Consiste na combinação do movimento que exige da criança a execução de um passo--saltito com um pé, seguido de um passo-saltito com o outro pé. Ele é mais complexo do que outras habilidades de locomoção por exigir a realização de duas habilidades com a mesma perna antes da transferência do peso para a outra perna-guia; o *skipping* é rítmico por natureza. Para fazer o *skip*, a criança precisa de um padrão contralateral, equilíbrio dinâmico, coordenação e força nas pernas. Assim como muitas outras habilidades de locomoção, ele pode ser influenciado pela proporção força-peso da criança, e isso vale ainda mais especificamente para o *skipping* em que o corpo se projeta para fora do solo sobre um pé. Também como o galopar e o correr lateral, o *skipping* é usado em muitas danças folclóricas e culturais no mundo todo. Ele também pode ser usado funcionalmente por professores para promover a resistência cardiovascular no aquecimento para jogos e danças. Diz-se que Allen Burton, um conhecido pesquisador do desenvolvimento motor, referiu-se certa vez ao *skipping* como a "habilidade da felicidade". Há certa verdade nisso. Se observarmos os parques e pátios ao redor, veremos crianças realizando o *skip* com espontaneidade e um sorriso no rosto.

Skippers proficientes

Os *skippers* proficientes demonstram um padrão de movimento fácil e fluido, próximo ao solo. Eles têm equilíbrio dinâmico suficiente e força em cada perna para conseguir mostrar um padrão de saltitar suave. Portanto, o estágio 3 do saltitar é considerado um precursor do *skipping* que será desenvolvido. Os *skippers* proficientes também podem variar a velocidade e a direção do *skip*. A Tabela 12.5 ilustra as características de um *skipper* proficiente.

Os *skippers* iniciantes lutam para manter o padrão rítmico e um padrão vertical mais elevado. O *skip* é menos fluido e parece quebrar-se

Tabela 12.5	Características de um *skipper* proficiente

- Transferência rítmica do peso e a capacidade de manter o padrão com facilidade
- Proximidade do solo
- Componente vertical limitado
- Uso limitado dos braços como produtores de força
- Aterrissagem e decolagem nos dedos do pé

em suas partes constituintes: um passo, separado por um saltito. Os joelhos e os braços são levados para cima, trazendo essa ação vertical. Os iniciantes lutam para manter um padrão contínuo passo-saltito, e a "carga cognitiva" (quantidade de concentração necessária) é elevada. Alguns desses *skippers* iniciantes também nos apresentam um "*skip* para o lado", em que a criança saltita apenas com um lado do corpo e tem um padrão ipsilateral (o braço e a perna do mesmo lado movimentam-se juntas).

Desenvolvimento do *skipping*

Tanto a abordagem do corpo inteiro como a abordagem dos componentes têm sido usadas para descrever as mudanças de padrão que as crianças demonstram quando aprendem a fazer o *skip*.

Sequência de desenvolvimento do skipping *para o corpo inteiro*

A Tabela 12.1 e a Figura 12.3 ilustram a sequência de três estágios do *skipping* (Seefeldt e Haubenstricker, 1974, 1982). Em geral, as crianças passam de tentativas entrecortadas mais lentas e mais deliberadas a um *skip* com exagerada elevação dos braços e depois a um movimento rítmico fluido. Os *skippers* iniciantes (estágio 1) não conseguem manter uma batida consistente passo-saltito no *skip* e apresentam um destes três tipos de adaptações: (1) padrão de *skip* quebrado, que resulta em um passo-pausa-saltito lento e deliberado, (2) saltito duplo de cada lado, à medida que tentam realizar o *skip* ou (3) padrão de *skip* ipsilateral para um lado descrito anteriormente.

Os *skippers* emergentes (estágio 2) conseguem manter um padrão rítmico passo-saltito, mas o componente vertical é elevado e há ações exageradas e enérgicas dos braços, com os joelhos elevados. O *skipper* proficiente (estágio 3) demonstra as características mostradas na Tabela 12.5.

Em termos de sequência inter-habilidades, o *skipping* é uma das últimas habilidades de locomoção desenvolvidas. Dos padrões iniciais à proficiência, a sequência intra-habilidade desenvolve-se em um período de tempo curto, aproximadamente dos 4,5 aos 6,5 anos de idade (Seefeldt e Haubenstricker, 1982; ver Fig. 11.4). Embora meninas e meninos demonstrem a ha-

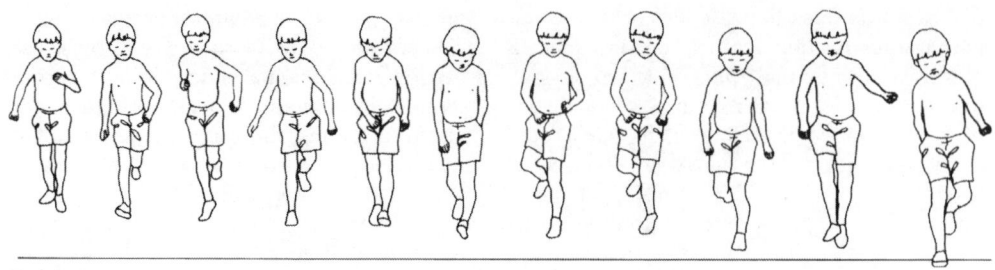

Estágio 1

Estágio 2

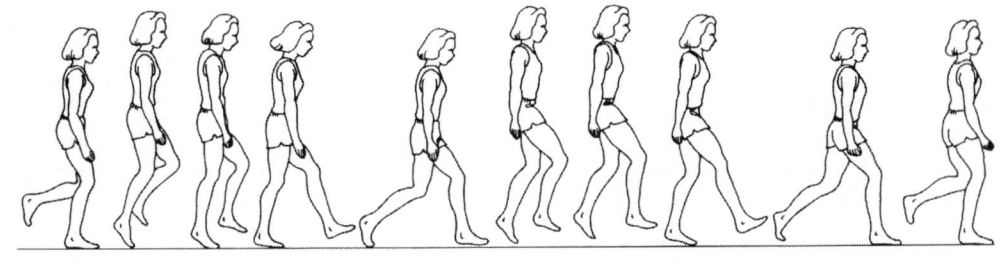

Estágio 3

Figura 12.3
Sequências de desenvolvimento do *skipping*.
Reimpressa com permissão da Dra. Crystal Branta e da Michigan State University Performance Study.

bilidade inicial mais ou menos na mesma faixa etária, há pequena vantagem das meninas no momento do alcance da proficiência, cerca de seis meses antes dos meninos.

Sequência de desenvolvimento do skipping *para os componentes do corpo*

Uma sequência de dois componentes também foi identificada para os componentes das pernas e dos braços (Roberton e Halverson, 1984). A Tabela 12.6 mostra os componentes dos braços e das pernas, que refletem de muitos modos os estágios do corpo inteiro.

O *skipping* é uma habilidade complexa e com frequência frustrante para crianças mais novas. Embora não estejam disponíveis muitos dados empíricos para orientar o processo de ensino-aprendizado, as sequências desenvolvimentais e os dados relacionados à idade são valiosos. Uma vez que a habilidade se desenvolve muito rápido nos anos pré-escolares e na época do jardim de infância, pais, educadores e professores de educação física devem oferecer às crianças oportunidades suficientes para a prática da habilidade e do seu pré-requisito, ou seja, o saltitar.

Tabela 12.6	Sequências de desenvolvimento do *skipping* para os componentes do corpo
P1 Skip *para um lado* – Padrão ipsilateral, em que um lado faz o *skip* e o outro apenas dá passos. P2 *Padrão alternado pés chapados no chão, passo-saltito* – Padrão de *skipping* com aterrissagem de pés chapados no chão. P3 *Padrão alternado passo-saltito com a porção anterior do pé* – Padrão de *skipping* proficiente com alternância de passo e saltito e aterrissagem sobre a porção anterior do pé.	B1 *Assistência bilateral* – Os braços movimentam-se em uníssono, projetando-se para cima e para baixo, resultando em um componente vertical elevado no saltito. B2 *Semioposição* – Os braços movimentam-se juntos no início, depois entram em semioposição. B3 *Oposição* – Os braços balanceiam frouxamente em oposição à perna que não é a de apoio.

SALTOS HORIZONTAL E VERTICAL

Saltar é uma habilidade de projeção do corpo que envolve decolagem e aterrissagem sobre os dois pés. É uma habilidade explosiva, que exige significativa força muscular, coordenação dos vários membros e equilíbrio dinâmico para que a *performance* seja proficiente. Há três fases no salto: a preparatória, em que o corpo se posiciona para o salto iminente; a de produção de força, em que o corpo gera as forças necessárias para decolar, saindo do solo; e a do *follow-through*, em que o corpo aterrissa e atenua as forças geradas. Os saltos vertical e horizontal são os dois sobre os quais temos informações. Em geral, o salto é uma habilidade bem aproveitada em muitos esportes. Esportes como ginástica, basquetebol e voleibol apresentam feitos notáveis em termos de habilidades de salto proficientes, em especial no salto vertical. Outros eventos do atletismo, como salto em altura e salto em distância, mostram como os atletas de elite podem maximizar a mecânica do corpo e saltar bem alto e bem longe.

Saltadores proficientes

Os saltadores proficientes sabem controlar a dinâmica do corpo durante as fases preparatória, de força e de *follow-through*. O salto tem um elemento temporal significativo, e os saltadores proficientes são capazes de coordenar as várias partes do corpo, a fim de colocá-lo em uma posição efetiva para produzir o máximo de força na direção pretendida. Durante a fase aérea, os saltadores podem reposicionar o corpo para atenuar as forças de aterrissagem. A Tabela 12.7 ilustra as características de um saltador proficiente, que, nesse exemplo, realiza um salto horizontal.

O salto longo dos iniciantes em geral começa com comportamentos pré-salto. Isso consiste em a criança levantar-se e abaixar-se repetidas vezes, com flexão e extensão do joelho e movimentação bilateral dos braços. Nesses comportamentos pré-salto, a criança, na verdade, não é capaz de coordenar o corpo ou exercer força suficiente para impelir o corpo, tirando-o do chão. Os saltadores de longa distância iniciantes (estágio 1) conseguem tirar o corpo do chão, mas não são capazes de saltar longas distâncias; o movimento é mais vertical, e há pouca inclinação do corpo. Essas crianças às vezes decolam com os dois pés, mas com frequência aterrissam em apenas um. As ações dos braços são extrínsecas e agitadas, na tentativa de manter o equilíbrio nas condições desafiadoras do salto, e essas crianças muitas vezes caem ao aterrissar.

Desenvolvimento do salto horizontal

O salto tem sido estudado tanto da perspectiva do produto como do processo. A partir da perspectiva do produto, os valores comuns são a distância ou a altura saltada. Foram identificadas sequências tanto do corpo inteiro como dos componentes na descrição do processo do salto. Ambas as sequências compartilham muitos aspectos comuns, com algumas diferenças nas ações dos braços e das pernas.

Sequência de desenvolvimento do salto para o corpo inteiro

A abordagem do corpo inteiro identificou uma sequência de quatro estágios no salto horizontal (Branta, 1992; Haubenstricker, Seefeldt e Branta, 1983; Seefeldt, Reuschlein e Vogel, 1972). A Tabela 12.1 e a Figura 12.4 apresentam informações sobre os quatro estágios do salto. Esses dados

Tabela 12.7	Características de um saltador horizontal proficiente

Fase preparatória
- Os joelhos flexionam-se e o corpo inclina-se para a frente no quadril
- Os braços balançam para a frente e para trás, a fim de gerar o *momentum*

Fase de produção de força
- Os braços e as pernas estendem-se rápida e vigorosamente para cima e para baixo
- A extensão completa do corpo ocorre desde os dedos do pé, ao longo do tronco, com os ombros em ângulo de 180°, braços estendidos
- Na decolagem, a inclinação do corpo fica próxima de 45°

Fase de voo
- Enquanto o corpo projeta-se no ar, os braços movimentam-se para baixo e para trás
- As pernas movimentam-se para a frente e para cima, com os joelhos flexionados

Fase de *follow-through* e aterrissagem
- Os calcanhares estendem-se para a frente a fim de tocar o solo
- As coxas ficam paralelas à superfície
- Os braços estendem-se para a frente a fim de impulsionar o corpo para a frente
- Os quadris projetam-se no ar, em um arco que quase toca os calcanhares na aterrissagem, e depois movimentam-se para cima

foram gerados a partir de uma tarefa cuja restrição era que as crianças deviam "saltar o mais longe possível", a partir da posição de pé e com decolagem nos dois pés. Na fase inicial (estágio 1), o salto é mais vertical do que horizontal, e os braços balançam para trás, na direção do corpo (braços freiam), para contrapor-se à inclinação para a frente que parece tão temida nessa fase inicial do saltador. Durante os estágios emergentes (estágios 2 e 3), os braços movimentam-se de uma posição para cima e para as laterais, como uma asa, até uma posição de balanço vigoroso para a frente, mas não com os braços estendidos por completo. Só a partir do estágio 3 é que as crianças apresentam inclinação para a frente na decolagem. Quando atingem o estágio proficiente (estágio 4), os saltadores inclinam-se em um ângulo de 45° na decolagem, balançando os braços de modo vigoroso acima da cabeça, com os ombros em extensão completa, e têm uma posição momentânea no ar, com o corpo em extensão completa. Saltadores realmente proficientes parecem ficar "pendurados" no ar por uma fração de segundo, em extensão total, antes de recolher as pernas na preparação para a aterrissagem.

A Figura 11.4 mostra a idade em que 60% das crianças conseguem realizar cada estágio do salto. Os comportamentos do salto de iniciantes emergem entre 1,5 e 2 anos. Por volta do quarto aniversário, os dois sexos já passaram ao estágio 2 do salto, com os "braços em asa". Ainda são necessários outros dois anos para que a criança alcance o estágio 3, sendo que meninos e meninas demonstram esses novos comportamentos do salto um pouco depois do sexto aniversário. Os meninos atingem a proficiência no salto aproximadamente na idade de 114 meses, e as meninas, por volta dos 120 meses (10 anos). Como tal, a sequência do salto intra-habilidade é aquela que leva mais tempo desde a emergência do salto do iniciante até o surgimento do salto proficiente.

Sequência de desenvolvimento do salto para os componentes do corpo

O salto também tem sido examinado a partir da perspectiva dos componentes, distinguindo-se os braços e as pernas (Clark e Phillips, 1985; Roberton e Halverson, 1984) e o tronco (Roberton e Halverson, 1984). As mudanças no componente do tronco são subproduto da força que produz aspectos do salto, a saber, os componentes dos braços e das pernas. Portanto, a Tabela 12.8 mostra esses componentes (Clark e Phillips, 1985).

Com frequência, na abordagem dos componentes, os níveis dos diferentes componentes estão relacionados, mas não diretamente. Isso também vale para o salto. Clark e Phillips (1985) registraram que crianças com idade de 3 a 7 anos em geral tinham ações das pernas mais avança-

Compreendendo o Desenvolvimento Motor 259

Estágio 1

Estágio 2

Estágio 3

Estágio 4

Figura 12.4
Sequências de desenvolvimento do salto horizontal.
Reimpressa com permissão da Dra. Crystal Branta e da Michigan State University Performance Study.

das do que as dos braços. Além disso, menos de 30% das crianças tinham o mesmo nível de ação dos braços e das pernas.

Medidas de produto do salto

Inúmeros pesquisadores examinaram o salto a partir da perspectiva do produto (Branta, Haubenstricker e Seefeldt, 1984; Haubenstricker e Branta, 1997; Isaacs e Pohlman, 2000; Isaacs, Pohlman e Hall, 2003; Wickstrom, 1983). Em geral, esses trabalhos mostram que, à medida que as crianças ficam mais velhas, elas demonstram melhoras em suas medidas de produto, como a altura ou a distância pulada. Assim como acontece em muitas das outras habilidades, é preciso cuidado ao analisar essas mudanças como *dependentes da idade* (ocorridas de modo natural em razão da idade); em vez disso, elas são mais *relacionadas à idade* (as tendências observadas valem para algumas crianças, mas não para outras). Não é apenas a idade, de forma isolada, que manifesta essas melhoras no salto; em vez disso, quando ficam mais velhas, as crianças costumam ter mais força e equilíbrio dinâmico e melhor coordenação dos membros, resultantes do crescimento físico e do desenvolvimento neuromuscular. Para muitas crianças obesas, habilidades como saltar são muito desafiadoras, pois elas não possuem a força necessária para impelir o corpo, fazendo com que ele saia do chão.

Branta e colaboradores (1984) acompanharam saltos verticais e horizontais de crianças, em um estudo longitudinal, de 5 a 14 anos. Ao longo do tempo, a *performance* média no salto de meninas e meninos melhorou nas duas habilidades de projeção do corpo. No salto vertical, dos 5 aos 10 anos, a média de mudança incremental anual foi de, aproximadamente, 3 cm para meninos e meninas.

Tanto meninos como meninas praticamente dobraram a altura do salto durante esse período. Entretanto, por volta dos 12 anos, a mudança anual para meninas ficou relativamente constante, enquanto os meninos começaram a melhorar os valores do salto de modo mais acentuado. Dos 8 aos 14 anos, os meninos ganharam 20,79 cm em comparação aos 17,43 cm das meninas. As descobertas para o salto horizontal foram similares. Das idades de 5 a 10 anos, as crianças melhoraram bastante os saltos, até 19,25 cm por ano, mas apresentaram menos de 5,5 cm de ganhos anuais por volta dos 14 anos. Os ganhos em distância horizontal representaram uma melhora de 75% para as meninas e de 71% para os meninos, nas idades de 5 a 10 anos. Ao considerarmos essas descobertas, precisamos levar em conta o crescimento físico infantil como potencial restrição individual que afeta as tendências da *performance* do salto.

Em resumo, o salto é uma habilidade complexa, que exige coordenação, força e equilíbrio. Leva-se muito tempo para desenvolver a proficiência, desde a emergência inicial dos comportamentos do salto. Há diferentes tipos de salto, e Wickstrom (1983) utilizou uma série de fontes

Tabela 12.8 Sequências de desenvolvimento do salto para os componentes do corpo

Componente das pernas	Componente dos braços
P1 *Decolagem com um pé* – O saltador tenta saltar, mas dá um passo. Há pouca flexão preparatória do joelho.	B1 *Sem ação* – Os braços ficam estacionários ou, após a decolagem, podem fazer um "balanço" lateral.
P2 *Joelhos estendidos* – O salto começa com a extensão do joelho, antes do calcanhar sair do chão.	B2 *Braços balançam para a frente* – No início, os braços ficam nas laterais, depois balançam para a frente (ou lateralmente), no ombro.
P3 *Extensão simultânea* – O saltador estende os joelhos enquanto os calcanhares se elevam do chão.	B3 *Braços estendidos, depois parcialmente flexionados* – Os braços balançam para trás juntos, durante a flexão do joelho, depois para a frente na decolagem, mas nunca ficam acima da cabeça.
P4 *Calcanhares primeiro, joelhos depois* – O salto começa com os calcanhares saindo do chão primeiro, rapidamente seguidos da extensão do joelho. Essa ação ocorre quando o saltador cai ou se inclina para a frente.	B4 *Braços estendidos, depois completamente flexionados* – Os braços balançam para trás durante a flexão dos joelhos, depois para a frente na decolagem, com extensão total acima da cabeça.

para fornecer uma progressão de desenvolvimento das tarefas do salto. Ele sugeriu a seguinte abordagem para os saltos com os dois pés: (a) pular para baixo a partir de um ponto elevado, (b) pular para cima, (c) pular para a frente e (d) pular transpondo um objeto. Para os professores é importante reconhecer que as crianças precisam de muitas oportunidades para prática da habilidade de saltar. No entanto, o salto envolve um esforço físico significativo, e não se deve planejar blocos de salto de longa duração em uma mesma aula. Em vez disso, ele deve ser incluído no planejamento de várias aulas diferentes, junto com outras atividades de natureza menos extenuante.

Conceito 12.3

Há uma relação entre as medidas de processo e de produto em algumas habilidades de locomoção (corrida e salto). Quando os executores passam dos padrões iniciais aos emergentes e depois aos proficientes da *performance* (processo), eles se tornam capazes de aplicar essas eficiências biomecânicas para alcançar melhores resultados (produto), como a velocidade da corrida e a distância saltada.

SALTITAR

Saltitar é uma habilidade de locomoção com projeção do corpo, em que a criança deve decolar e aterrissar no mesmo pé. Há sempre certa confusão em relação a esse termo (*hop*, em inglês). Em histórias infantis, costumamos ler que os "bunnies hop" (coelhos saltitam), mas isso não é verdade, e pelo que foi explicado até agora sabemos que os coelhos saltam! Assim como o saltar, o saltitar exige significativa força muscular, coordenação entre os vários membros e equilíbrio dinâmico para uma *performance* proficiente. Entretanto, o saltitar é mais complexo do que o saltar, uma vez que as demandas da tarefa, em termos de força, coordenação e equilíbrio, são significativamente maiores do que no saltar. Os saltitadores precisam decolar e absorver as forças da aterrissagem com um único pé. Para a criança mais nova, as restrições do crescimento físico, como pés menores e centro de gravidade elevado, tornam a parte do equilíbrio do saltitar particularmente desafiadora. Embora os adultos poucas vezes saltitem de modo isolado, as

DILEMA DO DESENVOLVIMENTO

Planejamento das aulas

Você é professor de educação física de uma escola de ensino fundamental e está planejando uma unidade de locomoção de quatro dias para crianças da pré-escola até o segundo ano. A unidade vai incluir saltitar, *skipping*, galopar, correr e saltar, e cada aula tem a duração de 30 minutos. Use as informações adquiridas aqui a respeito dessas habilidades e imagine como você organizaria essas habilidades na sua unidade. Em cada uma das quatro aulas, que habilidades serão ensinadas em conjunto? Quanto tempo você vai dedicar a cada uma? Que progressões podem ser usadas? Que restrições do indivíduo devem ser consideradas? Como você pretende avaliar essas habilidades para confirmar se as crianças aprenderam o que foi ensinado? Escreva o seu plano em blocos, como no seguinte exemplo:

Dia 1	Dia 2	Dia 3	Dia 4
Relacione aqui as habilidades que serão ensinadas			

crianças precisam desenvolver essa HMF para adquirir proficiência na sua execução e aplicá-la a diferentes esportes, jogos e danças. O saltito é parte integral de jogos e brincadeiras infantis, como amarelinha, e danças. Muitas danças folclóricas, como o *schottische*, incorporam o saltitar no padrão de movimento. O quadro Perspectivas Internacionais sobre a *morris dance* retrata uma forma culturalmente relevante de saltito. Entretanto, os elementos do saltitar também são encontrados em habilidades esportivas, como o *layup* do basquetebol e a abordagem do salto triplo. Sendo assim, é importante que as crianças aprendam a saltitar.

Saltitadores proficientes

Os saltitadores proficientes também aprendem a controlar a dinâmica do corpo, à medida que o centro de gravidade desloca-se em relação à base de apoio durante a execução. Eles usam a perna que não é de apoio para se balançar para a frente e para trás, em uma ação pendular, e assim contribuir para a produção de potência no saltitar. Durante o saltito, os braços da criança agem em oposição ao balanço da perna, a fim de controlar as forças biomecânicas geradas pela perna. Quando o corpo deixa o solo, na fase de projeção do saltito, a perna de apoio se estende, e o corpo inclina-se para a frente. Em geral, os saltitadores proficientes conseguem saltitar com velocidade considerável. A Tabela 12.9 ilustra as características de um saltitador proficiente.

Para o saltitador iniciante, essa tarefa é exaustiva, com alta carga cognitiva (concentração) e, muitas vezes, com alto grau de frustração. Os saltitadores iniciantes mantém uma posição mais vertical do corpo. O pé da perna do balanço com frequência é mantido à frente da perna de apoio, para ajudar na tarefa de balançar e permitir que a criança dê um passo à frente com o pé que não é de apoio, caso perca o equilíbrio. Ela depende dos braços para ajudar na elevação necessária, a fim de impulsionar o corpo para fora do chão. A distância saltitada é pequena, e quase todo o movimento é vertical. Os saltitadores mais jovens com frequência não possuem a força necessária para elevar o corpo do chão, com o suporte de uma perna, e podem apresentar extensão e flexão da perna de apoio à medida que tentam sair do chão, sem sucesso. Isso vale principalmente para crianças mais pesadas.

Desenvolvimento do saltitar

O saltitar tem sido estudado exclusivamente a partir da perspectiva do processo, com identificação de sequências tanto do corpo inteiro como dos componentes. Como acontece com outras habilidades, essas sequências têm muito em comum.

Sequência de desenvolvimento do saltitar para o corpo inteiro

A abordagem do corpo inteiro identificou uma sequência de quatro estágios para o saltitar (Haubenstricker, Henn e Seefeldt, 1975; Haubenstricker et al., 1989; Seefeldt e Haubenstricker, 1974). A Tabela 12.1 e a Figura 12.5 apresentam informações sobre os quatro estágios do saltitar. Uma das chaves para se distinguir os quatro estágios do saltitar é a posição da perna de balanço e do pé livre. No estágio inicial (estágio 1), o pé da perna de balanço fica à frente da perna de apoio, e a coxa em posição horizontal em relação ao solo, a fim de fornecer mais equilíbrio. As crianças empurram a superfície com os joelhos flexionados e mantém as mãos perto dos ombros. À medida que progridem na habilidade, os saltitadores emergentes começam a deixar o pé da perna de balanço ao lado da perna de apoio, com a coxa em um ângulo de 45° em relação ao quadril (estágio 2). Com frequência os braços são usados bilateralmente. Por volta do estágio 3, em saltitadores emergentes, o pé da perna de balanço fica atrás da perna de apoio, e as coxas ficam paralelas. Como descrito antes, os saltitadores proficientes (estágio 4) usam a perna de balanço como meio de produção de força e projetam essa perna em uma ação pendular. Nesses dois últimos estágios, os saltitadores demonstram melhor equilíbrio, força na perna e coordenação entre os membros.

Eles também saltitam por uma distância horizontal maior nesses estágios em comparação com os dois primeiros. A sua perna de apoio estende-se inteiramente na decolagem e flexiona-se na aterrissagem para absorver as forças do saltitar.

A Figura 11.4 apresenta a idade em que 60% das crianças são capazes de executar cada estágio do saltitar. Os dados mostram que a habilidade de saltitar é iniciada por volta dos 6 meses a 1 ano, após ter começado o padrão de saltitar iniciante (Seefeldt e Haubenstricker, 1982). Os padrões do saltitar inicial ocorrem por volta do trigésimo mês de idade; em torno do quadragésimo segundo mês, meninas e me-

Tabela 12.9	Características de um saltitador proficiente

- Balanço efetivo sobre o pé de apoio
- A perna de apoio estende-se completamente na decolagem e flexiona-se na aterrissagem
- A coxa da perna que não é de apoio projeta-se para trás e para a frente, com o saltitar
- Os braços projetam-se em oposição ao movimento pendular da perna de balanço
- O corpo inclina-se para a frente

Estágio 1

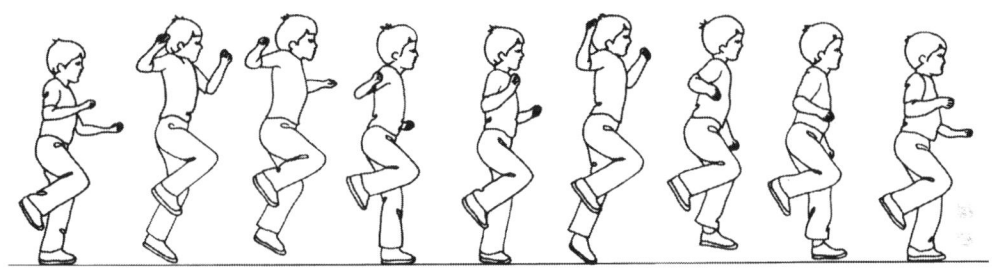

Estágio 2

Estágio 3

Estágio 4

Figura 12.5
Sequências de desenvolvimento do saltitar.
Reimpressa com permissão da Dra. Crystal Branta e da Michigan State University Performance Study.

ninos apresentam o estágio 2. Essa habilidade é uma das poucas em que as meninas passam à frente dos meninos; cerca do quinquagésimo oitavo mês elas já se encontram no estágio 3, sendo que os meninos só alcançarão esse estágio por volta do sexagésimo quarto mês. Aproximadamente aos 84 meses (7 anos), as meninas apresentam o estágio 4, que aparece nos meninos um pouco depois, aos 90 meses. A sequência inter-habilidades da corrida e do saltitar mostra que a maioria das crianças encontra-se no padrão do estágio 2 de corrida antes de se iniciarem na habilidade de saltitar. Elas já saltam com os dois pés pelo menos seis meses antes de adquirirem domínio no estágio 1 do saltitar. Essas sequências inter-habilidades são valiosas para o professor de educação física do ensino fundamental na hora da elaboração dos planos anuais e dos planos por unidade para as habilidades de locomoção.

Sequência de desenvolvimento do saltitar para os componentes do corpo

O saltitar também tem sido descrito a partir da perspectiva de dois componentes, os braços e as pernas (Halverson e Williams, 1985). A Tabela 12.10 identifica a ação das pernas no nível 4 e a ação dos braços no nível 5.

Em geral, a ação dos saltitadores iniciais é estranha, ineficiente e demanda energia. Os saltitadores mais novos com frequência perdem o equilíbrio facilmente e só são capazes de apresentar alguns poucos saltitos de uma única vez, sem encostar no chão o pé que não é de apoio; poucas crianças com menos de 3 anos são capazes de saltitar nos níveis iniciais ou de dar saltitos repetidos (Bayley, 1969; Haubenstricker, Branta, Seefeldt e Brakora, 1989; McCaskill e Wellman, 1938; Seefeldt e Haubenstricker, 1982). Os saltitadores proficientes, por sua vez, podem saltitar com eficiência mecânica e velocidade.

Pode-se executar o saltito com as pernas direita e esquerda. As crianças costumam ter um pé preferido, e o saltitar sobre o pé não dominante é inferior ao do pé dominante. Halverson e Williams (1985) registraram que o saltitar do lado não dominante ficava atrás do saltitar do lado dominante em termos desenvolvimentais. Eles observaram também que poucas crianças com idade de 3 a 5 anos podiam ser classificadas nos níveis avançados dessa habilidade. Para a criança com excesso de peso, o saltitar é especificamente desafiador, pois a sua proporção força-peso é baixa. O período da pré-escola e os primeiros anos do ensino fundamental são importantes para dar à criança a prática e o *feed-*

Tabela 12.10	Sequências de desenvolvimento do saltitar para os componentes do corpo
Componente das pernas	**Componente dos braços**
P1 *Voo momentâneo* – A perna e o joelho de apoio são puxados para cima, e a perna de balanço é mantida à frente ou na lateral. São possíveis apenas um ou dois saltitos em sequência. P2 *Queda e captura com a perna de balanço inativa* – Leve inclinação para a frente, com um pouco de extensão do joelho e do tornozelo, o que ajuda o corpo a "cair" para a frente. São possíveis repetidos saltitos. P3 *Decolagem projetada, assistência da perna de balanço* – A perna de apoio estende-se na decolagem e flexiona-se com rapidez na aterrissagem. A perna de balanço projeta-se um pouco, mas há pouca produção de força. P4 *Atraso na projeção, perna de balanço como guia* – A transferência de peso da decolagem à aterrissagem, sobre o pé de apoio, é suave. A ação de projeção forte na perna de balanço transmite potência à perna de apoio.	B1 *Bilateral inativo* – Braços bilaterais, elevados e movimentando-se na lateral. B2 *Bilateral reativo* – Os braços balançam para cima e na lateral, em uma ação do tipo "asa". B3 *Bilateral com assistência* – Os braços projetam-se para cima e para baixo, juntos, à frente do corpo. B4 *Semioposição* – O braço do lado oposto à perna de balanço movimenta-se em oposição; o braço do outro lado é variável. B5 *Oposto com assistência* – Os braços balançam em oposição à perna de balanço, especialmente durante o saltitar cujo objetivo é a velocidade.

back sobre boas técnicas de saltitar. Sendo assim, o saltitar, como habilidade, requer significativo gasto de energia, e aulas inteiras só com saltitar não são recomendadas, pois seriam exaustivas e não motivariam as crianças mais jovens. Assim como o saltar, o saltitar deve ser desenvolvido por meio de atividades iniciais, jogos e danças ou então deve ser colocado na unidade das habilidades motoras, junto com aquelas que demandam menos energia.

ORIENTAÇÕES NORTE-AMERICANAS E AS HABILIDADES MOTORAS FUNDAMENTAIS

No Capítulo 11, foi examinado o desenvolvimento das habilidades de manipulação e, neste capítulo, vocês acabaram de ler a respeito das habilidades de locomoção. Como já enfatizado, o desenvolvimento das HMFs é importante para esportes, jogos e atividades físicas ao longo de toda a vida. Essas HMFs devem ser desenvolvidas no início da infância e nos anos subsequentes. A National Association for Sport and Physical Education (NASPE) também destaca a importância das habilidades motoras fundamentais para o desenvolvimento de uma pessoa educada sob a perspectiva do físico (NASPE, 2004) e para a promoção da atividade física pré-escolar (NASPE, 2009). A regra número 1 dos padrões nacionais da educação física (NASPE, 2004) declara que os estudantes devem ser capazes de:

- "Demonstrar competência nas habilidades motoras e nos padrões de movimento necessários à execução de uma atividade física variada."

De modo similar, as orientações para atividade física *Active Start*, da NASPE, declara que "Todas as crianças, desde o nascimento até a idade de 5 anos, devem se engajar em atividades físicas diárias que promovam o desenvolvimento das habilidades de movimento e as bases de uma aptidão física relacionada à saúde". De modo específico, a orientação 3 para pré-escolares declara que, nessa fase, as crianças devem:

- "Desenvolver competência nas habilidades motoras fundamentais, que servirão de alicerce para a atividade física e as habilidades motoras."

PERSPECTIVAS INTERNACIONAIS

Saltitar, *skip* e saltar: a *morris dance* em ação

A *morris dance* é uma forma antiga de dança folclórica inglesa, que remonta, provavelmente, à época pré-cristã e a resquícios da sociedade dos druidas. Hoje ela é uma forma ritualizada de dança folclórica, executada ao som de música, ao ar livre, em vilas do interior da Inglaterra por grupos de homens e mulheres especialmente escolhidos e treinados. Os dançarinos levam sinos nas pernas, lenços ou bastões nas mãos e chapéus na cabeça. As *morris dances* tradicionais incluem todas as habilidades de locomoção tratadas neste capítulo, como *skipping*, saltitar, galopar, correr lateralmente e saltar, e acredita-se que muitas delas são danças da fertilidade. Uma das referências mais antigas à *morris dance* está na peça de Shakespeare *Tudo vai bem quando termina bem* (ato II, cena 21). Em geral, essa dança é executada no 1º de maio. O *Book of sports* do rei James I, no começo do século XVII, também mencionava a *morris* nas celebrações dessa data.

Eu me lembro das comemorações do 1º de maio durante a minha infância, em um pequeno povoado no interior da Inglaterra, chamado Waltham St. Lawrence. A trupe local fazia a apresentação da dança de *morris* no centro do povoado, em frente a uma igreja do século XIV e a um bar. A comunidade toda se reunia para assistir e celebrar o início da primavera. Os dançarinos da trupe saltitavam, faziam o *skip*, saltavam e galopavam ao ritmo da música, em geral tocada em um acordeão.

Veja http://www.youtube.com/watch?v=RZjLATAUwao &feature=related e http://www.britannia.com/wonder/modance.html (Jackie Goodway).

Esses padrões nacionais para a educação física e a atividade física reconhecem que as HMFs são importantes e devem ser ensinadas, praticadas e reforçadas durante os anos da infância. Alinhada com essa perspectiva, a avaliação das HMFs é importante porque permite a professores, técnicos e outros profissionais:

- Determinar o grau de desenvolvimento da *performance* das HMFs apresentadas pela criança e estabelecer se ela está demonstrando habilidades apropriadas à idade ou se precisa de uma educação física adaptada.
- Monitorar o progresso da criança durante a unidade de instrução ou programa de

habilidades motoras e relatar esse progresso aos pais.
- Examinar a efetividade das instruções e garantir "a adequação da aptidão física" entre as atividades instrucionais e o nível de desenvolvimento da criança.

AVALIAÇÃO DAS HABILIDADES MOTORAS FUNDAMENTAIS

Ao longo deste capítulo e no anterior, tratamos das perspectivas do processo e do produto no campo do desenvolvimento das HMFs. Antes de fornecermos uma visão geral breve dos principais instrumentos de avaliação usados no exame das HMFs, precisamos definir alguns termos importantes para o mundo do exame e da avaliação:

- **Testes orientados para o produto** – examinam o resultado de determinada habilidade. Por exemplo: de 10 lançamentos, quantos a criança consegue pegar ou que distância atinge o seu arremesso.
- **Testes orientados para o processo** – examinam o padrão da *performance*, como forma, estilo ou mecânica do movimento. Por exemplo: as sequências de desenvolvimento identificadas anteriormente.
- **Testes que usam normas como referência** – comparam as habilidades da criança às de outros sujeitos de idade e sexo similares (e às vezes da mesma raça e condição socioeconômica). O teste que usa normas como referência fornece uma classificação de acordo com um percentil. Por exemplo, uma criança com percentil 75 é melhor do que 75% das crianças da sua idade.
- **Testes que usam critérios como referência** – examinam a qualidade do movimento em comparação com alguns critérios predeterminados de *performance*. Por exemplo: a criança dá um passo no padrão contralateral (de oposição) ao arremessar?
- **Fidedignidade** – testes que fornecem valores consistentes de um período de teste a outro.
- **Validade** – testes que medem realmente o que afirmam medir.
- **Objetividade** – testes que fornecem resultados similares quando administrados por diferentes testadores.

Conceito 12.4

As avaliações podem ser classificadas de acordo com normas ou critérios e podem ser orientadas para o produto ou para o processo.

Forneceremos uma visão geral breve sobre as três principais abordagens de avaliação das habilidades motoras fundamentais durante a infância.

Teste do Desenvolvimento Motor Amplo – Segunda Edição (TGMD-2 – Test of Gross Motor Development)

O TGMD-2 é um teste que usa normas e critérios como referência e destina-se a avaliar 12 HMFs em crianças de 3 a 10 anos (Ulrich, 2000). O TGMD-2 inclui duas subescalas, o controle da locomoção e o controle de objetos (manipulação):

- Seis habilidades de locomoção (correr, galopar, saltitar, passo saltado, saltar, correr lateralmente)
- Seis habilidades de controle de objetos (rebater, driblar, pegar, chutar, arremessar, rolar).

No TGMD-2, cada habilidade motora fundamental tem de 3 a 5 critérios de *performance* (ver Fig. 12.6). As crianças são avaliadas no seguinte aspecto: se conseguem atender os critérios da *performance* (equivale à pontuação 1) ou se não conseguem (equivale à pontuação 0). São realizados dois testes para cada uma das 12 HMFs; somam-se todos os números 1 e 0, com uma possível variação de 0 a 48 pontos para a subescala de locomoção e a subescala de controle de objetos. A partir do escore bruto, podem ser calculados valores-padrão, deixando de fora a idade, a fim de comparar duas crianças de idades diferentes. Além disso, pode ser elaborada uma classificação por percentil, com base na idade e no sexo da criança. Altos escores na habilidade e posição elevada na classificação por percentil indicam que as crianças atendem

Seção VI. Registro de *performance* no subteste

Mão preferida: Direita ☐ Esquerda ☐ Não determinada ☐
Pé preferido: Direito ☐ Esquerdo ☐ Não determinado ☐

Subteste de locomoção

Habilidade	Materiais	Direções	Critérios da performance	Tentativa 1	Tentativa 2	Escore
1. Correr	21 m de espaço livre e dois cones	Colocar dois cones a 18 m de distância um do outro. Confirmar se restaram pelo menos 3 a 3,5 m de espaço livre além do segundo cone, para garantir uma distância de segurança para a parada. Pedir à criança que corra o mais rapidamente possível de um cone ao outro, assim que você disser: "Já". Repetir o mesmo na segunda tentativa.	1. Os braços movem-se em oposição às pernas, cotovelos flexionados 2. Breve período em que os dois pés ficam fora do solo 3. Aterrissagem com parte do pé, calcanhar ou ponta do pé, no solo (i.e., os pés não tocam chapados no chão) 4. Perna que não é de apoio flexionada cerca de 90° (i.e., perto das nádegas)			
			Escore na habilidade			
2. Galopar	9 m de espaço livre, fita ou dois cones	Marcar a distância de 9 m com os dois cones ou com a fita. Pedir à criança galopar de um cone a outro. Repetir o mesmo na segunda tentativa, galopando de volta até o cone original.	1. Braços flexionados, erguidos na altura da cintura, no momento da decolagem 2. Um passo para a frente com o pé-guia, seguido de um passo com o pé arrastado, até uma posição ao lado ou atrás do pé-guia 3. Breve período em que os dois pés ficam fora do solo 4. Manter um padrão rítmico em quatro galopes consecutivos			
			Escore na habilidade			
3. Saltitar	Um mínimo de 5 m de espaço livre	Pedir à criança para saltitar três vezes, apoiando-se no pé preferido (determinado antes do teste) e depois três vezes no outro pé. Repetir o mesmo na segunda tentativa.	1. A perna que não é de apoio balança para a frente, em um movimento pendular, para produzir força 2. O pé da perna que não é de apoio permanece atrás do corpo 3. Os braços ficam flexionados e balançam para a frente, a fim de produzir força 4. Decolagem e aterrissagem três vezes sucessivas, apoiando-se no pé preferido 5. Decolagem e aterrissagem três vezes sucessivas, apoiando-se no outro pé			
			Escore na habilidade			
4. Passo saltado	Um mínimo de 7 m de espaço livre, um saquinho de feijão para atividades infantis e uma fita	Colocar o saco de feijão no chão. Colar a fita no chão, de modo que ela fique cerca de 3,5 m de distância dele. Pedir à criança que fique sobre a fita, saia correndo e pule o saco de feijão. Repetir o mesmo na segunda tentativa.	1. Decolagem com apoio em um único pé e aterrissagem com o pé oposto 2. O período em que os dois pés ficam fora do solo é mais longo do que o da corrida 3. Extensão à frente, como se fosse pegar algo, do braço oposto à perna-guia			
			Escore na habilidade			

Figura 12.6
Folha de escores do teste de desenvolvimento motor amplo – 2ª edição. *(continua)*

Habilidade	Materiais	Direções	Critérios da performance	Tentativa 1	Tentativa 2	Escore
5. Saltar na horizontal	Um mínimo de 3,5 m de espaço livre e uma fita	Marcar a linha de largada no chão. Pedir à criança que fique atrás da linha e depois salte o mais longe possível. Repetir o mesmo na segunda tentativa.	1. O movimento preparatório inclui a flexão dos dois joelhos, com os braços estendidos atrás do corpo 2. Os braços estendem-se vigorosamente para a frente e para cima, alcançando a extensão total acima da cabeça 3. Decolagem e aterrissagem com os dois pés simultaneamente 4. Os braços são lançados para baixo durante a aterrissagem			
			Escore na habilidade			
6. Deslizar	Um mínimo de 9 m de espaço livre, uma linha reta e dois cones	Colocar os cones a 9 m de distância um do outro, sobre a linha no solo. Pedir à criança para deslizar de um cone até o outro e depois retornar. Repetir o mesmo na segunda tentativa.	1. O corpo fica virado para o lado, deixando os ombros alinhados com a linha no solo 2. A criança dá um passo para a lateral, com o pé-guia, seguido de um escorregar do pé arrastado até um ponto próximo do pé-guia 3. São feitos, no mínimo, quatro ciclos contínuos de passo-deslizar para a direita 4. São feitos, no mínimo, quatro ciclos contínuos de passo-deslizar para a esquerda			
			Escore na habilidade			
			Escore bruto no subteste de locomoção (soma dos escores das seis habilidades)			

Subteste de controle de objetos

Habilidade	Materiais	Direções	Critérios da performance	Tentativa 1	Tentativa 2	Escore
1. Rebater uma bola estacionária	Uma bola leve de 11 cm, um bastão de plástico, um *tee* de golfe	Colocar a bola sobre o *tee* no nível da cintura da criança. Pedir a ela que bata forte na bola. Repetir o mesmo na segunda tentativa.	1. A mão dominante segura o bastão acima da mão não dominante 2. O lado não preferido do corpo fica de frente para o lançador imaginário, os pés ficam paralelos 3. Rotação do quadril e dos ombros durante o balanceio 4. Transferência do peso do corpo para o pé da frente 5. O bastão toca na bola			
			Escore na habilidade			
2. Drible estacionário	Uma bola de brinquedo de 22 a 27,5 cm para crianças de 3 a 5 anos; uma bola de basquete para crianças de 6 a 10 anos; uma superfície dura e reta	Pedir à criança que faça quatro dribles, usando uma das mãos e sem tirar os pés do solo, segurar a bola interrompendo o movimento. Repetir o mesmo na segunda tentativa.	1. Toque na bola com uma mão, no nível da cintura 2. A criança empurra a bola com as pontas dos dedos (e não com a palma) 3. Toque da bola na superfície à frente ou longe do pé do lado preferido 4. A criança mantém o controle da bola durante quatro batidas consecutivas, sem movimentar o pé para recuperá-la			
			Escore na habilidade			

Figura 12.6
(continuação)

Habilidade	Materiais	Direções	Critérios da performance	Tentativa 1	Tentativa 2	Escore
3. Pegar	Uma bola de plástico de 11 cm, 5 m de espaço livre e uma fita	Marcar duas linhas a 5 m de distância uma da outra. A criança fica de pé sobre uma linha, e o lançador sobre a outra. Arremessar a bola de baixo para cima, diretamente para a criança, com um leve arco, na direção do seu peito. Pedir-lhe para pegar a bola com as duas mãos. Contam-se apenas os lançamentos que chegam à criança entre a sua cintura e os seus ombros. Repetir o mesmo na segunda tentativa.	1. Fase de preparação, em que as mãos ficam à frente do corpo e os cotovelos flexionados 2. Os braços estendem-se para alcançar a bola que está chegando 3. A criança segura a bola apenas com as mãos			
			Escore na habilidade			
4. Chutar	Uma bola de futebol, de brinquedo ou de plástico de 20 a 25,5 cm; um saquinho de feijão para atividades infantis; 10 m de espaço livre; e uma fita	Marcar uma linha a 10 m de distância da parede e outra linha a 7 m de distância da parede. Colocar a bola em cima do saco de feijão, na linha mais próxima da parede. Pedir à criança para ficar de pé sobre a outra linha, depois correr na direção da bola e dar um chute forte nela, para batê-la na parede. Repetir o mesmo na segunda tentativa.	1. Abordagem rápida e contínua para atingir a bola 2. Passada alongada logo antes do toque na bola 3. O pé que não vai chutar fica no nível da bola ou um pouco atrás dela 4. O chute na bola é dado com o peito (sobre o cadarço do tênis) ou com a ponta do pé preferido			
			Escore na habilidade			
5. Arremesso por sobre a cabeça	Uma bola de tênis, uma parede, uma fita e 7 m de espaço livre	Colar um pedaço da fita no chão, a 7 m de distância da parede. Pedir à criança para ficar atrás da linha de 7 m, de frente para a parede, e arremessar a bola com força para batê-la na parede. Repetir o mesmo na segunda tentativa.	1. Inicia-se uma elevação, em um movimento da mão/braço de baixo para cima 2. Rotação do quadril e dos ombros até o ponto em que o lado que não vai arremessar fique de frente para a parede 3. O peso é transferido quando se dá um passo com o pé oposto ao da mão de arremesso 4. O follow-through acontece além da liberação da bola na diagonal, ao longo do corpo, na direção do lado não preferido			
			Escore na habilidade			
6. Rolar com a mão baixa	Uma bola de tênis para crianças de 3 a 6 anos, uma bola de softball para crianças de 7 a 10 anos, dois cones, uma fita e 7,62 m de espaço livre	Colocar os dois cones junto à parede, com 1,5 m de distância entre si. Colocar um pedaço de fita no chão, a 7 m da parede. Pedir à criança que role a bola com força, de modo que ela passe entre os cones. Repetir o mesmo na segunda tentativa.	1. A mão preferida faz um balanço para baixo e para trás, alcançando a parte de trás do tronco, enquanto o peito fica virado para os cones 2. O passo é dado para a frente, com o pé oposto à mão preferida, na direção dos cones 3. Os joelhos ficam flexionados para baixar o corpo 4. A bola é liberada perto do chão, de modo que não se eleve a mais de 10 cm de altura			
			Escore na habilidade			
			Escore bruto do subteste de controle de objetos (soma dos escores das seis habilidades)			

Figura 12.6
(continuação)

os critérios da *performance* e são competentes no aspecto motor. Aquela cuja classificação por percentil fica abaixo de 25 é considerada atrasada em termos desenvolvimentais (Ulrich, 2000). Essa escala tem confiabilidade e validade documentadas. Esse teste é um dos mais usados como instrumento de avaliação por professores e também por pesquisadores. O TGMD-2 é usado com frequência para identificar aquelas crianças que precisam de serviços de Educação Física Adaptada e leva cerca de 15 minutos para ser aplicado.

Bateria de Avaliação do Movimento para Crianças – 2ª Edição

A Bateria de Avaliação do Movimento para Crianças – 2ª Edição (Movimento ABC-2) (Henderson, Sugden e Barnett, 2007), uma revisão da Bateria de Avaliação do Movimento para Crianças, é usada para identificar estudantes de 3 anos a 16 anos e 11 meses que têm dificuldades de movimento ou possíveis problemas de domínio do movimento ou, então, que se encontram significativamente atrasados em relação aos seus pares. O teste de Movimento ABC-2 é uma ferramenta de avaliação padronizada, na qual a criança realiza uma série de oito tarefas motoras reunidas em três grupos: destreza manual, objetivo e pegada e equilíbrio. As tarefas variam com base na idade da criança, e o teste divide-se em três faixas etárias:

- Faixa etária 1: 3 a 6 anos
- Faixa etária 2: 7 a 10 anos
- Faixa etária 3: 11 a 16 anos.

O movimento ABC-2 leva cerca de 20 a 40 minutos para ser aplicado, dependendo da idade e do grau de dificuldade experimentado, assim como da experiência do examinador. Esse teste é usado para identificação, planejamento de intervenção, avaliação de programa, sendo uma ferramenta de pesquisa, tendo tanto confiabilidade como validade (ver o *site* associado).

Sequências de desenvolvimento

As sequências de desenvolvimento (do corpo inteiro e do componente) descritas neste e no Capítulo 11 podem ser usadas para avaliar as HMFs da criança. Essas avaliações são rápidas, desenvolvimentais, válidas e confiáveis. Uma série de abordagens pode ser usada pelo professor para avaliar as HMFs no ambiente de um ginásio esportivo. O professor pode montar uma estação de teste e cada criança percorrerá essa estação, realizando de 3 a 5 tentativas de prática da habilidade, enquanto é avaliado formalmente o seu estágio. Uma abordagem menos formal e talvez mais prática para o professor de educação física é o uso de etiquetas coloridas. Cada cor representa um estágio; o verde pode ser, por exemplo, o estágio 1. À medida que o professor providencia o rodízio das crianças pelas estações de habilidades, fornecendo *feedback*, ele coloca a etiqueta colorida correspondente na criança, depois de observar a prática da habilidade. Ao sair do ginásio esportivo, as crianças colocam a sua etiqueta em um gráfico, junto à porta, embaixo de seu nome. Ao usar as sequências de desenvolvimento na pesquisa, o cientista tem de cuidar da padronização do equipamento e do ambiente de teste, pois tarefas e equipamentos diferentes modificam a habilidade. O pesquisador também deve gravar um vídeo da *performance*, a fim de garantir a confiabilidade entre os definidores de taxas (*raters*) (garantindo que dois definidores diferentes vão sugerir um mesmo estágio). O vídeo é imprescindível na abordagem dos componentes, pois muitas vezes são necessárias várias observações até que seja possível reproduzi-los todos.

Que avaliação?

Há muitos testes diferentes para medição das HMFs, e os três descritos são os mais comuns. Dentre os outros que não revisamos, estão o Peabody Developmental Motor Scale (2ª Edição), o Bruininks-Oseretsky Test of Motor Proficiency e o Fundamental Movement Patern Assessment. Não há uma resposta única quando a pergunta é qual avaliação deve ser escolhida para examinar as HMFs. Isso depende de muitos fatores. Algumas considerações são:

- O propósito da avaliação, por exemplo, identificação para a educação física adaptada, pesquisa ou rastreamento da efetividade das instruções
- O número de crianças que serão testadas e o tempo disponível para a avaliação

- As condições em que a criança será testada; por exemplo: sozinha, no ambiente da sala de aula ou no contexto de uma pesquisa
- A confiabilidade e a validade do teste, sua objetividade e o treinamento do testador
- A existência de normas de teste e a necessidade dessas normas para o propósito da avaliação
- As características da população a ser testada

Resumo

As habilidades de locomoção consistem em um grupo de HMFs que permitem ao indivíduo deslocar-se pelo espaço ou movimentar o corpo, indo de um ponto a outro. O desenvolvimento da competência básica nas habilidades de locomoção é essencial para o engajamento em uma atividade física significativa para a saúde e para a movimentação efetiva em vários esportes, jogos e danças. Correr, galopar, saltitar em um só pé, *skipping*, saltar, dar passo saltado e correr lateralmente são as formas mais comuns das habilidades de locomoção. As sequências de desenvolvimento (do corpo inteiro e dos componentes) descrevem como as crianças adquirem as habilidades motoras, passando de padrões de movimento *de iniciante*, mecanicamente ineficientes, a padrões *emergentes*, de eficiência crescente. O objetivo é que a criança desenvolva padrões de movimento *proficientes*, biomecanicamente eficientes. A pesquisa das habilidades de locomoção mostra como a melhoria das medidas do *processo* de *performance* das habilidades motoras resulta em melhor *produto* do movimento, como tempos mais rápidos na corrida ou maiores distâncias no salto. O conhecimento sobre as sequências de desenvolvimento e as restrições que afetam as habilidades prepara melhor o professor, o técnico ou o médico para a elaboração de experiências de movimento apropriadas para a criança em termos desenvolvimentais. A avaliação das HMFs inclui formas de testes orientados para o processo, com critérios e normas de referência. A seleção do instrumento de avaliação adequado depende de muitos fatores diferentes.

QUESTÕES PARA REFLEXÃO

1. Por que é importante para a criança ter muitas experiências de prática das habilidades motoras fundamentais?
2. Você seria capaz de dar uma definição, em suas próprias palavras, para cada uma das cinco habilidades de locomoção: correr, *skip*, galopar, saltar e saltitar?
3. O que significam os termos *filogenéticos* e *ontogenéticos*? Que implicações eles têm no trabalho de professores e técnicos?
4. Em geral, para as habilidades de locomoção, que aspectos-chave caracterizam os estágios inicial, emergente e proficiente do desenvolvimento?
5. Na habilidade de saltar, qual é a diferença das avaliações com medição do processo e do produto? Qual delas é melhor para a análise da habilidade em crianças mais novas?
6. Descreva qual é a relação entre a medida do processo e do produto das HMFs.
7. Escolha uma habilidade de locomoção. Aponte algumas das medições quantitativas ou do produto dessa habilidade.
8. Descreva as sequências inter-habilidades (entre as habilidades) no desenvolvimento das habilidades de locomoção.
9. Explique as inter-relações entre galopar, correr lateralmente, saltitar e *skipping*.
10. Escolha uma avaliação das HMFs, descreva-a e explique por que você escolheu essa avaliação.

Leitura básica

Branta, C., Haubenstricker, J., & Seefeldt, V. (1984). Age changes in motor skills during childhood and adolescence. *Exercise and Sport Science Review, 12,* 467–520.

Haubenstricker, J. L., & Branta, C. F. (1997). The relationship between distance jumped and developmental level on the standing long jump in young children. In J. E. Clark & J. H. Humphrey (Eds.), *Motor Development: Research and Review,* Vol. 12 (pp. 64–85). Reston, VA: NASPE Publications.

National Association for Sport and Physical Education (2009). *Active Start: A Statement of Physical Activity Guidelines for Children Birth to Five Years* (2nd ed.). Oxon Hill, MD: AAHPERD Publications.

Thomas, J. R., & French, K. E. (1985). Gender differences across age in motor performance: A meta-analysis. *Psychological Bulletin, 98,* 260–282.

Recursos na WEB

National Association of Sport and Physical Education

http://www.aahperd.org/naspe/
Esse *site* fornece *links* para padrões norte-americanos da educação física e um conjunto de recursos para profissionais envolvidos com as habilidades motoras.

TGMD – 2ª Edição

http://www.proedinc.com/customer/productView.aspx?ID=1776
Esse *site* fornece um *link* para informações sobre o teste e sobre a sua aquisição.

Movement ABC

http://www.pearsonassessments.com/HAIWEB/Cultures/en-us/Productdetail.htm?Pid=015-8541-308&Mode=summary
Esse *site* fornece informações sobre o produto e sobre a aquisição dessa avaliação.

Physical education website – PE Central

http://www.pecentral.org/
Esse *site* fornece planos de aula, avaliação de instrumentos e outros recursos profissionais para professores de educação física e da área de saúde.

http://www.olympic.org/en/
Esse *site* fornece uma lista de esportes olímpicos, informações sobre atletas e recordes olímpicos, além de uma história das Olimpíadas.

Capítulo 13

Desenvolvimento Físico da Criança

PALAVRAS-CHAVE

Aptidão física
Aptidão física relacionada à saúde
Resistência aeróbia
Consumo máximo de oxigênio (VO$_2$ máx)
Acelerômetro
Força muscular
Isométrico
Isotônico
Isocinético
Dinamômetro
Resistência muscular
Flexibilidade articular
Flexibilidade estática
Flexibilidade dinâmica
Composição corporal
Medidores de dobras cutâneas
Hormônios anabólicos
Hormônios catabólicos
Testosterona
Adaptação neuromuscular
Placas de crescimento
Aptidão motora
Coordenação
Equilíbrio
Velocidade
Agilidade
Potência

COMPETÊNCIAS ADQUIRIDAS NESTE CAPÍTULO

Ao finalizar este capítulo, você será capaz de:

- Demonstrar conhecimento dos dados disponíveis sobre os escores de desempenho e mudanças nos padrões motores durante a infância
- Descrever as diferenças e semelhanças no desenvolvimento motor entre os sexos
- Discutir mudanças nas dimensões dos movimentos, como equilíbrio, regulação de tempo ou produção/controle de força
- Demonstrar conhecimento das principais mudanças na composição corporal e no funcionamento fisiológico em homens e mulheres
- Discutir o efeito do exercício sobre os sistemas do corpo e a composição corporal, como o desenvolvimento ósseo e muscular e a capacidade cardiorrespiratória
- Tirar conclusões relativas aos méritos e/ou responsabilidades do treinamento de força e resistência para meninos e meninas na pré--puberdade
- Fazer a distinção entre aptidão física relacionada à saúde e aptidão física durante a infância
- Interpretar as curvas de velocidade sobre vários parâmetros da aptidão física da criança
- Identificar diferenças e semelhanças na *performance* motora entre os sexos

> **CONCEITO-CHAVE**
>
> A aptidão física de crianças tem sido avaliada por meio de uma série de medidas feitas no campo e em laboratórios e pode ser melhorada pela aplicação de técnicas de treinamento apropriadas.

A aptidão física relacionada à saúde e a aptidão motora das crianças são questões que devem preocupar a todos, não apenas a professores de educação física, técnicos e médicos. Nas últimas décadas, nos Estados Unidos, os níveis de aptidão física de meninos e meninas receberam considerável atenção na literatura profissional e leiga. A American Alliance for Health, Physical Education, Recreation, and Dance (AAHPERD) tornou-se líder na pesquisa de aptidão física dos jovens norte-americanos por meio do desenvolvimento e da promoção do teste nacional de aptidão física dos jovens. Esse teste, com revisões, tornou-se a base de comparações entre décadas em 1965, 1975 e 1985. O AAHPERD Youth Fitness Test e o AAHPERD Health-Related Physical Fitness Test foram, provavelmente, os testes de aptidão física padronizados mais usados em todo o país na década de 1980. Uma nova geração de medições de aptidão física feitas no campo é agora o teste de aptidão física nacional número 1 para jovens. O *President's Challenge*, do President's Council on Fitness, Sports and Nutrition, e o *Fitnessgram*, do Cooper Institute, despontaram nos Estados Unidos como as duas baterias de aptidão física mais populares entre os profissionais que trabalham no campo. Recentemente, várias características da aptidão física de mais de 2,5 milhões de estudantes do Texas foram avaliadas por meio do *Fitnessgram* (Morrow et al., 2010).

> **CONCEITO 13.1**
>
> Acredita-se que uma série de medições que podem ser feitas no campo possam avaliar vários aspectos da aptidão física de crianças.

Ao longo dos últimos anos, indícios suficientes indicam que grande número de crianças encontra-se fora de forma. De acordo com o National Health and Nutrition Examination Survey de 2007-2008 (Centers for Disease Control and Prevention, 2009), nos Estados Unidos, as crianças são mais pesadas e mais obesas do que os seus pares das gerações anteriores.

> **CONCEITO 13.2**
>
> Em nível nacional norte-americano, muitas das crianças da atualidade são consideradas fora de forma.

A definição de *aptidão física* é um passo necessário para o estabelecimento de padrões para crianças. Embora não haja consenso a respeito do termo **aptidão física**, usaremos a seguinte definição como guia: "Aptidão física é um estado positivo de bem-estar, influenciado por atividade física regular, constituição genética e adequação nutricional". Em termos mais específicos, pode ser dividida em aptidão física relacionada à saúde e aptidão motora ou relacionada à *performance*.

APTIDÃO FÍSICA RELACIONADA À SAÚDE

Estudos extensivos no campo da aptidão física têm sido realizados ao longo dos últimos anos, aumentando de maneira significativa os dados a respeito da aptidão física das crianças. A revisão da literatura sobre o assunto, no entanto, revela acentuada falta de informações sobre crianças com menos de 6 anos. As razões disso são muitas. A maioria dos testes de aptidão física exige que o indivíduo "dê o máximo de si" e faça a sua *performance* máxima. Qualquer pessoa que esteja familiarizada com crianças pequenas reconhece a dificuldade dessa situação. Os problemas consistem em: (1) ser capaz de motivar o suficiente a criança a apresentar a *performance* máxima, (2) determinar com precisão se o esforço máximo foi alcançado e (3) vencer os medos dos pais ansiosos. Especialistas que trabalham com crianças mais novas têm uma área fértil para o estudo da questão. Cuidadosamente controlada, a pesquisa minuciosa revela muitas informações valiosas. A resistência aeróbia, a força muscular, a resistência muscular, a flexibilidade articular e a composição corporal são os componentes da **aptidão física relacionada à saúde**. Cada um desses componentes é abordado de modo breve

Perspectivas internacionais

Culturas ativas (não, não é um tipo de iogurte)

Todos temos consciência dos benefícios resultantes dos avanços tecnológicos, mas quando o assunto são fatores relacionados à atividade e à aptidão física a tecnologia costuma ser ambivalente. Ela eleva os nossos padrões de saúde e ajuda a tratar e erradicar algumas doenças, mas também pode contribuir para o avanço de determinadas doenças ligadas a estilos de vida sedentários. Com frequência a tecnologia é característica definidora de uma cultura. Um estudo investigativo comparou os níveis de atividade física de crianças criadas em lares da Old Amish Order e da Old Mennonite Order (comunidades fechadas e conservadoras fundadas por imigrantes nos Estados Unidos) e em lares mais contemporâneos. Descobriu-se que, sem os avanços tecnológicos observados em muitas casas contemporâneas, as crianças cujo estilo de vida é mais tradicional engajam-se em níveis muito mais elevados de atividade física de intensidade moderada e vigorosa (Esliger et al., 2010). Resultados similares foram encontrados quando compararam os níveis de aptidão física de crianças chinesas que vivem em Hong Kong e de outras que viviam na China. Os pesquisadores sugeriram que, embora compartilhassem a mesma etnia, as crianças de Hong Kong tinham níveis de aptidão física mais baixos por causa das diferentes experiências de educação e entretenimento e também da "dieta mista – oriental e ocidental" (Chung, Chung e Chen, 2008).

nos parágrafos a seguir, de acordo com o que sabemos até o momento.

Resistência aeróbia cardiovascular

A **resistência aeróbia** é um aspecto da resistência muscular específico do coração, dos pulmões e do sistema vascular. Ela se refere à capacidade de realizar numerosas repetições de uma atividade estressante, exigindo considerável uso dos sistemas circulatório e respiratório. O **consumo máximo de oxigênio** (VO_2 **máx**) refere-se à maior quantidade de oxigênio que o indivíduo pode consumir durante o trabalho físico, respirando ao nível do mar. Ele mede a capacidade máxima do indivíduo de transferir oxigênio aos tecidos do corpo. O aumento da capacidade aeróbia do indivíduo é excelente indicador de um maior *output* de energia. Em geral considera-se que é possível um incremento de até 20% no VO_2 máx, pois a herança genética de cada um desempenha papel fundamental na capacidade de consumo de oxigênio. O consumo máximo de oxigênio tende a melhorar em função da idade até 18 a 20 anos em homens, mas tende a se nivelar ou cair por volta dos 14 anos em mulheres (Abernethy et al., 2005; Armstrong e Welsman, 2000). Declínios nesse ponto podem ser atribuídos à combinação entre fatores fisiológicos e sociais, enquanto as melhorias ocorrem sobretudo devido a treinamento. Quanto à magnitude das diferenças, as mulheres possuem cerca de 70 a 75% da capacidade dos homens de consumo de oxigênio. Mais especificamente, quando comparamos mulheres e homens de várias faixas etárias, os valores dos meninos são 10 a 15% maiores do que os das meninas aos 10 anos. Entretanto, as diferenças entre os sexos tornam-se mais drásticas durante a adolescência e costumam atingir 30 a 35% por volta dos 16 anos (Abernethy et al., 2005; Armstrong e Welsman, 2000). A medição do VO_2 máx de crianças com menos de 10 anos tende a ser menos confiável. Há alguns problemas inerentes ao teste de crianças mais jovens. Fatores como o uso de equipamentos de teste destinados a adultos, assim como fatores psicológicos ou cognitivos que inibem a criança e impedem que ela realize um esforço realmente máximo, podem gerar resultados pouco confiáveis (Malina, Bouchard e Bar-Or, 2004). Além disso, quando a criança realiza uma habilidade fundamental de corrida no nível inicial ou emergente e não no proficiente, a economia de movimento na esteira é consideravelmente menos eficiente.

A potência aeróbia máxima, quando medida pelo consumo máximo de oxigênio, é aceita universalmente como índice do estado e das mudanças na aptidão cardiovascular. Entretanto, não há consenso nem compreensão universal sobre a expressão da capacidade aeróbia máxima em relação ao tamanho corporal, um processo chamado de escalada. Saber como a potência aeróbia máxima está relacionada com a massa e o tamanho corporal é importante quando lidamos com crianças. Se, por um lado, tem sido demonstrada uma forte relação entre o VO_2 máx e as mudanças de tamanho corporal relacionadas ao crescimento, por outro, a influência específica do crescimento e da maturação sobre a potência aeróbia máxima não está clara (Malina, Bouchard e Bar-Or, 2004).

Ao longo dos anos, foram realizados vários estudos de laboratório com crianças para determinar seus valores do VO_2 máx. Armstrong e Welsman (2000) observaram que a proporção entre o VO_2 máx e peso de homens dos 8 aos 18 anos permanecia estável em 48 a 50 mL/kg, mas declinava em mulheres de 45 para 35 mL/kg quando os anos avançavam. Em geral, recomenda-se que o valor mínimo do VO_2 máx seja 42 para adultos; de acordo com Simons-Morton e colaboradores (1987), com base em suas revisões de crianças e aptidão física, "parece que a maioria das crianças apresenta valores bem acima desse nível" (p. 297).

As *respostas da frequência cardíaca* ao exercício, às vezes, são usadas como medidas brutas da resistência cardiovascular de crianças mais jovens em razão da dificuldade de reunir dados precisos sobre o VO_2 máx. A média normal da frequência cardíaca em repouso para quem tem por volta de 6 anos é de aproximadamente 80 bpm, enquanto aos 10 anos, está por volta de 70. Tem sido registrada uma frequência cardíaca máxima no exercício para crianças de cerca de 150 a 230 bpm. Em um experimento que pode ser considerado pioneiro em sua metodologia, Mrzena e Macuek (1978) testaram crianças de 3 a 5 anos na esteira. Pediram a cada sujeito que caminhasse ou corresse 5 minutos em uma esteira sem inclinação, regulada em três velocidades diferentes (3, 4 e 5 km/h). As frequências cardíacas mais elevadas registradas foram de 142 bpm. Outro grupo realizou a tarefa na esteira a 4 km/h, já com inclinação crescente de 5, 10 e 15°. Esse grupo produziu frequências cardíacas com média de 162 bpm. Os pesquisadores observaram que, quando a velocidade da esteira era aumentada para 6 km/h e a inclinação para 20°, "a criança não conseguia aumentar a frequência dos passos e perdia o equilíbrio" (p. 31). A média da capacidade aeróbia máxima de crianças em idade pré-escolar certamente é maior do que os escores obtidos nesse experimento, mas a maturidade do movimento e o estado psicológico e emocional da criança mais jovem determinam o grau de cooperação e o esforço durante o teste.

Há anos os pesquisadores usam uma variedade de técnicas para medir a atividade física. *Autorrelatos de atividades* em que o sujeito preenche um formulário destinado a ajudá-lo a lembrar-se da atividade física realizada em vários dias têm sido usados de forma extensiva. Embora sejam instrumentos válidos para adolescentes e adultos, não são recomendados para propósitos de pesquisa com crianças de menos de 10 anos, pois muitos meninos e meninas nessa faixa etária não conseguem, cognitivamente, lembrar-se de sua atividade física em detalhes. *Monitores da frequência cardíaca* também têm sido usados extensivamente para medir a atividade física diária. De novo, a validade é questionável, em especial com crianças, pois frequências cardíacas abaixo de 120 bpm não são fatores válidos para dedução da intensidade do exercício (Rowlands, Eston e Ingledew, 1997), e outros fatores, como emoções, podem elevar a frequência cardíaca.

O *acelerômetro* é o recurso preferido de avaliação da atividade física de crianças, pois é válido e econômico. O **acelerômetro** é um dispositivo eletromecânico que quando usado detecta e registra o movimento em um só plano ou em múltiplos planos. Uma série de estudos tem usado o acelerômetro para quantificar o nível da atividade física das crianças em uma série de ambientes (Jago et al., 2011; Pagels et al., 2011; Tudor-Locke et al., 2010).

> **Conceito 13.3**
>
> Embora exista uma série de instrumentos para medição dos níveis de atividade física das crianças, os acelerômetros têm se mostrado a forma de medição no campo mais válida e econômica.

Força muscular

A **força muscular** é a capacidade do corpo de exercer força. No seu senso mais puro, é a capacidade de exercer um esforço máximo. Crianças envolvidas em brincadeiras ativas diariamente incrementam a força das pernas quando correm e andam de bicicleta. A força dos braços é desenvolvida em atividades como levantar e carregar objetos, mexer com ferramentas, subir nos brinquedos do parquinho. A força pode ser classificada como **isométrica**, **isotônica** ou **isocinética**. A *força isométrica* envolve a aplicação de força sobre um objeto imóvel. O músculo se contrai, mas há pouca mudança no seu comprimento. A *força isotônica* refere-se à capacidade do músculo de percorrer toda a própria amplitude de movimento. Os músculos envolvidos contraem-se, mas também se encurtam durante a atividade. A flexão na barra e o supino são exemplos de atividades de força isotônicas. A *força isocinética* envolve a contração de um músculo e a sua manutenção em toda a amplitude do movimento. A força isocinética é medida por aparelhos especiais que regulam a resistência de acordo com determinada velocidade, enquanto o músculo trabalha.

Em situações em laboratório, a *força* em geral é medida por um dinamômetro ou tensiômetro. Esses dispositivos são altamente confiáveis quando usados por pessoal treinado. Os **dinamômetros** são aparelhos calibrados, destinados à medição da força da pegada, da perna e das costas. Os *tensiômetros* são mais versáteis, pois permitem a medição de muitos grupos musculares diferentes. Nos estudos longitudinais clássicos realizados por Clarke (1971), foram usados oito testes diferentes com tensiômetro de cabo para identificar incrementos de força anuais em meninos com idade entre 7 e 17 anos. Embora a respeito de meninos mais jovens as informações sejam limitadas, Beunen e Thomis (2000) relataram que, dos 3 aos 6 anos, há diferenças mínimas entre os sexos e a força aumenta gradualmente ano a ano. Esses aumentos anuais estão muito associados com os aumentos de tamanho e a melhoria nas capacidades de movimento fundamentais. Em meninos de 6 anos em diante até o surgimento da puberdade (em geral por volta dos 12 anos), há um aumento gradual e linear na força, e uma drástica aceleração perto dos 17 anos e além dessa idade. Em meninas, observamos aumentos de força lineares até cerca de 15 anos, seguidos de acentuado nivelamento e regressão no final da adolescência e além dessa idade.

> **CONCEITO 13.4**
>
> Apesar de incrementais, os ganhos de força durante a infância não são lineares; portanto, estimar escores de força futuros com base nos escores alcançados durante a infância oferece pouco em termos de validade de prognóstico.

Têm sido realizadas relativamente poucas pesquisas longitudinais sobre o desenvolvimento da força em crianças de todas as idades. Entretanto, as informações disponíveis indicam consistência no desenvolvimento da força em crianças ao longo do tempo. Tem sido demonstrado que a força aumenta mais rápido do que o tamanho do músculo durante a infância (Beunen e Thomis, 2000), sugerindo uma inter--relação entre força, coordenação e *performance* motora em crianças.

Embora a força seja uma qualidade relativamente estável durante toda a infância, prever os níveis de força nos anos posteriores a partir das medidas tomadas na infância tem sido tarefa de pouco êxito. A criança "forte" aos 8 anos, por exemplo, não terá, necessariamente, os maiores ganhos de força da infância até o final da adolescência. Do mesmo modo, a criança "fraca" não terá necessariamente menos ganhos de força da infância até o final da adolescência. A rápida mudança do tamanho corporal, correlacionada de maneira positiva com a força, e a variabilidade individual dos padrões de crescimento transformam os prognósticos em aventura precária.

Resistência muscular

Resistência muscular é a capacidade do músculo ou de um grupo muscular de realizar um trabalho repetidas vezes contra uma resistência moderada. A resistência é similar à força muscular nas atividades realizadas, mas difere em ênfase. As atividades de construção de força exigem que os músculos sejam sobrecarregados mais do que nas de resistência. As atividades de construção de resistência requerem menor sobrecarga sobre os músculos, porém mais repetições. Portanto, a resistência pode ser pensada como a capacidade de dar continuidade à *performance* da força. Nos abdominais, flexões na barra e flexões de braço, as crianças engajam-se em atividades de resistência, embora seja necessária força para que qualquer um desses movimentos tenha início. Essas três atividades estão entre as usadas com maior frequência para medir a resistência muscular; elas estão entre as melhores medições de campo disponíveis. No entanto, há problemas com a flexão na barra por causa do peso corporal. É preciso elevar o corpo inteiro, e muitas crianças não conseguem realizar essa tarefa. Por isso, com frequência se usa um teste de flexão modificado.

> **Conceito 13.5**
>
> Os níveis de resistência das crianças aproximam-se dos níveis dos adultos e, com frequência, até os excedem, quando ajustados de acordo com o peso corporal.

As rotinas diárias de brincadeiras de crianças pequenas, quando não inibidas, são excelentes exemplos de resistência que a maioria dos adultos não consegue imitar. A *resistência relativa* refere-se ao nível de resistência da criança de acordo com o seu peso corporal. Os níveis brutos da resistência e da aptidão física de adultos em geral são maiores do que os das crianças, mas quando levamos em consideração o peso corporal em relação ao escore de aptidão física total as diferenças ficam menos acentuadas.

Ao longo de toda a infância, tanto meninos como meninas tendem a apresentar melhoras regulares a cada ano na maioria das medidas de resistência muscular, sendo que eles ficam apenas um pouco à frente delas antes da puberdade. As meninas que alcançam a puberdade antes de seus pares do sexo masculino (geralmente por volta dos 10 ou 11 anos) com frequência ficam nessa posição apenas por um período curto.

Flexibilidade articular

Flexibilidade articular é a capacidade das várias articulações do corpo de realizar o movimento em toda a sua amplitude. Há dois tipos de flexibilidade: a estática e a dinâmica. A **flexibilidade estática** é a amplitude de movimento alcançada pela extensão lenta e regular até o limite das articulações envolvidas. A **flexibilidade dinâmica** é a amplitude de movimento alcançada quando movimentamos rápido uma parte do corpo até o seu limite.

A flexibilidade é específica da articulação e pode melhorar com a prática. A flexibilidade dinâmica nas articulações do ombro, do joelho e do quadril tende a diminuir com a idade entre crianças sedentárias.

> **Conceito 13.6**
>
> Os níveis de atividade são o melhor guia para determinar a flexibilidade articular do que a idade cronológica, em razão da natureza altamente específica desse componente da aptidão física.

O National Children and Youth Fitness Study II (Ross e Pate, 1987) testou a flexibilidade de milhares de crianças entre 6 e 9 anos. O teste sentar-e-alcançar era usado como medida de flexibilidade articular na parte inferior das costas e na área do quadril. A média dos escores favorecia claramente as meninas. Elas tendiam a ser um pouco mais flexíveis do que os meninos em todas as idades. As meninas mostravam pouca melhora com a idade, mas nenhuma delas regredia. Os meninos, no entanto, em média eram um pouco menos flexíveis aos 9 anos do que tinham sido aos 6.

Composição corporal

A **composição corporal** é definida como proporção entre a massa corporal magra e a massa corporal adiposa. A gordura relativa pode ser determinada por uma série de meios. Duas das medições de composição corporal usadas com mais frequência em crianças são a medição das dobras cutâneas e o índice da massa corporal (IMC). Com **medidores de dobras cutâneas**, é verificada a espessura das dobras cutâneas em vários locais do corpo. Em crianças, esses locais tendem a ser o tríceps, região subescapular e a porção média da panturrilha. O IMC, por sua vez, é calculado a partir de medições da altura e do peso. Pesquisas norte-americanas sobre gordura corporal têm mostrado que crianças de todas as idades estão mais obesas do que eram 20 anos atrás. Essa tendência de aumento da gordura de norte-americanos jovens reflete mudanças drásticas nos padrões de atividade física e nos hábitos nutricionais. Estudos tanto dos Estados Unidos como da Inglaterra indicam que, iniciando por volta dos 6 ou 7 anos, as crianças vão ficando gradualmente menos ativas à medida que crescem (Basterfield et al., 2011; Tudor-Locke et al., 2010).

> **CONCEITO 13.7**
>
> Ao longo das últimas décadas, uma série de fatores tem contribuído para a tendência secular de aumento das porcentagens de gordura corporal entre crianças que moram nos Estados Unidos e em outros países.

Em diversos países, tem sido documentado repetidamente que crianças obesas são bem menos ativas do que seus pares magros (Danielsen et al., 2011; de Gouw et al., 2010; He et al., 2011).

As razões da adoção de um estilo de vida sedentário entre as crianças são muitas, mas as implicações estão claras. Níveis de atividade mais baixos resultam em aumento das porcentagens de gordura corporal, enquanto níveis de atividade mais altos tendem a promover níveis de gordura corporal mais baixos. Os hábitos de prática de atividade para toda a vida são formados durante a infância. Pais, professores e outros indivíduos significativos no ambiente da criança podem influenciar os níveis de atividade tanto pelo exemplo como pelo estímulo positivo.

TREINAMENTO DE APTIDÃO FÍSICA PARA CRIANÇAS

Durante os últimos anos, a nossa base de conhecimentos na área do treinamento de aptidão física de crianças tem se expandido drasticamente. Embora ainda existam muitas questões em aberto, pesquisas mostram que crianças são capazes de muito mais em termos de incremento do condicionamento aeróbio, da força e da resistência e do aumento da flexibilidade do que se pensava antes. Apesar de não contarmos com informações adequadas para delinear com clareza os padrões de atividade física das crianças, já sabemos que as ativas podem obter ganhos significativos de aptidão física relacionada à saúde.

> **CONCEITO 13.8**
>
> O potencial da capacidade de treinamento aeróbio mensurável em crianças na pré-puberdade ainda precisa ser documentado de forma conclusiva.

Treinamento aeróbio

Uma área de estudo que tem recebido atenção constante lida com a *capacidade de treinamento aeróbio* de crianças na pré-puberdade, em termos do potencial de produção de ganhos significativos nos escores do VO_2 máx. Como tem sido amplamente documentado que os adultos respondem a protocolos de treinamento, em geral se acredita que as crianças possam produzir efeitos de treinamento similares, fisiologicamente mensuráveis.

Em 1983, Kath propôs o que ficou conhecido como a *"hipótese do gatilho"* para a capacidade de treinamento aeróbio. Essa hipótese defende que, em crianças na pré-puberdade, os esforços para melhorar a resistência aeróbia acabam se perdendo, em grande parte por causa dos baixos níveis de androgênio e de hormônio do crescimento, por causa do metabolismo e do desenvolvimento muscular. Rowland (1997) revisou a hipótese de Katch de 1983, contando com a vantagem de 14 anos de dados acumulados sobre o tópico, e encontrou poucas razões para refutar essa afirmação. Na verdade, os dados científicos levam-nos a concluir que as crianças não respondem como previsto ao treinamento aeróbio. Uma série de explicações têm sido propostas, incluindo: (1) as crianças precisam de uma intensidade de treinamento mais elevada para demonstrar capacidade de treinamento aeróbio significativa, (2) elas são naturalmente mais ativas e têm níveis de aptidão física mais elevados do que os adultos, resultando na necessidade proporcional de mais atividade para apresentar algum efeito de treinamento e (3) às vezes elas têm menos motivação para treinar. Todas essas afirmações têm seu mérito, mas os pesquisadores estão começando a acumular dados de que "talvez haja verdadeiras diferenças biológicas entre crianças e adultos que podem restringir melhoras na aptidão física em função do treinamento em sujeitos imaturos quando comparados com os maduros" (Rowland, 1997).

Abernethy e colaboradores (2005) sustentam essa posição, apontando que o sistema respiratório das crianças é menos eficiente do que o dos adultos. Eles declaram o seguinte:

> Os músculos respiratórios das crianças precisam trabalhar mais duro durante o exercício; e a fadiga muscular respiratória contribui para

um maior custo metabólico, sensações de desconforto e fadiga precoce durante o exercício intenso. Essas diferenças nas respostas do sistema cardiovascular e respiratório ao exercício limitam a distribuição de oxigênio aos músculos ativos, o que resulta em menor capacidade de resistência das crianças ao exercício. Isso não significa que as crianças não possam fazer exercício de resistência ou melhorar a sua capacidade nesses exercícios; isso significa que não podemos esperar que as crianças realizem exercícios de resistência ou treinem para eventos de resistência no mesmo nível esperado de adultos. (p. 167)

Treinamento de força

No passado, supunha-se que as crianças na pré-puberdade não seriam beneficiadas de modo significativo com um programa monitorado de treinamento de força. (Consultar, na Tab. 13.1, uma descrição dos termos mais usados no treinamento de resistência [American Academy of Pediatrics, 2001; National Strength and Conditioning Association, 2009]).

Descobertas negativas no passado levaram muitos a acreditar que programas de treinamento de força seriam ineficazes por causa dos baixos níveis de andrógenos (hormônios sexuais masculinos) em circulação em meninos e meninas pré-púberes de todas as idades (Legwold, 1982, 1983; Vrijens, 1978). Em uma declaração publicada em 1983, a American Academy of Pediatrics afirmou que o treinamento de força na pré-puberdade, embora aceitável quando supervisionado de maneira apropriada, não era efetivo. No entanto, Bar-Or (1983) questionou: se mulheres com baixos níveis de testosterona são capazes de obter ganhos de força significativos, por que, então, crianças na pré-puberdade não poderiam ter ganhos similares? Uma série de estudos apontam de forma clara que as crianças são capazes de conseguir ganhos de força significativos em programas realizados e supervisionados de modo apropriado e com duração e intensidade suficientes (Duda, 1986; Faigenbaum et al., 1996; Faigenbaum et al., 1993; Sewell e Micheli, 1984). Essas e outras pesquisas levaram a American Academy of Pediatrics (2001, 2008) a atualizar regularmente as suas posições, reconhecendo a eficácia do treinamento de força na pré-puberdade.

Com supervisão adequada, o treinamento de força pode ser benéfico para o incremento de força, a redução de lesões e a melhora do desempenho de crianças na pré-puberdade (Payne et al., 1997). No entanto, o treinamento de força é diferente do levantamento de peso. O *treinamento de força* envolve o uso de técnicas de resistência progressiva, com a ajuda do próprio corpo, de pesos ou aparelhos para melhorar a capacidade de exercer força ou de resistir a ela. O *levantamento de peso* é um esporte em que o atleta tenta elevar o maior número possível de quilos. Ele não é recomendado para crianças na pré-puberdade. Na verdade, a American Academy of Pediatrics (2008) declara que "devido ao limitado número de pesquisas relativas a taxas de lesões na pré-puberdade no levantamento de peso competitivo, a AAP ainda hesita em apoiar a participação de crianças com esqueleto imaturo e opõe-se ao envolvimento infantil no levantamento de potência, fisiculturismo ou uso do levantamento máximo para uma repetição como meio de determinar ganhos de força" (p. 837).

Tabela 13.1	Termos mais usados no treinamento de força

Treinamento de resistência: qualquer método usado para superar ou suportar uma força.
Treinamento de força: uso de uma resistência para aumentar a capacidade de exercer força ou de resistir a ela. Vários dispositivos, incluindo aparelhos, pesos ou o próprio corpo, podem ser usados como recurso para aumentar a força.
Treinamento com peso: uso de pesos livres (halteres, barras), pesos fixos ou aparelhos para aumentar a força.
Levantamento de peso: esporte competitivo, chamado às vezes de "levantamento de potência", que envolve erguer o máximo peso possível em eventos programados (levantamentos olímpicos "de arranco", "de arremesso", "com agachamento", "supino" e "básico").

> **CONCEITO 13.9**
>
> Na pré-puberdade, sob certas condições, as crianças podem obter ganhos significativos de força muscular em programas de treinamento de resistência elaborados de forma adequada e supervisionados com cuidado.

O controle hormonal da síntese de proteína no tecido muscular envolve uma interação complexa entre muitos **hormônios anabólicos** (de incremento do músculo) e **catabólicos** (de destruição do músculo). Um dos hormônios anabólicos mais importantes é o *hormônio do crescimento* (HC), encontrado em crianças na pré-puberdade. De acordo com Bernuth e colaboradores (1985): "Foi descoberto que o exercício é o estímulo mais potente para liberação do HC em crianças" (p. 100). Entretanto, parece que as crianças têm pelo menos alguns dos hormônios necessários à hipertrofia muscular. A maioria dos estudos que examinam o treinamento com peso na pré-puberdade, no entanto, não revelou indícios de hipertrofia muscular após o programa de treinamento (Blimkie et al., 1989; Ozmun, Mikesky e Surburg, 1994; Weltman et al., 1986). Apenas uma pesquisa afirmou haver hipertrofia muscular em uma população na pré-puberdade (Mersch e Stoboy, 1989). Entretanto, esses resultados exigem verificação, pois os participantes da pesquisa incluíram apenas dois grupos de gêmeos idênticos.

A **testosterona** tem sido o principal hormônio sexual associado com ganhos expressivos na força muscular de adolescentes do sexo masculino. Assim como o hormônio do crescimento, a testosterona é um hormônio anabólico, mas não está claro se ele incrementa o desenvolvimento muscular por ação direta sobre o tecido muscular ou por inibição indireta da ação catabólica de outros hormônios. Entretanto, é a combinação da testosterona e do hormônio de crescimento que incrementa a síntese de proteína e inibe a sua destruição no tecido muscular, contribuindo para o aumento do tamanho do músculo e da força. Portanto, embora tenham níveis baixos de andrógenos em circulação, mulheres de todas as idades e homens na pré-puberdade possuem outros hormônios anabólicos, como o do crescimento, que podem facilitar a síntese de proteínas e resultar em ganhos de força significativos em caso de aumento suficiente dos níveis de treinamento.

As crianças na pré-puberdade podem aumentar a força por meio do treinamento de resistência, em função de uma maior estimulação do sistema nervoso central, além do que poderia ocorrer com a maturação e o crescimento normais. O termo **adaptação neuromuscular** é usado para mudanças que resultam do treinamento. Quando, ao longo do tempo, o corpo é submetido a quantidades significativas de estresse anatômico ou fisiológico, a reação natural é se adaptar às novas condições. Tem sido demonstrado que um programa de treinamento com pesos por curto tempo resulta em adaptações neuromusculares em participantes na pré-puberdade (Blimkie et al., 1989; Ozmun et al., 1994). Entretanto, há considerações especiais para o pré-adolescente envolvido em um programa de treinamento de força.

A possibilidade de que o treinamento com peso prejudique as **placas de crescimento** epifisárias ainda em crescimento em ossos jovens é preocupante. Realmente, essas estruturas cartilaginosas, por sua natureza macia e esponjosa, são suscetíveis a lesões, em especial pela sustentação de excesso de peso, forças de cisalhamento e estresse crônico. A potencial vulnerabilidade das placas de crescimento em função de estresses excessivos precisa ser minimizada. Há alta correlação entre os danos a essas áreas e as crianças envolvidas no levantamento de peso. Por isso, a American Academy of Pediatrics (2001) recomenda que os atletas pré-púberes evitem o esporte devido a imaturidade de seus ossos.

Outra causa importante de dano epifisário em crianças engajadas no treinamento com peso e em atividades que produzem estresse crônico são as técnicas de treinamento impróprias. Além disso, alguns equipamentos de treinamento com peso às vezes são inadequados com ou sem técnica apropriada. A maioria dos equipamentos de resistência do tipo aparelho é feita para as proporções corporais de adultos, com pouca ou nenhuma atenção a proporções de pessoas mais jovens. Lesões na placa de crescimento epifisária causadas pelo excesso de uso também têm sido registradas em crianças que participam de

> ### DILEMA DO DESENVOLVIMENTO
>
> **Meu coleguinha e eu**
>
> Todos sabem que o sobrepeso/obesidade e a inatividade física geral das crianças são preocupação não apenas nos Estados Unidos, mas em uma série de países ao redor do mundo. Procuramos associações de pais e escolas, administrações de parques municipais e órgãos governamentais em busca de assistência, e cada um deles, é claro, desempenha um papel significativo no combate a esses problemas. Mas um aspecto que não tem sido muito explorado na questão da influência sobre o nível de atividade física da criança é o seu melhor amigo. Na Inglaterra, alguns pesquisadores examinaram esse ponto recentemente (Jago et al., 2011). Eles fizeram a mais de 47 meninos e meninas de 10 a 11 anos várias perguntas como: "Quem é seu melhor amigo?", "Com que frequência você e seu melhor amigo engajam-se em atividades físicas?" e "Onde você e seu melhor amigo realizam atividades físicas?" Eles também colocaram acelerômetros nas crianças durante cinco dias para monitorar sua verdadeira atividade física. Descobriram que tanto meninas como meninos que tinham melhores amigos ativos passavam, eles próprios, mais tempo ativos do que aqueles cujos melhores amigos eram mais sedentários. Os pesquisadores descobriram, também, que a maior parte da atividade física com os melhores amigos era realizada em casa e seus arredores. Os pais e os professores devem aproveitar os laços de amizade para criar e estimular oportunidades em que os melhores amigos possam ser mais ativos fisicamente.

alguns esportes. A corrida em distância, ginástica e natação de longa distância têm potencial para causar lesões por excesso de uso em atletas na pré-puberdade. Quando a criança fica mais velha, o potencial para lesões por excesso de uso aumenta, uma vez que os esportes de temporada, como o futebol, passam a exigir esforços o ano inteiro.

Em resumo, parece que o treinamento de força pré-puberdade pode, se supervisionado de modo adequado, produzir ganhos de força significativos em meninos e meninas. Entretanto, é preciso tomar cuidado para usar essas informações com sabedoria. Danos às placas terminais de crescimento epifisário dos ossos longos podem ocorrer caso o corpo jovem seja exposto a um aumento contínuo de estresse. Na atual conjuntura, é impossível determinar qual é o limite de treinamento de um indivíduo sem provocar danos. Em consequência disso, recomendam-se programas de treinamento com peso cuidadosamente supervisionados, com ênfase na técnica apropriada e com ativo desestímulo de levantamentos máximos. Os programas também devem incluir equipamento adaptado para o tamanho da criança e um treinamento de resistência com baixo estresse. Os atletas pré-púberes nunca devem ser incentivados ou autorizados a engajar-se em aspectos competitivos do levantamento de peso, incluindo a tentativa de levantamentos máximos.

Treinamento de flexibilidade

Além do treinamento de força e de resistência, outro componente-chave da aptidão física relacionada à saúde considerada essencial para prevenir lesões é a flexibilidade articular. Aumentar a amplitude de movimento nas várias articulações do corpo desempenha papel importante no incremento da *performance* do movimento.

> **CONCEITO 13.10**
>
> Com frequência, crianças exibem graus reduzidos de flexibilidade articular durante o estirão de crescimento pré-puberdade, pois o crescimento dos ossos precede o dos músculos e tendões.

Micheli e Micheli (1985) relataram menos flexibilidade em homens e mulheres durante o estirão de crescimento da pré-puberdade. O motivo é que o crescimento dos ossos precede o dos músculos e dos tendões. Como resultado disso, as unidades musculotendíneas ficam mais compactas. Para o atleta pré-púbere, é essencial praticar um bom programa de alongamento, junto com alguma forma de treinamento de força ou de resistência para ajudar na reação à tendência de redução da flexibilidade. As lesões por excesso de uso, como o "ombro de nadador", estão relacionadas com a falta de flexibilidade. Não é determinante que atividades de resistência, como correr e nadar, promovam a flexibilidade. O praticante jovem tem de ser incentivado a envolver-se em um programa de alongamento adequado antes e após qualquer sessão de resistência a fim de minimizar a possibilidade de lesão à região em torno das articulações.

APTIDÃO FÍSICA RELACIONADA À SAÚDE E À CAPACIDADE DE MOVIMENTO

A interação entre os componentes da aptidão física relacionada à saúde e a atividade física é óbvia. A *performance* de qualquer tarefa de movimento, seja no nível rudimentar, fundamental ou especializado exige graus variados de condicionamento cardiovascular, força muscular, resistência muscular e flexibilidade articular. Todos os movimentos envolvem a aplicação de força para superar a inércia. Para aplicar essa força, é preciso certo grau de força muscular. Quando a tarefa de movimento tem de ser realizada repetidas vezes, como em um drible com bola, também é exigida resistência muscular. Se a ação tiver de ser repetida ao longo de um período prolongado e em um ritmo rápido, como no drible com bola em uma quadra de basquete, serão necessárias tanto resistência cardiovascular como flexibilidade. A reciprocidade na construção dos componentes da aptidão física fica evidente no fato de que a *performance* das atividades de movimento mantém e desenvolve níveis mais elevados de aptidão física. Os componentes da aptidão física são inseparáveis da atividade de movimento. Raramente, ou talvez nunca, o indivíduo realiza uma atividade de movimento que não envolva algum aspecto da força, resistência muscular ou flexibilidade.

> **Conceito 13.11**
>
> A aptidão física relacionada à saúde, à aptidão motora e às capacidades de movimento estão inter-relacionadas; cada uma influencia a outra no mundo "real" e opera de modo isolado apenas no laboratório científico.

Sob condições normais não é possível isolar os componentes básicos da *performance* das habilidades. No entanto, têm sido elaborados testes que exigem mais um componente da aptidão física do que outro. Por meio desses recursos indiretos de medição da aptidão física relacionada à saúde somos capazes de determinar estimativas da saúde funcional do sujeito (Tab. 13.2).

APTIDÃO FÍSICA MOTORA

Pesquisas consideráveis têm sido realizadas a respeito da *performance* das habilidades motoras do praticante adolescente, adulto e do habilidoso. A literatura está repleta de informações que tratam dos seus níveis de *performance*, biomecânica e potencialidades neurofisiológicas, mas relativamente pouco tem sido estudado sobre crianças em idade pré-escolar e escolar. A situação é quase a mesma para a aptidão física relacionada à saúde.

Os *fatores de controle do movimento* de equilíbrio (tanto o estático como o dinâmico) e de coordenação (tanto a motora ampla quanto a do olho-mão), combinados com os *fatores de produção da força* de velocidade, agilidade e potência, tendem a emergir como os componentes que mais afetam a *performance* motora. Os fatores de controle do movimento (equilíbrio e coordenação) são de especial importância no início da infância, quando a criança está adquirindo controle sobre as suas capacidades de movimento fundamentais. Os fatores de produção de força (velocidade, agilidade e potência) tornam-se mais importantes depois que a criança adquire controle sobre seus movimentos fundamentais e passa à fase do movimento especializado, já no final da infância.

Estudando crianças de 5 a 7 anos, Fjortoft (2000) observou que as diferenças na **aptidão motora** dependem sobretudo da idade e, em menor extensão, do sexo. As diferenças de altura e peso nessas idades parecem não estar correlacionadas com as medidas da aptidão motora.

> **Conceito 13.12**
>
> Os componentes da aptidão motora podem se agrupados em fatores de controle de movimento e fatores de produção de força.

Como acontece com os componentes da aptidão física relacionada à saúde, a aptidão motora do indivíduo está estreitamente relacionada

Tabela 13.2	Medições comuns da aptidão física relacionada à saúde em crianças e uma síntese das observações		
Componentes da aptidão física relacionada à saúde	**Testes comuns**	**Aspecto específico medido**	**Síntese das observações**
Resistência cardiovascular	Teste do *step* (*step test*)	Capacidade física de trabalho	Para crianças mais jovens, as estimativas do VO_2 máx são tênues. As crianças podem alcançar valores de VO_2 máx no mesmo nível dos adultos ou acima dele, quando feitos os ajustes para o seu peso corporal. As frequências cardíacas máximas diminuem com a idade. Há tendência de aumento dos valores do VO_2 máx em meninos e meninas com o avanço da idade. As meninas se estabilizam por volta dos 12 anos. Os meninos continuam a melhorar.
	Corrida em distância	Resistência aeróbia	
	Teste do estresse na esteira	VO_2 máx	
	Bicicleta ergométrica	VO_2 máx	
	Monitor da frequência cardíaca	Frequência cardíaca	
	Acelerômetro	Frequência cardíaca	
Força muscular	Dinamômetro manual	Força isométrica da pegada	Aumento anual para meninos a partir dos 7 anos. As meninas tendem a estabilizar-se após os 12 anos. Os meninos desaceleram antes da puberdade, depois progridem rápido durante toda a adolescência. Eles superam as meninas em todas as idades.
	Dinamômetro para costas e pernas	Força isométrica das costas e das pernas	
	Tensiômetro de cabo	Força isométrica das articulações	
Resistência muscular	Flexões no chão	Resistência isotônica da parte superior do corpo	Habilidades similares ao longo de toda a infância, com pequena vantagem dos meninos na maioria dos itens. Estabilidade na *performance* antes dos 12 anos. Grandes aumentos nos meninos dos 12 aos 16 anos, depois, um nivelamento. As meninas não apresentam aumentos significativos sem treinamento especial após os 12 anos.
	Abdominais	Resistência isotônica abdominal	
	Sustentação na barra com os braços flexionados	Resistência isométrica da parte superior do corpo	
	Flexões na barra	Resistência isotônica da parte superior do corpo	
Flexibilidade	Inclinar e alcançar	Flexibilidade articular do quadril	A flexibilidade é específica da articulação. As meninas tendem a ser mais flexíveis do que os meninos em todas as idades. A flexibilidade diminui quando é reduzido o nível de atividade.
	Sentar e alcançar	Flexibilidade articular do quadril	
Composição corporal	Medidores de dobras cutâneas	Estimativa da porcentagem de gordura corporal	Crianças de todas as idades têm porcentagens de gordura mais elevadas do que os seus pares coetâneos de 20 anos atrás. Crianças ativas são mais magras do que obesas em todas as idades. As obesas são menos ativas do que as não obesas.
	Índice de massa corporal	Estimativa da porcentagem de gordura corporal	

com a aquisição das habilidades de movimento. Uma depende em grande parte da outra. Sem uma aptidão motora adequada, o nível de aquisição de habilidades da criança ficará limitado; sem devida aquisição de habilidades, o nível obtido da aptidão motora será retardado. Os componentes desse tipo de aptidão são discutidos aqui e encontram-se resumidos na Tabela 13.3.

Coordenação

Coordenação é a habilidade de integrar sistemas motores separados, com variadas modalidades sensoriais, a padrões eficientes de movimento. Quanto mais complicadas são as tarefas de movimento, maior é o nível de coordenação necessário para uma *performance* eficiente. A coordenação está relacionada com os componen-

Tabela 13.3 Medições comuns da aptidão física relacionada ao desempenho em crianças e uma síntese das observações

Componente da aptidão motora	Testes comuns	Aspecto específico medido	Síntese das descobertas
Coordenação	Pular corda	Coordenação corporal ampla	Melhora ano após ano, com o aumento da idade, na coordenação corporal ampla. Os meninos são superiores a partir dos 6 anos na coordenação olho-mão e olho-pé.
	Saltitar, buscando precisão	Coordenação corporal ampla	
	Skipping	Coordenação corporal ampla	
	Drible com a bola	Coordenação olho-mão	
	Drible com o pé	Coordenação olho-pé	
Equilíbrio	Caminhar na barra	Equilíbrio dinâmico	Melhora ano após ano, com a idade. As meninas com frequência superam os meninos, em especial nas atividades de equilíbrio dinâmico, até por volta dos 8 anos. A partir daí as capacidades são similares.
	Equilíbrio do bastão	Equilíbrio estático	
	De pé apoiado em apenas um pé	Equilíbrio estático	
	De pé na posição de flamingo	Equilíbrio estático	
Velocidade	Tiro de 19 m	Velocidade de corrida	Melhora ano após ano com a idade. Os meninos e as meninas são similares até os 6 ou 7 anos, época em que os meninos começam a ter avanços mais rápidos. Os meninos costumam ser superiores às meninas em todas as idades.
	Tiro de 28 m	Velocidade de corrida	
Agilidade	Corrida de vai e vem	Agilidade na corrida	Melhora ano após ano com a idade. As meninas começam a estabilizar após os 13 anos. Os meninos continuam a melhorar.
	Corrida com obstáculos	Agilidade lateral	
Potência	Salto vertical	Força da perna e velocidade	Melhora ano após ano com a idade. Os meninos superam as meninas em todas as faixas etárias.
	Salto horizontal	Força da perna e velocidade	
	Arremesso em distância	Força do braço e velocidade	
	Arremesso em velocidade	Força do braço e velocidade	

tes da aptidão motora de equilíbrio, velocidade e agilidade, mas não parece estreitamente alinhada com a força e a resistência. O comportamento coordenado exige que a criança execute movimentos específicos em séries, de modo rápido e preciso. Para ser coordenado, o movimento precisa ter sincronia, ritmo e sequência adequada.

> **Conceito 13.13**
> O movimento coordenado exige integração dos sistemas sensorial e motor em um padrão de ação congruente e harmonioso.

A coordenação olho-mão e olho-pé é caracterizada pela integração entre as informações visuais e a ação dos membros. Os movimentos precisam ser visualmente controlados e precisos para projetar um objeto externo, entrar em contato com ele ou recebê-lo. Rebater, pegar, arremessar, chutar e amortecer exigem quantidades consideráveis de *input* visual, integrado com um *output* motor, a fim de alcançar um movimento coordenado eficiente.

Em crianças, a coordenação corporal ampla envolve mover o corpo rápido, enquanto são executadas várias habilidades de movimento fundamentais. Medidas como as da corrida de vai e vem, o tiro de 28 m, vários testes de saltitar e *skipping* e o salto horizontal exigem níveis elevados de coordenação corporal ampla. Esse tipo de coordenação corporal e a coordenação olho-mão e olho-pé parecem melhorar com a idade, de modo um tanto linear. Além disso, meninos tendem a exibir melhor coordenação do que meninas durante toda a infância (Van Slooten, 1973). Pesquisas mais recentes sobre coordenação tendem a focar crianças com déficits de coordenação, como distúrbio desenvolvimental de coordenação e paralisia cerebral (Feltham et al., 2010; Gabbard e Bobbio, 2011; Mak, 2010).

Equilíbrio

Equilíbrio é a capacidade de manter a estabilidade do próprio corpo quando ele se coloca em várias posições. O equilíbrio é a base de todos os movimentos e sofre influências da estimulação visual, tátil-cinestésica e vestibular. O uso dos olhos permite à criança focar um ponto de referência para manter o equilíbrio. Os olhos também possibilitam à criança mais jovem monitorar visualmente o corpo durante uma tarefa de equilíbrio estática ou dinâmica. Há algum tempo já sabemos que a visão desempenha um papel importante no equilíbrio de crianças mais novas (Cratty e Martin, 1969). Foi demonstrado que meninos e meninas com 6 anos ou menos não conseguiam se equilibrar apoiadas em um único pé com os olhos fechados. Entretanto, por volta dos 7 anos, elas eram capazes de manter o equilíbrio com os olhos fechados, e a capacidade de equilíbrio continuou melhorando com a idade.

> **Conceito 13.14**
> O equilíbrio é crítico para todo comportamento de movimento e sofre influência de uma série de mecanismos sensoriais.

O equilíbrio é profundamente influenciado pelo aparato vestibular. O fluido contido nos *canais semicirculares* e no *otólito* desempenha papel importante, ajudando o indivíduo a manter o equilíbrio. Os receptores no canal semicircular respondem a mudanças na aceleração angular (equilíbrio dinâmico e rotacional), enquanto os receptores do otólito respondem a acelerações lineares (equilíbrio estático). Os movimentos da *mácula* (pelos) nos dois otólitos ou os canais semicirculares disparam impulsos nervosos, mudando o potencial elétrico das células nervosas adjacentes. O movimento do corpo e da gravidade são sentidos por esses receptores vestibulares a fim de manter o indivíduo consciente tanto das mudanças posturais dinâmicas e estáticas como das mudanças na aceleração. O aparato vestibular está coordenado com os sistemas visual, tátil e cinestésico para controlar o equilíbrio. Parece que o desenvolvimento vestibular do equilíbrio ocorre no início da vida e que o aparato vestibular já se encontra estruturalmente completo no nascimento. Entretanto, a musculatura do corpo e as outras modalidades sensoriais envolvidas na manutenção do equilíbrio precisam estar maduras e integradas às indicações vestibulares para serem úteis à criança na manutenção tanto do equilíbrio estático como do dinâmico.

Com frequência o equilíbrio é definido como estático ou dinâmico. O *equilíbrio estático* refere-se à capacidade de manter o equilíbrio em uma posição estacionária. O equilíbrio sobre apenas um pé, sobre uma prancha e sobre uma barra são formas comuns de avaliação das capacidades de equilíbrio estático. Medições do equilíbrio estático feitas em laboratório costumam incorporar o uso de placas de força que medem a oscilação postural. Pesquisas sobre capacidades de equilíbrio estático de crianças mostram a tendência linear em direção a uma melhor *performance* dos 2 aos 12 anos (DeOreo, 1971; Van Slooten, 1973; Rival et al., 2005). Antes dos 2 anos, as crianças em geral não são capazes de realizar a tarefa do equilíbrio estático sobre um único pé, provavelmente porque as suas capacidades de manter uma postura ereta controlada ainda estão em desenvolvimento.

Em relação a diferenças entre os gêneros no aspecto do equilíbrio estático infantil, parece haver algumas discrepâncias. DeOreo (1980) indicou não ter encontrado diferenças tão distintas entre meninos e meninas nas tarefas de *performance* do equilíbrio estático como acontece nas tarefas de *performance* motora. As meninas tendem a ser mais proficientes do que os meninos até 7 ou 8 anos, a partir daí os meninos se equiparam a elas. Os dois sexos estabilizam-se em termos de *performance* por volta dos 8 anos. Holm e Vøllestad (2008) e Humphriss e colaboradores (2011), no entanto, observaram diferenças entre os sexos em crianças mais velhas (10 anos ou mais), sendo que as meninas continuavam a ter *performance* melhor do que os meninos nos testes de equilíbrio estático.

O *equilíbrio dinâmico* refere-se à capacidade de manter o equilíbrio ao se movimentar de um ponto a outro. Os testes de caminhar sobre a barra de equilíbrio são usados com maior frequência como forma de medir o equilíbrio dinâmico de crianças. A literatura disponível sobre o equilíbrio dinâmico indica uma tendência similar à do equilíbrio estático. As meninas com frequência são mais proficientes do que os meninos até 8 ou 9 anos, a partir daí os dois grupos têm nível de *performance* similar. O progresso de ambos desacelera por volta dos 9 anos, antes de chegar aos ganhos rápidos dos 12 anos (DeOreo, 1971; Frederick, 1977).

Velocidade

Velocidade é a capacidade de cobrir uma distância curta no menor tempo possível. Ela é influenciada pelo *tempo de reação* (quantidade de tempo decorrido desde o sinal de largada até os primeiros movimentos do corpo) e também pelo *tempo do movimento* (tempo decorrido desde o movimento inicial até a finalização da atividade). O tempo de reação depende da velocidade com que os estímulos iniciais são processados ao longo dos trajetos neurais aferentes e eferentes e está integrado com o padrão de resposta inicial. O tempo de reação melhora na criança quando ela se torna mais velha.

As informações disponíveis sobre o tempo de reação simples indicam que ele é duas vezes mais longo em crianças de 5 anos do que em adultos para uma tarefa idêntica e que há uma melhora rápida dos 3 aos 5 anos. Essas diferenças desenvolvimentais provavelmente se devem à maturação neurológica, a variações nas potencialidades de processamento de informações entre crianças e adultos, assim como a considerações do ambiente e da tarefa.

Mais comumente, a velocidade do movimento em crianças é medida por meio de vários testes de velocidade da corrida. Frederick (1977), que testou as velocidades de corrida de cinco grupos de crianças de 3 a 5 anos no tiro de 19 m, descobriu melhora linear com a idade, mas sem diferenças entre os sexos. Em um estudo sobre a velocidade da corrida de crianças do ensino fundamental, Keogh (1965) observou que meninos e meninas são similares na velocidade de corrida aos 6 e 7 anos, mas os meninos são superiores dos 8 aos 12 anos. Tanto meninos como meninas melhoram com a idade, em um ritmo de 0,348 m por segundo por ano dos 6 aos 11 anos (Cratty, 1986). Keogh também percebeu melhoras similares e diferenças entre meninos e meninas nos 17 m de saltito com velocidade máxima, embora as meninas apresentassem a tendência de melhor *performance* do que os meninos nas tarefas de saltito e de salto que exigiam maior precisão e acurácia de movimento.

Antes que a Amateur Athletic Union (AAU) se unisse ao President's Council on Fitness, Sports & Nutrition para aplicar o President's Challenge Physical Fitness Test, a AAU aplicava uma bateria de testes de aptidão física própria, incluindo a medição dos tempos de corrida *sprint* de 45 m (1993). Esses dados eram vistos como altamente representativos da velocidade de corrida de crianças e adolescentes por causa do grande tamanho da amostra, da distribuição geográfica e das técnicas de randomização usadas. Foi registrado que tanto meninos como meninas apresentavam melhoras incrementais anuais, sendo que os homens superavam um pouco as mulheres em todas as idades. A similaridade na *performance* na corrida *sprint* parece não se prolongar pelos anos da adolescência. Os homens continuam apresentando grandes melhoras durante toda a adolescência, enquanto as mulheres tendem a regredir um pouco após os 14 anos. Ambos os fatores foram associados a aumentos da força e do comprimento dos membros e a reduções da gordura corporal em homens e aumentos da gordura corporal em mulheres na puberdade.

De modo geral, a velocidade dos movimentos melhora até por volta dos 13 anos tanto em meninos como em meninas. Depois disso, entretanto, as meninas tendem a estabilizar-se e até a regredir, enquanto os meninos tendem a continuar melhorando ao longo dos anos da adolescência. A velocidade de movimento tanto de meninos como de meninas pode ser estimulada durante a infância e nos anos seguintes pela atividade física vigorosa, que incorpore tiros curtos de velocidade.

> **Conceito 13.15**
>
> O tempo de reação e o tempo de movimento influenciam a velocidade, a agilidade e a potência, que tendem a avançar de modo linear durante a infância, mas depois exigem um treinamento especial para que as melhorias continuem.

Agilidade

Agilidade é a capacidade de mudar a direção do corpo de modo rápido e preciso. Com agilidade, a pessoa pode fazer alterações rápidas e precisas na posição corporal durante o movimento. Uma variedade de corridas de agilidade tem sido usada como medição indireta da agilidade. Infelizmente, a ampla variedade dos modos de obtenção desses escores dificulta muito os estudos comparativos. Os escores das corridas de vai e vem em várias distâncias costumam ser usados como medida de agilidade. Um estudo recente de Olds e colaboradores (2006) tentou comparar os resultados da corrida de vai e vem de vários grupos de dados oriundos de 37 países diferentes. Os resultados indicaram que houve melhorias incrementais anuais ao longo da infância, sendo que os meninos tiveram *performance* melhor do que a das meninas em todas as idades. Um segundo estudo, Tomkinson e colaboradores (2003) compararam os escores da corrida de vai e vem de crianças e adolescentes (6 a 9 anos) de 11 países diferentes, de 1981 a 2000. Os pesquisadores observaram que a *performance* da agilidade da geração mais recente declinou em quase todos os grupos etários, tanto para meninos como para meninas, quando comparada com os escores registrados em décadas anteriores.

Potência

Potência é a capacidade de fazer um esforço máximo no período de tempo mais curto possível. Às vezes, a potência é chamada de "força explosiva" e representa o produto da força dividida pelo tempo. Essa combinação de força e velocidade é demonstrada em atividades infantis que exigem saltar, rebater, arremessar em longa distância e outros esforços máximos. A velocidade de contração dos músculos envolvidos, assim como a força e o uso coordenado desses músculos determinam o grau da potência do indivíduo. É difícil, mas não impossível, obter a medida pura desse componente, pois a potência envolve a combinação de capacidades motoras. As medidas do arremesso e do salto, usadas com frequência, fornecem apenas indicação indireta da potência, pela habilidade necessária a cada uma dessas tarefas. Frederick (1977), no entanto, encontrou incrementos anuais significativos nas tarefas do salto vertical, salto em distância de pé e arremesso em distância de crianças com 3 a 5 anos. Os meninos superaram as meninas em todas as medidas, em todos os níveis etários.

Os mesmos resultados foram registrados por Keogh (1965) para meninos e meninas de 6 a 12 anos e por Van Slooten (1973) para crianças de 6 a 9 anos no arremesso em distância, mas com maior magnitude das diferenças entre os sexos após os 7 anos. Esses achados foram corroborados por um estudo mais recente, em que mais de 2.500 crianças espanholas, com 6 a 18 anos, foram avaliadas em nove testes diferentes de potência e força muscular (Castro-Piñero et al., 2009). Para a maioria dos testes de força muscular (flexão na barra, flexão no chão e abdominais), foram registrados aumentos ao longo de todos os anos da infância, com diferenças mínimas entre meninos e meninas. No entanto, na maioria dos testes de potência muscular (salto em distância em pé, salto vertical e arremesso de bola), houve melhoras também em cada grupo etário, mas os escores dos meninos foram significativamente superiores do que os das meninas.

É importante lembrar que diferenças entre as idades e os sexos estão estreitamente relacionadas com os aumentos anuais de força e de velocidade do movimento, assim como com as variadas influências socioculturais que atuam sobre meninos e meninas.

Resumo

Embora ainda haja questões a serem discutidas, em geral, existe consenso a recomendação de atividades físicas vigorosas para crianças. Os padrões de crescimento de quase todos os órgãos internos são proporcionais ao resto do corpo. Portanto, pulmões, coração, etc. são capazes de lidar com as demandas que lhes são impostas. De modo proporcional à sua massa, as crianças mais jovens são capazes de transportar e usar volumes de oxigênio comparáveis ou superiores aos dos adultos.

A força e a resistência muscular, a flexibilidade articular e a composição corporal também são componentes da aptidão física relacionados à saúde. Elas afetam o estado da saúde do indivíduo quase do mesmo modo como a resistência aeróbia. Bons níveis de aptidão física tendem a reduzir a vulnerabilidade a numerosos males físicos. Os componentes da aptidão física relacionada à saúde melhoram com a idade, mas nem sempre de modo linear. Há uma forte tendência de pequenos ganhos durante o início e o final da infância, seguidos de uma estagnação durante o período da pré-adolescência. Ao longo da adolescência, muitas vezes os meninos conseguem ganhos rápidos em todas as medidas da aptidão física, enquanto as meninas tendem a apresentar escores estáveis e, às vezes, reduzidos de *performance* após meados da adolescência.

Os componentes da aptidão motora de coordenação e equilíbrio estão estreitamente alinhados com o desenvolvimento do controle do movimento durante o início da infância. Assim que se estabelece um bom controle, a criança é capaz de focar a melhoria dos componentes de força da aptidão motora. A velocidade, a agilidade e a potência melhoram de maneira acentuada durante o final da infância, enquanto o equilíbrio e a coordenação melhoram durante o início da infância. Há uma tendência linear de melhora de todas as medidas da aptidão motora.

QUESTÕES PARA REFLEXÃO

1. Que fatores, em separado ou combinados, podem contribuir para o declínio dos componentes da aptidão física relacionada à saúde durante a infância?
2. Por que a obesidade infantil causa preocupação?
3. Por que instituições sociais (p. ex., escolas, órgãos governamentais, etc.) tendem a enfatizar a aptidão física relacionada à saúde mais do que a aptidão motora?
4. Em sua opinião, que componentes da aptidão física relacionados à saúde têm mais impacto sobre o estado de saúde geral da criança? Por quê?

Leitura básica

American Academy of Pediatrics. (2008). Strength training by children and adolescents. *Pediatrics, 121,* 835–840.

Armstrong, N., & Welsman, J. R. (2000). Development of aerobic fitness during childhood and adolescence. *Pediatric Exercise Science, 12,* 128–149.

Bar-Or, O., & Rowland, T. W. (Eds.) (2004). *Pediatric Exercise Medicine* (Chapters 1 & 2). Champaign, IL: Human Kinetics.

Bouchard, C., Blair, S. N., & Haskell, W. L. (Eds.). (2007). *Physical Activity and Health* (Chapter 17). Champaign, IL: Human Kinetics.

Faigenbaum, A. D., Kraemer, W. J., Blimkie, C. J. R., Jeffreys, I., Micheli, L. J., Nitka, M., & Rowland, T. W. (2009).Youth resistance training: Updated position statement paper from the National Strength and Conditioning Association. *Journal of Strength and Conditioning Research, 23*, S60–S79.

Malina, R. M., Bouchard, C., & Bar-Or, O. (2004). *Growth, Maturation, and Physical Activity,* 2nd ed. (Chapters 11–13). Champaign, IL: Human Kinetics.

Malina, R. M. (2007). Physical fitness of children and adolescents in the United States: Status and secular change. *Medicine and Sport Science, 50*, 67–90.

Recursos na *web*

http://www.cdc.gov/physicalactivity/everyone/guidelines/children.html
Página da *web* dos Centers for Disease Control and Prevention, que promovem a atividade física para crianças. As informações incluem a importância da atividade física, recomendações, medições, componentes, *links* sobre atividades físicas e informações para profissionais da área da saúde.

http://www.fitnessgram.net/home/
Site que contém informações sobre o material do teste de aptidão física *Fitnessgram*. Esse teste enfatiza medições da aptidão física relacionada com a saúde e compara escores e padrões de saúde cuidadosamente desenvolvidos.

http://www.cdc.gov/nccdphp/sgr/sgr.htm
Link dos Centers for Disease Control and Prevention para o relatório Surgeon General sobre atividade física e saúde. Estão incluídos resumos e temas de relatórios, listas de pontos principais e informações relacionadas.

http://www.cdc.gov/obesity/childhood/index.html
Informações sobre excesso de peso e obesidade na infância, fornecidas pela National Health and Nutrition Examination Survey de 2007-2008. Inclui tabelas, gráficos e listas de pontos principais que discutem o aumento do número de crianças com excesso de peso nos Estados Unidos.

http://www.presidentschallenge.org/challenge/physical/index.shtml
Programa de aptidão física President's Challenge, elaborado pelo Conselho Presidencial na página da *web* do Fitness, Sports & Nutrition. O *site* inclui uma visão geral do programa, um *link* para o *site* do President's Challenge e informações para aquisição do pacote do programa.

http://kidshealth.org/parent/
Com *link* no KidsHealth.org, discute uma série de temas relacionados à aptidão física das crianças. Inclui artigos sobre exercícios, esportes, informações para pais e nutrição. O *site* inclui, ainda, recursos adicionais para pesquisas complementares.

CAPÍTULO 14

Desenvolvimento Perceptivo-motor e Intervenção nas Habilidades Motoras

PALAVRAS-CHAVE

Acuidade visual
Percepção de figura-fundo
Percepção de profundidade
Coordenação visuomotora

Perceptivo-motor
Percepção
Consciência corporal
Consciência espacial

Consciência direcional
Consciência temporal
Ritmo

COMPETÊNCIAS ADQUIRIDAS NESTE CAPÍTULO

Ao finalizar este capítulo, você será capaz de:

- Discutir mudanças no funcionamento perceptivo durante a infância
- Analisar a relação e a interação entre desenvolvimento perceptivo motor
- Identificar características comportamentais motoras de crianças com atraso desenvolvimental
- Analisar o efeito das diferenças no processamento cognitivo em cada grupo e entre grupos sobre o desenvolvimento e a *performance* das habilidades motoras
- Avaliar as demandas do processamento cognitivo sobre a *performance* das habilidades motoras

- Abordar os aspectos desenvolvimentais da acuidade visual, percepção de figura-fundo, percepção de profundidade e coordenação visuomotora e da sua interação com a *performance* motora
- Definir o termo perceptivo-motor e elaborar um diagrama desse processo
- Descrever os componentes perceptivos-motores e dar exemplos de cada um deles

> **CONCEITO-CHAVE**
>
> Todos os movimentos voluntários envolvem um elemento da percepção; como tal, o desenvolvimento motor infantil está estreitamente associado com o funcionamento perceptivo-motor.

O estudo do processo perceptivo e do desenvolvimento perceptivo-motor tenta responder a esta velha questão: como chegamos a conhecer o nosso mundo? A natureza do processo perceptivo e o seu impacto sobre o movimento e a cognição têm sido tópicos de considerável interesse para pesquisadores e educadores há vários anos. A partir do momento do nascimento, as crianças começam a aprender a interagir com o seu ambiente. Essa interação é tanto um processo perceptivo como motor. Conforme já descrito neste texto, a percepção acontece quando o *input* sensorial é monitorado e interpretado. A percepção ocorre em várias seções do cérebro e permite estabelecer o significado dos dados sensoriais (Lavay e Winnick, 2011). A Figura 14.1 ilustra os vários locais do cérebro em que as informações sensoriais são processadas.

Este capítulo foca vários aspectos desenvolvimentais da percepção, com particular ênfase na visão e no comportamento perceptivo-motor durante a infância. A importância do desenvolvimento tanto das capacidades perceptivas como perceptivo-motoras é abordada junto com os fatores que influenciam a sua emergência. Este capítulo é concluído com um resumo das intervenções nas habilidades motoras de crianças mais jovens.

DESENVOLVIMENTO PERCEPTIVO NA INFÂNCIA

Quando a criança alcança os 2 anos de idade, o aparato ocular ou visual está maduro. O globo ocular já tem quase o tamanho e peso que terá em um adulto. Todos os aspectos anatômicos e fisiológicos do olho encontram-se completos,

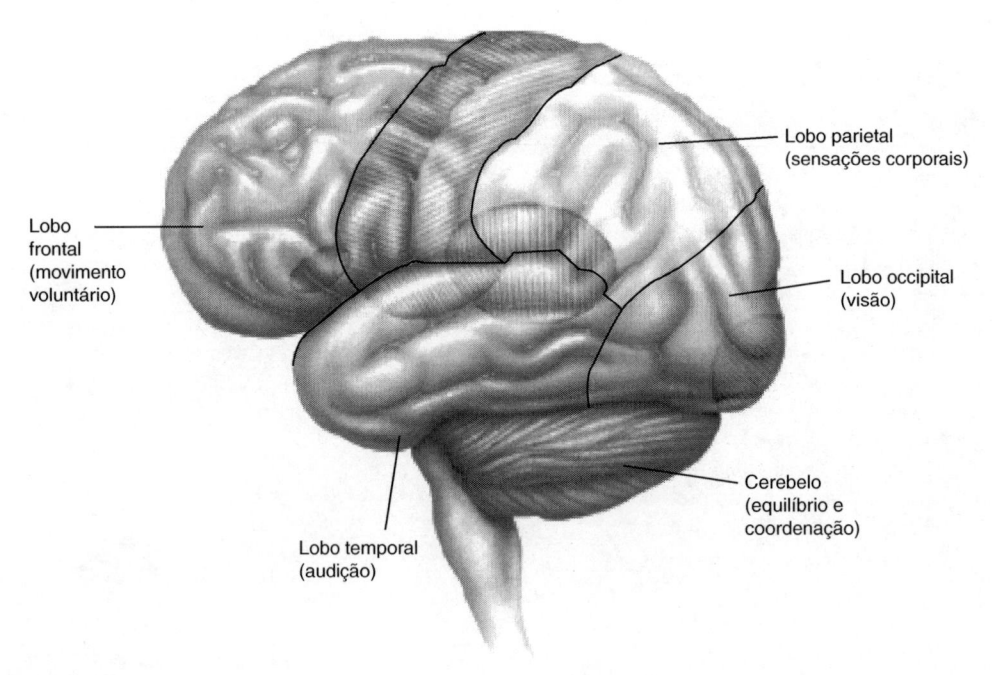

Figura 14.1
Locais de processamento do cérebro.

mas as capacidades perceptivas das crianças mais novas ainda estão incompletas. Embora as crianças sejam capazes de fixar o olhar em objetos, de persegui-los com o olhar e de julgar com precisão seu tamanho e forma, numerosos refinamentos ainda precisam ser feitos. A criança mais nova não é capaz de interceptar uma bola lançada, apresentando certo grau de controle. São comuns dificuldades na reversão de letras e números, e a percepção em relação a objetos em movimento é pouco desenvolvida, sendo que o mesmo acontece com as capacidades perceptivas de figura-fundo, distância e tempo de antecipação.

> **Conceito 14.1**
>
> As capacidades motoras e perceptivas das crianças afetam-se entre si, embora se desenvolvam em ritmos diferentes.

É questionável até que ponto vai a importância do movimento no desenvolvimento perceptivo-visual. No passado, os pesquisadores especularam sobre a importância do movimento no desenvolvimento e refinamento das capacidades perceptivo-visuais. As pesquisas foram realizadas com base em hipóteses de que o movimento autoproduzido é tanto necessário como suficiente para que ocorra o *ajuste visual e motor* em um ambiente visualmente alterado. Afirmava-se que, sem movimento, não ocorreriam os ajustes de percepções visuais e que os músculos e o aspecto motor do sistema nervoso estariam estreitamente envolvidos com a percepção e, como tais, seriam independentes um do outro. O conceito de relação entre a atividade do movimento e o desenvolvimento perceptivo também tem sido corroborado, de modo indireto, pelo declínio na *performance* em experimentos de privação perceptiva e motora e em experimentos que testam ajustes perceptivos visuais em ambientes opticamente reorganizados. O ponto principal dessa pesquisa levou ao que Payne e Isaacs (2008) chamam de *hipótese do movimento*, segundo a qual, para desenvolver um repertório normal de capacidades visuais e espaciais, é preciso prestar atenção a objetos que se movem.

> **Conceito 14.2**
>
> Tem sido demonstrado que o movimento é condição suficiente para o desenvolvimento das capacidades perceptivo-visuais, mas não há demonstração de que ele seja uma condição necessária.

Entretanto, os resultados de anos de experimentação são, no melhor dos casos, especulativos quando aplicados ao desenvolvimento das capacidades perceptivas em crianças. Ainda não sabemos qual é a extensão do papel do movimento no desenvolvimento perceptivo. Entretanto, parece seguro dizer que o movimento é condição "suficiente" para estimular o desenvolvimento das capacidades perceptivas. É duvidoso, porém, se ele é uma condição "necessária".

Embora seja duvidoso se o movimento autoproduzido é condição necessária para o desenvolvimento das capacidades perceptivo-visuais da criança, há pouca dúvida de que o nível desenvolvimental dessas capacidades afeta os níveis da *performance* das habilidades de movimento. É importante se familiarizar com as capacidades perceptivas em desenvolvimento na criança e compreender o impacto da percepção sobre o aprendizado e o refinamento das habilidades de movimento. A acuidade visual, a percepção de figura-fundo, a percepção de profundidade e a coordenação visuomotora são qualidades visuais importantes, de base desenvolvimental, e influenciam a *performance* de movimento. A Tabela 14.1 fornece um resumo dessas qualidades e uma suposta sequência desenvolvimental.

Acuidade visual

Acuidade visual é a capacidade de distinguir detalhes em objetos. Quanto mais finos são os detalhes distinguidos, melhor é a acuidade visual da pessoa e vice-versa. Ela pode ser medida tanto em ambientes estáticos como dinâmicos. A *acuidade visual estática* é o grau de detalhe distinguível que uma pessoa é capaz de detectar quando tanto o indivíduo como o objeto ao qual dedica atenção estão estacionários. É medida, de modo mais comum, por meio do gráfico ocular de Snellen. A avaliação de Snellen é expressa em

Tabela 14.1	Aspectos desenvolvimentais selecionados da percepção visual infantil	
Qualidade visual	Capacidades selecionadas	Idade aproximada
ACUIDADE VISUAL		
Capacidade de distinguir detalhes em ambientes estáticos e dinâmicos	Melhora rápida	5–7
	Platô	7–8
	Melhora rápida	9–10
	Madura (estática)	10–11
	Platô (dinâmica)	10–11
	Madura (dinâmica)	11–12
PERCEPÇÃO DE FIGURA-FUNDO		
Capacidade de separar o objeto e os seus arredores	Melhora lenta	3–4
	Melhora rápida	4–6
	Incremento leve	7–8
	Madura	8–12
PERCEPÇÃO DE PROFUNDIDADE		
Capacidade de avaliar a distância em relação à própria pessoa	Erros de julgamento frequentes	3–4
	Poucos erros de julgamento	5–6
	Melhora rápida	7–11
	Madura	Por volta dos 12 anos
COORDENAÇÃO VISUOMOTORA		
Capacidade de integrar o uso dos olhos e das mãos no rastreamento e interrupção dos objetos	Melhora rápida	3–7
	Melhora pequena e lenta	7–9
	Madura	10–12

frações. Um indivíduo classificado como 20/20 é capaz de distinguir objetos a uma distância de 6,1 m do mesmo modo como pessoas com visão normal o fazem a essa mesma distância. Já um indivíduo classificado como 20/200 é capaz de distinguir a 6,1 m o que pessoas com visão normal distinguiriam a 60,9 m.

A *acuidade visual dinâmica* é a capacidade de distinguir detalhes em objetos em movimento. Ela é avaliada com menos frequência do que a estática por várias razões, mas interessa a todos os que precisam fazer julgamentos precisos com base em perseguições orientadas por meio visual. O jogador de basquetebol, ao preparar um *strike* ou ao pegar a bola, precisa ter boa acuidade visual dinâmica, assim como o jogador de voleibol ou do atirador de tiro ao prato. A acuidade visual dinâmica é medida por alvos de tabuleiro cintilantes, com níveis variáveis de precisão de grade em uma tela. Esses alvos movimentam-se em sentido horizontal com velocidades variadas, e o indivíduo indica quando "pequenas marcas" são vistas no objeto em movimento.

Williams (1983) relatou que a acuidade visual estática encontra-se madura por volta dos 10 anos e, em geral, é menos desenvolvida em crianças com 5 e 6 anos. Ocorre uma melhora rápida entre os 5 e 7 anos, com pouca mudança observada dos 7 aos 9, seguida de uma melhora rápida aos 9 e 10 anos. Por volta dos 12 anos, a acuidade visual estática em geral é igual à de um adulto.

Parece que a acuidade visual dinâmica madura aparece mais tarde do que a estática. Morris (1977) registrou melhoras em indivíduos até os 20 anos. Williams (1983) relatou que a acuidade visual dinâmica torna-se cada vez mais refinada durante três períodos específicos: dos 5 aos 7 anos, dos 9 aos 10 e dos 11 aos 12. Além disso, meninos demonstram melhor acuidade visual (tanto dinâmica como estática) do que meninas em todas as idades. Essa informação ajuda a entender melhor por que é essencial ajustar as exigências da habilidade em esportes como o beisebol, por exemplo, se quisermos que as crianças mantenham o interesse ao longo do tempo. Os líderes adultos têm de modificar as regras para incrementar o potencial de sucesso e apoiar a participação tanto de meninos como de meninas em vários níveis desenvolvimentais.

> **CONCEITO 14.3**
>
> A visão é uma modalidade sensorial primária e desempenha papel importante no processo do desenvolvimento motor.

Percepção de figura-fundo

Percepção de figura-fundo é a capacidade de separar um objeto, no qual estamos interessados visualmente, do ambiente que o cerca. Em relação à natureza desenvolvimental da percepção de figura-fundo, Williams (1983), interpretando dados de Frostig e colaboradores (1966), relatou a percepção de figura-fundo estável em crianças entre 8 e 10 anos. Antes disso, no entanto, ocorre uma melhora lenta entre os 3 e os 4 anos, e observa-se grande melhora dos 4 aos 6. Mudanças menores foram registradas aos 6 e 7 anos, seguidas de um leve incremento entre 7 e 8. Williams ainda sugeriu que a percepção de figura-fundo torna-se cada vez mais refinada dos 8 aos 13 anos e pode, inclusive, continuar melhorando até os 17 ou 18 anos. É possível concluir que a percepção de figura-fundo madura envolve elementos da atenção, assim como uma maturação visuomotora.

Junto com uma boa acuidade visual dinâmica, a percepção de figura-fundo permite ao executor não apenas distinguir com clareza um objeto, mas também separá-lo do pano de fundo. Tal habilidade altamente refinada é essencial ao *batter* ou ao *outfielder* do beisebol, ao *wide receiver* ou *quarterback* do futebol americano ou ao ginasta que se apresenta nas barras assimétricas. A capacidade de destacar com clareza o objeto-alvo (*figura*) do seu pano de fundo (*fundo*) é essencial para o sucesso. É importante reconhecer que, nas crianças, essa qualidade perceptiva ainda se encontra em desenvolvimento. Modificar as exigências das tarefas ou manipular o pano de fundo de certas tarefas de movimento pode ajudar muito a incrementar a *performance* motora.

Percepção de profundidade

Percepção de profundidade é um dos aspectos mais intrigantes da percepção visual. Ela nos permite ver em três dimensões, fenômeno impressionante se considerarmos que nossas retinas funcionam de modo separado em duas dimensões, mas, quando combinadas, fornecem uma imagem visual completa, com indicações perfeitas de profundidade. Essas indicações são tanto monoculares como binoculares.

As *indicações de profundidade monoculares* são aquelas que podem ser capturadas por um único olho. Tamanho, gradiente de textura, sombra, convergência, sobreposição, proporcinalidade e perspectiva linear são indicações de profundidade monoculares comuns. Todas elas são usadas pelo artista para dar a "ilusão" de profundidade na tela. Eles também nos fornecem importantes indicações visuais tridimensionais de profundidade.

As indicações de profundidade binoculares exigem que os dois olhos trabalhem em sintonia. A *disparidade retinal*, importante componente da percepção de profundidade, refere-se a um objeto que nos interessa visualmente e que pode ser visto a partir de um ângulo um pouco diferente por cada olho. Portanto, a imagem projetada em cada retina é um pouco diferente, e a informação transmitida à área visual do córtex resulta na disparidade binocular. Assim, as imagens que recebemos têm profundidade.

Pouco se sabe sobre os aspectos desenvolvimentais da percepção de profundidade. Williams (1983) relatou, entretanto, que a binocularidade e a percepção de profundidade melhoram dos 2 aos 5 anos. Ela indicou também que, por volta dos 7 anos, as crianças podem julgar com precisão a profundidade por indicações monoculares. Com base nisso e na literatura extensiva sobre a percepção de profundidade em bebês, parece seguro concluir que a percepção de profundidade começa a se desenvolver de modo básico durante os primeiros meses da vida do bebê e continua melhorando ao longo do início da infância. É duvidoso se a percepção de profundidade geral pode ser melhorada por meio de treinamento especial. No entanto, talvez seja possível melhorá-la em situações específicas (Sage, 1984).

Professores, pais e técnicos precisam considerar as percepções visuais de profundidade ao ensinar novas habilidades com a bola. O tamanho, a cor e a textura da bola, assim como a distância, a trajetória e a velocidade desempenham papel importante no fornecimento de indicações de profundidade para a interceptação bem-sucedida de objetos (Isaacs, 1980; Payne, 1985; Payne e Isaacs, 2008). Basta observar uma criança que vira a cabeça para evitar uma bolada para perceber que as indicações de profundidade são importantes no êxito em atividades de recepção. Virar a cabeça para um lado elimina a visão binocular e força a criança a depender das indicações monoculares. Com muita frequência, essas indicações monoculares são insuficientes para a realização dos ajustes precisos e refinados necessários a uma recepção madura. Em consequência, a criança retrocede a um padrão de recepção em concha menos maduro ou a bola bate no seu rosto ou peito e só então para ou cai. A interceptação bem-sucedida de objetos exige que façamos uso de todas as indicações de profundidade disponíveis, em especial durante os estágios iniciais do desenvolvimento da habilidade.

Coordenação visuomotora

Coordenação visuomotora refere-se à capacidade de rastrear e fazer julgamentos de interceptação a respeito de um objeto em movimento. O desenvolvimento das capacidades visuais começa no início da vida do bebê e continua melhorando com o aumento da idade. Morris (1980) indicou que, por volta dos 5 ou 6 anos, as crianças podem perseguir com precisão objetos em movimento no plano horizontal, e que, por volta dos 8 ou 9, elas conseguem perseguir bolas em movimentos na forma de um arco. Payne e Isaacs (2008) observaram que

> à medida que a acuidade visual dinâmica melhora, o mesmo acontece com a capacidade de perseguir objetos que estão se movimentando rapidamente, pois, sempre que um objeto se movimenta em uma velocidade angular que movimentos oculares suaves não são mais capazes de acompanhar, a tarefa de acompanhamento passa a ser uma função da acuidade visual dinâmica. (p. 235)

Williams (1983) relatou que a percepção precisa do movimento continua se desenvolvendo até 10 a 12 anos.

A *interceptação de objetos* é o segundo aspecto da coordenação visuomotora. A interceptação de objetos, ou *tempo de coincidência-antecipação*, como costumam chamá-la na literatura da aprendizagem motora, envolve a capacidade de estabelecer a correspondência entre estimativas da localização de um objeto e uma resposta motora específica. Por exemplo, o *batter* do beisebol tem de estimar onde a bola vai estar em determinado momento e, ao mesmo tempo, precisa ativar o sistema motor para bater o bastão na bola na hora certa. As capacidades de interceptação de objetos melhoram muito com a idade e a prática. Por enquanto, é difícil propor um modelo desenvolvimental para a capacidade de interceptação de objetos por causa do vasto número de variáveis envolvidas. Entretanto, a observação de numerosas crianças que tentavam rebater bolas levou-nos a concluir que as mais novas e os indivíduos com menos experiência cometem muitos erros de julgamento, mas as mais velhas e as pessoas com mais experiência cometem menos erros. Parece claro que a experiência é um elemento essencial na hora de fazer estimativas de precisão de interceptação de objetos. Ainda é preciso pesquisar se só a experiência ou a maturação do aparato visuomotor em conjunto com a experiência seriam responsáveis por melhores julgamentos.

TREINAMENTO PERCEPTIVO

A sofisticação perceptiva visual do indivíduo está estritamente relacionada ao êxito na *performance* de numerosas capacidades de movimento, por isso é essencial que o professor ou o técnico tenham consciência da natureza desenvolvimental das capacidades visuais das crianças. As exigências perceptivas das capacidades de manipulação fundamentais que envolvem a aplicação de força a um objeto ou a recepção de força de um objeto são especialmente grandes. Ao trabalhar com crianças mais novas, temos de fazer ajustes apropriados no equipamento para acomodar os níveis desenvolvimentais das suas capacidades perceptivas. Mudar o peso ou o tamanho das bolas usando espuma, lã cardada, plástico ou borracha macia provavelmente terá um impacto acentuado sobre o grau de êxito experimentado. Fazer modificações na cor e no tamanho dos objetos também causa impacto. As informações sobre restrições do ambiente, apresentadas no Capítulo 11, sobre capacidades de manipulação, fundamentam essas modificações.

Recomenda-se, também, mudar as restrições da tarefa, modificando as regras do jogo para permitir maior clareza e consistência da percepção, tempo de reação ou facilidade de perseguição. No beisebol, por exemplo, usar um aparelho de lançamento com velocidade e trajetória predeterminada ajuda as crianças a desenvolverem as habilidades de perseguição. Rebater uma bola estacionária em um *tee* pode dar à criança mais jovem a oportunidade de experimentar um grande sucesso e de focar o desenvolvimento de um balanceio nivelado sem combinar a complexidade da tarefa com a necessidade de rastrear o objeto.

No treinamento perceptivo, uma terceira consideração consiste em reconhecer que a mecânica do movimento é influenciada pelos níveis de percepção necessários ao êxito da *performance*. Quando as exigências visuais são grandes, a mecânica tende a ser mais complicada. A mecânica do serviço do tênis são mais complexas do que a da natação ou do *skipping*.

Finalmente, os indivíduos que trabalham com crianças têm de reconhecer que o desenvolvimento perceptivo *e* o desenvolvimento motor estão interconectados e são fundamentais para o êxito da *performance* do movimento. Temos de ajustar as restrições da tarefa e do ambiente e o nosso nível de expectativa à maturidade perceptiva e física de cada indivíduo.

DESENVOLVIMENTO PERCEPTIVO-MOTOR NA CRIANÇA

As capacidades visuais perceptivas das crianças mais jovens não são as mesmas dos adultos. O mundo visual da criança encontra-se em estágios desenvolvimentais e, portanto, é restrito. O desenvolvimento das capacidades perceptivas inibe ou incrementa significativamente a *performance* de movimento da criança. Na seção anterior, vimos que o inverso disso pode ser verdade; ou seja, a *performance* do movimento pode inibir ou incrementar de modo acentuado o desenvolvimento das capacidades perceptivas infantis. A criança cujo desenvolvimento perceptivo é restrito com frequência encontra dificuldades na execução de tarefas perceptivo-motoras.

Compreender que o processo de percepção não é inteiramente inato nos faz deduzir que a qualidade e a quantidade das experiências de movimento oferecidas às crianças estão relacionadas, em certa medida, com o desenvolvimento de suas capacidades perceptivas. As respostas iniciais das crianças menores são respostas motoras, e todos os dados perceptivos e conceituais futuros baseiam-se, em parte, nessas respostas iniciais. Crianças pequenas precisam formar uma base ampla de experiências motoras para que o aprendizado superior desenvolva-se de modo adequado. Portanto, intervenções nas habilidades motoras logo no início da vida são importantes e necessárias tanto para o desenvolvimento motor como para o desenvolvimento perceptivo-motor.

> **CONCEITO 14.4**
>
> A prática em atividades perceptivo-motoras pode incrementar essas capacidades, mas não há dados científicos suficientes para afirmar que essas capacidades incrementem os resultados acadêmicos.

Infelizmente, a complexidade de nossa sociedade moderna com frequência cria obstáculos ao desenvolvimento de muitas capacidades perceptivo-motoras. O ambiente em que as crianças de hoje são criadas é tão complexo que constantemente elas recebem ordens de não tocar em nada ou de evitar situações que ofereçam grandes quantidades de informações motoras e perceptivas. Esse ambiente é cada vez mais passivo e sedentário. Muitos crescem em cidades grandes, em apartamentos, em creches rígidas e em escolas que não estimulam nem promovem o aprendizado por meio do movimento. Na sociedade contemporânea, pouquíssimas crianças sobem em árvores, pulam cercas, atravessam riachos ou andam a cavalo. Elas perdem muitas das experiências que deveriam ter para desenvolver o seu repertório de movimentos. As crianças que passam muito tempo assistindo à televisão ou jogando no computador desenvolvem hábitos sedentários, passivos. A ausência de variadas experiências e adaptações de movimentos resultantes da prática e da repetição pode reprimir o desenvolvimento motor, por exemplo, nas habilidades motoras fundamentais (HMFs).

> **Conceito 14.5**
>
> Crianças com frequência têm falhas no aprendizado perceptivo-motor por causa de restrições do ambiente.

É preciso elaborar meios artificias para proporcionar às crianças experiências e práticas adicionais de atividades motoras que a sociedade moderna é incapaz de fornecer de modo natural. A National Association for Sport and Physical Education (NASPE, 2009) refletiu essa posição ao desenvolver as orientações nacionais para atividade física "Active Start", voltadas para crianças de 0 a 5 anos. Essas orientações destacam como é importante que os cuidadores ofereçam às crianças muitas oportunidades de prática de atividades físicas estruturadas e não estruturadas ao longo do dia, a fim de promover o desenvolvimento motor e perceptivo-motor. O professor de educação física deve ser uma pessoa essencial no currículo educacional. Um programa de educação física sólido, baseado no desenvolvimento, estimula as habilidades perceptivo-motoras das crianças e promove muitas das habilidades de prontidão básicas para o êxito na escola.

O que é "perceptivo-motor"?

Há hífen no termo **perceptivo-motor** por duas razões. Em primeiro lugar, significa que a atividade de movimento voluntário depende de algumas formas de informação perceptiva. Todos os movimentos voluntários envolvem um elemento de consciência perceptiva, resultante de algum tipo de estimulação sensorial. Em segundo lugar, o hífen indica que o desenvolvimento das capacidades perceptivas do indivíduo depende, em parte, da atividade motora. As capacidades perceptivo-motoras são aprendidas. Assim, elas usam o movimento como um importante meio de concretização do aprendizado. A qualidade da *performance* do movimento depende da precisão das percepções do indivíduo e da sua capacidade de interpretar essas percepções em uma série de atos de movimentos coordenados. A *coordenação olho-mão* e a *coordenação olho-pé* têm sido usadas há anos para expressar que o movimento eficiente depende da precisão das informações sensoriais. O indivíduo que está na linha do tiro livre tem numerosas formas de *input* sensorial, que devem ser ordenadas e expressas no ato perceptivo-motor final de lançar a bola de basquetebol. Quando as percepções são precisas e estão combinadas em uma sequência coordenada, o jogador acerta a cesta. Quando não, ele perde o arremesso. Todos os movimentos voluntários envolvem o uso de uma ou mais modalidades sensoriais em maior ou menor grau.

Percepção significa "saber" ou "interpretar informações". A percepção é o processo de organização de informações recebidas junto com informações armazenadas, o que leva a um padrão de resposta modificado. O desenvolvimento perceptivo-motor pode ser descrito como um processo de aquisição de maior habilidade e capacidade funcional, pelo uso de *input* sensorial, de integração sensorial, de interpretação motora, de ativação do movimento e de *feedback*. Esses elementos são descritos do seguinte modo:

1. *Input* sensorial: recepção de várias formas de estimulação por meio de receptores sensoriais especializados (receptores visuais, auditivos, táteis e cinestésicos) e transmissão dessa estimulação ao cérebro, na forma de um padrão de energia neural.
2. Integração sensorial: organização dos estímulos sensoriais recebidos e sua integração com informações passadas ou armazenadas (memória).
3. Interpretação motora: tomada de decisões motoras internas (recalibragem)

com base na combinação de informações sensoriais (presente) e da memória de longo prazo (passado).
4. Ativação do movimento: execução do movimento (ato observável).
5. *Feedback*: avaliação do movimento por meio das várias modalidades sensoriais (visual, auditiva, tátil e/ou cinestésica), o que, por sua vez, transmite informações de volta ao aspecto do *input* sensorial do processo, reiniciando, portanto, o ciclo.

Os componentes perceptivo-motores

Embora as experiências de programas de educação física regulares sejam, por definição geral, atividades perceptivo-motoras, os programas que focam o reforço desse tipo de qualidade têm ênfase bastante diferente daquela dos programas que focam a qualidade motora ampla. Em programas terapêuticos e de prontidão, a ênfase recai sobre a melhoria de componentes perceptivo-motores específicos, de modo que as atividades de movimento são agrupadas de acordo com as qualidades perceptivo-motoras que elas incrementam, a saber, a consciência corporal, a espacial, a direcional e a temporal. As atividades destinadas a incrementar essas capacidades são usadas em programas de educação física regulares, mas o principal objetivo é a aquisição das habilidades de movimentos e o incremento da atividade, mais do que a aquisição perceptivo-motora.

O desenvolvimento e o refinamento dos *mundos espaciais* e dos *mundos temporais* das crianças são duas das principais contribuições dos programas de treinamento perceptivo-motor. O jargão usado em programas espalhados pelos Estados Unidos varia muito. Parece ser consenso, entretanto, que as seguintes qualidades perceptivo-motoras estão entre aquelas cujo desenvolvimento e reforço em crianças são mais importantes.

Conceito 14.6

Os programas de educação física de base desenvolvimental têm potencial de incrementar o funcionamento perceptivo-motor.

Consciência corporal

A **consciência corporal** costuma ser usada junto com a *imagem corporal* e o *esquema corporal*. Cada termo refere-se à capacidade que está sendo desenvolvida na criança de discriminar com precisão as partes do próprio corpo. A capacidade de distinguir as partes do corpo e de compreender melhor sua natureza ocorre em três áreas. A primeira é o conhecimento corporal – ser capaz de localizar com precisão as partes do corpo em si próprio e nos outros. A segunda é o conhecimento daquilo que as partes do corpo podem fazer. Isso se refere ao fato de que a criança vai desenvolvendo a compreensão do modo como o corpo realiza determinado ato. A terceira é conhecer como se deve fazer para que as partes do corpo sejam movimentadas com eficiência. Isso se refere à capacidade de reorganizar essas partes para determinado ato motor e para realizar uma tarefa de movimento.

A *imagem do corpo* está relacionada com a figura internalizada que a criança tem do próprio corpo e com o grau de correspondência entre essa imagem e a realidade. As autopercepções de altura, peso, forma e características individuais afetam o modo como nos comparamos com os outros. Estabelecer uma imagem corporal realista é importante na infância e também depois. A anorexia e a bulimia têm sido claramente ligadas a imagens corporais não realistas e agora são questões preocupantes para crianças.

Consciência espacial

A **consciência espacial** é um componente básico do desenvolvimento perceptivo-motor que pode ser dividido em duas subcategorias: (1) conhecimento de quanto espaço o corpo ocupa e (2) capacidade de projetar o corpo efetivamente no espaço externo. O desenvolvimento da compreensão de quanto espaço o corpo ocupa e qual é a relação dele com objetos externos pode se dar por uma série de atividades de movimento. Com prática e experiência, a criança passa do seu mundo egocêntrico, em que localiza tudo no espaço externo relativo a si mesma (*localização subjetiva*), ao estabelecimento de um esquema objetivo de referência (*localização objetiva*). A criança também aprende a lidar com os conceitos de autoespaço e espaço geral. O *autoespaço* refere-se à área imediatamente próxima ao indivíduo, limitando-se ao que ele pode alcançar quando estende o corpo e mantém um ponto fixo no chão. O *espaço geral* refere-se àquilo que está além do autoespaço da pessoa. Por exemplo, os pré-escolares tendem a determinar a localização de objetos em relação ao lugar onde eles estão de pé (localização subjetiva no próprio espaço). As crianças mais velhas, entretanto, são capazes de localizar objetos em relação à localização dos seus corpos (ou seja, localização objetiva no espaço geral). Os conceitos de localização subjetiva e autoespaço são estreitamente similares à fase do pensamento pré-operatório na classificação do desenvolvimento feita por Piaget. Os conceitos de localização objetiva e espaço geral são identificados com estruturas cognitivas mais elevadas na fase de operações concretas de Piaget. Ver no Capítulo 2 uma discussão sobre as fases e os estágios do desenvolvimento cognitivo de Jean Piaget e o papel que o movimento desempenha em cada um desses estágios desenvolvimentais.

A consciência espacial dos adultos em geral é adequada, apesar de ocasionais dificuldades na localização da posição relativa de vários objetos. Por exemplo, ao consultar um mapa da malha rodoviária durante uma viagem em região desconhecida, muitas pessoas confundem-se e não sabem onde ficam o norte, o sul, o leste e o oeste. Às vezes, olhando o mapa, é difícil decidir se é preciso virar à direita ou esquerda sem se colocar literalmente dentro do próprio mapa. A ausência de pontos de referência familiares e a impessoalidade do mapa rodoviário dificulta a localização do objetivo da pessoa no espaço em relação a essa tarefa particular. As crianças mais novas enfrentam praticamente essa mesma dificuldade, porém em escala mais ampla. Elas precisam primeiro aprender a se orientar de modo subjetivo no espaço, para depois se aventurar com cuidado nos arredores desconhecidos em que indicações subjetivas são inúteis. Dar-lhes oportunidades de desenvolver a consciência espacial é um atributo importante de um bom programa de educação física de base desenvolvimental e de intervenções iniciais nas habilidades motoras que reconhecem a importância do desenvolvimento perceptivo-motor.

Consciência direcional

Uma área bastante preocupante para muitos professores do ensino fundamental é a **consciência direcional**. Por meio dessa consciência, as crianças são capazes de dar dimensões a objetos no espaço externo. Os conceitos de esquerda e direita, em cima e embaixo, dentro e fora e frente e atrás são incrementados por meio de atividades de movimento que colocam ênfase na direção. A consciência direcional em geral é dividida em duas subcategorias: lateralidade e direcionamento.

A *lateralidade* refere-se a uma consciência ou sensação interna das várias dimensões do corpo em relação à sua localização e direção. A criança que desenvolveu de modo adequado o conceito de lateralidade não precisa depender de indicações externas para determinar a direção. Ela não precisa, por exemplo, de uma fita amarrada no punho para lembrar qual é o lado esquerdo e qual é o direito. Ela não precisa confiar em indicações como o braço em que está o relógio ou o dedo em que está o anel para buscar informações sobre direção. O conceito parece tão básico para a maioria dos adultos que é difícil imaginar como alguém pode ter problemas no desenvolvimento da lateralidade. No entanto, basta olharmos no espelho retrovisor de um carro e teremos as direções invertidas e, às vezes, confusas.

A *direcionalidade* é a projeção externa da lateralidade. Ela dá dimensões a objetos no espaço. A verdadeira direcionalidade depende do estabelecimento adequado da lateralidade. A direcionalidade é importante para pais e professores por ser um componente básico do aprendizado da leitura. As crianças cuja direcionalidade não está inteiramente estabelecida com frequência enfrentam dificuldades para discriminar várias letras do alfabeto. Por exemplo, as letras *b*, *d*, *p* e *q* são todas similares. A única diferença está na direção da "bola" e do "tracinho" que compõem as letras. A criança que não tem a direcionalidade inteiramente estabelecida enfrenta considerável dificuldade na distinção de várias letras do alfabeto. Até palavras inteiras podem ficar invertidas. A palavra *uma* às vezes é lida como *amu*; *eles* pode ser lida como *sele* por causa da incapacidade de projetar direção no espaço externo. Algumas crianças têm dificuldade na dimensão em cima e embaixo, que é mais básica do que a dimensão esquerda e direita. Às vezes elas escrevem e veem as palavras de cabeça para baixo e ficam totalmente confusas na hora de ler.

Estabelecer a consciência direcional é um processo desenvolvimental que se baseia tanto na maturação como na experiência. É normal que crianças de 4 a 5 anos fiquem confusas com as direções. Entretanto, deve despertar preocupação o fato de uma criança de 6 a 7 anos apresentar esses problemas de forma consistente, pois essa é a época em que a maioria das escolas tradicionais começa a ensinar o aluno a ler. O desenvolvimento adequado da consciência direcional é uma habilidade de prontidão importante, necessária ao êxito na leitura, e o movimento é um dos recursos usados para desenvolver esse importante conceito perceptivo-motor.

Consciência temporal

A discussão precedente sobre os vários aspectos do desenvolvimento perceptivo-motor lida com o mundo espacial da criança. As consciências corporal, espacial e direcional estão estreitamente inter-relacionadas e combinam-se para ajudar a criança a dar sentido às suas dimensões espaciais. A **consciência temporal**, por sua vez, refere-se à aquisição de uma estrutura temporal adequada na criança. Ela é evocada e refinada ao mesmo tempo em que o mundo espacial da criança se desenvolve.

A consciência temporal está estreitamente relacionada com a interação coordenada dos vários sistemas musculares e modalidades sensoriais. A *coordenação olho-mão* e a *olho-pé* refletem a inter-relação desses processos. Pegar, chutar e rebater envolvem níveis de coordenação olho-mão e olho-pé como pré-requisitos. Nós chamamos de indivíduo coordenado aquele que possui uma dimensão temporal bem desenvolvida. Quem ainda não desenvolveu completamente essa dimensão, em geral é chamado de atrapalhado ou desajeitado. Tudo o que fazemos possui algum elemento temporal. Há sempre um começo e um fim e há sempre um período de tempo mensurável entre eles, por menor que seja. É importante que as crianças aprendam como atuar com eficiência na dimensão temporal e também na dimensão espacial. Sem uma delas, a outra não pode desenvolver todo o seu potencial.

O **ritmo** é o aspecto básico e mais importante do desenvolvimento de um mundo temporal estável. Esse termo tem muitos significados, mas é descrito aqui como a recorrência sincrônica de eventos relacionados de um modo que permita a formação de padrões identificáveis. O movimento rítmico envolve o sequenciamento sincrônico de eventos no tempo. O ritmo é essencial na *performance* de qualquer ato de maneira coordenada. *Skipping* e galopar são habilidades locomotoras comuns que envolvem um elemento rítmico.

As atividades possíveis são infinitas. Movimentar-se com várias formas de acompanhamento musical, desde de rufar de tambores até músicas selecionadas, contribui para a consciência temporal e pode incrementar o aprendizado das HMFs. A Tabela 14.2 fornece um resumo de vários aspectos relacionados aos componentes perceptivo-motores.

Atividades perceptivo-motoras

Muitos dos programas e currículos perceptivo-motores de hoje incorporam uma abordagem ecológica. Atividades ou habilidades de movi-

Tabela 14.2	Fatores associados com os componentes perceptivo-motores

- Consciência corporal
    - Conhecer as partes do corpo
    - Conhecer o que as partes do corpo podem fazer
    - Saber como fazer para que as partes do corpo se movimentem com eficiência
- Consciência espacial
    - Localização subjetiva
    - Localização objetiva
    - Autoespaço
    - Espaço geral
- Consciência direcional
    - Lateralidade
    - Direcionalidade
- Consciência temporal
    - Sincronização
    - Sequência
    - Ritmo

> **PERSPECTIVAS INTERNACIONAIS**
>
> **Sepak takraw – gigantes da percepção-motora**
>
> Certo dia, em um final de tarde, eu estava sentado em um parque de Bangkok, assistindo a uma das mais impressionantes demonstrações de desenvolvimento perceptivo-motor: o esporte do *sepak takraw*. O *takraw*, como é conhecido, parece com o voleibol. É como dizer que o hóquei é um só um futebol sobre o gelo. O esporte do *takraw* envolve enormes saltos verticais e chutes de bicicleta para que a perna bata com força e passe para o outro lado da rede. De acordo com a lenda, o *sepak takraw* foi jogado pela primeira vez por um deus hindu e sua turma de macacos. A popularidade do jogo cresceu em todo o Sudeste da Ásia, e ele passou de um jogo circular informal, que lembrava o *hacky sack*, a um jogo em equipe, que lembra mais o voleibol. Hoje existe a International Sepak Takraw Foundation, e os Estados Unidos têm sua própria organização esportiva de *takraw*. O nível formal do esporte envolve competições de alto nível, mas é nos parques e pátios de escolas que podemos ver esse jogo todos os dias. São três jogadores de cada lado e uma bola feita de bambu (bola trançada de palha), que pode alcançar velocidades de 100 km/h. A bola é sacada pelo adversário, que depois tenta rebatê-la de volta usando os pés, o peito, os joelhos e a cabeça. É um espetáculo impressionante de coordenação olho-pé, consciência corporal e consciência espacial. É preciso ver para crer, por isso dê uma olhada no vídeo *on-line*.
>
> Fonte: http://bleacherreport.com/articles/289280-what-sport-do-ninjas-play-sepaktakraw http://takrawusa.com/

nos atrasos específicos demonstrados por seus alunos ou clientes e também incorporar uma abordagem ecológica. Claudine Sherrill, uma das pessoas que mais contribuem para o campo da atividade física adaptada, sugere algumas das atividades e estratégias instrucionais mostradas na Tabela 14.3.

INTERVENÇÃO NAS HABILIDADES MOTORAS NO INÍCIO DA INFÂNCIA

Nos Capítulos 11 e 12, tratamos do desenvolvimento das habilidades de manipulação e de locomoção na infância. Nesses capítulos, desenvolvemos a noção das mudanças relacionadas à idade nos padrões de movimento. Além disso, consideramos o papel das restrições impostas pela tarefa e pelo ambiente à *performance* das HMFs, em interação com as características do aprendiz. Essas restrições do indivíduo, da tarefa e do ambiente podem ser responsáveis, em parte, por variações interindivíduos e intraindivíduo observadas na *performance* das HMFs de crianças. Neste capítulo, desenvolveremos mais as características perceptivo-motoras e o modo como essas habilidades emergem na infância. Pode ser que essas habilidades perceptivo-motoras emergentes também sejam responsáveis por variações na *performance* das HMFs. A seção final deste capítulo resume de forma breve o desenvolvimento atípico (atrasos) nas HMFs de um grupo de crianças menores em situação de desvantagem e o modo como as intervenções com instruções podem ter impacto positivo sobre o desenvolvimento atrasado de suas habilidades motoras.

Atrasos desenvolvimentais nas HMFs

Pesquisas sobre desenvolvimento motor têm registrado de modo consistente que, nos períodos em que as HMFs deviam estar se desenvolvendo com rapidez, as crianças pequenas que se encontram em ambientes desprivilegiados demonstram atrasos significativos nessas habilidades (Goodway e Branta, 2003; Goodway et al., 2003; Hamilton et al., 1999; Martin, Rudisill e Hastie, 2009; Robinson e Goodway, 2009; Valentini e Rudisill, 2004). Identifica-se atraso desenvolvimental na criança quando a sua *performance* fica abaixo do vigésimo quinto percentil no TGMD-2 (Ulrich, 2000). Um estudo de larga

mento específicas são intencionalmente praticadas sob variadas condições do ambiente e da tarefa. Dessa forma, a percepção é específica de cada criança, e o ambiente é percebido de acordo com as *affordances* que ele fornece. Professores de educação regular e adaptada e terapeutas ocupacionais e médicos pediatras tendem a trabalhar como desenvolvedores e aplicadores primários de programas para crianças com dificuldades perceptivo-motoras. Muitas dessas crianças têm recebido diagnóstico de síndrome da criança desajeitada, dispraxia desenvolvimental ou transtorno desenvolvimental da coordenação (Sherrill, 2004). Professores ou terapeutas precisam desenvolver atividades com foco

Tabela 14.3	Atividades perceptivo-motoras escolhidas

Área do déficit – consciência corporal, direcional, espacial e temporal
- Brincar de imitar os movimentos do líder
- Montar trajetos com obstáculos, passagens estreitas, sobre e sob barreiras e superfícies irregulares
- Usar vendas em atividades de locomoção e de manipulação
- Espalhar partes de bonecas montáveis pela sala/ginásio e pedir à criança que recupere as partes para montar a boneca inteira
- Realizar as habilidades de locomoção em ritmos diferentes, de acordo com o acompanhamento de um instrumento musical

Área do déficit – uso de fontes múltiplas de informação sensorial
- Realizar atividades de movimento dentro e fora d'água; comparar os movimentos
- Rolar o corpo sobre várias superfícies e em vários ângulos
- Usar o movimento descalço sobre diferentes tipos de superfície
- Promover jogos em que dois corpos ou partes do corpo precisam se tocar ou mover em uníssono
- Realizar movimentos enrolado em lençóis, roupas grandes demais para o sujeito ou sacos de várias texturas

Área do déficit – problemas de cruzamento lateral e da linha média
- Promover jogos que incorporam agilidade (mudança de direção com rapidez e precisão)
- Fazer exercícios como abdominais com torção do tronco (a mão direita toca o pé esquerdo e vice-versa)
- Usar saquinhos de feijão para atividades infantis, em situações que incluem segurar o saquinho com a mão direita e colocá-lo em alguma parte do corpo do lado esquerdo
- Reforçar o cruzamento da linha média, com atividades de arremesso e rebatida
- Promover o jogo Chefe Manda (Simon Says) sem eliminação, enfatizando os movimentos de linha média e de oposição

Área de déficit – equilíbrio e coordenação
- Incorporar equipamentos como pranchas inclinadas, pranchas e traves de equilíbrio
- Praticar posições de equilíbrio estático com os olhos abertos, fechados e focados em um alvo (estacionário ou em movimento)
- Realizar atividades de equilíbrio estático e dinâmico, enquanto segura um objeto pesado em apenas uma das mãos
- Ensinar os estudantes a dar indicações verbais que coincidam com os seus movimentos
- Fazer os estudantes realizarem determinado movimento em variadas condições do ambiente e da tarefa

Dados de Sherrill, C. (2004). *Adapted Physical Activity, Recreation and Sport: Crossdisciplinary and Lifespan.* 6th ed., St. Louis: McGraw-Hill.

escala avaliou as HMFs de 275 crianças de idade pré-escolar em situação de desvantagem, no Centro-Oeste e no Sudoeste dos Estados Unidos, usando o Test of Gross Motor Development-2 (Goodway et al., 2010). Esse estudo revelou que, em geral, os pré-escolares estavam atrasados em termos desenvolvimentais entre o décimo e o décimo sétimo percentil para habilidades de locomoção e em torno do décimo sexto percentil para habilidades de manipulação (Goodway et al., 2010). Uma revisão dos dados sobre frequência revelou que, em geral, 85% dos pré-escolares afro-americanos do Centro-Oeste dos Estados Unidos estavam atrasados em termos desenvolvimentais nas habilidades de manipulação (92% das meninas e 78% dos meninos). O mesmo valia para as habilidades de locomoção, sendo que 88% dos participantes do Centro-Oeste estavam atrasados (90% das meninas e 87% dos meninos). Observações similares foram confirmadas para participantes hispânicos do Sudoeste, sendo que 84% dos participantes apresentaram atraso no desenvolvimento da manipulação (95% das meninas e 72% dos meninos) e 91% nas habilidades de locomoção (92% das meninas e 89% dos meninos). A partir desse estudo, fica claro que um número consideravelmente grande de crianças em idade pré-escolar em situação de desvantagem apresentou atraso no desenvolvimento das habilidades de manipulação e de locomoção. A localização ou etnicidade não foram um fator, e os atrasos foram consistentes do Centro-Oeste ao Sudoeste dos Estados Unidos. Esse não é um estudo isolado, e os padrões registrados nele têm permanecido bastante constantes para populações tanto afro-americanas como hispânicas, em diferentes regiões dos Estados Unidos, em cidades de uma mesma região e ao longo do tempo (Goodway e Branta, 2003; Goodway et al., 2003; Hamilton et al., 1999; Martin, Rudisill e Hastie, 2009; Robinson e Goodway, 2009; Valentini e Rudisill, 2004).

Similares às descobertas mostradas nos Capítulos 11 e 12, foram encontradas diferenças entre os sexos também nas habilidades de manipulação das crianças em situação de desvantagem, mas não nas habilidades de locomoção (Goodway et al., 2010). Meninos tinham melhores habilidades de manipulação do que meninas. Outros pesquisadores confirmaram essa perspectiva e sugeriram que, sem intervenção, há diferenças entre os sexos nas habilidades de manipulação, mas não nas de locomoção (Amui, 2006; Goodway e Branta, 2003; Hamilton et al., 1999; Robinson e Goodway, 2009; Savage, 2002). O trabalho de Garcia (1994) pode lançar alguma luz sobre essas descobertas. Ela estudou qualitativamente como crianças de sexos diferentes em idade pré-escolar engajam-se em programas de HMFs. O trabalho de Garcia descreveu que as meninas eram muito mais cooperativas em suas interações durante a instrução e gostavam de "compartilhar" o equipamento, observar a *performance* uma da outra e estimular os esforços uma da outra. Os meninos, por sua vez, ficaram mais focados em sua própria *performance* e eram competitivos em relação aos colegas. Em consequência desses tipos de interação, os meninos realizam mais tentativas de prática do que as meninas no ambiente prático. Um estudo recente de Robinson, Goodway, Williams e colaboradores (2006) fornece dados adicionais, sugerindo que meninos podem acabar tendo mais possibilidades de prática do que meninas. Robinson e colaboradores observaram que os homens altamente hábeis tinham realizado mais tentativas de prática do que todos os outros grupos (mulheres altamente hábeis e homens e mulheres com pouca habilidade) durante uma intervenção de arremesso com pré-escolares. Além disso, as mulheres altamente hábeis tinham feito mais tentativas de prática do que os homens e as mulheres com pouca habilidade. Não foram registradas diferenças entre homens e mulheres com pouca habilidade.

As descobertas consistentes relativas a HMFs atrasadas e diferenças entre os sexos nas HMFs sugerem que as restrições do indivíduo e do ambiente operam sobre essas crianças mais jovens e são consistentes entre populações diferentes. Uma das restrições mais consistentes e vigorosas é ser criado em um ambiente economicamente empobrecido. Outro trabalho lançou a hipótese de que crianças em desvantagem em idade pré-escolar ficam expostas a uma série de outras restrições do ambiente que afetam o seu desenvolvimento motor de forma negativa (Goodway e Branta, 2003; Goodway et al., 2003). Por exemplo, a falta de locais seguros para brincar e atuar de modo ativo na comunidade, os modelos de papéis com atividade limitada (em especial para mulheres), a falta de acesso a programas de habilidades motoras, que implica ausência de instrução ou *feedback* sobre essas habilidades, contribuem para esses atrasos (Branta e Goodway, 1996; Goodway e Smith, 2005). Fatores biológicos que se originam no período de vida do bebê, como atendimento pré-natal de má qualidade, tamanho de nascimento pequeno para a idade gestacional e a prematuridade, são possíveis restrições do indivíduo que influenciam as crianças. É bastante provável que exista uma correlação entre as HMFs atrasadas dessas crianças e as suas habilidades perceptivo-motoras. Neste capítulo, mostramos como a estimulação ambiental parece ser necessária ao desenvolvimento adequado das habilidades perceptivo-motoras, mas essas crianças podem ser privadas dessa riqueza ambiental devido à natureza das suas condições de desvantagem. Os dados científicos sobre o atraso nas HMFs confirmam de modo consistente a noção de que crianças mais jovens em situação de desvantagem precisam de intervenções nas habilidades motoras para remediar os atrasos desenvolvimentais encontrados.

Mas por que os atrasos desenvolvimentais nas HMFs são uma questão preocupante a longo prazo para essa população de crianças? Os atrasos que acabamos de mencionar sugerem que essas populações de crianças mais jovens não demonstram a competência prévia nas HMFs necessárias à quebra da barreira de proficiência hipotética de Seefeldt (1980). Ou seja, os atrasos no desenvolvimento motor são um fator limitador do êxito nos comportamentos de atividade física e esporte futuros. É interessante notar o paralelo existente entre os atrasos na HMFs observados em crianças afro-americanas/hispânicas em idade pré-escolar e que moram em centros urbanos e seus pares adolescentes (pobres, urbanos, afro-americanos, hispânicos) que demonstram baixos níveis de atividade física e níveis elevados de obesidade durante os anos da adolescência (Anderson e Butcher, 2006; U.S. Department of Health and Human Services [USDHHS], 1996). Ainda precisamos entender os mecanismos subjacentes e as implicações da baixa competência motora nos anos iniciais, mas talvez essa baixa competência tenha reflexos nos anos da adolescência, fazendo com que essas crianças abandonem o esporte e a atividade física por não se divertirem ou por não alcançarem êxito nelas (ver em Stodden et al., 2008, e Stodden e Goodway, 2007, reflexões mais elaboradas sobre essas ideias).

Conceito 14.7

Crianças menores que cresceram em situação de desvantagem demonstram atrasos desenvolvimentais nas HMFs, sendo que meninas também têm habilidades de manipulação significativamente piores do que meninos. Esses atrasos podem ser resultado de restrições do indivíduo e do ambiente.

Intervenções nas habilidades motoras

Um corpo crescente de pesquisas sobre o desenvolvimento motor tem examinado o papel dos programas instrutivos ou das intervenções nas habilidades motoras sobre o desenvolvimento da HMFs em crianças mais novas. Tem sido registrado um impacto positivo da intervenção nas habilidades motoras em uma série de ambientes: (1) *ambientes de educação física* (Martin, Rudisill e Hastie, 2009; Savage, 2002; Sweeting e Rink, 1999; Valentini e Rudisill, 2004); (2) *ambientes pré-escolares*, como o Head Start (Amui, 2006; Conner-Kuntz e Dummer, 1996; Goodway e Branta, 2003; Hamilton et al., 1999; Robinson e Goodway, 2009); e (3) *crianças em situação de desvantagem* (Amui, 2006; Conner-Kuntz e Dummer, 1996; Goodway e Branta, 2003; Hamilton et al.,1999; Martin, Rudisill e Hastie, 2009; Robinson e Goodway, 2009; Savage, 2002). Os instrutores de intervenções nas habilidades motoras têm variado de especialistas em desenvolvimento motor (Amui, 2006; Conner-Kuntz e Dummer, 1996; Goodway e Branta, 2003), a pais como instrutores com um facilitador especialista em desenvolvimento motor (Hamilton et al., 1999), passando por educadores físicos (Savage, 2002; Sweeting e Rink, 1999). Em geral, esses estudos mostram que, quando crianças pré-escolares atrasadas no aspecto motor recebem instruções sobre habilidades motoras bem elaboradas, elas conseguem remediar os atrasos nas HMFs (Conner-Kuntz e Dummer, 1996; Goodway e Branta, 2003; Goodway e Rudisill, 1996; Hamilton et al., 1999; Martin, Rudisill e Hastie, 2009; Robinson e Goodway, 2009; Valentini e Rudisill, 2004). Muito desse trabalho foca crianças durante os primeiros anos da infância, pois é nessa faixa etária que elas devem desenvolver uma base ampla de proficiência nas HMFs (Clark e Metcalfe, 2002; Stodden et al., 2008).

Muitas dessas intervenções nas habilidades motoras tiveram duração de 8 a 12 semanas, com 16 a 24 sessões no total. A maioria das intervenções motoras focou as habilidades de manipulação, embora algumas tenham incluído habilidades de locomoção. Uma variedade de técnicas instrucionais tem sido utilizada na aplicação das intervenções nas habilidades motoras: (1) *instrução direta* (Amui, 2006; Connor-Kuntz e Dummer, 1996; Goodway e Branta, 2003; Goodway et al., 2003; Robinson e Goodway, 2009; Savage, 2002); (2) *domínio do clima de motivação* (Amui, 2006; Martin, Rudisill e Hastie, 2009; Robinson e Goodway, 2009; Valentini e Rudisill, 2004a; 2004b); e (3) *pais como professores* (Hamilton et al., 1999).

Abordagem centrada no professor nos programas de habilidades motoras

A instrução direta sobre habilidades motoras envolve a abordagem de ensino dessas habilidades orientada para o professor, em que ele descreve com clareza e demonstra a tarefa a ser realizada

Dilema do desenvolvimento

Vamos alimentar os pintinhos – uma história verídica sobre a negociação de tarefas

Um grupo de pré-escolares estava participando de uma estação de arremesso que fazia parte do programa SKIP (*Sucessful Kinesthetic Instruction for Preschoolers*). A estação de arremesso baseava-se nas estruturas ALVO descritas a seguir:

- três tipos diferentes de objetos de arremesso – saquinhos de feijão, bolas de lã cardada e bolas de tênis
- três distâncias do alvo – curta, média e longa
- dois tamanhos do alvo – grande e médio

As crianças receberam a instrução de que o objetivo da estação era arremessar com a maior força possível. Quatro crianças estão na estação: as meninas Aiesha e Sharonda, e os meninos Delaunde e Kalim. Logo meninas e meninos formam pares identificados pelo sexo e começam a trabalhar juntos. A professora supervisiona tudo e vê que Delaunde e Kalim estão arremessando com força e rapidez. Eles se movimentam rapidamente para o ponto mais distante e arremessam as bolas de tênis no alvo menor. É possível ouvir Kalim dizer a Delaunde: "Olha só como eu faço, eu vou ganhar de você". Nos 10 m de tempo da estação dessa habilidade, Kalim arremessa 55 bolas e Delaunde 47. Ao mesmo tempo, Aiesha e Sharonda podem ser vistas perto da parede, cada uma com uma bola amarela de lã cardada nas mãos. O professor grita do outro lado do ginásio, pedindo que elas comecem a arremessar. Elas colocam as bolas cardadas gentilmente no solo, seguram e beijam as bolas, e ficam de novo com elas na mão. Estarrecido, o professor chega perto das meninas e pergunta por que elas não estão arremessando. Com orgulho, Aiesha e Sharonda levantam as mãos e dizem ao professor: "Olhe, essa é Charlotte" e "Essa é Sunshine". Ainda mais confuso, o professor pergunta: "O quê?" E leva um tempo para adivinhar o que está acontecendo ali!

Você também deve ter adivinhado que as meninas colocaram a criatividade para funcionar e transformaram as bolas cardadas em pintinhos. Elas não podiam arremessar os pintinhos, senão "iam se machucar", por isso elas os seguravam com cuidado, tinham dado nomes a eles e apenas os colocaram no chão em vez de arremessá-los. A professora logo entrou no mundo da fantasia das meninas e entregou a cada uma um saquinho de feijão, dizendo-lhes que os pintinhos estavam com muita fome, tinham uma porção de irmãos e irmãs. Então elas precisavam acertar saquinhos de feijão no alvo para que os grãos caíssem e pudessem alimentar os pintinhos. Quanto mais forte fosse o arremesso, mais comida os seus pintinhos teriam e assim elas conseguiriam alimentar um maior número deles. Animadas, as meninas começaram a arremessar com força e frequência e cada vez se afastavam mais da parede. Quanto mais força elas faziam, mais "pintinhos" (bolas de lã cardada) a professora deixava cair no chão, dizendo: "Continuem, continuem, vocês têm mais bocas para alimentar".

Temos muitas histórias como essa, recolhidas em nossos programas motores para crianças pequenas. Essa história levanta algumas considerações interessantes para professores. A primeira é reconhecer que, na qualidade de professores, às vezes sentimos que definimos bem a tarefa para as crianças, mas elas costumam negociar essas tarefas, a fim de ajustá-las à sua própria visão de mundo. Quando a *performance* das crianças não correspondem ao que queremos, devemos nos perguntar que outros fatores "pintinhos" podem ser acrescentados ao quadro. Além disso, as crianças mais jovens são inerentemente criativas e adoram tecer histórias em torno de suas atividades motoras. No programa SKIP, ensinamos habilidades motoras baseadas em termos como o país das maravilhas no inverno, a fazenda, o zoológico, os super-heróis, para então conseguir penetrar nessa criatividade e utilizá-la a nosso favor. A outra consideração é que, com frequência, as meninas fazem menos tentativas práticas do que os meninos e, ao longo do tempo, isso pode influenciar a capacidade delas de tornarem-se proficientes nas habilidades motoras, em especial nas de manipulação. É necessário considerar o nosso ambiente instrucional e descobrir modos de motivar tanto meninos como meninas.

e as crianças respondem de acordo (Graham, Holt-Hale e Parker, 2007). Nesse ambiente, as crianças não têm opções nem preferências de seleção de uma tarefa ou atividade, e o professor dá instruções sobre cada elemento da aula (Graham et al., 2007). Um exemplo de programa de habilidades motoras com instrução direta é parte do trabalho realizado por Goodway e colaboradores. A intervenção foi chamada de "*SKIP*", acrônimo de *Successful Kinesthetic Instruction for Preschoolers* (Amui, 2006; Goodway e Branta, 2003; Goodway et al., 2003; Goodway e Robinson, 2006; Robinson e Goodway, 2009; Savage, 2002). Uma aula *SKIP* de 45 minutos pode ter a seguinte estrutura:

- As crianças entram e fazem um aquecimento de 10 minutos com música ou um simples jogo para promover uma atividade imediata e acelerar a frequência cardíaca.
- As crianças são divididas em três grupos e colocadas em 1 de 3 estações de habilidades (p. ex., chute, recepção, arremesso).
- As tarefas em todas as estações são explicadas e demonstradas pelo professor.
- As crianças vão para a primeira estação e engajam-se em 10 minutos de atividade/desenvolvimento da habilidade nessa estação. O professor promove a troca de estações, fornecendo *feedback* e refinando as tarefas para atender às necessidades das crianças.
- As crianças completam três turnos de 10 minutos, passando por cada estação.
- No final da aula, o professor reúne as crianças para uma avaliação conjunta e *feedback* final.

Abordagem centrada na criança nos programas de habilidades motoras

Tem sido implementada também outra abordagem, mais centrada na criança, chamada *clima de motivação para a maestria*. Essa abordagem de instrução centrada na criança, investigada por Rudisill e colaboradores, valoriza a autonomia da criança para realizar tarefas e atividades com base em suas preferências (Valentini e Rudisill, 2004a, 2004b). Vários níveis de desafio também são incorporados à instrução (Valentini, Rudisill e Goodway, 1999). O clima de motivação para a maestria é desenvolvido pela organização das instruções em torno de seis estruturas "TARGET" (alvo) em cada lição (em inglês, a palavra "alvo" [TARGET] é um acrônimo de tarefa, autoridade, recompensa, agrupamento [*grouping*], avaliação [*evalutation*] e tempo). O princípio em que se baseia a abordagem de motivação para a maestria consiste em que o clima instrucional promove a motivação dos estudantes para se engajar nas tarefas e regular o seu próprio ritmo do aprendizado. Para obter mais informações sobre o clima de motivação para a maestria motora, consulte Valentini, Rudisill e Goodway (1999). Um exemplo de aula de 45 minutos de clima de motivação para a maestria pode envolver os seguintes elementos (Amui, 2006; Robinson e Goodway, 2009; Valentini e Rudisill, 2004a e 2004b; Valentini, Rudisill e Goodway, 1999):

- O professor organiza três estações de habilidades (p. ex., chutar, pegar, arremessar) e cada estação possui 3 a 5 níveis de tarefas com dificuldades variadas (p. ex., pegar bolas de tamanhos diferentes, a distâncias diferentes).
- As crianças fazem um aquecimento de 10 minutos em um grupo grande, com música ou um jogo simples para promover atividade instantaneamente e elevar a frequência cardíaca.
- Em todas as estações, as tarefas são explicadas e demonstradas pelo professor.
- Durante 30 minutos, as crianças ficam livres para entrar em qualquer estação, selecionar qualquer tarefa e trabalhar com qualquer coleguinha enquanto o professor age como facilitador, fornecendo *feedback*, sugerindo novas tarefas e encorajando as crianças a experimentar níveis diferentes das tarefas, levando em conta o nível mais adequado para cada uma.
- No final da aula, o professor reúne as crianças para comentários e reflexões a respeito do que foi trabalhado em aula e um *feedback* final.

Os pais como professores em programas de habilidades motoras

O envolvimento dos pais é outra abordagem para aplicação de instruções de habilidades motoras (Hamilton et al., 1999). As instruções assistidas pelos pais usam "os pais" (i.e., a mãe, o pai ou o principal cuidador) como instrutores primários da criança. Os pais passam por um treinamento específico para aprenderem como se dá o desenvolvimento das habilidades motoras e de que modo eles podem trabalhar com seus filhos. O professor responsável elabora os planos de aula (que são muito similares às instruções diretas que acabamos de discutir) e atua como facilitador junto aos pais que instruem seus filhos. Esse professor percorre o ginásio para ver se os pais e os filhos estão fazendo as atividades de acordo com o plano de aula; ele pode interferir e modelar as instruções de modo apropriado, ajudando os pais quando necessário.

A influência dos programas de habilidades motoras sobre o desenvolvimento das HMFs

Todas as abordagens de intervenção nas habilidades motoras que acabamos de identificar alcançaram o objetivo de impactar o desenvolvimento das HMFs de pré-escolares em situação de desvantagem (Amui, 2006; Goodway e Branta, 2003; Goodway et al., 2003; Hamilton et al., 1999; Martin, Rudisill e Hastie, 2009; Robinson e Goodway, 2009; Savage, 2002; Valentini e Rudisill, 2004). Em todas essas intervenções, seriam oferecidas oportunidades máximas de resposta, e, na medida do possível, as crianças teriam o seu próprio equipamento e tarefas individualizadas, de acordo com as suas necessidades desenvolvimentais. Goodway e Branta (2003) relataram que pré-escolares afro-americanos que participaram de um programa pré-escolar de compensação, em um grupo de intervenção motora, aumentaram de modo significativo suas habilidades de locomoção, que passaram do décimo quinto ao octagésimo percentil ($p < 0,001$), e suas habilidades de manipulação, de décimo sétimo ao octagésimo percentil ($p < 0,001$), do pré ao pós-teste. Em contraste, o grupo de comparação, que consistia em crianças da mesma pré-escola compensatória cujo currículo pré-escolar regular foi mantido, não apresentou mudança significativa. Goodway e colaboradores (2003) mostraram achados similares com pré-escolares hispânicos em um grupo de intervenção que melhorou de forma acentuada as suas habilidades de locomoção, do sétimo ao quinquagésimo percentil ($p < 0,001$), e as suas habilidades de controle de objetos, do décimo primeiro ao sexagésimo percentil ($p < 0,001$). De novo, nenhuma mudança significativa ocorreu nas crianças do grupo de comparação, que seguiu o currículo regular Head Start. A intervenção nas habilidades motoras com os pais instrutores (Hamilton et al., 1999) resultou na melhora das habilidades de manipulação, que passaram do vigésimo ao sexagésimo sétimo percentil. Os participantes de controle, por sua vez, não apresentaram melhora nas habilidades de manipulação. Um estudo recente (Robinson e Goodway, 2009) comparou intervenções com domínio do clima motivacional e com instrução direta (baixa autonomia). As descobertas mostraram que as duas intervenções, a de domínio e a de baixa autonomia, geraram habilidades de manipulação significativamente melhores, em comparação com o grupo de controle, que participou do programa regular Head Start. Entretanto, não houve diferenças significativas entre os dois grupos de intervenção, demonstrando que as abordagens da instrução direta e do domínio da motivação foram igualmente efetivas.

Algumas conclusões gerais podem ser tiradas da revisão do trabalho de intervenção nas habilidades motoras:

- As crianças pré-escolares que se encontram em situação de desvantagem são atrasadas em termos de habilidades motoras e precisam de intervenções nessas habilidades.
- Quando recebem instruções motoras apropriadas para o seu nível desenvolvimental, por meio de programas aplicados no início da infância, essas crianças podem obter ganhos significativos e, com frequência, bastante grandes nas habilidades motoras, remediando atrasos prévios.
- As crianças dos grupos-controle que seguiram apenas o currículo típico do início da infância, em que as oportunidades de atividade física em geral não eram facilitadas e eram baseadas em brincadeiras, não apresentaram melhoras no desenvolvimento das HMFs.

Esse último ponto é particularmente importante, pois sugere que as abordagens baseadas em brincadeiras para promover habilidades motoras em pré-escolares no país inteiro tendem a não gerar resultados positivos. Ou seja, o simples fato de dar às crianças oportunidades de brincar no parquinho (ainda que com equipamento motor, como bolas e bastões) não muda o seu desenvolvimento motor (NASPE, 2009). Uma área de pesquisa com dados empíricos limitados envolve o tema de quanto tempo instrucional é necessário para gerar mudanças positivas nas HMFs. A literatura sobre intervenções nas habilidades motoras sugere que as intervenções cujo período varia entre 8 a 12 semanas geram mudanças significativas no desenvolvimento das HMFs (Amui, 2006; Conner-Kuntz e Dummer,

1996; Goodway e Branta, 2003; Hamilton, et al., 1999; Savage, 2002; Sweeting e Rink, 1999). Em geral, quando uma habilidade é ensinada com 90 a 120 minutos de instrução, as crianças mais jovens parecem melhorar de forma significativa essas habilidades. É sensato planejar pelo menos 90 minutos de tempo instrucional para cada uma das HMFs no programa de educação física do ensino fundamental.

Assim como acontece com qualquer habilidade acadêmica, se for preciso melhorar as habilidades motoras, os professores terão de usar uma abordagem sistemática de instrução. Com base na revisão da literatura de intervenção e considerando o programa *SKIP*, são feitas as seguintes recomendações instrucionais:

- Planejar de forma cuidadosa as atividades de habilidades motoras, usando o conhecimento do nível atual de desenvolvimento motor das crianças e dos princípios do desenvolvimento motor.
- Selecionar uma série de tarefas motivadoras, alinhadas com o nível desenvolvimental das crianças.
- Oferecer muitas oportunidades para a prática de uma série de habilidades, com oportunidades máximas de resposta, por exemplo, com equipamentos específicos para cada criança.
- Fazer uma demonstração precisa das habilidades e promover a sua facilitação por parte do professor.
- Dar *feedback* individual sobre a *performance*, alinhado com as sequências desenvolvimentais e a *performance* real da criança.
- Estabelecer estruturas de recompensa e/ou outras técnicas motivacionais, como unidades temáticas, para motivar as crianças a engajarem-se em níveis mais elevados.

- Permitir às crianças fazer escolhas dentro do ambiente instrucional, usar o automonitoramento e engajar-se na autoavaliação.

Em geral, a literatura sobre intervenções sugere que a intervenção nas habilidades motoras é necessária e útil ao desenvolvimento das HMFs em crianças mais jovens. Uma variedade de abordagens instrucionais (centradas no professor e no estudante), aplicadas a uma série de populações (da idade pré-escolar à escolar), tem demonstrado de modo efetivo que o desenvolvimento das HMFs das crianças melhora significativamente com instruções. As intervenções instrucionais devem ser aplicadas em, pelo menos, oito semanas de instrução e aproximadamente 90 minutos de instrução por habilidade. Há diferenças entre os sexos nas habilidades de manipulação, mas não nas habilidades de locomoção, e essas diferenças persistem apesar da intervenção nas habilidades motoras. Há muito para aprender a respeito das abordagens instrucionais com as quais as crianças aprendem mais, e em especial nas condições naturais, com professores de educação física regulares. No entanto, o que já sabemos pode ajudar os professores a elaborar o planejamento de seus programas curriculares e de educação física.

> **CONCEITO 14.8**
>
> Intervenções nas habilidades motoras com instruções diretas, domínio do clima motivacional e atuação dos pais como professores geram significativas mudanças nas HMFs de crianças pequenas que se encontram em situação de desvantagem. As crianças submetidas ao currículo regular no início da infância não apresentam melhoras nas habilidades motoras.

Resumo

Os programas de treinamento perceptivo-motor possuem muitos dos mesmos elementos dos reconhecidos programas de educação física de base desenvolvimental. Muitas das habilidades de movimento ensinadas em currículos perceptivo-motores, tanto de prontidão como terapêuticos, são paralelas àquelas ensinadas nas aulas de educação física desenvolvimental regulares. Os objetivos de cada programa são diferentes. O principal objetivo do programa de atividade física desenvolvimental é incrementar o controle do movimento por meio da prática e da instrução em uma série de habilidades de movimento, enquanto o objetivo do programa perceptivo-motor é incrementar as qualidades perceptivo-motoras por meio da prática e da instrução em uma série de atividades de movimento. Os programas de treinamento perceptivo-

-motor que se propõem a incrementar os resultados acadêmicos ou a promover a prontidão específica para o trabalho escolar fazem isso de modo consideravelmente controverso e sem o suporte de pesquisas científicas. As demonstrações e a opinião pública têm servido há anos de base de sustentação dos programas de treinamento perceptivo-motor. Isso não é adequado. Entretanto, a importância das experiências perceptivo-motoras para o estado geral de prontidão não deve ser desprezada. É muito valioso o incremento da consciência corporal, espacial, direcional e temporal como meio de orientação da criança rumo a um melhor controle e eficiência dos movimentos fundamentais. A prática de atividades perceptivo-motoras pode, sob certas condições, incrementar essas habilidades. É altamente questionável se essas habilidades têm efeito direto sobre a *performance* acadêmica. Entretanto, é possível garantir que elas são importantes no desenvolvimento e no refinamento das habilidades de movimento da criança.

As crianças mais novas que se encontram em situação de desvantagem demonstram atrasos em suas HMFs consistentes com as regiões do país em que vivem, a sua etnia (afro-americanos e hispânicos), as cidades em cada região e o tempo. Embora tanto as habilidades de locomoção como as de manipulação estejam atrasadas, as meninas apresentam habilidades de manipulação significativamente piores do que as dos meninos. As intervenções nas habilidades motoras que variam de 8 a 12 semanas podem gerar melhoras significativas nas HMFs das crianças atendidas. Têm sido usadas abordagens diferentes: instrução direta, centrada na criança e com pais como professores; todas elas foram consideradas efetivas.

QUESTÕES PARA REFLEXÃO

1. Qual é a sua opinião: por que crianças mais jovens em situação de desvantagem demonstram atrasos desenvolvimentais em suas HMFs? Que restrições do indivíduo e do ambiente podem ter impacto sobre elas?
2. Que tipos de intervenções nas habilidades motoras têm sido usados com crianças mais novas em risco? E qual foi seu grau de êxito?
3. Se fosse responsável pela política pública, o que você estabeleceria para a atividade física e o desenvolvimento motor de crianças mais novas em situação de desvantagem?
4. Quais são as modalidades perceptivas e por que a percepção visual é considerada tão importante?
5. Quais são os principais elementos da percepção visual e como cada um deve ser melhorado por meio da prática?
6. Por que o termo *perceptivo-motor* tem hífen?
7. Quais são os componentes perceptivo-motores e como eles podem ser incrementados em crianças?

LEITURA BÁSICA

Cheatum, B. A., & Hammond, A. A. (2000). *Physical Activities for Improving Children's Learning and Behavior: A Guide to Sensory Motor Development* (Chapters 7–11). Champaign, IL: Human Kinetics.

Cowden, J. E., & Torrey, C. C. (2007). *Motor Development and Movement Activities for Preschoolers and Infants with Delays: A Multisensory Approach for Professionals and Families.* Springfield, IL: Charles C. Thomas.

Gibson, J. J. (1979). *An Ecological Approach to Visual Perception.* Boston: Houghton Mifflin.

Goodway, J. D., Crowe, H., & Ward, P. (2003). Effects of motor skill instruction on fundamental motor skill development. *Adapted Physical Activity Quarterly, 20* (3), 298–314.

Goodway, J. D., & Robinson, L. E. (2006). SKIPing toward an active start: Promoting physical activity in preschoolers. *Beyond the Journal: Young Children, 61* (3), 1–6.

Goodway, J. D., Robinson, L. E., & Crowe, H. (2010). Developmental delays in fundamental motor skill development of ethnically diverse and disadvantaged preschoolers. *Research Quarterly for Exercise and Sport, 81* (1), 17–25.

Lavay, B., & Winnick, J. (2011). Perceptualmotor development. In J. P. Winnick (Ed.), *Adapted Physical Education and Sport,* 5th ed. Champaign, IL: Human Kinetics.

Magill, R. A. (2010). *Motor Learning and Control: Concepts and Applications,* 7th ed. St. Louis: McGraw-Hill.

Robinson, L. E., & Goodway, J. D. (2009). Instructional climates in preschool children who are at risk. Part I: Object control skill development. *Research Quarterly for Exercise and Sport, 80* (3), 533–542.

Sherrill, C. (2004). *Adapted Physical Activity, Recreation and Sport: Crossdisciplinary and Lifespan,* 6th ed. (Chapter 12). St. Louis: McGraw-Hill.

Recursos na WEB

http://ione.psy.uconn.edu/~cespaweb/info.html
Esse *site* aparece como *link* da University of Connecticut. Ele discute a abordagem ecológica da percepção e da ação na psicologia.

http://www.pecentral.org/
Extensão do PE Central, esse *site* fornece informações sobre educação física adaptada, incluindo atividades perceptivo-motoras. Pesquisas, livros, avaliações, instrumentos e padrões norte-americanos estão incluídos.

http://www.naspspa.org/
Homepage da North American Society for the Psychology of Sport and Physical Activity. A sociedade dedica-se ao estudo do comportamento humano quando engajado em esportes e pretende melhorar a qualidade das pesquisas em psicologia esportiva, desenvolvimento e aprendizado motores. O *site* inclui boletins de notícias, resumos de artigos de periódicos e informações de conferências.

Head Start Body Start
http://www.aahperd.org/headstartbodystart/
Esse *site* apresenta ideias para promoção de atividades físicas para crianças em idade pré-escolar e para o desenvolvimento de suas habilidades motoras.

Site do *takraw* nos Estados Unidos
http://takrawusa.com/
Esse *site* fornece as normas e a história do *takraw*.

UNIDADE IV

Adolescência

A juventude chega apenas uma vez na vida.
　　　　—Henry Wadsworth Longfellow

CAPÍTULO 15

Crescimento na Adolescência, Puberdade e Maturidade Reprodutiva

PALAVRAS-CHAVE

Puberdade
Genótipo
Fenótipo
Estirão de crescimento na adolescência (período púbere)
Pico de velocidade da altura
Pico de velocidade do peso

Velocidade da maturação sexual
Menarca
Ejaculação
Cronologia da puberdade
Hormônios gonadotrópicos (GnRH)
Estrógenos

Amenorreia
Estágios de Tanner
Esterilidade relativa da puberdade
Características sexuais secundárias
Avaliação da maturidade

COMPETÊNCIAS ADQUIRIDAS NESTE CAPÍTULO

Ao finalizar este capítulo, você será capaz de:

- Descrever e interpretar a curva normal e os gráficos de deslocamento e velocidade do crescimento humano
- Descrever variações na maturação biológica em adolescente do mesmo sexo e entre os sexos
- Discutir características do estirão de crescimento na adolescência
- Relacionar e discutir os fatores associados ao início da puberdade
- Descrever fatores hormonais associados com o início da puberdade

- Distinguir entre "puberdade" e "maturidade reprodutiva"
- Montar um gráfico da sequência de eventos que levam à maturação reprodutiva
- Discutir o conceito de esterilidade reprodutiva de adolescentes
- Relacionar e descrever de que modo os estágios de maturação sexual são usados como técnica de avaliação da maturidade

> **CONCEITO-CHAVE**
>
> A transição da infância para a adolescência é marcada por uma série de eventos físicos e culturais significativos, que, combinados, contribuem para o crescimento e o desenvolvimento motor.

O período que compõe o que conhecemos como "adolescência" é afetado tanto pela biologia como pela cultura. Santrock (2010) define a adolescência como o período de transição que ocorre entre a infância e a vida adulta e envolve mudanças biológicas, cognitivas e socioemocionais. Em outras palavras, a adolescência é a preparação para a vida adulta; ela começa na biologia (i.e., a puberdade) e termina na cultura (i.e., independência econômica). Essa preparação é afetada pela biologia, pois o final da infância e o início da adolescência são marcados pelo surgimento da maturação sexual. Ela é afetada pela cultura porque o final da adolescência e o começo da idade adulta são marcados pela independência financeira e emocional em relação à família.

Os anos da adolescência têm sido rearranjados ao longo do tempo. Hoje, na sociedade dos Estados Unidos, o período da adolescência é significativamente mais longo do que era cem ou até 50 anos atrás. O início precoce da **puberdade** (despertar da maturação sexual), combinado com um período mais longo de dependência econômica em relação à família, tem feito com que consideremos a adolescência sob uma perspectiva muito mais ampla.

Tendências seculares na maturação biológica ao longo dos últimos cem anos reduziram de forma drástica a média de idade da puberdade. Entretanto, as tendências econômicas e socioculturais observadas nesse mesmo período alongaram muito a média de idade do tempo de dependência, que agora se estende além dos 19 anos. Se antes a adolescência costumava se estender pelos anos do ensino médio, agora a maturação sexual começa bem cedo, aos 8 anos, e a dependência econômica com frequência vai até 20 ou mais.

> **CONCEITO 15.1**
>
> O período da adolescência tem se estendido devido à combinação de efeitos biológicas e culturais.

Mudanças expressivas ocorrem durante a adolescência. O estirão de crescimento nessa fase, o início da puberdade e a maturação sexual são marcadores biológicos primários da adolescência. Cada um deles será abordado nas seções a seguir.

CRESCIMENTO NA ADOLESCÊNCIA

O início da adolescência é marcado por um período de aumentos somáticos acelerados tanto na altura como no peso. A idade de surgimento, a duração e a intensidade desse estirão de crescimento têm base genética e variam consideravelmente de acordo com o indivíduo (Adair, 2001). O **genótipo** (herança genética) estabelece as fronteiras do crescimento individual. No entanto, o **fenótipo** do indivíduo, ou seja, o modo como o seu genótipo se expressa em características observáveis e mensuráveis, como altura e peso, pode ser influenciado pelas condições do ambiente, como nutrição e exercício. Para cada genótipo, é possível haver expressão de uma ampla variedade de genótipos. Ainda que pudéssemos responder por todos os fatores genéticos que contribuem para a altura e o peso de uma pessoa, seria impossível prever com exatidão quais seriam as medidas de altura e de peso, pois ambos são modelados, em certo grau, pelo fenótipo singular de cada um (p. ex., fatores ambientais).

> **CONCEITO 15.2**
>
> O genótipo do indivíduo controla o surgimento, a duração e a intensidade do estirão de crescimento, enquanto o seu fenótipo influencia o potencial de crescimento.

O genótipo do adolescente, entretanto, desempenha papel primário nas medidas corporais lineares, na maturação esquelética, na maturação sexual e no tipo corporal. A altura final do adulto em posição ereta e o comprimento do tronco, dos braços e das pernas são determinados basicamente por fatores genéticos. De modo similar, a ossificação, o início da puberdade e a distribuição da gordura corporal são produtos do genótipo. Cada um deles pode ser modificado em certa medida, mas o indivíduo não pode ir além do seu potencial herdado. No entanto, o ambiente influencia até que ponto o indivíduo vai concretizar o seu potencial. Aspectos como peso corporal, dobras cutâneas e circunferências estão sujeitos a modificações significativas.

> **Conceito 15.3**
>
> Tendências seculares na maturação biológica têm reduzido a média de idade da puberdade nos Estados Unidos.

Altura

Por causa da alteração do genótipo em função do ambiente, ocorre considerável variabilidade no processo de crescimento dos indivíduos durante o período da adolescência. Entretanto, um período definido de crescimento acelerado acontece no final da infância; esse período é conhecido por vários termos, incluindo *estirão de crescimento na adolescência*, *período de aceleração na pré-adolescência* e *período púbere*. Esse período de crescimento "como erva daninha" começa antes da maturação sexual; portanto, para nossos propósitos, ele será denominado aqui de *estirão de crescimento na adolescência*.

> **Conceito 15.4**
>
> O estirão de crescimento na adolescência marca o primeiro indicador visual do início da puberdade.

O **estirão de crescimento na adolescência** (**período púbere**) dura mais ou menos quatro anos e meio. Os homens, em média, entram nessa fase por volta dos 11 anos, atingem o **pico de velocidade da altura** por volta dos 13, afilam o crescimento por volta dos 15 e terminam o processo na idade de 17 ou 18 anos. O pico de velocidade da altura refere-se à taxa anual máxima de crescimento da altura durante o estirão de crescimento na adolescência. As mulheres começam cerca de dois anos antes; o início do seu estirão ocorre por volta dos 9 anos, o pico acontece aos 11, o afilamento aos 13 e o término aos 16 (Malina, Bouchard e Bar-Or, 2004). A Figura 15.1 retrata a faixa etária normal e o ano de pico de aumento da altura para meninos e meninas. Observe que as mulheres começam, atingem o pico, afilam e terminam o crescimento da estatura em média dois anos antes dos seus coetâneos masculinos. Não é incomum apresentar um ganho incremental anual de altura no período de pico de crescimento por volta de 15,2 a 20,3 cm ou mais. O crescimento posterior continua no final do estirão de crescimento na adolescência, mas em um ritmo muito mais lento. Os homens parecem alcançar a sua altura de adulto por volta dos 18 anos. Foi registrado que as mulheres alcançam a sua altura máxima por volta dos 16 anos (Malina, Bouchard e Bar-Or, 2004). Essas idades, entretanto, são apenas indicadores aproximados da época em que as alturas máximas são alcançadas. Há considerável variação entre os indivíduos quando o assunto é o momento em que se atinge a estatura máxima, e a maioria dos estudos sobre o crescimento são interrompidos quando os participantes da pesquisa deixam o ensino médio, o que impede o acompanhamento depois dos anos escolares. O crescimento na estatura com frequência continua em um ritmo moderado, tanto em homens como em mulheres, após o ensino médio.

> **Conceito 15.5**
>
> O estirão de crescimento na adolescência dura cerca de quatro anos; em mulheres, ele começa uns dois anos mais cedo do que em homens.

O estirão de crescimento na adolescência é altamente variável de acordo com o indivíduo. Alguns terminam o processo enquanto outros ainda nem começaram. Os resultados ficam evidentes no ambiente típico do esporte juvenil, em que "homens" e "meninos" com frequência são separados em grupos, com pouco ou nenhum ajuste de variações de maturação. Lembre-se: o desenvolvimento é influenciado pela idade, mas não é dependente dela. Depositar excesso de

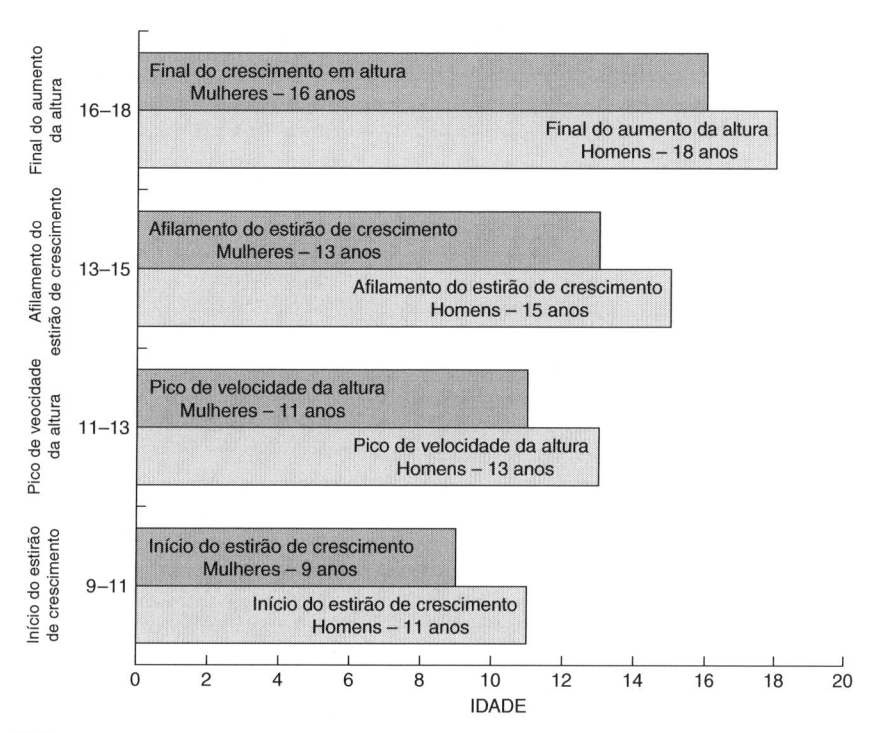

Figura 15.1
Faixa etária normal e pico de velocidade da altura em homens/mulheres.

confiança na idade cronológica como orientação para a seleção das equipes esportivas juvenis é insensato e inconsistente com o que conhecemos a respeito do desenvolvimento motor e da educação de qualidade. Portanto, temos de usar outros padrões além da idade para a seleção das equipes.

Os eventos ocorridos durante o estirão de crescimento na adolescência são interdependentes. Para os homens, o período de crescimento mais rápido coincide com o surgimento das características sexuais secundárias, como os pelos axilares e púbicos. Para mulheres, o pico do ritmo de crescimento tende a ocorrer antes da menarca. As mulheres com estirão de crescimento precoce tendem a apresentar a menarca mais cedo do que aquelas com um posterior (Tanner, 1989). Além disso, considera-se, com frequência, que meninas cuja maturidade é precoce e meninos cuja maturidade é tardia têm mais problemas de adaptação do que os seus coetâneos.

Conceito 15.6

A altura adulta pode ser prevista, com razoável precisão, a partir de dados de crescimento da adolescência.

O alcance da altura adulta máxima interessa à maioria dos adolescentes. Os homens com frequência preocupam-se com a possibilidade de ficarem baixos demais, e as mulheres muitas vezes atormentam-se com o risco de serem muito altas. Há uma série de fórmulas disponíveis para previsão, e a altura adulta madura está correlacionada com a altura alcançada antes do estirão de crescimento na adolescência. Portanto, se a criança estava no quinquagésimo percentil antes da puberdade, o provável é que ela continue a ter o mesmo percentil após a puberdade. O alcance da altura adulta é controlado pelo genótipo e, sob circunstâncias normais, sofre mínima influência do ambiente. (Entretanto, os fatores ambientais afetam fortemente o peso atingido na idade adulta.)

A Tabela 15.1 fornece um gráfico de equivalentes de percentis para altura em cm de homens e mulheres dos 12 aos 18 anos. Esse gráfico pode ser usado para prever a altura adulta e determinar o equivalente do percentil do indivíduo em comparação com outros jovens dos Estados Unidos.

Por exemplo, o homem cujo percentil aos 12 anos é vigésimo quinto (149,5 cm) provavelmente vai permanecer com o mesmo percentil e pode esperar alcançar uma altura de 172 cm por volta dos 18 anos. Isso significa que ele será cerca de 4,5 cm mais baixo do que a média dos homens dessa idade nos Estados Unidos (176,8 cm). Santrock (2010) indicou que a altura, durante os anos iniciais do ensino fundamental, pode ser um fator de predição da altura durante a adolescência; no entanto, uma porcentagem grande, 30%, da altura do indivíduo no final da adolescência não pode ser explicada pela altura da criança no ensino fundamental. A influência genética sobre a estatura é forte, e a não ser que sejam feitas mudanças de longo prazo na dieta e no estilo de vida durante os anos de crescimento, haverá pouca variabilidade em relação ao rumo de crescimento previsto. As Figuras 10.1 e 10.2 (p. 190 e 191) retratam a altura média em faixas etárias de homens e mulheres dos 2 aos 20 anos, de acordo com dados do National Center for Health Statistics (NCHS, 2000).

O uso de esteroides por adolescentes durante os anos de crescimento pode ter efeitos permanentes sobre a estatura. O uso de esteroides por crianças na pré-puberdade pode fazer a fusão das epífises dos ossos longos ocorrer prematuramente (American Academy of Pediatrics, 2005; American College of Sports Medicine, 1987). Determinados produtos esteroides, no entanto, têm sido prescritos com segurança por médicos há anos, a fim de estimular o crescimento em homens com estaturas baixas sem complicações. Entretanto, observa-se atraso no crescimento em crianças asmáticas devido ao uso intenso de fármacos

Tabela 15.1 Altura em centímetros de jovens com idade de 12 a 18 anos relacionada por sexo e idade

Sexo e idade	Média	Percentil				
		10º	25º	50º	75º	90º
HOMENS						
12 anos	154,7	145,2	149,5	153,9	160,3	164,8
13 anos	161,9	149,7	154,1	162,2	168,3	173,5
14 anos	168,7	158,4	163,1	169	174,7	179
15 anos	173,6	163,5	169,2	174,8	178	182
16 anos	175,9	166,9	170,4	176	180,2	186,9
17 anos	176,6	167,5	171,2	176,8	181,7	185,2
18 anos	176,8	167,1	172,4	176,4	181,3	186,3
MULHERES						
12 anos	156,7	148,3	152	156,7	160,8	166,6
13 anos	158,6	150	153,8	157,7	163	167,9
14 anos	160,5	150,7	155,7	161	165	169,3
15 anos	162,1	154,3	158,4	162	165,8	170,1
16 anos	162,9	153,6	157	162,8	168,7	172,4
17 anos	162,2	155,6	158,5	162,2	166,2	169,2
18 anos	163	154,7	158,4	162,8	167,6	171,1

Fonte: Dados de McDowell et al. (2008). Os dados de referência antropométrica para crianças e adultos: Estados Unidos, 2003-2006, *National Health Statistics Reports*, 10, National Center for Health Statistics.

corticosteroides para expandir as passagens dos brônquios. São necessárias mais pesquisas para determinar os efeitos de longo prazo do uso de esteroides sobre a estatura dos adolescentes. É preciso pesquisar a dosagem, a duração e os tipos de esteroides usados antes de tirar conclusões.

> **CONCEITO 15.7**
>
> O uso de esteroides com propósitos terapêuticos e de incremento do crescimento pode afetar o potencial de crescimento do adolescente de modo ainda inexplicado.

Peso

As mudanças de peso durante a adolescência são grandes. Tanto para homens como para mulheres os aumentos de peso tendem a seguir as mesmas curvas gerais dos aumentos de altura. Ganhos acentuados de peso ocorrem durante a puberdade, com cerca de 50% do peso corporal adulto adquirido durante a adolescência (Susman e Dorn, 2009). A Figura 15.2 retrata a faixa etária normal e o ano do pico de velocidade do peso tanto para meninos como para meninas. Observe como as mulheres, em média, ficam um ano à frente dos seus coetâneos no início do estirão de aumento de peso, assim como no ano do seu pico. Observe também que o estirão de aumento de peso feminino termina por volta dos 16 anos, enquanto os homens chegam ao fim dele por volta dos 14 anos. Tanto para mulheres como para homens, o ganho de peso aumenta ao longo de toda a adolescência, mas em um ritmo mais lento.

O **pico de velocidade do peso**, período do estirão de crescimento na adolescência em que o ganho de peso é maior, em geral é mais longo nos meninos do que nas meninas, sendo que nelas ele ocorre 6 a 12 meses antes. Também parece que o pico de velocidade do peso fica mais próximo do pico de velocidade da altura nos meninos do que nas meninas (Malina, Bouchard e Bar-Or, 2004). O pico de velocidade do peso nos meninos é de cerca de 20 kg anuais por volta dos 13 a 14 anos. Já o das meninas é de aproximadamente 8 kg anuais mais ou menos aos 12 ou 13 anos (Santrock, 2010). Em média, as mulheres tendem a ser mais altas e mais pesadas do que os seus coetâneos no início da adolescência. Por volta dos 14 anos, no entanto, os meninos começam a ultrapassar as meninas em peso e altura.

O ganho de peso em adolescentes do sexo masculino deve-se, sobretudo, a aumentos da

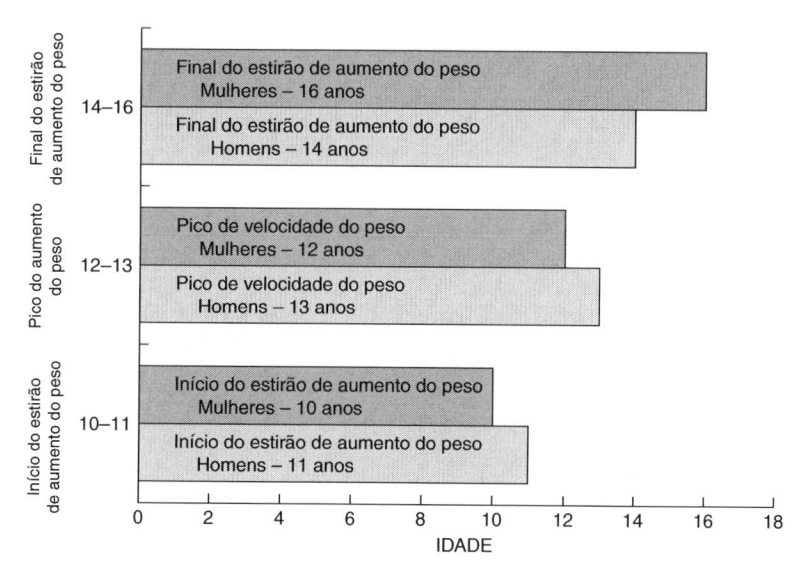

Figura 15.2
Faixa etária normal e pico de velocidade do peso em homens/mulheres.

massa muscular e da altura. A massa adiposa tende a permanecer relativamente estável nesse período. Em mulheres, no entanto, o ganho de peso na adolescência deve-se, em grande parte, a aumentos na massa adiposa e na altura e, em menor grau, a aumentos na massa muscular. A maturação esquelética, aumentos tanto no tecido muscular como no adiposo e o crescimento dos órgãos contribuem para os ganhos de peso na adolescência tanto em homens como em mulheres.

> **Conceito 15.8**
>
> Os ganhos de peso durante a adolescência aproximam-se, grosso modo, das curvas de altura, mas o peso é mais afetado por fatores ambientais.

Confiar demais nas curvas de peso na adolescência não é sensato, pois o peso reflete uma combinação de eventos desenvolvimentais e, por isso, o seu valor informativo é limitado. Por exemplo, não ganhar peso ou realmente perder peso pode ser reflexo de uma maior atenção do adolescente com a própria dieta e exercícios e não um motivo para alarme. Entretanto, a incapacidade de obter ganhos incrementais na altura deve causar preocupação. O ganho de peso ao longo da adolescência é afetado por dieta, exercícios, motilidade gástrica e fatores gerais do estilo de vida, além de fatores hereditários. Sabemos que a juventude dos Estados Unidos tem maiores porcentagens de gordura corporal do que os seus pares de 20 anos atrás. Essa maior porcentagem média de gordura corporal tem sido atribuída ao estilo de vida sedentário e aos padrões alimentares insalubres de muitos membros de nossa sociedade. Registra-se que cerca de 11% dos adolescentes (de 12 a 17 anos) estão com sobrepeso (octagésimo quinto percentil de peso/altura), em comparação com 5% nas décadas de 1960 e 1970 (Kipke, 1999). De 1960 a 2002, entre os adolescentes de 12 a 17 anos, o peso médio dos homens aumentou mais de 6,7 kg, passando de 56 a 63 kg. O peso médio das adolescentes aumentou de 53 para 58 kg no mesmo período (NCHS, 2004).

Por volta dos 10 anos, os homens alcançam aproximadamente 55% do peso adulto final, e as mulheres, 60% (National Center for Health Statistics [NCHS], 2000). Antes dessa idade, a média de peso tanto de meninos como de meninas são quase idênticas, sendo os meninos um pouco mais pesados. Entretanto, durante o estirão de crescimento na adolescência, as mulheres com frequência ficam mais pesadas do que os seus coetâneos. As mulheres tendem a pesar mais do que os homens até por volta dos 14 anos; a partir daí os seus ganhos de peso começam a decrescer. Os homens, por sua vez, continuam a obter ganhos significativos de peso até mais ou menos 22 anos. As Figura 10.3 e 10.4 (p. 192 e 193) retratam uma tendência secular definida no peso desde a infância até a adolescência, tanto para homens como para mulheres (NCHS, 2000).

As razões disso incluem mudanças nas condições de saúde e de nutrição da juventude, fatores socioeconômicos, fatores genéticos e mudanças nos padrões de atividade. Seja qual for o caso, o peso tem importância considerável para o adolescente. O constante bombardeamento da mídia e a nossa obsessão com o "corpo perfeito" têm levado a consciência corporal do adolescente típico ao ponto da obsessão. É preciso ter o cuidado de ajudar o adolescente a compreender a natureza mutável do seu corpo e a não ultrapassar a fronteira tênue entre a atenção saudável ao controle do peso e a preocupação obsessiva com o ganho de peso.

Coração e pulmões

Notáveis mudanças no peso e na altura são observadas durante a adolescência, mas o que dizer de outras mudanças menos aparentes, mas igualmente importantes? O crescimento do coração e dos pulmões é drástico e consiste em um fator primário da maior capacidade funcional do adolescente (Rowland, 2005).

O tamanho do coração aumenta cerca de 50% e o seu peso quase dobra durante a adolescência (Malina, Bouchard e Bar-Or, 2004). As mulheres têm um coração um pouco menor do que o dos homens durante a infância, inicia o crescimento acelerado do coração antes deles e, no final da adolescência, chegam a um crescimento total significativamente menor. Embora a frequência cardíaca esteja relacionada com o tamanho geral do corpo, observamos uma gradual redução na frequência cardíaca ao longo de

Perspectivas internacionais

Estabelecimento de padrões internacionais

Um de cada cinco seres humanos do globo está na idade da adolescência. Desses indivíduos, cerca de 85% vivem em países em desenvolvimento. Muitos desses jovens entraram na adolescência desnutridos, o que os deixa suscetíveis a uma série de problemas desenvolvimentais e clínicos, incluindo desenvolvimento físico comprometido. Os responsáveis pelo atendimento médico internacional e pela elaboração de políticas públicas precisam de dados desenvolvimentais sobre o crescimento de bebês, crianças e adolescentes para estabelecer e monitorar as regras e intervenções relacionadas à saúde. Reconhecendo a necessidade de dados internacionais sobre o crescimento, a Organização Mundial da Saúde iniciou esforços para estabelecer ferramentas de referência de crescimento úteis. O WHO Multicentre Growth Reference Study (MGRS), realizado de 1997 a 2003, gerou gráficos de crescimento para crianças desde o nascimento até os 5 anos. O estudo envolveu a medição de aproximadamente 8.500 crianças de países como Brasil, Gana, Índia, Noruega, Omã e Estados Unidos. Uma vez que o estudo tinha como alvo específico as crianças saudáveis residentes em ambientes capazes de permitir que elas desenvolvessem todo o potencial de crescimento genético, os padrões representam mais o modo como as crianças devem crescer do que simplesmente o modo como elas crescem em determinada época. O MGRS foi seguido da determinação de curvas de crescimento para crianças e adolescentes em idade escolar. Os dados do National Center for Health Statistics, de 1977, foram combinados estatisticamente com os dados do MGRS com o objetivo de estabelecer a transição tranquila entre os dois conjuntos de dados. O processo resultou em gráficos internacionais de crescimento atualizados de altura/comprimento, peso e IMC desde o nascimento até os 19 anos. Eles podem ser acessados no *site* da Organização Mundial da Saúde: http://www.who.int/childgrowth/en/

todo o processo de crescimento. Por volta dos 10 anos, a frequência cardíaca masculina em repouso fica, em média, 3 a 5 bpm mais lenta do que a feminina. No final da adolescência, os homens têm a frequência cardíaca média em repouso de 57 a 60 bpm, em comparação com os 62 a 63 bpm das mulheres (Malina, Bouchard e Bar-Or, 2004). A pressão sistólica aumenta com regularidade ao longo da infância e acelera-se rapidamente durante a puberdade, antes de estabilizar no valor adulto, no final do período da adolescência.

O crescimento dos pulmões ocorre de forma paralela ao crescimento do coração durante a adolescência. Tanto o tamanho dos pulmões como a sua capacidade respiratória aumentam rapidamente durante a puberdade, após o período de crescimento gradual da infância. As taxas de respiração diminuem ao longo de toda a infância e puberdade tanto para homens como para mulheres. No entanto, *a capacidade vital* (quantidade de ar que pode ser inalada em uma única respiração) aumenta com muito mais rapidez nos meninos, a partir, mais ou menos, dos 12 anos, embora homens e mulheres sejam quase idênticos nessa medição antes da puberdade (Rowland, 2005). As acentuadas diferenças de gênero podem ser atribuídas ao maior tamanho do coração e ao estilo de vida mais ativo aerobicamente em homens até tempos recentes.

As diferenças físicas entre homens e mulheres são apenas isso – diferenças, e nada mais. Atribuir "superioridade" ou 'inferioridade" a um ou outro sexo com base em diferenças biológicas é absurdo. No entanto, aqueles que negam a relevância das diferenças físicas básicas entre os sexos, exceto as funções reprodutivas, são ingênuos. As diferenças genéticas fundamentais entre homens e mulheres são irrevogavelmente estabelecidas na concepção e aumentam durante o período da adolescência. Diferenças significativas na altura, no peso, nas proporções corporais e na capacidade funcional do coração e dos pulmões podem ser expressas apenas em termos de médias de população, e há considerável sobreposição entre os sexos. O único aspecto em que homens e mulheres são verdadeiramente singulares é nas funções reprodutivas. Para compreender essa singularidade, é necessário compreender o processo da puberdade e da maturação reprodutiva.

PUBERDADE

O surgimento da puberdade é chamado de *pubescência*. A pubescência é o período bem inicial da adolescência, em geral cerca de dois anos antes da maturidade sexual. Durante a pubescência, começam a aparecer as características sexuais secundárias, os órgãos sexuais amadurecem, tem início a ocorrência de mudanças no sistema endócrino e acontece o começo do estirão de crescimento na adolescência. Considera-se atraso na puberdade das adolescentes quando o desenvolvimento dos seios (estágio 2 de Tanner) não se inicia por volta dos 13,3 anos (Sperling, 1996). Textos médicos têm relatado, tradicionalmente, que apenas 1% das meninas mostra sinais de puberdade antes dos 8 anos (Kaplowitz e Oberfield, 1999). Pesquisas recentes, no entanto, despertaram a hipótese de que o surgimento da puberdade está ocorrendo mais cedo em meninas do que mostravam os estudos anteriores. Com base no exame de 17 mil meninas (em seleção não randômica) por Herman-Giddens e colaboradores (1997), concluiu-se que

> Nos Estados Unidos, o surgimento da puberdade em meninas está ocorrendo mais cedo que estudos prévios haviam documentado, sendo que o desenvolvimento dos seios e dos pelos púbicos acontece por cerca de 1 ano mais cedo em meninas brancas e 2 anos mais cedo em meninas afro-americanas. (Kaplowitz e Oberfield, p. 940)

É aconselhável cuidado antes de concluir que a idade normal de maturação sexual acontece mais cedo hoje do que na geração passada (Rosenfield, 2000; Lee, Kulin e Guo, 2001), sobretudo porque a **velocidade da maturação sexual** que leva à menarca não mudou desde a década de 1960 nos Estados Unidos. Rowland (2005) declara que "a idade da menarca, apesar de tender a acontecer mais cedo do que no passado, não é significativamente diferente daquela registrada 30 anos atrás" (p. 45).

Conceito 15.9
A menarca é o principal evento da puberdade feminina, mas ela não marca a maturidade reprodutiva, que pode atrasar bastante, por até dois anos.

O despertar da puberdade nas mulheres é marcado por um evento claramente distintivo, a menarca. Em média, nos Estados Unidos, a **menarca**, ou primeiro fluxo menstrual, ocorre aos 12,1 e 12,9 anos em meninas afro-americanas e brancas, respectivamente (Brown et al., 1998) e 12,4 no total (Rowland, 2005). As razões dessa discrepância são desconhecidas. As meninas afro-americanas começam o desenvolvimento púbere (i.e., desenvolvimento dos seios e de pelos púbicos) um ano a 15 meses antes de suas coetâneas brancas (Wu et al., 2002) (ver as Figs. 15.3 e 15.4). A partir de uma perspectiva histórica, é interessante observar que a média de idade da menarca em meados dos 1800 era 15 anos (Malina, Bouchard e Bar-Or, 2004) e no início dos anos 1900, 14 anos (Santrock, 2010). O desenvolvimento de óvulos maduros acontece cerca de dois anos após a menarca; portanto, a puberdade em mulheres só se completa quando a maturidade sexual é atingida.

O potencial para atraso da menarca e as supostas causas têm sido tópico de intenso debate. Historicamente, tem sido observado que, quando aumenta a intensidade do treinamento físico, a também aumenta, sendo a mais tardia encontrada em muitas atletas de elite (Stager, Robertshaw e Miescher, 1984). Essa visão é apoiada por dados retrospectivos que comparam a idade da menarca de amostras atléticas e não atléticas, em que foi observado que a idade média da menarca em atletas é mais alta do que em suas colegas não atletas (Malina, 1994).

Malina (1994) oferece várias explicações para a possibilidade de idade tardia da menarca em amostras de atletas. Ele sugere que as meninas que amadurecem mais tarde são mais altas e mais magras do que aquelas que amadurecem cedo, e muitos esportes buscam essas características na constituição física. A magreza, em alguns esportes, é vista como uma qualidade desejável, relacionada à *performance*. Práticas alimentares incorporadas para reduzir a gordura corporal podem ser associadas ao surgimento tardio da menarca. Fatores de socialização, estresses psicológicos e emocionais, histórico familiar e até o número de irmãos na família (Malina et al., 1997) são possíveis fatores do surgimento tardio.

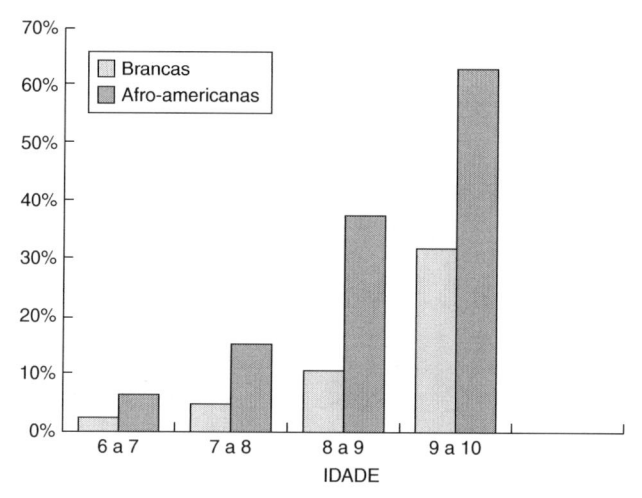

Figura 15.3
Prevalência de desenvolvimento de seios no estágio 2 de Tanner ou depois, de acordo com a idade e a raça.
Fonte: Herman-Giddens et al. Pediatrics 1997; 99-505-512.

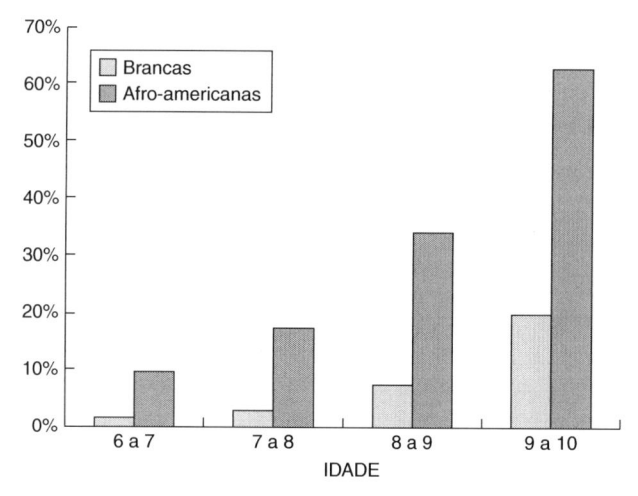

Figura 15.4
Prevalência de pelos púbicos no estágio 2 de Tanner ou depois de acordo com a idade e a raça.
Fonte: Herman-Giddens et al. Pediatrics 1997; 99-505-512.

Malina, entretanto, indica prontamente que a maioria das pesquisas nessa área estão sujeitas a erros devido à sua natureza retrospectiva. Os participantes dessas pesquisas têm de confiar em sua memória para relatar quando começaram a menstruar. Em alguns casos, essa memória pode ser precisa. Em outras, é vaga, sem muita certeza ao tentar lembrar quando o evento ocorreu. Malina também declara que, devido a desvios-padrão de um ano ou mais nessas pesquisas, elas não mostram que todas as atletas apresentam menarca tardia.

O destaque da puberdade em homens é menos distinto do que em mulheres. No sentido clínico, ele é marcado pela primeira **ejaculação** (descarga ou ejeção súbita de sêmen), mas, como acontece com a menarca, esse ponto de referência não marca realmente a maturidade reprodutiva. Só quando são produzidos espermatozoides vivos é alcançada a maturidade reprodutiva. O espermatozoide vivo em geral aparece em meninos entre os 13 e os 16 anos.

Sequência da puberdade

Durante o período da vida de bebê e na infância, tanto meninos como meninas desenvolvem-se em ritmo bastante similar. Eles apresentam poucas diferenças de altura, peso e tamanho do coração e dos pulmões, e a composição corporal é em essência a mesma. Por volta dos 10 anos, as crianças já atingiram cerca de 80% da sua altura adulta e um pouco mais da metade do seu peso adulto. Mas, à medida que entram em sua segunda década de vida, ocorrem mudanças acentuadas não apenas nas medidas do crescimento, mas também na maturação sexual. O surgimento da puberdade marca a transição da infância para a vida sexual adulta. Exatamente quando começa e o que dispara esse processo ainda não está esclarecido com exatidão. Já sabemos, no entanto, que a cronologia do processo é muito variável e pode começar bem cedo, em torno dos 8 anos ou antes em mulheres e por volta dos 9 em homens, ou então bem tarde, por volta dos 13 e 15, respectivamente (Kipke, 1999). A sequência geral dos eventos que marcam a puberdade é muito mais previsível do que as datas específicas em que eles ocorrem.

Sequencialmente, para o adolescente, o estirão de crescimento é precedido pelo crescimento testicular e coincide com a hipertrofia do pênis. Em geral, ele é seguido pelo primeiro surgimento de pelos púbicos. A formação de *pelo axilar* vem a seguir, junto com o engrossamento da voz. A formação de esperma maduro e a maturação sexual acontecem um pouco depois, seguidas do surgimento de pelo facial e aumento dos pelos no corpo.

A sequência da puberdade para mulheres também é algo previsível. Há estreita relação entre o estirão de crescimento feminino e o desenvolvimento de seios (Herman-Giddens et al., 1997). O despontar dos mamilos ocorre antes do despontar dos seios. O desenvolvimento do começo dos seios coincide com o início da formação de pelos púbicos, seguido do crescimento da genitália. A formação de pelo axilar e a menarca ocorre logo depois, seguidas do desenvolvimento de óvulos maduros e da capacidade de engravidar. A propensão a acnes e a um leve engrossamento da voz são os eventos finais da maturação sexual feminina. A Tabela 15.2 fornece uma representação visual da sequência de eventos que marcam a puberdade e uma cronologia aproximada. Muitos dos eventos da puberdade se sobrepõem, e não é esperado que eles ocorram em períodos de tempo específicos.

Influências hormonais

O surgimento da puberdade pode ser influenciado por uma série de fatores, mas a genética desempenha papel dominante. Por exemplo, as mulheres do Sul da China tendem a alcançar a menarca mais cedo do que as de origem europeia (Huen et al., 1997), e as afro-americanas ficam à frente das brancas (Brown et al., 1998). Além disso, os eventos da puberdade estão muito mais estreitamente relacionados entre gêmeos idênticos do que entre gêmeos não idênticos e coetâneos não aparentados (Tanner, 1989). Fatores do ambiente também podem ter impacto drástico sobre a puberdade. Embora ainda não tenham sido inteiramente compreendidos, o estresse, o estado nutricional, a saúde em geral e o metabolismo parecem afetar o surgimento e a duração da puberdade de algum modo ainda não esclarecido. Embora por si só ele não dispare a puberdade, o estresse realmente é importante na modulação da **cronologia da puberdade** (Susman et al., 1989; Susman, 1997).

> **CONCEITO 15.10**
>
> O início da puberdade é regulado pela hereditariedade e pode ser influenciado por nutrição, doenças, clima e estresse emocional.

O sistema endócrino desempenha papel crítico no processo de crescimento e maturação. Malina (1986) relata que "as secreções endócrinas são, elas próprias, fortemente influenciadas por mecanismos genéticos... O sistema nervoso, por sua vez, está intimamente envolvido na regulação das secreções endócrinas" (p. 24). Parece haver uma interação complexa entre o sistema

Tabela 15.2 Sequência de eventos que marcam a puberdade		
Homens	Mulheres	Idade aproximada do surgimento
Primeiro crescimento testicular	Início do estirão de crescimento	9–10
	Despontar dos mamilos	10–11
Início do estirão de crescimento	Despontar dos seios	11–12
Início do crescimento dos pelos púbicos	Início do crescimento dos pelos púbicos	
	Crescimento da genitália	
	Pico do estirão de crescimento	12–13
	Formação de pelos axilares	
	Menarca	
Estirão de crescimento testicular e peniano		13–14
Formação de pelos axilares	Produção de óvulos maduros	14-15
Engrossamento da voz	(Final da puberdade)	
Produção de espermatozoides maduros (Final da puberdade)	Acne	15–16
	Voz mais grossa	
	Pelos púbicos maduros e desenvolvimento dos seios	
Pelos faciais	Cessação do crescimento esquelético	16–17
Pelos corporais		
Desenvolvimento de pelos púbicos maduros		
Cessação do crescimento esquelético		18–19

endócrino, o sistema nervoso e as gônadas, levando à puberdade.

A glândula hipófise, localizada abaixo do cérebro, parece ter importância fundamental. Quando o *hipotálamo* (centro nervoso de regulação central no cérebro) amadurece, secreta hormônios que, por sua vez, estimulam a glândula hipófise anterior a começar a liberar **hormônios gonadotrópicos (GnRH)**. Esses hormônios têm efeito estimulante sobre as glândulas endócrinas, resultando em liberação de outros hormônios sexuais e do crescimento.

A liberação de hormônios relacionados ao sexo inicia a maturação das gônadas. Os **estrógenos** (hormônios femininos) são responsáveis pela iniciação dos eventos da puberdade feminina. Em resumo, múltiplos fatores influenciam o surgimento e a duração (i.e., o ritmo) da puberdade, incluindo; (1) influências genéticas e biológicas, (2) estresse, (3) nutrição, (4) dieta, (5) exercício, (6) porcentagem de gordura corporal, (7) doença crônica, (8) condição socioeconômica e (9) toxinas ambientais. Os gatilhos precisos são desconhecidos (Kipke, 1999; American Academy of Pediatrics, 2000), mas o resultado é claramente modulado pela secreção de GnRH.

Algumas vezes, desequilíbrios hormonais podem resultar em uma condição conhecida como **amenorreia**. A *amenorreia primária* ocorre quando a menina chega aos 16 anos sem ter apresentado o seu primeiro período menstrual. A *amenorreia secundária* é uma ocorrência mais comum e refere-se ao cessar temporário ou permanente dos períodos menstruais de uma mulher adolescente ou adulta que havia tido antes um ciclo regular. A ausência de três ou mais períodos seguidos constitui a amenorreia secundária. A amenorreia primária pode surgir como decorrência de problemas no sistema endócrino, fatores genéticos ou influências ambientais, como a má nutrição. Já a secundária pode ser o resultado de processos naturais, como a gravidez ou fatores relacionados ao estresse, como o exercício físico extenuante contínuo, perda excessiva de peso e determinados medicamentos, como antidepressivos e tranquilizantes.

DILEMA DO DESENVOLVIMENTO

Crescendo cedo demais

Como observado neste capítulo, nas meninas, a puberdade pode começar bem cedo, por volta dos 8 anos, e nos meninos, por volta dos 9. As mudanças da puberdade observadas antes dessas idades são consideradas puberdade precoce central (PPC). Em alguns casos, foram notados sinais de começo da puberdade nos primeiros anos da infância. A PPC ocorre com frequência cinco vezes maior em meninas do que em meninos e está presente em cerca de 4 a 5% da população feminina. Comumente, a causa da PPC é difícil de ser determinada, mas ela pode estar associada a mudanças no cérebro, em resultado de tumor ou lesão. Questões genéticas também desempenham papel importante. Quando são uma causa subjacente, os tumores podem ser removidos com cirurgia. Fisicamente, a PPC é associada com frequência à maturação esquelética acelerada, que resulta no término do crescimento ósseo mais cedo do que o normal. O potencial da altura adulta muitas vezes não se concretiza. No campo social e emocional, a criança que lida com a PPC pode ser provocada por seus pares coetâneos por suas diferenças físicas. Como resultado disso, problemas de autoestima, depressão e/ou comportamento podem manifestar-se. Intervenções médicas, assim como apoio dos pais, da escola e dos colegas, podem ser fatores essenciais para as crianças com PPC.

Algumas atletas adolescentes, como bailarinas e ginastas, às vezes são mais propensas à amenorreia secundária devido ao treinamento e aos comportamentos nutricionais. A amenorreia prolongada pode causar problemas médicos como infertilidade e osteoporose. O tratamento, tanto da amenorreia primária quanto da secundária, é orientado de acordo com as origens diagnósticas.

MATURIDADE REPRODUTIVA

O começo do estirão de crescimento na adolescência e a puberdade marcam a transição da infância para a maturidade reprodutiva. As mudanças físicas e o surgimento das características sexuais secundárias são, em geral, causa de maior interesse pelo próprio corpo e de aumento drástico do nível de autoconsciência.

Se os adolescentes mais jovens parecem preocupados com questões relativas ao sexo, isso acontece porque inúmeras mudanças drásticas e rápidas estão acontecendo bem diante de seus olhos. O adolescente mais jovem costuma se sentir como um expectador do próprio crescimento. Cada dia parece trazer mudanças que são comentadas em segredo, em meio a risadinhas, e vasculhadas de perto. O adulto sensato mostra-se sensível a essas mudanças físicas e ao impacto que elas têm sobre o desenvolvimento social e emocional do indivíduo. A jornada da infância à maturidade reprodutiva segue um padrão previsível tanto para homens como para mulheres.

Quem estuda o desenvolvimento motor vai querer familiarizar-se com esses eventos e aprender a reconhecer as mudanças físicas que fornecem pistas sobre a maturidade física. Muitas delas foram discutidas nas seções anteriores sobre o crescimento e a puberdade. Esta seção, por sua vez, foca uma visão geral breve da maturação sexual em mulheres e homens e uma técnica confiável para avaliação da maturidade.

Nos parágrafos a seguir, serão feitas repetidas referências ao trabalho de J. M. Tanner. Embora tenha décadas de existência, os **estágios de Tanner** ainda são usados como padrão universal para classificação da maturidade sexual.

Mulheres

O crescimento das mamas marca o primeiro sinal visível da jornada feminina pela maturidade sexual. O *desenvolvimento das mamas* começa por volta dos 11 anos e completa-se em torno dos 15, embora possa começar bem mais cedo, aos 8 anos, e terminar bem mais tarde, depois dos 18 (Katchadourian, 1977; Sperling, 1996; Santrock, 2010). O desenvolvimento das mamas foi descrito por Tanner (1962) e está esboçado na Tabela 15.3, junto com o desenvolvimento dos pelos púbicos femininos. Esses estágios são úteis como pontos de referência desenvolvimentais confiáveis da maturidade sexual.

Os *pelos púbicos* costumam ser o segundo sinal de progresso no curso da maturidade sexual. Em média, o crescimento dos pelos tem início entre os 11 e 12 anos, e o padrão adulto triangular de crescimento é estabelecido por volta dos 14 anos. Os estágios do desenvolvi-

Tabela 15.3	Estágios do desenvolvimento das mamas e dos pelos púbicos femininos
Desenvolvimento das mamas	**Desenvolvimento dos pelos púbicos**
ESTÁGIO	
1. Pré-púbere – aparência nivelada, como a de uma criança	Pré-púbere – ausência de pelos púbicos
2. Pequeno despontar dos seios	Quantidade esparsa de penugem, principalmente nas laterais dos lábios genitais
3. Alargamento e elevação das mamas e das aréolas	Aumento da quantidade de pelo pigmentado, áspero e crespo
4. Aréolas e mamilos formam um contorno separado das mamas	Pelo adulto, mas de área limitada
5. Mama adulta – a aréola tem o mesmo contorno da mama	Pelo adulto, com borda superior horizontal

Fonte: Adaptada de fotografias de J. M. Tanner. *Growth at Adolescence* (Oxford, England: Blackwell Scientific, 1962).

mento dos pelos púbicos determinados por Tanner (1962) fornecem índices úteis do desenvolvimento sexual.

Mudanças na *genitália feminina* em geral são o terceiro passo em direção à maturidade reprodutiva. O tamanho dos órgãos sexuais externos (i.e., a vulva, o monte púbico, os lábios e o clitóris) aumenta, e eles ficam sensíveis à estimulação. Mudanças na genitália externa da mulher não são tão úteis para avaliar a maturidade como o índice de crescimento dos pelos púbicos e o desenvolvimento das mamas. Os órgãos sexuais internos da mulher também passam por considerável mudança. O útero e os ovários aumentam de peso. O útero tem acentuado aumento de peso, torna-se mais largo e "desenvolve uma musculatura intricada e potente" (Katchadourian, 1977, p. 59). A vagina aumenta de tamanho, e os ovários, embora estruturalmente completos no nascimento, continuam a ganhar peso moderadamente durante toda a adolescência.

A menarca ocorre depois do pico do estirão de crescimento e cerca de dois anos após o início do desenvolvimento das mamas, mas isso não marca o início da maturidade reprodutiva. Em geral, pode passar até um ano e meio desde o primeiro ciclo menstrual até o momento em que a jovem mulher seja fisiologicamente capaz de conceber. Esse intervalo é conhecido como o período da **esterilidade relativa da puberdade**. Entretanto, não é sensato pressupor que esse é um período "seguro" em termos de concepção.

As diferenças individuais entre a menarca e a maturidade reprodutiva são grandes, e nenhum período seguro é garantido.

Homens

Nos homens, a puberdade começa com o crescimento dos testículos. O maior crescimento testicular começa aos 11,5 anos e pode variar dos 10 aos 14 anos (Tanner, 1962). O crescimento continua até algum ponto entre os 14 e os 18 anos (Santrock, 2010). Como glândula reprodutiva masculina, os testículos produzem *espermatozoides* e hormônios sexuais masculinos. A capacidade do homem de ejacular fluido seminal é, em grande parte, uma função da glândula próstata, que se torna muito maior durante a puberdade. A ejaculação é um evento tanto psicológico como fisiológico e ocorre com mais frequência em homens mais jovens por meio de emissões noturnas de sêmen e masturbação, com início por volta dos 12 anos. Claramente esse aumento no comportamento sexual está associado aos níveis crescentes de testosterona. Espermatozoides maduros só estão contidos na ejaculação a partir dos 15 a 17 anos.

Conceito 15.11

A capacidade de ejacular fluido seminal é um evento primário da puberdade masculina, mas a maturidade reprodutiva exige a produção de espermatozoides maduros.

O crescimento dos pelos púbicos pode começar bem cedo, em torno dos 10 anos, ou bem mais tarde, por volta dos 15. Assim como acontece com a maturação sexual feminina, Tanner (1962) desenvolveu uma escala de cinco estágios para os homens (Tab. 15.4). Depois de madura, no estágio 5, a distribuição de pelos púbicos continua até meados dos 20 anos dos homens, e a sua área é menos claramente definida do que em mulheres. Tem sido observado que usar apenas o pelo púbico para definir o estágio de Tanner pode levar a classificações imprecisas de alguns homens na fase inicial da maturidade púbere. Pode haver desenvolvimento testicular sem a presença de pelos púbicos (Biro et al., 1995).

A *genitália externa masculina*, o pênis e o escroto, muda pouco de aparência ao longo de toda a infância. O crescimento do pênis tem início cerca de um ano após o início do crescimento dos testículos e dos pelos púbicos. O escroto fica maior primeiro, seguido do alongamento e depois engrossamento do pênis. Ver na Tabela 15.4 os estágios do desenvolvimento genital masculino descritos por Tanner (1962). O tamanho e a forma do pênis masculino não estão relacionados nem com a psique, nem com a raça e nem com a virilidade (Masters e Johnson, 1970).

As **características sexuais secundárias**, como os pelos axilares, o pelo facial e o engrossamento da voz, são associadas com o progresso em direção à maturidade reprodutiva. Os pelos axilares e faciais costumam começar a aparecer por volta de dois anos após o crescimento dos pelos púbicos. O pelo facial, importante símbolo de masculinidade, surge inicialmente no lábio superior. Depois começa a crescer também na face superior, na área paralela à parte inferior da orelha e, em seguida, sob o lábio inferior. No estágio final, o crescimento do pelo facial se dá pela parte inferior da face e do queixo, gerando uma barba completa (Katchadourian, 1977; Santrock, 2010). O pelo axilar aparece em conjunto com o pelo facial, e o pelo corporal continua se espalhando até muito depois da puberdade.

Avaliação da maturidade

A **avaliação da maturidade** é um meio de determinar até que ponto o indivíduo já progrediu no curso da maturidade física. Uma série de técnicas, incluindo avaliações púberes, esqueléticas e dentárias, mede o progresso de determinada parte do corpo ou sistema no caminho da maturidade. Infelizmente essas avaliações poucas vezes são usadas nos exames físicos de pré-preparação de rotina de atletas mais jovens. A omissão é lastimável, pois com essas avaliações seria muito mais correta a uniformização para competições. A idade cronológica é a medida de maturidade usada com maior frequência. Ao

Tabela 15.4 Estágios do desenvolvimento dos genitais e dos pelos púbicos masculinos	
Desenvolvimento dos genitais	**Desenvolvimento dos pelos púbicos**
ESTÁGIO	
1. Pré-púbere – tamanho dos testículos e do pênis igual ao do início da infância	Pré-púbere – ausência de pelos púbicos
2. Os testículos engrossam e a pele escrotal escurece e torna-se áspera	Quantidade esparsa de penugem, principalmente na base do pênis
3. Continuação do estágio 2, junto com aumento do comprimento do pênis	Aumento da quantidade de pelo pigmentado, áspero e crespo
4. Aumento geral do tamanho do pênis e pigmentação da pele escrotal	Pelo adulto, mas de área limitada
5. Genitália adulta	Pelo adulto, que se espalha pelas coxas, com borda superior horizontal

Fonte: Adaptada de fotografias de J. M. Tanner. *Growth at Adolescence* (Oxford, England: Blackwell Scientific, 1962).

longo deste livro são feitas referências constantes a individualidade e extrema variabilidade do processo de crescimento, em especial durante o final da infância e o começo da adolescência. Embora as avaliações da maturidade existentes sejam às vezes dispendiosas, prolongadas e inconvenientes, padrões desenvolvimentais baseados em outros fatores, que não a idade cronológica, devem ser usados para avaliar e distribuir atletas jovens. Algum processo de comparação dos jovens para participação e competição deve ser elaborado a fim de reduzir a incidência de lesões, tornando a competição uniforme (Malina, 2000).

Conceito 15.12

As escalas de avaliação da maturidade oferecem dispositivos confiáveis e válidos para uniformizar atletas, limitando o treinamento e reduzindo lesões.

Caine e Broekhoff (1987) apresentaram um argumento convincente para incluir uma avaliação de maturidade padronizada no exame físico da pré-preparação obrigatório para todos os jovens antes da participação em esportes. Eles argumentaram que as avaliações de maturidade podem ser usadas para selecionar adolescentes para esportes de contato e para determinar quando o jovem está vivendo estirões de crescimento, o que os torna mais vulneráveis a lesões. Em seguida, eles afirmaram que os estágios de maturação púbere proposto por Tanner (1962) podem ser usados com facilidade e efetividade. Para acomodar tradições e costumes socioculturais e evitar constrangimentos, é possível pedir aos pais que avaliem a maturidade púbere das crianças, ou os atletas mais jovens podem classificar o seu próprio nível de maturidade com base nas escalas de pelos púbicos. Duke e colaboradores (1980) e Kreipe e Gewanter (1983) relataram correlações moderadas a elevadas na classificação em estágios com base na autoavaliação e na avaliação feita por médicos do desenvolvimento dos pelos púbicos.

Os benefícios da avaliação da maturidade são óbvios. Em primeiro lugar, ela pode ajudar na redução de lesões, servindo de base para a combinação de atletas nos esportes de contato. Em segundo lugar, ela é meio de limitação ou desqualificação de indivíduos na participação em esportes de contato. Em terceiro lugar, ela pode ser usada para identificar períodos de crescimento rápido e justificar reduções nos regimes de tratamento em esportes de longo prazo ou de alta intensidade, como o *cross-country*, natação, ginástica e balé.

Resumo

O período da adolescência foi gradualmente expandido devido a fatores biológicos e culturais, a ponto de hoje abranger a segunda década da vida da criança. Incrementos acentuados de crescimento, o início da puberdade e a maturação reprodutiva são destaques do período adolescente.

O crescimento dos adolescentes em altura e peso segue um padrão previsível, embora haja considerável variabilidade no surgimento e duração do estirão de crescimento pré-adolescente. Variações amplas na estatura são típicas entre pré-adolescentes e têm muitas ramificações para a participação atlética e a aceitação social.

Em geral, considera-se que o surgimento da puberdade coincide com o início do estirão de crescimento. A puberdade é influenciada por uma série de fatores genéticos, que operam em conjunto com circunstâncias ambientais.

Puberdade e maturidade reprodutiva não são a mesma coisa. A maturidade reprodutiva ocorre um pouco depois do início da puberdade. A menarca em mulheres e a ejaculação em homens não indicam a chegada da maturidade reprodutiva. O desenvolvimento de óvulos maduros e a produção de espermatozoides são os marcos da maturidade reprodutiva.

Avaliações da maturidade podem ser usadas como auxílio efetivo na uniformização do nível dos atletas jovens para competição e na redução de riscos. As medidas da avaliação púbere, embora apresentem dificuldades, são recursos confiáveis e válidos de determinação dos níveis de maturidade.

QUESTÕES PARA REFLEXÃO

1. Como o estilo de vida de um indivíduo afeta o seu crescimento físico?
2. Cite alguns dos fatores que contribuem para a variação do momento de surgimento da puberdade. Como cada um deles exerce a sua influência?
3. Como o momento de surgimento da puberdade afeta o autoconceito e a autoestima de uma menina ou de um menino pré-adolescente ou adolescente?

LEITURA BÁSICA

American Academy of Pediatrics (2000). Medical concerns in the female athlete. *Pediatrics, 106,* 610–613. (revised policy statement).

Malina, R. M., Bouchard, C., & Bar-Or, O. (2004). *Growth Maturation and Physical Activity* (Chapters 16 & 17). Champaign, IL: Human Kinetics.

Rowland, T. W. (2005). *Children's Exercise Physiology* (Chapter 3). Champaign, IL: Human Kinetics.

Santrock, J. W. (2010). *Adolescence,* 13th ed. (Chapter 2). St. Louis: McGraw-Hill.

Sperling, M. A. (Ed.). (2008). *Pediatric Endocrinology* (Chapters 8, 14). Philadelphia: W. B. Saunders.

Susman, E. J., & Dorn, L. D. (2009). Puberty: Its role in development. In R. Learner and L. Steinberg (Eds.), *Handbook of Adolescent Psychology,* Vol. 1, *Individual Bases of Adolescent Development,* 3rd ed. New York: Wiley.

RECURSOS NA *WEB*

www.cdc.gov/growthcharts/
Esse *site*, com *link* no Centers of Disease Control and Prevention, contém informações sobre os gráficos de crescimento do CDC de 2000 nos Estados Unidos. As informações fornecidas incluem gráficos de crescimento, tabelas de dados, materiais educativos, programas de computador e relatórios.

http://www.healthychildren.org/English/ages-stages/gradeschool/puberty/Pages/default.aspx
Informações da American Academy of Pediatrics sobre puberdade. Informações sobre tópicos variados relacionados à puberdade tanto de meninos como de meninas.

http://www.keepkidshealthy.com/adolescent/puberty.html
Esse *site* contém informações fornecidas pelo keepkidshealthy.com sobre vários tópicos relacionados à puberdade. Ele aponta fontes relacionadas no keepkidshealthy.com, recursos da internet e *links* sobre tópicos relacionados, como o despontar das mamas e o odor corporal.

Capítulo 16

Habilidades do Movimento Especializado

PALAVRAS-CHAVE

Habilidades do movimento especializado
Barreira de proficiência
Estágio de transição
Estágio de aplicação
Estágio de uso ao longo da vida
Estágio cognitivo
Estágio associativo
Estágio autônomo
Estágio de compreensão da ideia
Estágio de fixação/diversificação
Nível inicial/novato
Estágio da consciência
Estágio da exploração
Estágio da descoberta
Nível intermediário/prático
Estágio de combinação
Nível avançado/refinado
Estágio de *performance*
Estágio individualizado

COMPETÊNCIAS ADQUIRIDAS NESTE CAPÍTULO

Ao finalizar este capítulo, você será capaz de:

- Discorrer sobre a relação entre as habilidades do movimento fundamental e as habilidades do movimento especializado
- Descrever os passos da transformação de uma técnica de movimento bem aprendida, mas executada de modo impróprio
- Demonstrar conhecimento a respeito das características importantes do aprendiz que afetam a sua interação como instrutor
- Discutir os efeitos da competição esportiva sobre o crescimento e o desenvolvimento de crianças e adolescentes
- Descrever conhecimentos a respeito da sequência desenvolvimental das habilidades do movimento especializado
- Descrever o processo de aprendizado de uma nova habilidade de movimento, com base tanto na condição cognitiva do aprendiz como nos seus objetivos
- Demonstrar conhecimento sobre o modo de intervenção efetiva no processo de aprendizado, com base no nível de aprendizado da habilidade de movimento
- Demonstrar conhecimento sobre o conceito de promoção de melhorias por meio do controle dos movimentos, controle emocional e prazer no aprendizado

> **CONCEITO-CHAVE**
>
> O desenvolvimento das habilidades do movimento especializado depende muito das oportunidades de prática, estímulo, qualidade da prática e contexto ecológico do ambiente.

As **habilidades do movimento especializado** são padrões de movimento fundamentais, refinados e combinados para formar as habilidades esportivas e outras habilidades de movimento complexas e específicas. Elas são específicas da tarefa, e os movimentos fundamentais, não.

Por volta dos 6 anos, a maioria das crianças tem potencial para executar, em um estágio proficiente, a maioria das habilidades do movimento fundamental e de começar a transição para a fase do movimento especializado. A constituição neurológica, as características anatômicas e fisiológicas e as capacidades perceptivo-visuais encontram-se suficientemente desenvolvidas e podem funcionar em um estágio proficiente na maioria das habilidades do movimento fundamental. Existem poucas exceções a essa generalização – bater em um objeto em movimento como na rebatida com um taco e no voleio, por causa das exigências perceptivo-motoras sofisticadas dessas tarefas. No entanto, as capacidades de movimento de muitos adolescentes ficam atrasadas por causa das limitadas oportunidades de prática regular, da má qualidade ou falta de instruções e do pouco ou nenhum incentivo. Todos nós conhecemos adolescentes e adultos que arremessam bolas no estágio elementar ou saltam em distância usando padrões de movimento característicos de pré-escolares típicos.

Crianças mais velhas, adolescentes e adultos devem ser capazes de executar movimentos fundamentais no estágio proficiente. Quando o indivíduo não consegue desenvolver essas formas proficientes, isso tem consequência direta na execução de habilidades específicas de tarefas do movimento especializado. A progressão bem-sucedida, ao longo dos estágios de transição, aplicação e utilização pela vida toda de tarefas e movimentos específicos depende dos níveis de proficiência na *performance* do movimento fundamental (Fig. 16.1). Dificilmente o indivíduo terá êxito no *softball* se as suas habilidades fundamentais de rebatida, arremesso, recepção ou corrida não alcançarem níveis proficientes. Foi elaborada a hipótese de uma **barreira de proficiência** (Seefeldt, 1980) entre a fase do movimento fundamental e a do movimento especializado. A transição de uma fase para outra depende da aplicação de padrões proficientes de movimento a uma ampla variedade de habilidades. Se os padrões forem menos do que proficientes, a habilidade ficará prejudicada.

> **CONCEITO 16.1**
>
> O desenvolvimento de habilidades do movimento fundamental maduras é pré-requisito para a incorporação bem-sucedida das habilidades do movimento especializado no repertório de movimento do indivíduo.

Este capítulo foca a fase das habilidades do movimento especializado. Dois pontos importantes devem ser lembrados. Em primeiro lugar, embora a pessoa possa estar pronta, em termos cognitivos e afetivos, para avançar nessa fase, a progressão depende da finalização bem-sucedida dos aspectos específicos da fase anterior. Em segundo lugar, o progresso de uma fase até outra não é algo que se rege pelo tudo ou nada. Não se exige que o indivíduo esteja no estágio proficiente de todos os movimentos fundamentais antes de avançar para os estágios subsequentes. Embora uma adolescente de 14 anos especializada desde cedo na ginástica tenha *performance* em níveis altamente sofisticados em várias habilidades de locomoção e de estabilidade, ela pode ser incapaz de arremessar, receber ou chutar uma bola com a proficiência esperada para a sua idade e o seu nível de desenvolvimento. Do mesmo modo, um jogador de futebol americano do ensino médio pode jogar na posição de *lineman* ou de *running back* com habilidade e, ao mesmo tempo, ser incapaz de aproveitar os benefícios aeróbios da natação, basquetebol ou futebol, pois não conseguiu desenvolver as habilidades do movimento fundamental necessárias.

SEQUÊNCIA DE DESENVOLVIMENTO DOS MOVIMENTOS ESPECIALIZADOS

Depois que a criança alcança o estágio proficiente em determinado padrão do movimento

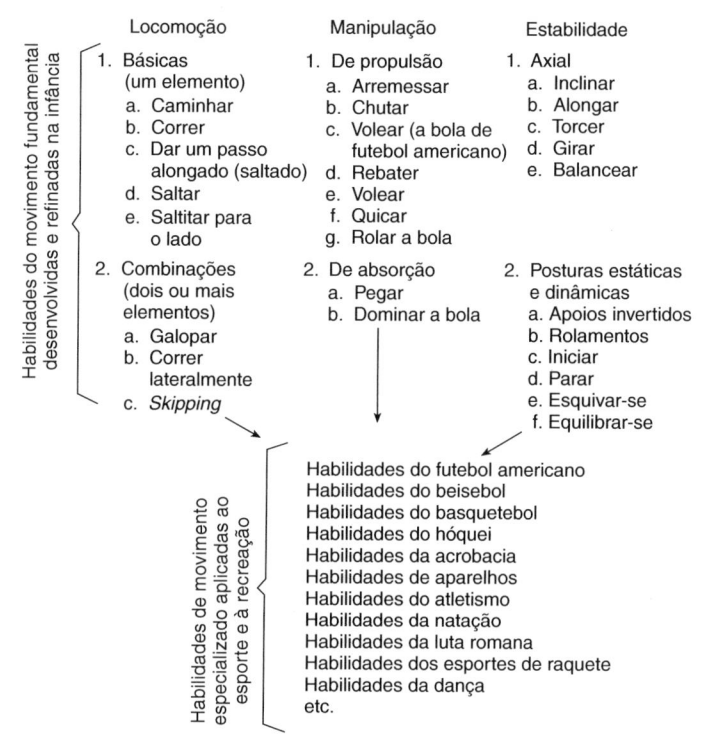

```
                    Locomoção              Manipulação              Estabilidade
                  1. Básicas             1. De propulsão          1. Axial
                     (um elemento)          a. Arremessar            a. Inclinar
                     a. Caminhar            b. Chutar                b. Alongar
                     b. Correr              c. Volear (a bola de     c. Torcer
                     c. Dar um passo           futebol americano)    d. Girar
                        alongado (saltado)  d. Rebater               e. Balancear
                     d. Saltar              e. Volear
                     e. Saltitar para       f. Quicar
                        o lado              g. Rolar a bola
                  2. Combinações          2. De absorção           2. Posturas estáticas
                     (dois ou mais           a. Pegar                 e dinâmicas
                     elementos)              b. Dominar a bola        a. Apoios invertidos
                     a. Galopar                                       b. Rolamentos
                     b. Correr                                        c. Iniciar
                        lateralmente                                  d. Parar
                     c. Skipping                                      e. Esquivar-se
                                                                      f. Equilibrar-se

                               Habilidades do futebol americano
                               Habilidades do beisebol
                               Habilidades do basquetebol
                               Habilidades do hóquei
                               Habilidades da acrobacia
                               Habilidades de aparelhos
                               Habilidades do atletismo
                               Habilidades da natação
                               Habilidades da luta romana
                               Habilidades dos esportes de raquete
                               Habilidades da dança
                               etc.
```

Figura 16.1
As habilidades do movimento fundamental devem ser proficientes antes da introdução das habilidades do movimento especializado.

fundamental, pouca mudança ocorre na "forma" dessa habilidade durante a fase do movimento especializado. O refinamento do padrão e as variações estilísticas na forma ocorrem na proporção que se adquire maior habilidade (precisão, acurácia, coordenação e controle), mas o padrão básico permanece inalterado.

No entanto, melhoras drásticas na *performance* com base na maior competência física podem ser vistas a cada ano. Quando o adolescente melhora a força muscular, a resistência, o tempo de reação, a velocidade de movimento, a coordenação, etc., é possível esperar melhores escores da *performance*. Os capítulos 12 e 17 fornecem discussões detalhadas sobre as capacidades físicas de crianças e adolescentes, respectivamente. Somos levados à conclusão de que há uma ligação entre o movimento hábil e os níveis de atividade física. Nos últimos 20 anos, foi documentado repetidas vezes que há um declínio regular na atividade física vigorosa entre homens e mulheres a partir dos 12 anos. Certamente, parte desse declínio deve-se à falta de programas de educação física, insuficientes em quantidade e em qualidade. Um relatório do CDC (CDC, 2000) indica que apenas 19% dos estudantes do ensino médio são fisicamente ativos por 20 minutos ou mais, cinco dias na semana em aulas de educação física. O Shape of the Nation Report (NASPE 2010) aponta clara e efetivamente a necessidade crítica, agora mais do que nunca, de instruções de educação física significativas e apropriadas em termos desenvolvimentais em todo os Estados Unidos: instruções que forneçam aos aprendizes amplas oportunidades de prática, estímulo positivo e informações de boa qualidade, em um ambiente capaz de levar ao aprendizado das habilidades físicas e motoras importantes para a vida. Essas habilidades darão aos aprendizes as "ferramentas" para participar e desfrutar de uma vida de atividades físicas que promovam a saúde.

Na fase especializada, há três estágios separados, porém sobrepostos. O início dos estágios nessa fase do desenvolvimento depende de fatores neuromusculares, cognitivos e afetivos inerentes ao próprio indivíduo. Restrições específicas da tarefa de movimento e da biologia do indivíduo, assim como as condições do ambiente, estimulam a passagem de um estágio a outro.

As habilidades do movimento fundamental de uma pessoa mudam pouco depois que ela alcança o estágio proficiente, e as potencialidades físicas influenciam apenas o ponto até o qual as habilidades do movimento especializado serão concretizadas em situações esportivas, recreativas e cotidianas. Portanto, as habilidades especializadas são movimentos fundamentais proficientes, adaptados às exigências específicas de uma atividade esportiva, recreativa ou cotidiana. O grau de desenvolvimento dessas habilidades depende da combinação das condições da tarefa, do indivíduo e do ambiente.

Um aspecto-chave para o ensino bem-sucedido na fase das habilidades do movimento especializado, independentemente do tipo de estudante, adolescentes hábeis ou adultos inábeis, é reconhecer as condições que podem limitar ou incrementar o desenvolvimento. Assim que essas condições são identificadas para cada indivíduo, o ensino torna-se mais uma questão de redução das restrições (condições limitadoras) e de maximização das *affordances* (condições incrementadoras) do que apenas estressar a execução mecanicamente "correta" da habilidade. Os três estágios da fase do movimento especializado são esboçados a seguir.

> **Conceito 16.2**
>
> O progresso pelos estágios da fase das habilidades do movimento especializado depende da base formada pelas habilidades estabelecidas antes, na fase do movimento fundamental.

Estágio de transição

O **estágio de transição** é caracterizado pelas primeiras tentativas do indivíduo de refinar e combinar habilidades de movimento proficientes. Esse é o período em que os aspirantes a atleta aprendem a treinar para aumentar a habilidade na *performance*. Para a maioria das crianças do ensino fundamental (idade de 8 a 12 anos), esse é um período fundamental, durante o qual as habilidades do movimento fundamental proficientes são refinadas e aplicadas ao esporte e aos jogos específicos da cultura. No caso das crianças, há aumento do interesse pelo esporte e pelos padrões da *performance*. Em geral, elas gostam de contrapor as próprias habilidades de movimento às dos outros. Nesse estágio, as crianças são atraídas por vários tipos diferentes de esportes e não se sentem limitadas por fatores fisiológicos, anatômicos ou ambientais. Os instrutores começam a enfatizar a precisão e a habilidade na *performance* de jogos, atividades de liderança e uma ampla variedade de movimentos relacionados ao esporte. Durante esse estágio, o indivíduo se esforça para "entender a ideia" de execução da habilidade esportiva. A habilidade e a proficiência são limitadas. Os esforços começam a fazer sentido para os aspirantes a atletas. Na verdade, algumas pesquisas têm mostrado que leva 20 anos de treinamento para que um atleta talentoso atinja os níveis de elite (Balyi e Hamilton, 2004), sendo no estágio de transição que esse longo processo começa.

Estágio de aplicação

No final do ensino fundamental e depois dele, os atletas jovens que tiveram êxito nas fases e nos estágios prévios do desenvolvimento das habilidades motoras encontram-se no estágio de aplicação ou de treinamento-para-treinar. Durante o **estágio de aplicação**, o indivíduo torna-se mais consciente dos valores e das limitações físicas pessoais e, de modo adequado, foca certos tipos de esporte em ambientes tanto recreativos como competitivos. A ênfase está em melhorar a proficiência. A prática é fundamental para desenvolver graus de habilidade mais elevados. No estágio de transição, é trabalhado o polimento dos padrões de movimento característicos do iniciante. Habilidades mais complexas são refinadas e usadas em esportes oficiais e atividades recreativas elaboradas tanto para o lazer como para a competição. Nesse estágio, os indivíduos entram em um período de maturação biológica, que lhes possibilita o benefício de aumentar as rotinas de treinamento destinadas a incrementar a força e a resistência muscular, assim como a resistência aeróbia. Esse é um estágio em que as habilidades necessárias e as táticas exigidas em diversos esportes são consolidadas, e as tentativas de domínio, intensificadas. Portanto, nesse estágio, é especialmente importante que a atividade combine com o indivíduo de tal modo que os interesses, as capacidades e o potencial de sucesso mereçam cuidadosa consideração.

Estágio de uso ao longo da vida

No **estágio de uso ao longo da vida**, os indivíduos em geral reduzem a abrangência de suas buscas esportivas, escolhendo algumas poucas atividades para engajamento regular em ambientes competitivos, recreativos ou cotidianos. Maior especialização e refinamento das habilidades ocorrem no estágio de treinamento para competir e para participar. A maximização da *performance* é o objetivo-chave desse estágio. Das habilidades esportivas em que se adquiriu domínio, é colocada ênfase no nível ótimo da preparação de aptidão física, psicológica e tática. As atividades ao longo da vida são escolhidas com base em interesses, capacidades, ambições, disponibilidade e experiências prévias do indivíduo. Nesse estágio, muitas vezes, as oportunidades de participação são limitadas, em função das crescentes responsabilidades e dos compromissos.

Muitos indivíduos não passam pelo desenvolvimento e refinamento das habilidades do movimento especializado na sequência apresentada. Com frequência, as crianças são estimuladas a refinar as suas habilidades em determinado esporte, quando mais novas. A participação inicial no esporte não é prejudicial por si só, mas a especialização prematura pode ter um alto custo. O desenvolvimento de uma ampla variedade de habilidades proficientes do movimento fundamental tem de ser sacrificado, limitando, portanto, o potencial de participação em uma série de jogos, brincadeiras e atividades esportivas.

ESPORTE JUVENIL

Sob condições ideais, o estágio de transição das habilidades de movimento começa por volta dos 7 ou 8 anos. Com o crescente interesse nas potencialidades da *performance* e no esporte, a crescente sofisticação cognitiva e a melhor interação em grupo, as crianças sentem-se mais atraídas pela competição organizada. Esportes de especialização precoce, como a ginástica e o esqui alpino, exigem treinamento específico do esporte logo cedo, enquanto esportes de especialização tardia, como os de equipe, exigem abordagem generalizada no início do treinamento. A Tabela 16.1 apresenta uma lista parcial dos esportes de especialização precoce e tardia.

DILEMA DO DESENVOLVIMENTO

A taxa de desistência é muito alta. Por quê?

O crescimento da participação no esporte juvenil ao longo dos últimos 20 anos foi fenomenal. Nos Estados Unidos, estimados 20 a 35 milhões de crianças participam em esportes da juventude (Poinsett, 1996). Praticamente toda comunidade no grupo de amostra oferecia algum tipo de atividade competitiva para os jovens. Seria difícil encontrar, no país de hoje, uma comunidade de tamanho razoável que não ofereça experiências esportivas competitivas para os seus jovens fora do ambiente escolar, assim como programas patrocinados por escolas. O esporte juvenil é grande, popular e chegou para ficar. Além disso, o esporte tem sido exaltado por gerações, pois "forma o caráter" e ensina uma miríade de lições de vida valiosas, incluindo o trabalho em equipe, a persistência, a cooperação e o valor do trabalho duro. Nas condições ideais, o esporte organizado oferece uma oportunidade maravilhosa para que o indivíduo aprenda novas habilidades, faça novos amigos e aceite o desafio de tornar-se proficiente em uma atividade que não apenas promove a saúde e valiosas habilidades cotidianas, mas também significa diversão e prazer pessoal. Entretanto, nas piores condições, os resultados do esporte juvenil trazem apenas o lado negativo de cada uma dessas virtudes.

O dilema está na taxa de desistência, ainda inaceitável, entre os milhões que se aventuram no esporte juvenil. Estima-se que mais de 80% dos jovens dos Estados Unidos abandonam o esporte por volta dos 12 anos. Pense nisso: apenas cerca de 20% permanecem engajados no esporte dos 11 aos 19 anos ou mais. Como isso pode acontecer? Como uma atividade tão popular alguns anos pode se tornar algo tão desinteressante para muitos jovens? Que medidas devem ser tomadas para ajudar a solucionar esse dilema infeliz?

Tabela 16.1 — Esportes de especialização precoce e tardia

Esportes de especialização precoce (antes dos 10 anos)	Esportes de especialização tardia (após os 10 anos)
– Ginástica – Patinação artística sobre o gelo – Mergulho do trampolim – Esqui alpino	– Todos os esportes de equipe – Esportes de raquete – Esportes combativos – Atletismo – Ciclismo – Hipismo – A maioria dos esportes aquáticos

Tabela 16.2 — Treinamento sugerido (incremento das habilidades e da *performance*)

Fase/estágio do desenvolvimento	Razão treinamento/competição sugerida
Fase do movimento fundamental	
– Estágio inicial	100%/0%
– Estágios elementares emergentes	90%/10%
– Estágio proficiente	80%/20%
Fase do movimento especializado	
– Estágio de transição	70%/30%
– Estágio de aplicação	60%/40%
– Estágio de uso ao longo da vida	40%/60%

A chave da participação bem-sucedida no esporte juvenil está no respeito ao nível de desenvolvimento do atleta jovem. Isso pode ser feito pela manipulação cuidadosa do treinamento e da sua porção competitiva (Tab. 16.2). Em função da dificuldade para determinar a maturidade biológica do executor jovem, muitos técnicos experientes usam como guia o período de 12 a 18 meses após o pico de velocidade da altura. Embora sejam encontradas variações consideráveis entre jovens de maturação precoce e tardia, o pico de velocidade da altura costuma ocorrer em meninas por volta dos 11 anos, em média, e em meninos por volta dos 13 anos. Portanto, as idades de 12 e 14 para mulheres e homens, respectivamente, são o momento ideal para colocar maior ênfase no treinamento aeróbio, de força e de resistência (Balyi e Hamilton, 2004).

Conceito 16.3

A participação no esporte é importante para milhões de crianças e adolescentes que precisam de uma liderança competente e de experiências apropriadas em termos desenvolvimentais.

Os jovens competem no esporte por uma série de razões. Weiss (2004) identifica que "a mais proeminente delas é o desenvolvimento da competência física (*aprender e melhorar as habilidades*), a obtenção de aceitação e aprovação social (*estar junto e fazer amigos, interagir com pais e técnicos*) e o prazer nas próprias experiências (*divertir-se, fazer alguma coisa interessante*)" (p. 15). Essas três razões são vitais no desenvolvimento e na manutenção de um interesse genuíno pelas atividades esportivas e pela participação nelas. Uma quarta forma de sustentar o interesse pela participação esportiva é monitorar com cuidado a proporção entre o treinamento para o esporte (i.e., incremento das habilidades e da *performance*) e a competição propriamente dita. A Tabela 16.2 fornece um guia útil para manutenção de um treinamento saudável e apropriado em termos desenvolvimentais, com a proporção ideal de competição. O esporte juvenil pode ter efeitos tanto prejudiciais como benéficos, e ambos têm sido discutidos ao longo dos anos. Ver em detalhes as posições oficiais do *American Sport Education Program: ASEP* (Human Kinetics, 2011) e da American Academy of Pediatrics sobre esportes organizados para crianças e adolescentes (Washington et al., 2001), pois são fontes bem práticas de informação.

O esporte permite a indivíduos nos estágios de transição e de aplicação melhorar suas habilidades e alcançar uma atividade física vigorosa e plena em situações competitivas. O esporte competitivo, entretanto, não deve ser considerado o único objetivo do desenvolvimento de habilidades para crianças. Atividades não competitivas e de lazer, como caminhada em trilhas, canoagem, pescaria, *jogging* e similares, assim como várias formas de recreação cooperativa e dança também são benéficas para jovens. As Tabelas 16.3 a 16.11 fornecem uma visão geral

Tabela 16.3 Habilidades do basquetebol

Movimentos fundamentais	Habilidades do movimento especializado	
MANIPULAÇÃO		
• Passe	– Passe de peito – Passe acima da cabeça – Passe do beisebol	– Passe de pá – Passe empurrado
• Arremesso	– Arremesso de bandeja ou simplesmente bandeja – Arremesso com as duas mãos	– Salto
• Quicar	– Quicar estacionário – Quicar em movimento	– Passe picado
• Recepção	– Passe acima da cintura – Passe abaixo da cintura	– Rebote – Passe para o lado – Recepção da bola com salto
• Voleio	– Com inclinação – Salto do pivô	
LOCOMOÇÃO		
• Corrida	– Em diferentes direções enquanto dribla – Em diferentes direções sem a bola	
• Corrida lateral	– Defendendo-se enquanto dribla	
• Passo alongado ou saltado	– Bandeja – Interceptação de passe	
• Salto	– Salto do pivô – Com inclinação	– Rebote – Recepção de bola alta
ESTABILIDADE		
• Movimentos axiais	– Girar sobre si – Inclinado	
• Equilíbrio dinâmico	– Compensação de mudanças rápidas de direção, velocidade e nível de movimento	
• Esquivar-se	– Fintar com a bola	

de várias habilidades esportivas e de vários movimentos fundamentais de locomoção, manipulação e estabilidade envolvidos na *performance* dessas habilidades. Em todos esses casos, o objetivo é promover melhorias.

Conceito 16.4

O instrutor deve conhecer o aprendiz para estimular realmente o aprendizado das habilidades de movimento e o desenvolvimento motor.

PROMOVENDO MELHORIAS

Como instrutores (i.e., pais, professores, técnicos, terapeutas), o nosso propósito primário é ajudar os aprendizes a melhorar, de acordo com as suas necessidades e potencial de desenvolvimento. O objetivo operacional de melhorar nos ajuda a ver todos os aprendizes (sejam eles crianças, adolescentes ou adultos) em seu verdadeiro nível desenvolvimental. Ao avaliar os níveis atuais de comportamento motor e ao oferecer experiências de aprendizado significativas e prazerosas, os instrutores desenvolvimentais promovem melhorias.

O objetivo operacional de melhorar abrange três outros conceitos que nos orientam. O primeiro deles é o *controle do movimento*, que reflete o nosso conhecimento das três categorias do movimento (estabilidade, locomoção e manipulação), as fases do desenvolvimento motor (reflexiva, rudimentar, fundamental e especializada) e os níveis de aprendizado das

Tabela 16.4	Habilidades da dança contemporânea
Movimentos fundamentais	**Habilidades do movimento especializado**
LOCOMOÇÃO • Caminhar • Correr • Passo saltado • Saltar • Saltitar • Galopar • Correr lateralmente • *Skipping*	– A dança contemporânea é uma forma de movimento que usa um vocabulário de movimento específico do esforço criativo particular a ser expresso. O coreógrafo utiliza o movimento como veículo de expressão. Portanto, os movimentos fundamentais de locomoção e de estabilidade servem de meio de transmissão de conceitos e ideias.
ESTABILIDADE • Movimentos axiais • Equilíbrio estático e dinâmico	– Inclinar, alongar, girar, virar, alcançar, levantar, cair, enrolar, empurrar, puxar – Numerosas habilidades de equilíbrio exigem sincronização de ritmo e sequenciamento adequado do movimento

habilidades de movimento (iniciante/novato, intermediário/prático e avançado/refinado). Condensando a informação no conceito de controle do movimento, formamos a base de análise da efetividade em melhorar as habilidades dos aprendizes.

O segundo conceito relacionado ao objetivo de melhorar é o *controle emocional*. Os instrutores preocupam-se com o modo como os aprendizes compreendem a si mesmos e os outros. Baseamo-nos profundamente em habilidades de comunicação apropriadas em nós mesmos e nos outros. Essas habilidades de comunicação incluem autodisciplina, assim como experiências por meio das quais os aprendizes podem desenvolver responsabilidade, autocontrole e interação positiva com seus pares. O conceito de controle emocional fornece uma orientação para avaliar as experiências passadas e elaborar novas experiências.

O terceiro e último conceito é o *prazer no aprendizado*. Esse conceito também dá aos instrutores uma orientação para avaliar seus programas voltados para melhorias. O objetivo é estimular a vontade de aprender em cada indivíduo. Experiências orientadas para o sucesso e oportunidades de receber estímulo e reconhecimento reforçam de forma positiva a visão que a pessoa tem do aprendizado. Quando tornamos o aprendizado de novas habilidades de movimento agradável e ansiamos pela perfeição dessas habilidades, estamos promovendo a motivação intrínseca no interior do indivíduo, com o objetivo de maximizar a motivação para participação, comprometimento e sucesso (Fig. 16.2).

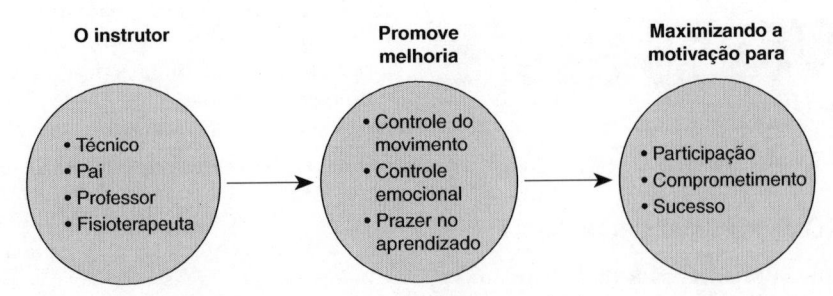

Figura 16.2
A promoção de melhorias no esporte maximiza a motivação do atleta.

Tabela 16.5 — Habilidades do futebol americano na América do Norte

Movimentos fundamentais	Habilidades do movimento especializado	
MANIPULAÇÃO		
• Arremessar	– Passe para a frente – *Centering*	– Lateral
• Chutar	– Chute de campo – Voleio	– Chute o gol
• Receber	– Passe acima da cintura – Passe abaixo da cintura – Passe no nível da cintura	– Sobre o ombro – Na linha média – *Hand-off*
• Transportar	– *Fullback carry* – Transportar com uma mão	
LOCOMOÇÃO		
• Correr	– Com a bola – Em perseguição a quem está com a bola	
• Correr lateralmente	– Agarrar o adversário	– Bloqueio
• Dar passo saltado e saltar	– Defesa do passe	– Recepção do passe
ESTABILIDADE		
• Movimentos axiais	– Bloqueio – Agarrar o adversário	
• Equilíbrio estático e dinâmico	– Bloqueio – *Stances* – Esquivar-se	– Rolar – Empurrar

O objetivo geral de melhorar, com as sua três ênfases: (1) controle do movimento, (2) controle emocional e (3) prazer no aprendizado, coloca à disposição um constructo filosófico compacto, que pode servir de orientação operacional para a ação de ensinar. Esse constructo pode e deve ser modificado. O seu propósito não é limitar os instrutores, mas sim capacitá-los, fornecendo-lhes orientações operacionais para garantir que a instrução seja significativa, relevante e divertida. Todos os instrutores precisam confiar em algum tipo de constructo filosófico. O propósito do constructo filosófico sugerido por nós é fornecer uma base para manter a instrução realista, prática e significativa. Incentivamos vocês a refletir sobre esse ponto e a adotar nosso modelo como apresentado aqui ou a adaptá-lo de acordo com a sua própria abordagem filosófica de ensino e aprendizagem das habilidades de movimento.

Conhecer o aprendiz

É de vital importância para você – pai, professor, técnico ou fisioterapeuta – conhecer os aprendizes e reconhecer que cada um traz um conjunto específico de potencialidades físicas, mentais, emocionais e sociais. Você terá de acomodar um número assombroso de diferenças individuais quando estiver planejando as sessões de aprendizado e prática das habilidades. Algumas dessas diferenças individuais são fáceis de detectar; outras não. Entretanto, é interesse seu estar consciente do maior número de fatores possível. É importante lembrar os pontos a seguir:

- As pessoas aprendem em ritmos diferentes.
- O potencial de cada pessoa para a excelência na *performance* é único.
- Antes de experimentar a habilidade especializada, é preciso dominar as habilidades do movimento fundamental e as habilidades perceptivo-motoras.
- As respostas às abordagens instrucionais variam de acordo com o aprendiz.
- As respostas à vitória e à derrota variam de acordo com o indivíduo.
- As respostas a elogios e a críticas, a recompensas e a punições variam de acordo com o indivíduo.

Tabela 16.6 Habilidades do *softball*/beisebol

Movimentos fundamentais	Habilidades do movimento especializado	
MANIPULAÇÃO		
• Arremesso	– Arremesso por sobre o ombro para acurácia – Arremesso por sobre o ombro para distância – Lançamento com a mão por baixo – Arremesso com a mão por cima – Arremesso com a mão por baixo	
• Recepção	– Bola acima da cintura – Bola abaixo da cintura – Bola aérea	– Rasteira – Pela linha média – Direção da linha
• Batida	– Bater com o taco – Bater de leve na bola com o taco	
LOCOMOÇÃO		
• Corrida	– Corredor da base – Corredor de campo	
• Corrida lateral	– Deslizar para o campo – Correr lateralmente para a base	
• Passada longa	– Correr para a base	– Pegar e lançar a bola
• Salto	– Pegar e lançar a bola	
ESTABILIDADE		
• Movimentos axiais	– Bater com o taco – Pelo campo – Arremessar	
• Equilíbrio dinâmico	– Compensação de mudanças rápidas de direção, velocidade e nível de movimento	

- As experiências prévias de cada indivíduo são diferentes.
- Variações nas experiências domésticas afetam as pessoas de modos diferentes.
- Pontos fortes em algumas áreas podem compensar deficiências em outras.
- A extensão da atenção e as capacidades de concentração variam de acordo com o indivíduo.
- Os níveis desenvolvimentais dos indivíduos variam, resultando em potenciais diferentes de aprendizado e de *performance*.
- Não há uniformidade no potencial físico dos indivíduos (em especial durante os anos da pré-adolescência e da adolescência).
- Os indivíduos apresentam maior ou menor grau de habilidades tanto amplas como finas de acordo com uma série de fatores ambientais, assim como de fatores herdados e biológicos.
- A habilidade de analisar, conceituar e solucionar problemas varia entre os indivíduos.

Dicas para o ensino de uma nova habilidade de movimento

Ao ensinar uma nova habilidade de movimento, será útil ao instrutor fazer o seguinte:

- Identificar o tipo de habilidade no seu contexto (i.e., aberta ou fechada; amplas ou fina; discreta, serial ou contínua; e de estabilidade, locomoção ou manipulação).
- Estabelecer um ambiente prático consistente com a natureza da habilidade.

Tabela 16.7	Habilidades do futebol	
Movimentos fundamentais	**Habilidades do movimento especializado**	
MANIPULAÇÃO		
• Chutar	– Chute com o lado interno do pé	– Chute com a parte interna do pé
	– Chute com a ponta do pé	– Chute com a parte externa do pé
	– Chute de calcanhar	– Drible
	– Chute de escanteio	– Passe
	– Chute a gol	– Voleio de goleiro
• Fazer malabarismo	– Cabeceio	
	– Embaixadas	
• Recepção	– Habilidades de goleiro	
• Lançar	– Lançar a bola para o campo	
	– Lançamento do goleiro	
• Amortecimento	– Amortecer com a sola do pé	
	– Amortecer com os dois joelhos	
	– Amortecer na barriga	
	– Amortecer com um joelho	
	– Amortecer no peito	
LOCOMOÇÃO		
• Corrida	– Com a bola	
	– Sem a bola	
• Saltar e dar passo saltado	– Cabecear	
• Corrida lateral	– Marcação	
ESTABILIDADE		
• Movimentos axiais	– Habilidades de goleiro	
	– Habilidades de jogadores de linha	
• Equilíbrio dinâmico	– Marcação	
	– Desviar-se do oponente	
	– Finta com a bola	

- A princípio, introduzir atividades reguladas externamente em condições reguladas internamente (i.e., controle do ambiente e das condições da primeira prática das habilidades).
- Introduzir situações que exijam respostas a indicações súbitas e imprevisíveis nas atividades reguladas externamente, enquanto a habilidade se desenvolve.
- Empenhar-se em conseguir maior consistência, duplicação e eliminação das influências ambientais em atividades reguladas internamente, enquanto a habilidade se desenvolve.
- Incentivar o aprendiz a "pensar bem" sobre a atividade nos estágios iniciais do aprendizado.
- Estimular o aprendiz a desprezar indicações desnecessárias enquanto a habilidade se desenvolve.
- Conhecer e respeitar o estado cognitivo do aprendiz, assim como os seus objetivos de aprendizado.

NÍVEIS E ESTÁGIOS DO APRENDIZADO DAS HABILIDADES DE MOVIMENTO

A progressão sequencial do aprendizado de uma nova habilidade de movimento pode ser classificada em níveis ou estágios gerais. Fitts e Posner (1967) propuseram um modelo de três estágios para o aprendizado das habilidades

Tabela 16.8 — Habilidades do atletismo

Movimentos fundamentais	Habilidades do movimento especializado	
MANIPULAÇÃO		
• Arremessar	– Arremesso de peso – De disco – De dardo	– De martelo
LOCOMOÇÃO		
• Corrida	– Em velocidade – Distâncias médias – Distâncias longas	– Aproximação do salto com vara – Aproximação do salto em altura – Aproximação do salto em distância
• Saltar barreiras	– Barreiras baixas – Barreiras altas	– Salto à distância com corrida – Decolagem no salto com vara
• Saltar	– Salto em altura – Salto em distância	
• Salto vertical	– Salto em altura	
ESTABILIDADE		
• Movimentos axiais	– Pivotante e com giro (arremesso de peso, disco, dardo e martelo)	
• Equilíbrio dinâmico	– Compensação de mudanças rápidas na velocidade, na direção e no nível de movimento	

Tabela 16.9 — Habilidades dos esportes de raquete

Movimentos fundamentais	Habilidades do movimento especializado	
MANIPULAÇÃO		
• Bater	– Batida de *forehand* – Batida de *backhand* – Batida por sobre o ombro – "Deixada"	– *Lob shot* – *Smash* – Bolas anguladas – Bolas curtas
LOCOMOÇÃO		
• Corrida	– Em direção à rede – Recuperação da bola	
• Corrida lateral	– Movimento lateral em direção à bola	
ESTABILIDADE		
• Movimentos axiais	– Um aspecto de todas as batidas (com giro, alongado, pivotante)	
• Equilíbrio dinâmico	– Compensação de mudanças rápidas de direção, nível e velocidade de movimento	

Compreendendo o Desenvolvimento Motor **343**

Tabela 16.10 Habilidades do voleibol

Movimentos fundamentais	Habilidades do movimento especializado	
MANIPULAÇÃO		
• Batida	– Saque por cima	– Cortada
	– Saque por baixo	– Manchete
• Voleio	– *Set*	
	– *Mergulho*	
LOCOMOÇÃO		
• Corrida lateral	– Movimento lateral	
• Corrida	– Para a frente	
	– Para trás	
	– Em diagonal	
• Saltar na vertical	– Cortada	
ESTABILIDADE		
• Movimentos axiais	– Encontrados no jogo em geral (alongamento, giro, mudança de direção, queda, alcance)	
• Equilíbrio dinâmico	– Mudanças rápidas de velocidade, nível e direção do movimento	

Tabela 16.11 Habilidades da ginástica

Movimentos fundamentais	Habilidades do movimento especializado	
LOCOMOÇÃO		
• Corrida	– Abordagem	
• Saltar na vertical	– Mortal de costas	
	– Mortal de frente	
• *Skipping*	– *Skip-passo*	
• Passo saltado	– Várias acrobacias	
ESTABILIDADE		
• Movimentos axiais	– Um ou mais encontrados em numerosas acrobacias e habilidades nos aparelhos (inclinação, alongamento, giro, mudança de direção, queda, alcance, pivotante)	
• Equilíbrio estático	– Parte integral de todos os truques estacionários e aterrissagem de desmonte	
• Apoios invertidos	– Parada de mãos	– Apoio de cabeça
	– Parada em três apoios	– Apoio de mãos
• Rolamento	– Rolar para a frente	– Arco para trás
	– Rolar para trás	– Arco para a frente
• Equilíbrio dinâmico	– Compensação de mudanças de direção, nível e velocidade de movimento	

de movimento, centrado no estado cognitivo do indivíduo ao longo do *continuum* de aprendizado. Gentile (1972) propôs um modelo de dois estágios, com base nos objetivos do aprendiz. O modelo de três níveis de Gallahue e colaboradores (1972, 1975), com seus respectivos subestágios, incorpora elementos tanto de Fitts e Posner como de Gentile, mas também propõe responsabilidades específicas para o instrutor (i.e., pai, professor, técnico, fisioterapeuta), ao longo do *continuum* de aprendizado. As seções a seguir fornecem uma visão geral de cada modelo.

Conceito 16.5

O aprendizado de habilidades de movimento é um processo que não depende da idade e acontece em uma sequência previsível de estágios que identificam o estado cognitivo e os objetivos de aprendizado do indivíduo ao longo do *continuum* de aprendizado.

Os três estágios do aprendizado de habilidades segundo Fitts e Posner

Fitts e Posner (1967) estão entre os primeiros a propor que o aprendizado de uma nova habilidade de movimento ocorre em estágios. O seu modelo de três estágios ainda forma a base da pesquisa atual (Magill, 2010). Eles viam o aprendizado das habilidades de movimento a partir da perspectiva do estado cognitivo do aprendiz e defendiam que o aprendiz progride gradualmente ao longo de um *continuum* de mudanças, passando do *estágio cognitivo* ao *estágio associativo* e, por fim, ao *estágio autônomo*.

Durante o **estágio cognitivo**, o aprendiz tenta formar um plano mental para executar a habilidade. Por exemplo, o indivíduo que está aprendendo a praticar o *snowboard*, descendo uma rampa alpina, pode ter as seguintes dúvidas: "Como eu fico de pé na prancha sem cair?"; "O que eu faço se a minha prancha começar a deslizar montanha abaixo?"; "Onde fica o meu ponto de equilíbrio?"; e o mais importante, "Como faço para parar?"

O segundo estágio é chamado de **estágio associativo**, pois nesse ponto o aprendiz é capaz de fazer uso consciente das indicações ambientais e de associá-las com as exigências da tarefa de movimento. O nosso praticante de *snowboard*, por exemplo, agora é capaz de associar mudanças na velocidade e direção da prancha com a inclinação da montanha, as condições da neve e o ângulo da prancha.

Durante o **estágio autônomo**, a *performance* da tarefa de movimento torna-se habitual, sendo dada pouca ou nenhuma atenção aos elementos da tarefa durante a sua execução. Nesse estágio, o nosso praticante de *snowboard* dispara montanha abaixo, mudando de forma hábil as velocidades e as direções com leves alterações na postura corporal e na pressão sobre a prancha e sem se ocupar conscientemente da tarefa.

Os dois estágios do aprendizado de habilidades segundo Gentile

Em 1972, Gentile propôs um modelo alternativo de dois estágios para o aprendizado de uma nova habilidade de movimento e, desde então, tem expandido esse modelo, a partir da perspectiva dos objetivos do aprendiz (2000). Os dois estágios de Gentile são chamados de *compreensão da ideia* e *fixação/diversificação*.

No **estágio de compreensão da ideia**, o principal objetivo do aprendiz é adquirir uma consciência básica das exigências essenciais para uma *performance* bem-sucedida da habilidade. Durante esse primeiro estágio de aprendizado de uma nova habilidade de movimento, o aprendiz estabelece padrões de movimento básicos para a execução da tarefa e começa a fazer discriminações brutas do modo como ela deve ser executada. Nesse estágio, o praticante aprende como completar a tarefa sob condições altamente específicas. O objetivo do praticante de *snowboard*, por exemplo, é compreender o modo como deve movimentar-se na descida, enquanto equilibra os dois pés presos ao *snowboard*, sendo capaz de fazer isso sob condições específicas, que envolvem a inclinação da descida e as condições da superfície. Caso as condições da neve mudem de fofa para batida ou gelada ou então caso a inclinação mude de leve para íngreme, o aprendiz não será capaz de regular esse ambiente novo e radicalmente diferente sem ter, mais uma vez, de compreender a ideia de como isso é feito sob essas novas e diferentes condições.

Durante o segundo estágio de Gentile, de **fixação/diversificação**, o objetivo do aprendiz é alcançar consistência de *performance* e capacidade de se adaptar a condições e variáveis e a uma tarefa, que pode exigir habilidades aberta ou fechada (ver Cap. 1). Se for uma tarefa de movimento fechada, o aprendiz vai trabalhar em busca de consistência a cada tentativa (i.e., "fixação"), como na execução de arremessos livres no basquetebol. Se o movimento for aberto, o aprendiz buscará fluidez e adaptabilidade (i.e., "diversificação"), sob condições ambientais em constante mudança, como no *snowboarding*.

Conceito 16.6

O aprendizado de uma nova habilidade de movimento pode ser visto a partir da perspectiva dos níveis e estágios, que fornece ao instrutor (i.e., ao pai, professor, treinador, fisioterapeuta) indicações específicas para maximizar o aprendizado.

Combinando níveis e estágios no aprendizado das habilidades

Em 1972, o autor-sênior deste livro propôs pela primeira vez um modelo de aprendizado das habilidades de movimento com base nos elementos tanto dos modelos de Fitts e Posner como de Gentile (Gallahue, Werner e Luedke, 1972, 1975). Desde então esse modelo tem sido modificado e expandido (Gallahue, 1982; Gallahue e Cleland-Donnelly, 2003). A visão de Gallahue sobre o aprendizado de uma nova habilidade de movimento adapta elementos dos dois modelos anteriores, pois reconhece tanto o estado cognitivo do aprendiz como os seus objetivos. Além disso, propõe ações apropriadas por parte do instrutor, que deve ser um facilitador do aprendizado da nova habilidade de movimento nos níveis *iniciante/novato, intermediário/prático e avançado/refinado* (ver Tab. 16.12).

No **nível iniciante/novato** do aprendizado de uma nova habilidade de movimento, o aprendiz tenta desenvolver um plano mental consciente das exigências essenciais da tarefa. Em consequência da atenção consciente dada pelo aprendiz à tarefa, a *performance* é altamente variável, em geral errática e com muitos erros. Com frequência, a fadiga surge logo, pois o aprendiz tenta prestar atenção a todos os elementos da tarefa, sendo incapaz de selecionar informações relevantes e de descartar aquelas que não são importantes. O nível iniciante do aprendizado de uma nova habilidade de movimento tem três estágios sequenciais: *da consciência, da exploração* e *da descoberta*.

No **estágio da consciência**, o aprendiz encontra-se em um estado cognitivo de ingenuidade e ignorância a respeito da tarefa, dos seus requisitos básicos e da terminologia apropriada para descrevê-la. O seu objetivo é desenvolver uma consciência básica das características gerais da tarefa. Esse é o estágio de entendimento da ideia. Por exemplo, ao aprender como deve ser feito um rolo para a frente, o aprendiz primeiro desenvolve a consciência dos requisitos essenciais da tarefa (i.e., flexionar o tronco e movimentar-se para a frente) e compreende o que significa os termos "encostar o queixo no peito", "dar impulso com as mãos" e "tomar a forma de uma bolinha", usados na *performance* da tarefa.

No **estágio da exploração**, o aprendiz tem clara consciência dos requisitos básicos da tarefa e agora experimenta a sua *performance* de vários modos. O estado cognitivo do aprendiz é tipificado pelo conhecimento daquilo que o corpo deve fazer, mas ele é incapaz de fazer isso com consistência. O objetivo do aprendiz é experimentar várias possibilidades dos modos como a tarefa pode ser executada. Isso é visto como um estágio "pré-controle", em que há grande variabilidade e erros grosseiros na *performance*. Por exemplo, ao aprender fazer um rolo para a frente, o aprendiz pode explorar muitas possibilidades de rolar, experimentando os conceitos do movimento de rolar com diferentes quantidades de *esforço*, ocupando diferentes quantidades de *espaço* e rolando em *relação* a diferentes objetos e pessoas (Gallahue e Cleland-Donnelly, 2003). Nesse estágio, o praticante do rolo para a frente explora os conceitos do movimento, do modo como o corpo *pode* se movimentar.

No **estágio da descoberta**, o estado cognitivo do aprendiz é de formar conscientemente um plano mental de como a tarefa deve ser executada. O objetivo do aprendiz é descobrir modos mais eficientes de executar a tarefa. Esse é um estágio "de coordenação e controle", em que o aprendiz começa a adquirir maior controle motor e "descobre" como executar a tarefa.

Tabela 16.12 Níveis e estágios de Gallahue para o aprendizado de uma nova habilidade de movimento, com atenção voltada para o estado cognitivo e os objetivos do aprendiz e o papel do instrutor

Níveis e estágios do aprendizado de uma nova habilidade de movimento	Estado cognitivo do aprendiz	Objetivos do aprendiz	Papel do instrutor
NÍVEL INICIANTE/ NOVATO	O aprendiz tenta formar um plano mental consciente da tarefa de movimento	O aprendiz tenta adquirir a consciência básica dos requisitos da tarefa de movimento	O instrutor ajuda o aprendiz com a estrutura geral da tarefa de movimento
• Estágio da consciência	– Quer saber como o corpo *deve* se movimentar	– Ter uma ideia de como a tarefa é executada	– Ajudar o aprendiz a ter uma ideia geral da tarefa
• Estágio da exploração	– Sabe o que fazer, mas não é capaz de fazê-lo de forma consistente	– Experimentar como o corpo *pode* se movimentar	– Ajudar o aprendiz a explorar e descobrir por si mesmo o modo como a tarefa é executada
• Estágio da descoberta	– Forma um plano mental consciente para a execução da tarefa	– Encontrar meios mais eficientes de executar a tarefa	– Ajudar o aprendiz a adquirir maior controle do movimento e coordenação motora
NÍVEL INTERMEDIÁRIO/ PRÁTICO	O aprendiz tem boa compreensão geral da tarefa de movimento	O aprendiz tenta "sentir" a tarefa de movimento	O instrutor ajuda o aprendiz a focar a combinação e o refinamento das habilidades
• Estágio de combinação	– Combina as habilidades, dando menos atenção consciente a seus elementos	– Integrar as múltiplas habilidades em uma sequência tempo/espaço fluida	– Ajudar o aprendiz a integrar e usar as combinações das habilidades
• Estágio de aplicação	– Faz esforços para refinar a habilidade	– Usar a tarefa em alguma forma de atividade	– Ajudar o aprendiz a refinar e aplicar a tarefa
NÍVEL AVANÇADO/ REFINADO	O aprendiz tem total compreensão da tarefa de movimento	O aprendiz tenta executar a tarefa com um esforço consciente (i.e., "em uma zona")	O instrutor foca a manutenção e o refinamento das habilidades
• Estágio de *performance*	– Dá pouca ou nenhuma atenção consciente aos elementos da tarefa	– Executar com maior acurácia, controle e eficiência do movimento	– Ajudar o aprendiz a alcançar maior precisão de movimento
• Estágio individualizado	– *Performance* fina refinada, baseada nos atributos e limitações pessoais	– Modificar a *performance* para maximizar o sucesso	– Ajudar o aprendiz a personalizar a tarefa de movimento

Nesse estágio, o nosso praticante do rolo para a frente começa a internalizar os conceitos da habilidade, relativos ao modo como o corpo *deve* se mover.

Para indivíduos que estão no nível de iniciante/novato no aprendizado de uma nova habilidade de movimento, o instrutor precisa estar atento às exigências cognitivas conscientes desse estágio. A intenção, nesse nível, é fornecer ao aprendiz a estrutura geral bruta da tarefa. Para fazer isso, o instrutor precisa:

- Fornecer demonstrações visuais da habilidade para promover a consciência cognitiva.
- Introduzir somente os principais aspectos da habilidade (ser breve).
- Permitir que o aprendiz experimente logo a habilidade.
- Fornecer plenas oportunidades de exploração da habilidade e de autodescoberta dos seus elementos gerais.
- Reconhecer que esse é, essencialmente, um estágio cognitivo e que o aprendiz precisa apenas ter uma ideia geral da habilidade.
- Comparar a nova habilidade, quando possível, com habilidades similares, com as quais o aprendiz pode estar familiarizado.
- Fornecer *feedback* imediato, preciso e positivo, relativo aos aspectos gerais da habilidade.
- Evitar situações que coloquem ênfase no produto da *performance*; em vez disso, focar o processo.

O **nível intermediário/prático** é o segundo nível do aprendizado de uma nova habilidade de movimento. Nesse nível o aprendiz tem uma apreciação e compreensão geral dos requisitos da tarefa e é capaz de realizá-la de uma maneira que se aproxima do requisito da habilidade final. Além disso, agora ele compreende melhor os requisitos da habilidade e o plano mental para executá-la sob condições estáticas e dinâmicas. Há menos atenção consciente aos elementos da tarefa nesse nível, mas maior atenção ao seu objetivo. Os movimentos mal coordenados do nível iniciante desaparecem, e o aprendiz começa agora a "sentir" a habilidade, enquanto a sensibilidade cinestésica torna-se mais refinada.

Nesse nível, o aprendiz confia mais na sensação muscular e menos nas indicações verbais e visuais do nível iniciante. O nível intermediário/prático tem dois estágios subsequentes: o *estágio de combinação* e o *de aplicação*.

No **estágio de combinação**, o aprendiz começa a juntar as habilidades em diferentes combinações, primeiro em pares, depois em formas cada vez mais complexas. O estado cognitivo do aprendiz é o de tentar combinar as habilidades, cada vez com menor atenção consciente aos elementos da tarefa. O seu objetivo é integrar habilidades múltiplas em uma sequência fluida de eventos, tanto em termos de tempo como de espaço. O praticante do rolo para a frente trabalha, agora, começando e terminando pela posição de agachamento, depois partindo, progressivamente, de formas mais complexas – de pé, caminhando e, por fim, rolando sobre um objeto. Esse é um estágio de "integração" e "uso" das habilidades de movimento em combinação uma com a outra.

No estágio de aplicação, mais atenção é dada ao refinamento da tarefa e à sua aplicação, como uma habilidade de movimento especializada, a alguma forma de atividade da vida cotidiana, de recreação ou de introdução a algum esporte. O estado cognitivo do aprendiz é de refinar a habilidade, e o seu objetivo é de usar a habilidade ou uma combinação de habilidades em alguma forma de atividade. Dedica-se atenção à suavização da tarefa e ao seu uso no sentido aplicado. Por exemplo, o praticante do rolo para a frente agora adaptou as suas próprias habilidades e começa a introduzir formas de várias artes marciais e atividades de ginástica. Esse é um estágio de "refinamento" e "aplicação".

O instrutor que trabalha com aprendizes no nível intermediário/prático de aprendizado de uma nova habilidade de movimento precisa focar o maior desenvolvimento da habilidade. As condições práticas devem promover o refinamento da habilidade e maximizar o *feedback*. Para conseguir isso, o instrutor deve:

- Fornecer numerosas oportunidades de prática.
- Fornecer oportunidades de refinamento da habilidade em um ambiente protegido e não ameaçador.

- Planejar situações práticas, com foco progressivo no maior refinamento das habilidades.
- Fornecer sessões práticas breves, em ritmo rápido, com intervalos frequentes, antes de implementar sessões mais longas, com menor número de intervalos.
- Ajudar o aprendiz a autoanalisar a tarefa e então fornecer-lhe *feedback* construtivo.
- Estruturar sessões práticas de qualidade, com foco na *performance* de qualidade (i.e., "a prática perfeita leva à perfeição").
- Acomodar diferenças individuais de ritmo de aprendizado das habilidades.
- Focar a atenção na habilidade como um todo, sempre que possível.
- Estabelecer sessões práticas que simulem a intensidade e as demandas de situações cotidianas da vida real, recreativas ou competitivas.

O **nível avançado/refinado** é o terceiro e último nível do aprendizado de uma nova habilidade de movimento. O estado cognitivo do aprendiz nesse estágio é de ter a compreensão completa da habilidade. O plano mental para a habilidade encontra-se altamente desenvolvido, e pouca ou nenhuma atenção consciente é dada aos elementos cognitivos da tarefa. O indivíduo é capaz de desprezar informações irrelevantes e não se atrapalha com distrações. Há excelente sentido de tempo e antecipação de movimentos, e a ação parece quase automática. Nesse nível, diz-se com frequência do aprendiz que ele está em "transe" ou em "estado de abstração", ao executar a tarefa. No nível avançado/refinado, há dois estágios, o *estágio de performance* e *estágio individualizado*.

No **estágio de** *performance* do aprendizado de uma nova habilidade de movimento, o aprendiz está mais envolvido em refinar e aplicar os elementos da tarefa de movimento, com ênfase no uso em situações específicas de *performance*. O estado cognitivo do aprendiz é tal que pouca ou nenhuma atenção é dada à tarefa, e o seu objetivo é executar a *performance* com maior acurácia, controle e eficiência. Esse é o estágio da "precisão". Usando o nosso exemplo do rolamento, o ginasta executa agora uma rotina de exercícios de solo, usando uma variedade de movimentos de rolagem. Nesse estágio, a tentativa é de fazer isso com considerável precisão, direcionando a ponta dos pés, posicionando os braços do mesmo modo e dobrando o corpo, de modo a liberar potência e graça.

O **estágio individualizado** é o estágio final do aprendizado de uma nova habilidade de movimento. Nesse estágio, o estado cognitivo do aprendiz é de fazer ajustes para refinar a *performance* na habilidade, com base em pontos fortes ou fracos e atributos ou limitações específicas. O objetivo do aprendiz é modificar a *performance* para maximizar o sucesso, com base em aspectos como tamanho corporal, condicionamento físico, controle emocional e requisitos cognitivos da tarefa. Esse é um estágio

> ### PERSPECTIVAS INTERNACIONAIS
>
> **Medalha olímpica: o maior é sempre o melhor?**
>
> As Olimpíadas de Verão e de Inverno acontecem a cada quatro anos. Elas são o palco mundial em que cada país coloca os seus melhores atletas. Países grandes e pequenos competem em um campo de jogo nivelado, que permite a todos uma oportunidade de "concorrer ao ouro". Na Olimpíada de Verão, a Austrália, um país de apenas 22 milhões de habitantes, classifica-se consistentemente entre os quatro ou cinco melhores na contagem de medalhas. Do mesmo modo, a minúscula Eslovênia (com população de 1,9 milhões de habitantes) e a isolada Cuba (com população de 10 milhões de habitantes) tiveram muito mais êxito, se considerarmos o sucesso *per capita*, do que muitos países maiores, incluindo os Estados Unidos, a China e a Rússia.
>
> Austrália, Cuba e Eslovênia desafiam a lógica de que países mais populosos deviam ter mais êxito na contagem total de medalhas do que os menos populosos. Como isso é possível? As respostas são muitas, variadas e complexas, mas em todos os casos a questão se resume, basicamente, a colocar os atletas no centro do processo de desenvolvimento esportivo e a fornecer-lhes o auxílio técnico, os recursos de treinamento e o apoio consistente necessário para ajudá-los a alcançar o seu potencial máximo no esporte e na vida. Quando o assunto é a conquista de medalhas olímpicas, o maior nem sempre é o melhor.
>
> Fonte: www.nytimes.com/interactive/2008/08/04/sports/olympics/20080804_MEDALCOUNT_MAP.html

de "personalização". O ginasta, por exemplo, ao incorporar os movimentos de rolar na rotina dos exercícios de solo, leva em consideração a própria altura, peso, força, resistência e possíveis lesões para executar a sua rotina. Em resumo, para ter sucesso, ele terá de personalizar a própria rotina.

Os instrutores de indivíduos que se encontram no nível avançado/refinado do aprendizado de habilidades de movimento têm de focar ainda mais o refinamento, a manutenção da habilidade e o fornecimento de *feedback* selecionado. Os instrutores não devem exigir que o aprendiz lide com a habilidade como um todo. Portanto, eles devem:

- Estruturar sessões práticas que promovam intensidade e entusiasmo.
- Estar disponível para fornecer estímulo, motivação e apoio positivo.
- Oferecer sugestões e indicações de estratégias.
- Estruturar sugestões práticas que dupliquem as situações da vida real.
- Ajudar o aprendiz a antecipar suas ações em situações similares a jogos.
- Conhecer o aprendiz como indivíduo e ser capaz de ajustar métodos para atender as necessidades individuais.
- Fornecer *feedback* que foca nos aspectos específicos da habilidade.
- Evitar pedir ao aprendiz para pensar sobre a *performance* da habilidade, o que pode resultar em "paralisia de análise".

Habilidades motoras abertas e melhoria do "tempo para pensar"

Habilidades motoras abertas são aquelas realizadas em um ambiente imprevisível, dinâmico e em constante mudança. Elas exigem respostas rápidas a estímulos externos, o que torna o tempo de reação do praticante um fator importante para o sucesso. O tempo de reação tem dois componentes: pré-motor e motor. O tempo pré-motor é o "tempo para pensar", que se passa entre a apresentação do estímulo e o início da resposta. O tempo motor é aquele que decorre a partir do início da resposta e vai até a sua completa realização. O tempo pré-motor ou tempo-para-pensar pode ser melhorado com o treinamento. O tempo motor, por sua vez, é menos suscetível a mudanças ao longo do treinamento.

A maioria dos jogos esportivos e ativos exigem fluidez e flexibilidade da *performance*, pois incorporam uma série de habilidades motoras abertas. Praticamente todos os esportes de equipe (basquetebol, futebol/futebol americano, rúgbi, beisebol, críquete, hóquei de campo, etc.) exigem tomada rápida de decisões em um ambiente constantemente mutável. O mesmo acontece na maioria dos esportes de dupla (tênis, luta romana, artes marciais, esgrima, etc.) e em vários esportes individuais (hipismo, esqui, *snowboarding*, dança, etc.). As habilidades motoras abertas têm ritmo rápido, envolvem um ou mais defensores agressivos, ocorrem em um espaço de jogo limitado e exigem altos níveis de condicionamento para a participação prolongada. Portanto, torna-se muito importante treinar atletas em desenvolvimento de modo a acelerar as suas habilidades de tomada de decisão. Para fazer isso, é importante (1) ajudar o aprendiz a focar estímulos relevantes, ignorando informações desnecessárias ("ruído") no ambiente imediato e (2) ajudá-lo a saber de antemão que opções de resposta estão disponíveis antes de engajar-se em uma delas; isso é feito pela compreensão e internalização de uma miríade de possibilidades de resposta disponíveis para a situação.

As técnicas úteis para melhorar o tempo para pensar incluem o treinamento tanto de maior rapidez como de maior intensidade nas habilidades de movimento. O treinamento da rapidez nas habilidades de movimento envolve aprender a completar a tarefa de movimento em um tempo mínimo, com energia mínima e consistência máxima. O treinamento de alta intensidade foca a intensidade e não a duração, simulando situações semelhantes às competitivas, modificando o equipamento e o tamanho da área de jogo e praticando contra oponentes de nível mais elevado.

É criticamente importante que o instrutor use uma série de técnicas para ajudar o aprendiz a sentir-se confortável em situações que exigem tomada rápida de decisão em um ambiente dinâmico. São frequentes demais os casos em que técnicos bem intencionados, mas mal informados, cometem o erro comum de continuar o treinamento em velocidade baixa, em vez de simular condições de jogo; isso prejudica a ênfase na importância do tempo de reação durante as sessões de prática e o aprendiz treina continuamente em condições não competitivas. Desse modo, os técnicos não conseguem preparar atletas em desenvolvimento com as ferramentas mentais necessárias ao sucesso (Wang, 2010).

Mudando uma técnica cristalizada

Quando um indivíduo apresenta uma técnica de *performance* da habilidade cristalizada, mas imprópria, enfrentamos o dilema de determinar se o melhor é tentar mudar o hábito ou deixá-lo como está. Às vezes, o indivíduo tem sucesso com a técnica, mas sabemos que a execução apropriada seria mais eficiente e teria mais êxito. É difícil mudar uma técnica cristalizada, e esse processo leva tempo, pois qualquer novo aprendizado consiste em pegar uma habilidade avançada inconsciente e levá-la de volta a um nível cognitivo consciente. Sob estresse e em condições que exigem decisões rápidas, o indivíduo costuma recorrer à técnica incorreta. Apenas depois de considerável prática, a resposta incorreta será substituída, de modo consistente, pela ação correta. Na hora de decidir se deve ou não mudar a técnica do indivíduo, o instrutor precisa considerar os seguintes pontos:

- Determinar se há tempo suficiente para fazer a mudança (semanas e meses, e não horas ou dias).
- Determinar se o indivíduo quer fazer a mudança.
- Confirmar se o indivíduo compreende por que a mudança está sendo feita.
- Confirmar se o indivíduo percebe que a *performance* primeiro vai regredir para depois melhorar.
- Fornecer um ambiente protegido, estimulante.
- Estruturar sessões práticas que gradualmente vão levar o aprendiz de volta ao ponto em que ele estava antes da intervenção e depois a um ponto além dela.

Resumo

O refinamento das habilidades do movimento especializado ocorre em três estágios. No estágio de transição, é essencial uma mudança suave, passando dos padrões do movimento fundamental maduro para as correspondentes habilidades do movimento especializado. Essa transição encontra obstáculos caso o indivíduo não tenha desenvolvido os padrões proficientes necessários à *performance*. Os instrutores têm de estar alertas à proficiência do indivíduo no conhecimento da habilidade especializada e não ceder à tentação de ignorar a forma incorreta, desde que o resultado seja satisfatório. São muito frequentes os casos em que o foco está no produto e não no processo. Não há razão legítima para deixar de usar o padrão proficiente, mecanicamente correto na *performance* de uma habilidade de movimento especializada. No entanto, assim que se alcança a proficiência, ela se torna relativamente automática e é aplicada a numerosas situações, é de todo apropriado o incentivo de variações singulares.

No estágio de aplicação, o foco da atenção volta-se para graus mais elevados de precisão, acurácia e controle. Os escores da *performance* em geral melhoram em um ritmo rápido, e o indivíduo fica fortemente consciente das vantagens e limitações específicas de seu corpo. Nesse nível, ele é influenciado também por uma série de fatores sociais, culturais e psicológicos na escolha das atividades específicas de que vai participar de modo regular.

O estágio da utilização ao longo da vida é uma continuação e posterior refinamento do estágio prévio. É o pináculo das fases e dos estágios do desenvolvimento motor. Esse estágio abrange atividades esportivas e recreativas durante toda a vida. Se as habilidades fundamentais e especializadas dos estágios anteriores não forem desenvolvidas e refinadas, isso restringe a capacidade da pessoa de alcançar esse estágio.

O aprendizado de uma nova habilidade de movimento ocorre em níveis ou estágios. Os modelos propostos por Fitts e Posner (1967) e Gentile (1972, 2000) podem ser adaptados e expandidos em um modelo de três níveis, com seus respectivos estágios. Prestar atenção ao ponto em que o aprendiz se encontra nessa hierarquia de aprendizado das habilidades fornece ao instrutor indicações importantes para o sucesso do ensino.

O objetivo do instrutor preocupado com o desenvolvimento motor e a educação dos movimentos dos jovens é promover melhorias de modo a possibilitar a progressão ordenada e sólida, em termos desenvolvimentais, ao longo das fases do movimento fundamental e das habilidades especializadas. A melhoria no controle do movimento e no controle emocional e o prazer no aprendizado servem de constructo filosófico prático, em torno do qual serão planejadas e implementadas experiências de aprendizado significativas.

QUESTÕES PARA REFLEXÃO

1. O que é a "barreira de proficiência" e por que ela é um aspecto importante no desenvolvimento das habilidades do movimento especializado ou complexo?
2. As habilidades do movimento especializado podem ser desenvolvidas antes da obtenção de uma *performance* proficiente nas habilidades do movimento fundamental?
3. Se o esporte juvenil é tão popular entre as crianças, por que há uma taxa de desistência tão alta?
4. De que forma o papel do instrutor muda quando o aprendiz avança do nível iniciante ao prático e, por fim, ao de elite, no aprendizado de uma nova habilidade de movimento?
5. Qual é o papel do técnico no trabalho de ajudar atletas em desenvolvimento a melhorar o seu tempo de reação nas situações dinâmicas das habilidades esportivas?

LEITURA BÁSICA

Abernethy, B. (2008). Developing expertise in sport—how research can inform practice. In D. Farrow, J. Baker, & C. MacMahon (Eds.), *Developing Sport Expertise* (pp. 1–15). London: Routledge.

American Academy of Pediatrics. (2000). Intensive training and sports participation in young athletes. *Pediatrics, 106*, 154–157.

American Sport Education Program. (2011). Champaign, IL: Human Kinetics.

Balyi, I., & Hamilton, A. (2004). Long-term athlete development: Trainability in children and adolescence. *Olympic Coach, 18* (1), 4–9.

Bar-Or, O. (1996). *The Child and Adolescent Athlete.* London: Blackwell Scientific.

Blimkie, C. J. R., & Bar-Or, O. (1996). Trainability of muscle strength, power and endurance during childhood. In O. Bar-Or (ed.), *The Child and Adolescent Athlete.* London: Blackwell Scientific.

Ericsson, K. A., & Charness, N. (1994). Expert performance: Its structure and acquisition, *American Psychologist,* 725–747.

Fairbrother, J. T. (2010). *Fundamentals of Motor Behavior.* Champaign, IL: Human Kinetics.

Farrow, D., Baker, J., & MacMahon, C. (2008). *Developing Sport Expertise: Researchers and Coaches Put Theory into Practice.* London: Routledge.

Martens, R. (2004). *Successful Coaching.* Champaign, IL: Human Kinetics.

National Association for Sport and Physical Education (2010). *2010 Shape of the Nation Report: Status of Physical Education in the USA.* Reston, VA: NASPE

Poinsett, A. (1996). *The Role of Sports in Youth Development.* New York: Carnegie Corp.

Sellers, C. (2004). Working towards perfection. *Olympic Coach, 18* (1), 10–14.

Wang, J. (2010). Strategies for filling the performance gap between practice and highlevel competition. *JOPERD, 81* (6), 26–32.

Washington, R. L., Bernhardt, D. T., Gomez, J., & Johnson, M. D., et al. (2001). Organized sports for children and preadolescents. *Pediatrics, 107*, 1459–1462.

Weiss, M. R. (2004). Coaching children to embrace a "Love of the game." *Olympic Coach, 18* (1), 15–17.

Weiss, M. R., & Williams, L. (2004). The **why** of youth sport involvement: A developmental perspective on motivational processes. In M. R. Weiss (ed.), *Developmental Sport and Exercise Psychology: A Lifespan Perspective* (pp. 223–268). Morgantown, WV: Fitness Information Technology.

RECURSOS NA *WEB*

http://www.asep.com/
Homepage do American Sport Education Program. O *site* inclui *homepages* para técnicos, responsáveis, administradores esportivos, pais e instrutores. Também inclui informações sobre os currículos e cursos do ASEP.

http://ed-web3.educ.msu.edu/ysi/
Homepage do Institute for the Study of Youth Sports, administrado pelo Departamento de Cinesiologia da Michigan State University. O *site* inclui informações sobre o PACE Coaches' Education Program, publicações, manuais para técnicos, a relação de direitos dos cidadãos americanos (Bill of Rights) para atletas jovens e *links* de esportes da juventude.

http://acsm.org/health+fitness/pdf/fitsociety/fitsc203.pdf
Homepage da *Youth Sport and Health*. Esse *site* inclui indicações prontamente disponíveis para maximizar

a experiência do esporte juvenil e promover uma vida saudável entre crianças e adolescentes.

www.nays.org/
Homepage da National Alliance for Youth Sports. A NAYS é uma organização sem fins lucrativos dedicada a melhorar os esportes juvenis. O *site* inclui informações para pais, técnicos e administradores.

http://www.aahperd.org/naspe
Homepage da National Association for Sport and Physical Education (NASPE). O *site* fornece vários recursos para profissionais das áreas de educação física e esportiva. Inclui vários recursos de desenvolvimento de habilidades esportivas juvenis.

http://coaching.usolympicteam.com/coaching/kpub.nsf
Homepage da *Olympic Coach*. Essa revista eletrônica inclui artigos e dicas prontamente disponíveis para técnicos de atletas de elite em todos os níveis de idade.

http://www.asep.com/about.cfm
"A ASEP está comprometida em melhorar o esporte amador, incentivando técnicos, responsáveis, administradores, pais e atletas a abraçar a filosofia de 'os atletas primeiro, a vitória depois' e fornecendo informações para aplicação da filosofia" – *Rainer Martens, PhD, fundador da ASEP.*

CAPÍTULO 17

Mudanças na Aptidão Física Durante a Adolescência

PALAVRAS-CHAVE

Amostras de conveniência
Teste de campo
Fidedignidade entre classificadores
Fidedignidade intraclassificador
Amostra randômica estratificada
Peso hidrostático
Pletismografia por deslocamento de ar
Análise de impedância bioelétrica
Compassos de dobras cutâneas
Índice de massa corporal (IMC)
Obesogênico

COMPETÊNCIAS ADQUIRIDAS NESTE CAPÍTULO

Ao finalizar este capítulo, você será capaz de:

- Descrever as diferenças e as similaridades entre os sexos em termos de aptidão física relacionada à saúde
- Discutir mudanças nas dimensões dos movimentos, como equilíbrio, organização temporal ou sincronização ou produção/controle de força
- Demonstrar conhecimento das principais mudanças na composição corporal e no funcionamento fisiológico de adolescentes do sexo masculino e feminino
- Listar e descrever aspectos associados à idade da aptidão física relacionada à saúde durante a adolescência
- Listar e descrever aspectos associados à idade da aptidão física relacionada à *performance* durante a adolescência

> **CONCEITO-CHAVE**
>
> Embora existam, entre os sexos e também entre indivíduos de um mesmo sexo, diferenças nas medidas da aptidão física relacionada à saúde e da aptidão física relacionada à *performance*, os adolescentes do sexo masculino e do feminino têm potencial para melhoras significativas ao longo de toda a participação regular na atividade física.

A aptidão relacionada à saúde e a aptidão relacionada à *performance* mudam rapidamente durante a adolescência. Tanto homens como mulheres são capazes de obter incrementos significativos em todas as medidas da aptidão física. Este capítulo examina essas mudanças. A primeira seção é dedicada aos componentes da aptidão física relacionada à saúde. Os resultados do National Children and Youth Fitness Study (NCYFS, 1985) são a fonte primária dos dados em função da validade da amostra e da confiabilidade dos dados. Embora tenham sido coletados vários anos atrás, os dados apresentados aqui continuam relevantes até hoje por diversas razões. Em primeiro lugar, as técnicas de amostragem usadas garantiram uma amostra randomizada estratificada de participantes oriundos de todo os Estados Unidos. Em segundo lugar, essa técnica de amostragem é vista pelos pesquisadores como a que mais serve à geração de uma amostra representativa de como é a população toda. Em terceiro lugar, o conjunto de dados é altamente confiável, pois na sua coleta foram usados apenas examinadores treinados. Em quarto lugar, os examinadores treinados coletaram escores de vários locais, reduzindo, portanto, a chance de erro entre os examinadores. Os valores apresentados nesta seção baseiam-se nos escores médios das amostras para cada teste de itens da aptidão física relacionada à saúde. Há considerável variabilidade nos escores da *performance* em todos os itens, em todos os níveis de idade.

APTIDÃO FÍSICA RELACIONADA À SAÚDE

Em adolescentes, os níveis de atividade física estão associados com o sexo, a condição socioeconômica e os níveis de atividade de outras pessoas significativas para o sujeito (Raudsepp e Viira, 2000). Há, no entanto, falta evidente de dados confiáveis que permitam fazer comparações precisas entre gerações ou culturas. O problema reside, sobretudo, nas técnicas de amostragem e na coleta de dados. Antes da publicação do National Children and Youth Fitness Study (1985, 1987), estudos de campo de larga escala baseados em populações usavam **amostras de conveniência**. Embora milhares de crianças e jovens tenham sido testados em uma série de itens da aptidão física, pouca atenção foi dada aos procedimentos da amostragem. Em resultado disso, os dados tendem a levantar suspeitas e não são adequados a generalizações para idades diferentes nem para a população como um todo. Por exemplo, é possível que os participantes, em alguns locais, estivessem mais fortemente motivados pelo teste do que em outros. Em consequência, os escores da *performance* poderiam conter algum desvio a favor dos participantes mais motivados. Além disso, nas amostras de conveniência, pouca atenção é dada à representação geográfica, aos ambientes rurais *versus* urbano e a populações de escolas particulares *versus* públicas, sendo que todos esses aspectos podem ter efeitos drásticos.

> **CONCEITO 17.1**
>
> As avaliações de campo da aptidão física muitas vezes não são adequadas para a formulação de generalizações sobre a aptidão física dos jovens por causa de suposições subjacentes, procedimentos de amostragem e técnicas de coleta de dados questionáveis.

Outra dificuldade inerente a dados de aptidão física de **testes de campo** normatizados em âmbito nacional norte-americano e publicados antes do NCYFS é o modo de aplicação. Examinadores diferentes, em geral profissionais de educação física treinados, coletavam dados em cada local. Além disso, todos os estudantes, no método de amostragem por conveniência, tinham aulas de educação física, fator que pode ter gerado desvios nos dados, aumentando os valores. Era difícil, senão impossível, garantir a consistência entre os testadores. Portanto, a **fidedignidade intraclassificador** (objetividade) e a **fidedignidade entre os classificadores** (consistência) tendem a ser ruins.

Um terceiro problema da comparação de escores de gerações está nos itens dos testes. A comparação pode ser feita apenas entre itens cuja *performance* e aplicação foram feitas exatamente do mesmo modo. Mudar o protocolo, mesmo que apenas um pouco, para um dos itens da avaliação pode resultar em escores drasticamente inflados ou reduzidos.

Com essas questões em mente, escolhemos usar os dados do NCYFS como base para a nossa discussão sobre a aptidão física relacionada à saúde de adolescentes. Até hoje, os dados do NCYFs são os mais válidos e confiáveis. O NCYFS baseia-se em uma **amostra randomizada estratificada** de 5.140 homens e 5.135 mulheres de 25 condados dos Estados Unidos selecionados de forma randômica. Mais de 88% (4.539) dos homens selecionados randomicamente completaram a bateria de testes, e 83% (4.261) das mulheres completaram os testes (Errecart et al., 1985). A elevada taxa de participação e a maneira definitiva com que a amostra foi obtida contribuíram muito para a validade e o potencial de generalização dos resultados. A confiabilidade do NCYFS foi garantida por uma equipe de campo altamente treinada, composta de dez indivíduos, que supervisionaram "diretamente" a aplicação das medidas de avaliação por professores treinados (Ross et al., 1987).

Cada uma das seções a seguir discute os vários componentes da aptidão física relacionados à saúde de acordo com os dados do NCYFS. Comparações, quando apropriadas, são feitas com normas da AAHPERD Health-Related Physical Fitness Test (HRPFT, 1980). Em geral, os escores do HRPFT são melhores do que os do NCYFS. Talvez isso seja por causa das questões da amostragem e da aplicação dos testes discutidas antes. Ao comparar os dois testes (HRPFT e NCYFS), observe com cuidado a inclinação das duas curvas. Na maioria dos casos, as inclinações são muito similares, fortalecendo assim a validade dos dados de ambos os testes nas mudanças ao longo do tempo. Observe onde há diferenças nas faixas etárias nas curvas das duas linhas. Essas diferenças podem refletir variações nos padrões de atividade entre os dois estudos devido a mudanças socioculturais nos níveis de atividade ao longo do tempo. A Tabela 17.1 fornece uma síntese das observações do NCYFS.

Resistência aeróbia

A resistência aeróbia está relacionada com o funcionamento do coração, dos pulmões e do sistema vascular. A capacidade aeróbia do indivíduo pode ser avaliada no laboratório, por meio de uma série de testes de estresse, que exigem que o sujeito faça um esforço máximo para entrar em débito de oxigênio. Esses testes "máx", como são conhecidos, em geral são executados na esteira ou na bicicleta ergométrica. O escore de VO_2 máx é obtido como resultado de um exercício exaustivo (Rowland, 2005). Rowland (2005) relata que, "entre 6 e 12 anos, o VO_2 máx de um menino mais do que duplica" (p. 90). As meninas melhoram mais ou menos no mesmo ritmo dos seus pares masculinos, mas em média têm valores de VO_2 máx um pouco mais baixos (Armstrong e Welsman, 2000). Quando o VO_2 máx é expresso em relação ao peso corporal, pouca mudança positiva é observada em meninos e meninas antes da puberdade. Na verdade, as meninas exibem um declínio progressivo do VO_2 máx a partir dos 8 anos. Além disso, "aos 15 anos, a menina tem um VO_2 máx 20% inferior ao do seu par masculino" (Rowland, 2005, p. 90). Embora a medição do VO_2 máx seja o método preferido para determinar a capacidade aeróbia, não há estudos populacionais longitudinais grandes com testes na esteira e na bicicleta ergométrica.

Em vez disso, a pesquisa tem focado *amostras de população* de várias idades, usando estimativas de testes de campo de resistência aeróbia. Em consequência disso, a corrida de resistência de 1,6 km emergiu como o item de teste de campo mais popular e válido para adolescentes (Hunt et al, 2000). Em um estudo retrospectivo de dez anos a respeito de vários componentes da aptidão física, Updyke (1992) percebeu que o *fitness* aeróbio declinou ano a ano entre uma amostra de conveniência de seção transversal grande de crianças e jovens.

> **Conceito 17.2**
>
> Estudos de população baseados no campo para avaliar a aptidão física relacionada à saúde geraram dados mais válidos e confiáveis do que as amostras de conveniência, fornecendo assim um quadro mais acurado da aptidão física dos jovens.

Tabela 17.1 Medições de campo comuns da aptidão física de adolescentes relacionada à saúde e uma síntese das observações

Componente da aptidão física relacionada à saúde	Medições de campo comuns	Síntese das observações
Resistência aeróbia	1,6 km de caminhada/corrida	– Homens e mulheres melhoram em um ritmo quase paralelo até meados da infância – Homens são mais rápidos do que mulheres em todas as idades – Homens continuam melhorando até o final da adolescência – Mulheres regridem e estabilizam a partir do final da infância – Homens apresentam incrementos rápidos anuais até o final da adolescência
Resistência/força muscular	Abdominais modificados Abdominais Flexões	– Mulheres melhoram em um ritmo menos rápido do que o dos homens – Mulheres tendem a estabilizar a *performance* durante meados da adolescência – Homens superam mulheres em todas as idades – A média das mulheres é de menos de uma flexão durante toda a adolescência – Homens demonstram pequenos ganhos antes da puberdade, seguidos de ganhos rápidos durante toda a adolescência – Homens superam mulheres em todas as idades
Flexibilidade articular	Sentar e alcançar	– Mulheres superam homens em todas as idades – Mulheres atingem melhoras incrementais anuais até o final da adolescência – Homens regridem durante o início da adolescência, depois apresentam uma melhora rápida
Composição corporal	Porcentagem de gordura corporal usando medidores de dobras cutâneas (calculada a partir de dados do tríceps e da panturrilha) Índice de massa corporal (calculado a partir da altura e do peso)	– Mulheres têm maior porcentagem de gordura corporal do que homens em todas as idades – As porcentagens de gordura corporal das mulheres aumentam rapidamente durante o início e o meio da adolescência; em seguida, há uma estabilização no final da adolescência – Homens aumentam a porcentagem de gordura corporal durante o final da infância e no período da pré-adolescência – Homens reduzem a porcentagem de gordura corporal durante o início da adolescência e mantêm níveis de gordura baixos durante toda a adolescência

Com base no National Children and Youth Fitness Study (NCYFS), como descrito na Figura 17.1, os homens continuam em média melhorando a resistência aeróbia até os 16 anos; a partir daí, eles regridem um pouco até os 18 anos. Esses resultados são similares aos tempos médios de 1,6 km de caminhada/corrida do AAHPERD Health-Related Physical Fitness Test (HRPFT). No entanto, os homens testados no HRPFT regrediram um pouco entre 10 e 11 anos; em seguida, tiveram uma melhora constante até os 14 anos. Isso, por sua vez, foi seguido de uma estabilidade geral dos escores até os 17 anos. É difícil explicar a dis-

CAMINHADA/CORRIDA DE 1,6 km: HOMENS E MULHERES

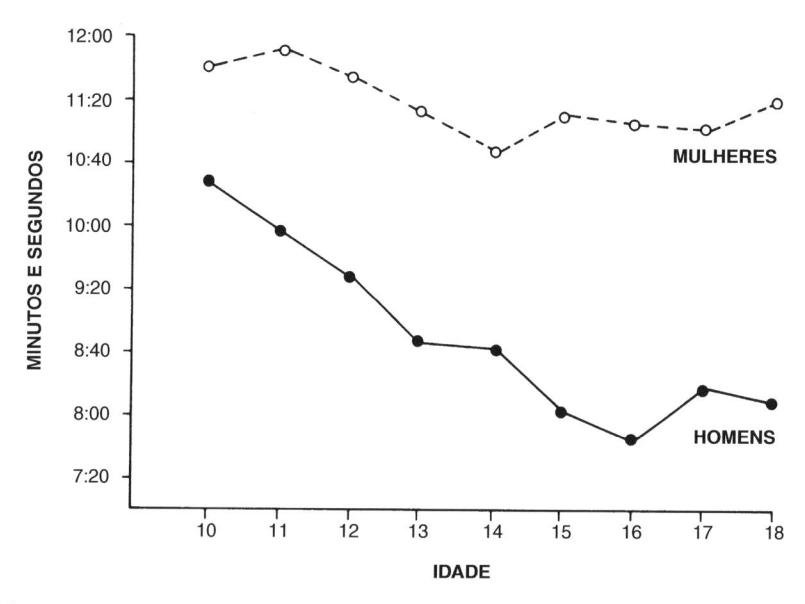

Figura 17.1
Caminhada/corrida de 1,6 km: escores médios para homens e mulheres de 10 a 18 anos, em minutos e segundos.
Fonte: Dados de J. G. Ross et al., "The National Children and Youth Fitness Study: New Standards for Fitness Measurement", *Journal of Physical Education, Recreation and Dance* (1985).

crepância na inclinação das duas curvas (Fig. 17.2) até os 11 anos, mas isso pode ser resultado das técnicas de amostragem empregadas. (O HRPFT usou a técnica de amostragem de conveniência, enquanto o NCYFS usou uma técnica de amostragem randomizada estratificada). Apesar disso, a inclinação similar das duas curvas demonstra que homens melhoram seus tempos na caminhada/corrida de 1,6 km com o avanço da idade. O fato de os meninos, no NCYFS, continuarem melhorando até 16 anos pode ser o reflexo de diferenças nos padrões da atividade aeróbia entre os meninos da amostra do HRPFT e do NCYFS. Observe, entretanto, que nos dois testes, com a idade, os homens tenderam a estabilizar a *performance* no teste de 1,6 km de caminhada/corrida após os 16 anos.

Isso deve ser visto com preocupação, pois reflete uma tendência de padrões de atividade mais sedentários no adolescente mais velho. A queda nos escores coincide com a idade em que muitos homens passam a trabalhar e a dirigir.

Em relação à *performance* das mulheres no teste de 1,6 km de caminhada/corrida de resistência aeróbia, os resultados causam preocupação similar. Embora fosse esperado que homens superassem pares femininos devido à diversidade das variáveis anatômicas e fisiológicas, tínhamos esperança de ver uma inclinação descendente (i.e., tempos menores) durante um período mais longo. Com base nos resultados da NCYFS, a mulher está mais próxima do seu par masculino na caminhada/corrida de 1,6 km aos 10 anos, e a distância entre homens e mulheres permanece bem paralela até os 14 anos. Entretanto, ela aumenta em um ritmo acentuado a partir daí (Fig. 17.1). Embora as mulheres que foram testadas tanto no NCYFS quanto no HRPFT tenham apresentado tendência a melhorar com até 13 ou 14 anos, houve uma tendência decidida a regressão e estabilização na *performance*. A mulher de 18 anos encontra-se quase no mesmo nível da sua colega de 12.

Dados do HRPFT tendem a apoiar o que foi publicado no NCYFS. No entanto, as mulheres, no HRPFT, tiveram um pico mais precoce e regrediram em um ritmo mais rápido do que aquelas testadas no NCYFS (Fig. 17.3). Em estudos em que o tamanho corporal foi controlado, os testes laboratoriais da potência aeróbia máxima indicaram que os homens aumentam durante toda a infância e a adolescência até os 17 ou 18 anos. A potência aeróbia máxima das mulheres continua aumentando durante toda a infância e a puberdade, mas se estabiliza por volta dos 14 anos (Bar-Or e Rowland, 2004). As diferenças entre os sexos tornam-se mais acentuadas, a favor dos homens, a partir do final da infância até a adolescência.

Força e resistência muscular

Abdominais modificados e flexões na barra são usados com frequência como medidas de campo da *força/resistência isotônica abdominal*. Eles são isotônicos, pois os músculos percorrem toda a amplitude do movimento em estado contraído. Estão relacionados com a força porque é necessária a superação de uma força significativa e com a resistência por ser registrado o número máximo de repetições. Dos 6 aos 9 anos tanto meninos como meninas são similares em seus escores de *performance* no teste abdominal com joelhos flexionados. Entretanto, a partir dos 10 anos, os homens melhoram em um ritmo muito mais rápido do que as suas colegas. A Figura 17.4 retrata as melhoras dos homens em um ritmo quase linear, dos 11 a 16 anos, com uma tendência de estabilização e leve regressão dos 16 aos 18 anos. Entretanto, tanto para homens como para mulheres, o pico dos ganhos de força ocorre um ano depois do pico de aumento da altura e do peso (Faigenbaum, 2000), embora haja maior variação individual entre as mulheres.

A apresentação dos escores da Figura 17.5 para flexões na barra, medida de força e resistência da parte superior do tronco fornece suporte para a afirmação de que a força aumenta em um ritmo quase linear nos meninos a partir, aproximadamente, dos 12 anos (idade aproximada de surgimento da puberdade masculina) até os 18 anos. A comparação dos escores médios de normas para abdominais com os joelhos flexionados publicadas no HRPFT revela conclusões similares, embora os meninos que fizeram esses testes tenham superado os seus coetâneos do NCYFS (Fig. 17.6).

Na *força/resistência da parte superior do tronco*, os dados são um tanto diferentes. As mulheres parecem fracas nessa área durante toda a infância e adolescência. Parece não haver o pico seguido de estabilização e declínio gradual que se imaginava antes. Em vez disso, há uma curva consistentemente nivelada, indicando baixos níveis de força/resistência da parte superior do corpo em todas as idades. As mulheres, entre-

---

DILEMA DO DESENVOLVIMENTO

O que está acontecendo em nossas escolas?

Sabemos bem que a atividade física é extremamente importante para a saúde e o bem-estar de crianças e adolescentes. A comunidade médica promove a atividade física como medida de prevenção de doenças. Os órgãos governamentais a reconhecem como recurso para reduzir os custos com saúde pública. As instituições educacionais reconhecem o seu valor no desenvolvimento geral de todos os estudantes. Então, por que a juventude dos Estados Unidos leva, de modo geral, vidas sedentárias? Os jovens ficam sentados nas salas de aula a maior parte do dia durante a semana e, quando estão em casa, assistem à televisão ou jogam *video game*. De acordo com o *2010 Shape of the Nation Report* apenas cinco estados exigem educação física do jardim de infância ao final do ensino médio, e apenas um estado cumpre os 225 minutos de educação física recomendados nacionalmente por semana para as escolas de ensino fundamental e médio. Além disso, mais de 60% dos estados permitem dispensas e/ou exceções que liberam os alunos das aulas de educação física. Para combater essas discrepâncias, a National Association for Sport and Physical Education recomenda que as escolas em todos os Estados Unidos "transformem a educação física em pedra fundamental de um programa de atividade física escolar abrangente, que também inclua educação para a saúde, recesso no ensino fundamental, clubes e programas de atividade física na escola após as aulas, esportes interescolares no ensino médio, programas de caminhada/pedalada até a escola e programas de bem-estar dos funcionários" (NASPE, 2010).

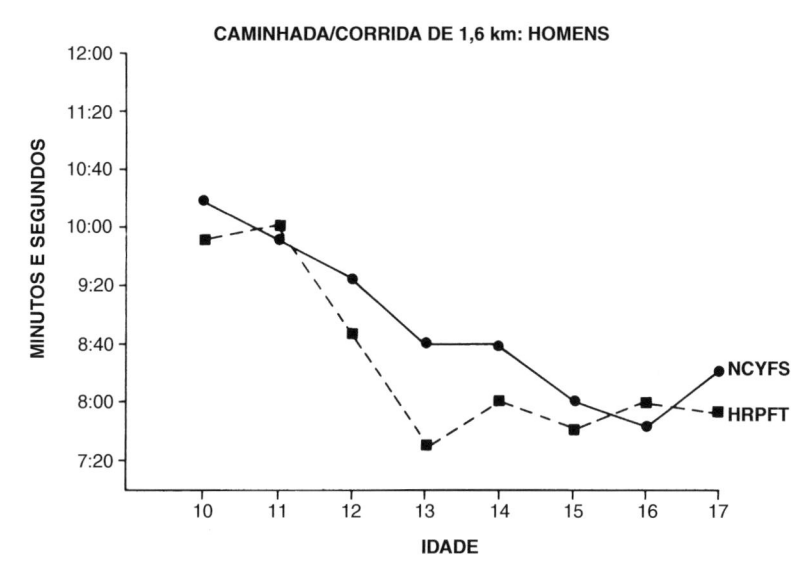

Figura 17.2
Comparação dos escores da caminhada/corrida de 1,6 km do NCYFS e do HRPFT: escores médios para homens de 10 a 17 anos, em minutos e segundos.

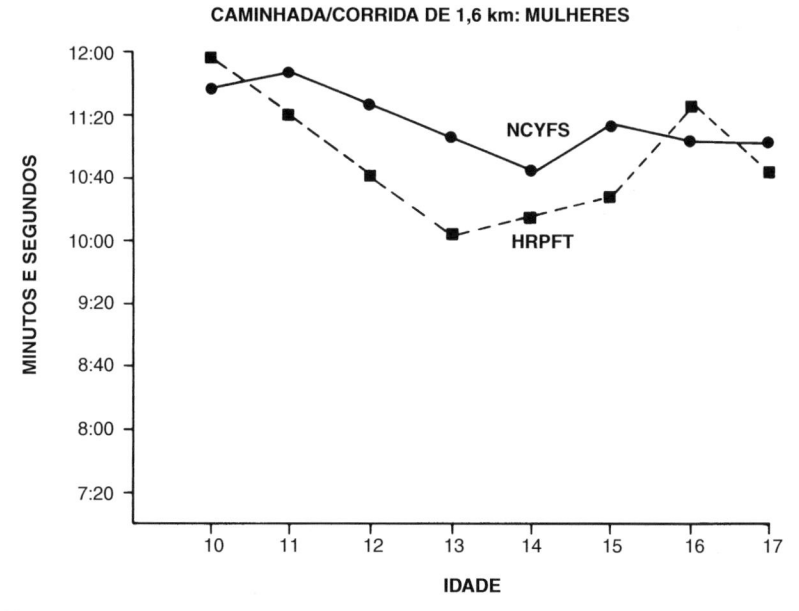

Figura 17.3
Comparação dos escores da caminhada/corrida de 1,6 km do NCYFS e do HRPFT: escores médios para mulheres de 10 a 17 anos, em minutos e segundos.

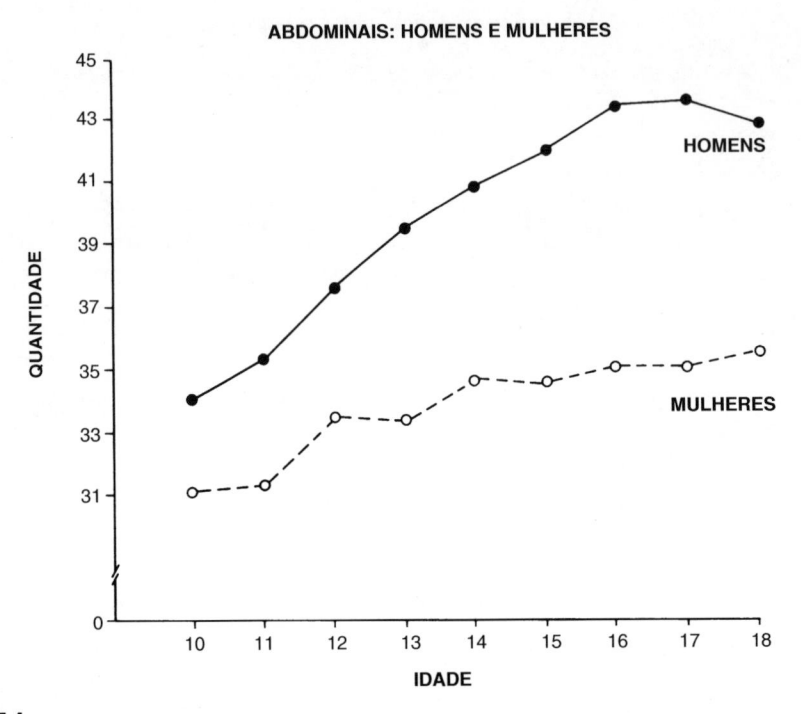

Figura 17.4
Abdominais com joelhos flexionados: escores médios de homens e mulheres de 10 a 18 anos; quantidade em 60 segundos.
Fonte: Dados de J. G. Ross et al., "The National Children and Youth Fitness Study: New Standards for Fitness Measurement", *Journal of Physical Education, Recreation and Dance* (1985).

tanto, parecem progredir um tanto melhor nas medições da resistência abdominal, como medido pelo NCYFS. Os valores médios dos escores para o teste abdominal com os joelhos flexionados melhoram um pouco com a idade. Em termos de força/resistência abdominal, os adolescentes mais velhos tendem a ter escores um pouco mais elevados do que os seus colegas mais novos. No HRPFT, os valores médios dos escores para os abdominais com os joelhos flexionados revelaram resultados similares, embora as mulheres tenham tendência a uma *performance* de nível superior em todas as idades (Fig. 17.7).

Conceito 17.3

Mulheres são comparáveis a homens em força e resistência abdominal antes da puberdade, mas os homens conseguem ganhos significativamente mais rápidos ao longo de toda a adolescência.

Beunen e Thomis (2000) indicaram que os aumentos de força seguem um tipo geral de curva de crescimento, encontrado para a maioria das dimensões corporais externas, incluindo a altura. Além disso, em homens há um estirão distinto de força, que ocorre durante três meses a um ano do pico de velocidade da altura. Para mulheres, há um aumento menos drástico na força. O aumento súbito dos meninos pode ser explicado pelo crescimento da musculatura provocado por altos níveis de testosterona. Além disso, a tendência de parte dos homens de todas as idades de "dar tudo" na hora de demonstrar a aptidão física pode ser responsável pela vasta discrepância entre homens e mulheres. As mulheres não melhoram em um ritmo rápido talvez por causa das grandes quantidades de tecido adiposo em relação à massa muscular magra. A tendência de estabilização de parte das mulheres, na metade e no final da adolescência, também pode ser mais uma questão de motivação e falta de expressão de entusiasmo do que de fatores puramente fí-

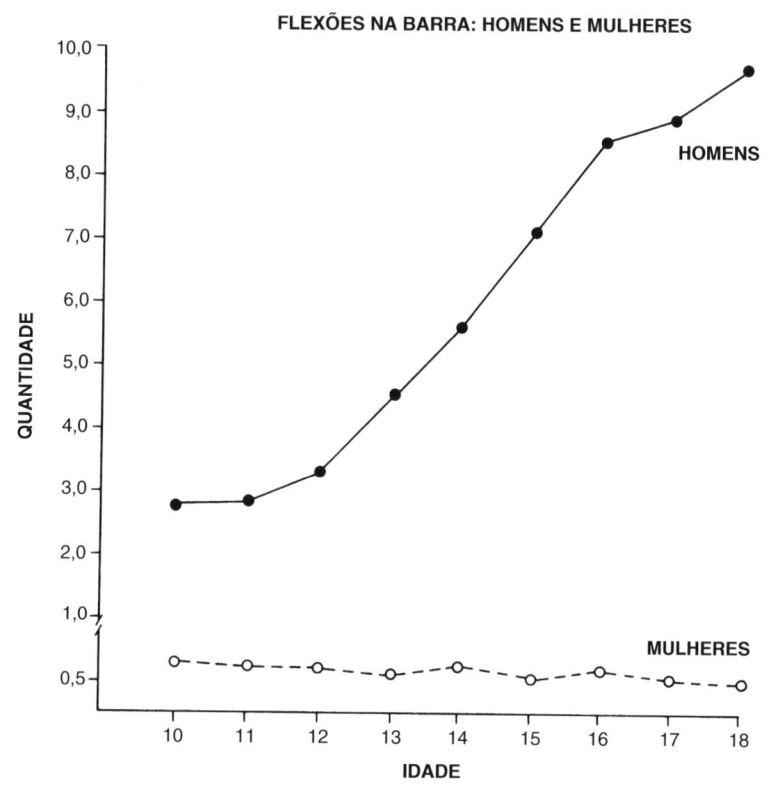

Figura 17.5
Flexões na barra: escores médios de homens e mulheres de 10 a 18 anos; quantidade de flexões completadas.
Fonte: Dados de J. G. Ross et al., "The National Children and Youth Fitness Study: New Standards for Fitness Measurement", *Journal of Physical Education, Recreation and Dance* (1985).

sicos (Kraemer e Fleck, 2005). Esses são pontos importantes a serem considerados. Deve-se ter cuidado para não incorrer no erro de concluir que as mulheres, ainda que empreguem todo o esforço possível, nunca conseguirão melhorar as suas *performances* em termos de força e resistência. Os dados que se baseiam em mulheres motivadas sugerem o oposto (Bar-Or e Rowland, 2004).

Na verdade, embora em termos de força absoluta homens sejam, em geral, mais fortes do que mulheres devido à maior quantidade de músculos, quando a comparação é feita em termos de força relativa (i.e., por área de seção transversal dos músculos), não há diferenças significativas de força entre os sexos (Faigenbaum, 2000).

As diferenças, com frequência acentuadas, exibidas entre homens e mulheres e o período de tempo em que se pode esperar melhora na *performance* da força e resistência muscular devem ser examinados com cuidado. Embora possamos esperar que os homens, em média, superem as mulheres nas medidas de força e de resistência devido a vantagens anatômicas, fisiológicas e biomecânicas, não há uma explicação biológica adequada para as diferenças no período de tempo em que são observadas melhorias relativas. Uma explicação razoável pode ser com base nas diferenças sociais, culturais e de formação das crianças observadas entre homens e mulheres (Raudsepp e Viira, 2000).

Conceito 17.4

Homens tendem a obter ganhos rápidos de força e resistência muscular durante toda a adolescência, enquanto mulheres tendem a ter um pico no início da puberdade e uma leve regressão no final desse período.

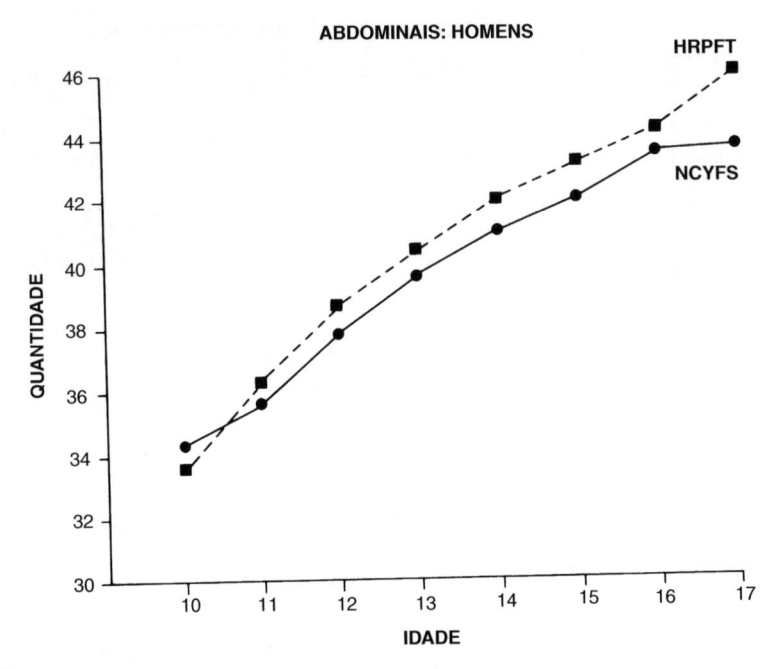

Figura 17.6
Comparação dos escores do abdominal com joelhos flexionados no NCYFS e no HRPFT: escores médios de homens de 10 a 17 anos, quantidade em 60 segundos.

Flexibilidade

O teste de sentar e alcançar tem se tornado o padrão no campo da medição da *flexibilidade articular*. Os dados indicam claramente que, em média, as mulheres apresentam melhoras quase lineares nos escores do sentar e alcançar dos 10 aos 16 anos, seguidas de um leve declínio. Mulheres de todas as idades superam os seus colegas nessa medida (Fig. 17.8). As razões dessa discrepância não foram ainda adequadamente explicadas, mas talvez estejam relacionadas com diferenças anatômicas e também com variações socioculturais nos padrões de atividade que favorecem a flexibilidade articular em mulheres (Malina, Bouchard e Bar-Or, 2004).

Há uma leve queda nos escores do sentar e alcançar dos homens por volta dos 12 anos. Isso pode estar associado com o estirão de crescimento na pré-adolescência, durante o qual os ossos longos crescem com mais rapidez do que os músculos e tendões. Como consequência, a *performance* no sentar e alcançar regride até que os músculos e tendões desenvolvam-se mais. Além disso, tanto homens como mulheres começam a apresentar estabilização e depois leve regressão nos escores de flexibilidade por volta dos 17 anos. As reduções na flexibilidade articular durante esse período estão associadas de forma clara com a redução geral nos níveis de atividade do adolescente com o passar do tempo. É possível manter um alto nível de flexibilidade articular durante a vida adulta com a manutenção de atividades apropriadas. Em outras palavras, a frase "se não usar, vai perder" é aplicável aqui. A perda da flexibilidade começa por volta dos 17 anos.

Conceito 17.5

Como população, as mulheres apresentam maior flexibilidade articular do que os seus colegas durante toda a adolescência, mas ambos tendem a regredir ao longo do tempo, devido mais à redução dos padrões de atividade do que à idade.

Composição corporal

O termo *composição corporal* refere-se às porcentagens de gordura, osso e músculo do corpo humano. Ela é o principal indicador da aptidão física relacionada à saúde. Para avaliar com precisão

ABDOMINAIS: MULHERES

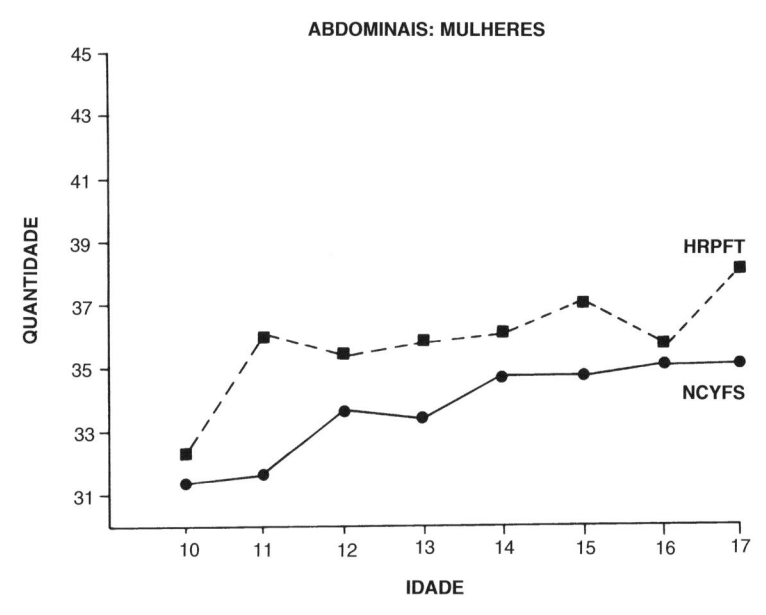

Figura 17.7
Comparação dos escores do abdominal com joelhos flexionados no NCYFS e no HRPFT: escores médios de mulheres de 10 a 17 anos, quantidade em 60 segundos.

a composição corporal de um indivíduo, é preciso separar a porcentagem de gordura corporal dos outros componentes do peso corporal total.

O **peso hidrostático** é um método preciso de determinação da porcentagem de gordura corporal, apesar de inconveniente. Ele envolve a submersão na água e o cálculo de seu peso submerso, a partir do qual pode ser calculada uma estimativa precisa da porcentagem de gordura corporal. A pesagem hidrostática precisa não é uma medida prática de avaliação de campo da composição corporal. Um tanto similar à pesagem hidrostática é o processo de **pletismografia por deslocamento de ar** (PDA). A PDA incorpora o deslocamento de ar em uma câmara em vez do deslocamento de água em um tanque. Ela tende a ser mais confortável para o sujeito, uma vez que não é preciso se molhar. A precisão da PDA tende a ser elevada, mas as câmaras são relativamente caras.

A **análise de impedância bioelétrica** (AIB) tem se tornado um método popular para determinar a composição corporal, pois o seu equipamento é fácil de carregar e de usar. A AIB mede a oposição ao fluxo da corrente elétrica por meio dos fluidos corporais contidos sobretudo no tecido magro e no adiposo. A impedância é baixa no tecido magro, mas elevada no tecido adiposo. Cálculos computadorizados fornecem uma estimativa da porcentagem de gordura corporal.

Apesar de suas limitações, os **compassos de dobras cutâneas** e o cálculo do **índice de massa corporal (IMC)** continuam sendo os métodos preferidos para estimar a porcentagem de gordura corporal fora do laboratório. A confiabilidade da técnica do compasso de dobras cutâneas tem sido questionada com frequência, mas, quando administrada por pessoal treinado, ela pode gerar resultados bastante precisos. As Figuras 17.9a e b retratam o índice de massa corporal para meninos e meninas, respectivamente, com 2 a 20 anos (CDC, 2000). Apesar da grande semelhança antes da puberdade, há diferenças crescentes entre os sexos ao longo da adolescência.

> **CONCEITO 17.6**
>
> Como população, as mulheres ganham constantemente nas medições da porcentagem de gordura corporal desde a pré-adolescência até o final da adolescência.

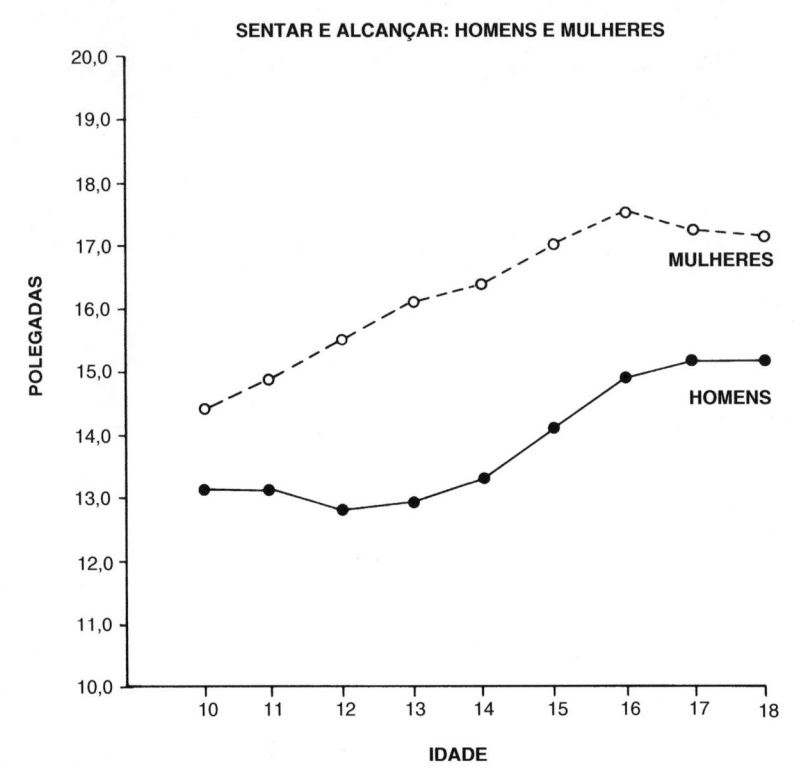

SENTAR E ALCANÇAR: HOMENS E MULHERES

Figura 17.8
Sentar e alcançar: escores médios de homens e mulheres de 10 a 18 anos, em polegadas. (1 polegada = 2,75 cm)
Fonte: Dados de J. G. Ross et al., "The National Children and Youth Fitness Study: New Standards for Fitness Measurement", *Journal of Physical Education, Recreation and Dance* (1985).

> **CONCEITO 17.7**
>
> As porcentagens de gordura corporal dos homens aumentam durante o período da pré-adolescência, declinam agudamente na puberdade e estabilizam ao longo de toda a adolescência.

Ao determinar a condição do IMC de crianças e adolescentes, os pontos de referência do octagésimo quinto e do nonagésimo quinto percentis são considerados o padrão. Para crianças com 12 a 19 anos, IMCs maiores ou iguais ao octagésimo quinto percentil e inferiores ao nonagésimo quinto percentil são classificados como "risco de sobrepeso", enquanto aqueles acima do nonagésimo quinto percentil são classificados como "sobrepeso". Alguns estudos usam o termo *obeso* para o nonagésimo quinto percentil, enquanto outros classificam a situação de obesidade no nonagésimo sétimo percentil (Popkin e Udry, 1998; Swallen et al., 2005; Wang e Beydoun, 2007). Ao comparar escores de IMC das últimas décadas, estudos têm indicado que, em média, a geração atual de adolescentes (dos 12 aos 19 anos) é significativamente mais obesa do que os seus pares das gerações anteriores (Wang e Beydoun, 2007). Os dados das pesquisas National Health and Nutrition Examination Surveys (NHANES) e do National Longitudinal Study of Adolescent Health (NLSAH) indicam que, durante 2003-2004, 34% dos adolescentes com 12 a 19 anos foram classificados "com risco de sobrepeso" ou "com sobrepeso" (IMC $\geq 85^{\underline{o}}$ percentil). Nesse mesmo grupo, 17,4% foram classificados "com sobrepeso" (IMC $\geq 95^{\underline{o}}$ percentil) (Wang e Beydoun, 2007). Há uma tendência de aumento crescente da gordura entre gerações diferentes de jovens estadunidenses e entre diferentes grupos raciais/étnicos (Tab. 17.2). As descobertas de um estudo indicaram

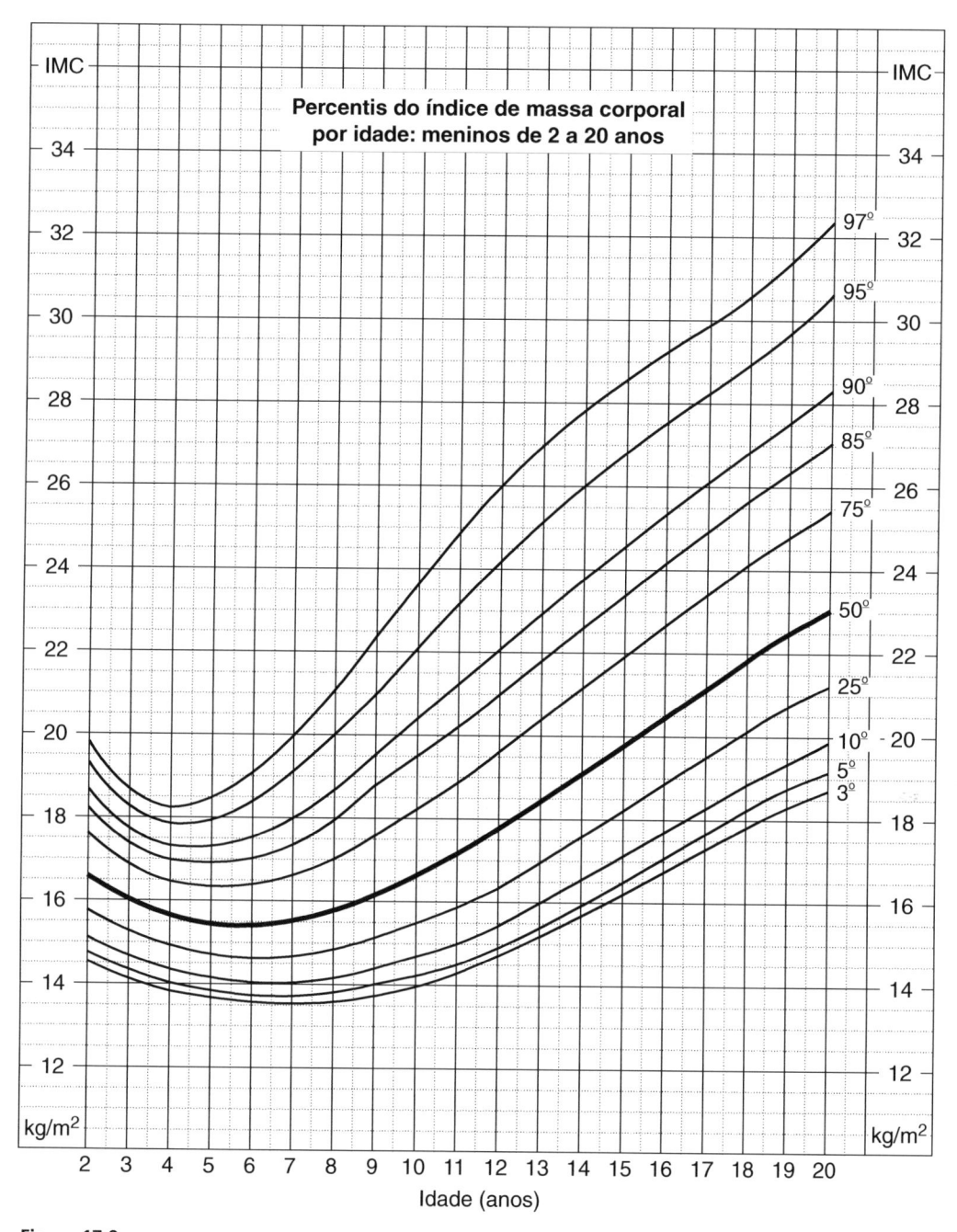

Figura 17.9a
Percentis do índice de massa corporal por idade de meninos de 2 a 20 anos. Gráficos de crescimento do CDC: Estados Unidos.
Fonte: Desenvolvida pelo National Center for Health Statistics, em colaboração com o National Center for Chronic Disease Prevention and Health Promotion (2000).

Figura 17.9b
Percentis do índice de massa corporal por idade de meninas de 2 a 20 anos. Gráficos de crescimento do CDC: Estados Unidos.
Fonte: Desenvolvida pelo National Center for Health Statistics, em colaboração com o National Center for Chronic Disease Prevention and Health Promotion (2000).

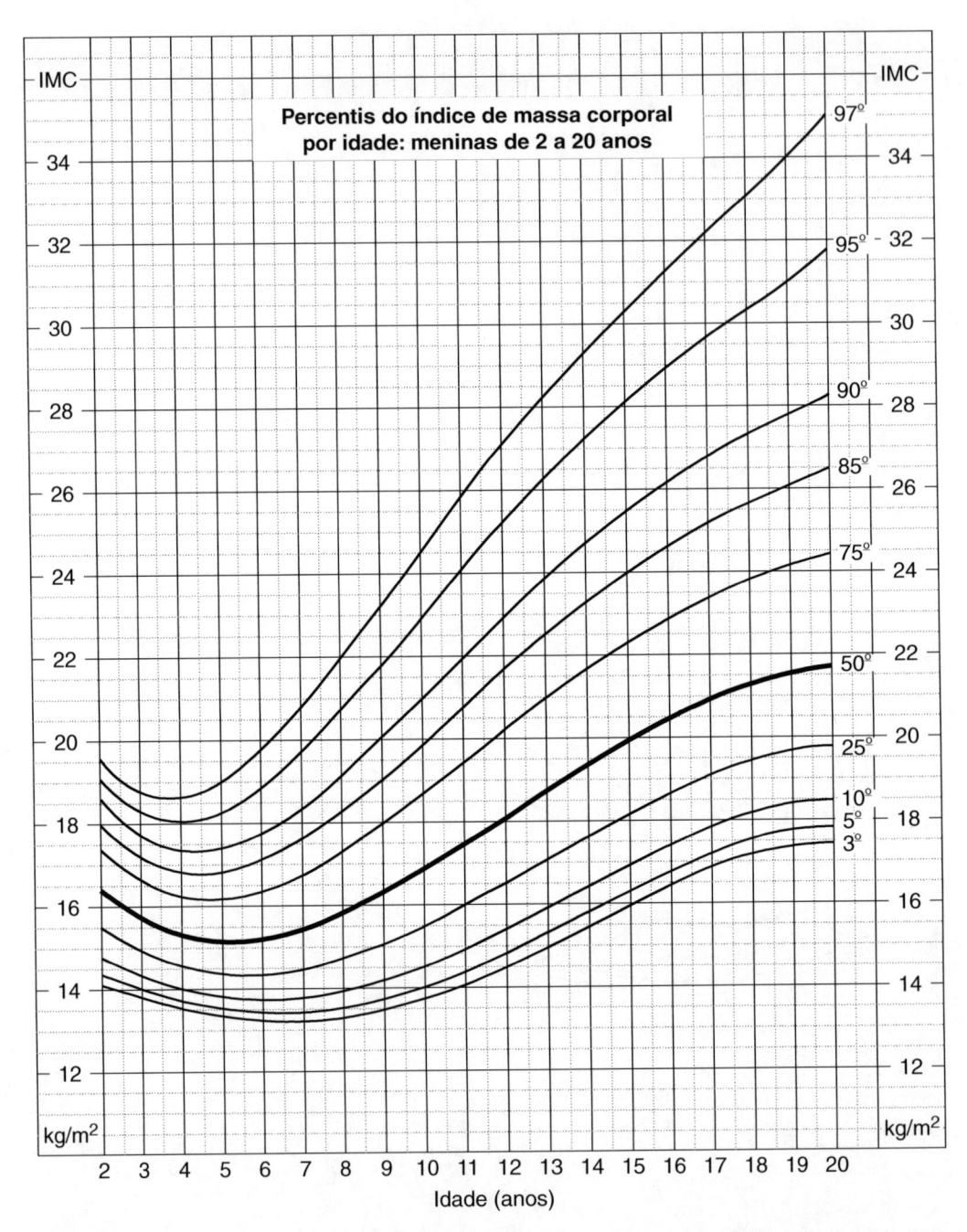

Tabela 17.2 — Prevalência (%) atual (2003-2004) de risco de sobrepeso + adolescentes com sobrepeso nos Estados Unidos (12 a 19 anos) por grupo racial/étnico

Sexo	Todos	Branco não hispânico	Negro não hispânico	Norte-americano mexicano
Meninos	36,8	38,7	31,4	37,3
Meninas	31,7	30,4	42,1	31,1

que "adolescentes asiático-americanos e hispânicos nascidos nos Estados Unidos têm probabilidade mais do que duas vezes maior de ser obeso do que a primeira geração de residentes dos 50 estados do país" (Popkin e Udry, 1998). Além disso, a pesquisa *The United States Youth Risk Behavior Survey* (CDC, 2003) revelou que mais de 59% das mulheres do ensino médio estavam tentando perder peso, enquanto um pouco mais de 29% dos seus pares masculinos também estavam tentando. A mesma pesquisa mostrou, também, uma queda constante na atividade física vigorosa de estudantes do ensino médio, tanto mulheres como homens, das turmas do nono ao décimo segundo ano dos Estados Unidos. Para aumentar ainda mais essa preocupação, alguns estudos estimam que 50 a 75% dos adolescentes obesos apresentem tendência significativa a permanecer obesos na vida adulta (The et al., 2010; Wang e Beydoun, 2007). Foi sugerido que os Estados Unidos são uma cultura **obesogênica** devido à promoção da ingestão de elevada quantidade de calorias e do baixo gasto de energia.

A atividade física vigorosa regular pode alterar a composição corporal. Os exercícios, combinados com a regulação calórica, resultam em aumento da massa corporal magra e redução da porcentagem de gordura corporal em crianças, adolescentes e adultos. O grau até o qual a composição corporal pode ser alterada depende do grau e da duração do treinamento. Alterações na composição corporal não são, necessariamente, permanentes. Quando os níveis de atividade diminuem, as porcentagens de gordura corporal aumentam. Parizkova (1982) demonstrou uma relação significativa entre os níveis de educação física e as porcentagens de massa corporal magra. Vários pesquisadores (Bandini et al., 1990; Bar-Or, 1983; Moore et al., 1991; Pate et al., 1999; Romanella et al., 1991) também observaram que a intensidade da atividade é significativamente mais baixa entre crianças, adolescentes e adultos obesos. Lloyd e colaboradores (2000) realizaram um estudo longitudinal em que examinaram as histórias esportivas cumulativas de longo prazo de 81 mulheres em relação à densidade mineral óssea. Os resultados desse estudo mostraram que a quantidade de atividade física que distingue as adolescentes sedentárias das ativas em uma base quase diária está relacionada com o aumento significativo da densidade mineral óssea, favorecendo as ativas. Está claro que maiores níveis de atividade física, combinados com moderação na ingestão calórica, são fundamentais para o aumento da densidade óssea em mulheres e para a redução da tendência de aumento da gordura tanto em homens como em mulheres. Sugerimos ao leitor uma consulta à declaração oficial da American Academy of Pediatrics (2000) sobre *Medical Concerns in the Female Athlete*, inclusive sobre transtornos alimentares, disfunção menstrual e redução da densidade mineral óssea.

Conceito 17.8

Diferenças entre homens e mulheres nas medições da aptidão física relacionada à saúde e da relacionada à *performance* são apenas isso: diferenças, explicadas por uma série de fatores anatômicos, fisiológicos e socioculturais.

APTIDÃO FÍSICA RELACIONADA À *PERFORMANCE*

A velocidade, a potência, a agilidade, o equilíbrio e a coordenação, componentes da *aptidão motora*, de modo geral são considerados componentes da aptidão física relacionada à *performance* ou às habilidades. Eles diferem de forma considerável dos componentes da aptidão física relacionados à saúde, pois são geneticamente

> **PERSPECTIVAS INTERNACIONAIS**
>
> **A obesidade no mundo**
>
> Enquanto a má nutrição é a principal preocupação em muitas nações no mundo inteiro, também é verdade que a obesidade tem alcançado proporções epidêmicas globalmente. A International Obesity Taskforce (IOTF) da International Association for the Study of Obesity (IASO) foi criada para ser uma equipe de reflexões, com base em dados científicos, cujos membros internacionais incluem especialistas em obesidade, responsáveis por incluir a prevenção da obesidade e políticas relativas a essa questão em uma perspectiva global. A IASO/IOTF estima que, no mundo todo, há um número bem grande, por volta de 200 milhões, de crianças em idade escolar com sobrepeso, sendo 40 a 50 milhões delas classificadas como obesas. Alguns países estão registrando níveis de obesidade que dobraram nos últimos anos. Os níveis de obesidade estão se tornando prevalentes em países em desenvolvimento também. Recentemente, a IOTF reconheceu o Brasil como líder mundial no estabelecimento de políticas para prevenção da obesidade. Essas políticas incluem ações como a regulação do *marketing* de alimentos, o monitoramento das tendências de obesidade e o controle da obesidade. Ver dados sobre obesidade em países de todo o mundo no mapa interativo da IOTF, em http://www.iaso.org/iotf/obesity/.

dependentes, resistentes a modificações ambientais substanciais (experienciais) e relativamente estáveis. Além disso, esses traços estão bastante relacionados com a *performance* hábil em uma série de esportes.

Mudanças quantitativas em várias habilidades motoras amplas têm sido estudadas por diversos pesquisadores ao longo das últimas décadas. Como resultado dessas pesquisas, há grande riqueza de informações sobre as potencialidades da *performance* de homens e mulheres, desde a infância até a vida adulta. É possível até mesmo comparar escores percentuais entre gerações e intuir algumas conclusões relativas a tendências seculares na *performance* motora de habilidades específicas. Haubenstricker e Seefeldt (1986) apresentaram resumos de dados de quatro itens da *performance* motora avaliados em uma série de pesquisas antes e depois de 1960.

Três deles – corrida de velocidade, salto horizontal e arremesso em distância com dados pós-1960 – estão resumidos nas seções seguintes e são apresentados na Tabela 17.3.

Velocidade da corrida

Para avaliar a *velocidade da corrida* em estudos diversos, que usam distâncias diferentes, é preciso converter os tempos das corridas em velocidade, em geral de 27,4 a 54,8 m, para unidades de metros percorridos por segundo. Com a finalidade de padronizar ainda mais as medições, Haubenstricker e Seefeldt (1986) relataram que foram incluídos apenas os estudos que usaram uma largada estacionária. Os resultados dessas comparações levaram-nos a concluir que:

> Há melhora sistemática na velocidade de corrida de crianças durante os meados e o final da infância. Essa melhora na velocidade de corrida continua ao longo da adolescência para os homens. A velocidade da corrida das mulheres, de acordo com os dados pós-1960, aumenta até 15 anos, depois desse tempo, ela parece estabilizar. (p. 67-69)

A Figura 17.10 retrata graficamente as mudanças na velocidade de corrida com o passar da idade, desde a infância até a adolescência. A velocidade da corrida é similar em meninos e meninas, favorecendo os meninos apenas um pouco, durante toda a infância. No entanto, aproximadamente a partir dos 12 anos, os homens começam a ter melhoras mais rápidas, enquanto as suas coetâneas passam por uma estabilização. As razões da estabilização precoce do lado das adolescentes podem ser explicadas, em parte, pela maturação precoce e pelos baixos níveis de motivação pessoal, em comparação com os coetâneos de maturação tardia e, com frequência, altamente motivados. A Figura 17.11 ilustra resultados comparáveis da corrida *sprint* de 91,4 m em diferentes faixas etárias.

> **CONCEITO 17.9**
>
> A diferença entre homens e mulheres amplia-se de forma considerável a favor dos homens a partir da puberdade, nas medidas de velocidade e potência.

Tabela 17.3	Medidas de campo comuns da aptidão motora de adolescentes e uma síntese das observações	
Componente da aptidão motora	Medidas de campo comuns	Síntese das observações
Velocidade	Corrida em velocidade de 27,4 a 54,8 m	– Meninos e meninas são similares durante toda a infância – A *performance* dos meninos supera a das meninas em todas a idades – Homens melhoram mais rápido após a puberdade do que mulheres – Homens conseguem ganhos anuais significativos durante toda a infância e a adolescência – Mulheres tendem a estabilizar em meados da adolescência
Potência muscular (parte inferior do tronco)	Salto horizontal Salto em altura	– Meninos e meninas são similares durante toda a infância – A *performance* dos meninos supera um pouco a das meninas durante a infância, mas a diferença se amplia significativamente na puberdade masculina
Potência muscular (parte superior do tronco)	Arremesso em distância	– Homens apresentam incrementos anuais significativos durante a adolescência – As mulheres começam a estabilizar no início da adolescência e regridem por volta de meados da adolescência
Equilíbrio		
Equilíbrio estático	Medidor da estabilidade Equilíbrio com bastão Equilíbrio apoiado em um pé	– Homens e mulheres conseguem melhoras significativas, tanto qualitativas como quantitativas, com o passar da idade
Equilíbrio dinâmico	Caminhar na trave	– Homens melhoram rapidamente em todas as idades, mas em especial após a puberdade – Mulheres e homens melhoram com o passar da idade durante toda a infância e a adolescência – A *performance* das mulheres tende a superar a dos homens durante a infância, nas medidas tanto estáticas como dinâmicas – Homens e mulheres são similares nas duas medidas, estática e dinâmica, durante a adolescência, sem vantagem clara de nenhum deles

Salto horizontal

O *salto horizontal*, reconhecida medida de potência muscular, tem sido avaliado em uma série de estudos. Ao resumir os escores da *performance* de crianças e adolescentes de 5 a 17 anos, Haubenstricker e Seefeldt (1986) descobriram que a *performance* dos homens superava apenas um pouco a das mulheres e que há uma melhora constante para ambos, dos 5 aos 14 anos (Fig. 17.12). Depois disso, a *performance* das mulheres começa a estabilizar e pode até diminuir. Os homens, no entanto, continuam melhorando em uma taxa linear até por volta dos 17 anos (Fig. 17.13). A discrepância entre homens e mulheres no salto horizontal, que começa a aparecer após os 12 anos, e a ampliação dessa diferença pode ser explicada de várias formas.

Em primeiro lugar, o salto horizontal incorpora um elemento de força. Os homens, da puberdade em diante, demonstram acentuados

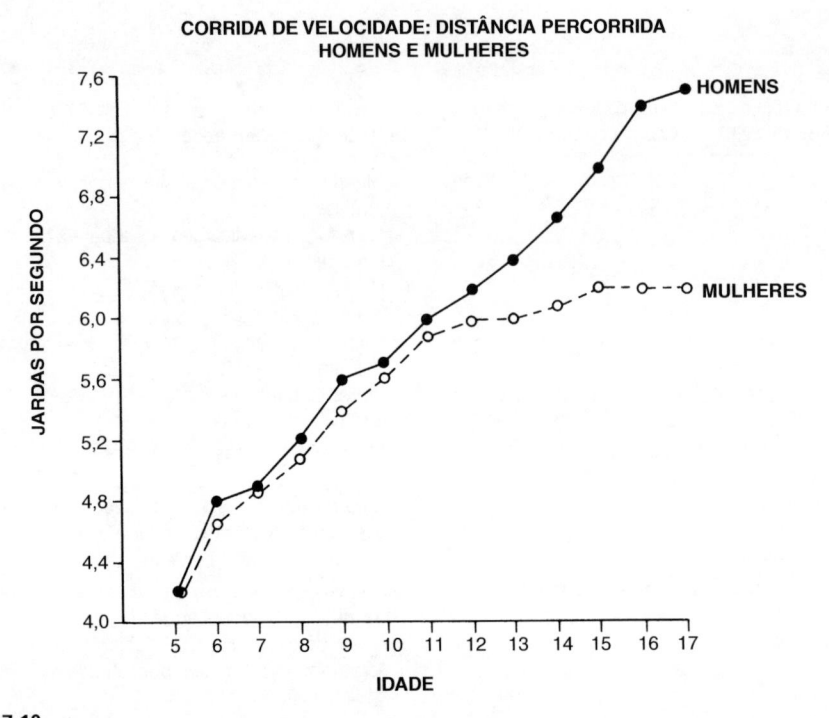

CORRIDA DE VELOCIDADE: DISTÂNCIA PERCORRIDA HOMENS E MULHERES

Figura 17.10
Mudanças na velocidade da corrida com a idade: escores médios de homens e mulheres de 5 a 17 anos em estudos pós-1960. (1 jarda = 91,4 cm)
Fonte: Dados de J. Haubenstricker e V. Seefeldt, "Acquisition of Motor Skills During Childhood" in V. Seefeldt (Ed.), *Physical Activity and Well-Being*, 1986 (Reston, VA: AAHPERD).

ganhos de força, enquanto os seus pares femininos, em função dos baixos níveis de andrógenos em circulação, tendem a apresentar estabilização da força. Portanto, é esperada a ampliação da diferença nessa época. A tendência das mulheres a regredir também pode ser explicada pela falta de motivação ou pelos estilos de vida cada vez mais sedentários. Mudanças nas proporções corporais e centros de gravidade mais baixos também contribuem para essas mudanças (Malina, Bouchard e Bar-Or, 2004).

Arremesso em distância

O *arremesso em distância* é uma medida da potência muscular dos membros superiores usada com frequência. Assim como acontece com a corrida de velocidade e com o salto horizontal, a habilidade entra na equação e pode gerar desvios que prejudicam os indivíduos, tanto homens como mulheres, cuja experiência de arremesso foi insuficiente. Quem está no estágio maduro da corrida, salto ou arremesso tende a marcar bons escores nas medidas de *performance* que incorporam essas habilidades. A contribuição de um padrão maduro não é mais evidente do que no arremesso em distância. Arremessadores imaturos encontram-se em distinta desvantagem. Portanto, a média de escores de *performance* significativamente mais baixos em mulheres durante toda a infância e a adolescência pode ser causada pelos níveis mais baixos de habilidade e não à fraqueza da parte superior do braço e da área da cintura escapular (Malina, Bouchard e Bar-Or, 2004). A Figura 17.4 mostra claramente diferenças significativas entre homens e mulheres em todas as idades, e a diferença só faz aumentar com a idade. Os homens apresentam um significativo incremento nos escores de *performance* por volta dos 13 anos, que correspondem mais ou menos ao início da puberdade. As mulheres, no entanto,

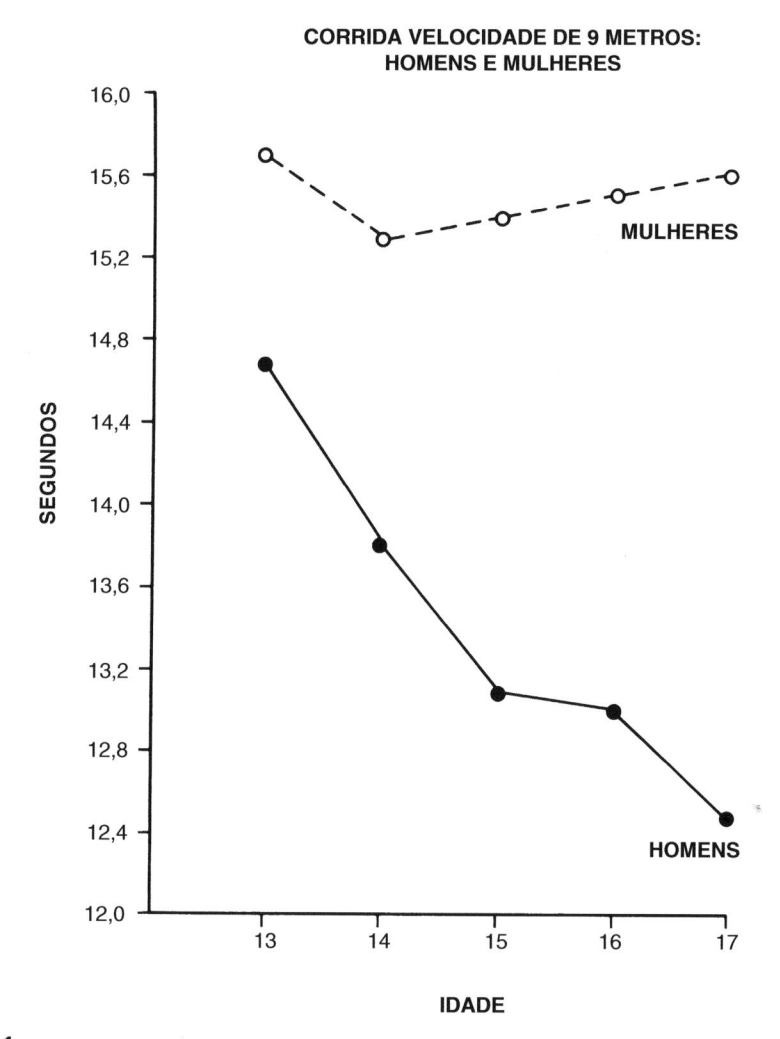

**CORRIDA VELOCIDADE DE 9 METROS:
HOMENS E MULHERES**

Figura 17.11
Escores médios da corrida *sprint* de 9 metros de homens e mulheres de 13 a 17 anos, em segundos.
Fonte: Dados de J. G. Ross et al., "The National Children and Youth Fitness Study: New Standards for Fitness Measurement", *Journal of Physical Education, Recreation and Dance* (1985).

demonstram um aumento muito mais gradual até os 15 anos, seguido de uma tendência a regredir um pouco. Reuschlein e Haubenstricker (1985) ofereceram a melhor explicação para essas acentuadas diferenças entre os sexos. No estudo que fizeram sobre os padrões de arremesso de alunos da quarta, sétima e décima série nos Estados Unidos, 51, 61 e 70% dos homens, respectivamente, arremessaram com "boa forma", em um estágio que pode ser considerado maduro, mas apenas 15, 19 e 23% das mulheres, respectivamente, arremessaram em um estágio maduro.

Equilíbrio

Williams (1983) percebeu, em sua revisão das diferenças por idade e por sexo na *performance* do equilíbrio, que em geral o equilíbrio melhora dos 3 aos 18 anos. Entretanto, é difícil comparar de forma direta as abundantes informações sobre o equilíbrio. Uma ampla variedade

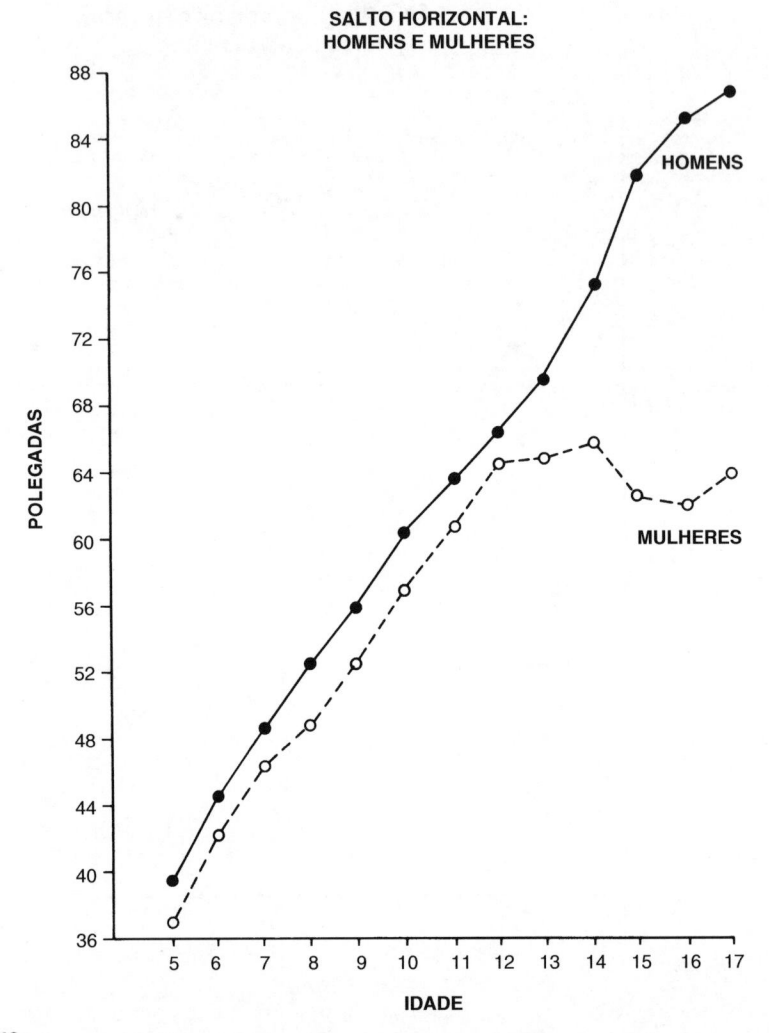

Figura 17.12
Mudanças no salto horizontal de acordo com a idade: escores médios de homens e mulheres de 5 a 17 anos em estudos pós-1960. (1 polegada = 2,75 cm)
Fonte: Dados de J. Haubenstricker e V. Seefeldt, "Acquisition of Motor Skills During Childhood" in V. Seefeldt (Ed.), *Physical Activity and Well-Being*, 1986 (Reston, VA: AAHPERD).

de medidas tem sido usada ao longo dos anos para avaliar o *equilíbrio estático e o dinâmico* e, em consequência, não são possíveis comparações entre os estudos. Porém, é possível concluir que o equilíbrio tende a melhorar com a idade durante a infância e a adolescência. Além disso, a *performance* das mulheres tende a superar a dos homens nas medidas do equilíbrio tanto estático como dinâmico durante a infância, mas parece que as mulheres não têm nenhuma vantagem evidente durante a adolescência (Malina, Bouchard e Bar-Or, 2004).

Conceito 17.10

Embora mulheres tenham tendência a superar homens nas medidas do equilíbrio durante a infância, parece não existir um padrão evidente na adolescência.

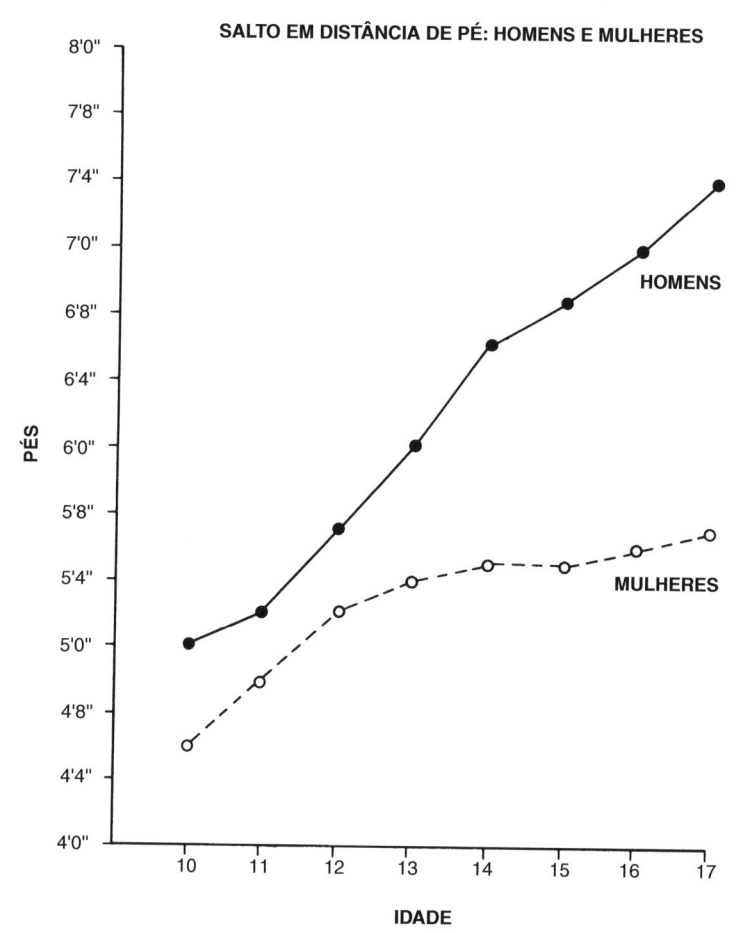

Figura 17.13
Escores médios do salto horizontal de homens e mulheres de 10 a 17 anos, em pés. (1 pé = 30,48 cm)
Fonte: Dados de J. G. Ross et al., "The National Children and Youth Fitness Study: New Standards for Fitness Measurement" in *Journal of Physical Education, Recreation and Dance* (1985).

Resumo

A aptidão física relacionada à saúde e a aptidão física relacionada à *performance* passam por mudanças acentuadas desde o começo até o final da adolescência. Em geral, meninos e meninas são similares ao longo de toda a infância na maioria das medidas da aptidão física. O início do estirão de crescimento na pré-adolescência marca o começo de uma aceleração rápida dos escores da aptidão física dos homens. Isso pode estar associado com uma série de fatores físicos, assim como sociais e culturais. As mulheres, por sua vez, não apresentam as mesmas melhoras rápidas dos seus pares masculinos. Há decidida tendência, nas adolescentes, a melhorar em uma taxa mais baixa por volta dos 15 anos, quando elas costumam estabilizar e às vezes até regredir em termos de *performance*.

Embora, em média, o esperado é que os homens superem as mulheres nas medidas de força e resistência devido a vantagens anatômicas, fisiológicas e biomecânicas, não há uma explicação biológica adequada para as diferenças no decorrer dos anos ao longo dos quais é possível ver relativa melhora. Uma explicação razoável pode ser encontrada nas diferenças sociais e culturais e nas diferenças na educação de filhos e filhas.

As medidas da aptidão física relacionada à saúde são suscetíveis a considerável melhora tanto em homens como em mulheres. Quando os padrões de ati-

ARREMESSO EM DISTÂNCIA: HOMENS E MULHERES

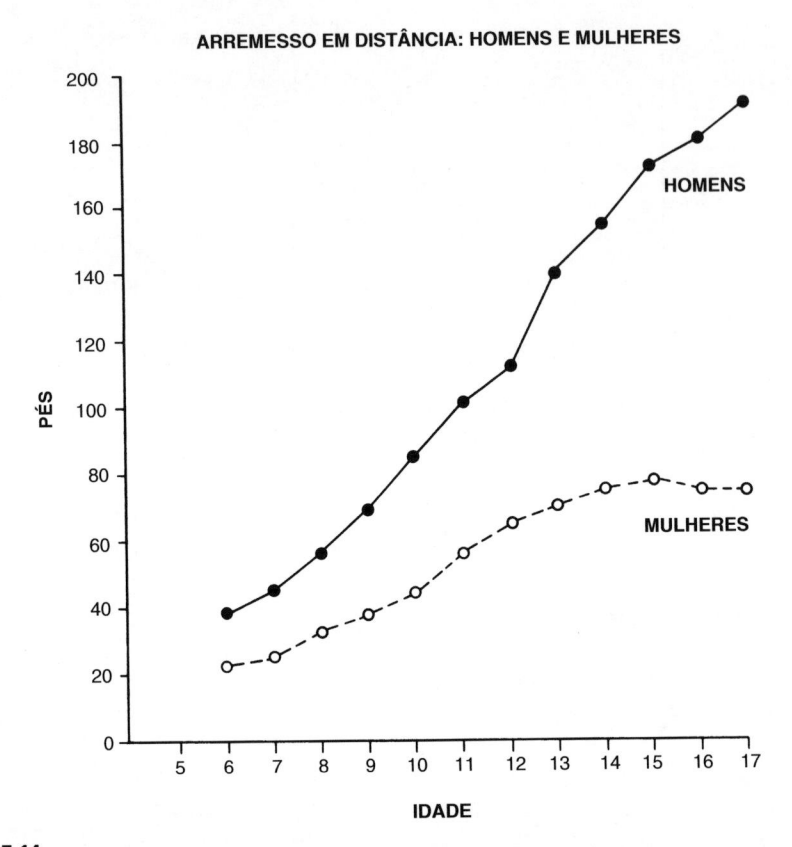

Figura 17.14
Mudanças no arremesso em distância de acordo com a idade: escores médios de homens e mulheres de 6 a 17 anos, dados de estudos pós-1960. (1 pé = 30,48 cm)
Fonte: Dados de J. Haubenstricker e V. Seefeldt, "Acquisition of Motor Skills During Childhood", V. Seefeldt (Ed.), *Physical Activity and Well-Being*, 1986 (Reston, VA: AAHPERD).

vidade mudam, esperamos que para melhor, é possível antecipar mudanças na inclinação das curvas da *performance* tanto de homens como de mulheres.

O êxito de programas destinados a promover o estado positivo da saúde do adolescente por meio de maior atividade física depende de uma abordagem multidisciplinar. Essa abordagem busca ativamente fornecer à juventude informações novas e relevantes sobre a maneira e o motivo de promover mais atividade física e uma nutrição apropriada. Isso deve ser feito de um modo que também promova o prazer no aprendizado, assim como a responsabilidade pessoal e a tomada de decisão.

A International Consensus Conference on Physical Activity Guidelines for Adolescents desenvolveu duas orientações gerais que, acredita-se, melhoram vários índices da saúde de todos os adolescentes, ao mesmo tempo em que minimizam riscos conhecidos.

"Todos os adolescentes devem manter-se fisicamente ativos todos ou quase todos os dias, como parte de brincadeiras, jogos, esportes, trabalho, transporte, recreação, educação física ou exercício planejado, no contexto da família, da escola e das atividades da comunidade" (Sallis e Patrick, 1994, p. 307). Além disso, "os adolescentes devem engajar-se em três ou mais sessões semanais de atividades com duração de 20 minutos consecutivos ou mais e que exijam níveis moderados a vigorosos de esforço" (Sallis e Patrick, p. 308).

Em média, os adolescentes de hoje encontram-se em condição física pior do que a de seus pais na mesma idade. A atividade física regular e vigorosa tem de ser reconhecida como um recurso com custo-benefício efetivo para promover o crescimento e o desenvolvimento normal durante a adolescência. Se isso não for feito, estaremos contribuindo apenas para o declínio do estado de saúde da juventude dos Estados Unidos.

QUESTÕES PARA REFLEXÃO

1. Por que é importante que as instituições de ensino do jardim de infância ao final do ensino médio comprometam-se ativamente com a educação física?
2. Por que a obesidade na infância e na adolescência é considerada epidêmica?
3. Cite algumas das razões das diferenças observadas nos componentes da aptidão física relacionada à saúde e relacionada à *performance* entre meninos e meninas.

LEITURA BÁSICA

American Academy of Pediatrics. (2000). Medical concerns in the female athlete. *Pediatrics, 106,* 610–613.

American Academy of Pediatrics. (2010). Identification and management of eating disorders in children and adolescents. *Pediatrics, 126,* 1240–1253.

American Academy of Pediatrics. (2006). Active healthy living: Prevention of childhood obesity through increased physical activity. *Pediatrics, 117,* 1834–1842.

Armstrong, L. E., & Maresh, C. M. (1995). Exercise heat tolerance of children and adolescents. *Pediatric Exercise Science, 7,* 239–252.

Armstrong, N., & Welsman, J. (2000). Development of aerobic fitness. *Pediatric Exercise Science, 12,* 128–149.

Bar-Or, O., & Rowland, T. W. (2004). *Pediatric Exercise Medicine* (Chapter 1). Champaign, IL: Human Kinetics.

Faigenbaum, A., & Westcott, W. (2009). *Youth Strength Training.* Champaign, IL: Human Kinetics.

Malina, R. M., Bouchard, C., & Bar-Or, O. (2004). *Growth, Maturation, and Physical Activity* (Chapter 11). Champaign, IL: Human Kinetics.

Rowland, T. W. (2005). *Children's Exercise Physiology.* Champaign, IL: Human Kinetics.

RECURSOS NA *WEB*

http://www.aahperd.org/naspe/publications/Shapeofthenation.cfm
O relatório *2010 Shape of the Nation Report: Status of Physical Education in the USA* fornece um quadro atual da educação física (EF) no sistema educacional dos Estados Unidos.

http://healthyamericans.org/reports/obesity2010/
F as in Fat: How Obesity Threatens America's Future 2010 é um relatório da Trust for America's Health e da Robert Wood Johnson Foundation. Além do relatório, o *site* fornece um mapa interativo com dados por estado relacionados às classificações sobrepeso/obesidade.

http://aappolicy.aappublications.org/cgi/content/full/pediatrics;107/6/1470
Esta página da *web* contém a política oficial da American Academy of Pediatrics relativa ao treinamento de força para crianças e adolescentes. São fornecidas orientações desenvolvimentais e recomendações.

http://www.cdc.gov/HealthyYouth/physicalactivity/index.htm
O National Center for Chronic Disease Prevention and Health Promotion nos Centers for Disease Control and Prevention fornece informações sobre saúde e atividade física para o jovem saudável.

http://www.nhlbisupport.com/bmi/bmicalc.htm
O National Institutes of Health's National Heart, Lung, and Blood Institute fornece uma ferramenta de cálculo *on-line* para determinar o índice de massa corporal.

http://www.nsca-lift.org/
Homepage da National Strength and Conditioning Association. A NSCA é uma organização sem fins lucrativos dedicada a fornecer as informações mais avançadas sobre treinamento de força, condicionamento e prevenção de lesões por meio de pesquisas e redes de profissionais.

UNIDADE V

Idade Adulta

A idade não depende dos anos,
Mas do temperamento e da saúde.
Alguns homens nascem velhos,
Outros nunca envelhecem.
　　　　　　　—Tyron Edwards

Capítulo 18

Desenvolvimento Fisiológico e Psicossocial em Adultos

PALAVRAS-CHAVE

Especificidade da tarefa
Variabilidade interindividual
Variabilidade intraindividual
Gerontologia
Senescência
Teoria do desligamento genético
Teoria da mutação genética
Teoria dos radicais livres
Homeostase
Antioxidantes
Osteoporose
Osteopenia
Sarcopenia
Plasticidade cerebral
Marcadores da idade
Hipoxia
Arteriosclerose
Aterosclerose
Miose senil
Presbiacusia
Teoria da atividade
Teoria do desengajamento
Aposentadoria
Discriminação do idoso
Envelhecer bem

COMPETÊNCIAS ADQUIRIDAS NESTE CAPÍTULO

Ao finalizar este capítulo, você será capaz de:

- Discutir as limitações da generalização sobre declínios durante os anos da vida adulta
- Descrever como a interação entre características do indivíduo, a natureza da tarefa e as condições ambientais afetam a *performance* motora dos adultos
- Discutir como os conceitos de especificidade da tarefa, variabilidade entre indivíduos e variabilidade intraindivíduo influenciam os níveis de êxito da *performance* motora do adulto
- Descrever as teorias do envelhecimento relacionadas a mudanças celulares, sistema imunológico humano e homeostase
- Identificar mudanças relacionadas à idade no sistema musculoesquelético
- Identificar mudanças relacionadas à idade no sistema nervoso central
- Identificar mudanças relacionadas à idade nos sistemas circulatório e respiratório
- Identificar mudanças relacionadas à idade na composição corporal
- Identificar mudanças relacionadas à idade nos sistemas sensoriais
- Discutir a relação entre os domínios motor e psicossocial
- Discutir os efeitos dos exercícios sobre fatores psicológicos específicos em adultos na meia-idade e na velhice
- Discutir a importância de um estilo de vida fisicamente ativo em sua relação com a teoria da atividade e com a teoria do desengajamento
- Descrever como permanecer fisicamente ativo pode incrementar o processo da aposentadoria
- Definir "discriminação do idoso" e reconhecer suas várias formas
- Descrever a importância da saúde e da atividade física como fatores de previsão da longevidade e do envelhecer bem

Conceito-chave

Durante toda a vida adulta, mudanças nos sistemas fisiológicos do corpo podem influenciar a *performance* motora e consistir em um mecanismo do processo de envelhecimento.

Década após década, a expectativa de vida dos seres humanos tem apresentado um aumento constante. De fato, os nascidos em 1900 tinham uma expectativa de vida, em média, de 47 anos, enquanto quem nasce hoje tem uma vida média prevista de mais de 77 anos. Melhorias contínuas na saúde pública, redução de doenças e mudanças no estilo de vida têm resultado em aumentos regulares no número médio de anos de vida tanto de homens como de mulheres. Em consequência, mais adultos mais velhos estão representados na população em geral. De modo similar, com a aumento das intervenções médicas e a melhoria dos comportamentos do estilo de vida, muito mais adultos estão vivendo e vão viver até os seus 80 ou 90 anos (Fig. 18.1) (U.S. Census Bureau, 2008).

Quando entramos na vida adulta, vivenciamos uma série de mudanças físicas e fisiológicas que afetam o nosso comportamento. De modo similar, à medida que damos prosseguimento à nossa vida, mudanças em nossas capacidades afetivas e cognitivas alteram o modo como respondemos ao ambiente. Conforme abordado nos capítulos anteriores, esses domínios não são mutualmente exclusivos, mas estão intricadamente inter-relacionados. As suas relações ficam evidentes quando um indivíduo mais velho compensa a redução do tempo de reação relacionada à idade usando estratégias cognitivas diferentes para realizar a tarefa. Nós também vemos a associação entre os diferentes domínios quando indivíduos mais velhos apresentam declínios na autocompetência e na autoestima à medida que mudanças na força muscular relacionadas à idade começam a limitar as suas capacidades de realização das habilidades funcionais na vida diária.

Conceito 18.1

À medida que avançamos pela vida adulta, aspectos de nossos domínios motor, cognitivo e afetivo interagem e afetam o comportamento motor.

Quando fazemos generalizações sobre o comportamento e a *performance* ao longo da

Número de pessoas com idade de 65 anos ou mais, por grupo etário, nos anos de 1900 a 2006 e com projeções para 2010-2050

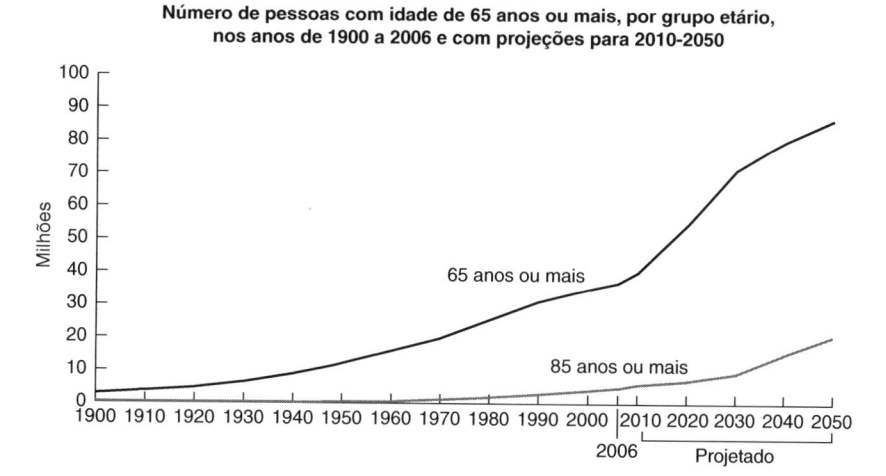

Figura 18.1
Número total de pessoas com 65 anos ou mais por grupo etário, de 1900 a 2050, em milhões.
Obs.: os dados de 2010 a 2050 são projeções médias da população. População de referência: esses dados referem-se à população residente.
Fonte: Federal Interagency Forum on Aging-Related Statistics. *Older Americans 2010: Key Indicators of Well-Being*. Federal Interagency Forum on Aging-Related Statistics. Washington, DC: U.S. Government Printing Office. July 2010.

vida, é comum observamos que os indivíduos apresentam melhoras contínuas da infância até o final da adolescência, certa estabilização durante o início da vida adulta, lento declínio durante meados da vida adulta e um declínio muito maior durante a fase mais velha. Entretanto, surge um problema grave quando descrevemos um evento complexo como o desenvolvimento humano em termos tão simplistas. Essa percepção excessivamente simplificada do processo de envelhecimento pode depositar expectativas irrealistas sobre as crianças mais novas e impor limitações desnecessárias aos adultos mais velhos. Na vida adulta, algumas funções seguem o padrão geral, mas outras características não demonstram sinais de deterioração, e algumas mostram uma capacidade de melhoria contínua. Spirduso e MacRae (1990) destacaram que a variabilidade da *performance* motora de adultos aumenta com cada década de vida. "As descrições do comportamento 'médio' para grupos etários específicos na questão da *performance* individual vão ficando cada vez menos precisas quando a idade do grupo aumenta" (p. 183).

O comportamento motor exibido por um indivíduo depende da interação de uma série de variáveis categorizadas por: (1) a natureza da tarefa; (2) as condições ambientais; e (3) as características cognitiva, afetiva e psicomotora do indivíduo. A natureza da tarefa envolve elementos como o grau de dificuldade, duração e necessidade de velocidade ou precisão. O adulto mais velho cuja visão está enfraquecida às vezes não é capaz de realizar bem uma tarefa específica que envolva velocidade. No entanto, se não houver exigências de tempo, o indivíduo consegue completar a tarefa com elevado grau de sucesso.

Conceito 18.2

Embora muitas mudanças relacionadas com a idade reflitam tendências gerais, as características individuais desempenham papel importante, determinando se a pessoa vai ou não seguir essas tendências.

Exemplos das condições ambientais que afetam o comportamento motor incluem a temperatura do cômodo, a iluminação, a textura da superfície do solo e o grau de familiaridade com o ambiente. O indivíduo mais velho, cujo sistema circulatório está sofrendo desaceleração com o aumento da idade, provavelmente vai se sentir desconfortável em um quarto frio. O desconforto e a rigidez podem limitar a habilidade da pessoa de completar as tarefas exigidas.

A terceira categoria relacionada com o comportamento motor é o estado cognitivo, afetivo e motor do indivíduo. Em referência ao domínio

Perspectivas Internacionais

Quanto tempo viveremos?

A expectativa de vida refere-se à suposta média de anos que um recém-nascido, em uma população específica, vai viver se as taxas de mortalidade existentes no momento forem aplicáveis. De acordo com as estatísticas divulgadas pela Organização Mundial da Saúde, o cidadão "médio" dos Estados Unidos pode esperar viver cerca de 78 anos. Outros países cuja média da expectativa de vida está nos 70 incluem Reino Unido, México, Brasil e China. Os países cujas expectativas chegam ao início dos 80 anos incluem Austrália, Canadá e Suíça. Em flagrante contraste, estão o Afeganistão e Serra Leoa, ambos com uma média de 40 anos de expectativa de vida. Uma multiplicidade de fatores desempenha papel importante na expectativa de vida de cada país. Alguns fatores significativos incluem os níveis de má nutrição nacional, a prevalência de doenças e as taxas de mortalidade infantil. As características genéticas e hereditárias também desempenham papel importante. Em muitos casos, a condição econômica do país é altamente preponderante. No Zimbábue, por exemplo, cuja expectativa de vida é a mais baixa de todas, 42 anos, ocupa o centésimo trigésimo segundo lugar entre os 133 países classificados pelo Fórum Econômico Mundial em termos de competitividade econômica global. O Japão, no entanto, tem a média de expectativa de vida mais alta, 83 anos. Do ponto de vista econômico, o Japão está em segundo lugar na classificação mundial do produto interno bruto. Incorporando uma perspectiva mais global em sua pesquisa, os gerontologistas dispõem de riqueza de informações em seu trabalho de examinar os processos de envelhecimento de todos os humanos.

cognitivo, a capacidade de compreender instruções sobre as habilidades é vital para a boa realização completa da tarefa motora. A incapacidade de seguir instruções verbais pode ser resultado da perda de audição relacionada à idade, o que pode impedir ou restringir a chegada das informações pertinentes aos centros de processamento cerebrais, que, apesar disso, estariam funcionando normalmente. Entretanto, a pessoa mais velha que parece ter problemas de compreensão verbal pode estar com o mal de Alzheimer (doença que afeta muito o funcionamento cerebral). As características do domínio afetivo que podem influenciar o comportamento motor incluem motivação, relações com seus pares e autoconfiança. Um adulto mais velho, que perdeu recentemente o cônjuge ou um amigo próximo, pode não ter motivação para se manter fisicamente ativo ou para tentar com afinco a *performance* de uma tarefa motora que considera sem importância. Por fim, no domínio motor, as mudanças fisiológicas desempenham papel fundamental na *performance* da tarefa motora. Adultos mais velhos costumam passar por declínios na força muscular, na visão e em outros sistemas. Essas mudanças relacionadas à idade são discutidas em detalhes mais adiante neste capítulo.

CONCEITO 18.3

As características individuais, as demandas da tarefa e as circunstâncias ambientais são os principais fatores que determinam o nível do sucesso apresentado pelo adulto na *performance* de uma tarefa motora.

Ao revisar os vários aspectos da *performance* motora nos anos da vida adulta, emergem três princípios básicos. O primeiro deles diz que a maturidade ou o sucesso da *performance* de uma tarefa motora é **especificidade da tarefa**. A generalização de que a *performance* motora de um indivíduo vai deteriorar com a idade pode ser verdadeira para algumas tarefas, mas certamente não para todas. O grau de êxito depende das demandas específicas da tarefa. Ela exige velocidade de movimento, precisão ou ambos? Exige uma quantidade específica de flexibilidade articular ou resistência cardiovascular? Exige grande grau de memorização? Como já mencionado neste capítulo, certos sistemas fisiológicos

mostraram um declínio funcional relacionado à idade durante a vida adulta, enquanto outros podem permanecer relativamente inalterados. Quando as demandas de uma tarefa específica exigem que o indivíduo use um sistema fisiológico em declínio, a *performance* pode ser menos do que ideal. Se, no entanto, as demandas da tarefa motora exigem o uso de sistemas fisiológicos saudáveis, então não haverá nenhuma limitação fisiológica que impeça o indivíduo de executar a tarefa com êxito. Outros fatores limitadores (i.e., restrições) podem prejudicar a *performance*, mas também eles seguem o conceito da especificidade da tarefa. Pode ser necessário um alto nível de iluminação do cômodo para certa tarefa, ao mesmo tempo em que essa condição pode ter pouca ou nenhuma influência sobre a boa *performance* de outra tarefa.

CONCEITO 18.4

O envelhecimento dos diferentes sistemas fisiológicos varia entre os adultos e em um mesmo adulto.

O segundo princípio que emerge dessa revisão consiste em que há uma quantidade enorme de **variabilidade interindividual** no modo como as pessoas envelhecem. Tanto a genética como o estilo de vida são vitais na determinação do período de vida dos indivíduos. Quem vem de uma família de nonagenários (pessoas com 90 anos ou mais, porém com menos de 100) provavelmente tem em sua marca genética o potencial de uma vida longa. No entanto, as escolhas de estilo de vida afetam o modo como esse potencial genético de longevidade vai atuar. O nível de atividade física, o tabagismo, o estresse, o abuso de drogas e a dieta são variáveis importantes do estilo de vida com impacto sobre o número de anos da vida da pessoa. De modo similar, na área da *performance* motora em adultos, determinado sistema fisiológico pode deteriorar de forma mais lenta em uma pessoa do que em outra, em decorrência de diferenças genéticas. Quando a tarefa motora exige alto grau de força muscular, por exemplo, a pessoa que geneticamente perde força muscular em um ritmo mais lento pode ter mais facilidade de completar a tarefa do que outra cujos ancestrais vivenciaram perdas rápidas da força muscular. As escolhas de estilo de vida do indivíduo podem afetar vários sistemas fisiológicos que, por sua vez, podem influenciar a *performance* da tarefa motora que depende do funcionamento saudável desses sistemas. Uma série de variáveis adicionais afeta os resultados das tarefas motoras. Não podemos isolar uma única variável e prever a probabilidade de êxito. No entanto, podemos reconhecer que as marcas genéticas e os estilos de vida variam amplamente e, assim, afetam as *performances* motoras de tarefas específicas de modos diferentes, de acordo com as exigências da tarefa.

Isso leva ao princípio da **variabilidade intraindividual**. Os sistemas fisiológicos individuais não passam pelos declínios relacionados à idade em um mesmo ritmo. Determinadas características fisiológicas começam a declinar no início da vida adulta, outras demoram até mais tarde, e ainda outras características não sofrem qualquer declínio. Fazer generalizações sobre o ritmo de desenvolvimento geral do indivíduo sem considerar as variações de acordo com as suas características pessoais pode limitar o potencial de movimento do indivíduo.

A combinação dos três princípios, especificidade da tarefa, variabilidade entre indivíduos e variabilidade intraindivíduo, com o conhecimento de que a *performance* motora pode variar de acordo com a exigência da tarefa, do ambiente e da biologia do indivíduo nos dá a base para avaliar a *performance* motora dos adultos, a partir de um fundamento pessoal e não de uma abordagem generalizante. Uma porcentagem da população adulta enfrentará limitações e será estereotipada se as suas *performances* forem avaliadas pela abordagem generalizante. Assim como acontece com as crianças e os adolescentes, a *performance* motora dos adultos deve ser avaliada por meio de características individuais, de acordo com o ritmo de desenvolvimento individual.

POR QUE ENVELHECEMOS?

O nosso empenho científico em buscar compreender o processo de envelhecimento é chamado de **gerontologia**. Os gerontologistas estudam disciplinas como biologia, psicologia e sociologia. Esses profissionais estudam os vários aspectos do envelhecimento para tentar identificar os mecanismos que fazem a pessoa envelhecer e o modo como isso afeta a vida cotidiana dos indivíduos. O envelhecimento biológico normal ocorre em resultado de um processo gradual, relacionado com o tempo, que se desenvolve à medida que os eventos fisiológicos degenerativos superam os regenerativos. Esse processo é chamado de **senescência**. Quando vive longamente, a pessoa passa pela senescência. Entretanto, as doenças que afetam os indivíduos de meados da vida adulta até o final não são representativas da senescência, pois são contraídas por alguns indivíduos e por outros não. Ao estudar 54 mil adultos com idade entre 30 e 70 anos, Sehl e Yates (2001) estimaram em 0 a 3% ao ano as taxas de senescência de 13 funções biológicas e sistemas de órgãos diferentes.

Uma série de teorias busca fornecer respostas para a velha questão: "Por que envelhecemos?" Muitos teóricos do passado sugeriram que o corpo humano simplesmente se desgasta na lida diária. Eles compararam o corpo humano a uma máquina que quebra e cujas partes se desgastam em função do uso (e às vezes abuso) contínuo. A *performance* da máquina deteriora-se e, no final, ela para de funcionar. Essa analogia sugere que a deterioração é um processo contínuo. Embora talvez esse seja o caso de algumas características humanas, isso não representa o processo de envelhecimento como um todo. Ao contrário, numerosas pesquisas têm demonstrado que o uso do corpo humano (i.e., em exercícios e atividade física) pode desacelerar, parar ou, em alguns casos, reverter aspectos da deterioração relacionada com a idade. Chodzko-Zajko (1999a) destaca "estar bem estabelecido que significativos benefícios fisiológicos, psicológicos e sociais advêm da participação em atividades físicas e que os benefícios de um estilo de vida fisicamente ativo estende-se pela vida inteira" (p. 213). Outro grande problema associado com a teoria do desgaste para explicar o envelhecimento é a dificuldade, se não impossibilidade, de determinar se as mudanças em um sistema corporal específico causam envelhecimento ou são resultado de um processo genético, celular ou molecular básico (Hoyer e Roodin, 2009).

> **CONCEITO 18.5**
>
> Mudanças no nível celular, no nível do sistema imunológico e/ou na interação dos sistemas fisiológicos podem ser causas subjacentes do envelhecimento.

Uma série de outras teorias tem sido apresentada para tratar a questão: por que envelhecemos. Essas teorias abordam a questão do envelhecimento em níveis que variam desde o celular até o organismo inteiro.

No nível celular, estamos interessados naquilo que acontece com a integridade das células do corpo humano durante o envelhecimento. Cada parte do corpo é estruturada em células. Cada célula tem uma função específica e possui material genético para realizar essa função. As células dividem-se e aumentam em número para promover o crescimento, maturação e/ou manutenção de determinado órgão ou tecido. O que tem sido demonstrado é que as células podem se dividir limitado número de vezes. Hayflick (1980) observou que as células do tecido conjuntivo dividem-se aproximadamente cinquenta vezes. É possível que as células sejam programadas pela genética para se desligarem depois de determinado número de replicações. Essa concepção é chamada de **teoria do desligamento genético**. Outra possibilidade consiste em que o material genético, que dita o funcionamento da célula, pode mudar ou sofrer mutações com a passagem do tempo. À medida que aumentam, ou por mutação celular contínua e/ou por replicação durante a divisão celular, essas células modificadas podem causar deterioração do tecido ou órgão. Essa hipótese é chamada de **teoria da mutação genética**. Dependendo da função do órgão ou tecido afetado, podem aparecer déficits na *performance* motora, na saúde geral ou em ambas. A probabilidade desses déficits aumenta quando essas mudanças celulares ocorrem em mais de um órgão ou tecido. Uma terceira possibilidade no nível celular é explicada pela **teoria dos radicais livres**. Algumas moléculas no interior da célula reagem de forma violenta quando entram em contato com o oxigênio. Elas soltam-se da célula e tornam-se fragmentos instáveis. Esses componentes moleculares altamente reativos são chamados de radicais livres. Os radicais livres tentam ligar-se a outras moléculas dentro das células saudáveis, influenciando de forma negativa o funcionamento celular normal e, possivelmente, causando danos ao DNA. O envelhecimento pode ser uma manifestação desse processo (Hoyer e Roodin, 2009).

Uma segunda abordagem na tentativa de compreender por que envelhecemos envolve o funcionamento do sistema imune humano, que consiste de nódulos linfáticos, baço, timo e tecido linfoide das amígdalas e intestino. O propósito do sistema imunológico é nos proteger dos vários organismos que penetram no corpo. Com a idade, a efetividade do sistema imune humano diminui de modo gradual. Isso aumenta a vulnerabilidade dos adultos mais velhos a doenças e aumenta o seu tempo de recuperação. Além disso, o sistema imune de um indivíduo mais velho pode começar a tomar células de órgãos e tecidos saudáveis como alvos a serem destruídos, como se elas fossem células "más". Esses problemas no funcionamento do sistema imune podem consistir no processo pelo qual envelhecemos.

Uma terceira explicação para a pergunta "por que envelhecemos" envolve o conceito de **homeostase**. A homeostase refere-se à manutenção da estabilidade nos sistemas fisiológicos e em suas inter-relações, mas também pode ser influenciada por fatores psicossociais. A homeostase é o estado em que os vários sistemas do corpo (i.e., os sistemas sensorial, digestivo e cardiovascular) trabalham em harmonia para manter o corpo em condição normal e saudável. O corpo humano é uma rede incrivelmente complexa de sistemas que realizam as suas funções tanto de modo independente como em combinação. Guyton (1991) declarou que as células dos órgãos e tecidos dentro dos sistemas inter-relacionados beneficiam-se do estado de homeostase e contribuem para a sua manutenção. Esse estado harmonioso é mantido até o momento em que algum sistema ou grupo de sistemas específico começa a funcionar mal ou já não contribui para a manutenção da homeostase. A extensão da manifestação das consequências negativas depende da capacidade de adaptação dos outros sistemas e de quanto o sistema disfuncional é capaz de contribuir para a rede homeostática. Um nível moderado de disfunção em um sistema específico pode prejudicar a saúde e a capacidade de uso das habilidades funcionais na vida diária. Um nível elevado de disfunção leva à morte.

Parece haver uma relação recíproca entre o envelhecimento e a manutenção do estado homeostático. Com a idade, o equilíbrio entre os sistemas envolvidos na homeostase é menos estável e mais vulnerável a ruptura. Os sistemas individuais parecem apresentar declínios relacionados à idade em sua capacidade de contribuir para o equilíbrio homeostático. Então, as características relacionadas com a idade começam a emergir. Maior suscetibilidade a doenças, tempos de recuperação de doenças mais longos e maiores limitações na *performance* motora tornam-se mais prevalentes.

> **CONCEITO 18.6**
>
> As intervenções atuais e potenciais podem resultar na extensão do período de vida, retardando o processo de envelhecimento.

Conforme já mencionado, a expectativa de vida, tanto de homens como de mulheres, aumenta de modo consistente e, portanto, a população de adultos mais velhos nos Estados Unidos continua a expandir-se. A maioria desses aumentos na expectativa de vida pode ser atribuída ao estilo de vida. Comportamentos bem conhecidos, como não fumar, reduzir a ingestão de alimentos com alto teor de colesterol e minimizar o estresse psicológico contribuem para períodos de vida maiores. É certo que um estilo de vida fisicamente ativo pode acrescentar anos à expectativa de vida de uma pessoa. Na maior parte, esses fatores contribuem para a média do período de vida, reduzindo o potencial de contrair doenças de curta duração.

Duas intervenções que tiveram influência positiva no prolongamento da vida de animais de laboratório estão relacionadas com a ingestão de **antioxidantes** e restrição dietética. A teoria subjacente à ação dos antioxidantes envolve a redução da influência dos radicais livres. Os antioxidantes (agentes que previnem ou inibem a oxidação), como as vitaminas C e E, prolongam a vida e retardam o processo de envelhecimento, ligando-se com radicais livres antes que eles prejudiquem células saudáveis do corpo.

Pesquisas que tiveram início na década de 1930 e foram replicadas muitas vezes demonstraram um aumento no período de vida de ratos de laboratório como resultado de uma restrição dietética moderada a rigorosa. Com a redução da ingestão calórica dos animais em 25 a 40%, mas mantendo os níveis apropriados de vitaminas e nutrientes, os ratos viveram significativamente mais tempo do que os seus pares que comiam livremente (Hoyer e Roodin, 2009). Uma possível explicação para o aumento da longevidade com a restrição calórica é que ela pode retardar ou prevenir patologias relacionadas com os sistemas cardiovascular, renal e nervoso central (Lee et al., 2001). Embora alguns êxitos com essas estratégias de intervenção tenham sido observados em animais de laboratório, o seu potencial com humanos ainda precisa ser determinado.

MUDANÇAS FISIOLÓGICAS NO SISTEMA MUSCULOESQUELÉTICO ADULTO

O esqueleto humano é multifacetado em termos funcionais. Ele protege os órgãos internos, dá forma ao corpo, atua como alavanca à qual se conectam os músculos, fornece um reservatório para o cálcio e desenvolve células sanguíneas na medula óssea. Os músculos esqueléticos, excitados pelo sistema nervoso central, movimentam a maioria dos ossos do corpo. Além disso, os músculos, tendões e ligamentos fornecem estabilidade às articulações de todo o corpo.

Esqueleto

Surgem várias mudanças na estrutura esquelética à medida que a pessoa envelhece. Muitos indivíduos apresentam uma redução na estatura. Estima-se que as mulheres possam perder bastante, até mais de 5 cm, entre 25 e 75 anos, enquanto os homens podem ter uma redução de altura de cerca de 1,37 cm entre 30 e 50 anos, seguida de mais 2,75 cm entre 50 e 70 anos (Hoyer e Roodin, 2009). Esse "encolhimento" pode ser atribuído a uma ou mais causas. Quando envelhecemos, os discos que separam as vértebras da coluna vertebral passam por várias mudanças. Em um estado saudável, os discos intervertebrais possuem núcleos gelatinosos. Os discos vertebrais de adultos mais velhos muitas vezes perdem uma parte do conteúdo de água, que é importante para a absorção de choques, e os discos tornam-se mais fibrosos. Isso, junto com as mudanças na densidade mineral óssea nas vértebras, resulta em compressão dos discos. Essa compressão reduz o comprimento da coluna vertebral e provoca a subsequente perda de altura geral. Outros fatores que contribuem para a perda de altura relacionada à idade incluem o mau alinhamento espinal e a má postura. O encurvamento da coluna pode ser causado pela redução da capacidade de absorção de choque dos discos vertebrais. Os problemas de postura podem refletir enfraquecimento dos músculos que suportam a coluna e o tórax (caixa torácica). Embora essas condições apareçam em muitos adultos mais velhos, elas não são inevitáveis. Pode ocorrer certa quantidade de perda do conteúdo de água vertebral, mas os músculos que sustentam a coluna e o tórax podem manter a força por meio de atividade física e exercícios apropriados. Além disso, é possível evitar a perda do conteúdo mineral dos ossos ou retardá-la por meio de um tratamento adequado.

> **CONCEITO 18.7**
>
> A osteoporose é uma doença potencialmente debilitante, para a qual indivíduos em todos os estágios da vida adulta devem dar atenção.

A doença da **osteoporose** contribui para a redução da altura em adultos mais velhos, mas as suas outras consequências serão muito mais devastadoras. A osteoporose é caracterizada pela redução grave da *densidade mineral óssea*, a tal ponto que aumenta a vulnerabilidade das fraturas dos ossos (Fig. 18.2). No osso saudável, o processo continuado de produção e absorção mineral óssea mantém o equilíbrio do metabolismo de cálcio regulado pelo sistema endócrino. Em outras palavras, as células velhas morrem e são removidas, abrindo caminho para a produção de novas células. Com a idade, esse equilíbrio entre absorção e produção torna-se menos estável, e o conteúdo mineral ósseo passa a ser mais absorvido do que produzido. Embora esse desequilíbrio normalmente resulte em leve perda na densidade óssea relacionada com a idade, a osteoporose acelera o processo. À medida que o conteúdo mineral dos ossos se reduz, os ossos vão ficando cada vez mais porosos e frágeis. Podem ocorrer fraturas dentro do osso, fazendo com que ele sofra compressão. Essas fraturas

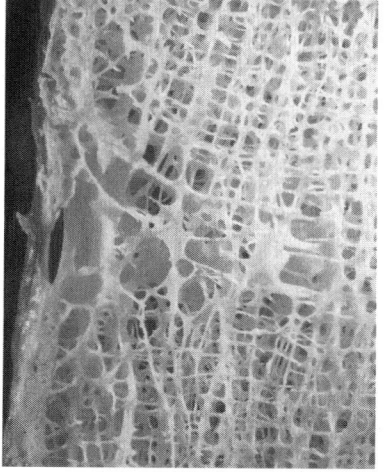

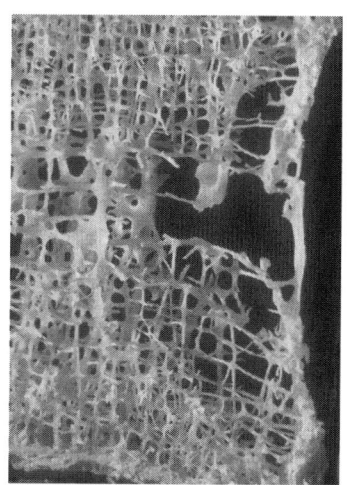

Osso saudável ampliado   Osso osteoporótico ampliado

Figura 18.2
Comparação entre uma vértebra lombar normal, à esquerda, e uma vértebra lombar com osteoporose, à direita.

de compressão com frequência são observadas na coluna vertebral de adultos mais velhos com osteoporose. O estresse normal de sustentação do peso corporal pela coluna vertebral causa fraturas minúsculas nas vértebras individuais. À medida que passam a ocorrer mais fraturas, as vértebras tornam-se mais comprimidas e a posição do tórax se altera. Essa mudança de posição afeta de modo adverso as funções dos pulmões e de outros órgãos internos diretamente abaixo da região do tórax. Além disso, desvios posturais e deformidades espinais são comuns quando há osteoporose (Fig. 18.3).

Os indivíduos com osteoporose ficam mais vulneráveis a fraturas *dentro* do osso, mas fraturas *do* osso também causam grande preocupação. Quando o conteúdo mineral ósseo declina, e os ossos tornam-se mais porosos, o indivíduo com osteoporose corre maior risco de ruptura óssea como resultado de um trauma mínimo. É comum ouvir relatos de adultos mais velhos que caem e quebram o quadril. Até mesmo a força envolvida em uma queda bem leve pode ser suficiente para quebrar um fêmur frágil, destruído pela osteoporose. Uma preocupação extra é que os ossos osteoporóticos se recuperam muito mais devagar do que os saudáveis.

A osteoporose pode ocorrer tanto em homens como em mulheres, mas está presente em maior grau em mulheres. Na verdade, dos estimados 10 milhões de cidadãos dos Estados Unidos com a enfermidade, 80% são mulheres (National Osteoporosis Foundation, 2011). As mulheres perdem osso em um ritmo muito mais rápido do que os homens devido às mudanças hormonais drásticas sofridas com o aumento da idade e porque elas começam com menos massa óssea (Spirduso, Francis e MacRae, 2005). As mudanças hormonais apresentadas por mulheres em seguida à menopausa podem interromper a formação óssea. Outros fatores que são importantes na manutenção da densidade óssea são a ingestão de cálcio e a atividade física com sustentação de peso. O cálcio é fundamental na regulação do metabolismo ósseo, e o estresse da sustentação de peso ajuda na formação e manutenção da densidade óssea. Mudanças hormonais, reduções na ingestão de cálcio e restrição dos exercícios de levantamento de peso deixam o indivíduo vulnerável a uma perda mineral óssea significativa.

Foi demonstrado que, no espaço, os astronautas sofrem substancial perda mineral óssea após apenas algumas semanas em um ambiente

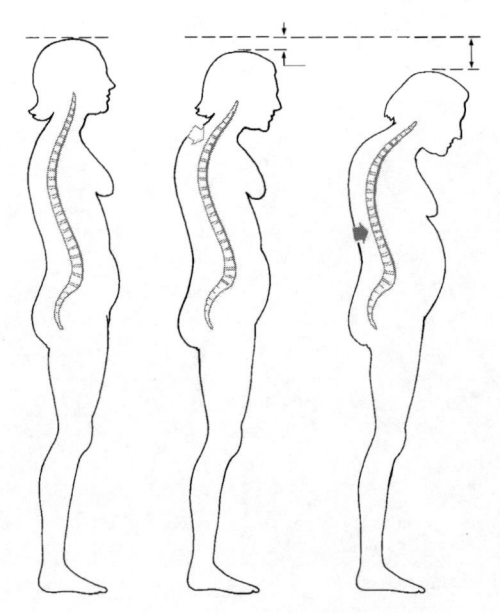

Figura 18.3
Mudanças esqueléticas na presença de osteoporose.
Fonte: © LifeART/Fotosearch.

sem gravidade. Ao voltarem ao ambiente gravitacional da Terra e executarem vários exercícios, eles recuperam a maior parte, mas não toda a densidade óssea pré-voo. Esse fenômeno complica a situação do adulto mais velho que está se recuperando de uma fratura no quadril. As restrições de sustentação do peso do corpo pelo quadril fraturado para garantir a recuperação pode incrementar ainda mais a perda mineral óssea.

Drinkwater chamou a osteoporose de "ladrão silencioso dos anos dourados" (1992). Os sinais externos da doença só costumam ficar evidentes depois que as vértebras sofrem fraturas por compressão, os desvios posturais tornam-se aparentes ou o indivíduo começa a sentir dores nas costas por causa de um mau alinhamento da coluna. No entanto, desde do final da década de 1970, a tecnologia diagnóstica tem sido capaz de identificar, com segurança e precisão, a densidade óssea do indivíduo. Uma vez que a osteoporose pode ser prevenida, o uso dessa tecnologia para monitorar a densidade óssea é essencial e deve começar no início da vida adulta. A comparação da densidade óssea do indivíduo com o padrão para adultos jovens saudáveis dirá ao médico se a pessoa está sofrendo uma perda óssea acelerada. O tratamento pode minimizar futuras perdas ósseas. Entretanto, para a realização do tratamento, é necessário um diagnóstico. Siris e colaboradores (2001) observaram que, em um estudo longitudinal com mais de 200 mil mulheres pós-menopausa, havia um número inesperadamente grande de indivíduos com osteoporose, mas sem diagnóstico anterior. Além disso, os pesquisadores perceberam que um número inesperadamente grande de mulheres sofriam perdas leves na densidade mineral óssea, condição conhecida como **osteopenia**. Foi determinado que 7% da população estudada têm osteoporose; outros 40% têm osteopenia.

Embora tenha prevenção, a osteoporose não é reversível. Entretanto, o diagnóstico e o tratamento podem restringir perdas ósseas subsequentes até mesmo nos indivíduos cujos depósitos minerais ósseos foram esgotados.

O tratamento para essa condição envolve reposição hormonal para mulheres pós-menopausa; aumento da ingestão de cálcio; e, de particular interesse para o especialista em movimento, aumento dos exercícios de sustentação de peso.

Vários estudos recentes indicaram uma relação significativa entre o treinamento de resistência e uma maior densidade mineral óssea (Ballard et al., 2003; Hawkins, Wiswell e Schroeder, 2002). Fatores adicionais que desempenham um papel prejudicial à densidade óssea da pessoa incluem o tabagismo, abuso de álcool e alto consumo de cafeína (ver Tab. 18.1). Drinkwater destaca um princípio de especificidade que se aplica a atividades de sustentação de peso. O estresse da sustentação de peso tem de ser direcionado para uma área óssea específica, para que esse osso seja afetado. Essa é uma informação valiosa para que os profissionais do movimento possam planejar atividades físicas destinadas a indivíduos com osteoporose. Além disso, é importante reconhecer que o exercício deve ser um complemento do tratamento primário de reposição hormonal (Drinkwater, 1994).

Músculos e articulações

A força muscular é essencial para a *performance* de habilidades motoras, sejam elas relacionadas à *performance* esportiva de alto nível ou à vida funcional diária. Com a idade, a estrutura e a função do sistema musculoesquelético mudam. Estruturalmente, os indivíduos apresentam a **sarcopenia** ou atrofia da massa muscular esquelética. A massa muscular diminui à medida que se reduzem o número e o tamanho das fibras musculares de meados até o final da vida adulta. Do ponto de vista funcional, a redução na força muscular parece ser paralela a essa perda de tecido muscular. O padrão adulto geral para a força muscular é representado por um pico de força por volta dos 25 a 30 anos e uma estabilização até cerca de 50 anos, com declínio gradual até em torno de 70 anos, seguido de um declínio muito mais acentuado nos anos subsequentes (Fig. 18.4). Os dados cruzados indicam uma queda de, aproximadamente, 20% na força dos homens após os 55 anos e uma porcentagem mais drástica, 35%, de declínio em mulheres com mais de 55 anos (Samson et al., 2000). Dados longitudinais parecem confirmar a perda da força em adultos mais velhos, mas indicam que declínios de força significativos manifestam-se a partir do início da idade adulta avançada e não de meados da idade adulta.

No parágrafo anterior, esboçamos um ponto de vista geral sobre a *performance* muscular

Tabela 18.1 — Fatores de risco associados com a osteoporose

Idade	Ocorre em proporção muito mais elevada em adultos mais velhos
Sexo	Ocorre em proporção muito mais elevada em mulheres
Histórico familiar	A hereditariedade e a genética desempenham papel importante
Peso corporal baixo/pessoas baixas e magras	Mulheres e homens com ossos pequenos têm maior probabilidade de apresentar osteoporose do que pessoas grandes
Raça e etnia	Ocorre em maior proporção em populações brancas, asiáticas e latinas, em comparação com aquelas de origem africana
História de ossos fraturados	Maior risco quando os ossos foram fraturados na idade adulta
Menopausa	A perda óssea aumenta devido à queda nos níveis de estrogênio
Níveis de estrogênio	Podem ocorrer a partir da menopausa, remoção de ovários ou amenorreia
Amenorreia	A ausência de períodos menstruais pode resultar em níveis de estrogênio mais baixos
Deficiência de cálcio	Esse mineral é fundamental para o osso
Deficiência de vitamina D	Ajuda o corpo a usar o cálcio
Cafeína	Pode reduzir a absorção de cálcio
Estilo de vida inativo	Limita a atividade com sustentação de peso
Tabagismo	As substâncias químicas do cigarro têm efeito negativo sobre as células ósseas
Abuso de álcool	Pode reduzir a formação óssea
Transtornos alimentares	Pode resultar em reduções no nível de estrógeno e em amenorreia

Fonte: National Osteoporosis Foundation, 2010.

DILEMA DO DESENVOLVIMENTO

O sol já vai nascer

Quando envelhecemos, às vezes enfrentamos situações difíceis em que não há respostas claras ou então em que nos dizem para fazer duas coisas diferentes contraditórias entre si. Isso pode acontecer com frequência quando o assunto é a saúde de adultos mais velhos. Às vezes, dois sistemas fisiológicos do corpo estão competindo um com o outro. Tomemos, por exemplo, o sistema integumental e o sistema esquelético. O sistema integumental inclui a pele; o sistema esquelético, obviamente, inclui os ossos. Com a idade, a epiderme, ou seja, a camada externa da pele, vai ficando fina, em resultado do declínio da atividade celular. A sua capacidade de proteção contra a radiação UV declina com o passar do tempo. Com frequência, os adultos mais velhos evitam a exposição ao sol por essa razão. Em contraste, o sistema esquelético precisa de vitamina D. O corpo usa a vitamina D para absorver o cálcio, importante fator da saúde dos ossos. Como o corpo adquire vitamina D? De dois modos: pela exposição direta da pele à luz solar e pela ingestão alimentícia. Se os adultos mais velhos limitam a sua exposição ao sol, então eles devem fazer um esforço concentrado para ingerir alimentos que forneçam os níveis de vitamina D necessários.

Compreendendo o Desenvolvimento Motor **389**

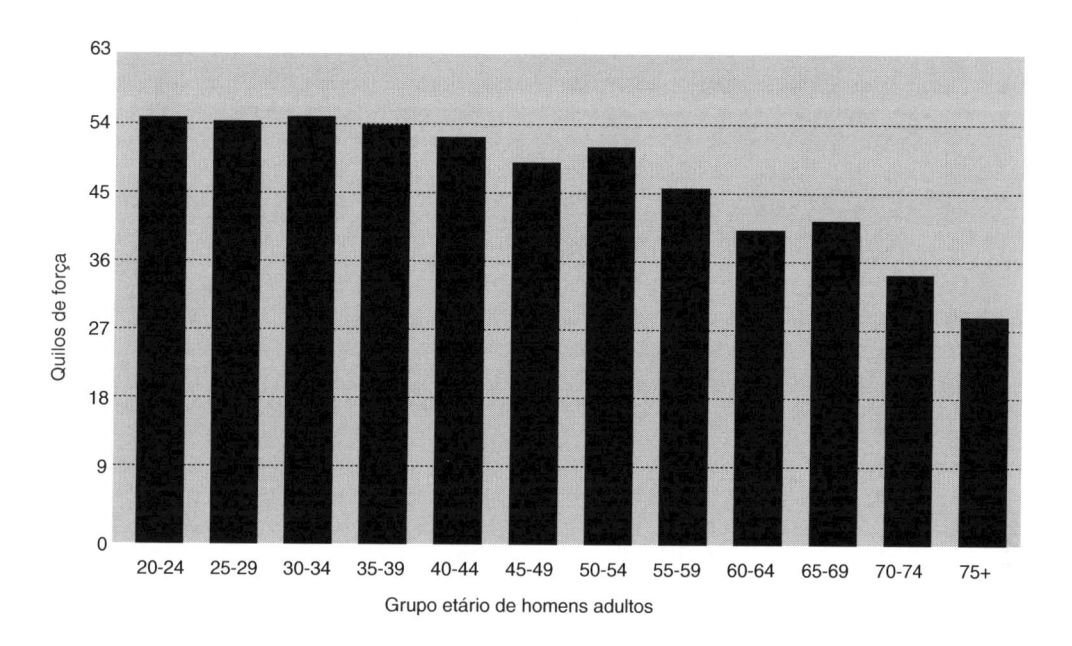

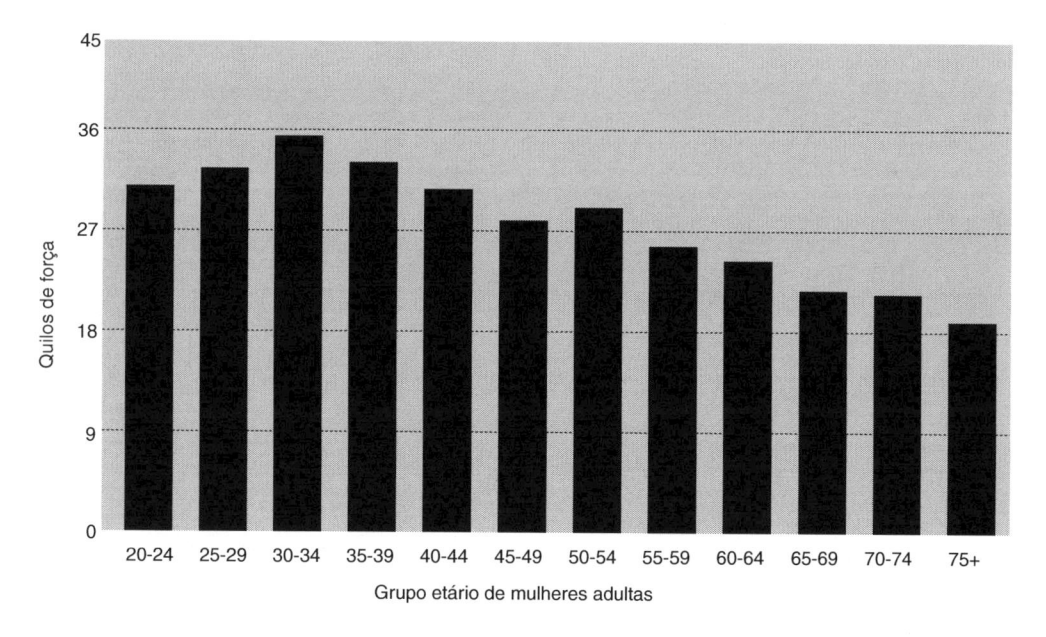

Figura 18.4
A força muscular ao longo da vida adulta (média das medidas de força da pegada da mão direita em homens e mulheres adultos).
Fonte: Dados do gráfico de Mathiowetz et al. (1985).

relacionada com a idade, mas muitas variáveis específicas devem ser consideradas em relação à *performance* do indivíduo. Embora a sarcopenia pareça ocorrer com o aumento da idade, a atrofia muscular também acontece como resultado da inatividade. A atrofia induzida pela inatividade pode surgir em qualquer idade e não é apenas uma consequência do envelhecer. Há dados substanciais de que os adultos que mantêm estilos de vida fisicamente ativos apresentam menores declínios de força muscular do que os seus pares inativos (Lemmer et al., 2000; O'Neill et al., 2000). Em indivíduos com 90 anos ou mais, foi demonstrado que o programa de treinamento de força melhora a força muscular e aumenta a massa muscular (Fiatarone et al., 1999). Dados adicionais indicam que inclusive adultos mais velhos e frágeis podem ter aumento da força após um programa de treinamento de baixa intensidade (Westhoff, Stemmerik e Boshuizen, 2000). Além do incremento da força muscular e da massa muscular, foi sugerido que o treinamento de força, em adultos mais velhos, reduz a gravidade de condições crônicas como hipertensão, obesidade, artrite e diabetes, assim como aumenta a mobilidade, a amplitude articular do movimento e facilita a redução de peso (Holland et al., 2002; Lamourex et al., 2003; Schwartz e Evans, 1995). Está claro que o estilo de vida do indivíduo é uma variável essencial para determinar se a capacidade da força muscular vai seguir a curva geral ou desviar-se dela.

Outra consideração importante sobre a força envolve as exigências da tarefa específica. Embora a expressão *força muscular* seja usada muitas vezes para descrever as funções musculares de uma tarefa de movimento específica, muitas habilidades requerem alguma combinação da força com a *resistência muscular*. Foi demonstrado que a resistência muscular é menos afetada pelo envelhecimento do que a força muscular. Dummer, Vaccaro e Clarke (1985) observaram duas diferenças significativas entre a resistência muscular de nadadores adultos jovens e nadadores adultos mais velhos. As suas descobertas indicam que talvez seja possível compensar os declínios na resistência muscular relacionados com a idade por meio do engajamento em estilos de vida fisicamente ativos. Isso, de modo similar, faz com que reconheçamos que um adulto mais velho pode ter maior propensão a completar tarefas motoras relacionadas com a resistência do que com a força muscular.

Há uma tendência geral nas mudanças na função muscular relacionadas com a idade, mas se observa, também, imensa variabilidade entre os indivíduos. A perda de massa muscular observada à medida que os anos passam também é afetada pelos níveis individuais de atividade física e uso muscular. Além disso, as demandas da função muscular de várias tarefas afetam o resultado da *performance* da tarefa.

As articulações e os tecidos conjuntivos parecem passar por mudanças relacionadas com a idade. As articulações tornam-se menos flexíveis. Em termos gerais, o pico da flexibilidade articular para adultos jovens acontece por volta dos 20 anos e, depois dessa década, declina aos poucos. A maior parte da redução da flexibilidade pode ser atribuída à perda de água no tecido conjuntivo, resultando em maior rigidez dos ligamentos e dos tendões. Há também uma perda relacionada com a idade no conteúdo de água do tecido cartilaginoso. A perda de flexibilidade e, em alguns casos, a perda de estabilidade articular, pode ter consequências significativas para o adulto mais velho na realização das tarefas funcionais de sua vida diária. Estilos de vida fisicamente ativos e exercícios de alongamento parecem retardar a perda de flexibilidade articular relacionada com a idade (Holland et al., 2002).

Em casos extremos, as doenças articulares relacionadas com a idade, como a osteoartrite, não apenas geram limitação de certos movimentos, mas também podem restringi-los completamente. A osteoartrite é a forma mais prevalente de artrite em pessoas com 50 anos ou mais, e pelo menos metade da população com idade superior a 60 anos mostra algum sintoma da doença. O tratamento envolve terapia para manter a atividade e a flexibilidade articular; aumentar a força nos músculos associados com as articulações afetadas, reduzir a gordura corporal para diminuir estiramentos nas áreas de sustentação de peso; aliviar a dor com analgésicos; e, em casos extremos, realizar uma cirurgia articular total de reposição.

SISTEMA NERVOSO CENTRAL

Os componentes do sistema nervoso central (SNC) são o cérebro e a medula espinal; o neurônio é a unidade básica, pela qual os sinais são transmitidos. O cérebro humano tem, aproximadamente, 100 bilhões de neurônios, que exigem uma rede incrivelmente complexa de conexões neuronais. Os três principais elementos do neurônio são o corpo celular, o axônio e o dendrito (Fig. 18.5).

Os *dendritos* transportam os sinais ao corpo celular, enquanto os *axônios* levam os sinais para fora. As transmissões de sinais pelo SNC são tanto elétricas como químicas. Os sinais elétricos cursam ao longo das ramificações dos dendritos até o corpo celular e depois ao longo do axônio. A transmissão de sinais de um neurônio a outro envolve transformação do sinal elétrico em sinal químico e depois, de volta, em sinal elétrico. Isso ocorre na junção de dois neurônios. As substâncias químicas liberadas durante esse evento são chamadas de *neurotransmissores*.

Conceito 18.8

As mudanças estruturais no sistema nervoso central relacionadas com a idade resultam em decréscimo de várias funções.

Uma série de mudanças relacionadas com a idade ocorre no SNC. Em sua estrutura, o cérebro apresenta perda contínua de neurônios que não são substituídos. Nascemos com todas as nossas células nervosas, e quando morrem elas não são substituídas. Nós perdemos milhares de células nervosas a cada dia, sem geração de substitutas. Como consequência, o cérebro do adulto mais velho é menor e pesa menos do que o cérebro de um adulto jovem. Além disso, o tamanho dos ventrículos ou das cavidades cerebrais aumenta, em especial durante a idade adulta avançada. Embora a perda neuronal relacionada com a idade seja suficiente para reduzir o tamanho e o peso do cérebro, algumas seções cerebrais são menos suscetíveis à redução de neurônios do que outras. O córtex cerebral sofre 10 a 20% de perda de massa entre 20 e 90 anos, enquanto outras seções do cérebro podem ter perdas de até 50% da massa. Portanto, qualquer mudança funcional que ocorra em função da perda de neurônios deve ser considerada específica de certas regiões. Alguns pesquisadores questionam até o impacto da morte de neurônios relacionada com a idade, demonstrando

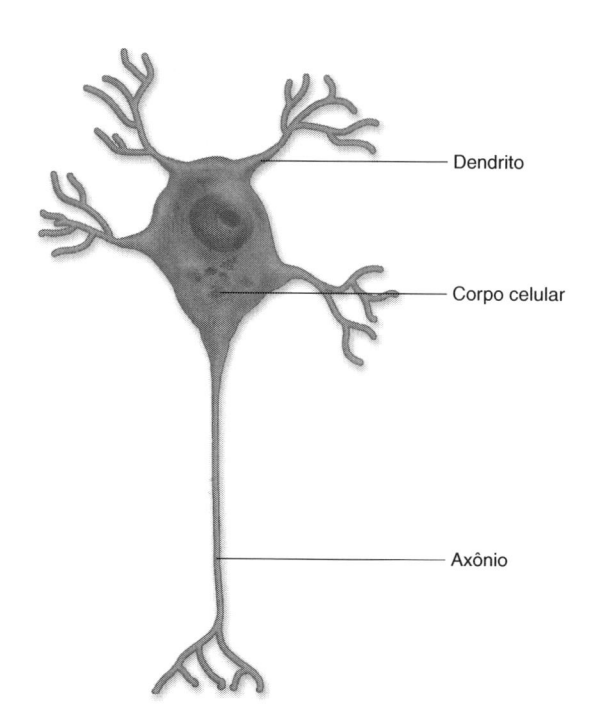

Figura 18.5
Estrutura do neurônio.

que grandes números de neurônios podem encolher ou atrofiar, mas não morrem enquanto aumenta a idade (Albert, 1993).

Embora seja possível concluir que a perda de milhões de neurônios ao longo da idade adulta deva afetar o comportamento, essa suposição ignora a natureza adaptável do cérebro ou o que chamamos de **plasticidade cerebral**. Os neurônios morrem continuamente, mas há indícios de que os neurônios vivos desenvolvem ramificações compensatórias nos dendritos, que ajudam a manter as conexões que, de outro modo, sofreriam deterioração. Apesar de que talvez as conexões do trajeto sejam mantidas, a força do sinal pode ficar reduzida ou distorcida quando menos neurônios envolvem-se na transmissão do sinal. Além disso, os sinais que se desviam um pouco dos cursos designados talvez não sejam corrigidos. As mudanças derradeiras no comportamento devido à perda de neurônios permanecem obscuras. Mesmo que mecanismos de compensação possam manter os trajetos de sinais, a sua qualidade pode ficar comprometida. Algumas pesquisas intrigantes na área da plasticidade cerebral foram realizadas recentemente por William Greenough e seus colaboradores da University of Illinois. Eles conseguiram demonstrar mudanças estruturais nos cérebros de animais de laboratório que se envolviam em tarefas de movimento complexas (Ivanco e Greenough, 2000; Jones e Greenough, 1996; Jones, Klintsova, Kilman, Sirevaag, e Greenough, 1997; Kleim, Pipitone, Czerlains e Greenough, 1998). Embora haja significativa distância entre ratos de laboratório e seres humanos, essa linha de pesquisa merece monitoramento.

Outras manifestações que parecem estar relacionadas com a idade são as formações anormais, incluindo *entrelaçamentos neurofibrilares*, *placas senis* e acumulação de *lipofuscina*. Essas formações com frequência são chamadas de **marcadores da idade**, pois aparecem no cérebro mais velho e aumentam em número enquanto continua o processo de envelhecimento. Os entrelaçamentos neurofibrilares ocorrem quando fibras longas e finas, que transportam substâncias químicas para todas as partes do neurônio, ficam retorcidas e entrançadas. Imagina-se que esses entrelaçamentos podem ter participação no retardamento da capacidade de resposta do SNC e desempenhar certo papel na eventual morte do neurônio em que estão alojados. As placas senis são formações esféricas compostas de substâncias remanescentes de neurônios degenerados. As placas localizam-se fora do neurônio e podem interferir na transmissão normal, rompendo a junção sináptica. Especialistas sugerem que as placas senis podem ter alguma importância na perda de memória. Os entrelaçamentos neurofibrilares e as placas senis também estão presentes em grandes quantidades nos cérebros de indivíduos com a doença de Alzheimer. A lipofuscina é um pigmento amarronzado ou amarelado que aparece nos neurônios quando o cérebro envelhece. Os efeitos da lipofuscina sobre o funcionamento cerebral ainda não foram confirmados, mas há maior concentração do pigmento em torno de neurônios menos ativos. Portanto, a presença de lipofuscina pode retardar ou inibir a atividade celular.

Conforme já mencionado, os neurotransmissores são instrumentos usados no envio e na recepção de sinais dos neurônios. Eles são substâncias químicas que regulam a passagem dos sinais através da junção sináptica. À medida que o cérebro envelhece, essa atividade bioquímica é afetada. A quantidade de neurotransmissores disponível assim que o sinal alcança a sinapse possivelmente sofre redução, e o sinal perde a força. Deficiências extremas do neurotransmissor dopamina são uma das características do mal de Parkinson. Por fim, o cérebro que está envelhecendo fica suscetível à **hipoxia**, condição em que o cérebro recebe quantidade inadequada de oxigênio. As células nervosas do cérebro são bastante vulneráveis a déficits de oxigênio, o que afeta o seu funcionamento e longevidade. Com a idade, a circulação de sangue que carrega oxigênio se reduz de modo gradual, devido a mudanças estruturais no sistema circulatório e a reduções na atividade física. O especialista em movimento deve lembrar que o aumento do nível de atividade física em adultos mais velhos pode incrementar o fluxo sanguíneo para o cérebro e, por sua vez, aumentar a quantidade de oxigênio que atinge as células nervosas.

SISTEMAS CIRCULATÓRIO E RESPIRATÓRIO

O sistema circulatório envolve o coração, os vasos sanguíneos e o sangue, que distribui nutrientes e remove resíduos dos órgãos e tecidos do corpo (Fig. 18.6). O nariz, a boca, a faringe, a laringe, a traqueia, os brônquios e os pulmões, que compõem o sistema respiratório, servem aos órgãos e tecidos do corpo, fornecendo oxigênio e eliminando dióxido de carbono (Fig. 18.7). Os dois sistemas precisam funcionar de modo adequado para manter o corpo saudável e desempenham papéis importantes na *performance* de muitas tarefas. Oxigênio suficiente, distribuição de nutrientes e transporte de resíduos são necessários para que as fibras musculares, os neurônios e todas as células do corpo cumpram as suas respectivas funções.

Conceito 18.9

Reduções nas funções circulatória e respiratória do adulto podem ser resultantes de envelhecimento, doença, estilo de vida ou da combinação desses três fatores.

Embora ocorra uma série de mudanças nos principais órgãos e tecidos dos sistemas circulatório e respiratório quando os adultos envelhecem, é extremamente difícil determinar a causa ou causas subjacentes a essas mudanças. Escolhas do estilo de vida, doença, envelhecimento ou alguma combinação desses fatores contribuem para que ocorram mudanças nesses dois sistemas. Separar essas variáveis e delinear os efeitos de cada uma nas mudanças sistêmicas é uma tarefa árdua e às vezes impossível, mas certos fatores são mais fáceis de identificar, como aqueles relacionados com a idade, associados ao estilo de vida ou desencadeados por doenças. Quando possível, as origens dessas mudanças serão tratadas na discussão a seguir.

À medida que o corpo humano adulto envelhece, o coração e os vasos sanguíneos tendem a sofrer mudanças que podem afetar as suas funções. As artérias são o trajeto primário, pelo qual o sangue oxigenado é bombeado para os vários órgãos e tecidos ao longo de todo o corpo. As paredes arteriais contraem-se para manter a movimentação do sangue. Durante a vida adulta, as paredes arteriais tornam-se menos elásticas e mais rígidas, representando uma condição chamada **arteriosclerose**. O aumento da calcificação e a formação de tecido conjuntivo de colágeno nas artérias provocam arteriosclerose, que ocorre mais em resultado do envelhecimento do que de doenças. Uma segunda condição, a **aterosclerose**, também é observada em adultos quando eles envelhecem, mas ela costuma ser mais uma doença cardiovascular do que um processo normal do envelhecimento. A aterosclerose ocorre quando depósitos adiposos começam a se formar dentro das artérias. Quando não fecham completamente as aberturas arteriais, os depósitos criam locais nas paredes das artérias em que podem se formar coágulos de sangue. Tanto a arteriosclerose como a aterosclerose afetam a *performance* do sistema circulatório. Nas duas condições, a pressão sanguínea aumenta e as quantidades de oxigênio e nutrientes que alcançam as células do corpo ficam reduzidas. Isso pode prejudicar a eficiência do desempenho de órgãos e tecidos.

Outras mudanças circulatórias observadas em adultos durante o processo de envelhecimento incluem mudanças nas válvulas do coração e nos vasos. As válvulas do sistema circulatório tornam-se mais espessas e menos elásticas. Em resultado disso, trabalham com menor eficiência.

Uma série de mudanças relacionadas com a idade é observada nos órgãos envolvidos na respiração. O funcionamento dos pulmões tende a aumentar ao longo da adolescência, estabilizar na terceira década de vida e reduzir de modo gradual a partir daí. Esse declínio segue um padrão relacionado com a idade, mas a redução durante a quarta e a quinta décadas tende a estar relacionada com fatores como o aumento do peso corporal e não com mudanças nos tecidos. Outras variáveis relacionadas com a idade e que influenciam o funcionamento pulmonar incluem os reduzidos níveis de força nos grupos musculares que auxiliam na respiração. Problemas posturais com frequência apresentados por adultos mais velhos podem restringir anatomicamente a expansão da capacidade dos pulmões. A curvatura da coluna pode comprimir o tórax e empurrar os pulmões contra outros órgãos internos, prejudicando o trabalho dos pulmões e dos outros órgãos comprimidos.

A absorção máxima de oxigênio (VO_2 máx) é a melhor medida fisiológica da resistência corporal total. Ela avalia a maior quantidade de oxigênio que chega aos tecidos durante um exercício de esforço máximo feito pelo indivíduo. A tendência geral relacionada com a ida-

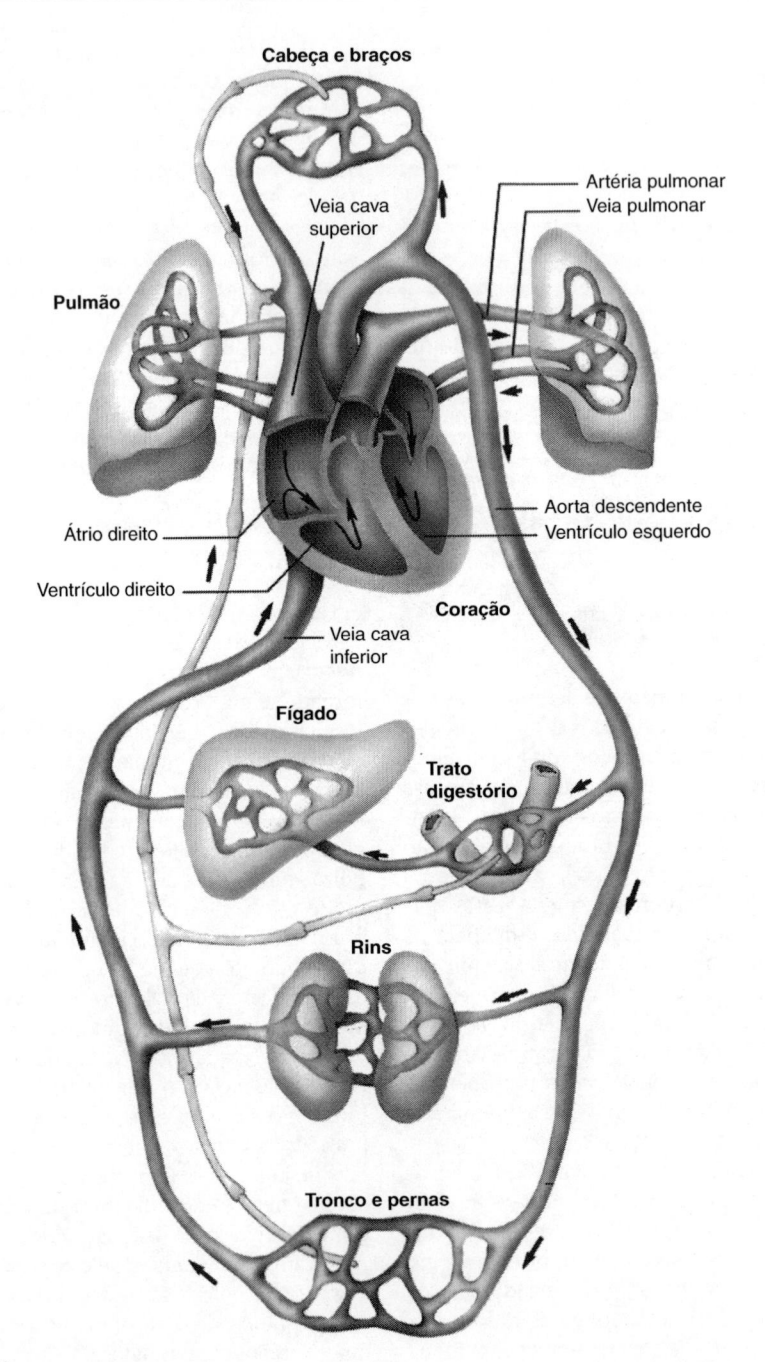

Figura 18.6
Características do sistema circulatório.
De Sylvia S. Mader, *Understanding Human Anatomy and Physiology* (Dubuque, IA: Wm. C. Brown, 1991). Reimpressa com permissão de The McGraw-Hill Companies.

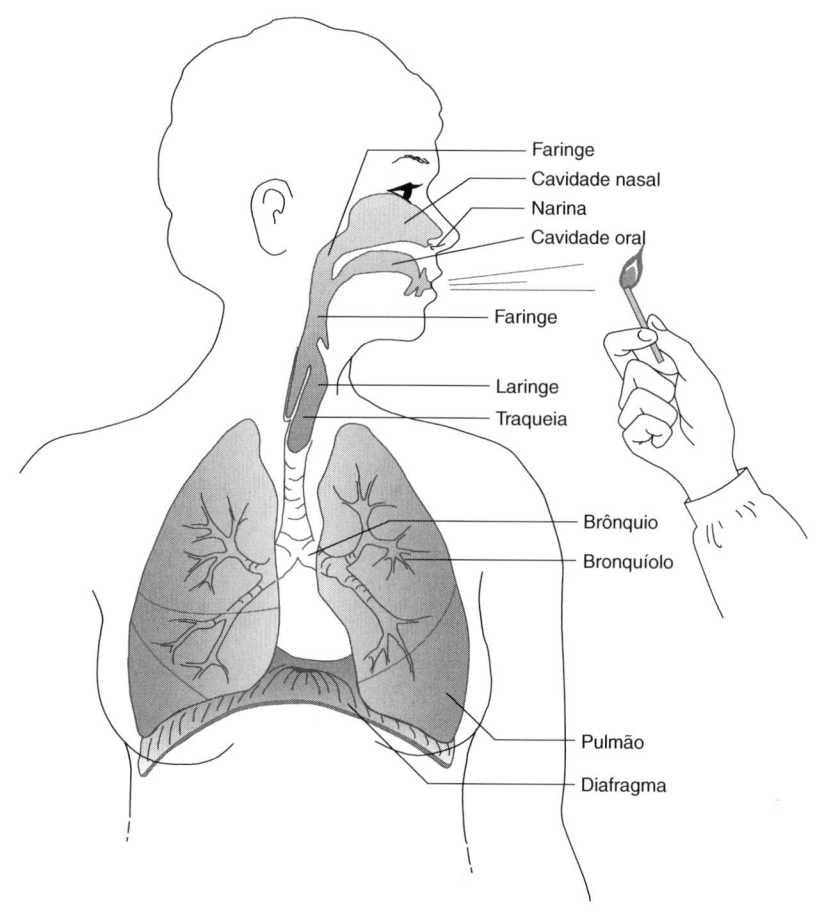

Figura 18.7
Características do sistema respiratório.

de nos níveis de absorção máxima de oxigênio começa com o aumento contínuo durante a infância e a adolescência. A estabilização durante a segunda década de vida é seguida do declínio gradual de aproximadamente 1% para cada ano subsequente. A maior parte dessa perda contínua durante meados da idade adulta pode ser atribuída a outras condições associadas com a idade, como o declínio na quantidade de sangue bombeado pelo coração para os tecidos e a perda de massa muscular. Muitas das reduções antes mencionadas podem ser significativamente minimizadas quando adultos mais velhos participam de atividades orientadas para o nível aeróbio. Foi estimado que um terço da perda de VO_2 máx a partir da meia-idade até a idade avançada é resultado direto do envelhecimento, enquanto dois terços podem ser atribuídos à inatividade física (Kasch et al., 1990). Boileau e colaboradores (1999) destacam que, para adultos mais velhos, o treinamento com exercício aeróbico tem impacto positivo sobre uma série de fatores, incluindo a mortalidade, várias doenças crônicas, como doenças coronarianas, diabetes dependente de insulina, determinados tipos de câncer, hipertensão, composição corporal, densidade mineral óssea, funcionamento do sistema imune e depressão. Outros pesquisadores têm demonstrado que o funcionamento cognitivo de adultos mais velhos melhora quando o exercício aeróbico faz parte do seu estilo de vida (Kramer, 2000; Kramer, Hahn e McAuley, 2000).

COMPOSIÇÃO CORPORAL

Nos Estados Unidos e em outros países desenvolvidos, há a tendência de aumento geral do peso corporal e do índice de massa corporal em adultos até aproximadamente os 60 anos. Após essa idade, o peso corporal e o índice de massa corporal em adultos mais velhos tendem a declinar (Elia, 2001). De modo correspondente, a gordura intra-abdominal, que está relacionada com condições como diabetes e obesidade, aumenta de forma regular com o passar da idade. O ganho de peso na vida adulta pode ser atribuído a uma série de fatores, mas duas características primárias destacam-se. Inicialmente, o fator do estilo de vida em que a atividade física é reduzida desempenha papel-chave no ganho de peso. O gasto energético é essencial para o controle do peso no adulto mais velho. Infelizmente, ele tende a ficar menos ativo devido a várias causas físicas, psicológicas e sociais. Em segundo lugar, os adultos, quando envelhecem, sofrem redução na taxa metabólica basal (Elia, 2001). A taxa metabólica basal reflete a eficiência com que as calorias são queimadas. Quando ganham peso além do que é considerado saudável, os adultos mais velhos reduzem a sua mobilidade, o funcionamento físico e a independência. Assim, aumenta o risco da necessidade de serviços de apoio, e a capacidade de realizar as atividades da vida diária se reduzem.

As estratégias de controle de peso durante toda a vida adulta devem incluir o desenvolvimento e a manutenção de hábitos nutricionais apropriados e a adoção de um estilo de vida fisicamente ativo. O exercício físico não resulta apenas em perda de peso, mas também em redução das condições associadas ao sobrepeso/obesidade, como hipertensão, artrite, diabetes e redução da mobilidade (Evans, 1995).

SISTEMAS SENSORIAIS

Nós obtemos informações sobre o ambiente por meio de vários sistemas sensoriais. Diferentes receptores sensoriais enviam informações ao sistema nervoso central sobre paladar, olfato, visão, tato, dor, som e outras sensações. Alguns sistemas sensoriais, em particular o visual, auditivo e proprioceptivo, são fundamentais na *performance* motora.

> **CONCEITO 18.10**
>
> As mudanças nos olhos e ouvidos relacionadas com a idade podem resultar no envio ao cérebro de informações visuais, auditivas e proprioceptivas insuficientes ou distorcidas.

Sistema visual

Para muitas habilidades de movimento, e talvez para a maioria delas, a visão é o sistema sensorial dominante. A visão se dá quando o olho recebe os raios de luz refletidos pelos objetos no campo visual. Quando os raios de luz alcançam o olho, eles são refratados ao passar pela córnea, pelo humor aquoso, pela pupila, pelo cristalino e humor vítreo antes que a imagem atinja a retina. A refração envolve o processo de inclinar os raios de luz. O grau de inclinação dos raios depende da transparência das estruturas oculares e dos ângulos dos raios de luz ao entrarem no olho. A córnea é a cobertura fibrosa e transparente do globo ocular. O humor aquoso é a solução aquosa localizada em uma câmara logo atrás da córnea e à frente da pupila e do cristalino. Os músculos ligados à íris contraem-se ou relaxam-se, determinando o tamanho da pupila, que, por sua vez, regula a quantidade de luz que passa pelo cristalino em direção ao corpo vítreo. Este último contém um fluido em forma de gel, chamado de humor vítreo. Depois que os raios de luz são refratados pelos vários meios transparentes, eles formam uma imagem na retina, a camada mais interna do globo ocular. A retina transfere a imagem, através do nervo óptico, para o córtex cerebral.

Com o aumento da idade, os olhos tendem a sofrer uma série de mudanças estruturais e funcionais que afetam a qualidade da visão. Em geral, a qualidade da visão é mantida durante o início da vida adulta, mas as mudanças anatômicas que começam a ocorrer durante meados da idade adulta têm efeito gradual, porém prejudicial, sobre a capacidade visual. Entretanto, esses declínios, durante meados da vida adulta, raramente limitam a capacidade de realizar as tarefas cotidianas. Durante a idade adulta mais avançada, as reduções visuais apresentadas em meados da vida adulta tornam-se mais acentuadas e têm maior impacto sobre as capacidades funcionais e adaptativas. Em torno de 14% dos adultos mais velhos, com 65 a 74 anos, relatam algumas dificuldades de visão, e esse número aumenta de forma significativa aos 75 anos ou mais (Fig. 18.8).

À medida que os olhos envelhecem, a córnea começa a ficar achatada, aumenta de espessura e desenvolve ondas e irregularidades em sua superfície. Essas mudanças na curvatura da camada externa do olho altera o trajeto dos raios de luz que entram no olho e diminuem a precisão do processo de refração. A quantidade de luz que por fim alcança o cristalino se reduz, em decorrência das mudanças relacionadas com a idade, nas propriedades de constrição e dilatação dos músculos do olho que regulam o tamanho da pupila. Os olhos de adultos mais velhos não respondem às mudanças na intensidade da luz tão rápido quanto os de adultos mais jovens. Quando a luz está fraca, as pupilas dos adultos mais velhos não se abrem tanto como nos anos anteriores. Essa condição é chamada de **miose senil**. A quantidade de luz recebida pelo cristalino de uma pessoa mais velha com miose senil varia de um décimo a um terço da quantidade observada em adultos mais jovens. O cristalino passa por uma série de mudanças, em particular nos anos da vida adulta mais avançada. O cristalino claro e transparente, característico de adultos jovens, aos poucos torna-se amarelo na vida adulta mais avançada. Esse declínio na transparência do cristalino resulta no efeito da filtragem e na redução da quantidade de luz que realmente alcança a retina. O cristalino de um adulto mais velho também espessa e sofre redução de flexibilidade, o que afeta o modo como as ondas de luz são projetadas na retina.

Outro problema que surge com o aumento da idade é a formação de cataratas. As *cataratas* resultam do turvamento do cristalino e provocam a sua opacidade completa. Alguma formação de cataratas acontece em estimados 95% dos adultos com mais de 70 anos. As cataratas são tratáveis por meio de cirurgia de correção do cristalino ou de implantação de lentes. Sem tratamento, as cataratas causam redução ou eliminação dos raios de luz refratados para a retina.

Com o aumento da idade, o humor vítreo gelatinoso claro começa a ficar mais líquido e pode desenvolver manchas turvas. Além disso,

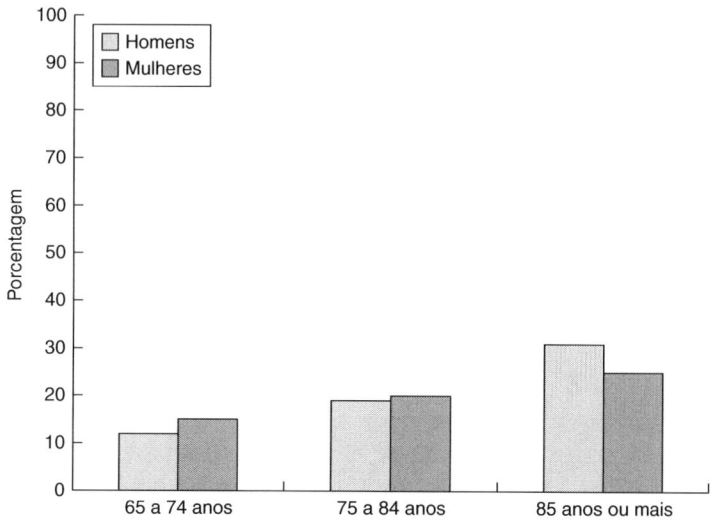

Figura 18.8
Porcentagem de pessoas com 65 anos ou mais que relatam ter algum problema de visão.
População de referência: esses dados referem-se à população civil não institucionalizada (nos Estados Unidos, termo usado para se referir ao conjunto de pessoas que podem integrar amostras estatísticas de pesquisas. Inclui os maiores de 16 anos que não vivem em instituições criminais, mentais, etc. e não estão na ativa no serviço militar).
Fonte: Centers for Disease Control and Prevention, National Center for Health Statistics, National Health Interview Survey.

a retina perde bastonetes e cones. Os bastonetes, células receptoras da retina, são particularmente importantes na adaptação visual ao escuro. Portanto, os adultos mais velhos costumam apresentar um declínio gradual na adaptação à luz e à escuridão. Os cones, células receptoras, são essenciais para a visão colorida, portanto a capacidade de discriminar cores com frequência sofre redução em adultos mais velhos. Também tem sido observada acumulação de lipofuscina nas retinas de adultos mais velhos.

As mudanças estruturais que começam a ocorrer no olho durante meados da vida adulta e aumentam nos anos posteriores muitas vezes afetam a função visual dos olhos. Por volta dos 40 anos, a capacidade do indivíduo de focar de perto tende a declinar. Essa condição é chamada de *presbiopia*. À medida que o indivíduo envelhece, essa condição piora. O surgimento da presbiopia na meia-idade geralmente é atribuído a mudanças no cristalino relacionadas com a idade, que também causam aumento da sensibilidade ao brilho. Além disso, a capacidade de rastrear objetos em movimento também se torna um problema, em geral atribuído ao enfraquecimento do músculo ocular e à redução das capacidades de focar. A Figura 18.9 retrata várias estruturas do olho e as respectivas mudanças associadas com a idade.

Sistema auditivo

Embora o sistema auditivo não atue como um sistema sensorial primário na realização da maioria das tarefas motoras, as informações auditivas podem ser extremamente valiosas para fornecer *feedback* em uma série de situações de movimento. A audição acontece quando ondas sonoras vibratórias entram nos ouvidos e, por um processo complexo, são transformadas em sinais neuronais enviados ao cérebro para processamento. As ondas de som audíveis viajam de sua fonte até o ouvido externo do indivíduo. O ouvido externo é composto do pavilhão auricular (a estrutura auricular visível nos dois lados da cabeça) e do canal auditivo externo. As vibrações sonoras descem pelo canal auditivo externo até entrarem em contato com a membrana timpânica (tambor do ouvido). A membrana timpânica começa a vibrar de acordo com as características vibratórias das ondas sonoras. Essas vibrações são transferidas para três ossos conectados do ouvido médio e, a seguir, para o ambiente fluido do ouvido interno. As vibrações que alcançam o ouvido interno estimulam o órgão de Corti, sensível ao som, que transmite as sensações pelo nervo coclear até o cérebro.

Aproximadamente 32% dos adultos mais velhos, com 65 a 74 anos, relatam alguma dificuldade de audição, e essa porcentagem aumenta de forma significativa entre aqueles com 75 anos ou mais (Fig. 18.10). À medida que os adultos envelhecem, os seus ouvidos passam por uma série de mudanças estruturais que prejudicam a qualidade da audição. Várias membranas e órgãos do ouvido tendem a tornar-se menos flexíveis. Essa perda de flexibilidade pode abafar as vibrações sonoras enquanto elas passam do ouvido externo ao interno. A perda de audição associada com o envelhecimento é chamada de **presbiacusia**. Além das mudanças na membrana, que podem reduzir a qualidade da audição, a presbiacusia possivelmente resulta da perda de células no nervo auditivo ou em outros órgãos que são instrumentos para a transmissão ou interpretação de ondas sonoras. O declínio na quantidade de fluxo sanguíneo para as várias partes do ouvido também acentua a perda de audição. Além da presbiacusia, os adultos mais velhos podem experimentar *zumbidos*, retinidos ou sons de campainha persistentes nos ouvidos. Essas mudanças relacionadas com a idade são, de certa forma, permanentes, mas algumas estratégias podem ser exploradas para melhorar a audição de pessoas mais velhas. Quando a perda da audição relacionada com a idade torna-se evidente, deve-se agendar uma consulta médica.

A prevalência e a consistência do *cerume* (cera de ouvido) muda nos adultos mais velhos. Devido ao ressecamento e afinamento do tecido do canal auditivo externo, há propensão a maior acumulação de cerume. O cerume também se torna mais espesso. Sua acumulação pode bloquear o canal auditivo externo, afetando a transmissão de ondas sonoras até os ouvidos médio e interno. Essa condição pode ser tratada por um médico, e a perda de audição por essa causa será recuperada.

Aparelhos auditivos são benéficos em muitos casos. Entretanto, é importante reconhecer que os dispositivos que ajudam as pessoas a ouvir amplificam todos os sons e podem confundir mais do que ajudar algumas delas. A Figura

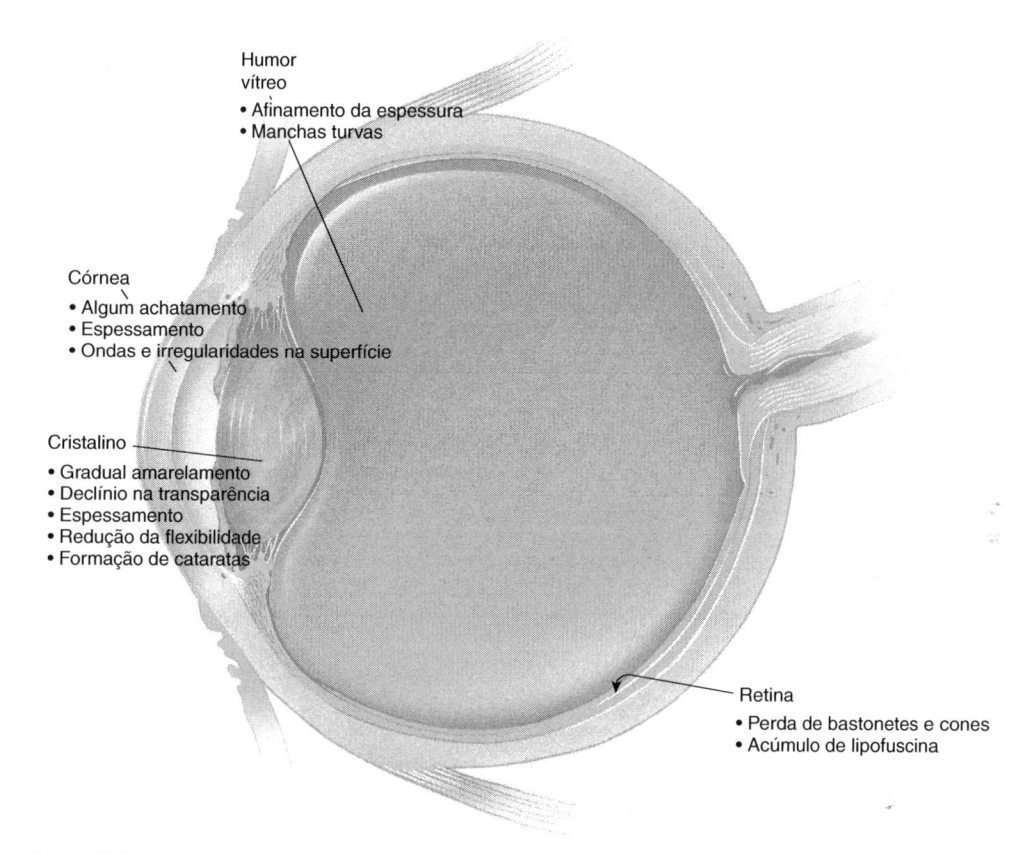

Figura 18.9
Mudanças na estrutura do olho associadas com a idade.
De John W. Hole, *Human Anatomy and Physiology* (Dubuque, IA: Wm. C. Brown, 1993). Reimpressa com permissão de The McGraw-Hill Companies.

18.11 retrata várias estruturas do ouvido e as respectivas mudanças associadas à idade.

Propriocepção

A propriocepção refere-se ao senso de posição e consciência do corpo. Um dos principais métodos de recepção de informações proprioceptivas é por meio do sistema vestibular. A principal função do sistema vestibular é fornecer informações relativas aos movimentos e à posição da cabeça. Há vários componentes do sistema vestibular em cada ouvido interno, incluindo os canais semicirculares, o utrículo e o sáculo (Fig. 18.12). Essas três estruturas contêm um fluido chamado de *endolinfa*. Quando a cabeça se movimenta, a endolinfa também se movimenta e estimula as células capilares sensoriais receptoras, localizadas dentro das estruturas vestibulares. A estimulação dessas células capilares inicia a transmissão de sinais neurais por meio do nervo vestibular a várias partes do cérebro e da medula espinal.

Em adultos mais velhos, têm sido observadas perdas no número de células sensoriais localizadas dentro do sáculo, utrículo e canais semicirculares. Além disso, os nervos que transmitem mensagens das estruturas vestibulares ao cérebro experimentam certa degeneração associada à idade. A maneira como essas mudanças afetam o comportamento motor de um indivíduo mais velho ainda é objeto de especulação. Adultos mais velhos com frequência sentem vertigem e tontura. Embora seja possível atribuir essas condições a mudanças no sistema vestibular relacionadas à idade, elas podem ocorrer igualmente como resultado de determinados medicamentos, várias doenças ou mudanças de postura.

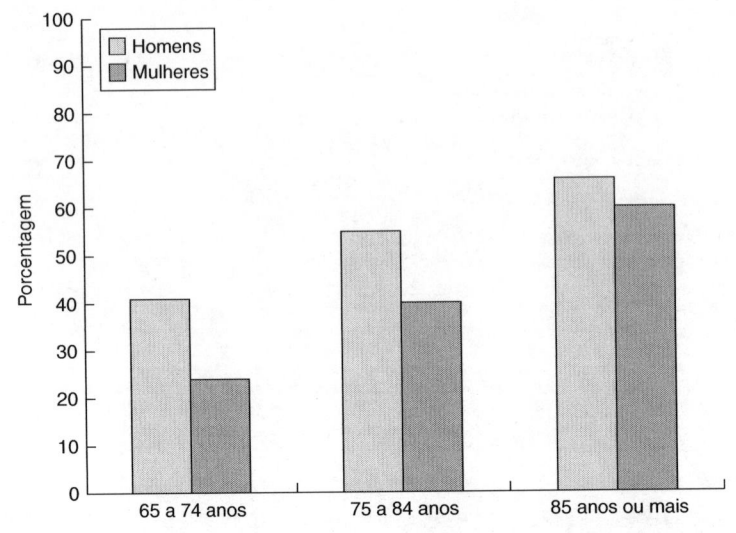

Figura 18.10
Porcentagem de pessoas com 65 anos ou mais que relataram algum problema de audição.
População de referência: esses dados referem-se à população civil não institucionalizada.
Fonte: Centers for Disease Control and Prevention, National Center for Health Statistics, National Health Interview Survey.

DESENVOLVIMENTO PSICOSSOCIAL

Vários aspectos do domínio motor influenciam o estado psicológico e as características sociais dos adultos. O exercício, um estilo de vida fisicamente ativo e a capacidade de realizar as habilidades da vida diária são fatores orientados para o movimento que têm efeito positivo sobre o modo como os adultos sentem-se a respeito de si mesmos e também sobre o modo como os outros os veem. Declínios progressivos na *performance* motora, a redução da força muscular e a incapacidade de realizar as tarefas domésticas são condições do domínio motor que afetam de modo negativo as perspectivas psicológicas e as interações sociais dos adultos. Em numerosas situações, o domínio motor interage com o domínio psicossocial. Quando há melhora da autoestima do indivíduo e da sua imagem corporal após vários meses de treinamento com peso ou quando adultos se reúnem para a caminhada matinal no calçadão da cidade, observamos influências positivas da *performance* motora sobre o comportamento psicossocial. Quando indivíduos com funções motoras debilitadas precisam mudar-se para clínicas especializadas e ficam com depressão ou sentem-se inseguros, observamos influências negativas. As experiências encontradas ao longo de toda a idade adulta têm potencial para afetar uma série de aspectos psicossociais.

Fatores psicológicos

As experiências no domínio motor interagem de muitos modos com as características psicológicas dos adultos. Um método usado com frequência para explorar essa relação psicológico-motora é o exame dos fatores psicológicos que se seguem ao exercício ou associados com a atividade física. Fatores como sensação de bem-estar, consciência da imagem corporal, percepção do *locus* de controle e estados de depressão têm apresentado melhora após a participação em um programa de exercícios. Indivíduos de grupos de meia-idade ou de idades mais avançadas muitas vezes são escolhidos como sujeitos para pesquisas dessa interação.

CONCEITO 18.11

O exercício pode ter efeitos benéficos sobre uma série de variáveis psicológicas associadas com o envelhecimento.

O *senso de bem-estar* é um termo de certa forma geral que representa algum tipo de mudança positiva na atitude de uma pessoa (Hird

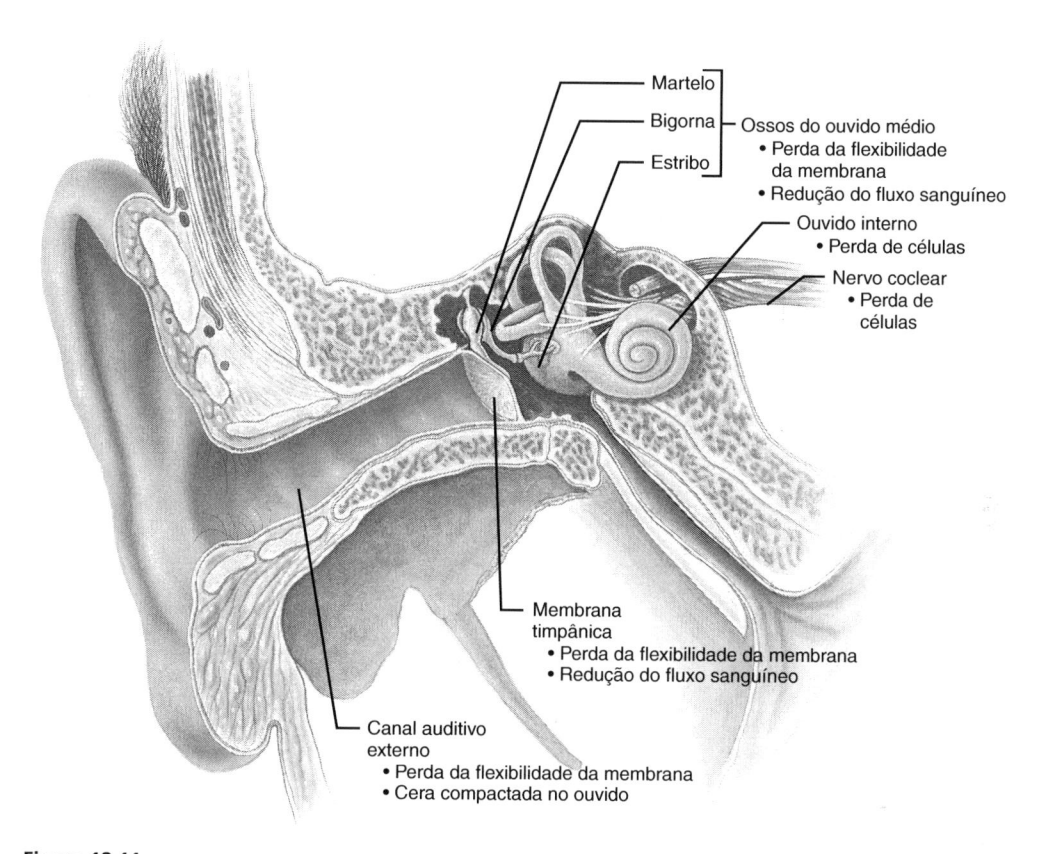

Figura 18.11
Mudanças nas estruturas do ouvido relacionadas com a idade.
De John W. Hole, *Human Anatomy and Physiology* (Dubuque, IA: Wm. C. Brown, 1993). Reimpressa com permissão de The McGraw-Hill Companies.

e Williams, 1989). Perri e Templer (1985) observaram significativas melhoras nos autoconceitos de adultos mais velhos após 14 semanas de um programa aeróbio. Além disso, homens e mulheres com idade de 55 a 85 anos demonstraram melhores percepções do autoconceito ao final de um programa de dança/movimento de oito meses (Berryman-Miller, 1988). Arent, Landers e Etnier (2000) examinaram os resultados de mais de 30 estudos e descobriram que o exercício crônico está associado com um melhor humor em adultos mais velhos. A melhoria do humor foi observada em todos os tipos de exercícios, mas ficou particularmente evidente no treinamento de resistência. McAuley e colaboradores (2000) descobriram que, quando adultos mais velhos participavam de atividades físicas, como caminhadas ou programas de alongamento/tonificação, eles apresentavam aumento multidimensional da autoestima. Os pesquisadores sugeriram que esses ganhos de autoestima desgastam-se assim que a participação na atividade física é reduzida ou eliminada.

Tem sido demonstrado também que a *imagem corporal* é outro fator psicológico que melhora após o envolvimento em um programa de exercícios ou o aumento dos níveis da atividade física. A imagem corporal refere-se a imagens subjetivas que os indivíduos têm de si mesmos, criadas por suas próprias observações e pelas reações dos outros (Thomas, 1989). Loomis e Thomas (1991) examinaram atitudes corporais de mulheres mais velhas que moravam na própria casa e de mulheres que viviam em clínicas especializadas. Eles descobriram que as mulheres que viviam em clínicas relatavam maior insatisfação com a própria imagem corporal do que as que moravam na própria casa. Os pesqui-

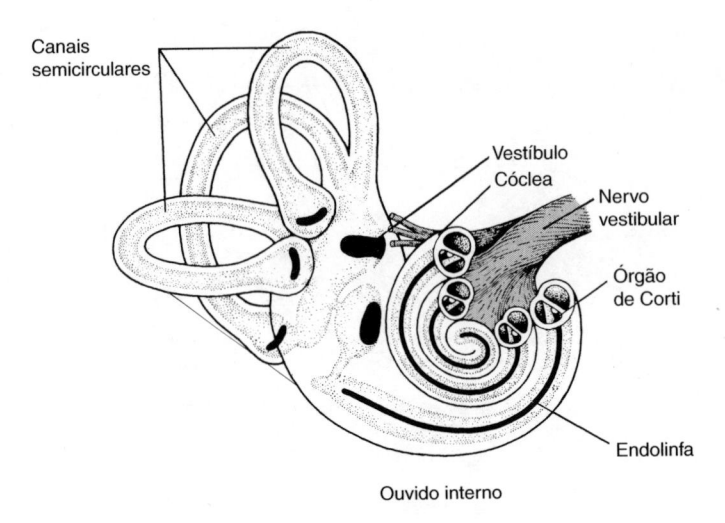

Figura 18.12
Componentes do sistema vestibular.
De Sylvia S. Mader, *Understanding Human Anatomy and Physiology* (Dubuque, IA: Wm. C. Brown, 1991). Reimpressa com permissão de The McGraw-Hill Companies.

sadores concluíram que é preciso oferecer mais oportunidades de participação em atividades físicas e exercícios aos residentes de clínicas especializadas.

O *locus de controle* pode ser definido como a percepção que a pessoa tem do seu impacto sobre os eventos (Thomas, 1989). O indivíduo com um *locus* de controle interno percebe que pode influenciar os eventos, enquanto aquele que tem um *locus* de controle externo acredita que os eventos não são afetados por seu envolvimento e acontecem por acaso. A pesquisa de Perri e Templer (1985) já descrita neste capítulo resultou no incremento do *locus* de controle interno percebido pelos adultos que participaram do programa aeróbico de 14 semanas.

A *depressão* nas populações adultas pode originar-se de numerosas causas: redução da autoestima devido à perda do emprego, mudanças hormonais que se seguem à menopausa ou redução da capacidade de realizar as habilidades da vida diária causada por problemas de saúde. Valliant e Asu (1985) examinaram homens e mulheres com idades entre 50 e 80 anos, que participaram de níveis diferentes de uma programação de exercícios. Os participantes incluíram praticantes de exercícios estruturados, autoimpostos, sociais e sujeitos que não se exercitavam. Os pesquisadores descobriram que o grupo estruturado apresentou uma redução da depressão após o programa de 12 semanas. Outra pesquisa examinou os efeitos do exercício sobre o funcionamento cognitivo de adultos mais velhos diagnosticados com depressão clínica (Khatri et al., 2001). Os pesquisadores observaram que a atividade física foi benéfica para o funcionamento cognitivo, como a memória, de indivíduos que sofriam de depressão. No entanto, eventos relacionados com depressão, como uma perda interpessoal (morte do cônjuge ou de alguém amado), têm efeito negativo sobre o comprometimento de mulheres mais velhas com o exercício (Wilcox e King, 2004).

A atividade física pode contribuir para a saúde mental de adultos mais velhos de uma série de maneiras. Engajar-se em uma vida ativa e ocupada, manter a agilidade mental, conservar uma atitude positiva em relação à vida e evitar o estresse e o isolamento são características apresentadas por adultos mais velhos que participam de um estilo de vida fisicamente ativo (Stathi, Fox e Mckenna, 2002).

Fatores de socialização

Por muitos anos, os cientistas sociais enfatizaram duas abordagens: a **teoria da atividade** e a **teoria do desengajamento**, para ajudar a descrever o processo ótimo de envelhecimento em termos das relações com as outras pessoas (Dacey, Travers e Fiore, 2009). A teoria da atividade sugere que, à medida que ficam velhos, os adultos precisam de interação com outras pessoas e atividade física continuada para ficarem felizes e satisfeitos. A teoria do desengajamento é o inverso da teoria da atividade. Ela sugere que, à proporção que envelhece, a pessoa começa a perder os relacionamentos, aos poucos abandona os interesses do passado e, no final, afasta-se da sociedade. A teoria do desengajamento argumenta que é necessária uma restrição na interação social para que os adultos mais velhos aceitem o desengajamento da sociedade em relação a eles. A aceitação da separação sociedade-indivíduo permite a indivíduos mais velhos a manutenção do senso de integridade na época avançada de sua vida adulta.

Conceito 18.12
A teoria da atividade e a teoria do desengajamento fornecem abordagens opostas para envelhecer bem.

A manutenção de um estilo de vida fisicamente ativo costuma exigir interação com indivíduos de diferentes grupos etários em uma série de ambientes sociais. Foi demonstrado, por exemplo, que a quantidade de interação social com a vizinhança afeta o nível de atividade física em adultos mais velhos (Fisher et al., 2004). Embora estejam na contramão da teoria do desengajamento, essas condições são consistentes com a teoria da atividade. Permanecer fisicamente ativo em um ambiente social resume as duas condições principais da teoria da atividade: sustentar ou melhorar o estado de saúde do indivíduo ao mesmo tempo em que se preserva ou desenvolve relacionamentos. A participação em atividades físicas estimula adultos mais velhos a permanecerem ligados à sociedade e não a se desengajarem dela.

Conceito 18.13
A aposentadoria é um processo e não um evento específico.

As teorias da atividade e do desengajamento são uma visão geral do processo de envelhecimento, a partir do ponto de vista da socialização. Um evento que representa um marco sociológico mais específico na vida do adulto mais velho é a **aposentadoria**. A aposentadoria é um fenômeno interessante, que algumas pessoas saboreiam, outras evitam e outras sofrem.

Alguns especialistas sugerem que a aposentadoria reflita longas séries de ajustes, similares a outras transições da vida (Hoyer e Roodin, 2009). Os aspectos do domínio motor podem ter papel benéfico ou prejudicial nas várias etapas desse processo. A manutenção de um estilo de vida fisicamente ativo pode reduzir a apreensão a respeito das mudanças de vida representadas por esse evento. A participação em esportes por toda a vida ou em atividades de lazer, como golfe, tênis, ciclismo ou caminhadas, pode abrandar de algum modo as transições potencialmente difíceis da aposentadoria, fornecendo desafios e diversão ao aposentado, dentro de uma estrutura que pode ser regulada por expectativas realistas. Além disso, como descrito em vários exemplos nos capítulos anteriores, permanecer fisicamente ativo pelo maior tempo possível pode ajudar a retardar o surgimento de problemas de saúde e a dependência em relação a outras pessoas para a *performance* das habilidades da vida diária.

No entanto, causa preocupação o fato de, embora a vasta maioria dos adultos mais velhos tenha consciência dos potenciais benefícios da atividade física à saúde, muitos não conseguem colocar em prática essa ideia. Goggin e Morrow (2001) entrevistaram 403 adultos com mais de 60 anos e descobriram que 89% tinham consciência de que a atividade física resulta em melhorias para a saúde, mas apenas 30% estavam participando de exercícios suficientes para concretizar esses benefícios. Reconhecendo esse dilema, Chodzko-Zajko (1999) recomenda que as pesquisas futuras sobre a atividade física na velhice enfatizem sobretudo a programação.

Conceito 18.14
A discriminação do idoso pode ser prejudicial para o processo de desenvolvimento do adulto mais velho.

Outro fenômeno social que os adultos com frequência enfrentam quando envelhecem é a **discriminação dos idosos**, que envolve a formação de estereótipos (negativos ou positivos) ou o preconceito contra adultos mais velhos

(Hoyer e Roodin, 2009). A concepção de que todas as pessoas velhas têm déficits físicos e cognitivos e devem ser tratadas como criança é um exemplo de discriminação dos idosos. Essa discriminação também pode envolver aversão a pessoas mais velhas por elas serem percebidas como alguém que tem pouco valor para a sociedade ou que esgota os recursos da sociedade. A discriminação dos idosos com frequência é observada nas percepções preconceituosas dos adolescentes e adultos, mas pode estar presente já na infância. Behlendorf, MacRae e Vos Strache (1999) descobriram que até crianças possuem visões discriminatórias em relação às pessoas mais velhas, considerando-as menos competentes em atividades físicas do que os adultos mais jovens.

Sem explorar as bases subjacentes a essas percepções, basta dizer que elas representam sérios erros de concepção. A Tabela 18.2 fornece várias percepções errôneas comuns a respeito de populações mais velhas; muitas delas estão relacionadas ao estado de saúde e às capacidades físicas. A discriminação dos idosos é, na melhor das hipóteses, algum nível de ignorância sobre o valor individual de cada pessoa de idade avançada e, na pior, uma ferramenta destrutiva, que pode prejudicar as oportunidades e até as vidas de adultos mais velhos.

O ENVELHECER BEM

Foi proposto que o conceito de **envelhecer bem** é multidimensional, envolvendo o engajamento apoiado em atividades sociais e produtivas, a manutenção de um elevado funcionamento físico e cognitivo e a prevenção de doenças e incapacitações (Rowe e Kahn, 1997) (Fig. 18.13). Em uma tentativa de determinar termos específicos que possam servir de fatores de predição do envelhecer bem, dois estudos longitudinais sobre o envelhecimento foram realizados pela Duke University. O primeiro começou em 1955 e observou 276 homens e mulheres (com 60 a 90 anos) a cada dois a quatro anos até 1976. A segunda pesquisa teve início em 1968, com 502 homens e mulheres (com 45 a 70 anos) e foi completado em 1976 (Shock, 1985). Palmore (1979, 1982) examinou os dados do primeiro estudo longitudinal da Duke sobre o envelhecimento e identificou diversos fatores significativos que podem ser classificados como fatores de predição da longevidade e do envelhecer bem.

Fatores de predição do envelhecer bem tanto para homens como para mulheres incluem as características do funcionamento físico e de uma série de atividades físicas. Em relação ao fator mais específico da longevidade, vários componentes do domínio motor eram fatores de predição significativos. Tanto para homens como para mulheres, a classificação do funcionamento físico (representando o nível da habilidade de funcionamento físico nas tarefas cotidianas) foi um fator de predição significativo. Um segundo fator de predição significativo para homens e para mulheres era a autoclassificação da própria saúde feita pelo participante. Para mulheres, um fator de predição significativa da longevidade era o número de atividades que demandavam mobilidade física.

CONCEITO 18.15

As características do estilo de vida podem ser determinantes importantes da longevidade e do envelhecer bem.

Uma implicação surgida dos resultados dessas pesquisas consiste em que o estilo de vida fisicamente ativo é um elemento fundamental na busca do envelhecer bem.

Posteriormente, Chodzko-Zajko (1999) afirma que

> A fim de envelhecer bem, os adultos mais velhos precisam ser não apenas fisicamente ativos, mas também socialmente, culturalmente e (muitos deles) espiritualmente ativos... Um dos desafios da nossa profissão no novo milênio será aprender como integrar a atividade física em um contexto social, cultural e econômico mais amplo, de envelhecimento ativo como um todo. (p. 214)

Na tentativa de engajar adultos mais velhos na atividade física, é importante saber que fatores os motivam a fazer exercícios e o que atua como barreira ao exercício. Cohen-Mansfield, Marx e Guralnik (2003) observaram que adultos mais velhos encontravam motivação para se exercitar quando se sentiam saudáveis, participavam de programas de exercícios organizados e tinham alguém com quem se exercitar.

Tabela 18.2	Percepções errôneas comuns sobre adultos mais velhos

EXEMPLOS DE CONCEPÇÕES ERRÔNEAS COM BASE EM ESTEREÓTIPOS NEGATIVOS
1. A maioria das pessoas mais velhas é pobre.
2. A maioria das pessoas mais velhas é incapaz de se ajustar à inflação.
3. A maioria das pessoas mais velhas é frágil e tem problemas de saúde.
4. A maioria das pessoas mais velhas mora mal.
5. Os idosos são impotentes como força política e precisam de alguém para os defender.
6. A maioria das pessoas mais velhas são empregados inadequados: são menos produtivos, eficientes, motivados, inovadores e criativos do que os trabalhadores mais jovens. A maioria dos trabalhadores mais velhos é propensa a acidentes.
7. As pessoas mais velhas são mentalmente mais lentas e mais esquecidas; são menos capazes de aprender coisas novas.
8. As pessoas mais velhas tendem a ser intelectualmente rígidas e dogmáticas. A maioria das pessoas mais velhas tem seu caminho definido e é incapaz de mudar.
9. A maioria das pessoas mais velhas é socialmente isolada e solitária. A maioria se desengajou da sociedade ou foi desengajada por ela.
10. A maioria das pessoas mais velhas fica confinada em clínicas assistenciais por longo tempo.

EXEMPLOS DE PERCEPÇÕES ERRÔNEAS BASEADAS EM ESTEREÓTIPOS POSITIVOS
1. Os idosos têm condição financeira relativamente boa; eles não são pobres, na verdade se encontram em boa situação econômica. Os seus benefícios são generosamente fornecidos pela classe trabalhadora da sociedade.
2. Os idosos são uma força política potente, que vota e participa de modo unido e em grande número.
3. As pessoas mais velhas fazem amigos muito facilmente. Elas são gentis e sorridentes.
4. A maioria das pessoas mais velhas é madura, experiente, sábia e interessante.
5. A maioria das pessoas mais velhas são muito bons ouvintes e especialmente pacientes com as crianças.
6. A maioria das pessoas mais velhas é muito gentil e generosa com os filhos e os netos.

Fonte: S. Lubomudrov, "Congressional Perceptions of the Elderly: The Use of Stereotypes in the Legislative Process," *Journal of Gerontology*, 27:77–81, 1987.

Obstáculos à prática de exercícios incluíam problemas de saúde e/ou dor, falta de tempo e estado de preguiça ou falta de motivação. Um resumo tanto das motivações como das barreiras é apresentado nas Figuras 18.14 e 18.15. Os especialistas em aptidão física e em saúde que trabalham com adultos mais velhos podem reforçar os fatores motivadores e eliminar as barreiras, a fim de engajar os seus clientes na atividade física.

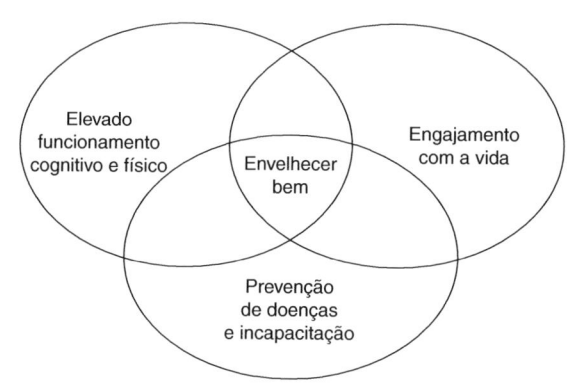

Figura 18.13
Interação de fatores que levam ao envelhecer bem.
Fonte: Adaptada de Rowe, J. W., and Kahn, R. L. (1997). Successful aging. *The Gerontologist, 37,* 433–440.

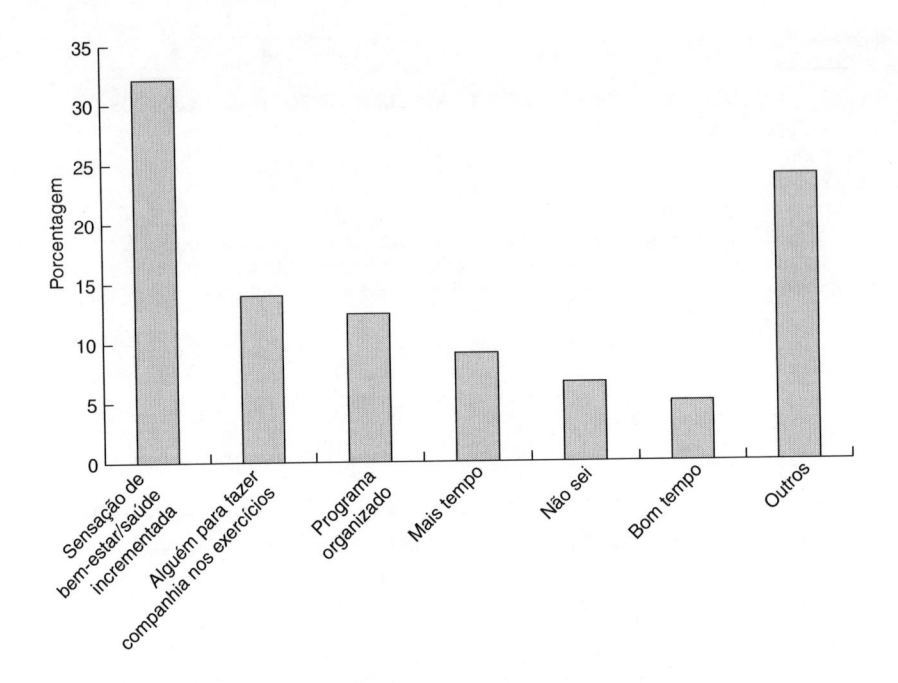

Figura 18.14
Fatores de motivação da prática de exercícios por parte de adultos mais velhos.
Fonte: Dados de Cohen-Mansfield, J., Marx, M. S., & Guralnik, J. M. (2003). Motivators and barriers to exercise in an older community-dwelling population. *Journal of Aging and Physical Activity*, 11, 242–253.

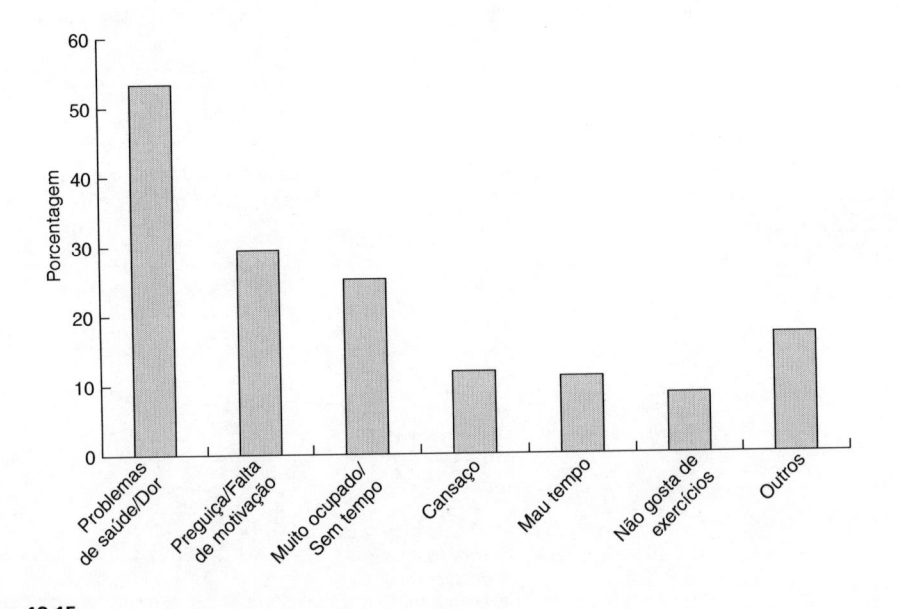

Figura 18.15
Barreiras à prática de exercícios por parte de adultos mais velhos.
Fonte: Dados de Cohen-Mansfield, J., Marx, M. S., & Guralnik, J. M. (2003). Motivators and barriers to exercise in an older community-dwelling population. *Journal of Aging and Physical Activity*, 11, 242–253.

Resumo

Quando envelhece, o adulto experimenta uma série de mudanças, muitas das quais prejudicam a *performance* motora. Muitos desses declínios na *performance* ocorrem como resultado do processo de envelhecimento; outros estão relacionados com as demandas da tarefa e as condições ambientais. As razões subjacentes que nos levam a envelhecer incluem mudanças nas células e nos sistemas fisiológicos como um todo. Reconhecer que, embora os padrões de envelhecimento pareçam seguir uma tendência geral, o ritmo individual de envelhecimento varia amplamente. Algumas dessas mudanças relacionadas com a idade podem ser observadas no sistema musculoesquelético, no sistema nervoso central, nos sistemas circulatório e respiratório e nos sistemas sensoriais. Embora muitas das mudanças observadas sejam resultado direto do processo de envelhecimento, outras causas incluem doenças e hábitos do estilo de vida.

Muitos aspectos do domínio psicossocial interagem com frequência de vários modos com várias características do domínio motor. Isso é observado em muitas circunstâncias que envolvem exercícios. Fatores como o senso de bem-estar, a imagem corporal, o *locus* de controle e a depressão podem ser influenciados pelo envolvimento do adulto na atividade física. Manter um estilo de vida ativo também pode mostrar-se benéfico para a aquisição de um senso de integridade durante os últimos estágios do desenvolvimento psicossocial. Entretanto, os adultos mais velhos enfrentam situações importantes, como a aposentadoria, e podem defrontar-se com a discriminação de idosos, capaz de limitar as suas oportunidades potenciais. Os adultos mais velhos que mantêm boa saúde e permanecem fisicamente ativos podem incrementar as circunstâncias da própria aposentadoria, desfazendo mitos relacionados a estereótipos dos idosos. O estado de saúde e os níveis da atividade física também são reconhecidos como fatores de predição da longevidade e do envelhecer bem. Há motivações e barreiras que estimulam ou desestimulam os adultos mais velhos a levar uma vida fisicamente ativa.

QUESTÕES PARA REFLEXÃO

1. Por que é inevitável que, à medida que envelhecemos, a nossa *performance* motora seja afetada?
2. Por que é essencial mantermos um estilo de vida ativo enquanto avançamos pela vida adulta?
3. Quais são os benefícios potenciais de um estilo de vida ativo para o adulto?
4. Quais são os potenciais benefícios psicológicos, sociais e emocionais de um estilo de vida ativo para o adulto?

Leitura básica

American College of Sports Medicine (1998). Position stand on exercise and physical activity for older adults. *Medicine and Science in Sports and Exercise, 30*, 992–1008.

Chodzko-Zajko, W. (Ed.). (2001). National blueprint: Increasing physical activity among adults age 50 and older. *Journal of Aging and Physical Activity* (Special Issue). *9*, S1–S91.

Hoyer, W. J., & Roodin, P. A. (2009). *Adult Development and Aging*, 6th ed. (Chapters 3, 6, 8, 10). New York: McGraw-Hill.

Kramer, A. F. (2000). Physical and mental training: Implications for cognitive functioning in old age. *Journal of Aging and Physical Activity, 8*, 363–365.

Santrock, J. W. (2009). *Lifespan Development*, 12th ed. (Chapters 15, 17, 20). St. Louis: McGraw-Hill.

Spirduso, W., Francis, K., & MacRae, P. (2005). *Physical Dimensions of Aging*, 2nd ed. (Chapters 1–5, 10). Champaign, IL: Human Kinetics.

Recursos na *web*

www.nia.nih.gov
Homepage do National Institute on Aging. O *site* fornece informações sobre saúde e pesquisas, assim como matérias publicadas em jornais, calendário de eventos e dados gerais sobre a missão e os programas do NIA.

http://www.census.gov/
Homepage do United States Census Bureau. O *site* contém estatísticas populacionais dos Estados Unidos, incluindo perfis estatísticos por estado.

http://home.comcast.net/~miller.patrice/SRAD/
Homepage da Society for Research in Adult Development. A SRAD "inclui pessoas de todas as disciplinas, interessadas no desenvolvimento adulto positivo". O *site* apresenta informações sobre o *Journal of Adult Development,* uma relação de livros e informações de simpósios.

http:/www.aoa.gov/
Homepage do Department of Health and Human Services' Administration on Aging. O *site* fornece notícias recentes sobre envelhecimento, informações para idosos e suas famílias e informações para profissionais.

http://www.apa.org/topics/aging/index.aspx
Página da *web* da American Psychological Association dedicada a questões do envelhecimento. O *site* inclui novas informações, publicações, tabelas e *links* para instituições que tratam do envelhecimento.

http://www.aarp.org/
Homepage da American Association of Retired Persons. A página contém numerosos recursos para cidadãos aposentados, incluindo informações sobre serviços comunitários, saúde e bem-estar, legislação e pesquisa.

http://www.americangeriatrics.org/
Homepage da American Geriatrics Society. A AGS "é a principal organização profissional de fornecedores de serviços de saúde dedicada a melhorar a saúde e o bem-estar de todos os adultos mais velhos". O *site* contém notícias, oportunidades de financiamento, *links* sobre educação e saúde.

http://www.asaging.org/
Homepage da American Society on Aging. A ASA é a maior organização de profissionais que lidam com questões do envelhecimento. O *site* é orientado para indivíduos que trabalham com adultos mais velhos e suas famílias.

http://www.ncoa.org/
Homepage do National Council on Aging. O NCOA "dedica-se a melhorar a saúde e a independência de pessoas mais velhas". O *site* fornece notícias, informações, publicações, pesquisas e eventos para pessoas mais velhas.

CAPÍTULO 19

Performance motora em adultos

PALAVRAS-CHAVE

Tempo de reação
Tempo de reação fracionado
Troca velocidade-precisão
Equilíbrio e controle postural
Marcha
Atividades da vida diária (AVDs)

COMPETÊNCIAS ADQUIRIDAS NESTE CAPÍTULO

Ao finalizar este capítulo, você será capaz de:

- Discutir a relação entre sistemas fisiológicos em processo de envelhecimento, fatores psicológicos, condições ambientais e exigências da tarefa de *performance* motora ao longo de toda a vida adulta
- Descrever as mudanças no tempo de reação associadas à idade e discutir estratégias de intervenção que podem reduzir as diferenças no tempo de reação observado entre os adultos jovens e os mais velhos.
- Discutir as mudanças de postura e de equilíbrio observadas em adultos mais velhos e descrever métodos que possam aumentar sua estabilidade
- Reconhecer a suscetibilidade e os perigos potenciais das quedas na vida adulta mais avançada

- Discutir as variações nos padrões da marcha relacionadas com a idade e suas causas subjacentes
- Discutir os métodos de intervenção para ajudar adultos mais velhos na *performance* das atividades da vida diária
- Descrever as limitações enfrentadas pelo motorista mais velho e as possíveis intervenções para manter a independência na condução de veículos
- Reconhecer que a *performance* motora de alto nível pode ocorrer em qualquer idade
- Descrever os instrumentos de avaliação motora cujo alvo é a população de adultos

> **CONCEITO-CHAVE**
>
> A *performance* motora do adulto depende da interação entre uma série de variáveis; algumas delas podem ser manipuladas facilmente enquanto outras são resistentes à mudança.

Quando vemos um adulto jogando *frisbee*, digitando, rebatendo uma bola de beisebol, caminhando com a ajuda de um andador ou correndo no parque, estamos observando *performances* motoras. As tarefas de movimento dos adultos variam de atividades da vida diária a habilidades especializadas. Algumas tarefas exigem alto nível de precisão, outras requerem alto nível de velocidade e outras ainda podem ditar uma combinação de velocidade e precisão.

> **CONCEITO 19.1**
>
> Declínios observados na *performance* motora ao longo da vida adulta podem ser resultado de degeneração fisiológica, fatores psicológicos, condições ambientais, exigências da tarefa, doença, estilo de vida ou combinações desses elementos.

À medida que a nossa idade avança, observamos uma série de mudanças na *performance* em várias tarefas de movimento. A maioria dessas mudanças envolve declínio na realização bem-sucedida de tarefas. Essas mudanças prejudiciais à *performance* motora resultam de degeneração nos sistemas fisiológicos relacionada com a idade, fatores psicológicos relacionados com a idade, mudanças ambientais, demandas da tarefa ou alguma combinação dessas quatro variáveis. É importante, no entanto, enfatizar de novo o destaque dado por Spirduso e MacRae (1990) ao fato de que a *performance* motora dos adultos pode variar muito. A interação de diversas variáveis, algumas relacionadas com a idade, dita se o indivíduo vai experimentar declínio em uma tarefa motora específica.

Conforme abordado no capítulo anterior, o processo de envelhecimento resulta em uma série de mudanças fisiológicas. Algumas dessas mudanças podem ter pouco ou nenhum impacto sobre o comportamento do adulto que está envelhecendo. Certas demandas da tarefa às vezes não implicam em grande carga sobre os sistemas fisiológicos em deterioração ou então as demandas sobre um sistema em declínio podem ser acomodadas por um ou mais dos sistemas fisiológicos saudáveis. Outras mudanças fisiológicas, entretanto, resultam em declínio observável na *performance* de várias habilidades motoras. Determinado sistema deteriorado pode desempenhar papel tão importante na *performance* de alguma tarefa motora que os outros sistemas não conseguem fornecer compensação suficiente. A interação de dois ou mais sistemas fisiológicos em declínio pode ter efeito prejudicial também sobre a *performance* de movimentos específicos.

O ambiente em que a tarefa de movimento é realizada pode desempenhar certo papel no nível do êxito da *performance*. A quantidade de luz em um cômodo, a firmeza da superfície do piso e a temperatura do ambiente são exemplos de condições ambientais que afetam a *performance*. Algumas circunstâncias ambientais são prejudiciais para a execução de determinado movimento quando o executor é uma criança, adulto jovem ou adulto velho. Outras condições ambientais podem inibir a *performance* apenas quando interagem com um ou mais sistemas fisiológicos em declínio. Por exemplo, um adulto mais velho, posicionado em um ambiente mal iluminado, às vezes não é capaz de pegar uma bola arremessada. Se, por um lado, a sua incapacidade de pegar a bola pode ser reflexo de declínio na habilidade de recepção associado com a idade, por outro, ela também pode ser resultado do baixo nível de iluminação conjugado com mudanças na estrutura e na função dos olhos combinadas com a idade. Aumentar o nível de iluminação do ambiente pode ajudá-lo a pegar a bola arremessada com pouca ou nenhuma dificuldade.

As exigências que definem como a tarefa deve ser realizada podem interagir com características relacionadas com a idade e reduzir o nível da eficiência ou êxito da *performance*. O adulto mais velho talvez tenha problemas ao realizar uma tarefa que exige tanto velocidade como precisão e não ter dificuldades quando a mesma tarefa exige apenas precisão. Mudanças no sistema musculoesquelético e no sistema nervoso central podem afetar a velocidade de tentativa de realização da tarefa, sem atrapalhar, necessariamente, uma finalização precisa.

Embora as razões subjacentes às mudanças na *performance* motora relacionadas com a idade sejam muitas e variadas, algumas mudanças comportamentais são consistentemente observadas. Elas incluem redução dos tempos de reação, diminuição da manutenção do equilíbrio e do controle postural e alterações nos padrões de marcha.

> **Conceito 19.2**
>
> O tempo de reação é um componente importante de muitas tarefas de *performance* motora.

TEMPO DE REAÇÃO

O estudo do **tempo de reação** (TR) há muito é um aspecto vital na compreensão do comportamento motor em humanos. O TR é o tempo decorrido entre a apresentação de um estímulo e a ativação inicial dos grupos musculares apropriados à realização da tarefa. A medição do TR fornece indicações dos processos internos ocorridos durante o movimento voluntário.

> **Conceito 19.3**
>
> O tempo de reação é separado em componentes diferentes, e cada um deles pode ser afetado por várias mudanças relacionadas com a idade.

O tempo de reação pode ser descrito por vários meios. O TR não fracionado é medido pelo registro do tempo decorrido entre a apresentação do estímulo e o início do movimento. O **TR fracionado** é uma tentativa de quebrar o processo do TR completo em vários componentes. Em geral, as pesquisas do TR fracionado dissecam o processo do TR total em dois componentes, o pré-motor e o motor. O *TR pré-motor* é o tempo decorrido entre o surgimento do sinal e a primeira indicação de atividade elétrica (conforme medição feita por eletromiografia) nos músculos usados para realizar a tarefa. O *TR motor* segue o TR pré-motor e refere-se ao tempo decorrido entre a primeira indicação de atividade elétrica e o início do movimento (Fig. 19.1).

Embora seja muito mais difícil fazer isso, o TR pré-motor pode ser fracionado ainda mais, em tempo de recepção, de integração motora e de descarga motora. À medida que o sinal viaja (via ondas de luz, de som, etc.) de sua origem, no ambiente, até ser coletado por um ou mais dos sistemas sensoriais do corpo, ele atinge uma parte do cérebro que dará significado ao sinal ou então o descartará como não significativo. O tempo que ele leva para executar essa fase é o *tempo de recepção*. Assim que se dá um significado ao sinal, segue-se uma atividade no córtex motor do cérebro, que ajuda a determinar o movimento necessário à resposta ao sinal. Essa parte do processo é o *tempo de integração motora*. O tempo decorrido entre essa atividade do córtex motor e a primeira indicação de atividade elétrica nos músculos usados para realizar a tarefa é chamado de *tempo de descarga motora*. O processo envolvido no TR é surpreendentemente complexo, mas também é surpreendente o fato de que, quando o sinal e a tarefa de movimento são bastante simples, o tempo envolvido no processo do TR costuma ser de menos de um segundo.

Além disso, para compreender os vários componentes do TR, os pesquisadores têm tentado alterar as condições ambientais em que ele é observado. O TR pode ser examinado sob circunstâncias como múltipla escolha (i.e., responder à luz verde de um modo e à vermelha de outro), sinal de iniciar a tarefa fornecido a sistemas sensoriais diferentes (i.e., luz para a visão, sinal sonoro para a audição, etc.) ou variação da intensidade do sinal para iniciar a tarefa (i.e., visão – luz forte ou fraca, audição – som alto ou baixo).

> **Conceito 19.4**
>
> Determinadas estratégias de intervenção podem reduzir as diferenças de idade no tempo de reação.

Tem sido demonstrado, de modo consistente, que o TR torna-se reduzido com o aumento da idade. Estudos transversais iniciais indicaram que o TR atinge o pico por volta do início da terceira década de vida, começa a declinar lentamente ao longo da meia-idade e declina de forma acentuada durante a vida adulta mais avançada (Hodgkins, 1963; Pierson e Montoye, 1958). Entretanto, mesmo essas pesquisas iniciais indicaram que a variabilidade no TR é grande entre as pessoas mais velhas. Mais re-

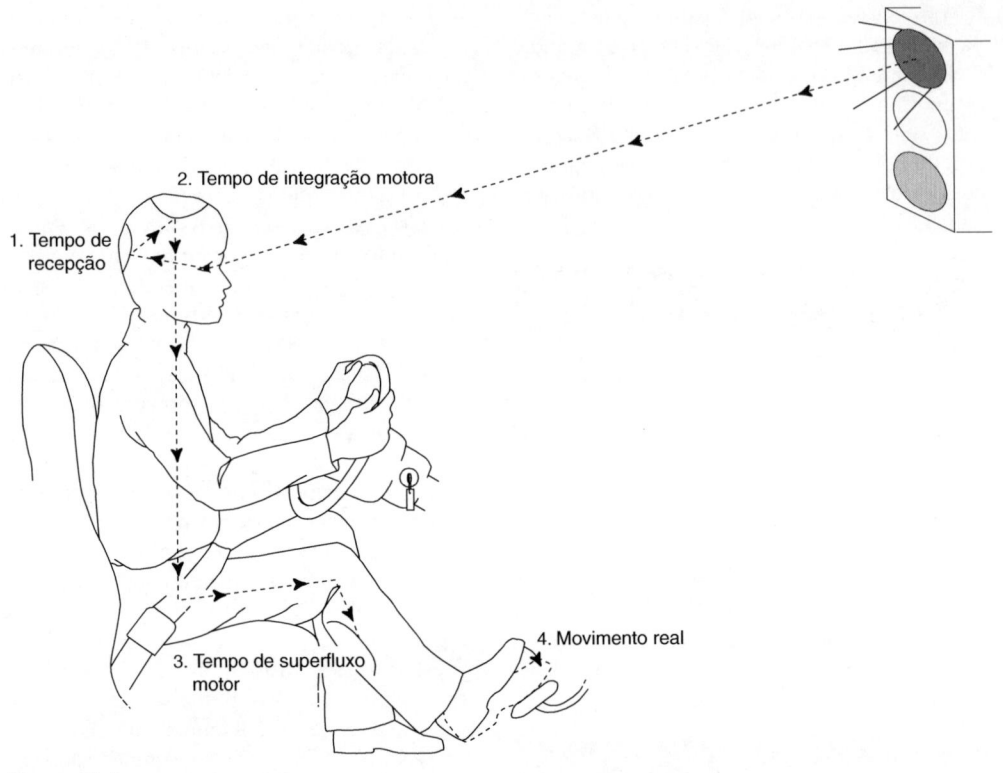

Figura 19.1
Componentes do tempo de reação fracionado.

centemente, foi demonstrado que os estudos de TR que enfatizam o controle de certas variáveis revelam diferenças muito menores entre as faixas etárias do que os estudos prévios. Fatores como fornecer um sinal familiar para o início da tarefa, oferecer oportunidades suficientes para prática da tarefa específica envolvida na pesquisa e incrementar a qualidade do sinal inicial são modos de reduzir muito as diferenças relacionadas com a idade (Spirduso e MacRae, 1990), particularmente em estudos de TR que lidam com um único sinal e uma única resposta. Em geral a redução das diferenças no TR relacionadas com a idade é insignificante quando estão envolvidos sinais e respostas mais complexos.

Embora fatores como a prática e a qualidade e a familiaridade do sinal ajudem a minimizar diferenças entre as idades no TR, os adultos mais jovens têm TR consistentemente mais rápido do que os mais velhos. A amplitude da diferença relacionada com a idade depende de fatores associados com as características fisiológicas e psicológicas do indivíduo, o ambiente em que a tarefa é realizada e a sua natureza.

Fisiologicamente, várias possibilidades contribuem para respostas mais lentas à medida que a pessoa envelhece. Spirduso (1986) sugeriu que "em certo grau, as tarefas psicomotoras que exigem velocidade podem ser consideradas uma janela comportamental pela qual se pode ver a integridade do sistema nervoso central" (p. 153). Conforme abordado no capítulo anterior, o sistema nervoso central passa por uma série de mudanças relacionadas com a idade, que variam desde a perda das células cerebrais até reduções no fluxo sanguíneo e, subsequentemente, da quantidade de oxigênio que chega ao cérebro. Essas mudanças podem ser prejudiciais em todos os aspectos, mas em especial nos componentes centrais do processo do TR. A qualidade do funcionamento do cérebro, influenciado pela quantidade de sangue e de nutrientes recebidos, tem potencial para afetar os componentes do TR do tempo de recepção, o tempo de integração motora e o tempo de superfluxo motor.

O tempo de recepção pode ser prejudicado pelas mudanças associadas com a idade nos sistemas que recebem informações sensoriais que exigem uma resposta rápida. Reduções ou distorções nas ondas de luz ou de som recebidas pelo sistema visual ou auditivo, respectivamente, que está envelhecendo, podem ser responsáveis pelo aumento no tempo necessário para a transmissão de informações pertinentes aos centros de processamento do cérebro. Além disso, o componente do tempo motor do TR pode ser retardado por algum declínio no tempo necessário para ativar os músculos do sistema muscular em processo de envelhecimento.

Psicologicamente, uma série de fatores, individuais ou em interação com outras variáveis, é capaz de retardar a capacidade do adulto mais velho de responder com rapidez. Dacey, Travers e Fiore (2009) sugerem que variáveis como motivação, depressão e ansiedade podem ser fatores importantes na diferença de TR entre adultos mais jovens e mais velhos. O adulto mais velho, por ter mais experiência de vida, pode não enfatizar tarefas que exigem respostas rápidas. O adulto mais velho pode ficar mais motivado a realizar uma tarefa com maior precisão do que com maior rapidez, enquanto o adulto mais jovem pode enfatizar a velocidade e sacrificar a precisão. Isso envolve um fenômeno chamado de **troca velocidade-precisão**. Essa troca é um princípio que descreve a tendência de redução da precisão do movimento quando a velocidade aumenta (Schmidt e Wrisberg, 2008). O adulto mais velho que está em estado de depressão às vezes fica menos motivado a empenhar todo o seu potencial em determinada tarefa. A vida adulta mais avançada é uma época em que fatores como problemas de saúde ou morte do cônjuge ou de amigos gera potencial para estados psicologicamente depressivos. Os adultos mais velhos podem sentir também uma sensação de ansiedade quando lhes pedem que realize alguma tarefa com a qual não estão familiarizados.

A alteração do ambiente, em muitos casos, pode ajudar o adulto mais velho na execução de tarefas de movimento que exigem resposta rápida. Conforme discutido no capítulo anterior, muitos adultos mais velhos perdem bastonetes da retina, o que causa problemas na adaptação visual ao escuro. Quando o indivíduo mais velho tenta realizar uma tarefa de movimento em um ambiente mal iluminado, é muito provável que a execução seja lenta e imprecisa. Entretanto, quando a iluminação é boa, a quantidade de luz transmitida pelos olhos aos centros de processamento do cérebro aumenta e o processo do TR é incrementado. Quando as instruções ou sinais relacionados ao movimento são auditivos, o aumento da amplitude ou a alteração da frequência das informações sonoras aumenta a possibilidade de que mais informações cheguem ao cérebro, incrementando o processo do TR.

A modificação das exigências ou condições de determinada tarefa incrementa a velocidade de *performance* de adultos mais velhos. Como mencionado antes neste capítulo, oferecer oportunidades de prática da tarefa de movimento melhora o TR de adultos mais velhos. A prática, do mesmo modo, ajuda a reduzir qualquer ansiedade que o indivíduo possa ter ao tentar fazer uma tarefa com a qual ele não tem familiaridade. Reduzir o número de movimentos que podem ser selecionados após o sinal também é um recurso comprovado de estimulação do TR de adultos mais velhos.

Além das condições ambientais e das exigências da tarefa, muitos pesquisadores têm observado que o nível de atividade física do indivíduo pode desempenhar um papel-chave na determinação do estado do TR (Gauchard et al., 2003; Chodzko-Zajko, 1991; Cristensen et al., 2003). Em um estudo interessante comparando o TR de homens jovens fisicamente ativos (JFA), jovens fisicamente inativos (JFI) velhos fisicamente ativos (VFA) e velhos fisicamente inativos (JFI), Spirduso (1975) observou que o TR dos homens VFA era similar ao dos homens JFI. Entretanto, de maior importância ainda foi a descoberta de uma acentuada diferença entre os VFA e os VFI. Em um estudo comparativo, os pesquisadores analisaram a função psicomotora de adultos (VFA), moderadamente ativos e pouco ativos (Christensen et al., 2003). Eles observaram que, em geral, níveis mais elevados de atividade física estavam relacionados com tempos de reação superiores.

Quando é examinada a influência de fatores da aptidão física mais específicos sobre o tempo de reação, em geral tem sido determinado que os níveis da resistência aeróbia e da força muscular têm impacto positivo. Etnier e colaboradores (2003) concluíram que a *performance* psicomotora pode ser preservada pela aptidão aeróbia, enquanto Hunter, Thompson e Adams (2001) observaram que a força muscular parece estar inversamente relacionada com o tempo de reação em mulheres. Em outras palavras, as mulheres mais velhas que eram mais fortes do que as suas coetâneas tinham tempos de reação mais rápidos.

As *performances* mais rápidas de adultos ativos mais velhos podem ser atribuídas à boa circulação no sistema nervoso central, que é necessária para a longevidade celular ótima do cérebro e a eficiência do processamento. Essa circulação é mantida por meio de exercícios. Spirduso (2005) acrescenta que a inatividade, tanto de adultos jovens como de velhos, pode intensificar o desgaste e o desarranjo do sistema nervoso central devido à acumulação de efeitos da maior pressão sanguínea e das concentrações mais altas de lipofuscina. Ela concluiu que o exercício proporciona melhor proteção contra a involução senil das células cerebrais na atividade cerebral devido à sua capacidade de estimular o metabolismo, a respiração e a circulação sanguínea. A atividade física pode, de modo similar, incrementar o funcionamento de alguns sistemas neurotransmissores dos adultos mais velhos. Ari e colaboradores (2004) perceberam que a redução do tempo de reação relacionada ao exercício em homens mais velhos estava associada com altos níveis de hormônio de crescimento e de testosterona no soro. Eles especularam que esses níveis hormonais aumentados podem ser vantajosos para as funções cerebrais. Se representa uma influência positiva sobre as funções centrais do TR do cérebro, o exercício parece promover também melhor funcionamento dos componentes mais periféricos do TR. A atividade física estimula a circulação sanguínea saudável nos membros. O aumento da circulação promove temperaturas adequadas nos membros, fator importante para a rápida transmissão dos sinais nervosos aos músculos.

EQUILÍBRIO E CONTROLE POSTURAL

Conforme já mencionado neste capítulo, o processo do TR costuma envolver um fator temporal de menos de um segundo, dependendo da complexidade das circunstâncias. Algumas tarefas de *performance* motora não dependem de TRs rápidos para serem completadas com êxito, mas outras dependem. A capacidade de manter o **equilíbrio e o controle postural** de modo eficiente parece exigir o funcionamento adequado do processo do TR. No entanto, o TR é apenas um dos muitos fatores que interagem para manter o equilíbrio e o controle da postura. Woollacott e Shumway-Cook (1990) sugerem que múltiplos fatores neurais e biomecânicos trabalham juntos para alcançar o objetivo do equilíbrio. Eles relacionam os seguintes componentes, que podem desempenhar papel influente no equilíbrio e no controle postural do indivíduo: (1) sinergias das respostas musculares posturais; (2) sistemas visual, vestibular e somatossensorial; (3) sistemas adaptativos; (4) força muscular; (5) amplitude articular do movimento; e (6) morfologia corporal.

Conceito 19.5

Vários fatores atuam como componentes que interagem para a manutenção do equilíbrio e da postura.

As sinergias das respostas musculares posturais referem-se ao momento e à sequência de ativação dos grupos musculares necessários à manutenção do equilíbrio e do controle postural. Vários grupos musculares tanto na parte superior como na parte inferior do corpo podem ser recrutados para manter uma postura ereta controlada ou para regular suavemente o equilíbrio em uma série de situações de movimento. O sistema visual fornece informações valiosas sobre a posição do corpo em relação ao ambiente, e os sistemas vestibular e somatossensorial contribuem com *inputs* sensoriais relativos à posição do corpo e da cabeça em relação à gravidade e com a consciência da posição articular.

Os sistemas adaptativos permitem modificar o *input* sensorial e o *output* motor quando ocorrem mudanças nas exigências da tarefa ou nas características do ambiente. A força dos músculos do tornozelo, do joelho e do quadril tem de ser adequada à manutenção da posição postural específica ou ao controle da recuperação do equilíbrio quando há alguma perturbação. A amplitude de movimento das várias articulações do corpo determina o grau de restrição ou de liberdade que o movimento pode ter quando exige um alto grau de equilíbrio. Por fim, elementos da morfologia do corpo, como altura, centro da massa, tamanho do pé e distribuição do peso corporal, afetam a função biomecânica de manutenção da estabilidade.

Conceito 19.6

Os adultos mais velhos apresentam padrões motores diferentes daqueles dos mais jovens quando tentam recuperar a estabilidade após alguma perturbação do equilíbrio.

Com o passar da idade, o processo de manutenção do equilíbrio e do controle postural torna-se menos eficiente, em especial no adulto mais velho (Johnson, Mihalko e Newell, 2003; Rankkin et al., 2000). Para muitos adultos mais velhos, os decréscimos no controle da postura podem ser mudanças irreversíveis. Tem sido demonstrado que, quando a estabilidade de adultos mais velhos é perturbada, o processo de recuperação com frequência é diferente e menos eficiente do que aquele exibido por adultos mais jovens (Woollacott et al., 1986). Uma diferença está no tempo de ativação do músculo. Quando a pessoa está de pé e ereta e, de repente, alguma coisa a faz perder o equilíbrio e começar a se inclinar para trás, o procedimento de recuperação do equilíbrio em geral envolve a ativação dos dorsiflexores do tornozelo, seguida da ativação dos extensores do joelho. A resposta de ativação muscular em adultos mais jovens tende a ser mais rápida do que a resposta dos músculos de adultos mais velhos. Alguns adultos mais velhos têm demonstrado até uma reversão do padrão de ativação do músculo ao tentar recuperar o equilíbrio. Algumas vezes eles ativam o grupo muscular extensor do joelho antes dos dorsiflexores do tornozelo. Além disso, na tentativa de recuperar o equilíbrio, alguns adultos mais velhos às vezes incorporam grupos musculares adicionais (i.e., os músculos do quadril) que não são usados por adultos mais jovens ou ativam o grupo muscular agonista (i.e., os extensores do joelho) e o grupo muscular antagonista (i.e., os flexores do joelho) ao mesmo tempo (Manchester et al., 1989), ocorrência observada em crianças muito jovens (Forssberg e Nashner, 1982).

Essa contração conjunta dos grupos musculares agonistas e antagonistas por adultos mais velhos pode ser uma estratégia de compensação da incapacidade de aprimorar o controle postural no mesmo grau alcançado por adultos mais jovens (Woollacott et al., 1988). O funcionamento adequado dos sistemas vestibular e visual e as suas interações parecem ser fundamentais nas diferenças do controle postural de adultos mais velhos e mais jovens. Quando esses dois sistemas estão intactos e são capazes de receber e de transmitir informações sensoriais precisas, a capacidade dos adultos mais velhos de recuperar o equilíbrio perdido é similar àquela de adultos mais jovens. Entretanto, quando a quantidade de *input* visual ou vestibular disponível a adultos mais jovens e mais velhos está substancialmente reduzida, a capacidade dos adultos mais velhos de restaurar a estabilidade após uma perda de equilíbrio é muito mais fraca do que a dos mais jovens (Teasdale, Stelmach e Breunig, 1991; Woollacott et al., 1986).

Conceito 19.7

Estratégias de intervenção podem ser incorporadas para aumentar a estabilidade de adultos mais velhos.

Embora muitos adultos apresentem declínios no equilíbrio e no controle postural relacionados com a idade e que podem se tornar irreversíveis (em especial na idade adulta mais avançada), várias possibilidades de intervenção podem ser úteis na redução da magnitude do declínio, na promoção de estratégias compensatórias ou em ambas. Às vezes é difícil compensar mudanças nos sistemas vestibular e visual relacionadas com a idade, mas alterações no ambiente podem propiciar estímulos sensoriais mais fortes. Por exemplo, quando um adulto mais velho está parado ou caminhando sobre uma superfície macia, a quantidade ou qualidade das informações sensoriais enviadas dos receptores articulares, musculares e vestibulares aos centros de processamento podem ficar reduzidas. A superfície mais firme, no entanto, permite um *input* sensorial mais agudo e mais específico, em particular para os receptores articulares e musculares dos tornozelos. Quanto ao aspecto visual, o aumento da iluminação do ambiente pode incrementar a quantidade de ondas de luz que alcançam a retina e são transmitidas por ela.

O aumento da força muscular pode moderar o grau de instabilidade de pessoas mais velhas. Têm sido observados aumentos na força muscular em todos os níveis da vida adulta em função de programas de treinamento. Conforme mencionado no capítulo anterior, até adultos na década dos 90 anos conseguem ganhos de força muscular após um programa de treinamento nessa modalidade. Níveis adequados de força muscular na parte superior e inferior das pernas são especialmente importantes tanto para manter o equilíbrio como para evitar quedas originárias de perturbação do equilíbrio (Gregg, Pereira e Caspersen, 2000). As consequências de uma queda podem ser mais devastadoras para o adulto mais velho do que para um indivíduo mais jovem (Tinetti, 1990), como será discutido mais adiante neste capítulo.

Conforme já mencionado, um segundo fator musculoesquelético associado que influencia na manutenção do equilíbrio é a amplitude de movimento das articulações. Embora os adultos mais velhos tenham propensão a uma flexibilidade articular mais restrita do que os mais novos (Shephard, Berridge e Montelpare, 1990), tem sido demonstrado que a participação em atividades físicas e exercícios melhora a amplitude do movimento de adultos mais velhos e reduz a diferença de flexibilidade em geral observada entre o início da vida adulta e os seus anos mais avançados (Rikli e Edwards, 1991).

Há dados científicos suficientes para sugerir que os adultos mais velhos que participam de programas de exercícios podem demonstrar melhora no equilíbrio e na estabilidade. Uma revisão de pesquisas indica que programas destinados a incrementar o equilíbrio devem incorporar atividades de força muscular, flexibilidade articular e resistência aeróbia, associadas com exercícios que estimulam os vários sistemas sensoriais e a sua integração central (Kronhed, Möller, Olsson e Möller, 2001). Tem sido demonstrado que atividades adicionais, entre elas o *tai chi chuan* e golfe, melhoram o controle do equilíbrio em pé (Li et al., 2005; Tsang e Hui-Chan, 2004).

QUEDAS

As *quedas* são uma das principais preocupações de muitos indivíduos mais velhos. Cair é muito mais comum e grave quando o adulto é mais velho do que no início da idade adulta. A cada ano, cerca de 30% dos adultos com mais de 65 anos sofrem quedas. Muitos enfrentam várias quedas durante o ano. Com o passar da idade, a probabilidade de quedas aumenta. Embora a maioria das quedas sofridas por adultos mais velhos seja pequena e não resulte em lesão, quedas mais graves podem causar lesões no tecido mole, fraturas, desenvolvimento de medos psicológicos ou morte.

CONCEITO 19.8

Fraturas do quadril resultantes de quedas são motivo de grande preocupação para adultos mais velhos.

As lesões no tecido mole variam desde vários graus de contusão (traumatismo) até distensão e estiramento muscular, que pode reduzir a mobilidade do indivíduo mais velho e restringir o seu nível de independência. Muito preocupante entre os adultos mais velhos é a ameaça de quedas que resultam em fraturas. As fraturas podem ocorrer no úmero ou no pulso, quando o braço é estendido para tentar amortecer ou impedir a queda. No entanto, essas fraturas não reduzem a mobilidade. As *fraturas do quadril*, no entanto, são muito mais devastadoras. Dos adultos mais velhos que sofreram quedas, 20 a 30% tiveram lesões moderadas a graves, que incluem fraturas do quadril ou traumas na cabeça (Sterling, O'Connor e Bonadies, 2001). Essas lesões resultam em longo período de imobilidade, maior dependência de outras pessoas para as funções cotidianas e maior risco de internação.

De todas as fraturas relacionadas a quedas, as do quadril é que provocam o maior número de mortes. Os Centers for Disease Control (2010) registraram que, em 2005, mais de 15.800 adultos mais velhos morreram por causa de lesões relacionadas com quedas. Muitas fraturas em adultos mais velhos podem ser atribuídas à osteoporose. A perda de massa óssea em função da *osteoporose* não apenas enfraquece os ossos, deixando-os mais vulneráveis a fraturas, mas também prolongam o tempo necessário para a recuperação. Outro problema associado com fraturas no quadril é o de tornar-se mais suscetível à instabilidade e à deformação do local da fratura (Jackson e Lyles, 1990).

É possível a ocorrência de uma série de lesões físicas como resultado de quedas, mas o senso de medo e/ou depressão após as quedas também pode desenvolver-se em adultos mais velhos. Aproximadamente metade dos indivíduos que já caíram admitem certo grau de medo (Tinetti, 1990). O grau de medo dos indivíduos mais velhos pode levar ao excesso de proteção e a restrições desnecessárias da mobilidade e da independência. O adulto mais velho pode começar a evitar até tarefas funcionais cotidianas, como tomar banho e trocar de roupa. A depressão pode acompanhar a sensação de medo, aumentando os efeitos psicológicos da queda.

Uma série de fatores liga as quedas à morte de adultos mais velhos. Conforme antes mencionado neste capítulo, a maioria das quedas não são graves. Entretanto, elas matam uma pequena porcentagem de pessoas. Mais comuns são as mortes que ocorrem por lesões relacionadas com a queda ou de circunstâncias criadas pela queda. Por exemplo, um adulto mais velho que fratura o quadril em uma queda pode apresentar declínio na saúde geral em função da prolongada redução da mobilidade e da diminuição da capacidade de cuidar de si mesmo. No final, muitas quedas de um mesmo indivíduo podem indicar fatores subjacentes que elevam o risco de morte (Dunn et al., 1992). Declínios em uma série de sistemas fisiológicos relacionados com a idade e com doenças podem tornar a pessoa mais suscetível a quedas. Nesses casos, mais revelam do que causam problemas de saúde mais graves. Esses problemas de saúde podem levar o adulto mais velho para mais perto da morte.

Conceito 19.9
Uma série de circunstâncias predispõe o adulto mais velho a quedas.

A interação de uma série de fatores parece predispor indivíduos mais velhos a quedas. Muitos desses fatores são fisiológicos; outros estão relacionados com os ambientes em que as quedas ocorrem. As demandas da tarefa podem igualmente ser importantes na criação de uma situação precária. Os fatores fisiológicos incluem mudanças associadas com a idade ou com doenças em vários sistemas sensoriais, no sistema nervoso central ou no sistema musculoesquelético. Com frequência, as condições ambientais envolvem circunstâncias potencialmente prejudiciais, que interagem com sistemas fisiológicos em declínio ou afetados por medicamentos. As demandas de algumas tarefas podem exigir que o indivíduo vá além da sua zona de estabilidade confortável, tornando-o mais vulnerável a outras forças.

Conforme abordado no capítulo anterior, declínios nos sistemas visual, auditivo e vestibular são comuns em adultos quando eles envelhecem. Esses declínios aumentam o risco de queda entre adultos mais velhos. As quedas podem ocorrer quando o indivíduo tropeça em um objeto perigoso porque não conseguiu enxergá-lo à luz fraca do cômodo. A incapacidade de distinguir sons feitos pelos pés em diferentes tipos de piso pode reduzir ou eliminar certo *feedback* útil para a manutenção da estabilidade. O funcionamento impróprio do sistema vestibular pode resultar em tontura, o que aumenta o risco de cair.

Retardamentos ou perturbações no sistema nervoso central aumentam a vulnerabilidade da pessoa mais velha à queda. Um TR rápido pode ser útil para o indivíduo manter o equilíbrio e evitar a queda quando ele perde a estabilidade. Sob circunstâncias similares, um TR mais lento pode restringir a recuperação do equilíbrio, fazendo com que a pessoa estenda o braço para se apoiar e impedir a queda. Embora essa ação possa amortecer o impacto da queda, ela aumenta o risco de fratura no pulso ou no úmero. O adulto mais velho com RT regularmente lento pode não conseguir estender os braços com rapidez suficiente para evitar a queda; nesse caso,

> **DILEMA DO DESENVOLVIMENTO**
>
> **Pra que serve esse comprimido?**
> Quando a saúde dos adultos mais velhos declina, muitas vezes são prescritos medicamentos para uma série de condições. Muitos desses medicamentos são considerados imprescindíveis para salvar vidas. Mas surge um dilema, pois uma série deles predispõe o adulto mais velho a quedas. Sabemos que certos sedativos e antidepressivos aumentam o risco de quedas. Além disso, tomar mais de um medicamento ao mesmo tempo sem saber as consequências de sua interação também resulta em numerosos potenciais problemas. Com frequência, o adulto mais velho com determinadas condições médicas tem de sacrificar algum aspecto da saúde em prol de outro.

ele cai diretamente sobre o quadril desprotegido. Condições adicionais do sistema nervoso central, como mal de Parkinson e AVC, aumentam a suscetibilidade do adulto mais velho a quedas.

A força muscular adequada (em especial nos membros inferiores) é importante para manter o equilíbrio e recuperar a estabilidade perdida. Perdas de massa muscular relacionadas com a idade e subsequentes perdas de força podem ser prejudiciais à manutenção do equilíbrio e à prevenção de quedas. Artrite nas articulações dos membros inferiores também pode reduzir as estratégias de prevenção de queda.

A casa ou o ambiente de trabalho da pessoa mais velha pode apresentar uma série de perigos que aumentam a probabilidade de quedas. Podem ocorrer quedas quando a pessoa subir ou descer escadas; ao tomar banho; ao sentar e levantar de uma cadeira de rodas; tropeçar em fios elétricos, tropeçar em móveis baixos ou animais domésticos pequenos. Outras quedas podem ocorrer como resultado de sapatos que não calçam bem. Outros perigos ambientais incluem baixo nível de iluminação dos cômodos, superfícies que refletem a luz e pisos macios e irregulares ou instáveis. É possível que padrões ópticos de pisos e escadas aumentem o risco de queda, por causa do declínio no processo de percepção visual do adulto mais velho (Tinetti, 1990).

As demandas de certas tarefas podem colocar adultos mais velhos em situações de maior risco de queda, particularmente quando as tarefas exigem concentração intensa. A atenção ao equilíbrio pode ser desviada. Pegar um objeto que está no alto, usando uma pequena escada, inclinar-se sobre um objeto pesado e tentar levantá-lo ou levar o cesto de roupa suja cheio para o porão são tarefas potencialmente perigosas para adultos mais velhos. Os indivíduos mais velhos cujo estilo de vida é fisicamente mais ativo parecem ter maior incidência de quedas (Tinetti, 1990). As razões provavelmente incluem maior exposição a circunstâncias prejudiciais e aumento da intensidade na participação ativa.

Uma vez que muitos e variados fatores contribuem para a instabilidade e subsequente queda, às vezes as estratégias de intervenção exigem variedade de abordagens. Gillespie e colaboradores (2003) descobriram que as intervenções com maior impacto incluem programas de intervenção/triagem de fatores de risco do ambiente/saúde, avaliação e modificação dos perigos domésticos e um programa de fortalecimento muscular e retreinamento do equilíbrio. Gregg, Pereira e Caspersen (2000) concluíram que o aumento da atividade física de adultos mais velhos sedentários pode resultar em 20 a 40% de redução do risco de fratura do quadril. Lamoureux e colaboradores (2003) observaram que o aumento da força para ajudar na locomoção reduz o risco de quedas. Uma lista de fatores de risco de queda e de estratégias de intervenção adicionais pode ser encontrada na Tabela 19.1.

MARCHA

Caminhar parece ser uma tarefa simples, quase automática, executada sem muito esforço. Entretanto, essa é uma habilidade complexa, que exige a interação do sistema nervoso central, dos músculos e das articulações corporais, de vários sistemas sensoriais, das forças gravitacionais e das circunstâncias ambientais. Mudanças relacionadas com a idade e/ou com doenças em um ou mais dos sistemas do corpo podem interagir com condições físicas e/ou ambientais, provocando decréscimos no processo da **marcha**. Neurologicamente, caminhar inclui a combinação intricada de ações voluntárias e reflexas. Os músculos e as articulações do tornozelo, do joelho, da pelve e, em certo grau, do tronco e dos ombros são componentes vitais de

Tabela 19.1	Fatores de risco de queda e possíveis estratégias de intervenção
Possíveis fatores de risco para adultos mais velhos	**Possíveis estratégias de intervenção**
• Redução da força muscular	– Exercícios de treinamento de força – Objetos de apoio (bengala, andadores, corrimãos)
• Redução da flexibilidade articular	– Estilos de vida ativos – Exercícios de alongamento
• Redução das capacidades visuais	– Melhor iluminação dos cômodos – Redução do reflexo – Óculos – Tratamentos cirúrgicos
• Redução das capacidades auditivas	– Remoção do cerume – Aparelhos contra surdez
• Redução da propriocepção	– Superfícies de caminhada firmes – Calçado adequado – Incremento do ambiente visual – Evitar superfícies irregulares – Objetos de apoio (bengalas, andadores, corrimãos)
• Retardamento do tempo de reação	– Estilos de vida ativos – Atenção focada na tarefa – Auxílio na realização de tarefas – Aumento da motivação
• Medicamentos	– Consciência dos efeitos colaterais dos medicamentos – Consciência dos efeitos colaterais da interação entre medicamentos

um padrão de marcha eficiente. O processo da marcha utiliza informações obtidas dos sistemas visual, auditivo e vestibular, e também de outros sistemas. As forças relacionadas com a gravidade terrestre estão envolvidas na constante alteração do centro de gravidade do corpo e no constante restabelecimento da base de apoio durante o ciclo da caminhada. Condições ambientais, como a superfície ou os objetos colocados no caminho de quem está andando, podem alterar o padrão da marcha.

O ciclo do caminhar ou o padrão da marcha tem duas fases: a *fase de balanço* e a *fase de apoio*. Em geral, quando uma perna está na fase de balanço, a outra está na fase de apoio. A fase de balanço começa quando a ponta do pé sai da superfície de apoio e termina quando o calcanhar toca a superfície de apoio. Durante a fase de balanço, a perna movimenta-se no ar, de modo pendular. A fase de apoio começa assim que o calcanhar toca o piso e termina quando a ponta do pé sai do piso. Durante toda a fase de apoio, o pé mantém contato com o piso. Além das fases de apoio e de balanço, no ciclo da caminhada, por um breve instante, os dois pés ficam em contato com o piso ao mesmo tempo. Esse instante é chamado de *período de duplo apoio* e é a principal característica que distingue a corrida da caminhada. Outros elementos da caminhada incluem o comprimento, a frequência e largura da passada, o espaço entre a ponta do pé e o piso durante a fase de balanço, o balanço do braço e a rotação do quadril e dos joelhos.

Conceito 19.10

As diferenças nos padrões da marcha de adultos mais velhos e de adultos mais jovens com frequência originam-se a velocidades de caminhada diferentes.

À medida que os indivíduos passam à vida adulta mais avançada, uma variedade de características da marcha passa por mudanças. Os adultos mais velhos podem diferir dos mais novos em vários componentes da caminhada. Os mais velhos caracterizados como saudáveis têm apresentado reduções no *comprimento da passada*, aumentos no período de duplo apoio, reduções no *espaço entre a ponta do pé e o piso*, alterações nas estratégias usadas quando o pé afasta objetos que estão no caminho e reduções na *velocidade da marcha* (Chen et al., 1991; Elble, Hughes e Higgins, 1991; Ferrandez, Pailhous e Durup, 1990; Hortobágyi e DeVita, 1999; Wall et al., 1991). No entanto, alguns pesquisadores relataram que muitos dos declínios ou reduções observados nos padrões de caminhada de adultos mais velhos podem ser atribuídos a passadas mais lentas e não a problemas fisiológicos particulares (Elble et al., 1991; Ferrandez et al., 1999). Embora a velocidade de caminhada mais lenta pareça ser característica da marcha de pessoas mais velhas e possa causar uma série de outras reduções na eficiência da marcha, estratégias de intervenção, como treinamento com peso, melhoram a velocidade e outros fatores da marcha de adultos mais velhos (Fiatarone et al., 1990; Lamoureux et al., 2003). Além disso, adultos mais velhos fisicamente ativos apresentaram melhores características da marcha do que indivíduos sedentários da mesma idade (Rosengren et al., 1995).

Embora seja especulação declarar que a idade, por si só, causa declínios no ciclo da marcha, uma série de doenças que costumam afligir adultos mais velhos contribuem para problemas na marcha. Transtornos no sistema nervoso central, como mal de Parkinson, esclerose múltipla, tumores ou AVCs afetam o controle do equilíbrio e, por sua vez, a qualidade do padrão da marcha (Koller e Glatt, 1990). Condições ortopédicas como artrite e joanetes, com frequência presentes em adultos mais velhos, também podem alterar o padrão da marcha do indivíduo.

ATIVIDADES DA VIDA DIÁRIA

Conceito 19.11

Adultos mais velhos podem ter dificuldade de realizar as atividades diárias sem modificações no ambiente.

Uma multiplicidade de tarefas orientadas para o movimento, realizadas pelos indivíduos ao longo de toda a sua vida, é necessária para as necessidades cotidianas básicas. As **atividades da vida diária (AVDs)**, como levantar da cama, vestir a roupa, tomar banho e preparar refeições, são algumas das muitas tarefas que exigem a atenção dos adultos. Enquanto a maioria dos adultos mais jovens e das pessoas na meia-idade considere fácil realizar essas AVDs, muitos adultos mais velhos acham isso difícil. Eles apresentam padrões de movimento menos eficientes quando tentam se levantar do chão e ficar de pé (VanSant, 1990). Ao tentar sair da posição horizontal para a vertical de pé, o adulto mais velho às vezes divide o processo em segmentos distintos (i.e., senta, fica de quatro, fica de joelhos ou agachado e depois empurra o corpo para a posição de pé). Adultos mais jovens tendem a se movimentar da posição horizontal para a vertical em um único movimento fluido. Essa *abordagem segmentar* apresentada pelo adulto mais velho torna-se evidente quando ele levanta da cama ou de uma cadeira para ficar de pé.

Além dos padrões de movimento relacionados com a idade observados em algumas AVDs, também têm sido registrado que pode ser alcançanda maior eficiência nesses padrões de movimento quando as condições da tarefa são modificadas. VanSant (1990) apontou que a alteração das condições ambientais, como a variação da altura dos objetos (cadeira, cama, etc.), pode incrementar a *performance* motora de pessoas mais velhas. Além disso, Hart e colaboradores (1990) descobriram que, após modificações de apoio em vários itens da casa, adultos mais velhos eram capazes de calçar os sapatos, sair do boxe do chuveiro, servir chá e abrir a torneira com menos dificuldade e mais velocidade. Cavani e colaboradores (2002) também observaram que um treinamento de força de intensidade moderada e um programa de alongamento melhoram a aptidão física funcional de adultos mais velhos, permitindo que eles realizem as AVDs com mais facilidade. Fatores ambientais domésticos adicionais que ajudam adultos mais velhos nas AVDs estão listados na Tabela 19.2.

A conscientização da comunidade e da sociedade pode auxiliar de forma significativa os adultos mais velhos a permanecerem independentes e a realizar as atividades da vida diária fora de casa; para isso são suficientes modestas mudanças ambientais. Por exemplo, a definição do tempo de travessia da faixa de pedestres

| Tabela 19.2 | Auxílio nas atividades da vida diária no ambiente doméstico |

- Corrimãos firmes nas escadas
- Vãos de portas largos para facilitar o acesso de aparelhos que ajudam na locomoção
- Barras de apoio no boxe do chuveiro e perto da banheira
- Superfície não escorregadia na banheira
- Fácil acesso a equipamentos e objetos usados nas AVDs
- Grade na beirada da cama, quando necessário
- Aquecimento ou resfriamento de acordo com as necessidades
- Boa iluminação
- Corredores e lances de escadas desobstruídos

Fonte: Adaptada de Hoyer, W. J., & Roodin, P. A. (2009). *Adult Development and Aging*, 6th Ed. New York: McGraw-Hill.

baseia-se em estudos da marcha realizados em ambientes laboratoriais fechados. Fatores adicionais do ambiente externo que podem reduzir de forma significativa o ritmo da marcha de adultos mais velhos quando estão atravessando a rua incluem transpor as guias; adaptar-se a condições climáticas, como o vento; e lidar com distrações visuais, como o movimento do trânsito ou o brilho do sol, que reduz a capacidade de ver o sinal de pedestre (Carmeli, Coleman, Omar e Brown-Cross, 2000). Ajustar o cronômetro da travessia de pedestre, aumentando o tempo disponível para atravessar a rua, aumenta os níveis de conforto e de independência de adultos mais velhos e os mantêm engajados na comunidade em que vivem.

CONDUÇÃO DE AUTOMÓVEIS

Enquanto alguns indivíduos classificam dirigir como uma AVD, para muitos adultos mais velhos essa tarefa é fator-chave na manutenção ou perda da própria independência. Uma série de fatores contribui para que adultos mais velhos parem de dirigir. A redução do nível de atividade física tem sido associada com o fato de adultos mais velhos abrirem mão de seu privilégio de dirigir (Marottoli, 1993). Também tem sido demonstrado que o funcionamento visual contribui para que adultos mais velhos evitem dirigir (Satariano et al., 2004). Problemas visuais ficam particularmente evidentes quando motoristas mais velhos têm de lidar com o brilho do sol ou com os faróis de outros automóveis.

A perda da capacidade de dirigir na idade mais avançada não é algo que acontece necessariamente a todos. Tem sido demonstrado que programas de intervenção que focam fatores psicomotores e cognitivos aplicáveis ajudam adultos mais velhos na manutenção das suas capacidades de conduzir um carro (Klavor e Heslegrave, 2002). A atenção a certos atributos, como tempo de reação, força muscular e atenção cognitiva, proporciona ao adulto mais velho a oportunidade de continuar dirigindo com independência por muitos anos.

PERFORMANCE DE ELITE

Conceito 19.12

Um estilo de vida fisicamente ativo durante toda a vida adulta pode beneficiar o indivíduo em uma série de aspectos relacionados com a *performance* motora.

A quantidade de atividade de *performance* motora observada em todos os níveis da vida adulta é extremamente variável. O estado de saúde de vários sistemas fisiológicos, o estilo de vida do passado e do presente, as características genéticas, as condições ambientais e as demandas da tarefa interagem e geram uma ampla variedade de resultados motores (com *performance* excelente, adequada ou ruim). Ao examinar conquistas de atletas de idade avançada no atletismo, em um estudo transversal, Stones e Kozma (1982) sugeriram que fatores não relacionados com a idade, como quantidade e qualidade do treinamento, frequência e qualidade da experiência competitiva, motivação e propensão a lesões, afetam as tendências da *performance* durante toda a vida adulta. Foi sugerido também que o nível dos declínios na *performance* relacionados com a idade podem ser específicos da atividade (Stones e Kozma, 1980, 1981, 1986). Salthouse (1976) declarou que "quando se faz referência a uma maior lentidão com o passar da idade, é necessário especificar bem a respeito de que atividades se está falando, pois atividades diferentes declinam em ritmos diferentes" (p. 349). Ericsson (2000) descobriu que adultos mais velhos saudáveis podem obter níveis elevados de *performance* em domínios de tarefas específicas, engajando-se regularmente na prática deliberada de atividade de treinamento adequadamente escolhidas. Fisk e Rogers (2000) examinaram as características da aquisição de habilidades de adultos mais velhos e elaboraram uma lista de orientações para ajudá-los a aprender novas habilidades. Essas orientações incluem oferecer um aprendizado mais ativo do que passivo, ensinar procedimentos e não apenas conceitos e fornecer oportunidades extensivas de prática. Essas orientações e outras encontram-se resumidas na Tabela 19.3.

Muitas das mudanças relacionadas com a idade discutidas neste e no capítulo anterior podem causar declínios na *performance* motora. No entanto, têm sido acumulados indícios de que muitos adultos que permanecem fisicamente ativos adaptam-se às alterações nas demandas do ambiente e da tarefa e compensam-nas inibindo os típicos declínios relacionados com a idade de modo muito mais efetivo do que os seus pares sedentários.

Conceito 19.13

Certos indivíduos podem realizar tarefas motoras nos níveis de elite em qualquer idade.

Há também adultos que continuam realizando determinadas tarefas motoras com níveis extraordinariamente altos. Embora os registros de *atletas master* sejam consistentemente menores do que os de seus pares mais jovens, as suas

Tabela 19.3 Orientações para ajudar adultos mais velhos na aquisição de novas habilidades

- Fornecer mais aprendizado ativo do que passivo
- Ensinar procedimentos, e não apenas conceitos
- Fornecer oportunidades para modelagem do comportamento necessário
- Treinar em pequenos grupos
- Oferecer oportunidades práticas extensivas
- Fornecer apoio ambiental

Fonte: Dados de Fisk, A. D., and Rogers, W. A. (2000). Influence of training and experience on skill acquisition and maintenance in older adults. *Journal of Aging and Physical Activity, 8,* 373–378.

Perspectivas internacionais

O espírito dos jogos

No verão de 2013 será realizada, na cidade de Toronto, a oitava edição do World Masters Games (WMG). Milhares de atletas e fãs de todo o globo estarão presentes. O WMG é um festival esportivo para atletas com 35 anos ou mais. A sua missão é promover e incentivar atletas maduros em todo o mundo a participarem, mostrando que os esportes competitivos podem continuar durante toda a vida e têm impacto positivo sobre a aptidão física. Esses atletas participam de uma série de esportes, como arco e flecha, atletismo, *badminton*, futebol, hóquei de campo, *squash* e levantamento de peso. Uma vez que o principal objetivo é incentivar a participação, não é exigido nenhum tipo de qualificação competitiva. Os atletas apenas pagam a taxa de inscrição, aparecem no evento e competem.

performances são, de qualquer modo, dignas de nota, e, em muitos casos, melhores do que as de atletas mais jovens que não são da elite. Alguns poucos indivíduos permanecem competitivos na divisão aberta do esporte que praticam após alcançarem a condição de atleta máster. Algumas marcas notáveis no atletismo, por idade, estão listadas na Tabela 19.4.

AVALIAÇÃO

A *performance* motora de adultos é variável, e essa variabilidade aumenta à medida que a idade avança. A avaliação das características motoras do adulto é fundamental no estabelecimento de estratégias de intervenção para a manutenção das capacidades funcionais ou perpetuação do estilo de vida ativo.

Conceito 19.14

Vários instrumentos de avaliação têm sido desenvolvidos para a medição da *performance* motora de adultos.

Embora em número limitado, alguns instrumentos de avaliação têm sido desenvolvidos para examinar as características da aptidão física

Tabela 19.4	Recordes mundiais do atletismo máster de acordo com a idade		
Homens			
Evento/Recordista	Idade (anos)	Recorde	Ano
100 METROS (s)			
Usain Bolt, Jamaica	Aberto	9:58	2009
Troy Douglas, Holanda	40–44	10:26	2002
Bill Collins, EUA	50–54	10:95	2002
Ron Taylor, Grã-Bretanha	60–64	11:70	1994
Payton Jordan, EUA	70–74	12:72	1987
Payton Jordan, EUA	80–84	14:35	1997
Frederico Fischer, Brasil	90–94	17:53	2007
MARATONA (h:min:s)			
Haile Gebrselassie, Etiópia	Aberto	2:03:59	2008
Andres Espinosa, México	40–44	2:08:46	2003
Titus Mamabolo, África do Sul	50–54	2:19:29	1991
Yoshihisa Hosaka, Japão	60–64	2:36:30	2009
Ed Whitlock, Canadá	70–74	2:54:48	2004
Robert Horman, Austrália	80–84	3:39:18	1998
Robert Horman, Austrália	85–89	4:34:55	2004
SALTO EM ALTURA (m)			
Javier Sotomayor, Cuba	Aberto	2,45	1993
Glen Conley, EUA	40–44	2,15	1997
Thomas Zacharias, Alemanha	50–54	2,00	1997
Thomas Zacharias, Alemanha	60–64	1,80	2007
Carl Erik Särndal, Suécia	70–74	1,59	2007
Emmerich Zensch, Áustria	80–84	1,34	2000
Donald Pellmann, EUA	90–94	1,15	2005
SALTO EM DISTÂNCIA (m)			
Mike Powell, EUA	Aberto	8,95	1991
Aaron Sampson, EUA	40–44	7,68	2002
Tapani Taavitsainen, Finlândia	50–54	6,84	1994
Tom Patsalis, EUA	60–64	6,07	1982
Vladimir Popov, Rússia	70–74	5,22	2004
Melvin Larsen, EUA	80–84	4,19	2004
Donald Pellmann, EUA	90–94	3,26	2005

(continua)

e/ou da *performance* motora de adultos mais velhos. Um exemplo de avaliação é o Senior Fitness Test Manual (SFTM) (Rikli e Jones, 2001). O SFTM, publicado pela Human Kinetics, é um recurso fácil de usar, que testa itens de avaliação da aptidão funcional de adultos mais velhos. O instrumento é considerado confiável e válido e contém normas com base em escores reais da *performance* de mais de 7 mil homens e mulheres com idade entre 60 e 94 anos.

Além dos instrumentos relacionados com a aptidão física/*performance* motora, como o SFTM, há numerosos instrumentos destinados a avaliar a capacidade funcional em atividades da

Tabela 19.4 Continuação

	Mulheres		
Evento/Recordista	Idade (anos)	Recorde	Ano
100 METROS (s)			
Florence Griffith Joyner, EUA	Aberto	10:49	1988
Merlene Ottey, Jamaica	40–44	10:99	2000
Phil Raschker, EUA	50–54	12:49	1998
Phil Raschker, EUA	60–64	13:67	2007
Margaret Peters, Nova Zelândia	70–74	15:16	2004
Mary Bowermaster, EUA	80–84	17:94	1998
Nora Wedemo, Suécia	90–94	23:18	2003
MARATONA (h:min:s)			
Paula Radcliffe, Grã-Bretanha	Aberto	2:15:25	2003
Ludmila Petrova, Rússia	40–44	2:25:43	2008
Tatyana Pozdniakova, Ucrânia	50–54	2:31:05	2005
Claudine Marchadier, França	60–64	3:02:50	2007
Christa Wulf, Alemanha	70–74	3:44:15	2004
Helen Klein, EUA	80–84	4:31:42	2002
Helen Klein, EUA	85–89	5:36:15	2008
SALTO EM ALTURA (m)			
Stefka Kostadinova, Bulgária	Aberto	2,09	1987
Patricia Porter, EUA	40–44	1,76	2004
Debbie Brill, Canadá	50–54	1,60	2004
Phil Raschker, EUA	60–64	1,44	2007
Christiane Schmalbruch, Alemanha	70–74	1,27	2007
Helgi Pedel, Canadá	80–84	1,04	2004
Olga Kotelko, Canadá	85–89	0,94	2004
SALTO EM DISTÂNCIA (m)			
Galina Chistyakova, União Soviética	Aberto	7,52	1988
Tatyana Ter Mesrobyan, Rússia	40–44	6,64	2008
Phil Raschker, EUA	50–54	5,40	1997
Christiane Schmalbruch, Alemanha	60–64	4,75	1997
Paula Schneiderhan, Alemanha	70–74	4,24	1992
Johanna Gelbrich, Alemanha	80–84	2,90	1993
Norma Creais, Austrália	85–89	2,39	2009

Fonte: Informações de *Track and Field News* (2010), http://www.trackandfieldnews.com/records e *Masters Athletics* (2010), http://www.mastersathletics.net

vida diária (AVDs). Essas atividades incluem habilidades de autocuidado, como comer, vestir-se, fazer as necessidades fisiológicas, arrumar-se, e de mobilidade funcional. Law e Letts (1989) realizaram uma revisão crítica de escalas das AVDs e compararam o propósito, a utilidade clínica, a confiabilidade e validade de 13 instrumentos. Mais detalhes sobre escalas específicas das AVDs podem ser encontrados no próprio estudo de Law e Letts.

Resumo

Uma série de fatores afeta o modo como os adultos realizam as tarefas motoras. Esses fatores incluem o estado de saúde dos vários sistemas fisiológicos, características psicológicas, mudanças no ambiente, demandas da tarefa ou combinações desses fatores. Com o passar da idade, observamos declínios na *performance* motora. Esses declínios podem ser atribuídos ao envelhecimento, doenças, estilo de vida ou alguma combinação desses elementos. Os tempos de reação tendem a aumentar. As estratégias de intervenção que reduzem a deterioração do tempo de reação incluem possibilitar a prática da tarefa, aumentar a intensidade do estímulo, usar uma tarefa já familiar ao indivíduo e estimular o estilo de vida fisicamente ativo.

A eficiência na manutenção do equilíbrio e da postura diminui à medida que os anos passam, particularmente na idade adulta mais avançada. Declínios na força e controle muscular, nos sistemas sensoriais, na flexibilidade articular e nas características físicas interagem e alteram o processo do equilíbrio e da postura. Os problemas no equilíbrio, assim como outras condições, aumentam a suscetibilidade da pessoa mais velha a quedas. Para o adulto mais velho, cair pode resultar em graves consequências, como fraturas do quadril. O padrão de caminhada de adultos mais velhos com frequência difere daquele de adultos mais jovens. Entretanto, muitas das diferenças observadas resultam de velocidades de caminhada mais baixas. Quando é aumentada a velocidade de caminhada, muitas diferenças desaparecem. As atividades da vida diária com frequência são mais desafiadoras para adultos mais velhos do que para os seus colegas mais jovens. No entanto, a alteração das condições ambientais pode ajudar a aumentar a velocidade e a reduzir o nível de dificuldade de muitas atividades cotidianas. Dirigir também pode ser um desafio para os adultos mais velhos, mas estratégias de intervenção podem ajudá-los a manter as capacidades de condução de automóveis por muitos anos. Embora possamos observar muitos declínios na *performance* motora associados com a idade, muitos indivíduos permanecem fisicamente ativos e, em alguns casos, realizam as tarefas motoras em níveis excepcionalmente elevados.

QUESTÕES PARA REFLEXÃO

1. Que fatores, separados ou combinados, contribuem para o declínio da *performance* motora ao longo de toda a vida adulta?
2. Por que quedas são uma preocupação significativa para adultos mais velhos?
3. Que estratégias de intervenção são importantes para que os adultos mais velhos mantenham a sua independência?
4. Por que é importante reconhecer a *performance* de alto nível de atletas mais velhos?

Leitura Básica

Abernethy, B., Hanrahan, S., Kippers, V., Mackinnon, L., & Pandy, M. (2005). *The Biophysical Foundations of Human Movement*, 2nd ed. (Chapters 8 & 16). Champaign, IL: Human Kinetics.

Chodzko-Zajko, W., Proctor, D., Fiatarone Singh, M., Minson, C., Nigg, C., Salem, G., & Skinner, J. (2009). ACSM position stand: Exercise and physical activity for older adults. *Medicine & Science in Sports & Exercise*, 41 (7), 1510–1530.

Ferrini, A. F., & Ferrini, R. (2008). *Health in the Later Years*, 4th ed. (Chapter 4). New York: McGraw-Hill.

Hoyer, W. J., & Roodin, P. A. (2009). *Adult Development and Aging*, 6th ed. (Chapters 3 & 6). New York: McGraw-Hill.

Jones, C., & Rose, D. (2005). *Physical Activity Instruction of Older Adults* (Chapters 14, 15, 17). Champaign, IL: Human Kinetics.

Spirduso, W., Francis, K., & MacRae, P. (2005). *Physical Dimensions of Aging*, 2nd ed. (Chapters 6–8, 11–12). Champaign, IL: Human Kinetics.

Recursos na *web*

http://www.go60.com/home.html
O Go60.com é uma página da *web* dedicada aos cidadãos mais velhos. Há uma série de recursos para idosos, incluindo notícias sobre saúde, informações sobre educação continuada e dicas para viagens, quadro de mensagens *on-line* e *links* adicionais.

http://www.geri.duke.edu/
Site do Center for the Study of Aging and Human Development da Duke University. Ele descreve o centro, incluindo a sua história, a equipe de comando e previsões para o seu futuro.

http://www.uwm.edu/Dept/IAE/
Homepage do Institute on Aging and Environment. O instituto "promove pesquisa, bolsas de estudo e serviços relativos a ambientes para pessoas mais velhas". O *site* contém informações sobre o próprio instituto, os seus serviços e projetos, pesquisas e publicações, assim como *links* relacionados.

http://www.healthandage.com/
O healthandage.com fornece informações gratuitas sobre saúde para um envelhecimento saudável. Os tópicos variam do mal de Alzheimer à nutrição e doenças respiratórias.

Referências

CAPÍTULO 1
ENTENDENDO O DESENVOLVIMENTO MOTOR: VISÃO GERAL

Bayley, N. (1935). The development of motor abilities during the first three years. *Monographs of the Society for the Research in Child Development, 1,* 1–26.

Bergen, D. (2004). ACEI Speaks: *Plays Role in Brain Development.* Olney, MO: Association for Childhood Education International.

Bergen, D., & Coscia, J. (2000). *Brain Research and Childhood Education.* Olney, MO: Association for Childhood Education International.

Blakemore, C. L. (2003). Movement is essential to learning. JOPERD, 74 (41), 22–25.

Bloom, B. S., et al. (1956). *Taxonomy of Educational Objectives: Handbook 1: Cognitive Domain.* New York: David McKay.

Branta, C., Haubenstricker, J., & Seefeldt, V. (1984). Age changes in motor skill during childhood and adolescence. In R. L. Terjung (Ed.), *Exercise and Sport Science Reviews, Vol.* 12. Lexington, MA: Collamore Press.

Clark, J. E., Phillips, S. J., & Petersen, R. (1989). *Developmental stability in jumping.* Developmental Psychology, 25, 929–935.

Clark, J. E., & Whitall, J. (1989). What is motor development? The lessons of history. *Quest, 41,* 183–202.

Clark, J. E., Whitall, J., & Phillips, S. J. (1988). Human interlimb coordination: The first 6 months of independent walking. *Developmental Psychology, 21,* 445–456.

Clarke, H. H. (1971). *Physical Motor Tests in the Medford Boys Growth Study.* Englewood Cliffs, NJ: Prentice-Hall.

Fagen, R. (1992). *Animal Play Behavior.* London: Oxford University Press.

Gallahue, D. L. (1982). *Understanding Motor Development in Children.* New York: John Wiley.

Gallahue, D. L., Werner, P. H., & Luedke, G. C. (1972). *Moving and Learning: A Conceptual Approach to the Education of Young Children.* Dubuque, IA: Kendall/Hunt.

Gallahue, D. L., Werner, P. H., & Luedke, G. C. (1975). *A Conceptual Approach to Moving and Learning.* New York: John Wiley.

Gentile, H. M. (2000). Skill acquisition: Action, movement, and neuromotor processes. In J. H. Carr & R. B. Shepherd (Eds.), *Movement Science: Foundations for Physical Therapy.* 2d ed. Rockville, MD: Aspen.

Gesell, A. (1928). *Infancy and Human Growth.* New York: Macmillan.

Gesell, A., & Thompson, H. (1934). Infant Behavior: *Its Genesis and Growth.* New York: McGraw-Hill.

Halverson, H. M. (1931). An experimental study of prehension in infants by means of systematic cinema records. *Genetic Psychology Monographs, 10,* 107–286.

———. (1937). Studies of the grasping responses in early infancy. *Journal of Genetic Psychology, 51,* 437–449.

Halverson, L. E. (1966). Development of motor patterns in young children. *Quest, 6,* 44–53.

Halverson, L. E., & Roberton, M. A. (1966). *A study of motor pattern development in young children.* Paper presented at the March 1966 national convention of the AAHPERD, Chicago, IL.

Halverson, L. E., Roberton, M. A., & Harper, C. J. (1973). Current research in motor development. *Journal of Research and Development in Education, 6,* 56–70.

Halverson, L. E., & Williams, H. (1985). Developmental sequences for hopping over distance: A prelongitudinal study. *Research Quarterly for Exercise and Sport, 56,* 37–44.

Keogh, J., & Sugden, D. (1985). *Movement Skill Development*. New York: Macmillan.

Krathwohl, D. R., Bloom, B., & Masia, B. (1964). *Taxonomy of Educational Objectives. Handbook II: Affective Domain*. New York: David McKay.

Kugler, P. N., Kelso, J. A. S., & Turvey, M. T. (1980). On the concept of coordinative structures as dissipative structures: I. Theoretical lines of convergence. In G. E. Stelmach & J. Requin (Eds.), *Tutorials in Motor Behavior*. New York: North Holland.

Magill, R. A. (2010). *Motor Learning and Control: Concepts and Applications*. Boston: McGraw-Hill.

McGraw, M. B. (1935). *Growth: A Study of Johnny and Jimmy*. New York: Appleton-Century.

———. (1940). Neural maturation as exemplified in achievement of bladder control. *The Journal of Pediatrics, 16,* 580–590.

National Center for Health Statistics. (2000). *CDC Growth Charts: United States*. Centers for Disease Control and Prevention.

Newell, K. M. (1984). Physical constraints to development of motor skills. In J. Thomas (Ed.), *Motor Development during Preschool and Elementary Years* (pp. 105–120). Minneapolis, MN: Burgess.

Rarick, G. L. (1981). The emergence of the study of human motor development. In G. A. Brooks (Ed.), *Perspectives on the Academic Discipline of Physical Education*. Champaign, IL: Human Kinetics.

Seefeldt, V. (1972). *Discussion of walking and running*. Unpublished paper, Michigan State University.

Seefeldt, V., & Haubensticker, J. (1982). Patterns, phases, or stages: An analytical model for the study of developmental movement. In J. A. S. Kelso & J. E. Clark (Eds.), *The Development of Movement Control and Coordination*. New York: Wiley.

Seifert, K. L., & Hoffnung, K. J. (2000). *Child and Adolescent Development* (Chapter 1). Boston, MA: Houghton Miffl in.

Shirley, M. M. (1931). *The First Two Years: A Study of Twenty-Five Babies: Vol. 1: Postural and Locomotor Development*. Minneapolis, MN: University of Minnesota Press.

Smoll, F. L. (1982). Developmental kinesiology: Toward a subdiscipline focusing on motor development. In J. A. S. Kelso & J. E. Clark (Eds.), *The Development of Movement Control and Coordination*. New York: Wiley.

Tanner, J. M. (1962). *Growth at Adolescence*. Oxford, England: Blackwell Scientifi c Publications.

Thelen, E. (1986a). Development of coordinated movement: Implications for early human development. In M. G. Wade & H. T. A. Whiting (Eds.), *Motor Development in Children: Aspects of Coordination and Control*. Boston, MA: Martinus Nayhoff.

———. (1986b). Treadmill-elicited stepping in sevenmonth- old infants. *Child Development, 57,* 1498–1506.

Thelen, E., & Cosoke, D. W. (1987a). Relationship between newborn stepping and later walking: A new interpretation. *Developmental Medicine and Child Neurology, 29,* 380–393.

Thelen, E., Kelso, J. A. S., & Fogel, A. (1987b). Selforganizing systems and infant motor development. *Developmental Review, 7,* 39–65.

Thelen, E., & Smith, L. B. (1994). *A Dynamic Systems Approach to the Development of Cognition and Action*. Cambridge, MA: The MIT Press.

Thelen, E., & Ulrich, B. D. (1991). Hidden skills: A dynamic systems analysis of treadmill stepping during the fi rst year. *Monographs of the Society for Research in Child Development, 56* (1, Serial No. 223).

Thomas, J. R., & Thomas, K. T. (1989). What is motor development: Where does it belong? *Quest, 41,* 203–212.

Ulrich, B. D., Ulrich, D. A., Collier, D. H., & Cole, E. (1995). Developmental shifts in the ability of infants with Down syndrome to produce treadmill steps. *Physical Therapy, 75,* 14–21.

Wetzel, N. C. (1948). *The Wetzel Grid for Evaluating Physical Fitness*. Cleveland, OH: NEA Services.

Wickstrom, R. L. (1983). *Fundamental Motor Patterns*. Philadelphia, PA: Lea & Febiger.

Wild, M. (1938). The behavior pattern of throwing and some observations concerning its course of development in children. *Research Quarterly, 9,* 20–24.

CAPÍTULO 2
MODELOS DO DESENVOLVIMENTO HUMANO

Alexander, R., et al. (1993). *Normal Development of Functional Motor Skills*. Tucson, AZ: Communication Skill Builders.

Barker, R. G. (Ed.) (1978). *Habits, Environments, and Human Behavior*. San Francisco: Jossey-Bass.

Bernstein, N. (1967). *The Co-ordination and Regulation of Movements*. Oxford, England: Pergamon Press.

Bongaart, R., & Meijer, O. G. (2000). Bernstein's theory of motor behavior: Historical development and contemporary relevance. *Journal of Motor Behavior 32*, 57–71.

Bronfenbrenner, U. (1979). *The Ecology of Human Development*. Cambridge, MA: Harvard University Press.

Bronfenbrenner, U. (2005). Bioecological theory in human development. In U. Bronfenbrenner (Ed.), *Making Human Beings Human: Bioecological Perspectives on Human Development* (pp. 3–15). Thousand Oaks, CA: Sage Publications.

Bronfenbrenner, U., & Morris, P. (2006). The bioecological model of human development. In R. Lerner & W. Damon (Eds.), *Handbook of Child Psychology. Vol. 1: Theoretical Models of Human Development* (6th ed., pp. 793–829). New York: Wiley.

Cagen, L., & Getchell, N. (2004). Combining Theory and Practice: "Constants" Within an Ecological Perspective. *JOPERD, 75*, 25–30.

Caldwell, G. E., & Clark, J. E. (1990). The measurement and evaluation of skill within the dynamical systems perspective. In J. E. Clark & J. H. Humphrey (Eds.), *Advances in Motor Development Research*. New York: AMS Press.

Coker, C. A. (2004). *Motor Learning and Control for Practitioners* (Chapter 3). New York: McGraw-Hill.

Delacato, C. (1966). *Neurological Organization and Reading*. Springfield, IL: Charles C. Thomas.

Erikson, E. (1963). *Childhood and Society*. New York: W. W. Norton.

———. (1980). *Identity and the Life Cycle*. New York: W. W. Norton.

Freud, S. (1927). *The Ego and the Id*. New York: W. W. Norton.

Gesell, A. (1928). *Infancy and Human Growth*. New York: Macmillan.

———. (1954). The embryology of behavior. In L. Carmichael (Ed.), *Manual of Child Psychology*. 2d ed. New York: Wiley.

Getchell, N., & Whitall, J. (2004). Transitions to and from asymmetric gait patterns. *Journal of Motor Behavior, 36*, 13–27.

Havighurst, R. (1953). *Human Development and Education*. New York: Longmans Green.

———. (1972). *Developmental Tasks and Education*. New York: David McKay.

Havighurst, R., & Levine, R. (1979). *Society and Education*. Reading, MA: Allyn and Bacon.

Haywood, K. M., & Getchell, N. (2009). *Life Span Motor Development*. Champaign, IL: Human Kinetics.

Kamii, C. K., & DeVries, R. (1993). *Physical Knowledge in Preschool Education: Implications of Piaget's Theory*. New York: Teachers College Press. (Foreword by Jean Piaget).

Kamm, K., et al. (1990). A dynamical systems approach to motor development. *Physical Therapy, 70*, 763–774.

Kephart, N. (1960). *The Slow Learner in the Classroom*. Columbus, OH: Charles E. Merrill, 2005.

Kugler, P. N., Kelso, J. A. S., & Turvey, M. T. (1982). On the control and coordination of naturally developing systems. In J. A. S. Kelso & J. E. Clark (Eds.), *The Development of Motor Control and Coordination*. New York: Wiley.

Lerner, R. (2006). Developmental science, developmental systems, and contemporary theories of human development. In R. Lerner & W. Damon (Eds.), *Handbook of Child Psychology. Vol. 1: Theoretical Models of Human Development* (6th ed., pp. 1–17). New York: Wiley.

Lerner, R., Ma, L., & Smith, L. (2005). Developmental systems theories. In C. Fisher & R. Lerner (Eds.), *Encyclopedia of Applied Developmental Science. Vol. 1* (pp. 353–357). Thousand Oaks, CA: Sage Publications.

Newell, K. (1984). Physical constraints to development of motor skills. In J. Thomas (Ed.), *Motor Development During Childhood and Adolescence* (pp. 105–120). Minneapolis, MN: Burgess.

Piaget, J. (1952). *The Origins of Intelligence in Children*. New York: International Universities Press.

———. (1954). *The Construction of Reality and the Child*. New York: Basic Books.

———. (1969). *The Psychology of the Child*. New York: Basic Books.

———. (1974). Development and learning. In R. E. Riple & V. N. Rockcastle (Eds.), *Piaget Rediscovered*. Ithaca, NY: Cornell University Press.

Schmidt, R. A., & Lee, T. D. (2005). *Motor Control and Learning: A Behavioral Emphasis* (Chapter 1). Champaign, IL: Human Kinetics.

Thelen, E. (1989). Dynamical approaches to the development of behavior. In J. A. S. Kelso, A. J. Mandell, & M. E. Schlesinger (Eds.), *Dynamic Patterns in Complex Systems*. Singapore: World Scientific.

Thomas, R. M. (2000). *Comparing Theories of Child Development*. Belmont, CA: Wadsworth Publishing Company.

CAPÍTULO 3
DESENVOLVIMENTO MOTOR: UM MODELO TEÓRICO

Bigge, M. L., & Shermis, S. S. (2004). *Learning Theories for Teachers*. Needham, MA: Allyn & Bacon.

Brady, F. (2004). Children's organized sports: A developmental perspective. *JOPERD, 75*, 35–41, 53.

Clark, J. E. (1994). Motor development. In V. S. Ramachandran (Ed.) *Encyclopedia of Human Behavior* (Vol. 3, pp. 245–255). New York: Academic Press.

Clark, J. E., & Metcalfe, J. S. (2002). The mountain of motor development: A metaphor. In J. E. Clark & J. Humphrey (Eds.), *Motor Development: Research and Reviews* (Vol. 2, pp. 163–190). NASPE Publications: Reston, VA.

Garcia, C., & Garcia, L. (2006). A motor development and motor learning perspective. *JOPERD 77* (8), 31–33.

Haubenstricker, J., & Seefeldt, V. (1986). Acquisition of motor skills during childhood. In V. Seefeldt (Ed.), *Physical Activity and Well-Being*. Reston, VA: AAHPERD.

Haynes, J. E. S. (2009). *Qualitative Analyses of a Fundamental Motor Skill across the Lifespan: Linking Practice and Theory.* Unpublished doctoral thesis. University of New England, NSW, Australia.

Kamm, K., Thelen, E., & Jensen, J. (1990). A dynamical systems approach to motor development. *Physical Therapy, 70*, 763–775.

Landers, R. Q., Carson, R. L., & Tjeerdsma-Blankenship, B. (Eds.). (2010). The promises and pitfalls of sport specialization in youth sport. *JOPERD*.

Lerner, R. M. (2007). Developmental science, developmental systems, and contemporary theories of human development. In W. Damon & R. M. Lerner (Eds.), *Handbook of Child Psychology* (6th ed.). Online: http://onlinelibrary.wiley.com/book/10.1002/9780470147658/homepage/Order.html

O'Keeffe, S. I. (2001). *The Relationship between Fundamental Motor Skills and Sport Specific Skills: Testing Gallahue's Theoretical Model of Motor Development*. Unpublished doctoral thesis. University of Limerick, Ireland.

Seefeldt, V., & Haubenstricker, J. (1982). Patterns, phases, or stages: An analytic model for the study of developmental movement. In J. A. S. Kelso & J. E.

Clark (Eds.), *The Development of Movement Control and Coordination*. New York: Wiley.

Stodden D., et al. (2008). A developmental perspective on the role of motor skill competence in physical activity: An emergent relationship. *Quest, 60*, 290–306.

Williams, K. (2004). What's motor development got to do with physical education? *JOPERD, 75*, 35–39.

CAPÍTULO 4
FATORES QUE AFETAM O DESENVOLVIMENTO MOTOR

American Academy of Pediatrics (AAP). (1988). Policy statement: Infant exercise programs. *Pediatrics 82*, 800.

American Obesity Association (2000). *Facts about obesity*. Washington, D.C. AOA.

Bar-Or, O., & Baranowski, T. (1994). Physical activity, adiposity, and obesity among adolescents. *Pediatric Exercise Science, 6*, 348–360.

Bayley, N. (1935). The development of motor abilities during the first three years. *Monograph of the Society for Research on Child Development, 1*, 1–26.

Bennett, F. (1997). The LBW, premature infant. In R. Gross, D. Spiker, & C. Haynes (Eds.), *Helping Low Birth Weight Premature Babies.* Stanford, CA: Standard University Press.

Bergen, D., Reid, R., & Torelli, L. (2001). *Educating and Caring for Very Young Children: The Infant/Toddler Curriculum*. Washington, DC: National Association for the Education of Young Children.

Branta, C., et al. (1987). Gender differences in play patterns and sport participation of North American youth. In D. Gould & M. Weiss (Eds.), *Advances in Pediatric Sport Sciences: Volume 2: Behavioral Issues.* Champaign, IL: Human Kinetics.

Bredenkamp, S., & Rosengrant, T. (Eds.). (1995). *Reaching Potentials: Transforming Early Childhood Curriculum and Assessment*. Washington, DC: National Association for the Education of Young Children.

Bril, B. (1985). Motor development and cultural attitudes. In H. T. A. Whiting & M. G. Wade (Eds.), *Themes in Motor Development*. Dordrecht, The Netherlands: Martinus Nyhoff Publishers.

Bruner, J. S. (1965). *The Process of Education.* Cambridge, MA: Harvard University Press.

California Department of Education (2010). California Preschool Learning Foundations (Volume 2). Sacramento, CA: California Department of Education

CDC. (2010). *U.S. Obesity Trends 1985–2009*. Online: www.cdc.gov/obesity/data/trends.html

Centers for Disease Control and Prevention National Center for Health Statistics. (2004). WCDC report confirms increase in 2002 infant mortality rates. (November 24, 2004) http://www.rdc.gov/NCHS/Pressroom/04facts/infant.htm

D'Agostino, J., & Clifford, P. (1998). Neurodevelopmental consequences associated with the premature infant. AACN Clinical Issues: Advanced Practice in Acute and Critical Care, 9 (1), 1–11.

Dennis, W. (1960). Causes of retardation among institutional children: Iran. Journal of Genetic Psychology, 96, 47–59.

Dennis, W., & Najarian, P. (1957). Infant development under environmental handicap. Psychology Monographs, 71, 7.

Dietz, W. H. (2004). The effects of physical activity on obesity. Quest, 56, 1–12.

Eyer, D. E. (1994). *Mother-Infant Bonding: A Scientific Fiction*. New Haven, CT: Yale University Press.

Flegal, K. M., Carroll, M. D., Kuczmarski, R. J., & Johnson, C. L. (1998). Overweight and obesity in the United States: Prevalence and trends, 1960–1964. International Journal of Obstetrics, 22, 39–47.

Fomon, S. J., et al. (1982). Body composition of reference children from birth to age 10 years. American Journal of Clinical Nutrition, 35, 1169–1175.

Gallahue, D. L., & Cleland-Donnelly, F. (2003). *Developmental Physical Education for Today's Children*. 4th ed. Champaign, IL: Human Kinetics.

Gallahue, D. L., Milchrist, P., Morris, H. H., Ozmun, J., & Medalha, J. (1994). *Cross-cultural considerations in the motor performance of young children*. Paper presented at the National Convention of AAHPERD, Denver, CO.

Gallahue, D. L., Morris, H. H., Ma, L., Del Rio, V., Negron, M., Trujillo, H., Ozmun, J. C., McGhie, S., & Mayers, G. (1996). *Variations in motor behavior among young North American (USA) and South American (Chile) children from urban and rural environments*. Paper presented at the 1996 International Pre-Olympic Scientific Congress, Dallas, TX.

Gesell, A. (1954). The ontogenesis of infant behavior. In L. Carmichael (Ed.), *Manual of Child Psychology*. New York: Wiley.

Gesell, A., & Thompson, H. (1929). Learning and growth in identical twins. Genetic Psychology Monographs, 6, 1–124.

Hack, M., et al. (1994). School-age outcomes in children with birth weights under 750g. New England Journal of Medicine 331, 753–803.

Hess, E. H. (1959). Imprinting. Science, 130, 133–141.

Hilgard, J. R. (1932). Learning and maturation in preschool children. Journal of Genetic Psychology, 41, 36–56.

Hinton, G. E. (1992). How neural networks learn from experience. Scientific American, 267, 144–151.

Irwin, C. C., Symons, C. W., & Kerr, D. L. (2003). The dilemmas of obesity: How can physical educators help? JOPERD, 74, 33–39.

Kamii, C., & Housman, L. B. (2000). *Young Children Reinvent Arithmetic*. New York: Teachers College Press.

Klebanov, P. K., et al. (1994). Classroom behavior of very low birth weight school children. Pediatrics, 94, 700–708.

Kopp, C. B., & Kaler, S. R. (1989). Risk in infancy: Origins and implications. American Psychologist, 44, 224–230.

Lamb, M. E., et al. (1985). *Infant-Mother Attachment*. Hillsdale, NJ: Lawrence Erlbaum.

Lemans, J. A., et al. (2001). Very low birth weights outcomes of the National Institute of Child Health and Human Development Neonatal Research Network. Pediatrics, 107. Online: www.pediatrics.org/CGI/Content/107/1/E2.

Lewis, M. (1998). *Altering Fate: Why the Past Does Not Predict the Future*. New York: Guilford Publications.

Lorenz, K. (1966). *On Aggression*. New York: Harcourt Brace Jovanovich.

Magill, R. (2004). *Motor Learning: Concepts and Applications*. Boston, MA: McGraw-Hill.

Malina, R. M., Bouchard, C., & Bar-Or, O. (2004). *Growth, Maturation and Physical Activity* (Chapter 24). Champaign, IL: Human Kinetics.

MacDorman, M. F., & Matthews, M. S. (2009). Behind international rankings of infant mortality: How the United States compares with Europe. NCHS Data Brief, No. 23, 1–8, November 2009. Electronic text: www.cdc.gov/nchs/ppt/nchs2010/44_MacDorman.pdf

Martin, J. A., et al. (2010). Births: Final data for 2007. National Vital Statistics Reports 58(4), 1–125, August 2010. Electronic text: www.cdc.gov/nchs/data/nvsr/nvsr58/nvsr58_24.pdf

Mason, J. O. (1991). Reducing infant mortality in the United States through "Healthy Start." Public Health Reports, 106 (5), 479.

McGraw, M. B. (1935). *Growth: A Study of Johnny and Jimmy.* New York: Appleton-Century.

———. (1939). Later development of children specially trained during infancy. *Child Development, 10,* 1.

Meredith, C. N., & Dwyer, J. T. (1991). Nutrition and exercise: Effects on adolescent health. *Annual Review of Public Health 1991, 12,* 309–333.

NASPE & AHA. (2010). *Shape of the Nation Report: Status of Physical Education in the USA.* Reston, VA: National Association for Sport and Physical Education.

National Center for Health Statistics. (2001). *National Vital Statistics Report,* July 24, 48, 94.

National Center for Health Statistics (NCHS) (2009) Ogden, C. & Carroll, M. *Prevalence of obesity among children and adolescents: United States, trends 1963–1965 through 2007–2008.* Online: http://www.cdc.gov/nchs/data/hestat/obesity_child_07_08/obesity_child_07_08.pdf

National Institute for Mental Health (NIMH). (2000). *Eating Disorders.* Online: athealth.com.

NIDDK (2010). *Statistics Related to Overweight and Obesity.* Online: www.win.niddk.nih.gov/statistics/index.htm#overweight

NIDDK (2008). *Binge Eating Disorder.* Online: http://www.win.niddk.nih.gov/publications/binge.htm#howcommon

NIMH (2010). *Eating Disorders among Children.* Online: http://www.nimh.nih.gov/statistics/1EAT_CHILD.shtml

Rickard, K., Gallahue, D. L., Tridle, M., Bewley, N., & Steele, M. (1996). Teaching young children about healthy eating and active play. *Pediatric Basics, 76,* 2–7.

Selkoe, D. J. (1992). Aging brain, aging mind. *Scientific American, 267,* 134–142.

Shirley, M. (1931). *The First Two Years: A Study of Twenty-Five Babies.* Minneapolis, MN: University of Minnesota Press.

Spitzer, R. L., et al. (1993). Binge eating disorder: Its further validation in a multi-site study. *International Journal of Eating Disorders, 13,* 137–153.

Stettler, N. (2004). The global epidemic of childhood obesity. *Obesity Reviews, 5,* 91–92.

Strohmeyer, H. S. (2004). Biomechanical concepts for the physical educator. *JOPERD, 75,* 17–21.

Stunkard, A. J., et al. (1986). A twin study of human obesity. *Journal of the American Medical Association, 256,* 51–54.

———. (1990). The body-mass index of twins who have been reared apart. *New England Journal of Medicine, 322,* 1483–1487.

Thomas, J. R. (2000). 1999 C. H. McCloy research lecture: Children's control, learning and performance of motor skills. *Research Quarterly for Exercise and Sport, 71,* 1–9.

Thorndike, E. L. (1913). *The Psychology of Learning.* New York: Teachers College.

Tommiska, V., et al. (2001). A national short-term follow-up study of extremely low birth weight infants born in 1996–1997. *Pediatrics, 104.* Online: www.pediatrics.org/CGI/content/full/107/1/e2.

Treuth, M. S., Butte, N. F., Adolph, A. L., & Puyau, M. (2004). A longitudinal study of fi tness and activity in girls predisposed to obesity. *Medicine & Science in Sports & Exercise, 36,* 198–204.

Ulrich, B. D. (1984). The effects of stimulation programs on the development of high risk infants: A review of research. *Adapted Physical Activity Quarterly, 1,* 68–80.

U.S. Department of Health and Human Services (USDHHS). (2001). *The Surgeon General's Call to Action to Prevent and Decrease Overweight and Obesity.* Rockville, MO: US Public Health Service, Offi ce of the Surgeon General.

U.S. Department of Health and Human Services. (March 9, 2004). *Citing "Dangerous Increase" in Deaths HHS Launches New Strategies Against Overweight Epidemic.* Online: www.hhs.gov/news/press/2004pres/20040309.HTML

Vincent, S. D., Pangrazi, R. P., Rauster, P. A., Tomson, L. M., & Cudd, H. X. (2003). Activity levels and body mass index of children in the United States, Sweden, and Australia. *Medicine & Science in Sports & Exercise, 35,* 1367–1373.

Ward, N. S., & Frackowiak, R. S. J. (2003). Age-related changes in the neural correlates of motor performance. *Brain 126* (4), 873–888.

Wellman, B. (1937). Motor achievements of preschool. *Childhood Education, 13,* 311–316.

CAPÍTULO 5
FATORES PRÉ-NATAIS QUE AFETAM O DESENVOLVIMENTO

American Academy of Pediatrics. (1994). Prenatal genetic diagnosis for pediatricians. Policy statement by the Committee on Genetics. *Pediatrics, 93,* 1010–1015.

———. (1996). Newborn screening fact sheets. *Pediatrics, 98,* 473–501.

———. (1997). Environmental tobacco smoke: A hazard to children. Policy statement by the Committee on Environmental Health. *Pediatrics, 99*, 639–642.

———. (1998). Screening for elevated blood lead levels. Policy statement by the Committee on Environmental Health. *Pediatrics, 101*, 1072–1078.

———. (1999). Folic acid for the prevention of neural tube defects. Policy statement by the Committee on Genetics. *Pediatrics, 104*, 325–327.

———. (2000). Fetal alcohol syndrome and alcoholrelated neurodevelopmental disorders. Policy statement by the Committee on Substance Abuse and Committee on Children with Disabilities. *Pediatrics, 106*, 358–361.

American College of Obstetricians and Gynecologists (2010). Exercise during pregnancy. Online: www.acog.org/publications/patient_education/bp119.cfm

American College of Obstetricians and Gynecologists. (2000). *Planning your pregnancy and birth.* 3rd ed. Washington DC: The American College of Obstetricians and Gynecologists.

American Diabetes Association (2000). Preconception care of women with diabetes: Clinical practice recommendations 2000. *Diabetes Care, 23*, S65–S68.

Arendt, R., Angelopoulos, J., Salvator, A., & Singer, L. (1999). Motor development of cocaine-exposed children at age two years. *Pediatrics, 103*, 86–92.

Bell, R., & O'Neill, M. (1994). Exercise and pregnancy: A review. *Birth, 21*, 85–95.

Block, M. E. (1991). Motor development in children with Down syndrome: A review of the literature. *Adapted Physical Activity Quarterly, 8*, 179–209.

Brackbill, Y. (1970). Continuous stimulation and arousal level in infants: Additive effects. *Proceedings of the 78th Annual Convention, American Psychological Association, 5*, 271–272.

———. (1979). Obstetrical medication and infant behavior. In J. D. Osofsky (Ed.), *The Handbook of Infant Development.* New York: Wiley.

CDC (2011). *Chlamydia – CDC Fact Sheet.* Online at: http://www.cdc.gov/std/chlamydia/STDFact-Chlamydia.htm

Centers for Disease Control and Prevention (CDC). (1999). Knowledge and use of folic acid by women of childbearing age—United States, 1995 and 1998. *Morbidity and Mortality Weekly Report, 48*, 325–327.

Centers for Disease Control and Prevention. (2000). Division of STD prevention. *Sexually Transmitted Disease Surveillance, 1999.* Department of Health and Human Services, Atlanta: Centers for Disease Control and Prevention.

Clapp, J. F. (2000). Exercise during pregnancy: A clinical update. *Clinical Sports Medicine, 19*, 273–286.

Conway, E., & Brackbill, Y. (1970). Delivery medication and infant outcomes. *Monographs of the Society for Research in Child Development, 35*, 24–34.

Division of STD Prevention. (September 2000). *Sexually Transmitted Disease Surveillance, 1999.* Department of Health and Human Services, Atlanta: Centers for disease control and prevention (CDC).

Drews, C. D., Murphy, C. C., Yeargin-Allsopp, M., & Decoufle, P. (1996). The relationship between idiopathic mental retardation and maternal smoking during pregnancy. *Pediatrics, 97*, 547–553.

Goldstein, K. M., et al. (1976). The effects of prenatal and perinatal complications on development at one year of age. *Child Development, 47*, 613–621.

Henderson, S. E. (1985). Motor skills development. In D. Lane & B. Stratford (Eds.), *Current Approaches to Down Syndrome.* London: Holt, Rinehart and Winston.

Lamaze, F. (1976). *Painless Childbirth.* London: Burke.

Larroque, B., Kaminski, M., Dehaene, P., & Subtil, D. (1995). Moderate prenatal alcohol exposure and psychomotor development at preschool age. *American Journal of Public Health, 85*, 1654–1661.

Lehman, T. J., Schechter, S. J., Sundel, R. P., Oliveira, S. K., Huttenlocher, A., & Onel, K. B. (2004). Thalidomide for severe systemic onset juvenile rheumatoid arthritis: A multicenter study. *Journal of Pediatrics, 145*, 856–857.

Lemons, J. A., et al. (2001). Very low birth weight outcomes of the National Institute of Child Health and Human Development Neonatal Research Network. *Pediatrics, 107*. Online: www.pediatrics.org/cgi/content/107/1/e2.

Locksmith, G. J., & Duff, P. (1998). Preventing neural tube defects: The importance of periconceptional folic acid supplements. *Obstetrics and Gynecology, 91*, 1027–1034.

Malina, R. M., Bouchard, C., & Bar-Or, O. (2004). *Growth, Maturation and Physical Activity.* Champaign, IL: Human Kinetics.

March of Dimes. (2010). Illicit drug use during pregnancy. Online: http://www.marchofdimes.com/alcohol_illicitdrug.html

March of Dimes. (MOD). (2011). *Birth Defects: Tay-Sachs and Sandhoff Diseases.* Online: http://www.marchofdimes.com/birthdefects_taysachs.html

———. (2004). Environmental risks and pregnancy. *March of Dimes Birth Defects Foundation*.

Martin, J. A. (2010). Births: Final data for 2007. *National Vital Statistics Report, 58* (4), 1–125. Online: www.cdc.gov/nchs/data/nvsr/nvsr58/nvsr58_24.pdf

Matthews, M. S., & MacDorman, M. F. (2008). Infant mortality statistics from the 2005 period linked birth/ infant death data set. *National Vital Statistics Report, 57* (2), 1–32. Online: http://www.cdc.gov/nchs/data/nvsr/nvsr57/nvsr57_02.pdf

Muller, P. F., et al. (1971). Prenatal factors and their relationship to mental retardation and other parameters of development. *American Journal of Obstetrics and Gynecology, 109,* 1205–1210.

National Down Syndrome Society (2001), New York, NY.

Ozmun, J. C., & Gallahue, D. L. (2011). Motor development. In (J. Winnick Ed.) *Adapted Physical Education and Sport.* (pp. 379–393). Champaign, IL: Human Kinetics.

Rosett, H. L., & Sander, L. W. (1979). Effects of maternal drinking on neonatal morphology and state. In J. Osofsky, (Ed.), *The Handbook of Infant Development.* New York: Wiley.

Santrock, J. W. (2011). *Child Development: An Introduction.* St. Louis, MO: McGraw-Hill.

Ulrich, B. D. (1997). Dynamic systems theory and skill development in infants and children. In K. Connolly & H. Forssberg (Eds.), *Neurophysiology and Psychology Motor Development.* London: MacKeigh Press.

Ulrich, B. D. (1998). *Factors contributing to motor rehabilitation in infants with Down syndrome and spina bifida*. Invited paper presented at the III International Congress of Motor Rehabilitation, Aguas de Lindoia, Brazil.

Ulrich, D. A., Ulrich, B. D., Angulo-Barroso, R., & Yun, J. K. (2001). Treadmill training of infants with Down syndrome: Evidence-based developmental outcomes. *Pediatrics, 108:* e84.

WHO (2010). HIV/AIDS *Programme highlights 2008-09*. Online: http://whqlibdoc.who.int/publications/2010/9789241599450_eng.pdf

Williams, J. F. (2011). No safe amount: Contrary to recent reports, drinking alcohol while pregnant is dangerous. AAP (American Academy of Pediatrics) News, March 2011; 32–36.

Witti, F. P. (1978). Alcohol and birth defects. *FDA Consumer, 22,* 20–23.

Wittmer, D. S., & Petersen, S. H. (2006). *Infant and Toddler Development*. Upper Saddle River, NJ: Pearson Education.

Wolfe, L. A., Brenner, I. K. M., & Mottola, M. F. (1994). Maternal exercise, fetal well-being and pregnancy outcome. In J. O. Holloszy (Ed.), *Exercise and Sport Sciences Reviews, Vol. 22*. Baltimore, MD: Williams & Wilkins.

CAPÍTULO 6
CRESCIMENTO PRÉ-NATAL E INFANTIL

American Congress of Obstetricians & Gynecologists (n. d.). *Pregnancy Month by Month*. Online: www.acog.org/bookstorefiles/ypcb-colorPrenatalDev.pdf

Breamner, G., & Wach, T. D. (2010). *Infant Development, Volume 2, Applied and Policy Issues*. West Sussex: UK, John Wiley.

CDC (2009). *Clinical Growth Charts*. Online: www.cdc.gov/growthcharts/clinical_charts.htm

CDC (2009). *WHO Child Growth Standards*. (www.who.int/childgrowth/en). Online: www.cdc.gov/growthcharts/who_charts.htm

Crawford, S. M. (1996). Anthropometry. In D. Docherty (Ed.), *Measurement in Pediatric Exercise Science, Canadian Society for Exercise Physiology*. Champaign, IL: Human Kinetics.

Field, T. (2007). *The Amazing Infant*. Malden: MA, Blackwell Publishing.

Malina, R. M., Bouchard, C., & Bar-Or, O. (2004). *Growth, Maturation, and Physical Activity*. 2nd ed. Champaign, IL: Human Kinetics.

Pařízková, J. (1996). *Nutrition, Physical Activity, and Health in Early Life*. Boca Raton, FL: CRC Press.

Prechtl, H. F. R. (1986). Prenatal motor development. In M. G. Wade & H. T. A. Whiting (Eds.), *Motor Development in Children: Aspects of Coordination and Control*. Dordrecht, The Netherlands: Martinus Nyhoff.

Rowland, T. W. (1996). *Developmental Exercise Physiology*. Champaign, IL: Human Kinetics.

Snow, C. W., & McGaha, C. G. (2003). *Infant Development*. 3rd ed., Upper Saddle River, NJ: Prentice Hall.

Tanner, J. M. (1978). *Fetus into Man*. Cambridge, MA: Harvard University Press.

World Health Organization (2009). *Child Growth Standards and the Identifi cation of Severe Acute Malnutrition in Infants and Children: A Joint Statement of the World Health Organization and the United Nations Children's Fund*. Online: www.who.int/nutrition/publications/severemalnutrition/9789241598163_eng.pdf

CAPÍTULO 7
REFLEXOS E ESTEREÓTIPOS RÍTMICOS DO BEBÊ

Ames, I. I. (1937). The sequential patterning of prone progression in the human infant. *Genetic Psychology Monographs, 19,* 409–460.

Bower, T. G. R. (1976). *Development in Infancy*. San Francisco: W. H. Freeman.

Eckert, H. (1987). *Motor Development*. Indianapolis, IN: Benchmark Press.

Kessen, W., et al. (1970). Human infancy: A bibliography and guide. In P. H. Mussen (Ed.), *Manual of Child Psychology*. New York: Wiley.

McGraw, M. B. (1939). Swimming behavior of the human infant. *Journal of Pediatrics, 15,* 485–490.

———. (1954). Maturation of behavior. In L. Carmichael (Ed.), *Manual of Child Psychology*. 2d ed. New York: Wiley.

Pontius, A. A. (1973). Neuro-ethics of walking in the newborn. *Perceptual and Motor Skills, 37,* 235–245.

Prechtl, H. F. R., & Beintema, D. J. (1964). *The Neurological Examination of the Full Term, Newborn Infant*. London: William Heinemann Medical Books.

Sherrill, C. (2004). *Adapted Physical Activity, Recreation and Sport: Crossdisciplinary and Lifespan*. 6th ed. St. Louis: McGraw-Hill.

Shirley, M. (1931). *The First Two Years. A Study of Twenty-Five Babies. 1. Postural and Locomotor Development*. Minneapolis, MN: University of Minnesota Press.

Snow, C. W., & McGaha, C. G. (2003). *Infant Development*. 3rd ed. Upper Saddle River, NJ: Prentice-Hall.

Thelen, E. (1979). Rhythmical stereotypies in normal human infants. *Animal Behavior, 27,* 699–715.

———. (1980). Determinants of amount of stereotyped behavior in normal human infants. *Ethology and Sociobiology, 1,* 141–150.

———. (1981). Kicking, rocking, and waving: Contextual analysis of rhythmical stereotypies in normal human infants. *Animal Behavior, 29* (1), 3–11.

———. (1985). Developmental origins of motor coordination: Leg movements in human infants. *Developmental Psychobiology, 18,* 1–22.

———. (1986a). Treadmill-elicited stepping in sevenmonth-old infants. *Child Development, 57,* 1498–1506.

———. (1986b). Development of coordinated movement. Implications for early motor development. In M. G. Wade and H. T. A. Whiting (Eds.), *Motor Development in Children: Aspects of Coordination and Control*. Dordrecht, The Netherlands: Martinus Nyhoff.

———. (1996). Normal infant stereotypies: A dynamic systems approach. In R. L. Sprague & K. M. Newell (Eds.), *Stereotyped Movements: Brain and Behavior Relationships*. Washington DC: American Psychological Association, pp. 139–165.

Thelen, E., et al. (1985). Rhythmical behavior in infancy: An ethological perspective. *Developmental Psychology, 17,* 237–257.

Thelen, E., Kelso, J. A. S., & Fogel, A. (1987). Selforganizing systems and infant motor development. *Developmental Review, 7,* 39–65.

Thelen, E., & Ulrich, B. D. (1991). Hidden skills: A dynamic systems analysis of treadmill stepping during the first year. *Monographs of the Society for Research in Child Development, 56,* (1, Serial No. 223).

Ulrich, B. D., & Ulrich, D. A. (1995). Spontaneous leg movements of infants with Down syndrome and nondisabled infants. *Child Development, 66,* 1844–1855.

Ulrich, B. D., Ulrich, D. A., Angulo-Kinzler, R. M., & Chapman, D. D. (1997). Sensitivity of infants with Down syndrome to intrinsic dynamics. *Research Quarterly for Exercise and Sport, 68,* 10–19.

Ulrich, B. D., Ulrich, D. A., Collier, D. H., & Cole, E. L. (1995). Developmental shifts in the ability of infants with Down syndrome to produce treadmill steps. *Physical Therapy, 75,* 14–23.

Ulrich, D. A., Ulrich, B. D., Angulo-Barroso, R., & Yun, J. K. (2001). Treadmill training of infants with Down syndrome: Evidence-based developmental outcomes. *Pediatrics, 108:* e84.

Wyke, B. (1975). The neurological basis of movement: A developmental review. In K. S. Holt (Ed.), *Movement and Child Development*. London: William Heinemann Medical Books.

Zelazo, P. (1976). From reflexive to instrumental behavior. In L. P. Lipsett (Ed.), *Developmental Psychobiology—The Significance of Infancy*. Hillsdale, NJ: Lawrence Erlbaum.

CAPÍTULO 8
CAPACIDADES DE MOVIMENTO RUDIMENTAR

Adolph, K. E., Vereijken, B., & Denny, M. A. (1998). Learning to crawl. *Child Development, 69,* 1299–1312.

Alexander, R., et al. (1993). *Normal Development of Functional Motor Skills: The First Year of Life*. Tucson, AZ: Communication Skill Builders.

American Academy of Pediatrics (2001). Developmental surveillance and screening of infants and young children. Committee on Children with Disabilities. *Pediatrics, 108,* 192–195.

———. (2000). Swimming programs for infants and toddlers. Policy statement by the Committee on Sports Medicine and Fitness and Committee on Injury and Poison Prevention. *Pediatrics, 105,* 868–870.

Apgar, V. (1953). A proposal for a new method of evaluation of the newborn infant. *Current Research in Anesthesia and Analgesia, 32,* 260–267.

Apgar, V., & James, L. S. (1962). Further observations on the newborn scoring system. *American Journal of the Diseases of Children, 704,* 419–428.

Bayley, N. (1993). *Bayley Scales of Infant Development—* Second Edition. San Antonio, TX: The Psychological Corp.

Bayley, N. (1935). The development of motor abilities during the first three years. *Monograph of the Society for Research on Child Development, 1,* 1–26.

Burton, A. W., & Miller, D. E. (1998). *Movement Skill Assessment.* Champaign, IL: Human Kinetics.

Case-Smith, J., Bigsby, R., & Clutter, J. (1998). Perceptual-motor coupling in the development of grasp. *American Journal of Occupational Therapy, 52,* 102–110.

Corbetta, D., & Bojczyk, K. E. (2001). Infants return to two-handed reaching when they are learning to walk. *Journal of Motor Behavior, 34,* 83–95.

Eckert, H. (1973). Age change in motor skills. In G. L. Rarick (Ed.), *Physical Activity: Human Growth and Development.* New York: Academic Press.

———. (1987). *Motor Development.* Indianapolis, IN: Benchmark Press.

Frankenburg, W. K., & Dodds, J. B. (1992). The Denver II: A major revision and restandardization of the Denver Developmental Screening Test. *Journal of Pediatrics, 89,* 91–97.

Gesell, A. (1945). *The Embryology of Behavior.* New York: Macmillan.

Getchell, N., & Gagen, L. (2006). Interpreting disabilities from a 'constraints' theoretical perspective: Encouraging movement for all children. Palestra, 22, 20–53.

Greenspan, S. I. (1997). *The Growth of the Mind.* Reading, MA: Addison-Wesley.

Halverson, H. M. (1937). Studies of the grasping responses in early infancy. *Journal of Genetic Psychology, 51,* 437–449.

Hellebrandt, F., et al. (1961). Physiological analysis of basic motor skills. *American Journal of Physical Medicine, 40,* 14–25.

Houston-Wilson, C. (2011). Infants and toddlers. In J. P. Winnick (Ed.), *Adapted Physical Education and Sport* (pp. 411–424). Champaign, IL: Human Kinetics.

Ivanco, T. L., & Greenough, W. T. (2000). Physiological consequences of morphologically detectable synaptic plasticity: Potential uses for examining recovery following damage. *Neuropharmacology, 39,* 765–776.

Jones, T. A., & Greenough, W. T. (1996). Ultrastructural evidence for increased contact between astrocytes and synapses in rats reared in a complex environment. *Neurobiology of Learning and Memory, 65,* 48–56.

Jones, T. A., Klintsova, A. Y., Kilman, V. L., Sirevaag, A. M., & Greenough, W. T. (1997). Induction of multiple synapses by experience in the visual cortex of adult rats. *Neurobiology of Learning and Memory, 68,* 13–20.

Kleim, J. A., Pipitone, M. A., Czerlanis, C., & Greenough, W. T. (1998). Structural stability within the lateral cerebellar nucleus of the rat following complex motor learning. *Neurobiology of Learning and Memory, 69,* 290–306.

Landreth, C. (1958). *The Psychology of Early Childhood.* New York: Alfred A. Knopf.

Langendorfer, S. (1987). Separating fact from fiction in preschool aquatics. *National Aquatics Journal, 3* (1), 2–4.

Langendorfer, S. J., & Bruya, L. D. (1995). *Aquatic Readiness.* Champaign, IL: Human Kinetics.

Marsala, G., & VanSant, A. F. (1998). Age-related differences in movement patterns used by toddlers to rise from a supine position to erect stance. *Physical Therapy, 78,* 149–159.

Nash, M. (1997). Fertile minds. *Time, 149* (5), 48–56.

National Association for Sport and Physical Education (2009). *Active Start: a statement of guidelines for children birth to age 5, 2nd edition.* Reston VA: NASPE Publications.

National Association for Sport and Physical Education. (2010). *Active Start: A statement of physical activity guidelines for children from birth to age 5, second edition.* Reston, VA: NASPE Publications.

Newell, K. M. (Ed.) (1992). Theme issue on dynamical approaches to motor skill acquisition. *Journal of Motor Behavior, 24,* 2–142.

Okamoto, T., & Okamoto, K. (2001). Electromyographic characteristics at the onset of independent walking in infancy. *Electromyography and Clinical Neurophysiology, 41,* 33–41.

Ouden, L. D., et al. (1991). Is it correct to correct? Developmental milestones in 555 "normal" preterm infants compared with term infants. *Journal of Pediatrics, 118,* 399–404.

Peabody Developmental Motor Scales—Second Edition (n. d.). Allen, TX: DLM Teaching Resource Corp.

Piek, J. P. (2006). *Infant Motor Development.* Champaign, IL: Human Kinetics.

Ramey, C. T., & Ramey, S. L. (1994). Which children benefi t the most from early intervention? *Pediatrics, 94,* 1064–1066.

Ramey, C. T., & Ramey, S. L. (1998). Early intervention and early experiences. *The American Psychologist, 53,* 109–120.

Rochat, P. (1992). Self-sitting and reaching in 5- to 8-month-old infants: The impact of posture and its development on early eye-hand coordination. *Journal of Motor Behavior, 24,* 210–220.

Savelsbergh, G. J., & van der Kamp, J. (1994). The effect of body orientation to gravity on early infant reaching. *Journal of Experimental Child Psychology, 58,* 510–528.

Shirley, M. (1931). *The First Two Years: A Study of Twenty-Five Babies, 1. Postural and Locomotor Development.* Minneapolis, MN: University of Minnesota Press.

Siddiqui, A. (1995). Object size as a determinant of grasping in infancy. *Journal of Genetic Psychology, 156,* 345–358.

Thelen, E. (1985). Developmental origins of motor coordination: Leg movements in human infants. *Developmental Psychobiology, 18,* 1–22.

———. (1986a). Development of coordinated movement: Implications for early human development. In M. G. Wade & H. T. A. Whiting (Eds.), *Motor Development in Children: Aspects of Coordination and Control.* Dordrecht, The Netherlands: Martinus Nyhoff.

———. (1986b). Treadmill-elicited stepping sevenmonth-old infants. *Child Development, 57,* 1498–1506.

———. (1992). Development of locomotion from a dynamic systems approach. In H. Forssberg & H. Hirschfeld (Eds.), *Movement Disorders in Children, Medicine and Sport Science, vol. 36,* Basel: Karger.

———. (1998). Bernstein's legacy for motor development: How infants learn to reach. In M. Latash (Ed.), *Progress in Motor Control* (pp. 267–288). Champaign, IL: Human Kinetics.

Thelen, E., et al. (1987). Self-organizing systems in infant motor development. *Developmental Review, 7,* 39–65.

Thelen, E., Corbetta, D., & Spencer, J. P. (1996). Development of reaching during the fi rst year: Role of movement speed. *Journal of Experimental Psychology, Human Perception and Performance , 22,* 1059–76.

Ulrich, B. D., & Ulrich, D. A. (1995). Spontaneous leg movements of infants with Down syndrome and nondisabled infants. *Child Development, 66,* 1844–1855.

Ulrich, D. A., Ulrich, B. D., Angulo-Barroso, R., & Yun, J. K. (2001). Treadmill training of infants with Down syndrome: Evidence-based developmental outcomes. *Pediatrics, 108:* e84.

Ulrich, D. A., & Ulrich, B. D. (1999). Treadmill training facilitates the onset of walking in infants with Down syndrome. Paper presented at the 32nd annual Gatlinburg Conference on Research and Theory in Mental Retardation & Developmental Disabilities, Charleston, SC.

Ulrich, B. D., Ulrich, D. A., & Collier, D. H. (1992). Alternating stepping patterns: Hidden abilities in 11-month-old infants with Down syndrome. *Developmental Medicine and Child Neurology, 34,* 233–239.

Ulrich, B. D., Ulrich, D. A., Collier, D. H., & Cole, E. (1995). Developmental shifts in the ability of infants with Down syndrome to produce treadmill steps. *Physical Therapy, 75,* 14–21.

von Slevwen, B. E., et al. (2007). Swaddling: A systematic review. *Pediatrics, 120*(4). Online: pediatrics.aappublications.org/cgi/reprint/120/4/e1097

Wilson, C. A., Taylor, B. J., Laing, R. M., Williams, S. M., & Mitchell, E. A. (1994). Clothing and bedding and its relevance to sudden infant death syndrome. *Journal of Pediatric Child Health, 30,* 506–512.

Zittel, L. L. (1994). Gross motor assessment of preschool children with special needs: Instrument selection considerations. *Adapted Physical Activity Quarterly, 11,* 245–260.

CAPÍTULO 9
A PERCEPÇÃO DO BEBÊ

Aslin, R. N. (1977). Development of binocular fixation in human infants. In D. F. Fisher et al. (Eds.), *Eye Movements: Cognition and Visual Perception.* Hillsdale, NJ: Erlbaum.

———. (1981). Development of smooth pursuit in human infants. In D. F. Fisher et al. (Eds.), *Eye Movements: Cognition and Visual Perception.* Hillsdale, NJ: Erlbaum.

———. (1984). Motor aspects of visual development in infancy. In P. Salapatek & L. B. Cohen (Eds.), *Handbook of Infant Perception*. New York: Academic Press.

Aslin, R. N., et al. (1983). Auditory development and speech perception in infancy. In P. H. Mussan (Ed.), *Handbook of Child Psychology*. New York: Wiley.

Aslin, R. N., & Dumais, S. T. (1980). Binocular vision in infants: A review and a theoretical position. *Advances in Child Development and Behavior, 15*, 53–94.

Aslin, R. N., & Salapatek, P. (1975). Saccadic localization of peripheral targets by the very young human infant. *Perception and Psychophysics, 17*, 292–302.

Atkinson, J., & Braddick, O. (1982). Sensory and perception capacities of the neonate. In P. Stratton (Ed.), *Psychobiology of the Human Newborn*, New York: Wiley.

Banks, M. (1980). The development of visual accommodation during early infancy. *Child Development, 51*, 646–666.

Bornstein, M. H. (2005). Perceptual development. In M. H. Bornstein & M. E. Lamb (Eds.), *Developmental Science: An Advanced Textbook*. Mahwah, NJ: Lawrence Erlbaum Associates.

Child Development Division: California Department of Education and WestEd (2009). *Infant/Toddler Learning and Development Foundations*. Sacramento, CA: California Department of Education.

Cohen, L. B., & Cashon, C. H. (2003). Infant perception and cognition. In J. M. Lerner, M. A. Esterbrooks, & J. Mistry (Eds.), *Comprehensive Book of Psychology, Vol. 6: Developmental Psychology*. Hoboken, NJ: Wiley. Available online: homepage. psy.utexas.edu/homepage/group/cohenlab/pubs/ Infant_Perception_Chapter.pdf

Cohen, L. B., et al. (1979). Infant visual perception. In J. D. Osofsky (Ed.), *The Handbook of Infant Development*. New York: Wiley.

Dayton, G. O., & Jones, M. H. (1964). Analysis of characteristics of fixation reflexes in infants by use of direct current electroculography. *Neurology, 14*, 1152–1157.

DeCasper, A. J., Lecanuet, J. P., Busnel, M. C., & Granier-Deferre, C. (1994). Fetal reactions to recurrent maternal speech. *Infant Behavior & Development, 17*, 159–164.

Engen, T., & Lipsett, L. P. (1965). Decrement and recovery of responses to olfactory stimuli in the human neonate. *Journal of Comparative and Physiological Psychology, 59*, 312–316.

Fantz, R. L. (1963). Pattern vision in newborn infants. *Science, 140*, 296–297.

Fantz, R. L., et al. (1975). Early visual selectivity. In L. B. Cohen & P. Salapatek (Eds.), *Infant Perception From Sensation to Cognition*. New York: Academic Press.

Field, J. (1976). The adjustment of reaching behavior to object distance in early infancy. *Child Development, 47*, 304–308.

Fox, R., et al. (1980). Stereopsis in human infants. *Science, 207*, 323–324.

Gibson, E. J., & Walk, R. B. (1960). The visual cliff. Scientific *American, 4*, 67–71.

Gredebäck, G., & von Hofsten, C. (2004). Infants' evolving representations of object motion during occlusion: A longitudinal study of 6- to 12-month-old infants. *Infancy, 6*, 165–184.

Haith, M. M. (1966). The response of the human newborn to visual movement. *Journal of Experimental Child Psychology, 3*, 235–243.

———. (1980). *Rules That Babies Look By*. Hillsdale, NJ: Erlbaum.

Haynes, H., et al. (1965). Visual accommodation in human infants. *Science, 148*, 525–530.

Held, R., & Hein, A. (1963). Movement-produced stimulation in the development of visually guided behavior. *Journal of Comparative Physiological Psychology, 56*, 872–876.

Hershenson, M. (1964). Visual discrimination in the human newborn. *Journal of Comparative Physiological Psychology, 158*, 270–276.

Jonsson, B., & von Hofsten, C. (2003). Infants' ability to track and reach for temporarily occluded objects. *Developmental Science, 6*, 86–99.

Johnson, S. P., & Aslin, R. N. (1996). Perception of object unity in young infants: The roles of motion, depth, and orientation. *Cognitive Development, 11*, 161–180.

Kellman, P. J., & Arterberry, M. E. (1998). *The Cradle of Knowledge: Development of Perception in Infants*. Cambridge, MA: MIT Press.

Kessen, W., et al. (1972). The visual response of the human newborn to linear contour. Journal of Experimental Child Psychology, 13, 9–20.

Krieg, K. (1978). *Tonic Convergence and Facial Growth in Early Infancy*. Unpublished senior honors thesis, Indiana University.

Langolis, J. H., et al. (1987). Infants' perception of an attractive face: Rudiments of a stereotype? *Developmental Psychology, 23*, 363–369.

Lavay, B. W., & Winnick, J. P. (2011). Perceptual-motor development (pp. 395–409). In J. P. Winnick (Ed.),

Adapted Physical Education and Sport. Champaign, IL: Human Kinetics.

Lecanuet, J. P., Granier-Deferre, C., Jacquet, A. Y., & DeCasper, A. J. (2000). Fetal discrimination of lowpitched musical notes. *Developmental Psychobiology, 36,* 29–39.

Leventhal, A., & Lipsett, L. P. (1964). Adaption, pitch discrimination and sound vocalization in the neonate. *Child Development, 37,* 331–346.

Lipsett, L. P., et al. (1963). Developmental changes in the olfactory threshold of the neonate. *Child Development, 34,* 371–376.

McFarlane, A. (1975). Olfaction in the development of social preference in the human neonate. In *Parent-Infant Interaction.* Amsterdam: CIBA Foundation Symposium 33.

Mennella, J. A., & Beauchamp, G. K. (1996). The early development of human fl avor preferences. In E. D. Capaldi (Ed.) *Why We Eat What We Eat: The Psychology of Eating* (pp. 83–112). Washington D.C.: American Psychological Association.

Peeples, D. R., & Teller., D. Y. (1975). Color vision and brightness discrimination in two-month-old human infants. *Science, 789,* 1102–1103.

Pratt, K. C. (1954). The neonate. In L. Carmichael (Ed.), *Manual of Child Psychology.* New York: Wiley.

Rosander, K., & von Hofsten, C. (2004). Infants' emerging ability to represent occluded object motion. *Cognition, 91,* 1–22.

Salapatek, P. (1975). Pattern vision in early infancy. In L. B. Cohen & P. Salapatek (Eds.), *Infant Perception.* New York: Academic Press.

Santrock, J. W. (2009). *Child Development* (11th ed.). St Louis, MO: McGraw-Hill.

Santrock, J. W. (2004). *Child Development.* 10th ed. St. Louis: McGraw-Hill.

Schneider, B. A., et al. (1980). High-frequency sensitivity in infants. *Science, 207,* 1003–1004.

Siqueland, E. R., & DeLucia, C. A. (1969). Visual reinforcement of non-nutritive sucking in human infants. *Science, 165,* 1144–1146.

Snow, C. W., & McGaha, C. G. (2003). *Infant Development.* 3rd ed. Upper Saddle River, NJ: Prentice-Hall.

Svejda, M., & Schmidt, D. (1979). *The Role of Self-Produced Locomotion on the Onset of Fear of Heights on the Visual Cliff.* Paper presented at the Society for Research in Child Development, San Francisco, CA.

Trehub, S. E., et al. (1980). Infants' perception of melodies: The role of melodic contour. *Child Development, 55,* 821–830.

———. (1991). Observational measures of auditory sensitivity in early infancy. *Developmental Psychology, 27,* 40–49.

Tronick, E. (1972). Stimulus control and the growth of the infants' effective visual fi eld. *Perception and Psychophysics, 11,* 373–375.

von Hofsten, C. (1979). Development of visually guided reaching: The approach phase. *Journal of Human Movement Studies, 5,* 160–178.

———. (1982). Eye-hand coordination in newborns. *Developmental Psychology, 18,* 450–461.

———. (1986). The emergence of manual skills. In M. G. Wade & H. T. A. Whiting (Eds.), *Motor Development in Children: Aspects of Coordination and Control.* Dorbrecht, The Netherlands: Martinus Nyhoff.

Walk, R. D. (1966). The development of depth perception in animal and human infants. *Monograph of the Society for Research in Child Development, 31,* 5.

———. (1978). Depth perception and experience. In R. D. Walk & A. Pick (Eds.), *Perception and Experiences.* New York: Plenum Press.

Williams, H. G. (1983). *Perceptual and Motor Development.* Englewood Cliffs, NJ: Prentice-Hall.

CAPÍTULO 10
CRESCIMENTO E DESENVOLVIMENTO NA INFÂNCIA

Abernethy, B., Hanrahan, S. J., Kippers, V., Mackinnon, L. T., & Pandy, M. G. (2005). *The Biophysical Foundations of Human Movement.* 2nd ed. Champaign, IL: Human Kinetics.

Bar-Or, O., & Rowland, T. W. (2004). *Pediatric Exercise Medicine.* Champaign, IL: Human Kinetics.

Barness, L. ed. (1993). *Pediatric Nutrition Handbook.* Elk Grove Village, IL: American Academy of Pediatrics.

Centers for Disease Control (1998). Recommendations to prevent and control iron deficiency in the United States. *Morbidity and Mortality Weekly Report,* April 03, 47 (RR-3);1–36.

Eveleth, P. B., & Tanner, J. M. (1976). *Worldwide Variation in Human Growth.* Cambridge, MA: Cambridge University Press.

Heikens, G. T. (2005). *Rehabilitation of Sick and Malnourished Children: Evaluation, Requirements, Prognosis and Feasibility* (International Child Health Studies). Amsterdam, The Netherlands: Rozenberg Publishers.

Malina, R. M., Bouchard, C., & Bar-Or, O. (2004). *Growth, Maturation, and Physical Activity*. 2nd ed. Champaign, IL: Human Kinetics.

Pařízková, J. (1996). Nutrition, Physical Activity, and Health in Early Life . Boca Raton, FL: CRC Press.

Peterson, K. L. (1967). *Atlas for Somatotyping Children*. The Netherlands: Royal Vagorcum Ltd.

Sheldon, W. H., et al. (1940). *The Varieties of Human Physique*. New York: Harper.

———. (1954). Atlas of Man. New York: Harper.

Sherrill, C. (2004). *Adapted Physical Activity, Recreation and Sport:* Crossdisciplinary and Lifespan. 6th ed., St. Louis, MO: McGraw-Hill.

CAPÍTULO 11
DESENVOLVIMENTO DO MOVIMENTO FUNDAMENTAL: HABILIDADES DE MANIPULAÇÃO

Bargren, M. (2000). *The effects of a children's motor skill development program on preschool children's motor skills*. Unpublished doctoral dissertation, University of Oregon, Eugene, OR.

Barrett, D. D., & Burton, A. W. (2002). Throwing patterns used by collegiate baseball players in actual games. *Research Quarterly for Exercise & Sport, 73* (1), 19–27.

Belka, D. E. (1985). Effects of selected sequencing factors on the catching process of elementary school children. *Journal of Teaching in Physical Education, 5* (1), 42–50.

Bram, A. D., & Feltz, D. L. (1995). Effects of batting performance feedback on motivational factors and batting performance in youth baseball. *Perceptual & Motor Skills , 81,* 1367–1378.

Bransdorfer, A. F. (1999). A kinematic analysis of the developmental sequence of kicking using a direct and angled approach (Doctoral dissertation). Retrieved from Microform Publications, University of Oregon. 1998. http://kinpubs.uoregon.edu.proxy.lib.ohio-state.edu/

Browning, C. K., & Schack, F. K. (1990). Effects of instruction on throwing performances of sixth grade girls. *The Physical Educator, 47,* 144–152.

Bruce, R. D. (1966). *The effects of variation in ball trajectory upon the catching performance of elementary school children*. Unpublished doctoral dissertation, University of Wisconsin, Madison.

Burton, A. W., Greer, N., & Wiese, D. M. (1992). Changes in overhand throwing patterns as a function of ball size. *Pediatric Exercise Science, 4,* 50–67.

Burton, A. W., Greer, N., & Wiese-Bjornstal, D. M. (1993). Variations in grasping and throwing patterns as a function of ball size. *Pediatric Exercise Science, 5,* 25–41.

Butterfield, S. A., & Loovis, E. M. (1993). Influence of age, sex, balance, and sport participation on development of throwing by children in grades K–8. *Perceptual and Motor Skills, 76,* 459–464.

Butterfield, S. A., & Loovis, E. M. (1994). Influence of age, sex, balance, and sports participation on the development of kicking by children in grades K–8. *Perceptual & Motor Skills, 79,* 691–697.

Butterfield, S. A., & Loovis, E. M. (1998). Kicking, catching, throwing and striking development by children in grades K–8: Preliminary findings. *Journal of Human Movement Studies, 34* (2), 67–81.

Campos, E., Gallagher, J., & Ladewig, I. (1995). Execution and decision making during soccer game play: Effects of children's skill level. *Journal of Sport & Exercise Psychology, 17* (2), S36.

Cohen, R., Goodway, J. D., & Lidor, R. (2009). The influence of aligned developmental feedback on throwing performance of third-grade students. Paper presented at the annual meeting of the North American Society for the Psychology of Sport and Physical Activity, Austin, TX.

Davids, K., Bennett, S. J., & Beak, S. (2002). Sensitivity of children and adults to haptic information in wielding tennis rackets. *Interceptive Actions in Sport: Information and Movement*. New York: Routledge.

DeOreo, K. L., and Keogh, J. (1980). Performance of fundamental motor tasks. In C. B. Corbin (Ed.), *A Textbook of Motor Development* (2nd ed.). Dubuque, IA: Wm. C. Brown.

DeRenne, C., Tracy, R., & Dunn-Rankin, P. (1985). Increasing throwing velocity. *Athletic Journal, 65,* 36–39.

DuRandt, R. (1985). Ball-catching proficiency among 4-, 6-, and 8-year-old girls. In J. E. Clark & J. H. Humphrey (Eds.), *Motor Development: Research & Reviews Volume 2* (pp. 35–44). Princeton, NJ: Princeton Book.

Dusenberry, L. (1952). A study of the effects of training in ball throwing in children ages three to seven. *Research Quarterly, 23,* 9–14.

East, W. B., & Hensley, L. D. (1985). The effects of selected sociocultural factors upon the overhand-throwing performance of prepubescent children. In J. E. Clark & J. H. Humphrey (Eds.), *Motor development: Current selected research: Vol. 1* (pp. 115–128). Princeton, NJ: Princeton Book Company.

Ehl, T., Roberton, M. A., Langendorfer, S. J. (2005). Does the throwing "gender gap" occur in Germany? *Research Quarterly for Exercise and Sport, 76*, 488–493.

Espenschade, A. S., & Eckert, H. M. (1980). *Motor development* (2nd ed.). Columbus, OH: Merrill.

French, K. E., Spurgeon, J. H., & Nevett, M. E. (1995). Expert-novice differences in cognitive and skill execution components of youth baseball performance. *Research Quarterly for Exercise & Sport, 66*, 194–201.

Fronske, H., Blakemore, C. L., & Abendroth-Smith, J. (1997). The effect of critical cues on overhand throwing efficiency of elementary school children. *The Physical Educator, 54*, 88–95.

Gabbard, C. (2004). *Lifelong Motor Development* (4th ed.). San Francisco: Benjamin/Cummings.

Gabbard, C., & Iteya, M. (1996). Foot laterality in children, adolescents, and adults. *Laterality, 1*(3), 199–205.

Gagen, L. M. (2002). Predicting the scale of rackets from body dimensions to optimize striking. *Journal of Sport & Exercise Psychology, 24*, 55–56.

Gallahue, D. L., & Ozmun, J. C. (2006). *Understanding Motor Development: Infants, Children, Adolescents and Adults (6th ed.)*. Boston: McGraw-Hill.

Gámez, J., Marti'nez, A., Astorgano, A., Santiago Corte's, J., & Alca'ntata, E. (2004). Analysis of kicking kinematics in children. *Journal of Sports Sciences, 22*, 488.

Garcia, C. (1994). Gender differences in young children's interactions when learning fundamental motor skills. *Research Quarterly for Exercise & Sport, 65*(3), 213–225.

Garcia, C., & Garcia, L. (2002). Examining developmental changes in throwing. In J. E. Clark & J. H. Humphrey (Eds.), *Motor Development: Research and Review: Vol. 2* (pp. 62–95). Reston, VA: NASPE Publications.

Goldberger, M, & Gerney, P. (1990). Effects of learner use of practice time on skill acquisition of fifth grade children. *Journal of Teaching in Physical Education, 10*, 84–95.

Goodway, J. D., & Branta, C. F. (2003). Influence of a motor skill intervention on fundamental motor skill development of disadvantaged preschool children. *Research Quarterly for Exercise & Sport, 74*, 36–47.

Goodway, J. D., Crowe, H., & Ward, P. (2003). Effects of motor skill instruction on fundamental motor skill development. *Adapted Physical Activity Quarterly, 20*, 298–314.

Goodway, J. D., Robinson, L. E., & Crowe, H. (2010). Gender differences in fundamental motor skill development in disadvantaged preschoolers from two geographical regions. Research Quarterly for Exercise and Sport, *81*(1), 17–24.

Goodway, J. D., Rudisilll, M. E., & Valentini, N. C. (2002). The influence of instruction on the development of catching in young children. *Motor Development: Research and Review, 2*, 96–119.

Graham, G. M. (1991). Developmentally appropriate physical education for children. *The Journal of Physical Education, Recreation & Dance, 10*(1), 1–4.

Graham, G., Holt-Hale, S. A., & Parker, M. (2007). *Children Moving: A Reflective Approach to Teaching Physical Education* (7th ed.). Mountain View, CA: Mayfield.

Graham, G., Metzler, M., & Webster, G. (1991). Specialist and classroom teacher effectiveness in children's physical education: A 3-year study [Monograph]. *Journal of Teaching in Physical Education, 10*(4), 353–374.

Halverson, L. E., & Roberton, M. A. (1979). The effects of instruction on overhand throwing development in children. In G. Roberts & K. Newell (Eds.), *Psychology of Motor Behavior and Sport—1978*(pp. 258–269). Champaign, IL: Human Kinetics.

Halverson, L. E., Roberton, M. A., & Langendorfer, S. (1982). Development of the overarm throw: Movement and ball velocity changes by seventh grade. *Research Quarterly for Exercise and Sport, 53*(3), 198–205.

Halverson, L. E., Roberton, M. A., Safrit, M. J., & Roberts, T. W. (1979). The effect of guided practice on overhand throw ball velocities of kindergarten children. *Research Quarterly, 48*(2), 311–318.

Hamilton, M. L., & Tate, A. (2002). Constraints on throwing behavior of children. In J. E. Clark & J. H. Humphrey (Eds.), *Motor Development: Research and Review: Vol. 2*(pp. 49–61). Reston, VA: NASPE Publications.

Harper, W. (1973). Movement and measurement: the case of the incompatible marriage. *Quest, 20*, 92–101.

Harper, C. J., & Struna, N. L. (1973). *Case studies in the development of one-handed striking*. Paper presented at the American Alliance for Health, Physical Education, and Recreation, Minneapolis, MN.

Haubenstricker, J. L., Branta, C. F., & Seefeldt, V. D. (1983). *Standards of performance for throwing and catching*. Paper presented at the Annual Conference of the North American Society for Psychology of Sport and Physical Activity, Asilomar, CA.

Haubenstricker, J. A., Seefeldt, V., Fountain, C., & Sapp, M. (1981). *Preliminary validation of a developmental sequence for kicking*. Paper presented at the Midwest convention of the American Alliance for Health, Physical Education, Recreation & Dance, Chicago.

Haywood, K. M., & Getchell, N. (2006). *Life Span Motor Development* (5th rev. ed.). Champaign, IL: Human Kinetics Press.

Haywood, K. M., & Getchell, N. (2009). *Lifespan Motor Development* (5th ed.). Champaign, IL: Human Kinetics.

Haywood, K. M., Greewalh, G., & Lewis, C. (1981). Contextual factors and age group differences in coincidence-anticipation performance. *Research Quarterly for Exercise and Sport, 52 (4)*, 458–464.

Isaacs, L. D. (1980). Effects of ball size, ball color, and preferred color on catching by young children. *Perceptual and Motor Skills, 51*, 583–586.

Isaacs, L. D. (1983). Coincidence-anticipation in simple catching. *Journal of Human Movement Studies 9*(4), 195–201.

Johnson, M., & Ward, P. (2001). Effects of classwide peer tutoring on correct performance of striking skills in 3rd grade physical education. *Journal of Teaching in Physical Education, 20*(3), 247–263.

Kourtessis, T. (1994). *Procedural and declarative knowledge of ball-catching in children with physical disabilities*. Unpublished master's thesis, McGill University, Montreal, Quebec.

Langendorfer, S. (1987). Separating fact from fiction in preschool aquatics. *National Aquatics Journal, 3*(1), 2–4.

Langendorfer, S. (1990). Motor-task goal as a constraint on developmental status. In J. E. Clark & J. H. Humphrey (Eds.), *Advances in Motor Development, Volume 3*(pp. 16–28). New York: AMS Press.

Langendorfer, S., & Roberton, M. A. (2002a). Developmental profiles in over-arm throwing: Searching for "attractors", "stages", and "constraints." In J. E. Clark & J. H. Humphrey (Eds.), *Motor Development: Research and Review: Vol. 2*(pp. 1–25). Reston, VA: NASPE Publications.

Langendorfer, S. J., & Roberton, M. A. (2002b). Individual pathways in the development of forceful throwing. *Research Quarterly for Exercise and Sport, 73*(3), 245–256.

Lefebvre, C. (1996). Prediction in ball catching by children with a developmental coordination disorder. Unpublished master's thesis, McGill University, Montreal, Quebec.

Lefebvre, C., & Reid, G. (1998). Prediction in ball catching by children with and without a developmental coordination disorder. *Adapted Physical Activity Quarterly, 15*(4), 299–315.

Loovis, E. M., & Butterfield, S. A. (1993). Influence of age, sex, balance, and sport participation on development of catching by children grades K–8. *Perceptual & Motor Skills, 77*(3, Part 2), 1267–1273.

Loovis, E. M., & Butterfield, S. A. (1995). Influence of age, sex, balance, and sport participation on development of sidearm striking by children grades K–8. *Perceptual & Motor Skills, 81*(2), 595–600.

Loovis, E. M., & Butterfield, S. A. (1993). Influence of age, sex, balance, and sport participation on development of catching by children grades K–8. *Perceptual & Motor Skills, 77*(3, Part 2), 1267–1273.

Loovis, E. M., & Butterfield, S. A. (1995). Influence of age, sex, balance, and sport participation on development of sidearm striking by children grades K–8. *Perceptual & Motor Skills, 81* (2), 595–600.

Loovis, E. M., & Butterfield, S. A. (2003). Relationship of hand length to catching performance by children in kindergarten to grade 2. *Perceptual & Motor Skills, 96*, 1194–1196.

Loovis, E. M., Butterfield, S. A., & Bagaka's, J. (2006). Striking development by children in grades K–8: A multicohort longitudinal study. *Research Quarterly for Exercise and Sport, 77*(Suppl), A46.

Loovis, E. M., Butterfield, S. A., & Bagaka's, J. (2008). Development of catching by children in kindergarten to grade 8: A multicohort longitudinal study. *Perceptual & Motor Skills, 107*,121–128.

Lorson, K., & Goodway, J. D. (2005). Throwing performance of elementary-aged children during game play. *Research Quarterly for Exercise and Sport, 76*, A58–59.

Lorson, K., & Goodway, J. D. (2007). Influence of critical cues and task constraints on overarm throwing performance in elementary age children. *Perceptual and Motor Skills, 105*, 753–767.

Lorson, K., & Goodway, J. D. (2008). Influence of instruction and gender on the throwing form of children during a throwing game. *Research Quarterly for Exercise and Sport, 79*, 2, 174–182.

McConnell, A., & Wade, G. (1990). Effects of lateral ball location, grade, and sex on catching. *Perceptual & Motor Skills, 70*(1), 59–66.

McKenzie, T. L., Alcaraz, J. E., & Sallis, J. F. (1998). Effects of a physical education program on children's manipulative skills. *Journal of Teaching in Physical Education, 17 (3)*, 327–341.

McKenzie, T. L., Sallis, J. F., Broyles, S. L., Zive, M. M., Nader, P. R., Berry, C. C., et al. (2002). Childhood movement skills: Predictors of physical activity in Anglo American and Mexican American adolescents. *Research Quarterly for Exercise and Sport, 73*, 238–244.

Messick, J. A. (1991). Prelongitudinal screening of hypothesized developmental sequences for the overhead tennis serve in experienced tennis players 9–19 years of age. *Research Quarterly for Exercise and Sport, 62*, 249–256.

Miller, J., Vine, K., & Larkin, D. (2007). The relationship of process and product performance of the two-handed sidearm strike. *Physical Education & Sport Pedagogy, 12*(1), 61–76.

Moore, J. B., & Reeve, T. G. (1987). Effects of task demands on throwing performance of children. *Perceptual and Motor Skills, 65*, 503–506.

Moore, J. B., Reeve, T. G., & Pissanos, B. (1981). Effects of variability of practice in a movement-education program on motor skill performance. *Perceptual and Motor Skills, 52*(3), 779–84.

Morris, G. S. D. (1976). Effects ball and background color have upon the catching performance of elementary school children. *Research Quarterly, 47*, 409–416.

Morris, A. M., Williams, J. M., Atwater, A. E., & Wilmore, J. H. (1982). Age and sex differences in motor performance of 3- through 6-year-old children. Research Quarterly for Exercise and Sport, 53(3), 214–221.

Nelson, J. K., Thomas, J. R., Nelson, K. R., & Abraham, P. C. (1986). Gender differences in children's throwing performance: Biology and environment. *Research Quarterly for Exercise and Sport, 57*(4), 280–287.

Nelson, K. R., Thomas, J. R., & Nelson, J. K. (1991). Longitudinal change in throwing performance: Gender differences. *Research Quarterly for Exercise and Sport, 62*(1), 105–108.

Newell, K. (1986). Constraints on the development of coordination. In M. G. Wade & H. T. Whiting (Eds.), *Motor development in children: Aspects of coordination and control* (pp. 341–361). Amsterdam, The Netherlands: Nijhoff.

Oliveira, J. A., & Manoel, E. J. (2002). Task constraint and developmental status in the temporal organisation of overarm throwing. *Journal of Human Movement Studies, 42*, 251–269.

Oslin, J. C., Stroot, S. A., & Siedentop, D. (1997). Use of component specific instruction to promote development of the over-arm throw. *Journal of Teaching in Physical Education, 16*, 340–356.

Overlock, J. A. (2004). *The relationship between balance and fundamental motor skills in children five to nine years of age*. Unpublished doctoral dissertation.

Pan, T. T., & Lu, J. J. (2001). Analysis and research on the testing result of 7–12 years children's motor coordination. *Journal of Xi'An Institute of Physical Education, 18*(4), 41–43.

Payne, V. G. (1982). Current status of research on object reception as a function of ball size. *Perceptual and Motor Skills, 55*, 953–954.

Payne, V. G. (1985). Effects of object size and experimental design on object reception by children in the first grade. *Journal of Human Movement Studies, 11*, 1–9.

Payne, V. G., & Isaacs, L. D. (2008). *Human motor development: A lifespan approach* (7th ed.). Boston: McGraw-Hill.

Payne, V. G., & Koslow, R. (1981). Effects of varying ball diameters on catching ability of young children. *Perceptual and Motor Skills, 53*, 739–744.

Poole, J. R., Mathias, K., & Stratton, R. K. (1996). Higherskilled and lower-skilled children's perceived ability and actual performance with kicking and striking tasks. *The Physical Educator, 53*, 214–221.

Roberton, M. A. (1977). Stability of stage categories across trials: Implications of stage theory of overarm throwing development. *Journal of Human Movement Studies, 3*, 49–59.

Roberton, M. A. (1978). Stages in motor development. In M. V. Ridenour (Ed.), *Motor Development: Issues and Applications*. Princeton, NJ: Princeton Book Company.

Roberton, M. A. (1987). Developmental level as a function of the immediate environment. *Advances in Motor Development, 1*, 1–15.

Roberton, M. A., & Halverson, L. E. (1984) *Developing children—Their changing movement*. Philadelphia: Lea & Febiger.

Roberton, M. A., Halverson, L. E., Langendorfer, S., & Williams, K. (1979). Longitudinal changes in children's overarm throw ball velocities. *Research Quarterly, 50*(2), 256–264.

Roberton, M. A., & Konczak, J. (2001). Predicting children's overarm throw ball velocities from their developmental levels in throwing. *Research Quarterly for Exercise and Sport, 72*(2), 91–103.

Robinson, L. E., & Goodway, J. D. (2009). Instructional climates in preschool children who are at risk. Part I: Object control skill development. *Research Quarterly for Exercise and Sport, 80*, 533–542.

Runion, B., Roberton, M. A., & Langendorfer, S. J. (2003). Forceful overarm throwing: A comparison of two cohorts measured 20 years apart. *Research Quarterly for Exercise and Sport, 74,* 324–330.

Sakurai, S., & Miyashita, M. (1983). Developmental aspects of overarm throwing related to age and sex. *Human Movement Science, 2,* 67–76.

Seefeldt, V., & Haubenstricker, J. (1978). Competitive athletics for children—the Michigan study. *Journal of Physical Education and Recreation, 49*(3), 38–41.

Seefeldt, V., & Haubenstricker, J. (1982). Patterns, phases, or stages: An analytical model for the study of developmental movement. In J. A. S. Kelso & J. E. Clark (Eds.), *The Development of Movement Control and Co-ordination* (pp. 309–318). New York: John Wiley & Sons.

Seefeldt, V., Reuschlein, S., & Vogel, P. (1972). *Sequencing motor skills within the physical education curriculum.* Paper presented at the American Association for Health, Physical Education, and Recreation, Houston, TX.

Smith, H. (1970). Implications for movement education experience drawn from perceptual motor research. *Journal of Health, Physical Education and Recreation, 4*(3), 30–33.

Southard, D. (1998). Mass and velocity: Control parameters for throwing patterns. *Research Quarterly for Exercise and Sport, 69*(4), 355–367.

Southard, D. (2002). Change in throwing pattern: Critical values for control parameter of velocity. *Research Quarterly for Exercise and Sport, 73*(4), 396–407.

Starkes, J. L. (1986). Catching and spatially locating a ball in flight: Variables underlying their development. *Perceptual & Motor Skills, 63*(3), 1275–1286.

Stodden, D. F., Goodway, J. D., Langendorfer, S. J., Roberton, M. A., Rudisill, M. E, Garcia, C., & Garcia L. E. (2008). A developmental perspective on the role of motor skill competence in physical activity: An emergent relationship. *Quest, 60,* 290–306.

Stodden, D. F., Langendorfer, S. J., Fleisig, G. S., & Andrews, J. R. (2006a). Kinematic constraints associated with the acquisition of overarm throwing part I: Step and truck actions. *Research Quarterly for Exercise and Sport, 77*(4), 417–427.

Stodden, D. F., Langendorfer, S. J., Fleisig, G. S., & Andrews, J. R. (2006b). Kinematic constraints associated with the acquisition of overarm throwing part II: Upper extremity actions. *Research Quarterly for Exercise and Sport, 77*(4), 428–436.

Stodden, D., & Rudisill, M.E. (2006). Integration of biomechanical and developmental concepts in the acquisition of throwing: Effects on developmental characteristics and gender differences. *Journal of Human Movement Studies, 51,* 117–141.

Strohmeyer, H., Williams, K., & Schaub-George, D. (1991), Developmental sequences for catching a small ball: A pre-longitudinal screen. *Research Quarterly for Exercise and Sport, 62,* 257–266.

Thomas, J. R., Alderson, J. A., Thomas, K. T., Campbell, A. C., & Elliot, B. C. (2010). Developmental gender differences for overhand throwing in Aboriginal Australian children. *Research Quarterly for Exercise and Sport, 81,* 432–441.

Thomas, J. R., & French, K. E. (1985). Gender differences across age in motor performance: A meta-analysis. *Psychological Bulletin, 98*(2), 260–282.

Thomas, J. R., & Marzke, M. W. (1992). The development of gender differences in throwing: Is human evolution a factor? *In Enhancing Human Performance in Sport: New Concepts and Developments. Papers from the 63rd Annual Meeting for the American Academy of Physical Education* (pp. 60–76). Champaign, IL: Human Kinetics.

Thomas, J. R., Michael, D., & Gallagher, J. D. (1994). Effects of training on gender differences in overhand throwing: a brief quantitative literature analysis. *Research Quarterly for Exercise and Sport, 65*(1), 67–71.

Toole, T, & Arink, E. A. (1982). Movement education: Its effect on motor skill performance. *Research Quarterly for Exercise & Sport, 53*(2), 156–162.

Walkwitz, E., & Lee, A. M. (1992). The role of teacher knowledge in elementary physical education instruction: An exploratory study. *Research Quarterly for Exercise and Sport, 63,* 179–185.

Wegman, E. (1999). Contextual interference effects on the acquisition and retention of fundamental motor skills. *Perceptual and Motor Skills, 88,* 182–187.

Whiting, H. T. A., Gill, E. B., & Stephenson, J. M. (1970), Critical time intervals for taking in flight information in a ball catching task, *Ergonomics, 13,* 265–272.

Wickstrom, R. L. (1968). *Developmental motor patterns in young children.* Unpublished film study.

Wickstrom, R. L. (1983). *Fundamental motor patterns* (3rd Ed.). Philadelphia: Lea & Febiger.

Wild, M. (1938). The behavior pattern of throwing and some observations concerning its course of development in children. *Research Quarterly, 9,* 20–24.

Williams, H. G. (1968). *The effects of systematic variation of speed and direction of object flight and of skill and age classification upon visuoperceptual judgments of moving objects in three-dimensional space.* Unpublished doctoral dissertation, University of Wisconsin, Madison.

Williams, K. (1996). Environmental versus biological influences on gender differences in the overarm throw for force. *Women in Sport and Physical Activity Journal, 5*(2), 29–48.

Yan, J. H., Payne, V. G., & Thomas, J. R. (2000). Developmental kinematics of young girls' overarm throwing. *Research Quarterly for Exercise and Sport, 71*(1), 92–98.

CAPÍTULO 12
DESENVOLVIMENTO DO MOVIMENTO FUNDAMENTAL: HABILIDADES DE LOCOMOÇÃO

American Association for Health, Physical Education, and Recreation (AAHPER). (1976). *Youth Fitness Test Manual.* Washington, DC: Author.

Bayley, N. (1969). *Manual for the Bayley Scales of Infant Development.* New York: The Psychological Corporation.

Branta, C., Haubenstricker, J., & Seefeldt, V. (1984). Age changes in motor skills during childhood and adolescence. *Exercise and Sport Science Review, 12,* 467–520.

Clark, J. E., & Metcalfe, J. S. (2002). The mountain of motor development: A metaphor. In J. E. Clark & J. H. Humphrey (Eds.), *Motor Development: Research and Review:* Vol. 2 (pp. 62–95). Reston, VA: NASPE Publications.

Clark, J. E., & Phillips, S. (1985). A developmental sequence of the standing long jump. In J. E. Clark & J. H. Humphrey (Eds.), *Motor Development: Vol. 1. Current Selected Research* (pp. 73–85). Princeton, NJ: Princeton Book Company.

Clark, J. E., & Whitall, J. (1989). What is motor development: The lessons of history. Quest, 41, 183–202.

Fountain, C., Ulrich, B., Haubenstricker, J., & Seefeldt, V. (1981). *Sequencing motor skills within the physical education curriculum.* Paper presented at the American Association for Health, Physical Education, and Recreation, Houston, TX.

Halverson, L. E., & Williams, K. (1985). Developmental sequences for hopping over distance: A prelongitudinal screening. *Research Quarterly for Exercise and Sport, 56,* 37–44.

Haubenstricker, J. L., & Branta, C. F. (1997). The relationship between the quantitative and qualitative performance of young children on the standing long jump. In J. E. Clark and J. H. Humphrey (Eds.,) *Motor Development: Research & Reviews. 1,* pp. 64–85. Reston, VA: NASPE Publications.

Haubenstricker, J., Branta, C., Seefeldt, V., & Brakora, L. (1989). *Prelongitudinal screening of a developmental sequence for hopping.* Paper presented at the annual convention of the American Alliance for Health, Physical Education, Recreation, and Dance, Boston, MA.

Haubenstricker, J., Henn, J., & Seefeldt, V. (1975). *Developmental sequence of hopping (rev. ed.).* Unpublished materials, Michigan State University, East Lansing.

Haubenstricker, J. L., Seefeldt, V. D., and Branta, C. F. (1983). *Preliminary validation of a developmental sequence for the standing long jump.* Paper presented at the annual convention of the American Alliance for Health, Physical Education, Recreation, and Dance, Minneapolis, MN.

Henderson, S. E., Sugden, D. A., & Barnett, A. (2007). *Movement Assessment Battery for Children–Second Edition.* Available from Pearson, San Antonio, TX.

Isaacs, L. D., Pohlman, R. L., & Hall, T. (2003), Vertical jump performance standards in children: An update. *Strategies, 16*(6), 33–35.

Isaacs, L. D., & Pohlman, R. L. (2000). Effectiveness of the stretch-shortening cycle in children's vertical jump performance, *Medicine and Science in Sports and Exercise, 32*(5 Supplement), S 278.

McCaskill, C. L., & Wellman, B. L. (1938). A study of the common motor achievement at the preschool ages. *Child Development, 9,* 141–150.

Michigan's Exemplary Physical Education Curriculum Project (2006). EPEC Run. Lansing, MI: Michigan Fitness Foundation

Milne, C., Seefeldt, V., & Reuschlein, P. (1976). Relationship between grade, sex, race, & motor performance in young children. *Research Quarterly, 47,* 726–730.

National Association for Sport and Physical Education. (2004). *Moving into the Future: National Standards for Physical Education.* Reston, VA: NASPE.

National Association for Sport and Physical Education (2009). *Active Start: A Statement of Physical Activity Guidelines for Children Birth to Five Years* (2nd ed.). Oxon Hill, MD: AAHPERD Publications.

Roberton, M. A. (1983). Changing motor patterns during childhood. In J. Thomas (Ed.), *Motor Development During Childhood and Adolescence* (pp. 48–90). Minneapolis, MN: Burgess.

Roberton, M. A., & Halverson, L. E. (1984). *Developing Children—Their Changing Movement*. Philadelphia: Lea & Febiger.

Sapp, M. (1980). *Developmental Sequence of Galloping*. Unpublished materials, Michigan State University.

Seefeldt, S., & Haubenstricker, J. (1974). *Developmental sequence of hopping*. Unpublished materials, Michigan State University, East Lansing.

Seefeldt, V., & Haubenstricker, J. (1982). Patterns, phases, or stages: An analytic model for the study of developmental movement. In J. A .S. Kelso & J. E. Clark (Eds.), *The Development of Movement Control and Co-Ordination*, pp. 309–318. New York: Wiley.

Seefeldt, V., Reuschlein, S., & Vogel, P. (1972). *Sequencing motor skills within the physical education curriculum*. Paper presented at the American Association for Health, Physical Education, and Recreation, Houston, TX.

Ulrich, D. (2000). *Test of Gross Motor Development-2*. Austin, TX: Pro-Ed.

Wickstrom, R. L. (1983). *Fundamental Motor Patterns* (3rd ed.). Philadelphia: Lea & Febiger.

CAPÍTULO 13
DESENVOLVIMENTO FÍSICO DA CRIANÇA

Abernethy, B., Hanrahan, S. J., Kippers, V., Mackinnon, L. T., & Pandy, M. G. (2005). *The Biophysical Foundations of Human Movement*. 2nd ed. Champaign, IL: Human Kinetics.

Amateur Athletic Union. (1993). *The Chrysler Fund—Amateur Athletic Union Physical Fitness Program*. Bloomington, IN: Poplars Building.

American Academy of Pediatrics (2008). Strength training by children and adolescents. Policy statement by the Committee for Sports Medicine and Fitness. *Pediatrics, 121*, 835–840.

———. (2001). Strength training by children and adolescents. *Pediatrics, 107*, 1470–1472.

———. (1990). Strength training, weight and power lifting, and body building by children and adolescents. *Pediatrics, 85*, 801–803.

American Academy of Pediatrics Committee on Sports Medicine. (1983). Weight training and weight lifting: Information for the pediatrician. *News and Comments, 33*, 7–8.

Armstrong, N., & Welsman, J. R. (2000). Development of aerobic fitness during childhood and adolescence. *Pediatric Exercise Science, 12*, 128–149.

Bar-Or, O. (1983). *Pediatric Sports Medicine for the Practitioner*. New York: Springer-Verlag.

Bar-Or, O., & Rowland, T. W. (Eds.) (2004). *Pediatric Exercise Medicine*. Champaign, IL: Human Kinetics.

Basterfield, L., et al. (2011). Longitudinal study of physical activity and sedentary behavior in children. *Pediatrics, 127*, e24–30.

Bernuth, G. A., et al. (1985). Age, exercise, and the endocrine system. In K. Fotherby & S. B. Pal (Eds.), *Exercise Endocrinology*. New York: Walter de Gruyter.

Beunen, G., & Thomis, M. (2000). Muscular strength development in children and adolescents. *Pediatric Exercise Science, 12*, 174–197.

Beunen, G., & Thomis, M. (2000). Muscular strength development in children and adolescents. *Pediatric Exercise Science, 12*, 174–197.

Blimkie, C. J. R., Ramsay, J., Sale, D., MacDougall, D., Smith, K., & Garner, S. (1989). Effects of 10 weeks of resistance training on strength development in prepubertal boys. In S. Oseid & K. H. Carlsen (Eds.), *International Series on Sport Sciences. Children and Exercise XIII*. Champaign, IL: Human Kinetics.

Bronfenbrenner, U. (2005). Bioecological theory in human development. In U. Bronfenbrenner (Ed.), *Making Human Beings Human: Bioecological Perspectives on Human Development* (pp. 3–15). Thousand Oaks, CA: Sage Publications.

Castro-Piñero, J., et al. (2009). Assessing muscular strength in youth: Usefulness of standing long jump as a general index of muscular fitness. *Journal of Strength and Conditioning Research, 24*, 1810–1817.

Centers for Disease Control and Prevention (2009). *The 2007–2008 National Health and Nutrition Examination Survey*. http://www.cdc.gov/nchs/nhanes.htm

Chung, J. W., Chung, L. M., & Chen, B. (2008). The impact of lifestyle on the physical fitness of primary school children. *Journal of Clinical Nursing, 18*, 1002–1009.

Clarke, H. H. (1971). *Physical Motor Tests in the Medford Boys Growth Study*. Englewood Cliffs, NJ: Prentice Hall.

Corbin, C. B., & Pangrazi, R. P. (1992). Are American children and youth fit? *Research Quarterly for Exercise and Sport, 63*, 96–106.

Cratty, B. J. (1986). *Perceptual and Motor Development in Infants and Children.* Englewood Cliffs, NJ: Prentice Hall.

Cratty, B. J., & Martin, M. (1969). *Perceptual-Motor Efficiency in Children.* Philadelphia: Lea & Febiger.

Danielsen, Y. S., et al. (2011). The relationship between life-style and cardio-metabolic risk indicators in children: The importance of screen time. *Acta Paediatrica, 100,* 253–259.

de Gouw, L., et al. (2010). Associations between diet and (in)activity behaviours with overweight and obesity among 10-18-year-old Czech Republic adolescents. *Public Health Nutrition, 13,* 1701–1707.

DeOreo, K. L. (1971). *Dynamic and Static Balance in Preschool Children.* Unpublished doctoral dissertation, University of Illinois.

———. (1980). Performance of fundamental motor tasks. In C. B. Corbin (Ed.), *A Textbook of Motor Development.* Dubuque, IA: Wm. C. Brown.

Duda, M. (1986). Prepubescent strength training gains support. *The Physician and Sports Medicine, 14*(2), 157–161.

Esliger, D. W., et al. (2010). Physical activity profile of Old Order Amish, Mennonite, and contemporary children. *Medicine and Science in Sports and Exercise, 42,* 296–303.

Faigenbaum, A., Westcott, W., Micheli, L., Outerbridge, A., Long, C., LaRosa-Loud, R., et al. (1996). The effects of strength training and detraining on children. *Journal of Strength and Conditioning Research, 10,* 109–114.

Faigenbaum, A., Zaichkowsky, L., Westcott, W., Micheli, L., & Fehlandt, A. (1993). The effects of a twice per week strength training program on children. *Pediatric Exercise Science, 5,* 339–346.

Feltham, M. G., Ledebt, A., Deconinck, F. J., & Savelsbergh, G. J. (2010). Mirror visual feedback induces lower neuromuscular activity in children with spastic hemiparetic cerebral palsy. *Research in Developmental Disabilities, 31,* 1525–1535.

Fjortoft, I. (2000). Motor fitness in pre-primary school children. The Eurofit Motor Fitness Test explored on 5–7 year-old children. *Pediatric Exercise Science, 12,* 424–436.

Frederick, S. D. (1977). *Performance of selected motor tasks by three, four, and five year old children.* Unpublished doctoral dissertation, Indiana University.

Gabbard, C., & Bobbio, T. (2011). The inability to mentally represent action maybe associated with performance deficits in children with developmental coordination disorder. *The International Journal of Neuroscience, 121,* 113–120.

Gutin, B., Manos, T., & Strong, W. (1992). Defining health and fitness: First steps toward establishing fitness standards. *Research Quarterly for Exercise and Sport, 63,* 128–132.

He, Q. Q., et al. (2011). Physical activity, cardiorespiratory fitness, and obesity among Chinese children. *Preventive Medicine, 52,* 109–113.

Holm, I., & Vøllestad, N. (2008). Significant effect of gender on hamstring-to-quadriceps strength ratio and static balance in prepubescent children from 7 to 12 years of age. *The American Journal of Sports Medicine, 36,* 2007–2013.

Humphriss, R., Hall, A. May, M., & Macleod, J. (2011). Balance ability of 7- and 10-year-old children in the population: Results from a large UK birth cohort study. *International Journal of Pediatric Otorhinolaryngology, 75,* 106–113.

Jago, R., et al. (2011). Better with a buddy: Influence of best friends on children's physical activity. *Medicine and Science in Sports and Exercise, 43,* 259–265.

Katch, V. L. (1983). Physical conditioning of children. *Journal of Adolescent Health Care, 3,* 241–246.

Keating, X. D. (2003). The current often implemented fitness tests in physical education programs: Problems and future directions. *Quest, 55,* 141–160.

Keogh, J. F. (1965). *Motor performance of elementary school children.* Los Angeles: University of California, Physical Education Department.

Lee, P. A., Kulin, H. E., & Guo, S. S. (2001). Age of puberty among girls and the diagnosis of precocious puberty. *Pediatrics, 107,* 1493.

Legwold, G. (1982). Does lifting weights harm a prepubescent athlete? *The Physician and Sportsmedicine, 10*(7) 141–144.

———. (1983). Preadolescents show dramatic strength gains. *The Physician and Sportsmedicine, 11*(10), 25.

Mak, M. K. (2010). Reaching and grasping a moving target is impaired in children with developmental coordination disorder. *Pediatric Physical Therapy, 22,* 384–391.

Malina, R. M., Bouchard, C., & Bar-Or, O. (2004). *Growth, Maturation, and Physical Activity.* 2nd ed. Champaign, IL: Human Kinetics.

Mersch, F., & Stoboy, H. (1989). Strength training and muscle hypertrophy in children. In S. Oseid & K. H. Carlsen (Eds.), *International Series on Sport Sciences. Children and Exercise XIII.* Champaign, IL: Human Kinetics.

Micheli, L. J., & Micheli, E. R. (1985). Children's running: Special risks? *Annals of Sports Medicine, 2,* 61–63.

Morrow, J. R., Martin, S. B., Welk, G. J., Zhu, W., & Meredith, M. D. (2010). Overview of the Texas youth fitness study. *Research Quarterly for Exercise and Sport, 81,* S1–S5.

Mrzena, B., & Macuek, M. (1978). Uses of treadmill and working capacity assessment in preschool children. In J. Borms & M. Hebbelinck (Eds.), *Medicine and Sports Series, Vol. II, Pediatric Work Physiology.* Basel, Belgium: S. Karger.

National Center for Health Statistics. (2001). Prevalence of overweight among children and adolescents. Online: www.cdc.gov/nchs/products/pubs/pubd/ hestats/overweight99.htm.

National Strength and Conditioning Association (2009). Youth resistance training: Updated position statement paper. *Journal of Strength and Conditioning Research, 23,* S60–S79.

Olds, T., Tomkinson, G., LŽger, L., & Cazorla, G. (2006). Worldwide variation in the performance of children and adolescents: An analysis of 109 studies of the 20-m shuttle run test in 37 countries. *Journal of Sports Sciences, 24,* 1025–1038.

Ozmun, J. C., Mikesky, A. E., & Surburg, P. R. (1994). Neuromuscular adaptations following prepubescent strength training. *Medicine and Science in Sports and Exercise, 26,* 510–514.

Pagels, P., Boldemann, C., & Raustorp, A. (2011). Comparison of pedometer and accelerometer measures of physical activity during preschool time on 3- to 5-year-old children. *Acta Paediatrica, 100,* 116–120.

Payne, V. G., Morrow, J. R., Johnson, L., & Dalton, S. N. (1997). Resistance training in children and youth: A meta analysis. *Research Quarterly for Exercise and Sport, 68,* 80–88.

Review and commentary: Children and fitness. (1987). *Research Quarterly for Exercise and Sport, 58,* 295–333.

Rival, C., Ceyte, H., & Olivier, I. (2005). Developmental changes of static standing balance in children. *Neuroscience Letters, 376,* 133–136.

Ross, J. G., & Pate, R. R. (1987). The national children and youth fitness study II. *Journal of Physical Education, Recreation and Dance, 58*(9), 49–96.

Rowland, T. W. (1997). The "Trigger hypothesis" for aerobic trainability: A 14 year follow-up. *Pediatric Exercise Science, 9,* 1–9.

Rowlands, A. V., Eston, R. G., & Ingledew, D. K. (1997). Measurement of physical activity in children with particular reference to the use of heart rate and pedometry. *Sports Medicine, 24,* 258–272.

Sewell, L., & Micheli, L. (1984). *Strength Development in Children.* Paper presented to the American College of Sports Medicine, San Diego, CA.

Simons-Morton, B. G., et al. (1987). Children and fitness: A public health perspective. *Research Quarterly for Exercise and Sport, 58,* 295–303.

Tolfrey, K., Campbell, I. G., & Batterman, A. M. (1998). Aerobic trainability of prepubertal boys and girls. *Pediatric Exercise Science, 10,* 248–263.

Tomkinson, G. R., LŽger, L. A., Olds, T. S., & Cazorla, G. (2003). Secular trends in the performance of children and adolescents (1980–2000): An analysis of 55 studies of the 20m shuttle run test in 11 countries. *Sports Medicine, 33,* 285–300.

Tudor-Locke, C., Johnson, W. D., & Katzmarzyk, P. T. (2010). Accelerometer-determined steps per day in US children and youth. *Medicine and Science in Sports and Exercise, 42,* 2244–2250.

Van Slooten, P. H. (1973). *Performance of Selected Motor-Coordination Tasks by Young Boys and Girls in Six Socioeconomic Groups.* Unpublished doctoral dissertation, Indiana University.

Vrijens, J. (1978). Muscle strength development in preand postpubescent age. In J. Borms & M. Gebbelinck (Eds.), *Pediatric Work Physiology.* New York: Karger.

Weltman, A., et al. (1986). The effects of hydraulic resistance strength training in pre-pubertal males. *Medicine and Science in Sports and Exercise, 18,* 629–638.

CAPÍTULO 14
DESENVOLVIMENTO PERCEPTIVO-MOTOR E INTERVENÇÃO NAS HABILIDADE MOTORAS

Amui, H. (2006). *The effects of two instructional approaches on the object control skills of children considered disadvantaged.* Unpublished doctoral dissertation, The Ohio State University, Columbus, OH.

Anderson, P. M., & Butcher, K. F. (2006). Childhood obesity: Trends and potential causes. In *The Future of Children: Childhood Obesity, 16,* 19–45.

Branta, C. F., & Goodway, J. D. (1996). Facilitating social skills in urban school children through physical education. *Peace & Conflict: Journal of Peace Psychology, 2,* 305–319.

Clark, J. E., & Metcalfe, J. S. (2002). The mountain of motor development: A metaphor. In J. E. Clark & J. H. Humphrey (Eds.), *Motor Development: Research and Review:* Vol. 2 (pp. 62–95). Reston, VA: NASPE Publications.

Conner-Kuntz, F., & Dummer, G. (1996). Teaching across the curriculum: Language-enriched physical education for preschool children. *Adapted Physical Activity Quarterly, 13,* 302–315.

Crowe, H., & Goodway, J. D. (2004). Gender differences in object control skill development of young urban children. *Research Quarterly for Exercise and Sport, 75,* Supplement, A45.

Garcia, C. (1994). Gender differences in young children's interactions when learning fundamental motor skills. *Research Quarterly for Exercise & Sport, 65*(3), 213–225.

Goodway, J. D., & Branta, C. F. (2003). Influence of a motor skill intervention on fundamental motor skill development of disadvantaged preschool children. *Research Quarterly for Exercise and Sport, 74,* 36–46.

Goodway, J. D., & Robinson, L. E. (2006). SKIP ing toward an active start: Promoting physical activity in preschoolers. *Beyond the Journal: Young Children, 61,* 1–6.

Goodway, J. D., Robinson, L. E., & Crowe, H. (2010). Gender differences in fundamental motor skill development in preschoolers from two geographical regions who are disadvantaged. *Research Quarterly for Exercise and Sport, 81,* 17–24.

Goodway, J. D., Robinson, L. E., & Crowe, H. (2010). Developmental delays in fundamental motor skill development of ethnically diverse and disadvantaged preschoolers. *Research Quarterly for Exercise & Sport, 81,* 17–25.

Goodway, J. D., & Rudisill, M. E. (1996). Influence of a motor skill intervention program on perceived competence of at-risk African American preschoolers. *Adapted Physical Activity Quarterly, 13,* 288–301.

Goodway, J. D, Savage, H., & Ward, P. (2003). Effects of motor skill instruction on fundamental motor skill development. *Adapted Physical Activity Quarterly, 20,* 298–314.

Goodway, J. D., & Smith, D. W. (2005). Keeping all children healthy: Challenges to leading an active lifestyle for preschool children qualifying for at-risk programs. *Family & Community Health, 28,* 142–155.

Graham, G., Holt-Hale, S. A., & Parker, M. (2007). *Children moving: A reflective approach to teaching physical education* (5th ed.). Mountain View, CA: Mayfield.

Hamilton, M., Goodway, J., & Haubenstricker, J. (1999). Parent-assisted instruction in a motor skill program for at-risk preschool children. *Adapted Physical Activity Quarterly, 16,* 415–426.

Lavay, B. W., & Winnick, J. P. (2011). Perceptual-motor development. In J. Winnick (Ed.) Adapted Physical Education and Sport (5th ed.). Champaign, IL: Human Kinetics.

Martin, E. H., Rudisill, M. E. & Hastie, P. (2009). The effectiveness of a mastery motivational climate motor skill intervention in a naturalistic physical education setting. *Physical Education and Sport Pedagogy, 14,* 227–240.

National Association for Sport and Physical Education (2009). *Active Start: A statement of physical activity guidelines for children birth to five years* (2nd ed.). Oxon Hill, MD: AAHPERD Publications.

Robinson, L. E., & Goodway, J. D. (2009). Instructional climates in preschool children who are at risk. Part I: Object control skill development. *Research Quarterly for Exercise and Sport, 80,* 533–542.

Robinson, L. E., Goodway, J. D., Williams, E. J., Hugo, J., & Cohen, R. (2006). Examining the influence of gender and skill level on throwing rates and throwing performance in preschool children. *Journal of Sport and Exercise Psychology, 28* (Supplement), S154.

Savage, N. H. (2002). *The effect of an object control motor skill intervention on the motor development of preschool and kindergarten children who are attending an urban elementary school. Unpublished doctoral dissertation.* The Ohio State University, Columbus, Ohio.

Seefeldt, V. (1980). The concepts of readiness applied to motor skill acquisition. In R. A. Magill, M. J. Ash, & F. L. Smoll (Eds.), *Children in Sport.* Champaign, IL: Human Kinetics.

Stodden, D. F., & Goodway, J. D. (2007). The dynamic association between motor skill development and physical activity. *Journal of Physical Education, Recreation and Dance, 78,* 33–49.

Stodden, D. F., Goodway, J. D., Langendorfer, S. J., Roberton, M. A., Rudisill, M. E., Garcia, C., & Garcia, L. E. (2008). A developmental perspective on the role of motor skill competence in physical activity: An emergent relationship. *Quest, 60,* 290–306.

Sweeting, T., & Rink, J. E. (1999). Effects of direct instruction and environmentally designed instruction on the process and product characteristics of a fundamental skill. *Journal of Teaching in Physical Education, 18*(2), 216–233.

Ulrich, D. (2000). *Test of Gross Motor Development-2.* Austin, TX: Pro-Ed.

U.S. Department of Health and Human Services. (1996). *Physical activity and health: A report of the Surgeon General.* Atlanta, GA: Centers for Disease Control and Prevention.

Valentini, N. C., & Rudisill, M. E. (2004a). An inclusive mastery climate intervention and the motor skill development of children with and without disabilities. *Adapted Physical Activity Quarterly, 21,* 330-347.

Valentini, N. C., & Rudisill, M. E. (2004b). Motivational climate, motor-skill development, and perceived competence: Two studies of developmentally delayed kindergarten children. *Journal of Teaching Physical Education, 23,* 216-234.

Valentini, N. C., Rudisill, M., & Goodway, J. D. (1999). Incorporating a mastery climate into physical education: It's developmentally appropriate. *Journal of Physical Education, Recreation and Dance, 7,* 28-32.

CAPÍTULO 15
CRESCIMENTO NA ADOLESCÊNCIA, PUBERDADE E MATURIDADE REPRODUTIVA

Adair, L. S. (2001). Size at birth predicts age at Menarche. *Pediatrics, 107,* E59.

American Academy of Pediatrics (2005). Use of performance-enhancing substances. Policy statement by the Committee on Sports Medicine and Fitness. *Pediatrics, 115,* 1103-1106.

American Academy of Pediatrics. (2000). Medical concerns in the female athlete. *Pediatrics, 106,* 610-613. (Revised policy statement.)

American College of Sports Medicine Position Statement on the Use of Anabolic-Androgenic Steroids in Sports. (1987). *Medicine and Science in Sports, 9,* 11-13.

Biro, F. M., Lucky, A. W., Huster, G. A., & Morrison, J. A. (1995). Pubertal staging in boys. *The Journal of Pediatrics, 127,* 100-102.

Brown, K. M., et al. (1998). Changes in self-esteem in black and white girls between the ages of 9 and 14 years: The NHLBI growth and health study. *Journal of Adolescent Health, 22,* 7-19.

Caine, E. D. J., & Broekhoff, J. (1987). Maturity assessment: A viable preventive measure against physical and psychological insult to the young athlete? *The Physician and Sportsmedicine, 15*(3), 67-69.

Duke, R. M., et al. (1980). Adolescents' self-assessment of sexual maturation. *Pediatrics, 66,* 918-920.

Frisch, R. E., & McArthur, J. W. (1974). Menstrual cycles: Fatness as a determinant of minimum weight for height necessary for their maintenance or onset. *Science, 185,* 949-951.

Herman-Giddens, M. E., et al. (1997). Secondary sexual characteristics and menses in young girls seen in office practice: A study from the Pediatric Research in Office Settings Network. *Pediatrics, 99,* 505-512.

Huen, K. F., et al. (1997). Secular trend in the sexual maturation of southern Chinese girls. *ACTA Pediatrics, 86,* 1121-1124.

Kaplowitz, P. B., & Oberfield, S. E. (1999). Reexamination of the age limit for defining when puberty is precocious in girls in the United States. *Pediatrics, 104,* 936-941.

Katchadourian, H. (1977). *The Biology of Adolescence.* San Francisco: W. H. Freeman.

Kipke, M. (Ed.). (1999). *Adolescent Development and the Biology of Puberty.* Washington, DC: National Academy Press.

Kreipe, R. E., & Gewanter, H. L. (1983). Physical maturity screening for participation in sports. *Pediatrics, 75,* 1076-1080.

Lee, P. A., Kulin, H. E., & Guo, S. S. (2001). Age of puberty among girls and the diagnosis of precocious puberty. *Pediatrics, 107,* 1493.

Malina, R. M. (1983). Menarche in athletes: A synthesis and hypothesis. *Annals of Human Biology, 10,* 1-24.

———. (1986). Physical growth and maturation. In V. Seefeldt (Ed.), *Physical Activity and Well-Being.* Reston, VA: AAHPERD.

———. (1994). Physical growth and biological maturation of young athletes. *Exercise and Sport Sciences Review, 22,* 389-433.

———. (2000). Matching youth in sport by maturity status. *Spotlight on Youth Sports, 22* (4), 1-4.

Malina, R. M., Bouchard, C., & Bar-Or, O. (2004). *Growth, Maturation and Physical Activity (Chapter 24).* Champaign, IL: Human Kinetics.

Malina, R. M., Katzmarzyk, P. T., Bonci, C. M., Ryan, R. C., & Wellens, R. E. (1997). Family size and age at menarche in athletes. *Medicine and Science in Sports and Exercise, 29,* 99-106.

Masters, W. H., & Johnson, V. E. (1970). *Human Sexual Inadequacy.* Boston: Little Brown.

McDowell, M. A., Fryar, C. D., Ogden, C. L., & Flegal, K. M. (2008). Anthropometric reference data for children and adults: United States, 2003-2006, National Health Statistics Reports, 10, National Center for Health Statistics.

National Center for Health Statistics. (2000). Prevalence of overweight among children and adolescents. Online: www.cdc.gov/nchs/products/pubs/pubd/hestats/overweight99.htm.

NCHS/CDC (October 27, 2004). *Advance Data: Mean Body Weight, Height, and BMI, United States 1960–2002.*

Pathomvanich, A., Merke, O. P., & Chrousos, G. P. (2000). Early puberty: A cautionary tale. *Pediatrics, 105,* 115–116.

Rosenfield, R. L. (2000). Current age of onset of puberty. *Pediatrics, 106,* 622–623.

Rowland, T. W. (2005). *Children's Exercise Physiology* (Chapter 3). Champaign, IL: Human Kinetics.

Santrock, J. W. (2010). *Adolescence* (13th ed.). New York: McGraw-Hill.

Sperling, M. A. (Ed.). (1996). *Pediatric Endocrinology.* Philadelphia: W. B. Saunders.

Stager, J. M., Robertshaw, D., & Mieschar, E. (1984). Delayed menarche in swimmers in relation to age at onset of training and athletic performance. *Medicine and Science in Sports and Exercise, 16,* 550–555.

Susman, E. J. (1997). Modeling developmental complexity in adolescence: Hormones and behavior in context. *Journal of Research on Adolescence, 7,* 286–306.

Susman, E. J., et al. (1989). The physiology of stress and behavioral development. In O. S. Palermo (Ed.), *Coping With Uncertainty: Behavioral and Developmental Perspectives.* Hillsdale, NJ: Lawrence Erlbaum.

Susman, E. J., & Dorn, L. D. (2009). *Puberty: Its Role in Development.* New York: Wiley.

Tanner, J. M. (1962). *Growth at Adolescence.* Oxford, England: Blackwell Scientific Publications.

———. (1989). *Fetus into Man* (Revised and expanded). Cambridge, MA: Harvard University Press.

Tanner, J. M., et al. (1975). *Assessment of Skeletal Maturity and Prediction of Adult Height.* New York: Academic Press.

Wu T., Mendola, P., & Buck, G. M. (2002). Ethnic differences in the presence of secondary sex characteristics and menarche among US girls: The Third National Health and Nutrition Examination Survey, 1988–1994. *Pediatrics, 110,* 752–757.

CAPÍTULO 16
HABILIDADES DO MOVIMENTO ESPECIALIZADO

Abernethy, B. (2008). Developing expertise in sport—how research can inform practice. In D. Farrow, J. Baker, and C. MacMahon (Eds.), *Developing Sport Expertise* (pp. 1–15). London: Routledge.

American Academy of Pediatrics. (2000). Intensive training and sports participation in young athletes. *Pediatrics, 106,* 154–157.

American Sport Education Program: ACEP (2011). Champaign, IL: Human Kinetics.

Balyi, I., & Hamilton, A. (2004). Long-term athlete development: trainability in childhood and adolescence. *Olympic Coach, 18*(1), 4–9.

Bar-Or, O. (1996). *The Child and Adolescent Athlete.* London: Blackwell Scientific.

Blimkie, C. J. R., & Bar-Or, O. (1996). Trainability of muscle strength, power and endurance during childhood. In O. Bar-Or (Ed.), *The Child and Adolescent Athlete.* London: Blackwell Scientific.

Centers for Disease Control. (1992). *National Health Interview Survey Youth Risk Behavior Survey.* Silver Spring, MD: CDC at HealthyYouth.

———. (2000). *Promoting Better Health for Young People Through Physical Activity and Sports.* Silver Spring, MD: CDC at HealthyYouth.

Ericsson, K. A., & Charness, N. (1994). Expert performance: Its structure and acquisition, *American Psychologist,* 725–747.

Fairbrother, J. T. (2010). *Fundamentals of Motor Behavior.* Champaign, IL: Human Kinetics.

Farrow, D., Baker, J., & MacMahon, C. (2008). *Developing Sport Expertise: Researchers and Coaches Put Theory Into Practice.* London: Routledge.

Fitts, P. M., & Posner, M. I. (1967). *Human Performance.* Belmont, CA: Brooks/Cole.

Gallahue, D. L. (1982). *Understanding Motor Development.* New York: Wiley.

Gallahue, D. L., & Cleland-Donnelly, F. (2003). *Developmental Physical Education for Today's Children, 4th Edition.* Champaign, IL: Human Kinetics.

———. (1972). *Moving and Learning: A Conceptual Approach to the Physical Education of Young Children.* Dubuque, IA: Kendell/Hunt.

Gallahue, D. L., Werner, P. H., & Luedke, G. C. (1975). *A Conceptual Approach to Moving and Learning.* New York: Wiley.

Gentile, A. (1972). A working model for skill acquisition with application to teaching. *Quest, 17,* 3–23.

Gentile, A. M. (2000). Skill acquisition: Action, movement and neuromotor processes. In J. H. Carr and K. S. Shepherd (Eds.). *Movement Science: Foundations for Physical Therapy.* Rockville, MD: Aspen.

Magill, R. A. (2010). *Motor Learning and Control: Concepts and Applications.* Boston: McGraw-Hill.

Martens, R. (2004). *Successful Coaching*. Champaign, IL: Human Kinetics.

Poinsett, A. (1996). *The Role of Sports in Youth Development*. New York: Carnegie Corporation.

Seefeldt, V. (1980). Physical fitness guidelines for preschool children. In *Proceedings of the National Conference on Physical Fitness and Sports for All*. Washington, DC: President's Council on Physical Fitness and Sports, pp. 5–19.

Sellers, C. (2004). Working towards perfection. *Olympic Coach, 18*(1), 10–14.

Wang, J. (2010). Strategies for fi lling the performance gap between practice and high-level competition. *JOPERD, 81* (6), 26–32. www.nytimes.com/interactive/2008/08/04/sports/olympics/20080804_MEDALCOUNT_MAP.html

Washington, R. L., Bernhardt, D. T., Gomez, J., Johnson, M. D., et al. (2001). Organized sports for children and preadolescents. *Pediatrics, 107,* 1459–1462.

Weiss, M. R. (2004). Coaching children to embrace a "Love of the Game." *Olympic Coach, 16*(1) 16–17.

Weiss, M. R., & Williams, L. (2004). The why of youth sport involvement: A developmental perspective on motivational processes. In M. R. Weiss (Ed.), *Developmental Sport and Exercise Psychology: A Lifespan Perspective* (pp. 223–268). Morgantown, WV: Fitness Information Technology.

CAPÍTULO 17
MUDANÇAS NA APTIDÃO FÍSICA DURANTE A ADOLESCÊNCIA

AAHPERD. (1980). *Health-Related Physical Fitness Test*. Reston, VA: AAHPERD.

American Academy of Pediatrics. (2000). Medical concerns in the female athlete. *Pediatrics, 106,* 610–613.

Armstrong, N., & Welsman, J. R. (2000). Development of aerobic fitness during childhood and adolescence. *Pediatric Exercise Science, 12,* 128–149.

Armstrong, L. E., & Maresh, C. M. (1995). Exercise heat tolerance of children and adolescents. *Pediatric Exercise Science, 7,* 239–252.

Bandini, L. G., et al. (1990). Validity of reported energy intake in obese and nonobese adolescents. *American Journal of Clinical Nutrition, 52,* 421–425.

Bar-Or, O. (1983). *Pediatric Sports Medicine for the Practitioner*. New York: Springer-Verlag.

Beunen, G., & Thomis, M. (2000). Muscle strength development in childhood and adolescence. *Pediatric Exercise Science, 12,* 174–197.

Centers for Disease Control. (2000). *CDC Growth Charts: United States*. Advance Data #314.

Centers for Disease Control. (2003). Youth risk behavior surveillance–United States, 2003. *Morbidity and Mortality Weekly Report,* May 21, 2004, Vol. 53, No. 55-2.

Corbin, C. B., & Pangrazi, R. P. (1992). Are American children and youth fit? *Research Quarterly for Exercise and Sport, 63,* 96–106.

Errecart, M. T., et al. (1985). The national children and youth fitness study II: Sampling procedures. *Journal of Physical Education, Recreation and Dance, 56,* 54–56.

Faigenbaum, A. (2000). Age- and sex-related differences and their implications for resistance exercise. In T. R. Baechler and R. W. Earle (Eds.). *Essentials of Strength Training and Conditioning.* (Chapter 9, pp. 169–185). Champaign, IL: Human Kinetics.

Haubenstricker, J., & Seefeldt, V. (1986). Acquisition of motor skills during childhood. In V. Seefeldt (Ed.), *Physical Activity and Well-Being*. Reston, VA: AAHPERD.

Health Related Physical Fitness Test. (1980). Reston, VA: AAHPERD Publications.

Hunsicker, P., & Reiff, G. (1977). Youth fitness report, 1958-1965-1975. *Journal of Physical Education and Recreation, 48,* 32–36.

Hunt, B. R., et al. (2000). Validity of a submaximal 1-mile track jog test in predicting VO 2 max in fit teenagers. *Pediatric Exercise Science, 12,* 80–90.

Kraemer, W. J., & Fleck, S. J. (2005). Strength Training for Young Athletes. Champaign, IL: Human Kinetics.

Lloyd, T., et al. (2000). Adult female hip bone density reflects teenage sports-exercise patterns. *Pediatrics, 106,* 40–44.

Malina, R. M., Bouchard, C., & Bar-Or, O. (2004). *Growth, Maturation and Physical Activity* (Chapter 11). Champaign, IL: Human Kinetics.

Martin, J. A., et al. (2010). Births: Final data for 2007. *National Vital Statistics Reports, 58*(4), 1-125, August 2010. Electronic text: www.cdc.gov/nchs/data/nvsr/nvsr58/nvsr58_24.pdf

Moore, J. M., et al. (1991). Energy need in childhood and adult-onset obese women before and after a nine month nutrition education and walking program. *International Journal of Obesity, 15,* 337–344.

National Association for Sport and Physical Education (2010). *2010 Shape of the Nation Report: Status of Physical Education in the USA.* http://www.aahperd.org/naspe/publications/Shapeofthenation.cfm

National Children and Youth Fitness Study I. (1985). *Journal of Physical Education, Recreation and Dance, 56* (1), 43–90.

National Children and Youth Fitness Study II. (1987). *Journal of Physical Education, Recreation and Dance, 58*(9), 49–96.

Parizkova, J. (1982). Physical training in weight reduction of obese adolescents. *Annals of Clinical Research, 34,* 69–73.

Pate, R. R., et al. (1999). Tracking of physical activity, physical inactivity, and health-related physical fitness in rural youth. *Pediatric Exercise Science, 11,* 364–376.

Popkin, B. M., & Udry, J. R. (1998). Adolescent obesity increases significantly for second and third generation U.S. immigrants: The National Longitudinal Study of Adolescent Health. *Journal of Nutrition, 128,* 701–706.

Raudsepp, P., & Viira, R. (2000). Sociocultural correlates of physical activity in adolescents. *Pediatric Exercise Science, 12,* 51–60.

Reuschlein, P., & Haubenstricker, J. (Eds.) (1985). *Physical education interpretive report: Grades 4, 7, and 10.* Michigan Educational Assessment Program. State Board of Education, Michigan Department of Education, Lansing.

Romanella, N. E., et al. (1991). Physical activity and attitudes in lean and obese children and their mothers. *International Journal of Obesity, 15,* 407–414.

Ross, J. G., et al. (1987). Changes in the body composition of children. *Journal of Physical Education, Recreation and Dance, 58*(9), 74–77.

Rowland, T. W. (2005). *Children's Exercise Physiology.* Champaign, IL: Human Kinetics.

Sallis, J. F., & Patrick, K. (1994). Physical activity guidelines for adolescents: Consensus statement. *Pediatric Exercise Science, 6,* 302–314.

Swallen, K. C., Reither, E. N., Haas, S. A., & Meier, A. M. (2005). Overweight, obesity, and health-related quality of life among adolescents: The national longitudinal study of adolescent health. *Pediatrics, 115,* 340–347.

The, N. S., Suchindran, C., North, K. E., Popkin, B. M., & Gordon-Larsen, P. (2010). Association of adolescent obesity with risk of severe obesity in adulthood. *Journal of the American Medical Association, 18,* 2042–2047.

Updyke, W. (1992). In search of relevant and credible physical fi tness standards for children. *Research Quarterly for Exercise and Sport, 63,* 112–119.

Wang, Y., & Beydoun, M. A. (2007). The obesity epidemic in the United States—Gender, age, socioeconomic, racial/ethnic, and geographic characteristics: A systematic review and meta-regression analysis. *Epidemiologic Reviews, 29,* 6–28.

Williams, H. G. (1983). *Perceptual and Motor Development.* Englewood Cliffs, NJ: Prentice-Hall.

CAPÍTULO 18
DESENVOLVIMENTO FISIOLÓGICO E PSICOSSOCIAL EM ADULTOS

Albert, M. (1993). Neuropsychological and neurophysiological changes in healthy adult humans across the age range. *Neurobiology of Aging, 14,* 623.

American College of Sports Medicine (1998). Position stand on exercise and physical activity for older adults. *Medicine and Science in Sports and Exercise, 30,* 992–1008.

Arent, S. M., Landers, D. M., & Etnier, J. L. (2000). The effects of exercise on mood in older adults: A metaanalytic review. *Journal of Aging and Physical Activity, 8,* 407–430.

Ballard, J. E., Wallace, L. S., Holiday, D. B., Herron, C., Harrington, L. L., Mobbs, K. C., & Cussen, P. (2003). Evaluation of differences in bone-mineral density in 51 men age 65–93 years: A cross-sectional study. *Journal of Aging and Physical Activity, 11,* 470–486.

Behlendorf, B., MacRae, P. G., & Vos Strache, C. (1999). Children's perceptions of physical activity for adults: Competence and appropriateness. *Journal of Aging and Physical Activity, 7,* 354–373.

Berryman-Miller, S. (1988). Dance movement: Effects on elderly self-concept. *Journal of Physical Education, Recreation, and Dance, 59*(5), 42–46.

Boileau, R. A., et al. (1999). Aerobic exercise training and cardiorespiratory fi tness in older adults: A randomized control trial. *Journal of Aging and Physical Activity, 7,* 374–385.

Centers for Disease Control and Prevention. National Center for Health Statistics, National Health Interview Survey. http://www.cdc.gov/nchs/nhis.htm.

Chodzko-Zajko, W. (1999a). Active aging in the new millennium. *Journal of Aging and Physical Activity, 7,* 213–216.

———. (1999b). Successful aging in the new millennium: The role of regular physical activity. *Quest, 52,* 333–343.

Chodzko-Zajko, W. (Ed.). (2001). National blueprint: Increasing physical activity among adults age 50 and older. *Journal of Aging and Physical Activity* (Special Issue), 9, S1–S91.

Cohen-Mansfield, J., Marx, M. S., & Guralnik, J. M. (2003). Motivators and barriers to exercise in an older community-dwelling population. *Journal of Aging and Physical Activity, 11*, 242–253.

Dacey, J. S., Travers, J. F., & Fiore, L. B. (2009). Human Development Across the Lifespan. 7th ed. New York: McGraw-Hill.

Drinkwater, B. L. (1992). *Osteoporosis: The 'Silent Thief' of the Golden Years*. Presented at the American Alliance for Health, Physical Education, Recreation and Dance National Convention, Indianapolis, IN.

———. (1994). 1994 C. H. McCloy Research Lecture: Does physical activity play a role in preventing osteoporosis? *Research Quarterly for Exercise and Sport, 65*, 197–206.

Dummer, G. M., Vaccaro, P., & Clarke, D. H. (1985). Muscular strength and flexibility of two female masters swimmers in the eighth decade of life. *Journal of Orthopaedic and Sports Physical Therapy, 6*, 235–237.

Elia, M. (2001). Obesity in the elderly. *Obesity Research, 9*, 244S–248S.

Federal Interagency Forum on Aging-Related Statistics. (2008, March). *Older Americans 2008: Key Indicators of Well-Being*. Federal Interagency Forum on Aging-Related Statistics, Washington, DC: U.S. Government Printing Office.

Fiatarone, M. A., et al. (1990). High-intensity strength training in nonagenarians. *Journal of the American Medical Association, 263*, 3029–3034.

Fisher, K. J., Li, F., Michael, Y., & Cleveland, M. (2004). Neighborhood-level influences on physical activity among older adults: A multilevel analysis. *Journal of Aging and Physical Activity, 12*, 45–63.

Goggin, N. L., & Morrow, J. R. (2001). Physical activity behaviors of older adults. *Journal of Aging and Physical Activity, 9*, 58–66.

Guyton, A. C. (1991). *Textbook of Medical Physiology*. 8th ed. Philadelphia: W. B. Saunders.

Hawkins, S. A., Wiswell, R. A., & Schroeder, E. T. (2002). The relationship between bone adaptations to resistance exercise and reproductive-hormone levels. *Journal of Aging and Physical Activity, 10*, 64–75.

Hayflick, L. (1980). The cell biology of human aging. *Scientific American, 242*, 58–65.

Hird, J. S., & Williams, J. M. (1989). The psychological effects of chronic exercise in the elderly. In A. C. Ostrow (Ed.), *Aging and Motor Behavior*. Indianapolis, IN: Benchmark Press.

Holland, G. J., Tanaka, K., Shigematsu, R., & Nakagaichi, M. (2002). Flexibility and physical functions of older adults: A review. *Journal of Aging and Physical Activity, 10*, 169–206.

Hoyer, W. J., & Roodin, P. A. (2009). *Adult Development and Aging* (6th ed.). New York: McGraw-Hill.

Ivanco, T. L., & Greenough, W. T. (2000). Physiological consequences of morphologically detectable synaptic plasticity: Potential uses for examining recovery following damage. *Neuropharmacology, 39*, 765–776.

Jones, T. A., & Greenough, W. T. (1996). Ultrastructural evidence for increased contact between astrocytes and synapses in rats reared in a complex environment. *Neurobiology of Learning and Memory, 65*, 48–56.

Jones, T. A., Klintsova, A. Y., Kilman, V. L., Sirevaag, A. M., & Greenough, W. T. (1997). Induction of multiple synapses by experience in the visual cortex of adult rats. *Neurobiology of Learning and Memory, 68*, 13–20.

Kasch, F. W., Boyer, J. L., VanCamp, S. P., Verity, L. S., & Wallace, S. P. (1990). The effect of physical activity and inactivity on aerobic power in older men (a longitudinal study). *Journal of Sports Medicine, 18*, 73–83.

Khatri, P., et al. (2001). Effects of exercise training on cognitive functioning among depressed older men and women. *Journal of Aging and Physical Activity, 9*, 43–57.

Kleim, J. A., et al. (1998). Selective synaptic plasticity within the cerebellar cortex following complex motorskill learning. *Neurobiology of Learning and Memory, 69*, 274–289.

Kleim, J. A., Pipitone, M. A., Czerlanis, C., & Greenough, W. T. (1998). Structural stability within the lateral cerebellar nucleus of the rat following complex motor learning. *Neurobiology of Learning and Memory, 69*, 290–306.

Kramer, A. F. (2000). Physical and mental training: Implications for cognitive functioning in old age. *Journal of Aging and Physical Activity, 8*, 363–365.

Kramer, A. F., Hahn, S., & McAuley, E. (2000). Influence of aerobic fitness on the neurocognitive function of older adults. *Journal of Aging and Physical Activity, 8*, 379–385.

Lamoureux, E. L., Murphy, A., Sparrow, A., & Newton, R. U. (2003). The effects of progressive resistance training on obstructed-gait tasks in community-living older adults. *Journal of Aging and Physical Activity, 11*, 98–110.

Lee, I., Blair, S. N., Allison, D. B., Folsom, A. R., Harris, T. B., Manson, J. E., & Wing, R. R. (2001).

Epidemiologic data on the relationships of caloric intake, energy balance, and weight gain over the life span with longevity and morbidity. *Journals of gerontology. Series A., Biological sciences and medical sciences, 56A*, 7–19.

Lemmer, J. T., et al. (2000). Age and gender responses to strength training and detraining. *Medicine and Science in Sports and Exercise, 32*, 1505–1512.

Loomis, R. A., & Thomas, C. D. (1991). Elderly women in nursing home and independent residence: Health, body attitudes, self-esteem and life satisfaction. *Canadian Journal on Aging, 70*, 224–231.

McAuley, E., Blissmer, B., Katula, J., Duncan, T. E., & Mihalko, S. L. (2000). Physical activity, self-esteem, and self-effi cacy relationships in older adults: A randomized controlled trial. *Annals of Behavioral Medicine, 22*, 131–139.

Mathiowetz, V., et al. (1985). Grip and pinch strength: Normative data for adults. *Archives of Physical Medicine and Rehabilitation, 66*, 69–72.

———. (1995). *Physical Dimensions of Aging.* Champaign, IL: Human Kinetics.

National Osteoporosis Foundation (2011). http://www.nof.org/

O'Neill, D. E. T., Thayer, R. E., Taylor, A. W., Dzialoszynski, T. M., & Noble, E. G. (2000). Effects of short-term resistance training on muscle strength and morphology in the elderly. *Journal of Aging and Physical Activity, 8*, 312–324.

Palmore, E. (1979). Predictors of successful aging. The Gerontologist, 19, 427–431.

———. (1982). Predictors of the longevity difference: A 25-year follow-up. *The Gerontologist, 22*, 513–518.

Perri, S., & Templer, D. (1985). The effects of an aerobic exercise program on psychological variables in older adults. *International Journal of Aging and Human Development, 20*, 167–172.

Rowe, J. W., & Kahn, R. L. (1997). Successful aging. *The Gerontologist, 37*, 433–440.

Samson, M. M., et al. (2000). Relationships between physical performance measures, age, height and body weight in healthy adults. *Age and Aging, 29*, 235–242.

Schwartz, R. S., & Evans, W. J. (1995). Effects of exercise on body composition and functional capacity of the elderly. *Journal of Gerontology* (Special Issue), 50A, 147–150.

Sehl, M. E., & Yates, F. E. (2001). Kinetics of human aging: I. Rates of senescence between ages 30 and 70 years in healthy people. *Journal of Gerontology: Biological Sciences, 56A*, B199–B208.

Shock, N. W. (1985). Longitudinal studies of aging in humans. In C. E. Finch & E. L. Schneider (Eds.), *Handbook of the Biology of Aging* (2nd ed.). New York: Van Nostrand Reinhold.

Siris, E. S., Miller, P. D., Barrett-Connor, E., Faulkner, K. G., Wehren, L. E., Abbott, T. A., Berger, M. L., Santora, A. C., & Sherwood, L. M. (2001). Identification and fracture outcomes of undiagnosed low bone mineral density in postmenopausal women: Results from the National Osteoporosis Risk Assessment. *Journal of the American Medical Association, 286*, 2815–2822.

Spirduso, W. W., & MacRae, P. G. (1990). Motor performance and aging. In J. E. Birren & K. W. Schaie (Eds.), *Handbook of the Psychology of Aging.* 3rd ed. San Diego, CA: Academic Press.

Spirduso, W., Francis, K., & MacRae, P. (2005). *Physical Dimensions of Aging.* 2nd ed. Champaign, IL: Human Kinetics.

Stathi, A., Fox, K. R., & McKenna, J. (2002). Physical activity and dimensions of subjective well-being in older adults. *Journal of Aging and Physical Activity, 10*, 76–92.

Thomas, C. L. (Ed.). (1989). *Taber's Cyclopedic Medical Dictionary.* Philadelphia: F. A. Davis.

U.S. Census Bureau. (2008). *Population Estimates Program and Population Projections Program.* Washington, DC.

Valliant, P. M., & Asu, M. E. (1985). Exercise and its effects on cognition and physiology in older adults. *Perceptual and Motor Skills, 51*, 499–505.

Westhoff, M. H., Stemmerik, L., & Boshuizen, H. C. (2000). Effects of a low-intensity strength training program on knee-extensor strength and functional ability of frail older people. *Journal of Aging and Physical Activity, 8*, 325–342.

Wilcox, S., & King, A. C. (2004). The effects of life events and interpersonal loss on exercise adherence in older adults. *Journal of Aging and Physical Activity, 12*, 117–130.

CAPÍTULO 19
PERFORMANCE MOTORA EM ADULTOS

Ari, Z., Kutlu, N., Uyanik, B. S., Taneli, F., Buyukyazi, G., & Tavli, T. (2004). Serum testosterone, growth hormone, and insulin-like growth factor-1 levels, mental reaction time, and maximal aerobic exercise in sedentary and long-term physically trained elderly males. *International Journal of Neuroscience, 114*, 623–637.

Abernethy, B., Hanrahan, S., Kippers, V., Mackinnon, L., & Pandy, M. (2005). *The Biophysical Foundations of Human Movement*. 2nd ed. Champaign, IL: Human Kinetics.

Carmeli, E., Coleman, R., Omar, H. L., & Brown-Cross, D. (2000). Do we allow elderly pedestrians sufficient time to cross the street in safety? *Journal of Aging and Physical Activity, 8*, 51–58.

Cavani, V., Mier, C. M., Musto, A. A., & Tummers, N. (2002). Effects of a 6-week resistance-training program on functional fitness of older adults. *Journal of Aging and Physical Activity, 10*, 443–452.

Centers for Disease Control and Prevention (2010). National Center for Injury Prevention and Control. Web-based Injury Statistics Query and Reporting System (WISQARS) [online]. http://www.cdc.gov/injury/wisqars/

Chen, H. C., Ashton-Miller, J. A., Alexander, N. B., & Schultz, A. B. (1991). Stepping over obstacles: Gait patterns of healthy young and old adults. *Journal of Gerontology, 46*, 196–203.

Chodzko-Zajko, W. J. (1991). Physical fi tness, cognitive performance and aging. *Medicine and Science in Sports and Exercise. 23*, 868–872.

Christensen, C. L., Payne, V. G., Wughalter, E. H., Yan, J. H., Henehan, M., & Jones, R. (2003). Physical activity, physiological, and psychomotor performance: A study of variously active older adult men. *Research Quarterly for Exercise and Sport, 74*, 136–142.

Dacey, J. S., Travers, J. F., & Fiore, L.B. (2009). *Human development across the lifespan* (7th ed.). New York: McGraw-Hill.

Dunn, J. E., Rudberg, M. A., Furrier, S. E., & Cassel, C. K. (1992). Mortality, disability, and falls in older persons: The role of underlying disease and disability. *American Journal of Public Health, 82*, 395–400.

Etnier, J. L., Sibley, B. A., Pomeroy, J., & Kao, J. C. (2003). Components of response time as a function of age, physical activity, and aerobic fitness. *Journal of Aging and Physical Activity, 11*, 319–332.

Elble, R. J., Hughes, L., & Higgins, C. (1991). The syndrome of senile gait. *Journal of Neurology, 239*, 71–75.

Ericsson, K. A. (2000). How experts attain and maintain superior performance: Implications for the enhancement of skilled performance in older individuals. *Journal of Aging and Physical Activity, 8*, 366–372.

Ferrandez, A. M., Pailhous, J., & Durup, M. (1990). Slowness in elderly gait. *Experimental Aging Research, 16*, 79–89.

Ferrini, A. F., & Ferrini, R. (2001). *Health in the Later Years*. 3rd ed. New York: McGraw-Hill.

Fiatarone, M. A., et al. (1990). High intensity strength training in nonagenarians. *Journal of the American Medical Association, 263*, 3029–3034.

Fisk, A. D., & Rogers, W. A. (2000). Influence of training and experience on skill acquisition and maintenance in older adults. *Journal of Aging and Physical Activity, 8*, 373–378.

Forssberg, H., & Nashner, L. (1982). Ontogenetic development of posture control in man: Adaptation to altered support and visual conditions during stance. *Journal of Neuroscience, 2*, 545–552.

Gauchard, G. C., Gangloff, P., Jeandel, C., & Perrin, P. P. (2003). Physical activity improves gaze and posture control in elderly. *Neuroscience Research, 45*, 409–417.

Gillespie, L. D., Gillespie, W. J., Robertson, M. C., Lamb, S. E., Cumming, R. G., & Rowe, B. H. (2003). Interventions for preventing falls in elderly people. Cochrane Database System Review (electronic resource), 4, CD000340.

Gregg, E. W., Pereira, M. A., & Caspersen, C. J. (2000). Physical activity, falls, and fractures among older adults: A review of the epidemiologic evidence. *Journal of the American Geriatrics Society, 48*, 888–893.

Hart, D., Bowling, A., Ellis, M., & Silman, A. (1990). Locomotor disability in very elderly people: Value of a programme for screening and provision of aids for daily living. *British Medical Journal, 301*, 216–220.

Hodgkins, J. (1963). Reaction time and speed of movement in males and females of various ages. *Research Quarterly, 34*, 335–343.

Hortobágyi, T., & DeVita, P. (1999). Altered movement strategy increases lower extremity stiffness during stepping down in the aged. *Journal of Gerontology: Biological Sciences, 54A*, B63–B70.

Hoyer, W. J., & Roodin, P. A. (2009). *Adult Development and Aging* (6th ed.). New York: McGraw-Hill.

Hunter, S. K., Thompson, M. W., & Adams, R. D. (2001). Reaction time, strength, and physical activity in women aged 20–89 years. *Journal of Aging and Physical Activity, 9*, 32–42.

International Amateur Athletic Federation (IAAF). (1996–2001). *World Records*. Principality of Monaco.

———. (1997). World Records. Principality of Monaco.

Jackson, T. W., & Lyles, K. W. (1990). Hip fractures. In W. R. Hazzard, R. Andres, E. L. Bierman, & J.

P. Blass (Eds.), *Principles of Geriatric Medicine and Gerontology* 2nd ed. New York: McGraw-Hill.

Johnson, C. B., Mihalko, S. L., & Newell, K. M. (2003). Aging and the time needed to reacquire postural stability. *Journal of Aging and Physical Activity, 11,* 459–469.

Jones, C., & Rose, D. (2004). *Physical Activity Instruction of Older Adults.* Champaign, IL: Human Kinetics.

Klavor, P., & Heslegrave, R. J. (2002). Senior drivers: An overview of problems and intervention strategies. *Journal of Aging and Physical Activity, 10,* 322–335.

Koller, W. C., & Glatt, S. L. (1990). Gait disorders. In W. R. Hazzard, R. Andres, E. L. Bierman, & J. P. Blass (Eds.), *Principles of Geriatric Medicine and Gerontology.* 2nd ed. New York: McGraw-Hill.

Kronhed, A. G., Mšller, C., Olsson, B., & Mšller, M. (2001). The effect of short-term balance training on community-dwelling older adults. *Journal of Aging and Physical Activity, 9,* 19–31.

Lamoureux, E. L., Murphy, A., Sparrow, A., & Newton, R. U. (2003). The effects of progressive resistance training on obstructed-gait tasks in community-living older adults. *Journal of Aging and Physical Activity, 11,* 98–110.

Law, M., & Letts, L. (1989). A critical review of scales of activities of daily living. *The American Journal of Occupational Therapy, 43,* 522–528.

Li, F., Harmer, P., Fisher, K., et al. (2005). Tai chi and fall reductions in older adults: A randomized controlled trial. *Journals of Gerontology. Series A, Biological Sciences and Medical Sciences, 60,* 187–194.

Manchester, D., Woollacott, M., Zederbauer-Hylton, N., & Marin, O. (1989). Visual, vestibular and somatosensory contributions to balance control in the older adult. *Journal of Gerontology, 44,* 118–127.

Marottoli, R. A. (1993). Driving cessation and changes in mileage driven among elderly individuals. *Journals of Gerontology, 48,* S255–S260.

Masters Athletics (2010). http://www.mastersathletics.net

Pierson, W. R., & Montoye, H. J. (1958). Movement time, reaction time, and age. *Journal of Gerontology, 13,* 418–421.

Rankkin, J. K., Wollacott, M. H., Shumway-Cook, A., & Brown, L. A. (2000). Cognitive influence on postural stability: A neuromuscular analysis in young and older adults. *Journal of Gerontology, 55A,* M112–M119.

Rikli, R., & Jones, C. J. (2001). *Senior Fitness Test Manual.* Champaign, IL: Human Kinetics.

Rikli, R. E., & Edwards, D. J. (1991). Effects of a threeyear exercise program on motor function and cognitive processing speed in older women. *Research Quarterly for Exercise and Sport, 62,* 61–67.

Rimmer, J. H. (1994). *Fitness and Rehabilitation Programs for Special Populations.* St. Louis, MO: McGraw-Hill.

Rosengren, K. S., et al. (1995). Gait adjustments in sedentary and exercising older adults. *Journal of Sport and Exercise Psychology, 17,* S90.

Salthouse, T. A. (1976). Speed and age: Multiple rates of age decline. *Experimental Aging Research, 2,* 349–359.

Santrock, J. W. (1999). *Lifespan Development.* 7th ed. St. Louis: McGraw-Hill.

Satariano, W. A., MacLeod, K. E., Cohn, T. E., & Ragland, D. R. (2004). Problems with vision associated with limitations or avoidance of driving in older populations. *Journals of Gerontology, Series B, Psychological Sciences and Social Sciences, 59,* S281–S286.

Schmidt, R. A., & Wrisberg, C. A. (2008). *Motor Learning and Performance* (4th ed.). Champaign, IL: Human Kinetics.

Shephard, R. J., Berridge, M., & Montelpare, W. (1990). On the generality of the 'sit and reach' test: An analysis of flexibility data for an aging population. *Research Quarterly for Exercise and Sport, 61,* 326–330.

Spirduso, W. W. (1975). Reaction and movement time as a function of age and physical activity level. *Journal of Gerontology, 30,* 435–440.

———. (1986). Physical activity and the prevention of premature aging. In V. Seefeldt (Ed.), *Physical Activity & Well-Being.* Reston, VA: American Alliance for Health, Physical Education, Recreation, and Dance.

Spirduso, W. W., & MacRae, P. G. (1990). Motor performance and aging. In J. E. Birren & K. W. Schaie (Eds.), *Handbook of the Psychology of Aging.* 3rd ed. San Diego, CA: Academic Press.

Spirduso, W., Francis, K., & MacRae, P. (2005). *Physical Dimensions of Aging.* 2nd ed. Champaign, IL: Human Kinetics.

Sterling, D. A., O'Connor, J. A., & Bonadies, J. (2001). Geriatric falls: Injury severity is high and disproportionate to mechanism. *Journal of Trauma, 50,* 116–119.

Stones, M. J., & Kozma, A. (1980). Adult age trends in record running performances. *Experimental Aging Research, 6,* 407–416.

———. (1981). Adult age trends in athletic performance. *Experimental Aging Research, 7,* 269–280.

———. (1982). Cross-sectional, longitudinal, and secular age trends in athletic performances. *Experimental Aging Research, 8,* 185–188.

———. (1986). Age by distance effects in running and swimming records: A note on methodology. *Experimental Aging Research, 12,* 203–206.

Teasdale, N., Stelmach, G. E., & Breunig, A. (1991). Postural sway characteristics of the elderly under normal and altered visual and support surface conditions. *Journal of Gerontology, 46,* 238–244.

Tinetti, M. E. (1990). Falls. In W. R. Hazzard, R. Andres, E. L. Bierman, & J. P. Blass (Eds.), *Principles of Geriatric Medicine and Gerontology.* 2nd ed. New York: McGraw-Hill.

Track and Field News (2010). http://www.trackandfieldnews.com/records/

Tsang, W. W., & Hui-Chan, C. W. (2004). Effects of exercise on joint sense and balance in elderly men: Tai Chi versus golf. *Medicine and Science in Sports and Exercise, 36,* 658–667.

VanSant, A. F. (1990). Life-span development in functional tasks. *Physical Therapy, 70,* 788–798.

Wall, J. C., Hogan, D. B., Turnbull, G. I., & Fox, R. A. (1991). The kinematics of idiopathic gait disorder: A comparison with healthy young and elderly females. *Scandinavian Journal of Rehabilitation Medicine, 23,* 159–164.

Woollacott, M., Inglin, B., & Manchester, D. (1988). Response preparation and posture control: Neuromuscular changes in the older adult. *Annals of the New York Academy of Sciences, 515,* 42–53.

Woollacott, M. H., & Shumway-Cook, A. (1990). Changes in posture control across the life span: A systems approach. *Physical Therapy, 70,* 799–807.

Woollacott, M. H., Shumway-Cook, A., & Nashner, L. M. (1986). Aging and posture control: Changes in sensory organization and muscular coordination. *International Journal of Aging and Human Development, 23,* 97–114.

APÊNDICE A

Artigos sobre Posições Profissionais Relacionadas a Temas do Desenvolvimento Motor

ARTIGOS SOBRE POSIÇÕES RELACIONADAS A BEBÊS E CRIANÇAS

Aluminum Toxicity in Infants and Children
American Academy of Pediatrics
Committee on Nutrition (1 Mar 1996)
Pediatrics, 97 (3), 413–416.

Combination Vaccines for Childhood Immunization: Recommendations of the Advisory Committee on Immunization Practices (ACIP), the American Academy of Pediatrics (AAP), and the American Academy of Family Physicians (AAFP)
American Academy of Pediatrics
Committee on Infectious Diseases, 1998–1999 (1 May 1999)
Pediatrics, 103 (5), 1064–1077

Controversies Concerning Vitamin K and the Newborn
American Academy of Pediatrics
Committee on Fetus and Newborn (1 Jul 2003)
Pediatrics, 112 (1), 191–192

Developmental Surveillance and Screening of Infants and Young Children
American Academy of Pediatrics
Committee on Children with Disabilities
(1 Jul 2001)
Pediatrics, 108 (1), 192–195

Environmental Tobacco Smoke: A Hazard to Children
American Academy of Pediatrics
Committee on Environmental Health
(1 Apr 1997)
Pediatrics, 99 (4), 639–642

Eye Examination and Vision Screening in Infants, Children, and Young Adults
American Academy of Pediatrics
Committee on Practice and Ambulatory Medicine, Section on Ophthalmology
(1 Jul 1996)
Pediatrics, 98 (1), 153–157

Fetal Alcohol Syndrome and Alcohol-Related Neurodevelopmental Disorders
American Academy of Pediatrics

Committee on Substance Abuse and
Committee on Children with Disabilities
(1 Aug 2000)
Pediatrics, 106 (2), 358–361

Fetal Therapy—Ethical Considerations
American Academy of Pediatrics
Committee on Bioethics (1 May 1999)
Pediatrics, 103 (5), 1061–1063

Folic Acid for the Prevention of Neural Tube Defects
American Academy of Pediatrics
Committee on Genetics (1 Aug 1999)
Pediatrics, 104 (2), 325–327

Infant Exercise Programs
American Academy of Pediatrics
Committee on Sports Medicine (1 Nov 1988)
Pediatrics, 82 (5), 800

Maternal Phenylketonuria
American Academy of Pediatrics
Committee on Genetics (1 Feb 2001)
Pediatrics, 107 (2), 427–428

Newborn Screening Fact Sheets
American Academy of Pediatrics
Committee on Genetics (1 Sep 1996)
Pediatrics, 98 (3), 473–501

Noise: A Hazard for the Fetus and Newborn
American Academy of Pediatrics
Committee on Environmental Health
(1 Oct 1997)
Pediatrics, 100 (4), 724–727

Swimming Programs for Infants and Toddlers
American Academy of Pediatrics
Committee on Sports Medicine and Fitness and Committee on Injury and Poison Prevention
(1 Apr 2000)
Pediatrics, 105 (4), 868–870

The Treatment of Neurologically Impaired Children Using Patterning
American Academy of Pediatrics
Committee on Children With Disabilities
(1 Nov 1999)
Pediatrics, 104 (5), 1149–1151

Prenatal Screening and Diagnosis for Pediatricians
American Academy of Pediatrics
Christopher Cunniff and and the Committee on Genetics (1 Sep 2004)
Pediatrics, 114 (3), 889–894

Selecting Appropriate Toys for Young Children: The Pediatrician's Role
American Academy of Pediatrics
Danette Glassy, Judith Romano, and Committee on Early Childhood, Adoption, and Dependent Care (1 Apr 2003)
Pediatrics, 111 (4), 911–913

Prevention of Drowning in Infants, Children, and Adolescents
American Academy of Pediatrics
Ruth A. Brenner and the Committee on Injury, Violence, and Poison Prevention (1 Aug 2003)
Pediatrics, 112 (2), 440–445

Late–Preterm Infants: A Population at Risk
American Academy of Pediatrics
William A. Engle, Kay M. Tomashek, Carol Wallman and the Committee on Fetus and Newborn (2007)
Pediatrics, 120, 1390–1401.

The Apgar Score
American Academy of Pediatrics
Committee on Fetus and Newborn, American College of Obstetricians and Gynecologists, and Committee on Obstetric Practice (2006)
Pediatrics, 117, 1444–1447.

Age Terminology during the Perinatal Period
American Academy of Pediatrics
Committee on Fetus and Newborn (2004)
Pediatrics, 114, 1362–1364.

ARTIGOS SOBRE POSIÇÕES RELACIONADAS A CRIANÇAS E ADOLESCENTES

Athletic Participation by Children and Adolescents Who Have Systemic Hypertension
American Academy of Pediatrics
Committee on Sports Medicine and Fitness
(1 Apr 1997)
Pediatrics, 99 (4), 637–638.

Climatic Heat Stress and the Exercising Child and Adolescent
American Academy of Pediatrics
Committee on Sports Medicine and Fitness
(1 Jul 2000)
Pediatrics, 106 (1), 158–159.

Intensive Training and Sports Specialization in Young Athletes
American Academy of Pediatrics
Committee on Sports Medicine and Fitness
(1 Jul 2000)
Pediatrics, 106 (1), 154–157.

Medical Concerns in the Female Athlete
American Academy of Pediatrics
Committee on Sports Medicine and Fitness
(1 Sep 2000)
Pediatrics, 106 (3), 610–613.

Medical Conditions Affecting Sports Participation
American Academy of Pediatrics
Committee on Sports Medicine and Fitness
(1 May 2001)
Pediatrics, 107 (5), 1205–1209.

Organized Sports for Children and Preadolescents
American Academy of Pediatrics
Committee on Sports Medicine and Fitness and Committee on School Health (1 Jun 2001)
Pediatrics, 107 (6), 1459–1462

Participation in Boxing by Children, Adolescents, and Young Adults
American Academy of Pediatrics
Committee on Sports Medicine and Fitness, 1994 to 1995 (1 Jan 1997)
Pediatrics, 99 (1), 134–135

Physical Fitness and Activity in Schools
American Academy of Pediatrics
Committee on Sports Medicine and Fitness and Committee on School Health
(1 May 2000)
Pediatrics, 105 (5), 1156–1157

Triathlon Participation by Children and Adolescents
American Academy of Pediatrics
Committee on Sports Medicine and Fitness
(1 Sep 1996)
Pediatrics, 98 (3), 511–512

Injuries in Youth Soccer: A Subject Review
American Academy of Pediatrics
Committee on Sports Medicine and Fitness
(1 Mar 2000)
Pediatrics, 105 (3), 659–661

Guidelines for After-School Physical Activity and Intramural Sport Programs
National Association for Sport and Physical Education
National Intramural Sport Council (Sep 2001)
American Alliance for Health, Physical Education, Recreation, and Dance

Choosing the Right Sport and Physical Activity Program for Your Child
National Association for Sport and Physical Education
American Alliance for Health, Physical Education,
Recreation, and Dance

What Constitutes a Quality Physical Education Program?
National Association for Sport and Physical Education
http://www.aahperd.org/naspe/standards/upload/What-Constitutes-a-Quality-PE-Program-2003.pdf

Fluid Replacement for Athletes
National Athletic Trainers' Association
Douglas J. Casa, PhD, ATC, CSCS; Lawrence E. Armstrong, PhD, FACSM; Susan K. Hillman, MS, MA, ATC, PT; Scott Mountain, PhD, FACSM; Ralph V. Reiff, Med, ATC; Brent S.E. Rich, MD, ATC; William O. Roberts, MD, MS, FACSM; Jennifer Stone, MS, ATC (June 2000)
Journal of Athletic Training, 35 (2), 212–224

Youth Resistance Training: Updated Position Statement Paper
National Strength and Conditioning Association
Avery D. Faigenbaum, William J. Kraemer, Cameron J. R. Blimkie, Ian Jeffreys, Lyle J. Micheli, Mike Nitka, Thomas W. Rowland (2009)
Journal of Strength and Conditioning Research, 23 (Supplement 5), S60–S79.

Inter-Association Task Force on Exertional Heat Illness Consensus Statement
North American Society for Pediatric Exercise Medicine
http://www.naspem.org/LinkClick.aspx?fileticket=yRFeKM7Y9nw%3d&tabid=64

Prescribing Therapy Services for Children with Motor Disabilities
American Academy of Pediatrics
Linda J. Michaud and Committee on Children with Disabilities (2004)
Pediatrics, 113, 1836–1838.

Identification and Management of Eating Disorders in Children and Adolescents
American Academy of Pediatrics
David S. Rosen and the Committee on Adolescence (2010)
Pediatrics, 126, 1240–1253.

Menstruation in Girls and Adolescents: Using the Menstrual Cycle as a Vital Sign
American Academy of Pediatrics
Committee on Adolescence, American College of Obstetricians and Gynecologists, and Committee on Adolescent Health Care (2006)
Pediatrics, 118, 2245–2250.

Promotion of Healthy Weight-Control Practices in Young Athletes
American Academy of Pediatrics
Committee on Sports Medicine and Fitness (2005)
Pediatrics, 116, 1557–1564.

Use of Performance-Enhancing Substances
American Academy of Pediatrics
Committee on Sports Medicine and Fitness (2005)
Pediatrics, 115, 1103–1106.

Medical Conditions Affecting Sports Participation
American Academy of Pediatrics
Stephen G. Rice and the Council on Sports Medicine and Fitness (2008)
Pediatrics, 121, 841–848

Strength Training by Children and Adolescents

American Academy of Pediatrics
Council on Sports Medicine and Fitness (2008)
Pediatrics, 121, 835–840.

Overuse Injuries, Overtraining, and Burnout in Child and Adolescent Athletes

American Academy of Pediatrics
Joel S. Brenner and the Council on Sports Medicine and Fitness (2007)
Pediatrics, 119, 1242–1245.

Active Healthy Living: Prevention of Childhood Obesity through Increased Physical Activity

American Academy of Pediatrics
Council on Sports Medicine and Fitness and Council on School Health (2006)
Pediatrics, 117, 1834–1842.

The Female Athlete Triad

American College of Sports Medicine (Oct. 2007)
Medicine & Science in Sports & Exercise, 39(10),1867–1882.

A Philosophical Position on Physical Activity & Fitness

National Association for Sport and Physical Education-NASPE (2009)
http://www.aahperd.org/naspe/standards/upload/Physical-Activity-for-PA-Professionalsfinal-10-16.pdf

Preventing, Detecting, and Managing Disordered Eating in Athletes

National Athletic Trainers'Association
Christine M. Bonci, Leslie J. Bonci, Lorita R. Granger, Craig L. Johnson, Robert M. Malina, Leslie W. Milne, Randa R. Ryank, Erin M. Vanderbunt (2008)
Journal of Athletic Training, 43 (1) 80–108.

ARTIGOS SOBRE POSIÇÕES RELACIONADAS A ADULTOS

Aquatic Rehabilitation Guidelines

American Alliance for Health, Physical Education, Recreation, and Dance
Aquatic Council (7 June 2002)
American Association for Active Lifestyles and Fitness, an association of the American Alliance for Health, Physical Education, Recreation, and Dance

Appropriate Intervention Strategies for Weight Loss and Prevention of Weight Regain for Adults

American College of Sports Medicine
John M. Jakicic, PhD, FACSM (Chair); Kristine Clark, PhD, RD, FACSM; Ellen Coleman, RD, MA, MPH; Joseph Donnelly, EdD, FACSM; John Foreyt, PhD; Edward Melanson, PhD; Jeff Volek, PhD, RD; and Stella L. Volpe, PhD, RD, FACSM (2001)
Medicine & Science in Sport & Exercise, 33(12), 2145–2156

Progression Models in Resistance Training for Healthy Adults

American College of Sports Medicine
William J. Kraemer, PhD, FACSM (Chairperson); Kent Adams, PhD; Enzo Cafarelli, PhD, FACSM; Gary A. Dudley, PhD, FACSM; Cathryn Dooly, PhD, FACSM; Mathew S. Feigenbaum, PhD, FACSM; Steven J. Fleck, PhD, FACSM; Barry Franklin, PhD, FACSM; Andrew C. Fry, PhD; Jay R. Hoffman, PhD, FACSM, Robert U. Newton, PhD; Jeffrey Potteiger, PhD, FACSM; Michael Stone, PhD; Nicholas A. Ratamess, MS; and Travis Triplett-McBride, PhD (2002)
Medicine & Science in Sports and Exercise, 34(2), 364–380

Exercise for Patients with Coronary Artery Disease

American College of Sports Medicine
Medicine & Science in Sports and Exercise, 26(3), i–v (1994)

Physical Activity, Physical Fitness, and Hypertension
American College of Sports Medicine
Medicine & Science in Sports and Exercise, 25(10), i–x (1993)

Exercise and Physical Activity for Older Adults
American College of Sports Medicine
Robert S. Mazzeo, PhD, FACSM (Chair); Peter Cavenagh, PhD, FACSM; William J. Evans, PhD, FACSM; Maria Fiatarone, PhD; James Hagberg, PhD, FACSM, Edward McAuley, PhD; and Jill Startzell, PhD (June 1998)
Medicine & Science in Sports and Exercise, 30(6), 992–1008

Exercise and Physical Activity for Older Adults
American College of Sports Medicine
Wojtek J. Chodzko-Zajko; David N. Proctor; Maria A. Fiatarone Singh; Christopher T. Minson; Claudio R. Nigg; George J. Salem; James S. Skinner (July 2009)
Medicine & Science in Sports & Exercise, 41(7), 1510–1530.

Physical Activity and Bone Health
American College of Sports Medicine
Wendy M. Kohrt, PhD, FACSM (Chair); Susan A. Bloomfield, PhD, FACSM; Kathleen D. Little, PhD; Miriam E. Nelson, PhD, FACSM; and Vanessa R. Yingling, PhD (Nov 2004)
Medicine & Science in Sports and Exercise, 36(11), 1985–1996

Exercise and Type 2 Diabetes
American College of Sports Medicine
Ann Albright, PhD, RD (Chairperson); Marion Franz, MS, RD, CDE; Guyton Hornsby, PhD, CDE; Andrea Kriska, PhD, FACSM; David Marrero, PhD; Irma Ullrich, MD; and Larry S. Verity, PhD, FACSM (July 2000)
Medicine & Science in Sports and Exercise, 1345–1360

Exercise and Hypertension
American College of Sports Medicine
Linda S. Pescatello, PhD, FACSM (Co-Chair); Barry A. Franklin, PhD, FACSM (Co-Chair); Robert Fagard, MD, PhD, FACSM; William B. Farquhar, PhD; George A. Kelley, DA, FACSM; and Chester A Ray, PhD, FACSM (2004)
Medicine & Science in Sports and Exercise, 36(3), 533–553

Exertional Heat Illness
National Athletic Trainers' Association
Helen M. Brinkley, PhD, ATC, CSCS, NSCA-CPT (Chair); Joseph Beckett, EdD, ATC; Douglas J. Casa, PhD, ATC, FACSM; Douglas M. Kleiner, PhD, ATC, FACSM; and Paul E. Plummer, MA, ATC (2002)
Journal of Athletic Training, 37(3), 329–343

Apêndice B

Organizações Profissionais Relacionadas a Temas do Desenvolvimento Motor

Nome da organização	Acrônimo	Site
International Council for Health, Physical Education, Sport, and Dance	ICHPER-SD	www.ichpersd.org
International Council of Sport Science and Physical Education	ICSSPE	www.icsspe.org
International Society on Infant Studies	ISIS	www.isisweb.org
Society for Research in Child Development	SRCD	www.srcd.org
World Health Organization	WHO	www.who.int/en/
American Association of Retired Persons	AARP	http://www.aarp.org/
American Academy of Kinesiology	AAKPE	www.aakpe.org
American Academy of Pediatrics	AAP	www.aap.org
American Alliance for Health, Physical Education, Recreation, and Dance	AAHPERD	www.aahperd.org
American College of Obstetricians and Gynecologists	ACOG	http://acog.org/
American College of Sports Medicine	ACSM	www.acsm.org
American Geriatrics Society	AGS	http://www.americangeriatrics.org/
American Physical Therapy Association	APTA	www.apta.org
American Society on Aging	ASA	http://www.asaging.org/
Canadian Academy of Sport Medicine	CASM	http://www.casm-acms.org/
Canadian Association for Health, Physical Education, Recreation, and Dance	CAHPERD	www.cahperd.org
Centers for Disease Control and Prevention	CDC	www.cdc.gov/
March of Dimes	MOD	www.modimes.org/
The National Alliance for Youth Sports	NAYS	www.nays.org/
National Institute on Aging	NIA	www.nia.nih.gov
The National Strength and Conditioning Association	NSCA	http://www.nsca-lift.org/
North American Society for the Psychology of Sport and Physical Activity	NASPSPA	http://www.naspspa.org/

(continua)

Nome da organização	Acrônimo	Site
British Association of Sport and Exercise Medicine	BASEM	www.basem.co.uk/index.php
British Association of Sport and Exercise Sciences	BASES	www.bases.org.uk
North American Society for Pediatric Exercise Medicine	NASPEM	http://www.naspem.org/

Glossário

A

Acelerômetro. Instrumento eletromecânico usado para detectar e registrar o movimento em um único plano ou em vários.

Acomodação. Adaptação que a criança tem de fazer em relação ao ambiente quando informações novas e incongruentes são acrescentadas ao seu repertório de respostas possíveis. Esse processo está voltado para a realidade e resulta em visível mudança de comportamento.

Acomodação (visual). Capacidade do cristalino de cada de olho de mudar a curvatura para dar foco à imagem da retina.

Acuidade visual. Capacidade de distinguir detalhes em objetos. A acuidade visual é um fenômeno tanto estático como dinâmico.

Adaptação. Processo de ajustar-se às condições ambientais e intelectualizar esses ajustes por meio de processos complementares de acomodação e assimilação.

Adaptação neuromuscular. Interação do sistema nervoso central com os músculos que resulta em maior produção de força por parte dos músculos.

Affordances. Fatores que tendem a promover ou estimular mudanças desenvolvimentais.

Agilidade. Capacidade de mudar a direção de todo o corpo com rapidez e precisão, enquanto se movimenta de um ponto a outro.

Algoritmo. Procedimento ou conjunto de regras que devem ser seguidas a fim de chegar à solução de determinado problema. A partir da perspectiva dos sistemas dinâmicos do desenvolvimento, os algoritmos são testados para prever e explicar o comportamento motor.

Amenorreia. Cessação temporária ou permanente dos períodos menstruais da adolescente ou da mulher que antes tinha um ciclo regular.

Amostra por conveniência. Seleção de sujeitos para pesquisas com base em sua disponibilidade e não na representatividade.

Amostra randomizada estratificada. Escolha de participantes para pesquisa, usando-se a teoria da probabilidade, que tenta fornecer uma representação válida de um grupo muito maior.

Análise de impedância bioelétrica. Método para determinar a composição corporal, medindo a oposição ao fluxo de uma corrente elétrica através dos fluidos corporais contidos principalmente nos tecidos magro e adiposo.

Análise de tarefas ecológicas. Abordagem de exame da *performance* à luz das relações entre o objetivo da tarefa, o ambiente e o executor.

Anorexia nervosa. Transtorno emocional grave, caracterizado por aversão à comida e obsessão pela magreza; pode resultar em morte.

Antioxidante. Substância que, quando ingerida, previne ou inibe a oxidação, ligando-se aos radicais livres antes que eles possam prejudicar células corporais saudáveis. É a base para a teoria da intervenção de reversão do envelhecimento.

Apoptose. Processo de morte celular programada.

Aposentadoria. Cessação da carreira que ocorre, em geral, na meia-idade ou na idade adulta mais avançada.

Aprendizado. Processo interno que resulta em mudanças consistentes e observáveis no comportamento.

Aprendizado motor. Mudança no comportamento motor resultante da prática ou de experiências anteriores.

Aptidão física. Estado de bem-estar influenciado pelo estado nutricional, constituição genética e participação frequente em uma série de atividades físicas intensas ao longo do tempo.

Aptidão física relacionada à saúde. Aspecto da aptidão física que se refere ao estado relativo de bem-estar e não a uma capacidade, habilidade ou potencialidade. O desenvolvimento e a manutenção da aptidão relacionada à saúde são função da adaptação fisiológica a cargas crescentes.

Aptidão motora. Aspecto da aptidão física que se refere a características geneticamente dependentes, relativamente estáveis e relacionadas com a habilidade esportiva.

Arteriosclerose. Condição relacionada com a idade, em que as paredes arteriais tornam-se menos elásticas.

Assimilação. Interpretação de novas informações com base em interpretações presentes, tomando-se dados do ambiente e incorporando-os nas próprias estruturas cognitivas existentes.

Aterosclerose. Doença cardiovascular caracterizada por depósitos de gordura acumulados no interior das artérias.

Atitude. Emoção que resulta na sensação de gostar ou desgostar de algo.

Atividades da vida diária (AVDs). Tarefas orientadas para o movimento, realizadas pelos indivíduos durante toda a vida e necessárias ao atendimento das necessidades básicas diárias.

Atraso no crescimento. Condição em que a altura da criança não está em conformidade com as normas de crescimento referentes à sua faixa etária.

Atrofia. Redução no tamanho das fibras musculares.

Autoconceito. Consciência individual a respeito das próprias características, atributos e limitações e do modo como essas qualidades parecem ou diferem daquelas das outras pessoas.

Autoconfiança. Crença individual na própria habilidade de realizar uma tarefa mental, física ou emocional.

Autoeficácia. Convicção de ser capaz de executar com êxito o comportamento necessário para produzir o resultado desejado.

Autoestima. Valor que o indivíduo atribui às próprias características, atributos e limitações.

Avaliação corporal total. Exame das mudanças desenvolvimentais nos estágios das habilidades do movimento fundamental, usando uma análise das variações do movimento que engloba o corpo inteiro.

Avaliação maturacional. Várias abordagens usadas na determinação do modo como o indivíduo progride em direção à maturação física.

Avaliação segmentar. Exame das mudanças desenvolvimentais nos estágios das habilidades do desenvolvimento fundamental, usando-se a análise dos componentes separados de certo movimento em dado padrão.

B

Baixo peso de nascimento. Peso de nascimento que varia de 1,5 a 2 kg.

Barreira à proficiência. Impedimento à *performance* bem-sucedida das habilidades do movimento especializado quando não foi alcançado domínio nas habilidades do movimento fundamental.

Bulimia nervosa. Transtorno emocional grave, caracterizado por surtos regulares de compulsão alimentar e purgação, com sérias consequências para a saúde.

C

Capacidade. Nível de funcionamento do indivíduo em determinada habilidade de movimento. Especialmente nos bebês, as capacidades de movimento são uma função da maturação biológica; influências ambientais posteriores têm impacto sobre as capacidades.

Capacidades do movimento rudimentar. Primeiras formas do movimento voluntário, que começam ao nascimento e continuam até cerca de 2 anos. São determinadas e caracterizadas, no aspecto maturacional, por uma sequência de surgimento altamente previsível.

Capacidades motoras. (*ver* Capacidades)

Características sexuais secundárias. Indicações prontamente observáveis, como pelos axilares e faciais, associadas com o avanço em direção à maturidade reprodutiva.

Categoria do movimento. Movimento observável classificado como de estabilização, de locomoção ou de manipulação, ou então como uma combinação dos três.

Compasso de dobras cutâneas. Instrumento que mede a espessura de dobras cutâneas a fim de determinar a porcentagem de gordura do corpo.

Competência. Capacidade de atender a demandas específicas.

Competência no movimento. Capacidade da pessoa de atender demandas específicas em uma situação de movimento.

Competência percebida. Percepção que o indivíduo tem do próprio nível de competência em determinada tarefa.

Comportamento motor. Mudanças no aprendizado e desenvolvimento motor que incorpora fatores do aprendizado e processos de maturação associados com a *performance* do movimento.

Composição corporal. No corpo, proporção entre a massa corporal magra e a gorda.

Conceitos da habilidade. Conhecimento de como o corpo deve movimentar-se biomecanicamente.

Conceitos de atividade. Compreensão de como se deve mover o corpo em termos de padrões, formações, regras e estratégias.

Conceitos de movimento. Conhecimentos a respeito do modo como o corpo pode movimentar-se, usando a estrutura de movimento da consciência do esforço, do espaço e da relação.

Condição social. Posição do indivíduo dentro de um grupo definido.

Confiabilidade. Condição em que um teste fornece valores consistentes em mais de uma aplicação.

Consciência corporal. Capacidade crescente de discriminar com precisão as partes do corpo e de adquirir maior compreensão sobre a natureza do próprio corpo e de seu movimento no espaço.

Consciência de direção. Sensibilidade crescente em relação aos lados internos (senso de lateralidade) e externos (senso de direção).

Consciência espacial. Compreensão do espaço que o corpo ocupa e da capacidade de projetá-lo com efetividade no ambiente externo.

Consciência temporal. Aquisição de uma estrutura temporal adequada pelo indivíduo.

Consumo máximo de oxigênio (VO_2 máx). A maior quantidade de oxigênio que um indivíduo pode consumir durante o trabalho físico; em geral é medido em uma esteira ou bicicleta ergométrica padronizada.

Controle motor. Estudo dos mecanismos subjacentes responsáveis pelo movimento, com particular ênfase àquilo que está sendo controlado e ao *modo* como os processos responsáveis pelo controle são organizados.

Coordenação. Capacidade de integrar sistemas motores separados e variadas modalidades sensoriais em um movimento eficiente.

Coordenação visuomotora. Capacidade de rastrear de modo visual um objeto em movimento e de fazer julgamentos para sua interceptação.

Crença. Algo considerado verdade com base em forte componente cognitivo.

Crescimento. Aumento no tamanho do corpo ou de suas partes.

Cronologia da puberdade. Quando as mudanças ocorrem durante o período da adolescência.

D

Defeitos genéticos. Incapacidades congênitas, em que traços recessivos autossômicos são com frequência associados com atrasos desenvolvimentais.

Desabituação. Aumento mensurável da reação a estímulos depois de uma anterior habituação a eles.

Desenvolvimento. Mudanças no nível de funcionamento do indivíduo ao longo do tempo.

Desenvolvimento moral. Crenças e atitudes ligadas a valores e que formam a base do desenvolvimento do caráter.

Desenvolvimento motor. Mudança contínua no comportamento motor ao longo do ciclo da vida provocada pela interação entre as exigências da tarefa de movimento, a biologia do indivíduo e as condições do ambiente do aprendizado.

Diferenças dentro do padrão. Dentro de determinado padrão, o indivíduo pode exibir uma combinação de elementos iniciais, elementares e maduros.

Diferenças entre crianças. Variações no nível de maturidade de *performance* de acordo com a criança.

Diferenças entre padrões. Variações no nível de maturidade de *performance* de habilidades de uma habilidade do movimento fundamental para a subsequente.

Dinamômetro. Instrumento calibrado que permite medir a força da pegada, da perna e das costas.

Direção desenvolvimental. Princípio do desenvolvimento usado para explicar a crescente coordenação e controle motor como função da maturação do sistema nervoso, em uma sequência previsível, partindo da cabeça até os pés (cefalocaudal) e do centro do corpo até sua periferia (proximodistal).

Discriminação dos idosos. Atitude de estereotipar ou discriminar adultos mais velhos de modo preconceituoso.

Doenças sexualmente transmissíveis. Categoria de doenças contraídas por meio da atividade sexual e que colocam o feto em desenvolvimento em posição de risco de uma ampla série de defeitos de nascimento.

Drogas ilícitas. Categoria de drogas cujo uso e venda são ilegais e que com frequência causa problemas durante a gravidez e o desenvolvimento fetal.

E

Ectoderma. Camada de células, durante o período embrionário, que consiste na origem dos órgãos dos sentidos e do sistema nervoso.

Ectomorfo. Classificação do físico caracterizado por uma aparência alta, esguia e magra.

Ejaculação. Ejeção masculina súbita de fluido seminal.

Embrião. Organismo humano que tem início quando as células diferenciam-se em três camadas e continua até o momento da firme implantação na parede uterina e da nutrição através da placenta e do cordão umbilical.

Endoderma. Camada de células, durante o período embrionário, que consiste na origem dos sistemas digestivo, respiratório e glandular.

Endomorfo. Classificação do tipo físico que se apresenta arredondado e mole.

Engatinhar. Movimento para a frente, realizado na posição pronada, geralmente em padrão contralateral, com o abdome elevado, sem contato com a superfície de apoio.

Entrelaçamento recíproco. Entrelaçamento intricado, coordenado e progressivo dos mecanismos neurais de sistemas musculares opostos, em uma relação cada vez mais madura. O desenvolvimento do comportamento motor da criança ocorre caracteristicamente por *diferenciação* (i.e., progressão de padrões de movimento globais no bebê para movimentos mais refinados e funcionais na infância e na adolescência) e *integração* (i.e., levar os vários músculos opostos e sistemas sensoriais a uma interação coordenada entre si).

Envelhecer bem. Percepção do adulto mais velho de uma vida efetiva e produtiva, com frequência baseada nas características de longevidade, saúde e satisfação com a vida.

Equilíbrio. Capacidade de manter o próprio equilíbrio em relação à força de gravidade. O equilíbrio pode ser estático, dinâmico ou rotacional.

Equilíbrio e controle postural. Manutenção de um estado de equilíbrio do corpo e de suas partes em resposta à força da gravidade. A interação dos músculos e das articulações, visão, sistemas vestibular e somatossensorial e da morfologia do corpo contribui para a manutenção do equilíbrio e do controle postural.

Especificidade da tarefa. Requisitos da tarefa em que determinada habilidade de movimento é executada.

Esportista. Comportamento de modo moral no contexto do esporte.

Esquema. Padrão da ação física ou motora.

Estabilidade. Padrões de movimento que colocam ênfase na aquisição ou manutenção do equilíbrio (i.e., capacidades de equilíbrio estático e dinâmico).

Estágio autônomo. Estágio do aprendizado de habilidades de movimento em que a *performance* da tarefa de movimento torna-se habitual, com pouca ou nenhuma atenção consciente dada aos seus elementos.

Estágio cognitivo. Estágio de aprendizado das habilidades de movimento durante o qual o aprendiz tenta formar um plano mental consciente para a *performance* da habilidade.

Estágio da descoberta. Estágio do aprendizado das habilidades de movimento em que o aprendiz forma conscientemente um plano mental do modo como a tarefa deve ser executada.

Estágio da exploração. Estágio do aprendizado das habilidades de movimento em que o aprendiz tem consciência das exigências básicas da tarefa e começa a experimentar vários modos de executá-la.

Estágio da *performance*. Estágio de aprendizado das habilidades de movimento, em que o aprendiz fica ainda mais envolvido com o refinamento e a aplicação dos elementos da tarefa de movimento, mas com ênfase no seu uso em uma situação de *performance* específica.

Estágio de aplicação. Estágio da fase do movimento especializado, em que ocorre maior consciência das qualidades e limitações físicas pessoais e em que habilidades mais complexas são refinadas e usadas em esportes oficiais e atividades recreativas específicas para lazer e competição.

Estágio de associação. Estágio do aprendizado de habilidades de movimento em que o aprendiz é capaz de fazer uso consciente de indicações ambientais e de associá-las com as exigências da tarefa de movimento.

Estágio de codificação. Período da fase de movimento reflexo em que os reflexos desempenham papel importante na coleta de informações para armazenamento no córtex em desenvolvimento.

Estágio de combinação. Estágio de aprendizado das habilidades de movimento em que o aprendiz começa a usar as habilidades de movimento juntas, em diferentes combinações, primeiro em pares e depois em formas cada vez mais complexas.

Estágio de consciência. Estágio do aprendizado de habilidades de movimento em que o estado cognitivo do aprendiz envolve ingenuidade e ignorância em relação à natureza da tarefa, às suas exigências básicas e à terminologia apropriada.

Estágio de decodificação. Período da fase do movimento reflexo em que centros mais elevados do cérebro adquirem maior controle sobre o aparato sensório-motor e o bebê é capaz de processar informações com mais eficiência.

Estágio de fixação/diversificação. Estágio do aprendizado das habilidades de movimento em que o objetivo do aprendiz é alcançar consistência na *performance* e desenvolver a capacidade de adaptar-se a condições mutáveis e ao fato de a tarefa ser aberta ou fechada.

Estágio de inibição dos reflexos. Período do primeiro ano de vida do bebê, quando muitos dos reflexos são gradualmente suprimidos.

Estágio de pré-controle. Período entre o primeiro e o segundo aniversário da criança, quando ela conquista mais controle e precisão nos movimentos.

Estágio de transição. Estágio da fase de movimento especializada que representa as primeiras tentativas de refinar e combinar padrões de movimento maduros.

Estágio de utilização ao longo da vida. Estágio da fase do movimento especializado que consiste na tentativa do indivíduo de reduzir a abrangência dos seus objetivos esportivos, escolhendo poucas atividades para um engajamento regular, em ambientes competitivos, recreativos ou cotidianos.

Estágio do entendimento da ideia. Estágio do aprendizado das habilidades de movimento, em que o objetivo primário do aprendiz é adquirir consciência básica dos requisitos essenciais para a *performance* bem-sucedida da habilidade.

Estágio individualizado. Estágio final do aprendizado de uma nova habilidade de movimento. O aprendiz faz ajustes finos na *performance* da habilidade com base em seus pontos fortes ou fracos, em seus atributos ou limitações.

Estágios de Tanner. Recursos aceitos universalmente para classificação da maturidade sexual.

Estereopsia. Processo de detectar de modo visual a profundidade trazida pela disparidade entre a retina dos olhos.

Estereótipos rítmicos. Movimentos do bebê executados repetidas vezes que demonstram regularidades desenvolvimentais, assim como constância na forma e na distribuição.

Esterilidade relativa na puberdade. Período que vai do primeiro ciclo menstrual até a época em que a mulher é fisiologicamente capaz de conceber.

Estirão de crescimento. Um período durante a adolescência que dura até quatro anos e meio e no qual o máximo de velocidade na altura é alcançada.

Estirão de crescimento na adolescência (período púbere). Estirão de crescimento que acontece na adolescência e dura até quatro anos e meio.

Estrógenos. Hormônios femininos responsáveis pelo início dos eventos da puberdade feminina.

Experiência. Fatores ambientais que podem alterar a aparência de várias características ao longo do processo de aprendizado.

Exploração do movimento. Abordagem de ensino indireto que estimula a exploração.

F

Fases do desenvolvimento motor. Processo de mudança do controle motor que dura a vida inteira. É observado em padrões típicos do comportamento de movimento, despertados por fatores da tarefa de movimento, da biologia do indivíduo e das condições ambientais.

Fenótipo. Condições ambientais do indivíduo que podem influenciar o seu potencial de crescimento.

Feto. Organismo humano em seu início, por volta do terceiro mês após a concepção; essa fase termina no momento do nascimento.

Fidedignidade entre classificadores. Consistência de precisão das medições feitas por indivíduos diferentes.

Fidedignidade intraclassificador. Consistência na precisão das medidas feitas por um mesmo indivíduo em momentos diferentes.

Fixação binocular. Alinhamento da fóvea dos dois olhos de modo a propiciar fusão visual.

Flexibilidade articular. Capacidade das várias articulações do corpo de ir até o fim da sua amplitude de movimento.

Flexibilidade dinâmica. Amplitude de movimento alcançada quando se move rapidamente uma parte do corpo até seus limites.

Flexibilidade estática. Amplitude de movimento alcançada por um alongamento lento e regular até os limites das articulações envolvidas.

Força. Esforço que uma massa exerce sobre outra, resultando em movimento, cessação do movimento ou resistência de um corpo em relação a outro.

Força muscular. Capacidade do corpo de exercer uma força.

Fusão. Combinação de duas imagens da retina em um único padrão visual.

G

Genótipo. Potencial de crescimento genético do indivíduo.

Gerontologia. Empreendimento científico que busca compreender o processo de envelhecimento.

Giárdia. Condição que resulta em diarreia grave, causada por um parasita intestinal transmitido em condições sem saneamento básico.

Graus de liberdade. Reflete o número de elementos ou componentes independentes de um sistema.

Gravidez de alto risco. Gravidez em que a gestante tem alguma condição anterior à gravidez ou durante ela que aumenta o risco de que seu bebê apresente problemas pré ou pós-natais.

H

Habilidade. (*ver* Habilidade motora e Habilidade de movimento).

Habilidade de movimento. *Performance* de uma tarefa de movimento voluntária aprendida e orientada para um objetivo ou ação de uma ou mais partes do corpo.

Habilidade esportiva. Habilidade de movimento aplicada a uma atividade esportiva específica, como no *pitching* do *softball* ou beisebol.

Habilidade motora. Processos subjacentes envolvidos na *performance* de uma tarefa de movimento voluntária aprendida e orientada para um objetivo ou ação de uma ou mais partes do corpo.

Habilidades de manipulação. Padrões de movimento que envolvem a criança na manipulação de um objeto a fim de realizar o movimento. As habilidades de manipulação são, por exemplo, arremesso, recepção, chute, voleio, rebatida, rolagem e drible.

Habilidades do movimento especializado. Fruto das habilidades do movimento fundamental maduro, em que o movimento se torna uma ferramenta aplicada a uma série de atividades de movimento complexas com propósitos cotidianos, recreativos e esportivos.

Habilidades do movimento fundamental. Padrões observáveis do comportamento motor, classificados nos estágios inicial, emergente ou proficiente e compostos de atividades básicas de locomoção, como correr e saltar, de manipulação, como arremessar e pegar, e de habilidade, como equilibrar-se apoiado em apenas um pé ou caminhar sobre uma barra estreita.

Habilidades filogenéticas. Habilidades de movimento que tendem a surgir automaticamente e em uma sequência previsível e são resistentes a influências do ambiente externo; por exemplo, alcançar, pegar e soltar, caminhar, saltar e correr.

Habilidades ontogenéticas. Habilidades de movimento que dependem das oportunidades de aprendizado e do ambiente, como nadar, andar de bicicleta, patinar no gelo.

Habilidades reguladas externamente. Categoria de habilidades em que o executor tem de dar respostas rápidas a mudanças nas dicas ambientais.

Habilidades reguladas internamente. Tipo de habilidade de movimento que exige respostas fixas a dado conjunto de condições.

Habituação. Declínio mensurável na reação a um estímulo.

Heurística. Regras práticas ou modelos que fornecem ao indivíduo orientações e indicações de busca de respostas para determinado problema.

Heurística da ampulheta. Representação visual destinada a ajudar a conceituar o complexo processo do desenvolvimento motor humano; ela combina o modelo descritivo das fases e dos estágios com o modelo explicativo dos sistemas dinâmicos.

Hipertrofia. Aumento no tamanho das fibras musculares.

Hiponatremia. Redução do nível de sódio no soro do corpo, às vezes induzido em bebês pela ingestão excessiva de água.

Hipoxia. Condição em que o cérebro recebe quantidade inadequada de oxigênio.

Homeostase. Manutenção da estabilidade nos sistemas fisiológicos e em suas inter-relações.

Hormônios anabólicos. Hormônios que incrementam os músculos, como o hormônio do crescimento e a testosterona.

Hormônios catabólicos. Hormônios que destroem os músculos.

Hormônios gonadotrópicos (GnRH). Hormônios masculinos que estimulam as glândulas endócrinas a liberar hormônios do crescimento e sexuais.

I

Idade biológica. Idade variável, que corresponde aproximadamente à idade cronológica; é determinada por medições das idades morfológica, esquelética, dentária ou sexual.

Impedância elétrica. Método de determinação do percentual de gordura corporal por meio da aplicação de uma pequena corrente elétrica ao corpo. Estima-se a composição corporal pela velocidade da passagem da corrente pelo corpo.

Índice de massa corporal (IMC). Estimativa da porcentagem de gordura corporal pela fórmula: peso (kg) ÷ altura^2 (m).

Instrumentos do processo. Instrumentos de avaliação que focam a forma, o estilo ou a mecânica usada para realizar a tarefa desejada.

Instrumentos do produto. Instrumentos de avaliação quantitativa, com foco no resultado de uma *performance*.

Intensidade cromática. Brilho ou matiz de determinada cor que pode ser medido no gráfico de cores.

Intervenção inicial. Estratégias de melhoramento aplicadas a bebês de alto risco, na tentativa de contra-atacar condições que podem levar a danos desenvolvimentais posteriores.

Isocinético. Capacidade do músculo de chegar ao limite da sua amplitude de movimento no estado contraído com velocidade constante.

Isométrico. Capacidade do músculo de manter o estado contraído enquanto exerce força com pouca ou nenhuma mudança em seu comprimento.

Isotônico. Capacidade do músculo de chegar ao limite da sua amplitude de movimento no estado contraído.

L

Laços. Ligação emocional forte que resiste a tempo, distância, sofrimentos e vontade.

Lei da ação e reação. Princípio de Newton relativo à contraforça, segundo o qual para cada ação há uma reação igual e contrária.

Lei da aceleração. Princípio de Newton relativo ao movimento, segundo o qual a mudança na velocidade de um objeto é diretamente proporcional à força que produz a velocidade e inversamente proporcional à massa do objeto.

Lei da inércia. Princípio de Newton, segundo o qual um corpo em repouso permanecerá em repouso e um corpo em movimento permanecerá em movimento, a uma mesma velocidade, em linha reta, se não houver a ação de nenhuma força externa.

Lesão na placa de crescimento. Dano na placa de crescimento epifisária de um osso em crescimento que pode resultar em cessação prematura do crescimento desse osso.

Limitadores da taxa. Restrições que tendem a limitar ou impedir a mudança desenvolvimental.

Locomoção. Padrões de movimento que permitem a exploração do espaço (p. ex., rastejar, engatinhar, caminhar, correr, saltar, saltitar, etc.).

M

Má nutrição. Estado de ingestão ou uso nutricional inadequado pela gestante, pelo feto e/ou pela placenta, que pode resultar em dificuldades desenvolvimentais posteriores.

Má nutrição crônica. Subnutrição grave e prolongada que pode resultar em atrasos no crescimento de crianças mais jovens e em uma variedade de condições relacionadas a nutrição, incluindo raquitismo, pelagra, escorbuto e *kwashiorkor*.

Malformações congênitas. Condições anormais com as quais o bebê nasce.

Manipulação. Padrões de movimento que permitem contato motor fino e amplo com objetos (p. ex., segurar, arremessar, pegar, chutar, amortecer, marcar, cortar, etc.).

Marcadores da idade. Formações anormais que aparecem no cérebro de pessoas mais velhas e cujo número aumenta à medida que o cérebro continua envelhecendo.

Marcha. Padrão de caminhar do indivíduo. Consiste nas fases de balanço e de apoio.

Matérias do currículo. As principais áreas da atividade física em que as habilidades do movimento fundamental e do especializado podem se desenvolver. Incluem jogos educativos, dança e ginástica.

Maturação. Processo de mudança desenvolvimental caracterizado por uma ordem fixa de progressão, em que o ritmo pode variar, mas a sequência de surgimento das características é a mesma.

Medicação obstétrica. Série de medicamentos administrados à gestante antes e durante o parto, com vários propósitos, inclusive de aliviar a dor e estimular o trabalho de parto.

Menarca. Primeiro fluxo menstrual de uma adolescente.

Mesoderma. Camada de células, durante o período embrionário, que origina os sistemas muscular, esquelético, reprodutivo e circulatório.

Mesomorfo. Classificação do físico com aspectos como músculos bem desenvolvidos, ombros largos, cintura fina e peito proeminente.

Método dedutivo. Abordagem de elaboração de teorias baseada em inferências estatísticas. As teorias dedutivas integram fatos existentes, prestam-se à formulação de hipóteses testáveis e geram resultados que refutam ou comprovam as hipóteses.

Método indutivo. Abordagem baseada em fatos que se destina à elaboração de teorias em torno das quais é formada uma estrutura conceitual na tentativa de organizar e explicar esses fatos.

Método longitudinal. Método de estudo que tenta explicar mudanças ao longo do tempo desenvolvimental e envolve a elaboração de gráficos dos vários aspectos do comportamento de um indivíduo no decorrer de vários anos.

Método longitudinal misto. Método em que os indivíduos são selecionados e estudados de modo transversal e acompanhados longitudinalmente por vários anos; ele permite, portanto, a comparação dos resultados e fornece recursos para a validação de mudanças relacionadas com a verdadeira mudança desenvolvimental.

Método transversal. Método de estudo que observa diferenças de comportamento relacionadas com a idade, permitindo ao pesquisar coletar dados sobre diferentes grupos de pessoas, em várias faixas etárias, em um mesmo momento temporal, e que gera diferenças médias ao longo do tempo real, mas não aponta mudanças individuais ao longo do tempo desenvolvimental.

Mielinização. Desenvolvimento de mielina em torno dos neurônios.

Mineralização óssea. Processo promovido pela atividade física, que torna os ossos mais fortes e menos propensos a fraturas.

Miose senil. Condição relacionada com a idade em que as pupilas de adultos mais velhos não abrem tanto como em anos prévios e, por isso, restringem a capacidade de responder a níveis baixos de iluminação.

Mitose. Processo de divisão celular que acontece durante o período pré-natal.

Motor. Fatores biológicos e mecânicos subjacentes que afetam o movimento.

Movimento fundamental. Série organizada de movimentos relacionados, usados para executar tarefas de movimento básicas, como corrida, salto, arremesso e recepção. Os movimentos fundamentais podem ser classificados como de locomoção, manipulação ou estabilização.

Movimentos rápidos dos olhos (*sacádicos*). Movimentação rápida dos olhos em que há redirecionamento do foco visual de um objeto a outro.

Mudança qualitativa. Mudanças no processo ou na mecânica de execução de um padrão de movimento.

N

Nível avançado/refinado. Terceiro estágio do aprendizado de uma habilidade de movimento, caracterizado pela completa compreensão da habilidade pelo executor. Nesse nível, a habilidade é realizada de modo suave, fluido e altamente coordenado. O executor enfatiza o refinamento e a sintonização fina da habilidade.

Nível iniciante/novato. Primeiro nível no aprendizado de uma nova habilidade de movimento; com frequência caracterizado por movimentos lentos, descoordenados e esquisitos, acompanhados da atenção consciente a cada detalhe da atividade.

Nível intermediário/prático. Segundo estágio do aprendizado de uma nova habilidade de movimento. Nele o executor compreende os aspectos gerais da habilidade. A atenção consciente a detalhes da habilidade diminui quando a sua imagem mental torna-se mais fixa.

Normas sociais. Padrões de comportamento esperados de todos os membros de determinada sociedade.

O

Obesidade. Aumento excessivo da quantidade de gordura corporal armazenada; em geral se considera obesidade a faixa do octagésimo quinto ao nonagésimo quinto percentil do peso pela altura.

Obesogênico. Que causa obesidade, que tende a incentivar o ganho excessivo de peso.

Objetividade. Condição em que um teste gera resultados similares quando administrado por testadores diferentes a um mesmo indivíduo.

Osteopenia. Perdas brandas da densidade mineral óssea.

Osteoporose. Doença caracterizada por perda acelerada da densidade mineral óssea.

P

Padrão contralateral. Padrão de movimento (geralmente no engatinhar e no caminhar) em que o braço se movimenta em uníssono com a perna do lado oposto.

Padrão de movimento. Séries organizadas de movimentos relacionados usados para realizar uma tarefa de movimento.

Padrão do movimento fundamental. *Performance* observável de um movimento básico de locomoção, manipulação ou estabilidade, que envolve a combinação de padrões de movimento de dois ou mais segmentos corporais, como executar um arremesso por baixo ou por cima, em que são integradas ações do braço, do tronco e da perna apropriadas em termos desenvolvimentais.

Padrão homolateral. Padrão de movimento (em geral no engatinhar) em que o braço e a perna de um mesmo lado do corpo movimentam-se em uníssono.

Padrão ipsilateral. Padrão de movimento em que o braço e o seu *mesmo* lado do corpo agem juntos, em uníssono.

Papéis sociais. Comportamentos empregados para preencher um estado em dada situação.

Pequeno para a idade. Bebê nascido com peso de nascimento esperado para a idade gestacional, mas antes do final do prazo de gestação (i.e., com 37 semanas ou menos).

Percepção. Processo pelo qual nos tornamos conscientes daquilo que nos rodeia, por meio do uso de uma ou mais de nossas modalidades sensoriais.

Percepção auditiva. Capacidade de receber e processar informações obtidas pelo sentido da audição.

Percepção de cor. Capacidade dos olhos de distinguir cores diferentes.

Percepção de forma. Capacidade de distinguir formas.

Percepção de profundidade. Processo pelo qual o indivíduo enxerga de modo tridimensional por meio de indicações de profundidade monocular e binocular e é capaz de julgar distâncias com precisão a partir da própria posição.

Percepção figura-fundo. Capacidade de separar o objeto de interesse (visual, tátil, gustativo, etc.) do seu *background*.

Percepção gustativa. Capacidade de receber e processar informações obtidas pelo sentido do paladar.

Percepção olfativa. Capacidade de receber e processar informações obtidas pelo sentido do olfato.

Percepção tátil. Capacidade de receber e processar informações obtidas pelo sentido do tato.

Perceptivo-motor. Processo de organização de informações recebidas junto com informações já armazenadas, levando a uma resposta de movimento.

Períodos sensíveis. Amplos períodos de tempo de desenvolvimento de uma capacidade ou potencialidade específica, que vai além da visão estreita da hipótese do período crítico.

Perseguição. Capacidade dos olhos de acompanhar um objeto em movimento.

Pesagem hidrostática. Método de determinação da porcentagem de gordura corporal por meio da submersão do indivíduo e do cálculo do seu peso debaixo d'água; a partir desse cálculo pode ser feita uma estimativa precisa da porcentagem de gordura corporal.

Peso de nascimento muito baixo. Peso de nascimento abaixo de 1,5 kg.

Pico de velocidade da altura. Período do estirão de crescimento na adolescência em que o ritmo de crescimento da altura atinge o ponto máximo.

Pico de velocidade do peso. Período do estirão de crescimento na adolescência em que o ritmo de crescimento do peso atinge o ponto máximo.

Placas de crescimento. Estruturas cartilaginosas entre as epífises do osso suscetíveis a lesões na juventude, em virtude de excessiva sustentação de peso.

Plasticidade do cérebro. Capacidade do cérebro de adaptar-se a traumas por meio de mecanismos, como o estabelecimento de trajetos neuronais compensatórios, quando os trajetos primários são destruídos.

Pletismografia por deslocamento de ar. Procedimento destinado a determinar a composição corporal; difere da pesagem hidrostática por incorporar o deslocamento do ar em uma câmara, em vez do deslocamento da água em um tanque.

Poluentes químicos. Categoria de substâncias ambientais, como o chumbo e o mercúrio; a exposição de gestantes a essas substâncias pode resultar em defeitos de nascimento.

Potência. Capacidade de realizar um esforço máximo, no período de tempo mais curto possível; às vezes chamada de força explosiva.

Potenciais evocados. Método de estudo das mudanças nas respostas elétricas cerebrais que gera informações úteis sobre a resposta a estímulos.

Potencialidades. Potencial genético herdado, relacionado ao êxito na *performance* de determinada tarefa.

Prematuro. Qualquer recém-nascido com menos de 2 kg e período de gestação inferior a 37 semanas.

Presbiacusia. Perda de audição associada com a idade.

Prontidão. Convergência de condições da tarefa, do indivíduo e do ambiente que torna apropriado o domínio de determinada tarefa.

Puberdade. Período desenvolvimental que representa o começo da maturação sexual.

R

Radicais livres. Moléculas de oxigênio instáveis, produzidas pelo metabolismo celular normal, que se chocam no interior das células, danificando o DNA e outras estruturas celulares. É a base de uma das teorias do envelhecimento.

Rastejar. Movimento para a frente, realizado na posição pronada, em um padrão homolateral, com o abdome em contato com a superfície de apoio.

Reflexo pupilar consensual. Dilatação da pupila na presença de iluminação fraca e constrição quando a luz é forte.

Reflexos. Movimentos involuntários controlados subcorticalmente e que formam a base das três fases remanescentes do desenvolvimento motor. Com frequência, são classificados como "primitivos e posturais".

Reflexos de sobrevivência primitivos. Subgrupo dos reflexos primitivos que possibilitam ao neonato obter nutrição por meio da busca e sucção involuntárias.

Reflexos posturais primitivos. Subgrupo dos reflexos primitivos, que lembram os movimentos voluntários posteriores e podem servir como seus precursores.

Resistência aeróbia. Habilidade de realizar várias repetições de uma atividade estressante, que exige considerável uso dos sistemas circulatório e respiratório.

Resistência muscular. Capacidade do músculo ou de um grupo de músculos de realizar um trabalho de forma repetida, contra uma resistência moderada.

Restrições. Fatores que podem impedir o desenvolvimento.

Restrições da tarefa. Refere-se a aspectos da tarefa, do ambiente e do aprendiz que interagem para gerar um resultado quantitativo e padrões qualitativos de movimento.

Restrições do ambiente. Aspectos do mundo exterior ao indivíduo que afetam o padrão da *performance* motora. São de natureza global, como a influência de fatores socioculturais ou fatores físicos, como a superfície do piso ou o equipamento.

Restrições do indivíduo. Fatores do indivíduo (estruturais e/ou funcionais) que afetam o padrão do movimento. As restrições estruturais referem-se à influência do corpo da criança (p. ex., altura, força, crescimento físico); as funcionais são mais de natureza comportamental, referindo-se a fatores psicológicos, como motivação e cognição.

Ritmo. Recorrência sincrônica de eventos relacionados de um modo que forma padrões identificáveis.

Ritmo da maturação sexual. Padrão ou sucessão de mudanças desenvolvimentais durante a adolescência.

S

Sarcopenia. Atrofia da massa muscular esquelética.

Senescência. Processo biológico gradual, relacionado com o tempo e que acontece à medida que processos degenerativos superam os regeneradores.

Sensação. Estímulos recebidos por várias modalidades dos sentidos.

Sequências desenvolvimentais. Série de padrões de movimento altamente previsíveis, que começa por padrões iniciais ineficientes, passa por padrões emergentes cada vez mais eficientes e vai até o movimento proficiente e hábil.

Sequências desenvolvimentais dos componentes. Série de padrões de movimento altamente previsíveis que envolvem a descrição da movimentação diferenciada de cada componente corporal durante o movimento. Essas ações dos componentes corporais começam por padrões iniciais de movimento ineficientes e passam a padrões mais proficientes e hábeis.

Sequências desenvolvimentais para o corpo inteiro. Séries de padrões de movimento altamente previsíveis que envolvem a descrição do corpo inteiro, começando por padrões iniciais ineficientes, com transferência para padrões mais proficientes e hábeis.

Sequências entre habilidades. Sequência previsível do aprendizado de uma habilidade, seguido pelo de outra habilidade, em uma ordem predeterminada.

Sequências intra-habilidade. Variações progressivas da *performance* de uma variedade de tarefas do movimento fundamental, estabelecendo uma série de estágios descritivos.

Síndrome alcoólica fetal. Condição que resulta do abuso materno de álcool durante a gravidez, com potenciais resultados de retardo mental e defeitos físicos na criança.

Síndrome de Down. Condição que se origina de um cromossomo extra e resulta em atrasos motores e mentais e em aspectos físicos distintivos.

Socialização cultural. Processo que dura a vida toda, pelo qual o bebê se torna adulto em um ambiente cultural; ele ocorre por meio da modificação do comportamento de acordo com as expectativas de um grupo.

T

Taxa de crescimento. Padrão pessoal de crescimento, resistente a influências externas.

Tema da habilidade. Habilidade de movimento isolada ou conjunto de habilidades em torno do qual se agrupam uma lição específica ou uma série de lições.

Tempo de reação. Tempo decorrido entre a apresentação de um estímulo e a ativação inicial dos grupos musculares apropriados à realização da tarefa.

Tendência secular. Mudanças entre gerações em altura, peso e idade de surgimento da maturidade física.

Teoria da atividade. Teoria sobre o envelhecimento, segundo a qual, à medida que ficam mais velhos, os adultos precisam de interação com outras pessoas e de atividade física continuada para ficarem felizes e satisfeitos.

Teoria da mutação genética. Teoria do envelhecimento que sugere que o funcionamento celular pode mudar ou sofre mutação à medida que o tempo passa, resultando em deterioração de tecidos ou órgãos.

Teoria das fases-estágios. Teoria descritiva, segundo a qual existem períodos etários universais, caracterizados por comportamentos típicos, que ocorrem em fases ou estágios e prolongam-se por tempos arbitrários.

Teoria das tarefas desenvolvimentais. Teoria de predição segundo a qual há tarefas essenciais que os indivíduos têm de realizar em um período específico para poderem funcionar com efetividade e atender às demandas que lhes são apresentadas pela sociedade.

Teoria descritiva. Qualquer estrutura teórica que veja o desenvolvimento como períodos etários típicos que ocorrem ao longo da vida.

Teoria do desengajamento. Teoria do envelhecimento segundo a qual, quando envelhecem, as pessoas devem começar a abandonar relacionamentos, perder gradualmente interesses do passado e, por fim, se retirar da sociedade.

Teoria do desligamento genético. Teoria do envelhecimento que sugere que as células são programadas para se desligar após certo número de replicações.

Teoria do local ou ambiente do comportamento. Ramo da psicologia ecológica que afirma que as condições específicas do ambiente do espaço de vida da pessoa são responsáveis por grande parte da variação individual. Ambientes diferentes evocam respostas diferentes e, portanto, levam a padrões diferentes de desenvolvimento.

Teoria do processamento de informações. Teoria que foca o modo como os indivíduos processam informações sobre o próprio ambiente e a sua subsequente influência sobre o movimento.

Teoria dos marcos desenvolvimentais. Teoria que foca indicadores estratégicos sutis do progresso do desenvolvimento e vê o desenvolvimento como o desdobramento e o entrelaçamento de processos desenvolvimentais e não como transição nítida de um estágio a outro.

Teoria dos radicais livres. Teoria do envelhecimento que sugere que as células deterioram-se a partir da exposição a componentes moleculares altamente reativos, conhecidos como radicais livres.

Teoria dos sistemas dinâmicos. Ramo da psicologia ecológica, que vê o desenvolvimento como um processo não linear, descontínuo, auto-organizado, composto de vários fatores – a tarefa, o indivíduo e o ambiente –, que operam separadamente e em harmonia e que determinam o ritmo, a sequência e a extensão do desenvolvimento.

Teoria ecológica. Também chamada de "teoria contextual". É uma teoria descritiva e explicativa que vê o desenvolvimento como função do "contexto" ambiental e da estrutura temporal histórica em que a pessoa vive. O estudo da ecologia humana a partir dessa perspectiva desenvolvimental é matéria de estudo da relação dos indivíduos entre si e com o seu ambiente.

Teoria explicativa. Qualquer estrutura teórica que propõe explicações para questões sobre os processos desenvolvimentais.

Teoria neuromaturacional. Teoria do desenvolvimento motor cuja tese de fundamento propõe que, se o córtex se desenvolver, inibe algumas das funções das camadas subcorticais e assume cada vez mais o controle neuromuscular.

Teratogênico. Qualquer substância que potencialize o desenvolvimento anormal do feto.

Teste de campo. Procedimento avaliativo realizado fora do laboratório.

Testes de avaliação. Instrumentos de avaliação destinados a fornecer meios relativamente rápidos e simples de reconhecimento da existência de problemas.

Testes que usam critérios como referência. Instrumentos de avaliação que incorporam um padrão preestabelecido que serve de referência para a comparação com os escores do sujeito.

Testes que usam normas como referência. Instrumentos de avaliação com base em amostragem estatística de centenas ou até milhares de indivíduos.

Testosterona. Principal hormônio sexual associado com ganhos expressivos na força muscular de adolescentes do sexo masculino.

TR fracionado. Processo de dividir todo o processo do tempo de reação em vários componentes.

Transtorno do comer compulsivo. Transtorno da alimentação em que o indivíduo se engaja em um modo de comer compulsivo, seguido de purgação por meio de vômito autoinduzido ou uso de laxantes.

Treinamento perceptivo. Programas paliativos e facilitadores, destinados a promover o desenvolvimento perceptivo-motor em crianças.

Troca velocidade-precisão. Tendência de declínio na precisão do movimento quando a velocidade aumenta.

V

Validade. Condição em que um teste mede o que diz medir.

Valores. Pontos de vista acerca do que é desejável, com base em fortes componentes cognitivos e afetivos, que levam a uma ação.

Variabilidade entre indivíduos. Diferença entre os indivíduos no que diz respeito ao ritmo de envelhecimento.

Variabilidade intraindivíduo. Os diferentes ritmos de envelhecimento dos vários sistemas corporais de um mesmo indivíduo.

Velocidade. Capacidade de se movimentar de um ponto a outro no menor tempo possível. A velocidade é a soma do tempo de reação e do tempo de movimento.

Visão binocular. Funcionamento conjunto dos dois olhos para fornecer a percepção de profundidade.

Visão periférica. Campo visual que pode ser visto sem mudança na posição do olho.

Z

Zigoto. O organismo humano representado pela união dos núcleos das células do esperma e do óvulo e o seu crescimento contínuo ao longo da primeira semana após a concepção.

Índice

A

Abordagem segmentar, 420-421
Acelerômetro, 276
Acomodação (visual), 178-179
Acomodação, 58
Acuidade visual, 178-179, 293-295
Acuidade visual dinâmica, 294
Acuidade visual estática, 293
Adaptação, 58
Adaptação neuromuscular, 281-282
Adolescência
    aptidão física; *ver* Aptidão física na adolescência
    crescimento durante a, 315-322
    definição, 315
    desenvolvimento motor; *ver* Habilidades do movimento especializado
    maturidade reprodutiva, 326-329
    puberdade, 321-326
Affordances, 46-47
Agilidade, 287-288
Alcançar, 164-165
Algoritmo, 74-75
Altura, 134-135
Amenorreia, 325
Amniocentese, 122-123
Amostra randomizada estratificada, 355
Amostras de conveniência, 354
Análise de impedância bioelétrica, 362-363
Anorexia nervosa, 98-100
Antioxidantes, 384
Aposentadoria, 403-404
Aprendizado, 31-33
Aprendizado motor, 32-33
Aptidão física
    aptidão física relacionada à saúde, 274-280
    aptidão motora, 283-289
    definição, 99-100, 274
    e habilidades de movimento, 282-284
    em adolescentes: *ver* Adolescentes, aptidão física
    treinamento da aptidão física, 279-283
Aptidão física, 283-289, 367-372
Aptidão física na adolescência
    aptidão física relacionada à *performance*, 367-372
    aptidão física relacionada à saúde, 354-355
    composição corporal, 362-368
    flexibilidade, 362
    força muscular e resistência, 358-361
    resistência aeróbia, 355-358
Aptidão física relacionada à saúde, 274
Arremessar
    arremesso por sobre o ombro, 212, 215, 218-219
    definição, 212, 215
    restrições da tarefa, 221-223
    restrições do ambiente, 222-225
    restrições do indivíduo, 219-222
Arremesso em distância, 370
Arteriosclerose, 392-393
Assimilação, 58
Aterosclerose, 392-393
Ativação do movimento, 53
Atividades da vida diária (AVDs), 420-422
Atraso no crescimento, 201-202
Atrasos desenvolvimentais, 302-305
Atrofia, 201-202
Autoconceito, 31-32
Autorrelatos de atividades, 276
Avaliação da maturidade, 328
Avaliação motora, 169-170
Axônios, 391

B

Barreira da proficiência, 332
Bateria de Avaliação do Movimento para Crianças – 2ª Edição, 270
Biomecânica, 100, 102-105
Biópsia de vilo coriônico (BVC), 122-123
Bulimia nervosa, 98-100

C

Capacidade de treinamento aeróbio, 279-280
Capacidades de movimento, 23-24
Capacidades do movimento rudimentar, 70
Características sexuais secundárias, 328
Carência, 89-91
Cataratas, 397-398
Categoria do movimento, 67
Categoria do movimento de manipulação, 68
Categoria do movimento locomotor, 68
Categoria dos movimentos de estabilidade, 67-68
Chutar
    chutadores proficientes, 232-234
    definição, 232-233
    sequências desenvolvimentais, 233-236
Cinesiologista desenvolvimental, 22
Clamídia, 119-120
CMV (citomegalovírus), 119-120
Compassos de dobras cutâneas, 278-279, 362-363
Competência motora, 207
Competência percebida, 31-32

Comportamento motor, 32-33
Composição corporal, 278-279, 362-367
Comprimento corporal, 134-135
Confiabilidade, 265-266
Consciência corporal, 299-300
Consciência direcional, 300-301
Consciência espacial, 299-301
Consciência temporal, 300-302
Consumo máximo de oxigênio (VO_2 máx), 275, 395
Contexto ambiental, 36, 39
Controle do movimento, 337
Controle emocional, 338
Controle motor, 32-33
Coordenação, 283-286
Coordenação visuomotora, 296-298
Corrida
    corredores proficientes, 247-251
    definição, 247-248
    medições do produto, 251-253
    sequências desenvolvimentais, 250-252
Corrida lateral, 252-253
Crescimento
    de adolescentes, 315-322
    de bebês, 132, 134-137
    definição, 30-31
    no final da adolescência, 196-198
    no início da infância, 189-191
    pré-natal, 129-132
Crescimento do bebê
    final do período de bebê, 136-137
    início do período de bebê, 135-137
    período neonatal, 132, 134-136
Crescimento físico, 30-31
Crescimento na adolescência
    altura, 316-319
    coração e pulmões, 320-322
    influência do genótipo, 315-316
    peso, 319-320
Crescimento pré-natal
    gráfico de destaques, 132, 134
    período embrionário, 130-131
    período fetal final, 131-132
    período fetal inicial, 131-132
    período zigótico, 129-130
Cronologia da puberdade, 324

D

Defeitos genéticos, 115-118
Dendritos, 391
Densidade mineral óssea, 385

Dependente da idade, 250-251
Depressão, 402-403
Desabituação, 176
Desenvolvimento, 30-31
Desenvolvimento afetivo, 195-197, 199-200
Desenvolvimento cognitivo da criança, 195, 199-200
Desenvolvimento das mamas, 326
Desenvolvimento físico de crianças
    aptidão física relacionada à saúde, 274-280
    aptidão motora, 283-289
    e habilidades de movimento, 282-284
    no final da infância, 198-200
    no início da infância, 194-195
    treinamento da aptidão física, 279-283
Desenvolvimento fisiológico em adultos
    composição corporal, 395-396
    desenvolvimento psicossocial, 399-404
    sistema circulatório e respiratório, 392-396
    sistema musculoesquelético, 384-390
    sistema nervoso central, 390-393
    sistemas sensoriais, 395-400
Desenvolvimento motor
    classificações etárias no estudo do, 27-29
    de bebês: *ver* Desenvolvimento motor de bebês
    de crianças: *ver* Habilidades motoras fundamentais
    definição, 21, 32-34
    descrição e explicação, 66-67
    dos adolescentes; *ver* Habilidades do movimento especializado
    fases do, 67-74
    fatores ambientais no, 88-91
    fatores da tarefa física no; *ver* Fatores da tarefa física
    fatores individuais no, 84-89
    história do, como campo de estudo, 21-26
    métodos de estudo do, 25-29
    modelo para toda a vida, 22-24, 73-80
    terminologia, 29-34

Desenvolvimento motor do bebê
    estabilidade, 159-162
    estudos sobre, 157-159
    locomoção, 161-164
    manipulação, 163-167
    programas especiais, 166-170
Desenvolvimento na infância
    desenvolvimento afetivo, 195-197, 199-200
    desenvolvimento cognitivo, 195, 199-200
    desenvolvimento físico; *ver* desenvolvimento físico da criança
    desenvolvimento perceptivo, 292-298
    fatores que afetam o, 200-204
    habilidades de locomoção, *ver* Locomoção, habilidades de
    habilidades de manipulação; *ver* Manipulação, habilidades de
    implicações, 196-197, 199-201
    primeira infância, 192-194
    segunda infância, 197-199
Desenvolvimento perceptivo
    acuidade visual, 293-295
    coordenação visual-motora, 296-298
    definição, 293
    percepção de profundidade, 295-297
    percepção figura-fundo, 295
    treinamento perceptivo, 296-298
Desenvolvimento pré-natal
    a gravidez, 122-124
    atividade vigorosa durante crescimento pré-natal, 129-132
    diagnóstico e tratamento, 121-123
    fatores ambientais, 117-122
    fatores do processo de nascimento, 123-125
    fatores hereditários, 114-118
    fatores nutricionais e químicos, 109-115
Desenvolvimento psicossocial de adultos, 399-400, 403-404
Dicas de profundidade binoculares, 295
Diferenças individuais, 88-89
Diferenciação, 86
Dinamômetros, 277
Direção desenvolvimental, 84
Direcionamento, 300-301
Discriminação do idoso, 403-404

Disparidade retinal, 295
Doença de célula falciforme, 115-117
Doença de Tay-Sachs, 117
Doenças sexualmente transmissíveis, 118-120
Domínio afetivo do comportamento, 31-32
Domínio cognitivo do comportamento, 31-32
Domínio psicomotor do comportamento, 31-34
Domínios do comportamento, 30-32
Drogas ilícitas, 111-112

E

Ectoderma, 130
Ectomórfico, 202-203
Ejaculação, 322-323
Embrião, 130
Endoderma, 130
Endolinfa, 399-400
Endomórfico, 201-202
Engatinhar, 161-162
Entrelaçamento recíproco, 85-86
Entrelaçamentos neurofibrilares, 392
Envelhecer bem, 403-406
Equilíbrio
    biomecânica do, 100, 102-103
    na adolescência, 371-372
    na infância, 285-287
    na vida adulta, 414-416
Equilíbrio dinâmico, 286-287
Equilíbrio estático, 286-287
Erikson, Eric, 54-58
Escala de maturidade de Tanner, 28-29
Escorbuto, 200-201
Espaço geral, 299-300
Especificidade da tarefa, 381
Espinha bífida, 117-118
Espiral negativa de desengajamento, 210
Espiral positiva de engajamento, 209
Esporte da juventude, 335-336
Esquema corporal, 299-300
Esquemas multidimensionais, 36, 39-40
Estabilidade, 159-162
Estágio associativo, 344
Estágio autônomo, 344
Estágio cognitivo, 344

Estágio da consciência, 345
Estágio da descoberta, 345
Estágio da exploração, 345
Estágio da *performance*, 348
Estágio de aplicação, 334-335
Estágio de aquisição da ideia, 344
Estágio de codificação, 140
Estágio de combinação, 347-348
Estágio de decodificação, 140
Estágio de fixação/diversificação, 344-345
Estágio de inibição do reflexo, 157-158
Estágio de pré-controle, 157-158
Estágio de transição, 334
Estágio de utilização ao longo da vida, 335
Estágio individualizado, 348
Estágios de Tanner, 326
Estereopsia, 179-180
Estereótipos rítmicos, 151-154
Esterilidade relativa da puberdade, 327
Estimulação, 89-91
Estirão de crescimento na adolescência (período púbere), 316
Estrógenos, 325
Experiência, 30-31
Experimentos de penhasco visual, 180-182

F

Fase de apoio, 418-419
Fase de balanço, 418-419
Fases do desenvolvimento motor, 67
Fatores das tarefas físicas
    biomecânica, 100, 102-105
    níveis de aptidão física, 99-100, 102
    prematuridade, 92-94
    transtornos alimentares, 94-100
Fatores de controle do movimento, 283-286
Fatores de produção de força, 283-286
Feedback, 53
Fenilcetonúria (FCU), 117-118
Fenótipo, 315
Feto, 131
Ficar de pé, 160-162
Fidedignidade entre classificadores, 354

Filtro do estilo de vida, 77-78
Filtro hereditário, 77-78
Final da infância; *ver* Infância
Fixação binocular, 179-180
Fixação visual, 179-180
Flexibilidade, 362
Flexibilidade articular, 278-279, 362
Flexibilidade dinâmica, 278-279
Flexibilidade estática, 278-279
Flutuação autorreguladora, 85
Força, 102-103
Força isocinética, 277
Força isométrica, 276
Força isotônica, 277
Força muscular, 276, 390
Força/resistência isotônica abdominal, 358
Fraturas do quadril, 416
Freud, Sigmund, 43
Fusão, 179-180

G

Galopar, 252-254
Genótipo, 315
Gerontologia, 382-384
Gesell, Arnold, 43-44
Giárdia, 169-170
Gonorreia, 119-120
Gravidez de alto risco, 109
Guarda alta, 247-248
Guarda média, 247-248

H

Habilidade esportiva, 32-34
Habilidades de locomoção
    avaliação de, 265-266, 270
    correr, 249-253
    definição, 246
    galopar e correr lateralmente, 252-254
    orientações nacionais, 265-266
    saltar, 256-261
    saltitar, 260-265
    sequências desenvolvimentais, 246-248
    skipping, 254-257
Habilidades de manipulação
    arremessar, 212, 215, 218-226
    chutar, 232-236
    definição, 212, 215
    pegar, 225-233
    rebater, 236-243
    volear, 235-237

Habilidades de movimento
  definição, 23-24, 32-34
  especializado; *ver* Habilidades do movimento especializado
  fundamental, *ver* Habilidades motoras fundamentais
  modelos de classificação bidimensional das, 34-40
  modelos de classificação multidimensional das, 39-40
  modelos de classificação unidimensional das, 34-36
Habilidades do movimento especializado
  definição, 72-73, 332
  esporte juvenil, 335-336
  estimulação de melhorias, 337-341
  níveis e estágios do aprendizado, 341, 344-350
  sequência desenvolvimental, 332-335
Habilidades do movimento fundamental, 70-71
Habilidades filogenéticas, 88-89, 246
Habilidades motoras amplas, 34-35
Habilidades motoras finais, 34-35
Habilidades motoras fundamentais (HMFs)
  atrasos desenvolvimentais, 302-305
  avaliação das, 265-270
  definição, 207
  habilidades de locomoção; *ver* Locomoção, habilidades de
  habilidades de manipulação; *ver* Manipulação, habilidades de
  importância, 208-210
  intervenções nas habilidades motoras, 304-309
  sequências desenvolvimentais, 210-214
  teoria dos sistemas dinâmicos, 211-212, 215
Habilidades ontogenéticas, 88-89, 246
Habituação, 176
Havighurst, Robert, 62-63
Herpes genital, 118-119
Heurística, 74-75
Heurística da ampulheta, 74-80
Hipertrofia, 201-202
Hiponatremia, 168-170
Hipotálamo, 324
Hipótese do gatilho, 279-280

Hipótese do movimento, 293
Hipoxia, 392
HIV/aids, 119-120
Homeostase, 383
Hormônios anabólicos, 280-281
Hormônios catabólicos, 280-281
Hormônios gonadotrópicos (GnRH), 325

I

Idade, 27-29
Idade autoconceitual, 29
Idade biológica, 27-29
Idade cronológica, 27-29
Idade dentária, 28-29
Idade emocional, 28-29
Idade esquelética, 27-29
Idade mental, 29
Idade morfológica, 27-29
Idade perceptiva, 29
Idade sexual, 28-29
Imagem corporal, 299-300, 401-402
Incompatibilidade do Rh, 120-122
Indicações de profundidade monocular, 295
Índice de massa corporal (IMC), 362-363
Infância
  crescimento no final da infância, 196-198
  crescimento no início da infância, 189-191
  desenvolvimento no final da infância, 197-201
  desenvolvimento no início da infância, 192-197
Início da infância; *ver* Infância
Input sensorial, 52-53
Integração, 86
Integração sensorial, 53
Intensidade cromática, 181-182
Interceptação de objetos, 296-297
Interpretação motora, 53
Intervenção inicial, 166-167
Intravariabilidade, 207

K

Kwashiorkor, 200-201

L

Lateralidade, 300-301
Lei da ação e reação, 103-104
Lei da aceleração, 103-104

Lei da inércia, 103-104
Lesões nas placas de crescimento, 202-203
Ligação (laços), 89
Limitadores da taxa, 46-47
Lipofuscina, 392
Locomoção, 161-164
Locus do controle, 402-403

M

Má formação congênita, 130
Má nutrição, 109-110
Má nutrição crônica, 200-202
Má nutrição fetal, 109-110
Má nutrição materna, 109-110
Má nutrição placentária, 109-110
Má nutrição pré-natal, 109-110
Manipulação, 163-167
Marcadores da idade, 392
Marcha, 418-421
Marcha ereta, 162-164
Marco desenvolvimental, 45-46
Maturação, 30-31
Maturação sexual, 322-323
Medicação obstétrica, 123-124
Medicamentos usados pela mãe, 110-113
Menarca, 322-323
Mesoderma, 130
Mesomórfico, 201-203
Método dedutivo, 67
Método indutivo, 67
Método longitudinal, 25-26
Método longitudinal misto, 26-27
Método transversal, 25-27
Mielinização, 189
Mineralização óssea, 202-203
Miose senil, 396-397
Mitose, 129
Modelo bidimensional de Gallahue, 38
Modelo bidimensional de Gentile, 34-37, 39
Modelo da Ampulheta Triangulada, 74-80
Modelo para toda a vida, 22-24, 73-80
Modelos bidimensionais, 34-36, 39
Modelos do desenvolvimento humano
  modelos teóricos, 43-44
  processamento de informações, 52-53
  teoria da tarefa desenvolvimental, 45-46

teoria das fases-estágios, 45-46
teoria de Erikson, 54-58
teoria de Havighurst, 62-63
teoria de Piaget, 58-62
teoria do marco
 desenvolvimental, 45-46
teoria ecológica, 46-52
Monitores de frequência cardíaca, 276
Motor, 32-33
Movement ABC-2, 270
Movimento
 aspectos musculares do, 34-35
 aspectos temporais do, 34-36
 definição, 21, 32-34
Movimento discreto, 34-35
Movimento rudimentar
 no bebê; *ver* Bebê,
 desenvolvimento motor
Movimentos contínuos, 34-35
Movimentos de olhos-de-boneca, 142
Movimentos seriais, 34-35
Mudança de fase, 48

N

Neurotransmissores, 391
Nível avançado/refinado, 348
Nível iniciante/novato, 345
Nível intermediário/prático, 347-348

O

Obesidade, 94
Obesogênico, 367
Objetividade, 265-266
Osteopenia, 387
Osteoporose, 385-386

P

Padrão contralateral, 161-162, 213-215, 218
Padrão do movimento, 32-34
Padrão do movimento
 fundamental, 32-34
Padrão ipsilateral, 213-215, 218
Padrões fixos de comportamento, 49
Padrões homolaterais, 161-162
Parâmetros de controle, 48
Pegada (recepção)
 com as duas mãos, 226-230
 definição, 225-226

receptores (pegadores)
 proficientes, 226-227
 restrições, 228-233
Pegar (pegada), 164-166
Pelagra, 200-201
Pelo axilar, 324
Pelo púbico, 326
Pequeno para a idade, 92
Percepção
 bebês; *ver* Percepção dos bebês
 definição, 52, 174, 298-299
 visual; *ver* Percepção visual
Percepção auditiva, 182-184
Percepção da forma, 181-183
Percepção de cores, 181-182
Percepção de profundidade, 180-181, 295-297
Percepção de profundidade
 dinâmica, 180-181
Percepção de profundidade
 estática, 180-181
Percepção do bebê
 auditiva, olfativa, gustativa e tátil, 182-184
 métodos de estudo, 174-176
 percepção visual, 176-183
Percepção figura-fundo, 295
Percepção gustativa, 182-184
Percepção olfativa, 182-184
Percepção tátil, 182-184
Percepção visual
 acuidade visual, acomodação e visão periférica, 178-180
 aspectos desenvolvimentais, 176
 binocularidade, fixação e perseguição, 179-181
 percepção de cor, 181-182
 percepção de forma, 181-183
 percepção de profundidade, 180-181
 sensibilidade ao contraste, 176, 178-179
Perceptivo-motoras
 atividades, 301-303
 definição, 52, 297-299
Perceptivo-motores
 componentes, 298-302
Performance motora, 32-34
Performance motora na vida adulta
 avaliação da, 422-424
 condução de automóveis, 421-423
 controle do equilíbrio e da postura, 414-416
 fatores que afetam a, 410
 marcha, 418-421

nas atividades diárias, 420-422
 quedas, 416-419
 tempo de reação, 411-414
 variabilidade da, 379-382
Período crítico, 87
Período sensível, 87
Perseguição binocular, 179-180
Pesagem hidrostática, 362-363
Peso de nascimento baixo (PNB), 92
Peso de nascimento muito baixo (PNMB), 92
Pesquisa orientada ao processo, 26-27
Pesquisas orientadas ao produto, 26-27
Piaget, Jean, 58-62
Pico de velocidade da altura, 316
Pico de velocidade do peso, 319
Placas de crescimento, 281-282
Placas senis, 392
Plasticidade cerebral, 392
Plasticidade desenvolvimental, 85
Pletismografia por deslocamento de ar, 362-363
Poluentes químicos, 118-119
Potência, 287-289
Potenciais evocados, 176
Prazer no aprendizado, 338
Prematuro, 92
Presbiacusia, 397-398
Presbiopia, 397-398
Problema dos graus de liberdade, 48
Processo de envelhecimento, 382-384
Processo desenvolvimental, 22-24
Programas aquáticos infantis, 168-170
Prontidão, 86-87
Propriocepção, 398-400
Puberdade, 315, 321-326
Pubescência, 321-323

Q

Quedas, 416-419

R

Raquitismo, 200-201
Rastejar, 161-163
Rastreamento, 179-180
Rebater
 definição, 236-239
 rebatedores proficientes, 238-240
 rebatida com as duas mãos (*batting*), 239-243

Reflexo de busca, 144-145
Reflexo de engatinhar, 148-149
Reflexo de extensão, 148-149
Reflexo de flexão, 147-148
Reflexo de Moro, 143-144
Reflexo de paraquedas, 148-149
Reflexo de sucção, 144-145
Reflexo de susto, 143-144
Reflexo do nado, 149, 151-152
Reflexo papilar consensual, 176
Reflexo primário da passada, 149, 151
Reflexos
   definição, 68
   no bebê; *ver* Bebê, reflexos do
Reflexos de endireitamento, 146-149
Reflexos de pegada, 145-146
Reflexos de sobrevivência primitivos, 140
Reflexos do bebê
   estereótipos rítmicos, 151-154
   movimento voluntário e, 140-141
   reflexos posturais, 146-147, 151-152
   reflexos primitivos, 143-147
   transtornos do sistema nervoso central, 141, 143
Reflexos mão-boca, 145
Reflexos posturais, 68
Reflexos posturais primitivos, 140
Reflexos primitivos, 68
Reflexos tônicos no pescoço, 146-147
Relacionado com a idade, 250-251
Resistência aeróbia, 275, 355-358
Resistência muscular, 277, 390
Respostas de frequência cardíaca, 276
Restrições, 46-47
Restrições da tarefa, 221-222
Restrições do ambiente, 222-223
Restrições individuais, 219-220
Ritmo, 301-302
Ritmo da maturação sexual, 322-323
Rubéola, 120-121

S

Sacádicos (movimentos rápidos dos olhos), 179-181
Saltar
   definição, 256-257
   medições do produto, 258, 260-261
   saltadores proficientes, 256-258
   sequências desenvolvimentais, 257-258, 260
Saltitar
   definição, 260-261
   saltitadores proficientes, 261-262
   sequências desenvolvimentais, 261-265
Salto em distância, 369
Sarcopenia, 387
Segurança nos movimentos, 31-32
Senescência, 382
Sensação de bem-estar, 401-402
Sensações, 174
Sentar, 160
Sequências de desenvolvimento dos componentes, 210
Sequências desenvolvimentais, 210-214
Sequências do desenvolvimento do corpo inteiro, 210
Sequências inter-habilidades, 246
Sífilis materna, 119-120
Síndrome de Down, 114-116
Síndrome do álcool fetal, 113-114
Skipping, 254-257
Socialização cultural, 31-32
Soltar, 165-167

T

Tálipe, 115-117
Tarefa aberta, 34-36
Tarefa desenvolvimental, 45-46
Tarefa fechada, 34-36
Tarefas de estabilidade, 34-36
Tarefas de manipulação de objetos, 34-36
Tarefas locomotoras, 34-36
Taxa de crescimento, 85
Tempo de coincidência--antecipação, 296-297
Tempo de reação (TR), 286-287, 411-414
Tempo do movimento, 286-287
Tendência secular, 203-204
Tensiômetro, 277
Teoria da atividade, 402-403
Teoria da maturação, 43-44
Teoria da mutação genética, 383
Teoria descritiva, 66-67
Teoria do ambiente, 44, 62-63
Teoria do desengajamento, 402-403
Teoria do desenvolvimento cognitivo, 44, 58-62
Teoria do desligamento genético, 383
Teoria do local do comportamento, 49-52
Teoria do processamento de informações, 52-53
Teoria dos radicais livres, 383
Teoria dos sistemas dinâmicos, 46-47, 141
Teoria ecológica
   ramo do ambiente do comportamento, 49-52
   ramo dos sistemas dinâmicos, 46-49
Teoria explicativa, 66-67
Teoria fase-estágio, 45-46
Teoria neuromaturacional, 141
Teoria psicanalítica do comportamento humano, 43
Teoria psicossocial, 43, 54-58
Teratogênico, 109
Teste de campo, 354
Teste do Desenvolvimento Motor Amplo – Segunda Edição (TGMD-2), 265-270
Testes orientados ao processo, 265-266
Testes orientados ao produto, 265-266
Testes referenciados a norma, 265-266
Testes referenciados ao critério, 265-266
Testosterona, 281-282
Toxoplasmose, 121-122
TR fracionado, 411
TR motor, 411
TR pré-motor, 411
Transtorno do comer compulsivo, 98-99
Treinamento de flexibilidade, 281-283
Treinamento de força, 279-282
Treinamento perceptivo, 296-298
Troca velocidade-precisão, 413

U

Ultrassom, 122-123

V

Validade, 265-266
Variabilidade interindivíduo, 381
Velocidade, 286-288
Velocidade da corrida, 367-368

Vida adulta
    atividades da vida diária, 420-422
    composição corporal, 395-396
    condução de veículos, 421-423
    desenvolvimento psicossocial, 399-404
    envelhecer bem, 403-406
    equilíbrio e controle postural, 414-416
    marcha, 418-421
    performance motora na, 379-382
    processo de envelhecimento, 382-384
    quedas, 416-419
    sistema circulatório e respiratório, 392-396
    sistema musculoesquelético, 384-390
    sistema nervoso central, 390-393
    sistemas sensoriais, 395-400
    tempo de reação, 411-414
Visão binocular, 179-180
Visão periférica, 178-179
Voleio, 235-237

Z

Zigoto, 129
Zumbidos, 397-398